佛教建國信仰與佛教造像（下）

古正美 —— 著

BUDDHIST KINGSHIP
AND BUDDHIST ART

感謝

新加坡雲氏兄弟基金會（Woon Brothers' Foundation）及
星洲墨緣堂 Poh Boon Kher 先生
資助本書的出版

第六章　山崎大塔的支提信仰造像　413

下冊

第七章

第九章

第十章

佛教建國信仰與佛教造像（下）
Buddhist Kingship and Buddhist Art

古正美　著

第七章

犍陀羅的支提信仰性質及造像

自龍樹於 2 世紀中期左右或稍後為娑多婆訶王朝奠立支提信仰為其國家信仰之後,[1] 支提信仰便成為亞洲各國的重要「佛教建國信仰」。我們在目前保存的犍陀羅佛教造像(Gandhāra Buddhist art),也見有許多犍陀羅的帝王在發展支提信仰之際所造的支提信仰造像,如「支提」的造像、「支提崇拜」的造像、「佛誕圖」、「降魔變」及各種彌勒下生說法像等。這些造像顯示,古代犍陀羅地方的帝王,也曾長期的使用支提信仰作為其等的「佛教建國信仰」。直至今日,我們尚不知道,支提信仰確實於何時及從何地傳入古代的犍陀羅地區,或古代貴霜王朝統治的故地;也不知道,此信仰在古代的犍陀羅發展了多久的時間。由於貴霜王朝在西元 1 世紀 60 年代之後,在犍陀羅奠立及施行其自己的「佛教建國信仰」及造像法,[2] 我們因此推測,支提信仰傳入犍陀羅或貴霜故地的時間,或在貴霜統治犍陀羅的晚期,或在貴霜王朝亡滅(375)之後,即西元 4 世紀末期、5 世紀初期的時間。我們之所以知道這些犍陀羅的造像為支提信仰的造像,除了因為這些造像的性質及造像內容都顯示其等為支提信仰的造像外,在這些犍陀羅的支提信仰造像中,也見造有「案達羅風格」的轉輪王造像。[3] 譬如,下面此鋪犍陀羅的石雕造像(見圖 1),就是一鋪用案達羅製作支提信仰轉輪王呈「垂一坐相」的造像法製作的犍陀羅轉輪王坐像(圖 1)。栗田功因為不知此像的造像性質及造像根源,因此稱此像為「未比定」。[4]

圖 1　犍陀羅造具案達羅造像風格的轉輪王造像

犍陀羅的支提信仰造像內容非常豐富,有沿襲早期案達羅或龍樹製作的

1　見本書第四章,〈佛教支提信仰的奠立者——龍樹菩薩〉。

2　見本書第二章,〈大乘佛教建國信仰的奠立者——貴霜王丘就卻〉及本書第三章,〈貴霜佛教建國信仰的發展者迦尼色迦第一及胡為色迦王〉。

3　見本書第五章,〈龍樹與阿瑪拉瓦底大支提的建築及造像〉。

4　栗田功,《ガンダーラ美術》第一冊,《佛傳》(東京:二玄社,1988),頁 263,圖 547。此像為米蘭(Milan)Spink & Son Ltd 收藏。

支提信仰造像法改造的造像，也有從犍陀羅附近的龜茲（Kizil）傳入的造像；更有犍陀羅依據自己撰造的新經製作的新支提信仰造像。[5] 我們在犍陀羅發展支提信仰時期，因此見有犍陀羅製作各種支提信仰造像。這些犍陀羅製作的支提信仰造像，因有許多造像都是我們在犍陀羅發展支提信仰之前未見過的造像，譬如，「彌勒轉法輪像」、「彌勒轉三法輪像」、「彌勒降魔變」、「彌勒一組三尊像」、「一組三尊彌勒像」，及「巨型發光體彌勒下生像」等，我們因此在本章要逐一談論這些犍陀製作的新支提信仰造像。過去的學者因都不知道犍陀羅這些造像是，犍陀羅在發展支提信仰期間所造的造像，因此都從佛陀信仰的角度去了解這些造像的造像性質及內容。

筆者在本章所談論的犍陀羅造像，主要是用日本學者栗田功（Isao Kurita）所編撰的兩本有關犍陀羅佛教造像的書籍所收錄的圖像及圖像的名稱，作為筆者在本書談論犍陀羅佛教造像的內容及方法。栗田功所編撰的此二本書是：（1）栗田功編撰的《ガンダーラ美術》的第一冊《佛傳》；及（2）栗田功編撰的《ガンダーラ美術》的第二冊《佛陀の世界》。筆者在此所言的「犍陀羅」或「古代的犍陀羅」，乃指古代貴霜王朝所統治的，以其都城犍陀羅（Gandhāra，今巴基斯坦的白夏瓦）為中心的，廣大古代印度西北及印度北部的地區，包括今日的巴基斯坦（Pakistan）和阿富汗（Afghanistan），及今日的印度北部的遼闊地域。

第一節　犍陀羅的支提信仰造像內容

■一 犍陀羅的支提信仰造像

（1）犍陀羅製作的小支提

犍陀羅製作的小型支提或小支提，目前存世的數目不少。現存犍陀羅製作的小支提，大多數屬於「關閉式小支提」。在這些保存的犍陀羅小支提中，

5　見本書第五章，〈龍樹與阿瑪拉瓦底大支提的建築及造像〉。

雖然也保存有「開放式小支提」，但後者此類小支提的保存數目相對的少。[6]
犍陀羅製作的「關閉式小支提」的建造法，與我們在早期案達羅的阿瑪拉瓦底大支提及龍樹山所見的「關閉式小支提」的建造法，[7]在建築設計上已有一些不同。犍陀羅製作「關閉式小支提」的建造法，常將支提的基部或底部用方形的基座墊高。小支提的基座因被墊高的緣故，因此此類小支提常造有階梯作為進入小支提入口處的方法。目前學者都從佛傳及佛陀故事的角度說明犍陀羅小支提的建造性質，因此常稱犍陀羅建造的小支提為「佛塔」或「塔」（stūpa）。栗田功在其書《ガンダーラ美術》第一冊《佛傳》所收集的「佛塔」，都屬此類犍陀羅在發展支提信仰期間所造的小支提。譬如，下面此座可能是在斯瓦特河流（the Swāt）出土，並由日本私人收藏的所謂「佛塔」，[8]就是一座在犍陀羅常見的關閉式小支提（圖2）。

犍陀羅此座「關閉式小支提」的底部，被兩層方形的基座墊高，作為此座犍陀羅小支提塔身的底座或塔基建造結構。雖然犍陀羅的此座「關閉式小支提」建築結構有沿襲早期案達羅製作「關閉式小支提」的建造法製作此座小支提的情形，然因此類犍陀羅小支提的底部被墊高，又在小支提的四周添造有兩支至四支「阿育王石柱」的建築結構，犍陀羅製作的此類「關閉式小支提」，便明顯的顯示其支提的建築結構有被改造的情形。因為我們在早期案達羅或龍樹建造的「關閉式小支提」，都不見有這些後來犍陀羅添加的塔基及阿育王柱的建築結構。犍陀羅在小支提的四周造有兩支至四支「阿育王石柱」的原因，顯然的要說明此類小支提，乃與現在學者所定的，西元前3世紀的印度大

圖2　犍陀羅造關閉式小支提

6　龍樹所設計的小支提建造法共有兩種，即「關閉式小支提」和「開放式小支提」。見本書第五章，〈龍樹與阿瑪拉瓦底大支提的建築及造像〉。

7　見本書第五章，〈龍樹與阿瑪拉瓦底大支提的建築及造像〉。

8　栗田功，《ガンダーラ美術》第一冊，《佛傳》，頁259，圖536，「佛塔」。

王阿育王所提倡的佛教轉輪王信仰有關。

龍樹建造「開放式小支提」的方法，通常都會在開放式小支提的內部造一尊坐佛像。但下面此鋪犍陀羅製作的「開放式小支提」（圖3）卻在支提的不同部位造有兩種佛像：（1）一種是此座小支提底部基座上所造的「彌勒一組三尊像」。這種在犍陀羅才見到的「彌勒一組三尊像」的造像法，因不見於早期案達羅製作的支提信仰造像，因此是一種犍陀羅新造的支提信仰造像。[9]（2）第二種佛像是一尊坐佛像。此像被造在此小支提所造的「彌勒一組三尊像」的上方，即此「開放式小支提」的「覆缽」或「塔身」的部位。犍陀羅此鋪「開放式小支提」的建築結構及造像方法，因此也不見於早期案達羅製作的小支提。犍陀羅此鋪「開放式小支提」，很顯然的在犍陀羅也被改造過。[10] 從上面談論的犍陀羅製作的小支提造像，我們注意到，犍陀羅在接受支提信仰之際，其建造的支提及造像，有被改造的現象。

圖3　犍陀羅造開放式小支提

（2）犍陀羅造支提崇拜像

栗田功在其書中也收錄有多座所謂「佛塔禮拜」的造像（圖4）。[11] 這些所謂「佛塔禮拜」的造像，也是犍陀羅在發展支提信仰期間所造的表達其支提信仰的

圖4　犍陀羅的支提崇拜造像

9　見後詳述。

10　見後詳述。

11　栗田功，《ガンダーラ美術》第一冊，《佛傳》，頁257，圖528，日本私人收藏，「造像‧佛陀禮拜」。

造像。我們在阿瑪拉瓦底大支提及山崎大塔，也見造有此類所謂「佛塔禮拜」的造像。所謂「佛塔禮拜」的造像，事實上即指犍陀羅沿襲早期龍樹在案達羅製作的「支提崇拜」的造像。龍樹在提倡支提信仰之際，非常強調「供養支提」及「崇拜支提」的行法。[12] 龍樹提倡支提信仰的方法，就是用「供養支提」及「崇拜支提」的方式使支提信仰成為當時娑多婆訶王朝的國教信仰。[13] 龍樹提倡支提信仰或「供養支提」的言論都被記載於其撰造的《寶行王正論》。[14] 下面此「支提崇拜圖」，就是一鋪「供養支提」或「崇拜支提」的造像。此像支提的基部也被犍陀羅的造像者改造成很高的塔基，並造有梯子可以走上此小支提。此小支提的兩側造有犍陀羅常見的兩支「阿育王石柱」，說明此小支提與轉論王信仰有密切的關聯。在此座小支提的兩側，也見造有數位恭敬崇拜或禮拜支提的人物造像。此小支提的造像，因此是一座表達「支提崇拜」或「供養支提」的造像。從這些保存的犍陀羅小支提的造像，我們可以看出，古代的犍陀羅也有發展支提信仰的活動。但犍陀羅所造的支提，無論是「關閉式小支提」或「開放式小支提」，其建築結構及造像法，都見有被犍陀羅造像者改造過的明顯痕跡。

二 犍陀羅製作的彌勒佛下生大像

（1）巨型發光體彌勒佛下生像

犍陀羅在發展支提信仰期間，除了依據龍樹製作的支提建造法改造其支提的建築結構及造像法外，我們注意到，支提信仰在傳入犍陀羅之後，支提信仰的其他造像也有被改造的現象。支提信仰傳入犍陀羅之後，犍陀羅的造像者，顯見的並沒有依據龍樹撰造的《普賢菩薩說證明經》（此後，證明經），製作其支提信仰的造像。換言之，犍陀羅的造像者，也用撰造新支提信仰經典的方法製作其新的支提信仰造像。此類造像，以犍陀羅依據《彌勒下生經》

12　見本書第四章，〈佛教支提信仰的奠立者──龍樹菩薩〉。

13　見本書第四章，〈佛教支提信仰的奠立者──龍樹菩薩〉。

14　見本書第四章，〈佛教支提信仰的奠立者──龍樹菩薩〉。

撰造的《彌勒大成佛經》及《彌勒下生成佛經》，與犍陀羅製作的新支提信仰造像活動最有關聯；特別是《彌勒大成佛經》。譬如，我們在犍陀羅所見的彌勒佛「三轉法輪像」及「巨型發光體彌勒下生像」，都是犍陀羅的造像者依據《彌勒大成佛經》製作的新支提信仰造像。

　　我們在犍陀羅所見的「巨型發光體彌勒下生像」，常被造在空中漂浮下生的情形。這類「巨型發光體彌勒下生像」的造像形式，常在下生的彌勒佛兩肩及足下都造有光紋或火焰紋自彌勒佛的身上流出。故筆者稱此類「彌勒下生大像」為彌勒佛的「巨型發光體下生像」。此類彌勒佛的「巨型發光體下生像」的造像法，完全不見於早期案達羅或龍樹製作的「彌勒佛下生像」。[15] 由此可見，犍陀羅的造像者不僅改造龍樹製作的支提造像，也改造龍樹製作的「彌勒佛下生像」。由於犍陀羅製作的此類彌勒佛以「巨型發光體下生」的造像，因其右掌造有彌勒佛所作的「無畏印」（abhaya mudrā），並在其右掌內造有龍樹所言的「手足寶相輪」的「寶相輪」印記，我們因此非常確定，此類在空中漂浮下生的彌勒佛「巨型發光體下生像」，即是犍陀羅製作的一鋪表達其支提信仰的「彌勒佛下生為轉輪王」的造像。[16] 因為龍樹在其《寶行王正論》說：「大王汝諦聽／此因我今說／感三十二相／能莊嚴汝身／支提聖尊人／供養恆親侍／手足寶相輪／當成轉輪王」。[17]

　　犍陀羅製作的彌勒佛下生像除了以「巨型發光體下生」的造像出現外，此像因依據《彌勒大成佛經》所載的，彌勒猶如「黃金山」或「鑄金像」下生的經文製作，犍陀羅所造的彌勒佛「巨型發光體下生像」，便常給我們一種誇張的視覺感覺；而此視覺感覺，是我們在之前龍樹製作的「彌勒佛下生像」未見的造像現象。

　　《彌勒大成佛經》及《彌勒下生成佛經》，都是西元 5 世紀初期龜茲僧人

15　見本書第五章，〈龍樹與阿瑪拉瓦底大支提的建築及造像〉。

16　有關彌勒佛下生為轉輪王的造像是支提信仰的造像，見本書第五章，〈龍樹與阿瑪拉瓦底大支提的建築及造像〉。

17　（陳）真諦譯，《寶行王正論》，《大正》卷 32，頁 497 中；並見本書第四章，〈佛教支提信仰的奠立者——龍樹菩薩〉。

鳩摩羅什在中國翻譯的二部犍陀羅撰造的支提信仰經典。此二部支提信仰經典，基本上都依據犍陀羅撰造的《彌勒下生經》製作此二經的經文。此二部經典很可能在 4、5 世紀之間，支提信仰傳入犍陀羅之後，被撰造的二部說明彌勒佛下生信仰的經典。此二部經典在出經之後，可能即自犍陀羅被傳入古代中亞的龜茲，再由龜茲僧人鳩摩羅什（Kumārajīva, 350-409）於 5 世紀初期傳入中國。我們如此推測此二部經的傳播情形，乃因犍陀羅及古代的龜茲在發展支提信仰之際，都見有使用此二部經典造「彌勒佛下生像」的情形；特別是依據《彌勒大成佛經》所載的彌勒佛以「巨型發光體下生」的經文製作其等的「彌勒下生大像」。[18] 這就是為何在 5 世紀初期來華的龜茲僧人鳩摩羅什會在中國翻譯此二經典的原因。

　　支提信仰在傳入犍陀羅之後，犍陀羅的造像者很顯然的非常不情願接受支提信仰的建築法及造像法，因此犍陀羅的造像者在接受支提信仰之際，不僅有改造支提信仰的支提建造法，同時也有改造支提信仰的各種造像現象。這就是犍陀羅在發展支提信仰期間，我們不但見到犍陀羅的造像者有依據貴霜撰造的《彌勒下生經》製作其支提信仰造像的活動，同時我們也注意到犍陀羅的造像者有用《彌勒大成佛經》及《彌勒下生成佛經》造像的現象。譬如，我們在上面提到的彌勒佛以「巨型發光體下生」的造像及彌勒「轉法輪」的造像或「轉三法輪」的造像等像，都依據上面我們提到的犍陀羅撰造的《彌勒下生經》及《彌勒大成佛經》等經製作的造像。犍陀羅的造像者為何不願意接受龍樹奠立的支提建造法及支提信仰造像法？其中最大的原因可能是，龍樹在南印度案達羅國所創立的支提信仰，即「彌勒佛下生為轉輪王」的信仰，乃奠立於早期貴霜王迦尼色迦第一（Kanishka1, 127-140）時代在犍陀羅撰造，並發展的《彌勒下生經》所載的，「彌勒佛下生說法」的信仰。[19] 犍陀羅的造像者，大概因長期深受貴霜或犍陀羅提倡的《彌勒下生經》所載的「彌勒下生說法信仰」的影響，因此無法接受龍樹依據貴霜所造的《彌勒下生經》

18　見下詳述；並見本書第八章，〈新疆克孜爾石窟的支提信仰造像特色及其影響〉。

19　見本書第四章，〈佛教支提信仰的奠立者——龍樹菩薩〉。

所創立的「支提信仰」及其建築和造像法。

　　犍陀羅製作的「一組三尊彌勒像」、彌勒「轉法輪像」及彌勒「轉三法輪像」等像，基本上都依據犍陀羅或貴霜所造的《彌勒下生經》或《彌勒大成佛經》，製作這些犍陀羅新造的支提信仰造像。這種用《彌勒下生經》或《彌勒大成佛經》的經文或造像法製作的支提信仰造像，我們稱之為「彌勒下生經化」的造像。這種「彌勒下生經化」的造像現象，因為不見於過去發展的支提信仰造像，因此為了了解犍陀羅的造像者如何發展及製作其「彌勒下生經化」的支提信仰造像，我們在本章不但要檢查與犍陀羅「彌勒下生經化」最有關聯的《彌勒下生經》及《彌勒大成佛經》的經文，而且也要檢查犍陀羅依據《彌勒下生經》及《彌勒大成佛經》製作的各種支提信仰新像。犍陀羅在發展支提信仰期間，因為犍陀羅的造像者對支提信仰的造像常作新的解釋，而這些解釋都不見於龍樹所造的支提信仰造像，我們在本文因此也要談論這些造像。在我們談論「彌勒下生經化」的問題之前，我們先要談論的是，犍陀羅如何用《彌勒大成佛經》的經文重新解釋「彌勒佛下生像」。龍樹在案達羅所造的彌勒佛下生像，或將彌勒佛像造成或立或坐在支提內下生的情形，或將彌勒佛像造成在空中漂浮下生的情形。龍樹所造的彌勒佛下生像，沒有被造得特別巨大，也沒有造火焰紋或光紋自彌勒佛的兩肩及足下流出的情形。但我們在犍陀羅所見的，依據《彌勒大成佛經》所造的彌勒下生像，不僅被造成「巨型發光體的彌勒下生像」，同時也被造成「在空中漂浮下生的大像」。這種依據《彌勒大成佛經》所造的犍陀羅「彌勒下生大像」，因不見龍樹及其後製作的支提信仰造像，我們因此知道，此類「巨型發光體的彌勒下生大像」，及「漂浮在空中下生的彌勒大像」的造像法，不但是犍陀羅造像者依據《彌勒大成佛經》重新解釋的「彌勒下生大像」，而且也是犍陀羅依據《彌勒大成佛經》製作的新支提信仰造像。我們之所以知道，犍陀羅製作的此類「彌勒下生大像」是犍陀羅新造的「彌勒下生大像」，乃因《彌勒大成佛經》載有彌勒佛如「黃金山」或「鑄金像」自空中閃閃發光下生的經文。《彌勒大成佛經》說：

　　彌勒託生以為父母，雖處胞胎如游天宮，放大光明塵垢不障。身紫金色，具三

十二大丈夫相，坐寶蓮華，眾生視之無有厭足。光明晃耀不可勝視，諸天世人所未曾覩，身力無量，一一節力普勝一切大力龍象，不可思議毛孔光明，照耀無量無有障礙。日月星宿、水火珠光，皆悉不現，猶如埃塵。身長釋迦牟尼佛八十肘半（三十二丈），脇廣二十五肘（十丈），面長十二肘半（五丈）。鼻高修直當於面門，身相具足端正無比，成就相好，一一相八萬四千好，以自莊嚴如鑄金像。一一好中流出光明照千由旬。肉眼清澈青白分明。常光繞身面百由旬，日月星宿，真珠摩尼七寶行樹，皆悉明耀現於佛光，其餘眾光不復為用，佛身高顯如黃金山。[20]

《彌勒大成佛經》所描述的彌勒佛下生的景象，就像一座發光的「鑄金像」或「黃金山」從空下降的景象。如此壯觀的彌勒佛下生景象，也見記於鳩摩羅什翻譯的《彌勒下生成佛經》。[21]《彌勒大成佛經》及《彌勒下生成佛經》所載的彌勒佛下生景象，並不見記於中國西晉時代（統治，265-316）月支譯經僧竺法護翻譯的最早《彌勒下生經》中譯本。[22] 換言之，西晉時代竺法護翻譯的《彌勒下生經》只說：「彌勒菩薩有三十二相八十種好莊嚴其身，身黃金色」，[23] 而沒有記載彌勒佛下生的身體有全身放光的景象，或巨大如「黃金山」下生的情形。《彌勒大成佛經》及《彌勒下生成佛經》可能在 4 世紀末、5 世紀初期便在犍陀羅及古代的龜茲地區流傳，因此犍陀羅及龜茲的克孜爾石窟（Kizil caves）所製作的「彌勒佛下生像」，常見被造成身軀非常巨大的「大像」。克孜爾石窟甚至開鑿有許多「大像窟」，作為說明及表達「彌勒下生大像」的信仰。[24] 5 世紀末中國雲崗石窟「曇曜五窟」製作的五尊「彌勒下生大像」，即是承傳犍陀羅及龜茲製作「彌勒下生大像」的造像法製作的各類「彌勒下生大像」。雲崗製作的「彌勒下生大像」，常見用彌勒佛像身後的舟形佛

20 （姚秦）龜茲國三藏鳩摩羅什譯，《佛說彌勒大成佛經》，《大正》卷 14，頁 430 上-中。
21 （姚秦）龜茲國三藏鳩摩羅什譯，《佛說彌勒下生成佛經》，《大正》卷 14，頁 424 中。
22 （西晉）月氏三藏竺法護譯，《佛說彌勒下生經》，《大正》卷 14。
23 （西晉）月氏三藏竺法護譯，《佛說彌勒下生經》，《大正》卷 14，頁 421 下。
24 見本書第八章，〈新疆克孜爾石窟的支提信仰造像特色及其影響〉談論克孜爾石窟開鑿的佛教石窟類型。

光或身光，說明彌勒佛身具有許多光紋或火焰紋自彌勒佛身流出的造像特徵。[25]

龍樹在其撰造的《寶行王正論》說明轉輪王身是彌勒佛用其「法身」下生（大王佛法身）的場合，[26] 並沒有提到彌勒佛的身體具有「佛光」或「身光常繞」；也沒有提到，彌勒佛下生的景象是以「大像」的形式下生。[27] 但犍陀羅在發展支提信仰期間所造的《彌勒大成佛經》及《彌勒下生成佛經》，卻很明顯的將彌勒佛的身體「神性化」，並用「佛光」或「身光常繞」的文字形容彌勒佛下生的「神性」身體，也用巨大的身軀說明彌勒佛的「神性」身軀。為何我們知道彌勒佛的「佛光」或「身光」及「巨型的身軀」，是要表達彌勒佛身的「神性」（divine character）個性？我們是從後來亞洲帝王或佛教轉輪王在施行支提信仰之際，常用「聖神彌勒」（Phra Śrī Āriyamettrai）此「彌勒佛王」的稱號推測，後來支提信仰的發展不僅有視「彌勒佛身」具有「神性」（śrī）此特質，同時也視用彌勒佛「法身」下生的「轉輪王身」，即彌勒佛的「化身」也具有「聖性」（āriya）此特質。[28] 這就是為何 6 世紀在古代暹羅（Siam）建國的墮和羅王國（Dvāravatī，統治，6-11 世紀）的帝王在施行支提信仰建國之際，常稱自己為「聖神彌勒」（Phra Śrī Āriyamettrai）的原因；[29] 這也是武則天（624-705）在以「支提信仰」或「彌勒佛下生為女轉輪王」的身分統治其大周帝國（統治，690-705）之際，也稱呼自己為「聖神皇帝」的原因。[30] 武則天以「彌勒佛下生為女轉輪王」的姿態統治大周的史實，如此被記載於

---

25 見下詳述；並見本書第八章，〈新疆克孜爾石窟的支提信仰造像特色及其影響〉。

26 見本書第四章〈佛教支提信仰的奠立者——龍樹菩薩〉詳述。

27 （姚秦）龜茲國三藏鳩摩羅什譯，《佛說彌勒大成佛經》，《大正》卷 14，頁 429。

28 見下詳述。

29 見古正美，〈古代暹羅墮和羅王國的大乘佛教建國信仰〉，收入《饒宗頤國學研究院刊》，第三期（2016），頁 244-249；並見，Dhida Saraya,（*Sri*）*Dvaravati: The Initial Phase of Siam's History.* Bangkok: Muang Boran Publishing House, 1999, pp. 198-207.

30 見古正美，《從天王傳統到佛王傳統：中國中世佛教治國意識形態研究》（此後簡稱《從天王傳統到佛王傳統》）第五章，〈武則天的華嚴經佛王傳統與佛王形象〉（台北：商周出版公司，2003），頁 237-238。

《舊唐書》。《舊唐書》說：

> 懷義與法明等造《大雲經》，陳符命言武則天是彌勒佛下生作閻浮提主（古案：
> 轉輪王）。唐氏合微，故則天革命稱周」。[31]

《資治通鑑》因此如此記載武則天以「聖神皇帝」的姿態統治大周的事：

> 庚辰，太后可皇帝及群臣之請。壬午，御則天門，赦天下，以唐為周，改元。
> 乙酉，上尊號曰聖神皇帝，以皇帝為皇嗣，賜姓武氏，以皇太子為皇孫。[32]

由於武則天在統治大周的初期便使用「聖神皇帝號」稱帝，我們因此知道，武則天在以「彌勒佛下生為女轉輪王」的身體統治大周帝國之際，其轉輪王的身體便具有「神性」及「聖性」。武氏時代的僧人法藏（546-629）對武則天使用「聖神皇帝號」的情形即有非常貼切的了解。他在談論武則天以「彌勒佛下生為女轉輪王」的姿態統治大周時，便用「乃聖乃神」來說明武氏當時以「彌勒佛下生為女轉輪王」的身體特質，或武則天「彌勒佛王」的形象；甚至武則天使用的「聖神皇帝號」的意思。法藏說：

> 大周聖神皇帝，植道種於塵劫，當樂推與億兆，大雲授記，轉金輪而御之，河
> 圖應錄，桴玉鼓而臨之，乃聖乃神，運六神通而不極，盡善盡美，暢十善化於
> 無邊，解網泣辜，超夏軼殷。[33]

由於彌勒佛下生的轉輪王身體被視為「乃聖乃神」的身體，我們因此便能明白，犍陀羅的造像者為何會用「佛光」、「身光常繞」及巨大的身軀，表達彌勒佛身具有「神性」的身體。佛教轉輪王被賦予「聖性」的時間，可能也在 4、5 世紀之間。我們知道此事，乃因談論轉輪王定義及轉輪王用佛教信仰治國方法的《大薩遮尼乾子所說經》，已經稱轉輪王為「轉輪聖王」（the sagely cakravartin）。[34]《大薩遮尼乾子所說經》是北魏（統治，471-534）菩提留支

31　（後晉）劉昫撰，《舊唐書・薛懷義傳》，《二十五史》第五冊（上海：上海古籍出版公司，1990），頁 572 上。

32　（宋）司馬光編撰，（元）胡三省音注，《資治通鑑》下冊，《唐紀》22（上海：上海古籍出版公司，1986），頁 1377 下。

33　（唐）法藏集，《華嚴經傳記》卷三，《大正》卷 51，頁 164 上。

34　（元魏）天竺三藏菩提留支譯，《大薩遮尼乾子所說經・王論品第五之一》，《大正》卷 9，頁

（Bodhiruci）翻譯的一部說明轉輪王定義及轉輪王用佛教信仰建國的經典。轉輪王的身體在西元 5 世紀初期之後，既也被視為具有「聖性」的身體；我們即能明白，為何武則天在統治大周的初期，即 7 世紀末期（690），在以彌勒佛下生為轉輪王的姿態統治天下之際，能用「聖神皇帝號」作為其「彌勒佛王」的稱號。

　　後來製作的彌勒佛王像，不但因此將彌勒佛身造有身光或佛光，甚至也在與彌勒佛有關的菩薩像及彌勒佛下生的轉輪王像，也造有身光或佛光，作為表達他們都是支提信仰的「聖神」人物。我們在上章談到的一尊 9 世紀占婆王朝（kingdom of Champa）製作的轉輪王造像，便造有身光或佛光。[35] 這種在佛像上造佛光或身光的造像法，與 4、5 世紀之間在犍陀羅出經及流通的《彌勒大成佛經》及《彌勒下生成佛經》，特別是《彌勒大成佛經》，有很大的關聯。栗田功和許多學者一樣，因從「佛傳故事」的角度去了解這類具有佛光或身光的彌勒佛造像的緣故，因此他們都稱法國集美博物館（Guimet museum）收藏的一鋪在雙肩及足下放出大量光紋的巨型犍陀羅彌勒佛下生像，為「雙神變」或「舍衛城での奇蹟」（舍衛城神變）（圖5）。[36]

　　法國集美博物館收藏的此鋪巨型發光體的造像，雖然被學者定為 3 至 4 世紀製作的「雙

圖 5　集美博物館藏犍陀羅造彌勒佛下生大像

---

　　330 上-中；也見本書第二章，〈大乘佛教建國信仰的奠立者——貴霜王丘就卻〉談論的轉輪王定義；並見下詳述。

35　見本書第六章，〈山崎大塔的支提信仰造像〉。

36　栗田功，《ガンダーラ美術》第一冊，《佛傳》，頁 190-194，圖 381、382、383、384、385、386、387、388、389，都屬此類造像。

神變」或「舍衛城神變」，[37] 事實上，此鋪巨型發光體的造像，乃是一鋪犍陀羅造像者依據《彌勒大成佛經》所載的彌勒佛自兜率天下生的景象製作的彌勒佛「巨型發光體下生大像」。此鋪彌勒佛的「巨型發光體下生大像」的右手，在胸前舉起作「無畏印」。此彌勒佛像右手掌心因作向外翻的手勢，我們在此彌勒佛的右手掌內，便見其造有龍樹在其《寶行王正論》所言的，「手足寶相輪／當作轉輪王」的支提信仰記號。此鋪巨型發光體的「彌勒佛下生大像」，因此是一鋪犍陀羅說明支提信仰的「彌勒佛下生大像」。此鋪彌勒佛的左手下垂，如其他的彌勒佛造像一樣，握住其佛衣的衣端。

集美博物館此鋪「彌勒佛自空中下生的大像」出土地點，是在古代迦畢試（Kapisa，阿富汗）的派達瓦（Paitava）地方。[38] 古代的迦畢試，是貴霜王迦尼色迦第一建立其夏宮的所在地，也是迦尼色迦第一為其「河西質子」造像的地方。[39] 因此古代的迦畢試曾是早期犍陀羅或貴霜王朝製作佛教造像的重要中心之一。但集美博物館收藏的此鋪「彌勒下生大像」，應是貴霜衰亡或亡滅之後，犍陀羅在發展支提信仰期間才在迦畢試製作的一座支提信仰造像。換言之，此像的製作時間及製作背景，完全與迦尼色迦第一在迦畢試的造像活動無關。因此，集美博物館將此鋪「彌勒下生大像」定為西元 3 至 4 世紀製作的犍陀羅造像，除了時代過早外，此座大像被集美博物館視為與佛陀有關的「雙神變」或「舍衛城での奇蹟」（舍衛城神變）的造像，也有商榷的餘地。因為此鋪「彌勒下生大像」，乃依據犍陀羅在發展支提信仰期間所撰造的《彌勒大成佛經》製作的一鋪「彌勒下生大像」。《彌勒大成佛經》在犍陀羅出經的時間，不可能早於西元 4 世紀末，或 5 世紀初期之前的時間。換言之，此像出現的時間不可能早過犍陀羅發展支提信仰的時間。因此此座集美博物館收

---

37 見林保堯編著，《佛像大觀》，《佛教美術全集》（台北：藝術家出版公司，1997），頁 50-53，頁 50 的圖像，即本文圖版 5。

38 栗田功，《ガンダーラ美術》第一冊，《佛傳》，頁 137，圖 P3-I，「雙神變」。

39 見（唐）玄奘譯，辯機撰，《大唐西域記》卷 4，《大正》卷 51，頁 889 中：「至那僕底國」載迦膩色迦王質子的故事；並見古正美，《貴霜佛教政治傳統與大乘佛教》（台北：允晨出版公司，1993），頁 407-408。

藏的所謂「雙神變」的大像，不會如該博物館所言的，是 3 到 4 世紀製作的造像如此早。

　　筆者推測，支提信仰傳入犍陀羅的時間，是在貴霜王朝亡滅（375）之後的時間，即 4 世紀末，或 5 世紀初期的時間，乃因筆者認為，貴霜亡滅之前，貴霜王朝或犍陀羅不會接受或使用龍樹奠立的支提信仰為其「佛教建國信仰」。原因是，貴霜自西元 1 世紀 60 年代後半葉便奠立有其自己的「佛教建國信仰」。[40] 支提信仰並不是貴霜奠立的「佛教建國信仰」，而是外來，或龍樹於南印度奠立的「佛教建國信仰。[41] 因此只要貴霜王朝在世上存在一天，貴霜便會用自己奠立的「佛教建國信仰」統治天下，而不會使用南印度龍樹奠立的支提信仰建國。這就是筆者認為，支提信仰傳入犍陀羅的時間，應在貴霜王朝衰亡或亡滅（375）之後。

　　集美博物館收藏的此鋪迦畢試出土的「彌勒下生大像」的造像法及造像細節，除了依據《彌勒大成佛經》造有「巨型發光體的彌勒佛下生像」外，此座彌勒佛下生大像所造的主要三尊佛像，即「一組三尊彌勒像」的造像法：彌勒佛下生大像被造在中間，兩側各造一尊彌勒下生小坐佛像的造像法，也是犍陀羅在接受支提信仰之後，依據《彌勒大成佛經》或《彌勒下生經》的經文製作的，表達「彌勒下生信仰」的造像。貴霜時代在犍陀羅撰造的《彌勒下生經》，因載有彌勒佛下生三次向大眾說法的信仰，因此依據此經所造的「一組三尊彌勒像」，有表達「彌勒佛下生三次說法」或簡稱「彌勒下生說法」的信仰。《彌勒下生經》所載的「彌勒下生三次說法」的信仰，也被收入後來犍陀羅撰造的《彌勒大成佛經》。[42] 因此依據《彌勒下生經》或《彌勒大成佛經》製作的迦畢試「彌勒下生大像」的「一組三尊彌勒像」，便是一鋪依據貴霜所撰的《彌勒下生經》，或後來犍陀羅撰造的《彌勒大成佛經》的經文製成的，表達貴霜「彌勒下生說法」的造像。但就此「彌勒下生大像」右手所造

40　見本書第二章，〈大乘佛教建國信仰的奠立者──貴霜王丘就卻〉。

41　見本書第四章，〈佛教支提信仰的奠立者──龍樹菩薩〉。

42　見下詳述。

的「手足寶相輪／當作轉輪王」的支提信仰記號，及龍樹用「漂浮在空中下生的彌勒像」作為說明或表達「彌勒佛下生為轉輪王」（支提信仰）的情形，[43] 我們知道，此鋪大像乃要表達「彌勒下生為轉輪王」的信仰。此鋪造像上依據《彌勒下生經》或《彌勒大成佛經》製作的「一組三尊彌勒像」，其造像出現在此鋪「彌勒下生大像」上，有說明此鋪「彌勒下生大像」是一鋪犍陀羅的造像者將支提信仰造像「彌勒下生經化」的造像。但就此「一組三尊彌勒像」出現在此鋪「彌勒下生大像」上的情形來判斷，此「一組三尊彌勒像」也有說明，此「一組三尊彌勒像」被「支提信仰化」的情形。犍陀羅在發展支提信仰期間，其將與貴霜有關的造像「支提信仰化」的情形，不止此例。我們在下面要談論的，貴霜製作的「彌勒一組三尊像」的造像法，也在犍陀羅發展支提信仰期間有被「支提信仰化」的現象。由此我們可以看出，犍陀羅在發展支提信仰期間，其不僅有將支提信仰的造像「彌勒下生經化」的現象，同時也有將其依據貴霜信仰所造的造像「支提信仰化」的現象。

　　筆者在研究武則天時代的造像時，曾對武則天在其發展支提信仰期間，在龍門「摩崖三佛龕」造有「一組三尊彌勒佛坐像」的造像活動感到困惑。原因是，武則天所發展的支提信仰並不是依據貴霜所撰的《彌勒下生經》發展其信仰，為何武則天會用《彌勒下生經》的經文製作其「一組三尊彌勒佛像」作為其表達支提信仰的方法？現在我們知道，依據貴霜《彌勒下生經》製作的「一組三尊彌勒像」的造像法，在 4、5 世紀之後，在犍陀羅已有被「支提信仰化」的歷史。這就是武則天及後來許多支提信仰的造像者，常用「一組三尊彌勒像」及「彌勒一組三尊像」的造像法表達支提信仰的原因。

（2）飄浮在空中下生的彌勒像

　　犍陀羅製作的「彌勒下生大像」的造像法，除了造有如集美博物館收藏的「巨型發光體彌勒下生像」外，也見犍陀羅的造像者用另一種「漂浮在空中下生的彌勒像」的造像法，表達彌勒佛下生的情形。雖然迦畢試出土，由集美博物館收藏的「彌勒下生大像」，也被造成漂浮在空中下生的情形，然因

43　見本書第五章，〈龍樹與阿瑪拉瓦底大支提的建築及造像〉。

此類「飄浮在空中下生的彌勒佛大像」的造像，其四周造有許多人物在地面觀看此像下生，此類造像又與集美博物館藏的「彌勒下生大像」的造像內容不同，故筆者將此類造像稱為「漂浮在空中下生的彌勒像」，作為區別二種犍陀羅製作「彌勒下生大像」的標準。特別是，今日的學者也用新的名字稱呼後者此類「彌勒下生大像」。譬如，下面這鋪在西吉利（Sikri）出土，巴基斯坦國立卡拉奇博物館（National Museum of Pakistan, Karachi）收藏的造像，除了造有火焰紋或佛光自「彌勒下生大像」的身體流出外，此鋪「彌勒下生大像」也被造成在空中漂浮下生的情形。但由於卡拉奇博物館收藏的此鋪「彌勒下生大像」的造像，在地面觀望此鋪大像下生的民眾造像，乃距「彌勒下生大像」下生的身體相對的近，（圖6）栗田功大概見此鋪大像右側造有一位背向彌勒佛的半裸人物的造像，因此稱呼此鋪卡拉奇博物館收藏的造像為「薩馬嘎達與裸露的耆那教徒」（Samāgadhā and the Naked Ascetic）。[44]

卡拉奇博物館收藏的此鋪「漂浮在空中下生的彌勒像」，其像右手已斷，彌勒佛漂浮像的四周，都見有多位或作禮拜，或作跪拜、或作觀望，或作驚喜狀的人物造像。

學者也常用「舍衛城大神變」（the Great Miracle at Srāvastī）或「雙神變」稱呼此鋪卡拉奇博物館收藏的「漂浮

圖6　犍陀羅造另一種彌勒佛下生像

在空中下生的彌勒像」。美國克利夫蘭美術館（Cleveland Museum of Art）收藏的一鋪此類造像即被定名為「舍衛城大神變」。克利夫蘭美術館此像，在彌勒佛的雙肩及腳下，也見造有大量的光紋流出，彌勒佛的右手作「無畏印」，左手已斷。彌勒佛佇立在離地面不遠的空中，彌勒佛兩側也見有向彌勒佛作禮拜的人物造像。此像在犍陀羅（白夏瓦）出土，並被斯坦尼斯羅‧粗麻（Stanislaw

---

44　栗田功，《ガンダーラ美術》第一冊，《佛傳》，頁186，圖373。

J. Czuma）定為不會晚過西元 100 年製作的犍陀羅石雕造像。[45] 斯坦尼斯羅・粗麻對此鋪石雕造像的定年，自然太早。因為此鋪造像和上面我們談論的，集美博物館收藏的「巨型發光體彌勒下生大像」，都是犍陀羅的造像者在 4 世紀晚期之後，在發展支提信仰時期，依據《彌勒大成佛經》製作的「彌勒下生大像」。此鋪美國克利夫蘭美術館收藏的，「漂浮在空中下生的彌勒像」的製作時間，因此絕對不會早過西元 4 世紀末期貴霜亡滅之前。

三 犍陀羅造手足寶相輪的造像

我們除了在犍陀羅製作的「彌勒下生大像」的手掌中見有預言彌勒將下生為轉輪王的「寶相輪」造像外，在犍陀羅製作的「佛足印」（footprints），也常見造有「寶相輪」的造像。這說明，龍樹所言的「手足寶相輪／當作轉輪王」的信仰，也隨著支提信仰傳入犍陀羅，並反映在犍陀羅製作的各種支提信仰造像。犍陀羅製作的「具寶相輪的佛足印」造像，與早期案達羅製作的「具寶相輪的佛足印」的造像一樣，都將「寶相輪」造成具有千輻的輪狀物，並將之與學者所謂的「三寶」圖案一起淺刻在佛足底部。栗田功將此類具有「寶相輪的佛足印」，都稱為「佛足跡」（圖 7），[46] 意為佛陀或釋迦的足印。但「具寶相輪的佛足印」出現在犍陀羅的造像，並不是要說明佛陀的「足印」或「足跡」（footsteps of the Buddha）；而是要說明龍樹所言的，「手足寶相輪／當作轉輪王」的

圖 7　犍陀羅具寶相輪的佛足印造像

45　Stanislaw J. Czuma, *Kushan Sculpture: Images from Early India*, with the assistance of Rekha Morris. Cleveland: The Cleveland Museum of Art and Indiana University Press, p.192, fig. and Illustration 104.

46　栗田功，《ガンダーラ美術》第二冊，《佛陀の世界》（東京：二玄社，1990），頁 250，圖 755，日本私人收藏「佛足跡」。

信仰。[47]「具寶相輪的佛足印」被傳入犍陀羅的事實，因此可以被視為支提信仰傳入犍陀羅的一個重要證據。

四 犍陀羅造彌勒佛「轉法輪像」及「轉三法輪像」

犍陀羅在發展支提信仰期間，因受《彌勒下生經》及《彌勒大成佛經》的影響，也見造有許多我們在早期案達羅不曾見的支提信仰造像，如彌勒佛「轉法輪像」及「轉三法輪像」。犍陀羅製如此多彌勒佛「轉法輪像」及「轉三法輪像」的原因，乃因《彌勒大成佛經》在《彌勒下生經》的影響下，不但載有彌勒佛在龍華樹（菩提樹）下成道的情形，而且也說，彌勒佛在轉輪王的都城「翅頭末」大城中央，「過去諸佛所坐金剛寶座」上，「轉正法輪」。[48]所謂「轉正法輪」，就是「說正法」的意思。所謂「說正法」，即是傳播大乘佛法。《彌勒大成佛經》不僅用「轉正法輪」說明彌勒說法的情形，同時也說，彌勒佛在其成道的龍華樹下「轉四聖諦深妙法輪度天人」。[49] 很顯然的，《彌勒大成佛經》在此告訴我們，彌勒佛「轉正法輪」或向眾生說法的原因乃是要「度天人」或「度眾生」。由於《彌勒大成佛經》如此解釋彌勒佛下生說法或「轉正法輪」的原因或目的，因此後來唐代義淨（636-713）翻譯的《彌勒下生成佛經》便將《彌勒下生經》及《彌勒大成佛經》都記載的彌勒佛下生三次說法的活動，解釋成為彌勒佛下生三次「轉三法輪」的活動。義淨翻譯的《彌勒下生成佛經》如此記載彌勒佛下生三次說法度眾生或「轉三法輪」的情形：

初會為說法／廣度諸聲聞／九十六億人／第二會說法／廣度諸聲聞／九十四億人／令渡無明海／第三會說法／廣度諸聲聞／九十二億人／令心善調伏／三轉法輪已／人天普純淨。[50]

---

47 見本書第四章，〈佛教支提信仰的奠立者——龍樹菩薩〉。

48 （姚秦）龜茲國三藏鳩摩羅什譯，《佛說彌勒大成佛經》，《大正》卷 14，頁 430 中及頁 431 中。

49 （姚秦）龜茲國三藏鳩摩羅什譯，《佛說彌勒大成佛經》，頁 431 中。

50 （唐）三藏法師義淨奉制譯，《佛說彌勒下生成佛經》，《大正》卷 14，頁 427 下。

因為《彌勒大成佛經》將彌勒佛下生說法的活動視為彌勒佛「轉法輪」的活動，因此犍陀羅的造像者不但非常重視彌勒佛下生「轉法輪」的活動，而且也將彌勒佛下生三次說法的活動視為彌勒佛「轉三法輪」的活動。這就是為何犍陀羅在支提信仰傳入之後製作如此多彌勒佛「轉法輪」及「轉三法輪」的造像的原因。

早期案達羅所造的彌勒佛下生像，鮮少見有造彌勒佛下生說法的造像。[51] 因為支提信仰要側重說明的是，彌勒佛下生為轉輪王的信仰。《彌勒大成佛經》如此解釋彌勒佛下生向大眾說法，或度眾生的情形，很顯然的要說明，犍陀羅在提倡及發展支提信仰期間，其所側重、發展的信仰是，依據《彌勒下生經》所載的彌勒佛下生說法的信仰。這就是為何犍陀羅在發展支提信仰期間造有如此多「轉法輪像」及「轉三法輪像」的原因。這種犍陀羅造像者製作彌勒佛「轉法輪像」及「轉三法輪像」的造像現象，很明顯的也是犍陀羅的造像者，將支提信仰的造像「彌勒下生經化」的現象。犍陀羅在發展支提信仰期間使用《彌勒下生經》及《彌勒大成佛經》造像的情形，因此已明顯的偏離龍樹所奠立的「彌勒佛下生為轉輪王」的信仰。這大概就是犍陀羅的造像者，在發展支提信仰期間，鮮少造有佛教轉輪王造像的原因。犍陀羅的造像者如此解釋犍陀羅發展支提信仰的情形，因此可以說是犍陀羅發展支提信仰及其造像的特色。

彌勒佛下生三次向大眾說法的信仰，後來常被人們稱為「彌勒三會」、「龍華三會」，或「彌勒三轉法輪」的信仰。[52] 在犍陀羅發展支提信仰期間，犍陀羅的造像者表達彌勒佛下生說法的信仰，不僅常用彌勒佛的一手「轉正法輪」的造像表達彌勒佛說法的情形，同時也常用彌勒佛的一手「轉三法輪」的造像，表達彌勒佛下生三次向眾生說法的情形。除此，犍陀羅的造像者也常用彌勒佛的雙手作「轉法輪印」（Dharma-cakra mudrā）的手勢表達彌勒佛說法的情形。

---

51 見本書第五章，〈龍樹與阿瑪拉瓦底大支提的建築及造像〉。

52 見後詳述。

犍陀羅所造的「法輪」，常被造成如我們常見的「小圓輪」的形狀，或「小花環」的形狀。犍陀羅用「小圓輪」或「小花環」表達「法輪」的造像法，也常見影響犍陀羅以外的亞洲各地製作「法輪」的方法。史提芬・梵・畢克（Steve van Beek）在其《泰國藝術》（The *Arts of Thailand*）提到：原本安置在佛統帕拉瑪內寺遺址（Nakhon Pathom's ruined Wat Pramane）走廊的五尊墮和羅時代製作的「倚坐佛像」，是墮和羅時代的代表作。19 世紀中期，此五尊佛像被當時的泰皇拉瑪四世蒙谷王（King Rama IV, King Mongkut, 1851-1868）各別搬移至四個不同的地方：兩尊被移到他剛修復的巨型佛統支提（Phra Pathom Chedi）的寺院（vihan and bot），一尊移到國立曼谷博物館，一尊移到阿瑜陀耶國立朝山帕拉雅博物館（Chao Sam Praya National Museum, Ayutthaya），一尊移到阿瑜陀耶故皇寺址（Wat Na Pramane, Ayutthaya）。[53]

泰皇拉瑪四世搬移的五尊墮和羅倚坐佛像，是墮和羅在發展支提信仰時期製作的五尊呈「倚坐相」的彌勒佛像或彌勒佛王像。我們知道此五尊呈「倚坐」坐姿的彌勒佛像為「彌勒佛王像」的原因是，亞洲各地常如墮和羅王朝一樣，用呈「倚坐相」（pralambapādasana）的帝王坐姿製作及表達其轉輪王的「彌勒佛王」坐像。我們在前面說過，古代的墮和羅帝王，常造有其「聖神彌勒號」的銘文，說明其帝王以支提信仰的「彌勒佛王」姿態統治其國。在今日泰國佛統（Nakhon Pathom）發現的五尊墮和羅時期製作的「倚坐相」的彌勒佛像或彌勒佛王像，其等的造像法基本上非常一致，都將此類像造成佛裝、倚坐，右手做彌勒菩薩（Bodhisattva Maitreya）的「瑜伽—曼陀羅手印」（yoga-mandala mudrā），即拇指押食指，其餘三隻豎

圖 8　阿瑜陀耶故皇寺墮和羅造彌勒佛像

53　Steve van Beek and Luca Invernizzi Tettoni, *The Arts of Thailand*. Hong Kong: Periplus Publication, 1999, p. 68.

起，手掌向外翻的手印造像。[54]

　　泰皇拉瑪四世蒙谷王在搬移最後一尊呈「倚坐相」的彌勒佛像或彌勒佛王像到阿瑜陀耶故皇寺址時，不僅為此尊造像建立一所小佛寺（vihan）安置此像（圖8），甚至在此佛寺門外的牆面上方的三角牆上，用造三個小圓輪（法輪）安置於三個三角點的方法（圖9），表達小佛寺內此尊呈「倚坐相」的彌勒佛像，是一尊彌勒佛下生用「轉三法輪」說法的方法度脫眾生的造像。阿瑜陀耶故皇寺址佛寺門外牆面上方的三角牆上，用造三個小圓輪（法輪）表達彌勒佛「轉三法輪」或說法的造像方法，很顯然的是受犍陀羅造彌勒佛「轉三法輪像」造像法的影響。

圖9　阿瑜陀耶故皇寺小佛寺造三法輪像

　　我們推測，阿瑜陀耶故皇寺址的此尊倚坐彌勒佛像或彌勒佛王像，其右手原先非常可能也造如其他四尊佛像的手一樣，作彌勒菩薩的「瑜伽—曼陀羅印」的手印。但此像的兩手後來可能都斷掉的緣故，因此此二手都被接成目前這種兩手都貼在其倚坐兩腿上的姿勢。我們會如此說的原因是，泰國的佛教藝術史學者宿巴德拉迪思·迪士庫爾（M. C. Subhadradis Diskul）在其《泰國藝術》中提到：「在墮和羅時期，可能很難找到厚大石塊的緣故，因此佛像上突出的雙手常被分別雕造後再用木榫接在佛身上」。[55] 如果是這樣，被搬到阿瑜陀耶故皇寺的這尊彌勒佛王像的雙手，很可能就是在斷了之後被重新安裝的兩隻新手。其實際的情形如果不是這樣，此尊彌勒佛王像原來的雙手，也可能便如今日在造像上所呈現的，雙手貼在兩腿上的姿勢。因為西元9世紀末期，於越南建國的占婆王因陀羅跋摩第二（Indravarman II, 860/-900），在其發展支提信仰之際，其在「大寺」所建造的一尊呈「倚坐

54　見本書第五章，〈龍樹與阿瑪拉瓦底大支提的建築及造像〉及第九章，〈《入法界品》的支提信仰性質及造像〉。

55　M. C. Subhadradis Diskul, *Art in Thailand: A Brief History*. Bangkok: Amarin Press, 1969, p. 5.

相」的彌勒佛王大像，兩手也被造成安放在兩腿上的姿勢。[56]

目前在古代的暹羅地方，還保留有許多墮和羅時代的支提信仰遺址及造像。拉瑪四世蒙谷王很顯然的知道，這些從佛統運到泰國各地的墮和羅造像，都是墮和羅在發展支提信仰之際所造的「彌勒佛王」下生像，因此他才會在阿瑜陀耶故皇寺所建的小寺門上方的外牆上，製作象徵彌勒佛下生說法的「三小法輪像」，作為說明墮和羅此尊造像是尊「彌勒佛王下生說法」的造像。拉瑪四世蒙谷王如此建造安置墮和羅的彌勒佛王造像，很顯然的受犍陀羅造「彌勒轉三法輪像」造像法的影響。

圖 10　犍陀羅造彌勒佛轉三法輪像　　圖 11　犍陀羅造調和支提信仰的造像

犍陀羅所造的「三法輪像」的造像法，常被造成三個小花環並列、連結的式樣，說明彌勒佛轉三法輪的情形。譬如，圖 10 這鋪日本私人收藏的犍陀羅造「彌勒轉三法輪像」，就是一個明顯的例子。此像的「三法輪」造像，就如三個小花環疊列在一起，並安置在圓形的立柱上。彌勒佛身體傾斜，用其右手作「轉三法輪」（Turning three dharma-cakras）狀。栗田功稱此彌勒「轉三法輪」的造像為：「再會五比丘」。[57] 但此像並不見有五位比丘的造像。栗田功似乎並不確定造像上的三小花環並列並部分重疊的造像，就是犍陀羅依據《彌勒大成佛經》或《彌勒下生經》製作的「三法輪」的造像，因此他

56　見本書第六章，〈山崎大塔的支提信仰造像〉。

57　栗田功，《ガンダーラ美術》第一冊，《佛傳》，頁 148，圖 277，「五比丘の再會」。

除了稱此類造像為「再會五比丘」外，也稱此類造像為「三寶禮拜」，[58] 或「初轉法輪」的造像。[59]

栗田功稱犍陀羅另一鋪與上面此鋪「彌勒轉三法輪像」非常相似，且有關聯的造像為「佛足‧三寶禮拜」（圖11）。[60] 栗田功之所以用「佛足‧三寶禮拜」之名稱呼此鋪造像的原因，大概是因為在此鋪「佛足‧三寶禮拜」的「三法輪像」，除了被視為「三寶圖像」外，還造有一雙具「佛足印」的造像。此鋪「佛足‧三寶禮拜」的「三法輪像」的造像法，與我們在前面提到的，彌勒佛一手轉「三法輪像」的造像法（見圖10）完全相同。此鋪造像上方的「三法輪像」，便有表達《彌勒大成佛經》所載的彌勒佛「三轉法輪」，或彌勒佛三次下生說法的意思。此鋪造像下部的「佛足印」如果與上部的「三法輪像」一起看，也有說明「支提信仰」的彌勒佛將下生為轉輪王的意思。因為犍陀羅的「三法輪像」有象徵「彌勒佛下生三次說法」的意思，甚至有指謂「彌勒佛身」的意思；而支提信仰所造的「佛足印」，則有表達龍樹所言的，具「寶相輪」的「佛足印」的意思，或龍樹所言的，「手足寶相輪／當作轉輪王」的意思。此鋪造像，因此有明顯的結合《彌勒大成佛經》所載的彌勒佛下生三次說法的信仰及支提信仰所載的彌勒佛下生為轉輪王的信仰。如果我們這樣解釋此鋪栗田功所言的「佛足‧三寶禮拜」的意思無誤，此鋪造像應該也是一鋪犍陀羅造像者企圖調和犍陀羅的「彌勒佛下生說法」的信仰及支提信仰的造像。[61]

犍陀羅既製作如此多彌勒佛「三轉法輪」的造像，犍陀羅自然也會造有許多彌勒佛轉一個「法輪」的造像，作為說明彌勒佛說法或「轉正法輪」的

---

58 栗田功，《ガンダーラ美術》第一冊，《佛傳》，頁 150，圖 282；頁 151，圖 284；頁 154，圖 292 及圖 293 等，「三寶禮拜」。

59 栗田功，《ガンダーラ美術》第一冊，《佛傳》，頁 151，圖 285，頁 156，圖 298，「初轉法輪」。

60 栗田功，《ガンダーラ美術》第一冊，《佛傳》，頁 153，圖 290「佛足‧三寶禮拜」，倫敦（London）雪梨爾先生（Mr. Sherrier）收藏。

61 栗田功，《ガンダーラ美術》第一冊，《佛傳》，頁 152，圖 287，「佛足‧三寶禮拜」，加爾各答博物館（Calcutta Museum）收藏。有關「待至慈氏」的造像，見本書第五章，〈龍樹與阿瑪拉瓦底大支提的建築及造像〉。

信仰。因為在犍陀羅流傳的《彌勒大成佛經》不但說彌勒佛坐在「金剛寶座」上「轉正法輪」，而且也說「彌勒佛在龍花（菩提）樹下說四聖諦深妙法」。

犍陀羅的造像者事實上常將「彌勒佛下生說法」的造像造坐在菩提樹下，用一手「轉法輪」的手勢說明「彌勒佛下生說法」的信仰。案達羅所造的支提信仰造像，也有視彌勒佛的成道樹「菩提樹」或「龍華樹」為彌勒佛的象徵物。[62] 但案達羅所造的彌勒佛像，還沒有像犍陀羅製作的「彌勒佛下生說法」的造像一樣，非常明顯的用「菩提樹」說明造像中的彌勒佛身分。

犍陀羅也製作有彌勒佛坐在菩提樹下「轉法輪」或說法的造像，而此類彌勒佛坐在菩提樹下說法的造像可以分為兩類：（1）第一類是彌勒佛坐在菩提樹下用一手作轉法輪狀，作為表達或說明彌勒佛下生說法的狀態。這類造像的彌勒佛座下因常見造有「一法輪」及「二跪鹿」的造像，栗田功因此稱此類造像為佛陀「初轉法輪」（圖 12）的造像。[63] 栗田功之所以會稱此類造像為佛陀「初轉法輪」的造像，自然是因為此類造像的彌勒佛座下常見造有「二跪鹿」及「一法輪」的緣故。栗田功因此認為，此像是要表達佛陀在「鹿野苑」（Deer Park）「初轉法輪」（First Sermon）的造像。佛陀在鹿野苑「初轉法輪」的意思是，佛陀在成道後於鹿野苑第一次向曾追隨過他的五位弟子說法。佛陀在鹿野苑第一次說法時，因只向曾經追隨過他的五位比丘說法，而沒有向其他人說法，因此在造像上，理應只造五比丘的造像，不應造有其他人物的造像。[64] 但栗田功所言的「初轉法輪」造像，除了見有五位比丘的造像外，也見有五位在家俗人的造像。栗田功所言的「初轉法輪」造像，因此不會是一鋪說明佛陀「初轉法輪」造像。到底栗田功所言的「初轉法輪」造像，是一鋪怎樣的造像？《彌勒大成佛經》及《彌勒下生成佛經》，甚至義淨翻譯的《彌勒下生成佛經》都說，彌勒佛在菩提樹下成道之後，即「說法度眾生」。[65]

---

62 見後詳述；並見本書第六章，〈山崎大塔的支提信仰造像〉。

63 栗田功，《ガンダーラ美術》第一冊，《佛傳》，頁 146，圖 269，歐洲私人收藏。

64 佛在婆羅奈仙人處只為五比丘初轉法輪的事。見（西晉）月氏三藏竺法護譯，《普曜經》（Śrīlalitavistara sūtra）卷 7，《大正》卷 3，頁 529 上。

65 見下詳述。

所謂「說法度眾生」的意思是，彌勒佛說法的對象不限於僧人或比丘，還有其他的民眾。因此在造像上便會造有各種僧、俗人物的造像。[66] 既是如此，栗田功所言的「初轉法輪」造像（圖12），應該是一鋪彌勒佛坐在菩提樹下「轉法輪」或說法度眾生的造像。(2) 第二類是彌勒佛坐在菩提樹下的「金剛寶座」上，其右手作「無畏印」，而左手則握住其衣角的造像。此類彌勒佛所坐的「金剛寶座」下方，也常見造有「一法輪」及「二跪鹿」的造像，而彌勒佛的四周還造有僧俗多人圍繞的造像。栗田功也稱此類造像為「初轉法輪」的造像。譬如，美國華盛頓費利爾美術館（Freer Gallery of Art）收藏的此類造像，即被栗田功視為「初轉法輪」的造像（圖13）。[67] 費利爾美術館所藏的所謂「初轉法輪」的造像，事實上並不是佛陀「初轉法輪」的造像，而是《彌勒大成佛經》所言的，彌勒佛坐在菩提樹下「轉正法輪像」或彌勒佛坐在菩提樹下「金剛寶座轉正法輪」的造像。

圖12　犍陀羅造彌勒佛坐菩提樹下轉法輪像　　圖13　犍陀羅造彌勒佛坐菩提樹下金剛寶座說法像

　　犍陀羅此二種彌勒佛坐菩提樹下「轉法輪」或說法的造像，都有同樣的造像含意，但造像上的彌勒佛右手所作的手印（mudrā）或手勢，則完全不同。前者的彌勒佛，以右手觸其座下的「法輪」，作轉法輪狀，而左手握住衣尾。

66　見下詳述。

67　栗田功，《ガンダーラ美術》第一冊，《佛傳》，頁149，圖280，「初轉法輪」（The First Sermon）。

後者的彌勒佛右手上舉、掌心在胸前外翻，作「無畏印」，[68] 左手也作握衣尾的姿勢。兩者表達彌勒佛的手印或手勢雖不同，然兩者要說明的都是彌勒佛說法或「轉法輪」的意思。因為後者的彌勒所坐的「金剛寶座下」也雕造有「一法輪」及「二跪鹿」，說明彌勒佛在說法或轉法輪、度脫眾生的狀態。由此我們知道，這些犍陀羅製作的彌勒佛說法的造像，無論如何都不會是學者所言的佛陀「初轉法輪」的造像。

我們注意到，西元 5 世紀後半葉在西印度開鑿的阿旃陀石窟（Ajantā caves），在有些石窟的後室所造的「彌勒一組三尊像」，[69] 彌勒佛像常被固定的造坐在「轉輪王座」（the cakravartin seat）或「摩羯魚座」（the makara seat）上，[70] 說明「彌勒一組三尊像」的主佛彌勒佛像是一位「轉輪王」或「彌勒佛王」。這些阿旃陀石窟所造的「彌勒佛王像」，其雙手常作「轉法輪印」（dharma-cakra-mudrā），而其所坐的「轉輪王座」下方也常見造有「法輪」及「雙跪鹿」的造像。這說明阿旃陀石窟的這些「法輪」及「雙跪鹿」的造像並不是要說明佛陀「初轉法輪」造像，因為犍陀羅製作的這些「法輪」及「雙跪鹿」的造像，和阿旃陀石窟所造的同樣造像一樣，都是說明彌勒佛王下生說法或「轉法輪」的意思。

用「法輪」及「跪鹿」說明彌勒佛下生說法或「轉法輪」的造像法，也見於在古代暹羅建國的墮和羅王國所製作的支提信仰造像。墮和羅在施行支提信仰建國時期，造有許多「法輪」及「跪鹿」的造像（圖14）。由於這些造像保存的情形非常不完整，我們因此今日都不知道這些「法輪」及「跪鹿」原初的造像情形，或製作的目的。雖是如此，我們可以推測，這

圖 14　墮和羅造法輪與跪鹿造像

68　見本書第五章，〈龍樹與阿瑪拉瓦底大支提的建築及造像〉。

69　見本書第五章〈龍樹與阿瑪拉瓦底大支提的建築及造像〉，圖版 30。

70　「轉輪王座」即是「摩羯魚座」的說明，見本書第五章〈龍樹與阿瑪拉瓦底大支提的建築及造像〉。

些「法輪」及「跪鹿」的上方，應如犍陀羅所造的彌勒佛「轉法輪」的造像一樣，造有彌勒佛轉法輪的造像。無論如何，從墮和羅造「三法輪」、「法輪」及「跪鹿」的造像，我們可以推測，墮和羅的支提信仰造像，也如犍陀羅造這些「三法輪」、「法輪」及「跪鹿」的造像一樣，都要說明彌勒佛下生說法的信仰。由此我們可以說，墮和羅造「三法輪」、「法輪」及「跪鹿」的造像基本上乃受犍陀羅造這些像的影響。

《彌勒大成佛經》說，彌勒出家成佛之後，除了轉輪王聽其說法並隨其出家外，長者須達那、梨師達多、富蘭那兄弟、二大臣、轉輪王寶女舍彌婆帝及八萬四千女等也聽其說法並俱共出家⋯⋯。[71] 這就是犍陀羅在製作彌勒說法像之際，常在彌勒的身旁造有各種不同男女聽眾的原因。譬如，栗田功所言的「女人出家像」（女人の出家）[72] 及「捐贈芒果園」（マンゴー園ゴ寄進）等的造像，[73] 事實上都屬於此類犍陀羅所造的彌勒佛對各種人物說法或「轉法輪」的造像。

犍陀羅製作的「轉法輪像」或「三法輪像」，在依據《彌勒大成佛經》製作下，這些造像都不是要說明或表達佛陀說法或「初轉法輪」的造像，而是犍陀羅在發展支提信仰期間所造的，要表達犍陀羅的彌勒佛下生說法的信仰。這些犍陀羅製作的「轉法輪像」及「轉三法輪像」，除了有說明犍陀羅將支提信仰的造像「彌勒下生經化」外，這些造像也有表達其等是犍陀羅造像者對支提信仰造像的新解釋，或犍陀羅新造的支提信仰造像。這些犍陀羅製作的新支提信仰造像，顯見的在 5 世紀下半葉便影響印度阿旃陀石窟製作的支提信仰造像，及 7、8 世紀在古代暹羅發展的支提信仰造像。這就是泰皇拉瑪四世蒙谷在處理墮和羅製作的「彌勒佛王像」之際，用「彌勒下生說法」或「轉三法輪」的造像來說明墮和羅製作的「彌勒佛王像」的原因。

自龍樹根據迦尼色迦第一在犍陀羅奠立的《彌勒下生經》所載的彌勒下

71　（姚秦）龜茲國三藏鳩摩羅什譯，《佛說彌勒大成佛經》，頁 431 中、下。

72　栗田功，《ガンダーラ美術》第一冊，《佛傳》，頁 226，圖 468、469 及 470。

73　栗田功，《ガンダーラ美術》第一冊，《佛傳》，頁 230-232，圖 477、478、479、480。

生信仰作為其支提信仰的彌勒佛下生信仰之後，[74] 亞洲歷史上便見有兩種彌勒下生信仰流傳。此二彌勒下生信仰即是：（1）迦尼色迦第一或貴霜於西元 2 世紀前半葉在犍陀羅奠立的彌勒下生說法的信仰，及（2）龍樹在 2 世紀中期左右或稍後，於南印度案達羅地方依據迦尼色迦第一所奠立的彌勒下生說法的信仰，所創立的支提信仰或彌勒佛下生為轉輪王的信仰。[75] 此二種彌勒下生信仰的發展在支提信仰傳入犍陀羅之前，都沒見其等有直接交鋒的機會。但當支提信仰傳入犍陀羅之後，犍陀羅人便要面對二選一的選擇問題。雖然犍陀羅與龍樹所提倡的彌勒下生信仰的內容及目的不同：前者提倡的是，彌勒佛以「法師」的身分下生為轉輪王及其國人說法的信仰，而後者則認為，彌勒佛下生的目的是要在世間出生為轉輪王。但兩者所談論的彌勒佛下生信仰，都與其時發展的「佛教建國信仰」有關，並都出自同一犍陀羅或貴霜創造的彌勒佛下生信仰。[76] 犍陀羅人大概認為，犍陀羅或貴霜創造的彌勒佛下生信仰，是兩種彌勒下生信仰的始祖，因此他們有權利拒絕接受龍樹所創立的支提信仰及其造像。犍陀羅人雖然有此意思，但當犍陀羅不再是貴霜的屬地，而新的犍陀羅國主又堅持要使用支提信仰建國時，犍陀羅的造像者只好勉為其難地接受支提信仰。這就是犍陀羅在接受支提信仰及其造像之際，有用改造支提信仰造像的方法接受支提信仰，也有用創造新經，如撰造《彌勒大成佛經》的方法接受支提信仰；甚至有用新的解釋重新說明支提信仰的造像內容。犍陀羅這種製作支提信仰造像的情形，並不見於亞洲其他地方。犍陀羅這種製作支提信仰造像的方法，因此是犍陀羅發展支提信仰及製作支提信仰造像的特色。

五 犍陀羅造「一組三尊彌勒佛像」

---

74 見本書第三章，〈貴霜佛教建國信仰的發展者迦尼色迦第一及胡為色迦王〉。

75 見本書第四章，〈佛教支提信仰的奠立者——龍樹菩薩〉。

76 見本書第三章，〈貴霜佛教建國信仰的發展者迦尼色迦第一及胡為色迦王〉，及第四章，〈佛教支提信仰的奠立者——龍樹菩薩〉。

犍陀羅會出現「一組三尊彌勒像」的原因是，犍陀羅的造像者要用此像說明「彌勒下生說法」的信仰。犍陀羅會出現彌勒「三轉法輪像」的原因，則與犍陀羅要強調彌勒下生說法的信仰有密切的關聯。犍陀羅所造的「一組三尊彌勒像」，因此和犍陀羅所造的彌勒「三轉法輪像」一樣，具有說明彌勒佛下生說法的信仰。此信仰本來不是支提信仰要強調的信仰。但由於犍陀羅在提倡支提信仰期間，真正要發展的信仰是，貴霜奠立的「彌勒下生說法」的信仰，因此犍陀羅依據《彌勒下生經》或《彌勒大成佛教》製作的「一組三尊彌勒像」及彌勒「三轉法輪像」等，都是犍陀羅造像者在發展支提信仰之際，為了要「彌勒下生經化」支提信仰所製作的造像。

　　犍陀羅製作的「一組三尊彌勒佛像」的造像法，不止出現在上面我們提到的集美博物館收藏的「彌勒下生大像」。此類「一組三尊彌勒佛像」的造像法，也出現在犍陀羅發展支提信仰期間所造的其他造像。譬如，犍陀羅製作的「一組三尊彌勒佛像」，便有同時將其造成並列的「一組三尊彌勒佛坐像」及並列的「一組三尊彌勒佛立像」的造像情形。下面此鋪大英博物館收藏的「一組三尊彌勒佛像」的造像，其造像便共分上、下兩段（層）：上段造「一組三尊彌勒佛坐像」，下段造「一組三尊彌勒佛立像」。此二段「一組三尊彌勒佛像」的造

圖15　大英博物館藏一組三尊彌勒佛像

像兩側，又各造有一位佩戴犍陀羅轉輪王飾物的轉輪王坐像（上段）及立像（下段）。[77] 這說明犍陀羅製作的「一組三尊彌勒佛像」，與轉輪王的信仰有密切的關聯，或要說明彌勒佛下生為轉輪王的信仰。這種犍陀羅製作的「一組三尊彌勒佛像」，常被學者稱為「佛陀與菩薩」的造像。譬如，栗田功稱呼大英

77　有關犍陀羅的轉輪王佩戴轉輪王飾物的經文及造像，見本書第三章，〈貴霜佛教建國信仰的發展者迦尼色迦第一及胡為色迦王〉談論。

博物館收藏的此類「一組三尊彌勒佛像」，為「佛陀與菩薩」的造像（圖15）。[78] 犍陀羅製作「一組三尊彌勒佛像」的造像方法，通常都將三尊彌勒佛像造成同一式樣，但三尊佛像所作的手印卻不同。集美博物館收藏的「彌勒下生大像」，其「一組三尊彌勒佛像」的造像法，則有些不同：在三尊彌勒佛下生像的中央，造一尊「巨型發光體彌勒佛下生大像」，在「巨型發光體彌勒佛下生大像」的兩側，則各造一尊小型的彌勒佛坐像。犍陀羅製作的「一組三尊彌勒佛像」，無論其「一組三尊彌勒像」如何造法，此類造像在「支提信仰化」之後，都有表達支提信仰的意思。

「一組三尊彌勒佛像」的造像法，自在犍陀羅被「支提信仰化」之後，此類造像法便成為亞洲各地表達支提信仰的重要造像法之一。我們在後來的許多支提信仰遺址及造像，如西印度的阿旃陀石窟、古代暹羅的墮和羅造像、中爪哇的婆羅浮屠遺址（Candi Borobudur, Central Java）的造像，及中國的敦煌石窟、雲崗石窟、麥積山石窟及龍門石窟等的造像址，都見這些支提信仰造像址造有「一組三尊彌勒佛像」，並用「一組三尊彌勒像」作為表達支提信仰的造像。

第二節　犍陀羅造「彌勒一組三尊像」

一 犍陀羅造「彌勒一組三尊像」及其擴大版的造像

犍陀羅雖然造有如此多種類的支提信仰彌勒佛造像，然而我們還是要問，犍陀羅製作的彌勒及其二位護持者普賢菩薩及觀世音菩薩的造像在哪裡？犍陀羅有造他們的造像嗎？筆者非常懷疑，彌勒及其二位菩薩同時出現於犍陀羅的造像，即是栗田功所言的「梵天勸請」的「彌勒一組三尊像」，及此類「彌勒一組三尊像」的「擴大版」造像。[79] 所謂「擴大版」，就是在所謂

78　栗田功，《ガンダーラ美術》第二冊，《佛陀の世界》，頁 107，圖 288，大英博物館收藏。
79　栗田功，《ガンダーラ美術》第一冊，《佛傳》，頁 125-136，「梵天勸請」。

的「梵天勸請」的「彌勒一組三尊像」的二菩薩造像後方，又添加了二位，甚至多位面貌與普賢菩薩及觀世音菩薩相似的人物造像。

　　栗田功所謂的「梵天勸請」或筆者所言的「彌勒一組三尊像」的造像法，非常固定。所謂「固定」就是，此類造像除了在「彌勒一組三尊像」的中央製作彌勒佛像外，彌勒佛兩側的二菩薩造像，基本上也非常固定：在彌勒佛像的一側造普賢菩薩的造像，在彌勒佛像的另一側，則造觀音菩薩的造像。犍陀羅的「彌勒一組三尊像」的彌勒佛造像，在犍陀羅共見有兩種不同的造像法：（1）一種是彌勒佛以「禪定坐相」的坐姿坐在菩提樹下，其兩側各造有護持彌勒佛下生的普賢菩薩及觀音菩薩的立像（圖16）；[80]（2）另一種是彌勒佛坐在菩提樹下，其右手作「無畏印」，左手在結跏趺坐的腿上方握住佛衣，而彌勒佛的兩側，也各造有普賢菩薩及觀音菩薩的立像（圖17）。[81]

圖 16　犍陀羅造彌勒一組三尊像

　　犍陀羅所造的「彌勒一組三尊像」中的彌勒佛造像，都以坐姿坐在具有象徵及表達彌勒佛身分的菩提樹或龍華樹下的「金剛寶座」上。菩提樹的造形有些不同，或如經文所載，呈茂盛的樹木長在彌勒佛頭部的後方，或用樹葉編織成半圓形的傘面遮蓋彌勒的頭部。彌勒

圖 17　犍陀羅造彌勒一組三尊像

80　栗田功，《ガンダーラ美術》第一冊，《佛傳》，頁 125，圖 245。此像為日本私人收藏；頁 127，圖 248，為此類造像的擴大版造像。

81　栗田功，《ガンダーラ美術》第一冊，《佛傳》，頁 131，圖 257。此像為歐洲私人收藏。此類彌勒說法像的擴大版，如頁 130，圖 255 等。這類造像也出現在不同的彌勒說法場景，栗田功用各種名稱稱呼之。譬如，頁 230，圖 477 被稱為 "The Courtesan Amrapālī Presents the Buddha with a Mango Grove（阿拉帕利向佛陀獻芒果園）"；頁 226，圖 468 被稱為 "Intervention of Ananda in Favour of Women（女人出家）" 等。

坐在菩提樹下成道的信仰被如此記載於《彌勒下生經》：

> 爾時彌勒在家未經幾時便當出家學道。爾時去翅頭末不遠有道樹（菩提樹）名
> 曰龍花，高一由旬，廣五百步。時彌勒菩薩坐彼樹下成無上道果。[82]

《彌勒下生經》說，彌勒是坐在菩提樹或龍華樹下成道。同樣的經文也見記於《彌勒大成佛經》。[83] 因為《彌勒下生經》及《彌勒大成佛經》都載有彌勒佛坐在「菩提樹」或「龍花菩提樹」下成道的事，「菩提樹」因此便成為彌勒佛的象徵物。阿瑪拉瓦底大支提上所造的「待至慈氏」的造像，因此用「菩提樹」（Bodhi tree）象徵彌勒佛，或表達彌勒佛的身分。[84] 支提信仰傳入犍陀羅之後，犍陀羅的造像者也用「菩提樹」象徵彌勒佛或標示彌勒佛的身分。這就是犍陀羅製作的彌勒佛像的頭部上方都見造有「菩提樹」或「菩提樹葉」的原因。

事實上犍陀羅的造像者不僅在「彌勒一組三尊像」的彌勒佛頭部上方造「菩提樹像」，同時在其他支提信仰的彌勒佛頭部上方也都造有「菩提樹像」。譬如，支提信仰的彌勒佛「降魔像」，[85] 及所謂「初轉法輪」的彌勒佛像等，[86] 都顯見的用「菩提樹」或「菩提樹葉」標示彌勒佛的身分。換言之，自從案達羅在 2 世紀中期左右或稍後之後開始使用「菩提樹」及「菩提樹葉」象徵或說明彌勒佛的身分之後，後來製作的支提信仰造像，如山崎大塔、克孜爾石窟、阿旃陀石窟、及中國的敦煌石窟及雲岡石窟等石窟所造的彌勒佛造像，也都用「菩提樹」或「菩提樹葉」作為標示彌勒佛像的象徵物或標示物。

但犍陀羅與案達羅處理菩提樹的造像方法不太一樣。案達羅的造像者常將「菩提樹」視為彌勒佛的象徵物，因此在造「菩提樹」的場合，通常不再造彌勒佛像。譬如，阿瑪拉瓦底大支提製作的「待至慈氏」的造像，便常見

---

82 （西晉）月氏三藏竺法護譯，《佛說彌勒下生經》，頁 421 下。

83 （姚秦）龜茲國三藏鳩摩羅什譯，《佛說彌勒大成佛經》，頁 430b。

84 見本書第五章，〈龍樹與阿瑪拉瓦底大支提的建築及造像〉。

85 栗田功，《ガンダーラ美術》第一冊，《佛傳》，頁 116-117，圖 326，此像為美國費利爾美術館（Freer Gallery of Art）收藏；及頁 117，圖 227，此像為白夏瓦博物館收藏的「降魔像」。

86 栗田功，《ガンダーラ美術》第一冊，《佛傳》，頁 221，圖 459（下），「初轉法輪」。

造像者使用「菩提樹」或「菩提樹葉」作為彌勒佛的象徵物（symbolism），[87]
阿瑪拉瓦底大支提所造的「待至慈氏」造像，因此只用「菩提樹」或「菩提
樹葉」象徵「彌勒佛」或「彌勒佛身」；但不造「彌勒佛像」。犍陀羅使用「菩
提樹」或「菩提樹葉」標示彌勒佛身分的情形便不同。犍陀羅不但用「菩提
樹」或「菩提樹葉」象徵「彌勒佛像」，更在「菩提樹」或「菩提樹葉」的下
方造「彌勒佛像」。這種在造像上同時呈現「菩提樹」或「菩提樹葉」及「彌
勒佛像」的造像法，不見於早期案達羅製作的支提信仰造像，但卻成為犍陀
羅製作其支提信仰的「彌勒佛像」的固定造像法。由於犍陀羅用「菩提樹」
或「菩提樹葉」標示或說明「彌勒佛」的身分，我們因此能用「菩提樹」或
「菩提樹葉」辨識犍陀羅的「彌勒佛造像」。

　　犍陀羅所造的「彌勒一組三尊像」的造像法，常將彌勒佛坐像造在造像
的中央，彌勒佛兩側，都各別造有一位向彌勒佛恭敬、禮拜的人物。其中一
位年紀較大，且滿面長滿鬍鬚；另一位則較年輕，用長布包纏其頭髮。筆者
認為，此二人物的造像，就是《證明經》所載的，護持彌勒佛下生信仰的普
賢菩薩及觀世音菩薩的造像。因為我們在「佛傳故事」都沒見載，佛陀有固
定的俗家弟子護持其身或其法的記載。但早期的支提信仰經典《證明經》即
特別提到，普賢菩薩及觀世音菩薩以「凡夫」或「優婆塞」的身分護持支提
信仰及彌勒佛下生的信仰。[88] 他們兩人的造像，在案達羅的阿瑪拉瓦底大支提
的造像，常被造在鼓形石板（drum slabs）上的小支提入口處兩側的大造像龕
內，作為護持支提信仰或彌勒佛的主要人物。[89] 這說明，普賢及觀世音或觀音
兩人在支提信仰的造像裡，從一開始便有扮演護持支提信仰或彌勒佛下生信
仰的角色。由於《證明經》沒有記載他們的容貌，只說他們以「優婆塞」或
「凡夫」的身分護持支提信仰。[90] 我們因此推測，在早期製作的支提信仰的

87　見本書第五章，〈龍樹與阿瑪拉瓦底大支提的建築及造像〉。

88　見本書第五章，〈龍樹與阿瑪拉瓦底大支提的建築及造像〉。

89　見本書第五章，〈龍樹與阿瑪拉瓦底大支提的建築及造像〉。《普賢菩薩說證明經》，《大正》卷
　　85，頁 1356 上。

90　見本書第五章，〈龍樹與阿瑪拉瓦底大支提的建築及造像〉。

「彌勒一組三尊像」，立在彌勒佛右手側的「優婆塞」即是觀世音菩薩，而立在彌勒佛左手側的「凡夫」即是普賢菩薩。我們如此推測的原因是，觀世音菩薩在佛教史上出現的時間較普賢菩薩早，因此在造像中年紀較年長的人物應該就是觀世音菩薩，而年紀較小的人物即是普賢菩薩。犍陀羅製作此類「彌勒一組三尊像」的情形非常普遍，因此栗田功收錄此類造像的數目不少，並都稱此類造像為「梵天勸請」的造像。

犍陀羅所造的「彌勒一組三尊像」，也常在此類造像的二菩薩造像上方添加面貌與身材與普賢及觀世音菩薩相似的人物多身。無論其添加的相似人物數目有多少位，此類「彌勒一組三尊像」的主要造像人物結構，還是以彌勒佛及其二菩薩的造像為主。我們因此稱這類增加相似容貌的人物造像為「彌勒一組三尊像」的「擴大版」造像。犍陀羅出現「彌勒一組三尊像」的「擴大版」造像，與《證明經》所載的普賢及觀音能「分身百億」的經文應也有密切的關連。《證明經》載：

> 爾時觀世音普賢託身凡夫，爾時普賢菩薩優婆塞身，是此二菩薩分身百億，難解難了，亦不可思議。爾時如童菩薩、月光童子，是爾時摩訶迦葉尊者，是爾時優波利、棠公，是初果羅漢，離諸生死。泰山僧朗是清淨羅漢、杯度是解空羅漢，號為隱公。三賢四聖皆同一字。[91]

《證明經》說，「是此二菩薩分身百億」的意思是，普賢及觀世音菩薩各自能變化出許多或「百億」的身體。在造像上，因此常見造像者用「二身」或「更多身」造像容貌相同或相似的人物說明此二菩薩「百億身」的數目。犍陀羅此類造像，都被栗田功視為「梵天勸請」的造像。犍陀羅最明顯的一鋪「彌勒一組三尊像」的擴大版造像，即是在斯瓦特河流（the Swāt）出土，目前為日本私人收藏的「彌勒一組三尊」的擴大版造像（圖18）。[92]

上面圖 18 此鋪「彌勒一組三尊像」的擴大版造像，彌勒佛右手側的觀音造像後方的人物相貌，與彌勒佛右手側觀音菩薩的相貌非常相似，而彌勒佛

91　《普賢菩薩說證明經》，《大正》卷 85，頁 1356 上。
92　栗田功，《ガンダーラ美術》第一冊，《佛傳》，頁 127，圖 248，「梵天勸請」。

左手側後方的人物相貌則與彌勒佛左手側普賢
菩薩的相貌非常相似。這說明，犍陀羅的「彌
勒一組三尊像」的擴大版造像，乃依據《證明
經》所載的，「是此二菩薩分身百億」的經文
製作的造像。

　　犍陀羅出現的「彌勒一組三尊像」的造像
法，讀者或許會認為，此像很可能源自早期阿
瑪拉瓦底大支提所造的鼓形石板小支提造像上
的彌勒、普賢及觀音的三尊像的造像法製成的
造像。[93] 但筆者認為，犍陀羅此「彌勒一組三
尊像」的造像模式或造像方法，乃源自迦尼色

圖18　犍陀羅造彌勒一組三尊像
　　　的擴大版造像

迦第一統治貴霜時代，為迎接「一切有部僧人」入住當時迦尼色迦第一建造
的「故伽藍」所製作的「香盒」蓋上，學者所謂的「釋迦一組三尊」。學者所
謂的「釋迦一組三尊」事實上是「彌勒一組三尊像」。筆者在本書的第三章已
經詳細說明此「一組三尊像」是「彌勒一組三尊像」的原因。除了筆者，其
他的學者也有認為此「一組三尊」的主尊造像是彌勒佛像。[94] 迦尼色迦第一時
代「故伽藍」的建築師在其等贈送的「香盒」蓋上造「彌勒一組三尊像」，不
是沒有原因。因為迦尼色迦第一當時即有積極提倡彌勒佛自兜率天下生為「犍
陀羅國」「法師」的信仰，「故伽藍」的建築師在歡迎一切有部法師入住「故
伽藍」的場合，才會有在「香盒」上造「彌勒一組三尊像」作為其等表達歡
迎法師入住「故伽藍」的情形。[95] 此「彌勒一組三尊像」在犍陀羅出現之後，
犍陀羅在 4 世紀末、5 世紀初期傳入支提信仰之際，犍陀羅的造像者很顯然的
也將犍陀羅製作的「彌勒一組三尊像」「支提信仰化」，並將此「彌勒一組三
尊像」的主尊造像視為支提信仰的彌勒佛像；彌勒佛像兩側的二菩薩像，則

93　見本書第五章，〈龍樹與阿瑪拉瓦底大支提的建築及造像〉。

94　見本書第三章，〈貴霜佛教建國信仰的發展者迦尼色迦第一及胡為色迦王〉。

95　見本書第三章，〈貴霜佛教建國信仰的發展者迦尼色迦第一及胡為色迦王〉。

各別視為護持支提信仰的「普賢菩薩」及「觀音菩薩」的造像。自犍陀羅出現此支提信仰的「彌勒一組三尊像」的造像法之後，此「彌勒一組三尊像」的造像法，便成為亞洲歷史上最具代表性的支提信仰造像法。我們在後來的許多支提信仰遺址及造像址，都見有用此「彌勒一組三尊像」的造像法造像的情形。譬如，我們在 5 世紀後半葉開鑿的印度阿旃陀石窟，便常見此石窟用此「彌勒一組三尊像」表達其支提信仰的內容。6 世紀於古代暹羅建國的墮和羅王國，在製作其支提信仰造像之際，也常使用「彌勒一組三尊像」的造像法，表達其支提信仰的內容。8 世紀開鑿的西印度葉羅拉石窟（Ellora caves）及 9 世紀初期建成的中爪哇婆羅浮屠造像址，也常見此二支提信仰造像址用「彌勒一組三尊像」的造像法表達其支提信仰的內容。「彌勒一組三尊像」的造像法，也常被初唐時代的武則天用來說明其以「彌勒佛下生為女轉輪王」的姿態統治大周帝國。譬如，武則天統治大周時期於龍門擂鼓台中洞正壁所造的「彌勒一組三尊」像（圖 19）及在敦煌所造的「北大像」，都用此類「彌勒一組三尊像」的造像法表達其支提信仰。[96]

圖 19　龍門東山擂鼓台中洞正壁武氏彌勒一組三尊像

96　見古正美，《從天王傳統到佛王傳統》第五章，〈武則天的華嚴經的佛王傳統與佛王形象〉，頁250-256。

武氏用呈「倚坐相」的「彌勒佛王」造像，製作其「彌勒一組三尊像」的主尊造像這種造像法，不見於早期的阿瑪拉瓦底大支提的造像。但自 3 至 4 世紀之間，龍樹山開始製作「倚坐彌勒佛像」（圖 20）之後，[97]「倚坐彌勒佛像」便成為後來亞洲各地帝王製作其「彌勒佛王像」的最重要造像。龍樹山製作的「倚坐彌勒佛像」，見造於龍樹山第二遺址（Site 2）出土的一鋪三段式圓頂石板（dome slab）的造像。目前許多學者在解釋此鋪龍樹山出土的造像之際，都還是從佛陀的故事或佛傳的角度說明此鋪造像的內容及性質。譬如，伊麗莎白・羅森・史通（Elizabeth Rosen Stone）便如此解釋龍樹山出土的此鋪造像：「上段是佛陀在鹿野苑初轉法輪（First Sermon in the Deer Park）的造像；中段是商

圖 20　龍樹山出土倚坐彌勒佛像

人在佛陀成道之後供養（feed）佛陀的造像；下段是佛陀受龍王穆慈林達（Mucilinda）護持的造像」。[98] 支提信仰製作「倚坐彌勒佛像」的造像法，在西元 3、4 世紀之間出現於龍樹山之後，此像便成為亞洲各地製作「彌勒佛像」或「彌勒佛王像」的最重要造像法。法顯在 5 世紀初期自印度取回南朝的「龍華圖」，也是一鋪呈「倚坐相」的「彌勒佛像」。[99]

　　我們注意到，犍陀羅在發展支提信仰期間也造有呈「倚坐相」的彌勒佛像或彌勒佛王像。譬如，栗田功定為「佛陀倚坐」的造像，就是犍陀羅製作的，呈「倚坐相」的彌勒佛像或彌勒佛王像。[100] 栗田功在其書收集的四鋪所謂「佛陀倚坐」的造像，其造像法都非常相像：這些呈「倚坐相」的彌勒佛

97　見本書第五章，〈龍樹與阿瑪拉瓦底大支提的建築及造像〉。

98　Elizabeth Rosen Stone, *The Buddhist Art of Nāgārjunakoṇḍa*. Dehli: Motilal Banarsidass, 1994, Plate 229, Illustration.

99　見本書第四章，〈佛教支提信仰的奠立者──龍樹菩薩〉。

100　栗田功，《ガンダーラ美術》第二冊，《佛陀の世界》，頁 97，圖 247-圖 258。

像或彌勒佛王像，兩手都作轉法輪印，身穿袒露右肩，或通肩的佛衣，佛的頭部後面都造有圓形的頭光。下面此鋪日本私人收藏的犍陀羅造倚坐彌勒佛像，或栗田功所謂的「佛陀倚坐像」（圖21），就是一個例子。[101]

圖21　犍陀羅造倚坐彌勒佛王像

「彌勒一組三尊像」的造像法，在5世紀之後也常用「倚坐彌勒佛王像」作為此類造像的主尊造像。譬如，5世紀下半葉於阿旃陀石窟製作的「彌勒一組三尊像」的主尊造像，便常造成呈「倚坐相」的彌勒佛王像。中亞克孜爾石窟早期所造的「彌勒一組三尊像」的主尊造像，也常見被造成呈「倚坐相」的彌勒佛王像。但克孜爾石窟早期所造的「彌勒一組三尊像」，自在此石窟出現佛裝、呈「交腳坐相」的「彌勒佛王新像」之後，便見此石窟也常用呈「交腳坐相」的「彌勒佛王新像」取代呈「結跏趺坐相」及呈「倚坐相」的彌勒佛王像。[102]

克孜爾石窟所造的「彌勒一組三尊像」的造像變化，也見於此類造像的普賢菩薩及觀音菩薩的造像。克孜爾所造的「彌勒一組三尊像」的變化，確實始於何時，我們不清楚，但在其早期開鑿的石窟，如4、5世紀之間開鑿的石窟，我們已見其「彌勒一組三尊像」的造像法出現變化。克孜爾石窟此類造像的變化，除了見於其「彌勒一組三尊像」的主尊造像出現變化外，此像的觀音菩薩像及普賢菩薩像，也各以白色皮膚及黑色皮膚的人物面貌出現在此類變化的造像上。譬如，克孜爾石窟第129窟南壁四方形格子內所造的四鋪「彌勒一組三尊像」的主尊彌勒佛王的造像，便以克孜爾石窟創造的佛裝、呈「交腳坐相」的「彌勒佛王新像」（圖22）的面貌出現在造像上。[103] 克孜爾此類穿佛衣、呈「交腳坐相」的「彌勒佛王新像」，

---

101 栗田功，《ガンダーラ美術》第二冊，《佛陀の世界》，頁97，圖248，日本私人收藏，可能在卡普爾克（Kapurkot）出土。

102 見本書第八章，〈新疆克孜爾石窟的支提信仰造像特色及其影響〉。

103 有關克孜爾石窟的「交腳坐彌勒佛王新像」及「彌勒一組三尊像」的造像說明，請見本書第八

是克孜爾石窟的造像者，結合彌勒佛像（上部）及「呈交腳坐相」的轉輪王像（下部）所創造的一種「彌勒佛王新像」。[104] 克孜爾第 129 窟南壁四方形格子內的四鋪「彌勒一組三尊像」的主尊造像一側，都繪有一位或立或跪，呈白色膚色的人物畫像；而主尊造像的另一側，則繪有一位或立或跪，呈黑色膚色的人物畫像。

克孜爾石窟 129 窟南壁所造的呈白色膚色的人物造像，應該

圖 22　克孜爾 129 窟南壁造彌勒一組三尊像

就是《證明經》所載的「觀世音菩薩像」，而呈黑色膚色的人物造像，則是《證明經》所載的「普賢菩薩像」。我們如此確定此事的原因是，5 世紀後半葉開鑿的阿旃陀石窟的第 2 窟壁面，便繪有一鋪開鑿阿旃陀石窟的印度帝王哇卡塔卡王（King Vakataka）哈利先那（Harishena, ruling, 460-478）呈「倚坐」坐姿坐在「轉輪王座」（摩羯魚）上的畫像，及普賢菩薩和觀音菩薩各立於其身後兩側的造像。畫中的此二菩薩造像，一手各持有一支「白拂」（圖 23）。阿旃陀第二窟此畫像中的普賢菩薩的造像，即被畫成黑色皮膚的人物造像，而此畫中所繪的觀音菩薩的造像，即被畫成白色皮膚的人物造像。普斯配斯‧潘（Pushpesh Pant）認為，此畫像為「彌勒菩薩」坐在兜率天準備下生的造像。[105] 普斯配斯‧潘顯然不知道此畫像中戴冠、身體呈黑色皮膚，上身裸

　　章，〈新疆克孜爾石窟的支提信仰造像特色及其影響〉；並見新疆維吾爾自治區文物管理委員會及北京大學考古系等，《中國石窟‧克孜爾石窟》第二冊（北京：文物出版公司，1996），圖 161，第 129 窟正壁，「因緣佛傳圖局部」。

104 見本書第八章，〈新疆克孜爾石窟的支提信仰造像特色及其影響〉。

105 Pushpesh Pant, *Ajanta & Ellora: Cave Temples of Ancient India.* Holland: Roli & Janssen BV, 2003, reprint, p. 48. 有關此像的討論及圖像，見本書第八章，〈新疆克孜爾石窟的支提信仰造像特色及

露，呈「倚坐相」坐在「摩羯魚座」或「轉輪王座」上的主尊人物畫像，就是一尊用克孜爾石窟創造的「彌勒佛王新像」的造像法，製作的開鑿此石窟的印度帝王哇卡塔卡王哈利先那的畫像；[106] 也不知道，阿旃陀石窟此「彌勒一組三尊像」的造像法，是一鋪阿旃陀石窟受克孜爾石窟造「彌勒佛王新像」造像法影響的造像。[107]

阿旃陀石窟第一窟內的畫像，也繪有普賢菩薩及觀音菩薩的畫像。阿旃陀第 1 窟內所繪的蓮花手（Patmapāni）或觀世音菩薩的畫像，被畫成白色皮膚的人物造像（圖 24）。[108] 同此第一窟也繪有普賢菩薩的畫像或金剛手（Vajrapāni）的畫像。普賢菩薩的畫像，則被繪成黑色皮膚的人物畫像（圖 25）。[109] 這種視普賢菩薩為黑色皮膚人物、觀音菩薩為白色皮膚人物的造像法，後來便一直成為亞洲地區製作此二菩薩的畫像法。我們在 18 世紀，甚至更晚，西藏製作的支提信仰唐卡（Thangka）（圖 26），都還見此二菩薩的畫像，都用這種方法畫觀音菩薩及普賢菩薩的畫像。[110]

西元 4、5 世紀之後，「彌勒一組三尊像」的造像法，在亞洲已經非常普遍。為何支提信仰的造像會出現黑色普賢及白色觀音的造像變化？由於文獻闕如，筆者至今尚無法解釋。

二 梁代造「彌勒一組三尊像」的擴大版造像及梁代的其他造像

我們在亞洲歷史上所見的「彌勒一組三尊像」的造像變化，不止於此。

其影響〉。

106 此倚坐彌勒佛王像，乃是一鋪「彌勒佛王新像」。有關「彌勒佛王新像」的討論及說明，見本書第八章，〈新疆克孜爾石窟的支提信仰造像特色及其影響〉。

107 有關克孜爾石窟的造像法影響印度石窟及造像的說明，見本書第八章，〈新疆克孜爾石窟的支提信仰造像特色及其影響〉。

108 Benoy K. Behl, *The Ajanta Caves: Ancient Paintings of Buddhist India.* London: Thames and Hudson, 1998, p. 69, fig. 69.

109 Benoy K. Behl, *The Ajanta Caves,* p. 66, main fig. 66.

110 見馮明珠、索文清主編，《聖地西藏：最接近天空的寶藏》（台北：聯合報股份有限公司，2010），頁 157，圖版 67。

梁武帝時代（統治，502-549）所造的「彌勒一組三尊像」，也出現另一種大變化。這種變化就是在「彌勒一組三尊像」的普賢及觀音造像的兩側，又各自增加了學者常言的佛弟子「迦葉」及「阿難」的造像及擴大版的菩薩像、弟

圖 23　阿旃陀第 2 窟造彌勒一組三尊像

圖 24　阿旃陀第 1 窟造白色觀音菩薩畫像

圖 25　阿旃陀第 1 窟造黑色普賢菩薩畫像

圖 26　西藏 18 世紀造支提信仰唐卡造像

子像及力士像。梁武帝時代也造有「彌勒一組三尊像」。譬如，梁「天監三年（504）甲申三月三日，比丘釋法海為亡母、亡姐造無量（壽）石像」（圖27），就是一鋪此類造像的例子。[111] 天監三年此鋪法海所造的「彌勒一組三尊像」的主尊造像，並不是如此像的〈造像記〉所言，是一尊「無量（壽）石像」。此鋪像就如犍陀羅所造的「彌勒一組三尊像」一樣，將彌勒佛立像造在鋪造像的中央，彌勒立像兩側，各造有普賢及觀音的立像一

圖27　梁天監3年法海造彌勒一組三尊像

軀。天監三年此鋪比丘法海為亡母、亡姐製作的造像，其銘文雖載此鋪造像為「無量（壽）石像」，然此造像事實上是一鋪依據北魏孝文帝（統治，471-499）開鑿的雲崗石窟第6窟中心柱上層四面所造的「彌勒一組三尊像」的造像法製作的梁代「彌勒一組三尊像」。[112]

　　梁代「彌勒一組三尊像」的擴大版造像，也見其造像有擴大至五尊、七尊，甚至十一尊之多的造像。梁代這種擴大版「彌勒一組三尊像」的造像內容，與犍陀羅造「彌勒一組三尊像」的擴大版造像內容一樣，主要造彌勒佛、普賢菩薩和觀音菩薩三人的造像。梁代造的「彌勒一組三尊像」的擴大版造像，與《證明經》所載的普賢菩薩及觀音菩薩「分身百億」的經文自然也有密切的關聯。《證明經》在談論普賢菩薩及觀音菩薩「分身百億」的經文時記載有下面此二信仰：（1）普賢菩薩及觀音菩薩有「分身百億」的信仰。所謂「分身百億」，就是此二菩薩能分出許多身體。（2）普賢菩薩及觀音菩薩的分身，也是《證明經》所載的，「三賢四聖」的身分。「三賢」，指《證明經》

---

111 見李裕群，〈試論成都地區出土的南朝佛教石造像〉，《文物》，第二期（2000），頁64。李裕群在此頁提到此像。並見，成都市文物考古工作隊、成都市文物考古研究所，〈成都市西安路南朝石刻造像清理簡報〉，《文物》，第11期（1998），頁10，H1:7，圖像2，H1:7，造像正面。此像的造像記載：「天監三年甲申三月三日，比丘釋法海為亡母、亡姐造無量（壽）石像，願亡者乘此福去離危苦……」。

112 見本書第二章，〈大乘佛教建國信仰的奠立者——貴霜王丘就卻〉，圖8。

所載的「如童菩薩、月光菩薩及摩訶迦葉」，而「四聖」，則指《證明經》所載的「優波利、棠公、僧朗及杯度」。

《證明經》提到的泰山僧朗及杯度，都是南北朝甚至是梁代的僧人。陳侍中尚書令江總持撰〈攝山栖霞寺碑銘〉，即載有梁武帝與僧朗交往的情形如下：

> 有名德僧朗法師，去鄉遼水，問道京華，清規挺出，碩學精詣，早成波若之性，夙植尸羅之本……以法師累降徵書，確乎不拔。天監十一年（梁武）帝乃遣中寺釋僧懷靈根寺釋慧今等僧詣山諮受三論大業。[113]

此處所言的「詣山」，就是去僧朗所住的地方拜訪僧朗的意思。僧朗的名字被收入《證明經》，與〈攝山栖霞寺碑銘〉所載的上面這則梁武帝與朗公交往的軼事必有一定的關聯。杯度一直到宋元嘉五年（311）尚在南方以神咒行醫、救世。杯度來去自如，為一神奇性人物。[114]《高僧傳·延賢寺杯度傳》如此載杯度的行徑：

> 杯度者，不知姓名。常乘木杯度水，因而為目。初在冀州後至京師，見時可年四十許。帶索襤褸殆不蔽身，言語出沒喜怒不均。或嚴冰扣凍而洗浴，或幾著屐上山，或徒行入市唯荷一蘆圌子，更無一物。[115]

杯度必定也是梁武帝所推崇的人物，故其名字也出現在《證明經》這段「偽經」上。由於僧朗明顯的是梁武帝時代的人物，我們因此推測，《證明經》中所載的「三賢四聖」的經文及名字，非常可能是梁武帝時代補入《證明經》的「偽經」；否則梁武帝時代不會出現「三賢四聖」的造像。成都出土的梁代「彌勒一組三尊像」的造像，出現兩位，甚至四位僧人的造像，即明顯的說明，梁代製作的此類造像，乃依據其時代補入的《證明經》所載的「三賢四聖」的「偽經」製作的造像。

梁代的「彌勒一組三尊像」的造像變化，除了造有二尊或四尊弟子像外，

---

113 （陳）侍中尚書令江總持撰，〈攝山栖霞寺碑銘〉，收入葛寅亮撰，《金陵梵剎志》卷4（台北：新文豐出版公司），頁123。

114 （梁）釋慧皎，《高僧傳·杯度傳》卷10，《大正》卷50，頁390中-392上。

115 《高僧傳·延賢寺杯度傳》，《金陵梵剎志》，頁110-113上。

也見梁代「彌勒一組三尊像」的擴大版菩薩造像，造有四尊，甚至五尊的菩薩造像。除此，梁代「彌勒一組三尊」的擴大版造像，也常造「二力士」的造像。[116]

梁代在「彌勒一組三尊像」的擴大版造像上增加的二弟子造像，就是學者常說的「阿難」及「迦葉」的造像。但筆者認為，此二弟子的造像，應是《證明經》所載的「三賢」中的「如童菩薩」及「摩訶迦葉」的造像。因為此二弟子的造像，特別在後來敦煌製作的造像，常見造一位面貌如童子的「如童菩薩」的造像，及一位年長的「摩訶迦葉」的造像。這與《證明經》所載的「如童菩薩」及「摩訶迦葉」的面貌相符。既是如此，在「彌勒一組三尊像」上加入「如童菩薩」及「摩訶迦葉」的造像，非常可能也是梁代才開始製作的造像。

梁代在「彌勒一組三尊」的擴大版造像所造的「四聖」或四弟子的造像，以中大通二年（530）七月八日比丘晃藏為其亡父母造的「釋迦石像」（圖28），為最佳的例子。此像不僅造有一佛及四菩薩像的造像，也造有四弟子或「四聖」及二力士的造像。[117] 比丘晃藏的造像銘記雖稱此像為「釋迦石像」，事實上此像也是一座「彌勒一組三尊像」的擴大版造像。因為此像的主要造像，也是被造成「彌勒一組三尊像」的造像。

梁代的造像，因依據《證明經》的經文製作其像，故在「彌勒一組三尊像」上，也增加「二力士」的造像。譬如，梁天監十年（511）王州子妻李兼女所造「釋迦石像」（圖29），[118] 即是一個例子。天監十年所造的「彌勒一組

---

116 袁曙光，〈四川省博物館藏萬佛寺石刻造像整理簡報〉，《文物》，第 10 期（2001），頁 27，圖 16。

117 見雷玉華，〈成都地區的南朝佛教造像〉，收入中國魏晉南北朝史學會及四川大學歷史文化學院編，《魏晉南北朝史論文集》（成都：巴蜀書社，2005），頁 278，圖 5；並見，袁曙光，〈四川省博物館藏萬佛寺石刻造像整理簡報〉，《文物》，第 10 期（2001），頁 27，圖 15 及圖 14；頁 23，圖 10；頁 25，圖 12。

118 成都市文物考古工作隊等，〈成都市西安路南朝石刻造像清理報告〉，封面背面圖 2，也見頁 6 及頁 9，圖 7 的二比較圖；亦見頁 6-7 行文，圖 H1:3；並見張肖馬、雷玉華，〈成都市商業街南朝石刻造像〉，《文物》，第 10 期（2001），頁 11，圖 15（90CST5:7）；頁 12，圖 17（90CST5:8）；

圖28　梁代造 1 佛 4 菩薩 4 弟子 2 力士的彌
　　　勒一組三尊擴大版造像

圖29　梁代造 1 佛 2 菩薩 2 力士的彌勒一組
　　　三尊擴大版造像

圖30　梁代造 1 佛 2 菩薩 2 弟子及 2 力士的
　　　彌勒一組三尊擴大版造像

三尊像」，也是一座此像的擴大版造
像。此座造像的主佛或彌勒像背光所
淺雕的造像內容，非常明顯的顯示，
此像也是一座支提信仰的造像。[119]

　　梁代所造的「彌勒一組三尊像」
的擴大版造像，也出現有一佛、二菩
薩、二弟子及二力士的造像（圖
30）。梁代用「分身百億」的經文製
作的菩薩像，就目前保存的梁代此類

―――――――――――――――――

頁 12-18，圖 18（90CST5:9）；也見雷玉華，
〈成都地區的南朝佛教造像〉，《魏晉南北朝
史論文集》，頁 278，圖 4。
119 見下詳述。

造像而言，甚至有多至五尊者（圖
31）。[120] 由此可見，梁代在製作其「彌
勒一組三尊像」的擴大版造像之際，
並沒有固定其製作的擴大版造像的人
物數目及內容。梁代製作其「彌勒一
組三尊像」的擴大版造像情形，因此
非常自由，可以有下面這些造像組合
的情形：一佛、四菩薩、四弟子及二
力士的造像組合（見圖28）；一佛、
二菩薩、二力士的造像組合（見圖
29）；一佛、二菩薩、二弟子及二力
士的造像組合（見圖30），及用「二
佛並坐」為主尊造像，並加入五尊菩
薩、二弟子及二力士的造像組合（見
圖31）。

圖31　梁代造「二佛並坐」5菩薩2弟子2力
士的彌勒一組三尊擴大版造像

　　梁代製作「彌勒一組三尊像」的
擴大版造像法，可以上溯至犍陀羅製作的「彌勒一組三尊像」的擴大版造像
法。梁代雖然沿襲犍陀羅製作「彌勒一組三尊像」的擴大版造像法，並依據
《證明經》所載的二菩薩「分身百億」的經文製作其擴大版的造像，然梁代在
「彌勒一組三尊像」的擴大版造像上所呈現的造像變化情形，不止於此。梁代
在製作「彌勒一組三尊像」的擴大版造像之際，還依據梁代加入《證明經》
所載的「三賢四聖」偽經及《證明經》的經文，增加了佛弟子的造像及力士
的造像。這使原來已經非常複雜的「彌勒一組三尊像」的擴大版造像內容，
在梁代變得更加多元、豐富。

---

120 四川大學博物館藏中大通四年（532）繁東鄉齊建寺比丘僧顯發心敬造「釋迦石像」。此像是我
　　們看到這類造像中最多位菩薩造像者，共有1佛、6菩薩、4弟子及2力士的造像內容。見霍
　　巍，〈四川大學博物館收藏的兩尊南朝石刻造像〉，《文物》，第10期（2001），頁39-40，圖
　　10。

「二力士像」在梁代造像上的出現，與《證明經》記述彌勒佛下生降魔的經文有密切的關聯。《證明經》載：

> 爾時普賢菩薩手把金剛三昧杵，擬定三昧。爾時如童菩薩手把金剛埵，爾時復有金剛力士手把金棒，走地叫喚，日月崩落。[121]

此段經文所載的護持彌勒下生的人物，除了有「普賢菩薩」及「如童菩薩」外，也有「力士」的造像。「普賢菩薩」及「如童菩薩」的造像都出現在梁代的「彌勒一組三尊像」的擴大版造像上，「力士」的造像自然也會被造在梁代的此類造像。袁曙光在研究四川出土的南朝造像之際，也注意到梁代製作的「彌勒一組三尊像」的造像組合有變化的情形。袁曙光在〈成都萬佛寺出土的梁代石刻造像〉中說：

> 這樣的組合和布局在同一時期的中原地區造像中很少見，就是川北廣元、巴中等地的早期石窟造像中，也多是一佛二弟子，二菩薩，四弟子、四菩薩的組合，是萬佛寺梁代造像所獨有的。[122]

我們如此確定上面這些造像都是梁代所造的「彌勒一組三尊像」的擴大版造像的原因是，我們在這些造像上也見有其他支提信仰的造像內容。譬如，在圖 29 及圖 31 的主佛背光的造像上，我們不僅見有三座支提的造像，也見此三座支提內都坐有彌勒佛下生像及聽法的大眾造像。這種造三座支提內都坐有彌勒佛下生像的造像法，即是用上面我們所言的犍陀羅用「一組三尊彌勒佛」的造像法，表達支提信仰或彌勒佛下生信仰的內容。

四川成都西安路出土，梁大同十一年（545）十月八日張元為亡父母所造的「釋迦、多寶石像」，即是梁代用一鋪「二佛並坐像」作為造像主尊製作的一鋪「彌勒一組三尊像」的擴大版造像（見圖 31）。[123] 此鋪造像的主尊之所以被造成「二佛並坐像」，乃因「二佛並坐像」在 5 世紀初葉可以見到被北涼王

---

121 此處記述彌勒下生降魔的全文，請見《普賢菩薩說證明經》，《大正》卷85，頁1367中-下。

122 袁曙光，〈成都萬佛寺出土的梁代石刻造像〉，《四川文物》，第三期（1991），頁31。

123 James C.Y. Watt, et al., *China: Dawn of a Golden Age, 200-750 A. D.* New York: The Metropolitian Museum of Art and New Haven: Yale University Press, 2005, p.226-227, Fig. 127, "Stele with the Seated Buddhas"; 並見《成都市西安路南朝石刻造像清理簡報》，頁8-9，圖3。

朝（統治，401/412-439/460）開鑿的敦煌石窟視為支提信仰的「彌勒佛王像」。[124]「彌勒佛王」此稱號，也是支提信仰的轉輪王稱號。因為奠立支提信仰的龍樹認為，以彌勒佛「法身」（dharmakāya）下生的轉輪王身（化身），既有彌勒佛身，也有轉輪王身，支提信仰的轉輪王便能被稱為「彌勒佛王」。[125] 在造像上，「彌勒佛王像」常被造成佛像；特別是克孜爾石窟自 4、5 世紀之後便常用「彌勒佛像」製作「彌勒佛王像」或轉輪王像。[126] 但梁代此鋪造像用「二佛並坐像」表達或說明「彌勒佛王像」的造像法，是因為為北涼王朝在敦煌開鑿石窟的曇無讖（Dharmaksema, 384-433），在敦煌開鑿莫 259 窟之際，已經將莫 259 窟的主尊造像，即「二佛並坐像」，「轉化」成「彌勒佛王像」的緣故，「二佛並坐像」在中國歷史上從此便被視為「彌勒佛王像」。[127] 曇無讖使用的「轉化」造像的方法，在歷史上可以上溯至犍陀羅於 2 世紀下半葉製作佛教轉輪王像的活動，[128] 因此曇無讖並不是歷史使用「轉化」造像方法的第一人。筆者將在本書第十章詳細談論北涼發展佛教的情形，及犍陀羅和北涼製作「二佛並坐像」及「轉化」造像的情形，[129] 故筆者在此對「二佛並坐像」及「轉化」造像的方法不作贅述。梁代用「二佛並坐像」作為此鋪「彌勒一組三尊像」的擴大版造像的主尊造像方法及造像目的，與上面我們談論的梁代製作的其他的「彌勒一組三尊像」的擴大版造像方法及造像目的，基本上是用同樣的造像法，並表達同樣的目的，即都要表達梁代的支提信仰內容。

　　梁代所造的「彌勒一組三尊像」的擴大版造像，除了在造像上用三座支提說明彌勒佛下生的信仰，及用造彌勒佛像及「二佛並座」的造像法表達支提信仰的「彌勒佛王下生像」外，梁代製作的「彌勒一組三尊像」的擴大版

---

124 見本書第十章，《中國北涼發展支提信仰的證據-涼州瑞像與敦煌的白衣佛像》。
125 見本書第八章，〈新疆克孜爾石窟的支提信仰造像特色及其影響〉。
126 見本書第八章，〈新疆克孜爾石窟的支提信仰造像特色及其影響〉。
127 有關曇無讖用「轉化」造像的方法在敦煌將「二佛並坐像」轉化成彌勒佛像的說明，見本書第十章，〈中國北涼發展支提信仰的證據——涼州瑞像與敦煌的白衣佛像〉。
128 見本書第十章，〈中國北涼發展支提信仰的證據——涼州瑞像與敦煌的白衣佛像〉。
129 見本書第十章，〈中國北涼發展支提信仰的證據——涼州瑞像與敦煌的白衣佛像〉。

造像，也用其他的造像方法表達其等的造像為支提信仰的造像。譬如，圖 30
的「彌勒一組三尊像」的擴大版的主尊彌勒佛的造像，在其舟形背光中，也
見用表達支提信仰的「七佛」造像法說明其是一鋪支提信仰的造像。我們在
犍陀羅及山崎大塔所見的「七佛」造像，因都具有表達支提信仰的作用，[130]
「七佛」的造像出現在梁代製作的圖 30 的「彌勒一組三尊像」的擴大版主尊
造像上，自然也有表達、說明此像為一鋪支提信仰的造像。

　　梁代製作的「須彌山圖」（圖 32），雖不屬於「彌勒一組三尊像」的擴大
版造像，然此像的背面造像，也具有說明梁代所發展的「佛教建國信仰」是
支提信仰的作用。梁代造的「須彌山圖」的背面造像頂部，造有一尊呈「交
腳坐相」的轉輪王坐「支提」下生的造像。「須彌山圖」背面此「支提」造像
的上方，甚至造有我們在阿瑪
拉瓦底大支提四面入口處上方
所見的五支「阿雅卡柱子」
（ayaka pillars），[131] 說明此造像即
是一鋪支提信仰的造像。很顯
然的，梁代的造像者對傳統支
提信仰的建築及造像法有深刻
的了解及認識。這就是為何梁
代能使用各種不同組合的「彌
勒一組三尊像」的擴大版造像
法及各種支提信仰造像法，表
達、說明梁代所發展的支提信
仰性質及造像內容的原因。

　　龍樹奠立的支提信仰，也
被稱為「彌勒佛下生為轉輪王」

圖 32　梁代造須彌山圖背面支提信仰的造像

---

130 見本書第六章，〈山崎大塔的支提信仰造像〉。

131 見本書第五章，〈龍樹與阿瑪拉瓦底大支提的建築及造像〉。

的信仰，[132] 因此支提信仰的主要造像內容，以阿瑪拉瓦底大支提的造像為例，就是要表達彌勒佛坐支提下生為轉輪王的信仰內容。[133] 梁代製作的「須彌山圖」背面的上方，因造有一尊呈「交腳坐相」的轉輪王像坐在具有五支阿雅卡柱子的「支提」內下生的造像，我們因此知道，此「須彌山圖」（Mt. Meru）有被視為宇宙中心的意思，而梁武帝則是一位在宇宙中心坐支提下生的「世界大王」或佛教轉輪王。[134] 梁代此「須彌山圖」背面的轉輪王造像因此有說明，梁武帝以轉輪王的姿態坐「支提」下生統治此宇宙或世界的意思。[135] 此「須彌山圖」的轉輪王像下方，為了表達梁武帝坐支提下生的目的不僅是要做佛教的轉輪王，而且其下生的更重要目的是，要像《彌勒下生經》所載的，彌勒佛下生三次的目的一樣，是要在世間說法或傳布大乘佛教信仰。故此圖像在交腳坐「轉輪王像」的下方，用三個三角點造《彌勒下生經》所載的三尊彌勒佛下生說法的造像。此「須彌山圖」背面的造像，因此是一鋪要說明梁武帝是一位在宇宙中心坐支提下生的轉輪王，梁武帝坐支提下生的目的是要如《彌勒下生經》所載的彌勒佛下生三次說法的情形一樣，要在世間傳布大乘佛法。

我們在北周（統治，556-581）及北齊（統治，550-577）之後常見的「盧舍那法界人中像」，因也被視為一種支提信仰的「轉輪王」造像，因此在「盧舍那法界人中像」的佛衣上，我們也見其造有「須彌山圖」的圖像，說明此「盧舍那法界人中像」是統治世界的「轉輪王」或「世界大王」。[136]

美國學者何恩之（Angela F. Howard）稱呼上面筆者所談論的「二佛並座像」（圖31）及「須彌山圖」（圖32）的造像，各別為「釋迦（Shakyamuni）、多寶

---

132 見本書第四章，〈佛教支提信仰的奠立者——龍樹菩薩〉。

133 見本書第五章，〈龍樹與阿瑪拉瓦底大支提的建築及造像〉。

134 有關佛教轉輪王有「世界大王」及「佛教法王」或「轉輪王」的稱號，見本書第二章，〈大乘佛教建國信仰的奠立者——貴霜王丘就卻〉說明。

135 有關梁武帝以彌勒佛王或轉輪王的姿態統治梁朝的事，見下詳述。

136 見本書第九章，〈《入法界品》的支提信仰性質及造像〉。

（Prabhutaratna）二佛並坐像」，[137] 及「彌勒上、下生經變圖」。[138] 何恩之依據《法華經・寶塔品》所載的「二佛並坐」經文稱此「二佛並坐像」為「釋迦、多寶二佛並坐像」時，她似乎不知道，此「二佛並坐像」早在北涼時期已被北涼僧人曇無讖「轉化」成「彌勒佛王像」。[139] 故何恩之也如美國學者羅申費爾德（John M. Rosenfield, 1924-2013）等人一樣，不僅將「須彌山圖」（圖32）背面上方呈「交腳坐相」的轉輪王像視為《彌勒上生經》所載的，坐在兜率天宮的「彌勒菩薩像」（Bodhisattva Maitreya）；同時也將「轉輪王」坐支提下生像下方所造的三尊彌勒佛的下生說法的造像，視為《彌勒下生經》所載的「彌勒佛下生像」。何恩之故稱「須彌山圖」背面的造像為「彌勒上、下生經變圖」。[140]

上面「須彌山圖」（圖32）背面所造的「三尊彌勒佛坐像」，確實依據《彌勒下生經》所載的彌勒下生三次說法的信仰所造的表達彌勒佛下生信仰像。但何恩之所言的呈「交腳坐相」的「彌勒菩薩像」，並不是其和許多學者所言的，依據《彌勒上生經》所載的，「彌勒菩薩」坐在兜率天說法的信仰所造的「彌勒菩薩像」。[141] 因為坐在支提內下生的呈「交腳坐相」的人物造像，不僅是位佛教「轉輪王」的造像，[142] 同時還是一位《證明經》所載的彌勒佛坐「支提」下生的「轉輪王」或「彌勒佛王」的造像。此座「須彌山圖」背面的造像，因此是一座要說明梁武帝以彌勒佛坐「支提」下生為「轉輪王」或「彌勒佛王」的姿態統治梁朝的造像，而不是何恩之及其他學者所言的「彌勒上、下生經變圖」。

何恩之所以會認為梁代造此「須彌山圖」背面的造像是一鋪「彌勒上、

137 James C.Y. Watt, et al., *China: Dawn of a Golden Age, 200-750 A. D*, pp. 226-227.

138 James C.Y. Watt, et al., *Dawn of a Golden Age, 200-750 A. D*, pp. 223-224.

139 見本書第十章，〈中國北涼發展支提信仰的證據——涼州瑞像與敦煌的白衣佛像〉。

140 James C.Y. Watt, et al., *Dawn of a Golden Age, 200-750 A. D.*, p. 223.

141 有關交腳彌勒菩薩像的說明及解釋，見本書第三章，〈貴霜佛教建國信仰的發展者迦尼色迦第一及胡為色迦王〉。

142 見本書第三章，〈貴霜佛教建國信仰的發展者迦尼色迦第一及胡為色迦王〉。

下生經變圖」的原因是，中國許多學者在何恩之之前，已經將此梁代造「須彌山圖」背面的造像判定為「彌勒上、下生經變圖」。譬如，中國敦煌學者趙聲良於 2001 年在《敦煌研究》發表的〈成都南朝浮雕彌勒經變與法華經變考論〉，便持此看法，並用「彌勒上、下生經變圖」說明梁代所造的此「須彌山圖」背面的造像。[143]

梁武帝用「彌勒一組三尊像」的擴大版造像方法，表達其「彌勒佛王」下生信仰的內容及方法，是梁武帝製作以表達其以彌勒佛下生為「轉輪王」或「彌勒佛王」的姿態統治大梁的最重要造像之一。梁武帝製作的「彌勒一組三尊像」的擴大版造像，除了依據《證明經》所載的「分身百億」及「三賢四聖」的經文內容製作其像外，梁代造此像的方法，也是依據犍陀羅製作的「彌勒一組三尊像」的擴大版造像法製作此像。由此可見，梁代用佛教信仰建國所造的造像，乃深受犍陀羅造支提信仰造像法的影響。梁代雖然製作許多具有造像變化性質的「彌勒一組三尊」的擴大版造像，然梁代使用的此類造像法，並沒有對中國梁代之後所造的佛教造像產生巨大的影響。我們雖然在北齊及隋代（統治，581-618）的造像，偶爾也會見到如用「一佛、二弟子、四菩薩」的造像法，製作「彌勒一組三尊像」的擴大版造像，但這樣的造像例子並不多見。[144] 這可能與後來的支提信仰造像者都知道，犍陀羅所補入的「分身百億」的經文及後來梁代又補入的「三賢四聖」的經文，都不是《證明經》原有的經文有一定的關聯。

梁代無論如何製作其「彌勒一組三尊」的「擴大版」造像，梁代的造像都不會忘記提醒我們，這些造像都與其時代所造的「須彌山圖」一樣，都是其時代製作以表達梁武帝是彌勒佛下生為轉輪王的造像，或梁武帝提倡支提信仰的造像。梁武帝的帝王形象，在其時代所製作的造像，不僅以支提信仰的「彌勒佛王」姿態出現，他的帝王形象，也如其他用佛教信仰建國的亞洲

---

143 趙聲良，〈成都南朝浮雕彌勒經變與法華經變考論〉，《敦煌研究》，第一期（2001），頁 34-36。

144 李裕群說：再如梁代造像組合多一佛、二弟子、四菩薩。這種組合亦見於開鑿於北齊中期的河北北響堂石窟南窟和山西平定開河寺隋開皇元年豆盧通造像中。見李裕群，〈試論成都地區出土的南朝佛教石造像〉，《文物》，第二期（2000），頁 72。

帝王一樣，用佛教「轉輪王」的面貌或形象出現於其時代的造像上。梁武帝的轉輪王造像，就「須彌山圖」背面的造像來看，也以犍陀羅早期製作的具「犍陀羅風格」（the Gandharan style）的王裝、戴冠，及呈「交腳坐相」的轉輪王姿態出現在造像上（見圖32）。由此可見，梁武帝所發展的「佛教建國信仰」就是犍陀羅所提倡的支提信仰。梁武帝不僅用犍陀羅發展的支提信仰造像法表達其「佛教建國信仰」的內容，同時也用犍陀羅發展的支提信仰造像法表達其「彌勒佛王」及轉輪王的形象。這些我們在梁代造像上所見的梁武帝發展犍陀羅支提信仰的情形，也被記載於梁武帝時代所造的佛教文獻及史料。

三 梁代文獻所載的梁武帝彌勒佛王形象

目前尚保存有許多梁代記載梁武帝以「彌勒佛」及「轉輪王」的姿態統治大梁的佛教文獻及史料。梁武帝的大臣沈約（441-513），在天監十二年（512）之前所撰的〈佛記序〉便已經提到，梁武帝在天監十二年已同時以「佛」及「轉輪王」的為王形象或面貌統治梁朝的活動。〈佛記序〉載：「皇帝行成無始，道承曠劫，十號在躬，三達靡礙，屈茲妙有，同此轉輪」。[145] 此話的意思是，梁武帝以「佛」（十號在躬）及「轉輪王」（同此轉輪）的面貌統治梁朝。梁武帝的大臣沈約所描述的梁武帝的彌勒佛王或轉輪王的面貌，就是我們在上面談論的梁武帝時代在「須彌山圖」背面所造的梁武帝以彌勒佛下生為轉輪王的面貌。梁武帝的兒子蕭綱（統治，549-551）在中大通五年（533）所撰的〈大法頌·並序〉，對梁武帝用佛教信仰建國的情形也有相當細膩的描述。〈大法頌·並序〉載：

> 皇帝以湛然法身不捨本誓，神力示現降應茲土。……於是莊嚴國界建立道場，廣行利益開闡佛事。驅彼眾生，同躋仁壽，引茲具縛俱入大乘。甲申在乎吉日，將幸同泰大轉法輪。茲寺者我皇之所建立，改大理之屬成伽藍之所……金輪燭日……於是披如來之衣，登師子之座（古案：轉輪王座），均百慮之粉

---

145 （梁）沈約奉梁武帝敕撰並敕啟序合三首，〈佛記序〉，《廣弘明集》卷 15，《大正》52，頁 201 中。

總……豈非聖主同諸佛身，降茲妙相等諸佛力，若符契焉……。[146]

蕭綱所撰的〈大法頌・並序〉說：「皇帝以湛然法身不捨本誓，神力示現降應茲土」的意思是，梁武帝以龍樹所言的，彌勒佛以其「法身」下生為「轉輪王」的姿態統治梁室的意思。[147] 彌勒佛下生為轉輪王的目的，就是要在地上建立佛國，傳播大乘佛教信仰，這就是〈大法頌・並序〉說：「於是莊嚴國界建立道場，廣行利益開闡佛事。驅彼眾生，同躋仁壽，引茲具縛俱入大乘」的意思。梁武帝既以彌勒佛下生為轉輪王的姿態統治大梁，他便要像《彌勒下生經》或《彌勒大成佛經》所載的，彌勒佛下生說法或「轉法輪」的方法，「引茲具縛俱入大乘」。這就是〈大法頌・並序〉說：「（梁武帝）將幸同泰大轉法輪」的原因。此處所言的「同泰」，乃是當時梁朝建造的最重要國家寺院的名稱。〈大法頌・並序〉不但如此說明梁武帝如何以彌勒佛下生為轉輪王的姿態用支提信仰建國，而且還告訴我們梁武帝如何在其建造的「同泰寺」宣說大乘佛法或「轉法輪」。蕭綱所撰的〈大法頌・並序〉甚至如此形容梁武帝的「彌勒佛王」形象：「披如來之衣，登師子之座」。梁武帝代所造的「彌勒一組三尊像」的擴大版造像所呈現的梁武帝的「彌勒佛王」下生面貌，就是這種「披如來之衣，登師子之座」的面貌，而「須彌山圖」背面所造的轉輪王坐支提下生及三座彌勒下生說法的造像，就是此處〈大法頌・並序〉說：「（梁武帝）將幸同泰大轉法輪」的造像。

梁代的大臣沈約雖然沒有直接地告訴我們，梁武帝以「彌勒佛王」下生的姿態統治大梁，但梁武帝的兒子蕭綱在其〈大法頌・並序〉則非常清楚的說，梁武帝是以「彌勒佛」下生為「轉輪王」的面貌統治大梁。蕭綱不止一次提到梁武帝以「彌勒佛王」的面貌用大乘信仰統治大梁的活動。譬如，蕭綱在其〈謝上降為開講啟〉說：「無礙大慈，不違本誓，來歲正月，開說三慧經」。[148]《彌勒下生經》稱呼彌勒佛為「慈氏」。「慈氏」一詞的梵文為

---

146 （梁）皇太子蕭綱上，〈大法頌・並序〉，《廣弘明集》卷 20，頁 240-241。

147 見本書第四章，〈佛教支提信仰的奠立者——龍樹菩薩〉。

148 （梁）蕭綱，〈謝上降為開講啟〉，《廣弘明集》卷 19，頁 234-235。

Mahāmaitra，有指「慈氏」、「大慈」，或「彌勒佛」（Maitreya）的意思。[149] 蕭綱所言的，「無礙大慈，不違本誓」的意思，就是指成道（無礙）的彌勒佛將不違背他的誓願下生教化眾生，並開講《三慧經》。在此，蕭綱很明顯的也將梁武帝用其「大慈」或「彌勒佛」的形象，下生說《三慧經》法的活動說明得很清楚。

蕭綱撰寫有關梁武帝以彌勒佛下生為轉輪王或「彌勒佛王」，並向其人民說法的活動，不止於此。陸雲公所撰的〈御講波若經序〉，也如此提到梁武帝以「大慈」或「彌勒佛」下生的姿態統治大梁：「皇帝真智自己，大慈應物」。[150] 蕭綱在其所撰的〈啟奉請上開講〉也提到，梁武帝以轉輪王的面貌統治天下，並用大乘信仰教化眾生：「伏惟陛下玉鏡宸居，金輪駕世，應跡有為，俯存利物。不違本誓，開導愚蒙，驅十方於大乘，運萬國於仁壽……」。[151]

蕭綱在其繼承梁武帝的王位之後，甚至在其〈改元詔〉中還提到，梁武帝以「彌勒佛王」下生說法的姿態統治天下：「大慈之業普薰」。[152] 由此可見，梁武帝以彌勒佛下生為轉輪王的姿態統治梁代的史實，及梁武帝用大乘佛教信仰建國的史實，不僅被記載於梁代製作的文獻，同時也被反映於其時代製作的造像。梁武帝很顯然的用犍陀羅所提倡的支提信仰內容及造像法作為其「佛教建國信仰」的方法，並用犍陀羅所強調的彌勒佛下生「轉法輪」或說法的形象，塑造其「彌勒佛王」「轉法輪」度脫眾生的佛教帝王形象。梁武帝為了發展支提信仰，從梁代同時用文字及造像方法表達梁武帝發展其犍陀羅式的支提信仰或「佛教建國信仰」的情形，我們即可看出，梁武帝乃深受犍陀羅發展的支提信仰的影響；否則梁代不會用犍陀羅的「彌勒一組三尊像」的擴大版造像法製作梁武帝的「彌勒佛王」形象，梁代的文獻也不會說梁武帝

---

149 荻原雲來編修，辻直四郎監修，《梵和大辭典》（台北：新文豐，1979），頁 1065-1066。

150 （梁）陸雲公，〈御講波若經序〉，《廣弘明集》卷 19，頁 235 中。

151 （梁）蕭綱，〈啟奉請上開講〉，《廣弘明集》卷 19，頁 235 上。

152 （梁）簡文帝蕭綱，〈改元詔〉，收入梁太宗簡文帝蕭綱著，《梁簡文帝御製集》卷 6，（明）海濱逸史張紹和纂，《歷代三十四家文集》（鄭州：中州古籍出版公司，1997）。

以彌勒佛下生的姿態在「同泰寺」「大轉法輪」。

　　梁武帝在以「彌勒佛王」或「轉輪王」的姿態統治梁代時，他的「彌勒佛王」形象或造像不僅常出現於其時代用犍陀羅「彌勒一組三尊」擴大版造像法製作的「彌勒佛王」造像，同時也常出現於其時代用單尊、呈「倚坐相」的造像法，製作的梁武帝的「彌勒佛王」造像。有梁一代所造的單尊「倚坐彌勒佛王像」的造像，以僧祐（445-518）監造的剡縣（今日紹興新昌縣）大佛最為有名。有關剡縣大佛的建造故事有很多記載。據《法苑珠林》的說法，剡縣石城山的釋僧護誓要建造一座十丈高的彌勒石像。但齊建武（495）中，僧護建造此像的活動便因其病逝而停止。沙門僧叔繼承僧護遺志繼續建造此像。後因其缺乏資金，而停止建造此像的工作。一日吳郡陸咸在夢中被告知，如果建安王能完成建造此像的工作，後者的病即可痊癒。梁武帝因此請僧祐律師去完成剡縣大佛的建造工作。僧祐從梁天監十二年（513）春開始建造此像，直至天監十五年（516）春，才將此像建造完畢。[153] 宿白認為，由官方出資，釋僧祐負責監造的「剡縣大佛」，其原像可能是一尊呈「倚坐相的彌勒佛王」坐像。[154]

　　除了梁代官方造有單尊「倚坐彌勒佛王像」外，梁代民間也造有「倚坐彌勒佛王像」的活動。其中常被學者提到的兩尊梁代製作的「倚坐彌勒像」，一尊是公孫伯成夫婦在普通六年（525）製作的「銅鑄倚坐彌勒佛像」，[155] 另一尊是山陽陶遷在大同四年（532）製作的「石造倚坐彌勒佛像」。[156] 梁代製作「彌勒佛王像」的活動，與文獻記載梁武帝以「大慈如來」（彌勒佛王）的面貌統治大梁的活動也完全契合，都要說明梁武帝在有梁一代，以「彌勒佛王」的姿態統治梁朝。[157]

153　（唐）釋道世，《法苑珠林》卷 16，《大正》卷 53，頁 407 下。

154　宿白，〈南朝龕像遺跡初探〉，收入宿白，《中國石窟寺研究》（北京：文物出版公司，1996），頁 184。

155　大村西崖，《支那美術史雕塑篇》，圖像部（日本：佛書刊行會，1915），頁 163。

156　大村西崖，《支那美術史雕塑篇》，圖像部，頁 164。

157　有關梁武帝以彌勒佛王的面貌統治梁代的詳細報告，參見古正美，〈梁武帝的彌勒佛王形象〉，

梁武帝在以「彌勒佛王」的姿態統治梁室之際,便非常重視用造像的方法表達其用佛教信仰建國的內容及其轉輪王形象。《佛祖統紀》卷 37 載:「天監元年(502)帝夢釋迦檀像入國。乃遣郝騫等往西(天)竺求之」。[158] 所謂「西(天)竺」,可能指犍陀羅。《佛祖統紀》同卷載:「(天監)十年(98),中天竺釋迦檀像至,帝率百僚迎入太極殿,建齋度人,大赦斷殺」。[159] 從這兩段記載梁武帝遣郝騫等去印度取佛像的文字,我們可以看出,梁武帝在發展「佛教建國信仰」之際,便知道佛教造像亦能表達其「佛教建國信仰」的內容及其轉輪王形象,因此其甚至有遣使去印度取佛像的活動。從梁武帝所使用的犍陀羅「彌勒一組三尊像」的擴大版造像法及其製作的犍陀羅式的轉輪王造像情形來判斷,我們推測,梁武帝遣使去印度取佛像或學習製作佛像的地點,主要應是在犍陀羅。這就是為何梁武帝時代製作的支提信仰造像,能非常精準的製作犍陀羅式的支提信仰造像細節的原因。

梁武帝事實上非常喜歡造像。他不但為自己造像,而且也為其大臣及父母造像。《集神州三寶感通錄》載:「又造等身金銀像兩軀於重雲,晨夕禮事五十許年」。[160] 此處所言的「造等身金銀像」,就是以梁武帝的身材、容貌造梁武帝自己的金銀「等身」造像的意思。《東都記》載:「秘書省內著作院後,有梁武帝及名臣沈約、范雲、周嗣以下三公數十人銅像」。[161] 梁武帝從天監初開始便在各地造像,且多造大像。譬如,《集神州三寶感通錄》便如此記載其在天監初開始造像:「天監初,於本宅立光宅寺,造丈八金像」;[162] 並為其父

上海社會科學院編輯委員會編,《傳統中國研究集刊》,第二輯(2006,10 月),頁 28-47;並見, Kathy Ku Cheng Mei,(古正美)"The Buddharāja Image of Emperor Wu of the Liang," in Alan K. L. Chan and Yuet-keung Lo, eds., *Philosophy and Religion in Early Medieval China*(New York: State University of New York Press, 2010, pp. 265-290.

158 (宋)咸淳四明東湖沙門志磐撰,《佛祖統紀》卷 37,《大正》卷 49,頁 348 中。

159 (宋)咸淳四明東湖沙門志磐撰,《佛祖統紀》卷 37,頁 349 上。

160 (唐)釋道宣,《集神州三寶感通錄》卷 50,《大正》卷 52,頁 419 下。

161 《金陵新志・同泰寺舊序》,收入葛寅亮撰,《金陵梵剎志》(台北:新文豐,1987),頁 359-360。

162 (唐)釋道宣,《集神州三寶感通錄》卷 50,頁 419 下。

親造像：「為父於鍾山造大敬愛寺，中殿大像神相有之」。[163] 梁武帝的造像活動一直延續至其統治梁朝的晚期。大同元年（535），他在其數次捨身的同泰寺造「十方銀像」，大同二年（536），又在同泰寺造「十方金像」。[164] 四川出土的梁代造像顯示，梁武帝在中大同三年（548），即太清二年，或其去世的前一年，還有造像的活動。[165] 袁曙光在談論四川萬佛寺出土的梁代造像之際特別指出：「上述幾件南梁造像的內容，重點突出了對無量壽佛和彌勒佛的信仰」。[166]

梁代的造像，特別側重造彌勒佛像的原因，自然與梁武帝發展的「佛教建國信仰」或支提信仰有密切的關聯。這從梁代的造像及文獻都可以證明。至於梁代重視造「無量壽佛像」的原因，與梁武帝發展的支提信仰也有密切的關聯。《證明經》在經尾即提到，人死後要「託生無量壽」的信仰：

彌勒治化時，人壽八萬七千歲，自欲受終時，不勉自然生，復欲受終時，託生無量壽，自然蓮華生。[167]

梁武帝在發展支提信仰之際，除了提倡彌勒佛下生為轉輪王的信仰外，其應也有提倡「無量壽佛」的信仰。因為「無量壽佛」的信仰，是支提信仰所強調的人死後往生西方淨土的信仰。上面提到的天監三年所造的「彌勒一組三尊像」雖被其〈造像記〉記為「無量（壽）佛像」，此組造像事實上是一組，依據今日山西大同雲崗石窟北魏孝文帝（統治，471-499）開鑿的，雲崗第6窟中心柱上層的「彌勒一組三尊」像所製作的梁代「彌勒一組三尊像」。袁曙光在其文中也提到，梁代的造像也見造有觀音像的情形。[168] 梁代有造觀音像的活動並提倡觀音信仰，亦是可以理解的事。因為普賢菩薩及觀音菩薩都

---

163 （唐）釋道宣，《集神州三寶感通錄》卷 50，頁 419 下。

164 《金陵新志‧同泰寺舊序》，收入葛寅亮撰，《金陵梵剎志》，頁 359-360。

165 袁曙光，〈成都萬佛寺出土的梁代石刻造像〉，《四川文物》，第 3 期（1991），頁 28。

166 袁曙光，〈成都萬佛寺出土的梁代石刻造像〉，《四川文物》，第 3 期（1991），頁 30。

167 《普賢菩薩說證明經》，《大正》卷 85，頁 1368 上。

168 袁曙光，〈成都萬佛寺出土的梁代石刻造像〉，《四川文物》，第 3 期（1991），頁 31：特別要指出的是，萬佛寺梁代造像反映出在信仰阿彌陀西方淨土和彌勒淨土的同時，還信奉觀世音菩薩。

是支提信仰的護持者，而梁武帝又有不斷製作「彌勒一組三尊像」的擴大版造像情形，梁代自然會有造觀音像及提倡觀音信仰的活動。

四 梁武帝製作的阿育王像

梁武帝既如此在意其以「彌勒佛王」或「轉輪王」的形象統治梁代的事，我們因此推測，四川出土的「阿育王像」非常可能也有梁武帝製作的「阿育王像」。因為梁武帝有造其等身造像的記錄。梁武帝非常推崇阿育王。《建康實錄》載：「天監元年（502），立長干寺」。[169] 此「長干寺」於大同二年（536）二月八日，又被梁武帝改名為「阿育王寺」。[170] 梁武帝不僅為「阿育王立寺」，其在天監年間也敕令扶南僧人僧伽婆羅翻譯《阿育王經》。[171] 梁武帝時代製作的「阿育王像」，也在今日四川成都出土多尊。王劍華及雷玉華對這些在成都出土的「阿育王像」作了下面的說明：

> （阿育王像的）文獻記載雖早，但實例已經到了南朝蕭梁統治時期，其中西安路（成都）出土的一件時間為太清五年（551），造像者杜僧逸為亡兒李佛施敬造阿育王供養。另外在萬佛寺出土阿育王像共七件，其中頭像 2 件，無頭立像 5 件。這批造像現在保存在四川省博物館。[172]

王劍華及雷玉華說，這些「阿育王像」是「阿育王造釋迦牟尼佛像的略稱」。[173] 何恩之則稱這些造像為「阿育王佛像」。[174] 何恩之所說的「阿育王佛像」，是否也指王劍華及雷玉華所言的「阿育王造釋迦牟尼像的略稱」？何恩之沒有作進一步的說明。王劍華及雷玉華認為，四川出土的阿育王像，保留

---

169 （唐）許嵩撰，《建康實錄》（北京：中華書局，1986），頁 672 註。

170 （唐）許嵩撰，《建康實錄》，頁 672 註。

171 （唐）釋道宣，《續高僧傳·僧伽婆羅》卷 1，《大正》卷 50，頁 426 上。

172 王劍華與雷玉華，〈阿育王像的初步考察〉，《西南民族大學學報》，總第 193 期（2007），頁 66。

173 王劍華與雷玉華，〈阿育王像的初步考察〉，《西南民族大學學報》，總第 193 期（2007），頁 65。

174 James C.Y. Watt, et al., *Dawn of a Golden Age, 200-750 A. D.*, pp. 227-229, fig. 128, "Standing Ashoka-type Buddha."

有許多古樸的造像特徵如：碩大的束髮狀肉髻、明顯的八字形鬍鬚、杏仁狀睜開的雙眼、通肩袈裟衣紋呈 U 字形，及通過造像斷痕，可以推斷左手握袈裟、右手施無畏印。[175] 王劍華及雷玉華所描述的四川出土的梁代「阿育王像」，明顯的具有彌勒佛像的造像特徵，如穿通肩佛衣及右手作無畏印等造像特徵。但四川出土的梁代造「阿育王像」，也具有一般人的造像相貌，如「明顯的八字形鬍鬚」及「杏仁狀睜開的雙眼」。劍華及雷玉華認為，中國許多皇帝都有用自己的面貌造「阿育王像」的歷史。譬如，唐高宗（649-583）便曾用自己的身體作為製造「阿育王像」的造像標準：

> 高宗顯慶四年（659）敕使常侍王君德等送絹三千四，令造朕等身阿育王像，餘者修補故塔，仍以像在塔。[176]

王劍華及雷玉華又說：

> 阿育王像造得和皇帝一樣的身高，可能在形象上也和皇帝相似吧？這和北魏時期法果提倡的皇帝即是當今如來，拜天子就是拜如來的思想一脈相承。這也是梁武帝、隋文帝等帝王崇奉阿育王像的原因——他們標榜以佛法治理國家，是現實世界中的佛。[177]

　　王劍華與雷玉華在說明梁代製作「阿育王像」的原因之際，一面認為，這些「阿育王像」是「阿育王製作的釋迦像」，一面又認為，這些「阿育王像」可能是歷代帝王所造的自己的佛像。王劍華與雷玉華所言的「阿育王製作的釋迦像」，應該是一尊「釋迦像」。由於太清五年〈造像記〉載有此類造像是「阿育王像」，因此此類「阿育王像」便不會是王劍華與雷玉華所言的「阿育王製作的釋迦像」。王劍華及雷玉華因提到，唐高宗造有自己的「等身阿育王像」。四川出土的，具有彌勒佛像造像特徵及梁代帝王的造像特徵的「阿育王

---

175 王劍華與雷玉華，〈阿育王像的初步考察〉，《西南民族大學學報》，總第 193 期（2007），頁 67。

176 王劍華與雷玉華，〈阿育王像的初步考察〉，《西南民族大學學報》，總第 193 期（2007），頁 67。

177 王劍華與雷玉華，〈阿育王像的初步考察〉，《西南民族大學學報》，總第 193 期（2007），頁 67。

像」，應該就是梁代製作的「阿育王像」。原因是，梁武帝如此愛造像，一定也會造有自己的「阿育王像」；特別是，梁武帝在統治梁室時期不但有特別尊崇阿育王的現象，梁武帝自己也以「轉輪王」及「彌勒佛王」的姿態統治大梁。阿育王是歷史上有名的轉輪王，阿育王的名字在歷史上因此也成為「轉輪王」的代名詞。換言之，每位以轉輪王姿態統治天下的帝王，都能用「阿育王的身分」或「阿育王的形象」統治天下。梁武帝在以「轉輪王」及「彌勒佛王」的姿態統治天下之際，我們從上面談論的梁武帝造像，便可以看出梁武帝有同時造其「轉輪王像」及「彌勒佛王像」的活動。中國歷史上的帝王，在發展支提信仰期間因造有自己「等身佛像」的活動，梁武帝自然也會造自己的「等身佛像」，甚至「阿育王像」。所謂「等身佛像」，在此有指梁武帝用自己的身體及容貌造自己的佛像的意思。在梁武帝所造的「等身佛像」中，必造有其「等身阿育王像」。因為在古代益州（今日成都）出土的阿育王像，有梁代各代帝王製作的阿育王像，包括有名的「太清五年造」的阿育王像。四川成都出土的「阿育王像」，因此不會是王劍華及雷玉華，甚至何恩之所言的，為「阿育王所造釋迦佛像」，也不會是王劍華及雷玉華所言的是「現實世界中的佛」。有梁一代製作的阿育王像，因此是梁武帝及其繼承者所造的自己的「阿育王像」。

這類梁代製作的阿育王像，可能在梁武帝時代便已制定好的「阿育王像」的造像模式。因為梁代帝王所製作的阿育王像都是同一模式的阿育王造像。梁武帝因以轉輪王及彌勒佛王的姿態統治梁朝，因此其設計的「阿育王像」，自然會被造成如彌勒佛的造像，即其頭上造有「肉髻」，其兩手如彌勒佛「左手握袈裟，右手施無畏印」的這些具有彌勒佛造像的特徵。梁武帝大概自己便蓄有鬍鬚，並具有「杏仁狀睜開的雙眼」的造像特徵，因此梁武帝製作的阿育王像便也具有其自己的這些造像特徵。梁武帝製作的阿育王像，很顯然的也成為其繼承者製作阿育王像的造像模式，這就是古代益州會出現如此多造像形式相同的阿育王像的原因。

我們在談論四川出土的「阿育王像」之際，自然也要談論在四川成都出土的「梁太清五年（551）」製作的「阿育王像」的造像時間及造像背景。梁太

清五年的梁代政權，已經經過一些變化。梁簡文帝蕭綱（統治，549-551）在梁武帝去世之後，即成為梁武帝的繼承人。但蕭綱統治梁朝的時間非常短，大寶二年（551）便失去帝位。梁武陵王蕭紀此時在成都，並一直使用太清的年號。蕭紀在西元 551 年，即太清五年，在成都稱帝。[178] 現今為四川省博物館收藏的太清五年所造的「阿育王像」，非常可能即是蕭紀在成都仿梁武帝所造的阿育王像製作的一鋪自己的「阿育王像」（圖 33）。太清五年所造的「阿育王像」也造有身光或背光（殘破），說明蕭紀也如梁武帝一樣，以「彌勒佛王」下生的姿態統治梁朝。

圖 33　梁太清 5 年造阿育王立像

　　四川出土的梁代造像基本上都是梁代在發展支提信仰之際所造的造像。這些造像非常可能都是在今日的四川成都，即古代的益州，製作的造像。雖是如此，然其造像的方法及內容，應都依據當時都城建康所設計的造像形式及造像方法製作的造像。日本學者吉村怜也注意到的，這些梁代的造像乃依據由建康傳入的建康造像模式或造像方法製作的造像。[179] 因為這些造像要表達的都是梁武帝及其繼承者的「轉輪王」及「彌勒佛王」的信仰及形象。因此，梁武帝甚至其繼承者所造的造像，如阿育王像，都由國家或中央統籌設計並製作的梁代帝王的造像。四川出土的梁代造像，因此都會與當時都城建康所設計的佛教造像一樣，用同樣的造像法，表達梁代帝王的「轉輪王」及「彌勒佛王」的信仰及形象。

---

178 雷玉華，〈成都地區的南朝佛教造像〉，《魏晉南北朝史論文集》，頁 271 說：「當時梁武陵王蕭紀在成都，一直使用太清年號，並於 551 年（太清五年）在成都稱帝，553 年（南朝梁承聖二年），西魏又奪取了蜀地，後來北周統一北方，556 年，北周控制了成都，南朝政權從梁末以後再沒收回過四川」。

179 吉村怜，〈成都萬佛寺址出土佛像與建康佛教──關於梁中大通元年銘印度式佛像〉，《佛教藝術》，第 240 號（1998），9 月。

第三節　犍陀羅的其他支提信仰造像

一 佛誕圖、降魔像及涅槃圖

(1) 佛誕圖

我們在犍陀羅發展支提信仰期間，也見犍陀羅造有許多「釋迦佛誕」或稱「佛誕圖」的造像。但犍陀羅所造的「釋迦佛誕」的造像，都不是如我們在早期案達羅所見的，龍樹依據《證明經》所造的「釋迦佛誕」的造像。早期龍樹依據《證明經》所造的「釋迦佛誕」的造像，都具有《證明經》所載的下面這些造像內容及造像特徵：

> 釋迦從起苦行元由瞿夷在脇底生。生時舉手仍沛多，腳躡雙蓮華，左脇生釋迦。老子作相師，白疊承釋迦。老子重瞻相，此人非常聖，難解難思議，號為釋迦文。[180]

龍樹或案達羅製作的「釋迦佛誕」的造像，雖說是「釋迦佛誕」的造像，然而龍樹並不是要用此類造像說明釋迦佛的出生或釋迦佛誕的情形；而是要用此類「釋迦佛誕」的造像說明、表達彌勒佛下生的轉輪王，用「釋迦佛誕」的方式出世世間的信仰。[181] 龍樹在其建造的阿瑪拉瓦底大支提，便製作有許多用「釋迦佛誕」的造像法說明轉輪王出生世間的方法及信仰。[182] 龍樹為何要在阿瑪拉瓦底大支提製作如此多說明轉輪王用「釋迦佛誕」的方式出生世間的造像？因為《證明經》說，在支提信仰裡，彌勒佛是用坐「支提」的方式自兜率天下生，而轉輪王是用「釋迦佛誕」的方式出生世間。[183] 彌勒佛用坐「支提」的方法下生，及轉輪王用「釋迦佛誕」的方式出生世間，因此是龍樹奠立其支提信仰的兩大重要信仰內容，也是其兩大造像內容。

---

180 《普賢菩薩說證明經》，《大正》卷 85，頁 1365 上。

181 見本書第五章，〈龍樹與阿瑪拉瓦地大支提的建築及造像〉。

182 見本書第五章，〈龍樹與阿瑪拉瓦地大支提的建築及造像〉。

183 見本書第四章，〈佛教支提信仰的奠立者——龍樹菩薩〉。

龍樹撰造的《證明經》雖然沒有直接說，轉輪王是用「釋迦佛誕」的方式出生世間，但因《證明經》載有「釋迦佛誕」的經文，也載有釋迦與彌勒佛「同身」的經文，我們從阿瑪拉瓦底大支提所造的轉輪王造像常與「釋迦佛誕」的造像造在一起的造像現象，因此推論，《證明經》所言的「釋迦佛誕」的造像乃要說明，彌勒佛用其「法身」下生的轉輪王是用「釋迦佛誕」的方式出生。《證明經》所載的「佛母左脇生釋迦」的經文，因此是要說明轉輪王是用「佛母左脇生釋迦」的方式出生世間。這就是龍樹時代所造的「釋迦佛誕」造像之所以常被造成「佛母左脇生釋迦」的造像的原因。[184]

「佛母左脇生釋迦」的造像，很顯然的並不是犍陀羅所了解及信仰的「釋迦佛誕」的造像。因為犍陀羅自 2 世紀前期迦尼色迦第一在犍陀羅提倡《彌勒下生經》所載的彌勒佛下生信仰之後，犍陀羅所了解及信仰的「釋迦佛誕」的方式，便是《彌勒下生經》所載的「佛母右脇生釋迦」的「釋迦佛誕」方式。《彌勒下生經》如此記載經中彌勒菩薩用「釋迦佛誕」方式出生的情形：

> 爾時彌勒菩薩，於兜率天觀察父母不老不少，便降神下應從右脇生，如我（釋
> 迦）今日右脇生無異。[185]

犍陀羅所撰的《彌勒下生經》，因認為彌勒佛的出生方式是「右脇生釋迦」的方式出生，因此當支提信仰傳入犍陀羅時，犍陀羅的造像者在《彌勒下生經》信仰的影響下，很顯然的並沒有接受龍樹在其《證明經》中所言的「左脇生釋迦」的信仰及造像法。我們知道此事，乃因犍陀羅製作的「釋迦佛誕」造像都是「右脇生釋迦」的造像。很顯然的，犍陀羅製作的「右脇生釋迦」的造像，也是犍陀羅造像者「彌勒下生經化」支提信仰的「釋迦佛誕」的結果。由於犍陀羅的造像者從一開始便非常不願意接受龍樹所奠立的支提信仰及其造像法，犍陀羅的造像者在面對龍樹所造的「釋迦佛誕」造像時，自然不會接受龍樹所造的「左脇生釋迦」的造像法製作的「釋迦佛誕」的造像。這就是犍陀羅製作的「釋迦佛誕」造像，被犍陀羅的造像者改回造成「右脇

---

184 見本書第五章，〈龍樹與阿瑪拉瓦地大支提的建築及造像〉。

185 （西晉）月氏三藏竺法護譯，《佛說彌勒下生經》，《大正》卷 14，頁 421 上。

生釋迦」的造像的原因。

今日我們見到的犍陀羅製作的「釋迦佛誕」的造像或「佛誕圖」，不但都被造成「右脇生釋迦」的造像，而且在佛母的右脇也見造有嬰兒自佛母的右脇出生（圖34）。這種「釋迦佛誕」的造像現象，都不見於早期案達羅或龍樹所造的「釋迦佛誕」的造像。

犍陀羅製作的「右脇生釋迦」的造像，都被今日的學者視為釋迦佛的「釋迦佛誕」造像或釋迦佛的出生造像。譬如，栗田功便從釋迦佛的「佛傳故事」角度視「釋迦佛誕」的造像為佛陀或釋迦的「誕生」造像。[186]

圖34　犍陀羅造釋迦佛誕圖[187]

西晉時代竺法護翻譯的《彌勒下生經》，對「釋迦佛誕」的情形並沒有著墨太多，只說：「爾時彌勒菩薩於兜率天觀察父母不老不少，降神下應從右脇生，如我（釋迦）今日右脇生釋迦無異」。[188] 依據《彌勒下生經》所造的《彌勒大成佛經》，也沒有提到彌勒佛依據「釋迦佛誕」出生世間的文字，只說：「時城中有大婆羅門主，名修梵摩；婆羅門女，名梵摩拔提，心性和弱。彌勒託生以為父母」。[189] 唐代義淨翻譯的《彌勒下生經》的擴大版經典《佛說彌勒下生成佛經》，對「釋迦佛誕」的情形則作有較詳細的說明。從唐代義淨翻譯的《佛說彌勒下生成佛經》，我們可以看出，義淨的譯本對「釋迦佛誕」的說法，基本上也與竺法護的西晉譯本說法相同：「（佛母）徐立攀花樹／俄誕勝

186　見上 186 註。

187　栗田功，《ガンダーラ美術》第一冊，《佛傳》，頁 12，圖 PI-VI，「誕生」。

188　（西晉）月氏三藏竺法護譯，《佛說彌勒下生經》，《大正》卷 14，頁 421。上。

189　（姚秦）龜茲國三藏鳩摩羅什譯，《佛說彌勒大成佛經》，《大正》卷 14，頁 430 上。

慈尊／爾時最勝尊／出母右脇已」。[190] 很顯然的，犍陀羅出現「右脇生釋迦」的造像之後，後來依據《彌勒下生經》所造的「釋迦佛誕」造像，都因犍陀羅造像的影響而將「釋迦佛誕」造像造成「右脇生釋迦」的造像。

犍陀羅造「右脇生釋迦」的「釋迦佛誕」造像，因此不是如法國學者佛謝爾（A. Foucher, 1865-1952）所言，是因為犍陀羅用直接造佛像的方法造像如此簡單。[191] 很顯然的，佛謝爾還是從製作佛陀造像的角度去了解犍陀羅製作「釋迦佛像」的情形。犍陀羅製作「釋迦佛誕」造像的過程，事實上經過一番心理掙扎的過程才又製作出依據《彌勒下生經》所載的「右脇生釋迦」的造像。無論如何，犍陀羅雖然依據犍陀羅撰造的《彌勒下生經》製作「右脇生釋迦」的「釋迦佛誕」造像，犍陀羅製作的「右脇生釋迦」的「釋迦佛誕」的造像，並不是要表達或說明釋迦佛誕或彌勒佛誕，而是要說明支提信仰的轉輪王用「釋迦佛誕」方式出生世間的信仰。

（2）彌勒降魔變及釋迦涅槃圖

犍陀羅製作的「降魔變」，也被筆者稱為「彌勒降魔像」。因為犍陀羅的「彌勒降魔變」，是依據龍樹撰造的《證明經》經文製作的「彌勒降魔變」。《證明經》說，彌勒佛在坐「支提」下生之際，因遭受各種「天魔」的攻擊，彌勒佛因此在下生的過程中有降魔或「與魔共爭」的活動。彌勒佛在下生中，與「天魔共爭」之際，因彌勒佛有召諸「大力菩薩」、「普賢菩薩」，及「金剛力士」等來助其降魔的情形，「彌勒降魔」的故事因此與《釋迦佛傳》所載的「釋迦降魔」的故事或內容不同。[192] 因為「彌勒降魔故事」與「釋迦降魔故事」所依據的造像經文不同，因此兩者的降魔造像或「降魔變」的造法不同。換言之，我們在彌勒降魔的故事或「彌勒降魔變」，除了會看到各種天魔攻擊彌勒佛的造像外，也會見到彌勒召來為其降魔的「大力菩薩」、「普賢菩薩」，及「金剛力士」的造像。這些「大力菩薩」、「普賢菩薩」，及「金剛力

---

190 （唐）三藏法師義淨奉制譯，《佛說彌勒下生成佛經》，頁 426 上。

191 見本書第六章，〈山崎大塔的支提信仰造像〉。

192 見本書第八章，〈新疆克孜爾石窟的支提信仰造像特色及其影響〉。

士」的人物造像，是我們在「釋迦降魔變」中不見的人物造像。[193] 克孜爾石窟及犍陀羅所造的「彌勒降魔變」，因都造有這些參與「彌勒降魔」活動的人物造像，因此此二地所造的「彌勒降魔變」的造像結構與「釋迦降魔變」的造像結構並不相同。換言之，克孜爾及犍陀羅所造的「彌勒降魔變」，除了造有坐在造像中心一手作「降魔印」（Māraviyaja mudrā）或「觸地印」（Bhūmisparśa mudrā）的「彌勒降魔像」外，在「彌勒佛降魔像」兩側都造有攻擊彌勒佛的各種天魔或魔王的造像，及被打敗的天魔造像。克孜爾石窟及犍陀羅製作的「彌勒降魔變」的彌勒佛座前，甚至更造有來助彌勒降魔的「大力菩薩」、「普賢菩薩」，及「金剛力士」等人物的造像。「彌勒降魔變」所造的「大力菩薩」、「普賢菩薩」，及「金剛力士」等人物的造像，都不見於學者所言的「釋迦降魔變」。克孜爾石窟依據《證明經》製作其「彌勒降魔變」的造像法，很顯然的也與 4 世紀之前印度所造的此類造像非常不同。故筆者認為，克孜爾石窟依據《證明經》製作「彌勒降魔變」之後，克孜爾石窟便在 5 世紀的初、中期之後，便將此支提信仰的「彌勒降魔變」傳入犍陀羅、印度及亞洲其他的地方。[194] 這就是我們在犍陀羅的支提信仰造像也見有「彌勒降魔像」的原因。

從古代龜茲開鑿的克孜爾石窟及犍陀羅兩地的地理位置相對的鄰近，及犍陀羅發展支提信仰的情形來判斷，克孜爾石窟製作的「彌勒降魔像」，不但會比犍陀羅早，而且克孜爾製作的「彌勒降魔像」，非常可能在 5 世紀初、中期之後，便自克孜爾石窟傳入犍陀羅地區。原因是，克孜爾石窟自西元 4 世紀初期左右開始發展支提信仰及其造像之後，克孜爾石窟便是古代中亞地區依據龍樹撰造的《證明經》發展支提信仰及製作支提信仰造像的重要中心。[195] 我們在文前已經說過，犍陀羅在接受支提信仰之後，便不再依據《證明經》製作其支提信仰的造像。因此當克孜爾石窟不斷依據《證明經》製

---

193 見本書第八章，〈新疆克孜爾石窟的支提信仰造像特色及其影響〉。
194 見本書第八章，〈新疆克孜爾石窟的支提信仰造像特色及其影響〉詳述。
195 見本書第八章，〈新疆克孜爾石窟的支提信仰造像特色及其影響〉詳述。

作其支提信仰的新像之後，犍陀羅便只好也接受克孜爾石窟製作的一些支提信仰新像，譬如，克孜爾石窟製作的「彌勒降魔變」及「釋迦涅槃像」等像。這就是筆者認為，犍陀羅製作的「彌勒降魔變」及「釋迦涅槃像」等像，都傳自克孜爾石窟的原因。[196]

栗田功收錄有多鋪犍陀羅製作的精美「釋迦佛誕圖」、「彌勒降魔變」（Attack by Māra and his hosts）及「釋迦涅槃圖」。其中以美國華盛頓費利爾美術館收藏的此類造像最為精美，且最為有名。[197] 下面此鋪造像即是該美術館收藏的一鋪犍陀羅製作的「彌勒降魔變」（圖35）。

圖35　美國費利爾美術館藏犍陀羅造彌勒降魔變

從費利爾美術館收藏的此鋪犍陀羅製作的「彌勒降魔變」的造像，我們可以看出，此鋪「彌勒降魔變」造像的彌勒佛座前兩側所造的站立人物都不是魔或「天魔」的立像。他們就是《證明經》所載的，彌勒佛召來助其降魔的「大力菩薩」、「普賢菩薩」，「金剛力士」的造像。為何我們知道這些立在造像上前排的人物，都是彌勒佛在下生之際召來助其降魔的菩薩及力士的造像？因為在此前排人物立像最左側的這鋪造像，是一鋪說明彌勒佛（菩提樹）下生為「轉輪王的思惟成佛像」或支提信仰的轉輪王造像。[198] 此鋪造像因此說明了，此鋪費利爾美術館所藏的「彌勒降魔變」，是一鋪支提信仰的「彌勒降魔變」。此鋪費利爾美術館收藏的犍陀羅造「彌勒降魔變」，因此不會是一鋪學者所言的「佛陀降魔成道圖」，而是一

---

196 見本書第八章，〈新疆克孜爾石窟的支提信仰造像特色及其影響〉。

197 栗田功，《ガンダーラ美術》第一冊，《佛傳》收錄的費利爾美術館收藏的「佛誕圖」（誕生），見頁 31；同美術館收藏的「降魔」像，見同書頁 117，圖 226；同美術館收藏的「涅槃像」，見同書頁 243，圖 483。

198 有關「轉輪王思惟像」，見本書第三章，〈貴霜佛教建國信仰的發展者迦尼色迦第一及胡為色迦王〉。

鋪依據《證明經》經文所造的「彌勒降魔變」。

　　犍陀羅製作的「彌勒降魔變」比早期阿瑪拉瓦底大支提及龍樹山製作的「彌勒降魔變」，在造像內容上顯得更趨精細、複雜。《證明經》所載的「彌勒降魔」經文，主要記述彌勒佛自兜率天（Tusita heaven）坐「雀梨浮圖」或「支提」下生為「轉輪王」的過程中，彌勒佛經歷的一段「與魔共爭」的故事情節。《證明經》所載的「彌勒佛降魔」情節，因發生在彌勒佛坐支提「從空而下」，未達地面的那一時刻，[199] 因此在造像上，常見「彌勒降魔變」中的「彌勒佛像」被造坐在「支提」內，或在彌勒佛的頭部兩側或上方，造有兩支小支提，說明或表達彌勒佛坐在「支提」內下生降魔的意思。[200]

　　《證明經》之所以要談論彌勒佛「與魔共爭」的降魔情節，不外是要告訴我們，彌勒佛下生的情形並不是沒有阻力。因此經文一面描述各種天魔攻擊彌勒佛的情形，一面又說，彌勒佛因要降魔，因此召來普賢菩薩、大力菩薩及金剛力士等與其共同擊退天魔。這就是為何克孜爾石窟及犍陀羅製作的「彌勒降魔變」，都造有兩種彌勒降魔造像內容的原因。此二種彌勒佛降魔造像的內容是：（1）一是眾天魔攻擊彌勒佛的造像內容。此類眾天魔攻擊彌勒佛的造像內容，常被造在彌勒佛坐像的兩側上方，眾天魔或呈獸面，或手握兵器作各種攻擊彌勒佛狀。（2）二是諸天魔被彌勒佛、菩薩及金剛力士降伏的造像內容。天魔被彌勒佛、菩薩及金剛力士降伏、擊敗的造像內容，常用象徵性的造像法，將二身被打敗並呈東倒西歪的天魔造像，造在彌勒佛所坐的長方形「牢籠」裡。犍陀羅製作、費利爾美術館所藏的「彌勒降魔變」，便是依據上面筆者所陳述的方法製作的一鋪石雕「彌勒降魔變」。此「彌勒降魔變」中的彌勒佛右手下垂貼在其呈「結跏趺坐」的腿上，作「降魔印」或「觸地印」。彌勒佛的左手將其佛衣尾握在其胸前，彌勒佛的頭部上方造有象徵彌勒佛的「菩提樹」。這樣的「彌勒降魔變」，也見於克孜爾石窟的造像。

　　克孜爾石窟所造的「彌勒降魔變」，基本上沒有造得如犍陀羅的「彌勒降

---

199 《普賢菩薩說證明經》，《大正》卷 85，頁 1367 中-下。
200 見本書第八章，〈新疆克孜爾石窟的支提信仰造像特色及其影響〉。

魔變」如此精緻、複雜。犍陀羅在傳入克孜爾的「彌勒降魔變」之後，很顯然的經過一番加工及添補天魔、菩薩和金剛力士的人物造像，因此犍陀羅製作的「彌勒降魔變」，看起來更加生動。犍陀羅製作的「彌勒降魔變」，不僅在彌勒佛頭部上方添加犍陀羅常見的，象徵彌勒佛的「菩提樹」的造像，同時在彌勒佛的兩側，也常增加更多的天魔造像及菩薩和力士的造像。這些犍陀羅增加的「彌勒降魔變」造像細節及內容，我們都不見於克孜爾石窟製作的「彌勒降魔變」。

　　犍陀羅製作的「彌勒降魔變」，常被學者稱為佛陀的「降魔成道」的造像。[201] 釋迦或佛陀的「降魔成道」經驗，與彌勒佛的「降魔」經驗有很大的區別。佛陀的「降魔成道」經驗，是發生在釋迦成佛之前，釋迦還以「菩薩」的身分「與魔（Māra）共爭」的經驗。釋迦「與魔共爭」的經驗，因此是釋迦「從凡入聖」，或進入成道或成佛境界（enlightenment）的心路歷程。但彌勒佛的「降魔」經驗是，彌勒佛以「佛身」自兜率天坐「支提」下生的過程中「與魔共爭」的經驗。克孜爾石窟的造像者為了說明釋迦降魔的經驗不同於彌勒佛的降魔經驗，甚至將彌勒佛的「彌勒降魔變」造在石窟的「中心柱窟」中，而將佛陀的降魔情形與佛陀的其他佛傳故事都造在非「中心柱窟」。[202] 這說明克孜爾石窟的造像者完全知道，「彌勒降魔」的性質與「釋迦降魔變」的性質完全不同。由於犍陀羅及克孜爾石窟製作的「彌勒降魔變」有密切的關聯，筆者因此將在本書的第八章談論克孜爾石窟的造像之際，再一併較完整的說明犍陀羅及克孜爾石窟，甚至中國敦煌石窟，製作「彌勒降魔變」的情形。

　　克孜爾石窟製作的「彌勒降魔變」及「釋迦涅槃圖」因都依據龍樹所撰造的支提信仰經典《證明經》製作此二造像，故我們在《證明經》都能找到此二造像的經文依據。

　　克孜爾石窟所造的「釋迦涅槃圖」因依據《證明經》所載的「釋迦涅槃

---

201 見本書第八章，〈新疆克孜爾石窟的支提信仰造像特色及其影響〉。

202 見筆者在本書第八章，〈新疆克孜爾石窟的支提信仰造像特色及其影響〉討論犍陀羅、克孜爾及中國敦煌製作的「彌勒降魔變」。

後」及「彌勒正身下」的經文製作其造像，故克孜爾石窟在其中心柱窟的甬道及後室牆面，特別是後室，常造有各種說明釋迦涅槃故事的「釋迦涅槃圖」及彌勒佛下生像。[203] 克孜爾石窟因常用造「臥佛」的造像法表達其「釋迦涅槃像」，[204] 故犍陀羅所造的「釋迦涅槃圖／像」，也如克孜爾石窟一樣，用「臥佛」的造像法製作其「釋迦涅槃像」。犍陀羅出土有許多精美的「釋迦涅槃圖」，其中之一即是在犍陀羅的羅利言・唐該（Loriyan Tangai）出土的「釋迦涅槃圖」。羅利言・唐該出土的此鋪「釋迦涅槃圖」以「臥佛像」為「釋迦涅槃圖」的造像中心，在臥佛的四周造滿因佛陀去世而哀傷的各種人物的造像。目前此像為印度加爾各答博物館（Calcutta Museum, India）所收藏（圖36）。

圖 36　犍陀羅出土加爾各答博物館藏涅槃圖

　　克孜爾石窟依據《證明經》製作「釋迦涅槃圖」的原因，並不是要紀念釋迦佛或崇拜釋迦佛。克孜爾石窟製作「釋迦涅槃圖」的原因，乃要說明「彌勒正身下」或「彌勒下生」的時間是在「釋迦涅槃後」，或釋迦佛去世之後。[205] 克孜爾石窟依據《證明經》製作此二造像之後，此二造像可能在 5 世紀的初、中期也被傳出克孜爾石窟至印度及亞洲各地的緣故，印度各地，如阿旃陀石窟，及其他的亞洲地區，也常見造有「釋迦涅槃像」及「彌勒佛下生像」。譬

203　見本書第八章，〈新疆克孜爾石窟的支提信仰造像特色及其影響〉。
204　見本書第八章，〈新疆克孜爾石窟的支提信仰造像特色及其影響〉。
205　見本書第八章，〈新疆克孜爾石窟的支提信仰造像特色及其影響〉。

如，西元 5 世紀後半葉在西印度開鑿的阿旃陀石窟的第 26 窟，在受到克孜爾石窟造此二造像的影響下，不但在此窟造有一巨型的釋迦臥佛像，說明釋迦涅槃的事實；並用彌勒佛坐「支提」下生的造像法，表達「彌勒正身下」或彌勒下生的信仰。[206]阿旃陀第 26 窟所造的此二鋪造像，不僅要說明阿旃陀第 26 窟是一座支提信仰窟，同時也要說明此石窟乃以一座受克孜爾石窟造像法影響的石窟。阿旃陀第 26 窟內所造的「彌勒佛坐支提下生」的造像及巨型「釋迦涅槃像」，因此是要表達《證明經》所載的「釋迦涅槃後」及「彌勒正身下」此二經句的信仰，或彌勒佛下生的時間是在釋迦涅槃之後的信仰。

目前的學者，都將犍陀羅出土的「釋迦涅槃圖」視為表達或象徵佛陀或釋迦死亡的造像。除此，學者基本上都沒有進一步的告訴我們，為何犍陀羅會製作如此多精美的「釋迦涅槃圖」。如果我們從克孜爾石窟製作「釋迦涅槃圖」的情形及後來亞洲各地製作「釋迦涅槃圖」的情形來判斷，筆者認為，犍陀羅出現如此多「釋迦涅槃圖」的原因，與克孜爾石窟及阿旃陀石窟製作「釋迦涅槃圖」的原因一樣，都是為了要說明彌勒佛下生的「時間」是在「釋迦涅槃後」的信仰或支提信仰。

第四節　犍陀羅及北涼石塔的七佛一轉輪王的造像及犍陀羅的彌勒佛王造像

■一 犍陀羅的七佛一轉輪王的造像

「七佛」的造像雖然已見於阿瑪拉瓦底大支提及山崎大塔等地的造像，然而「七佛」的造像並不是阿瑪拉瓦底大支提常見的造像。我們最早見到的「七佛」信仰，是記載於龍樹所撰造的《證明經》。《證明經》記載有兩種「七佛」信仰的內容：一種是說明普賢菩薩所提倡的「七佛」有救濟世間或眾生種種

---

206 見本書第八章，〈新疆克孜爾石窟的支提信仰造像特色及其影響〉，見圖 17 及圖 18。

苦難的功用；一種是說明「七佛」所說的信仰是支提信仰的根源或基礎，或彌勒佛下生為轉輪王信仰的根源或基礎。[207]

《證明經》出現於歷史之後，我們見到 4、5 世紀之間犍陀羅撰造的《彌勒大成佛經》也記載有「七佛」信仰的內容。《彌勒大成佛經》所記載的「七佛」信仰，不但稱「七佛」信仰為「過去七佛」的信仰，並與支提信仰有關，而且是支提信仰的代名詞或根源。[208]《彌勒大成佛經》如此談論此「過去七佛」的信仰：

> 若於過去七佛所，得聞佛名，禮拜供養，以是因緣，淨除業障。復聞彌勒大慈根本，得清淨心，汝等今當一心合掌，歸依未來大慈悲者。[209]

《彌勒大成佛經》所言的「過去七佛」的信仰，就是我們信仰「彌勒大慈根本」的因緣或基礎。所謂「彌勒大慈根本」，即指彌勒佛下生為轉輪王的信仰或支提信仰。《彌勒大成佛經》因視「過去七佛」的信仰為支提信仰的因緣或基礎，因此「過去七佛」的信仰必須與未來彌勒佛下生為轉輪王的信仰連結在一起，作為我們信仰支提信仰的基礎。故《彌勒大成佛經》說：我們在供養過去七佛之餘，也要「歸依未來大慈悲者」或皈依彌勒佛。因為此處所言的「未來大慈悲者」，即指「未來的彌勒佛」。這就是筆者認為，過去七佛的信仰是支提信仰的基礎或根源的原因。

由於《彌勒大成佛經》稱「七佛信仰」為「過去七佛」信仰，因此栗田功稱犍陀羅的「七佛」造像為「過去七佛」的造像（圖37）。栗田功所提供的犍陀羅「過

圖37　犍陀羅造七佛與一轉輪王的造像

---

207 見本書第四章，〈佛教支提信仰的奠立者——龍樹菩薩〉談論七佛的信仰。

208 見下詳述。

209 （姚秦）龜茲三藏鳩摩羅什譯，《佛說彌勒大成佛經》，頁 429 上。

去七佛」的造像，和犍陀羅所造的「一組三尊彌勒佛像」一樣，都將「七佛」及「一組三尊彌勒佛像」與「轉輪王像」並排造在一起。但栗田功並沒有告訴我們，為何犍陀羅的「七佛」和「一組三尊彌勒佛像」的造像要與「轉輪王像」造在一起。[210]

我們在克孜爾石窟也見有「七佛」造像與「轉輪王像」或「彌勒佛王像」造在一起的情形。克孜爾所造的「七佛像」與「轉輪王像」或「彌勒佛王像」造在一起的造像，見於克孜爾石窟第 123 窟南甬道外側壁所造的一鋪「彌勒佛王／彌勒佛像」。此「彌勒佛王／彌勒佛像」是一手持佛缽的立像（圖 38）。此手持佛缽的「彌勒佛王／彌勒佛像」立像頭部後方的圓形頭光，造有七尊小坐佛像，呈半圓形排列的形狀出現在「彌勒佛王／彌勒佛像」的圓形頭光上。「彌勒佛像」被造成「彌勒佛王像」的情形，常見於支提信仰的造像；特別是克孜爾石窟製作的支提信仰造像。[211] 因為在支提信仰裡，轉輪王身或「彌勒佛王身」，因是彌勒佛「法身」下生的身體（化身），故轉輪王身或「彌勒佛王身」在造像上，也被造成「彌勒佛像」。我們知道此鋪造像是一鋪「彌勒佛王／彌勒佛像」的原因是，此鋪造像舉到胸前的右手，持有一個《證明經》所載的「佛缽」。《證明經》如此記載彌勒佛有持「佛缽」的原因：

> 世尊出世時，四天王來奉缽。東方提頭賴吒天王獻佛白石缽，受成受成萬斛；北方毗沙門天王獻佛琉璃缽，受成萬斛；南方婆樓勒叉天王獻佛白銀缽，受成萬斛；西方鞞樓博叉天王獻佛紫金缽，受成萬斛。佛言：汝等鬼神王，我征一人下，汝等鬼神王，獻我四種缽。爾時世尊捉缽拍四合一。[212]

《證明經》上面此段經文所言的「世尊」（the Blessed One），乃指「彌勒佛」。克孜爾 123 窟此像，因此是一鋪彌勒佛／彌勒佛王持缽的立像。我們在犍陀羅也見有四天王奉缽給彌勒佛的造像。譬如，栗田功收錄的犍陀羅「四

---

210 栗田功，《ガンダーラ美術》第二冊，《佛陀の世界》，頁 108，圖 293。此圖為英國維多利亞及阿伯特博物館（Victoria & Albert Museum）收藏。

211 見本書第八章，〈新疆克孜爾石窟的支提信仰造像特色及其影響〉。

212 《普賢菩薩說證明經》，《大正》卷 85，頁 1367 上。

天王奉缽」（圖39），即是一個例子。[213]「四天王奉缽」的畫像，也見造於克孜爾石窟。[214] 支提信仰經典《證明經》因載有「四天王奉缽」給彌勒佛的情形，因此犍陀羅及後來所造的彌勒佛像或「彌勒佛王像」，常造彌勒佛一手持有一缽的造像情形。彌勒佛造像也常見其手中沒有持佛缽的情形。後者這種彌勒佛沒有手持佛缽的造像，是因為彌勒佛身側的四天王手中都還各持有一個用不同材質製作的佛缽，都還沒有將他們的佛缽奉上獻給彌勒佛，故造像中的彌勒佛像便沒有手持佛缽。我們在克孜爾及那爛陀（Nalanda）所見的彌勒佛手持佛缽的造像，都不見四天王有手持佛缽的造像情形。由此，彌勒佛如果手持佛缽，其身側的四天王便沒有持缽。無論如何，彌勒佛所持的佛缽，乃是四天王奉上的四缽拍成的一缽。

圖 38　克孜爾 123 窟持缽的彌勒佛頭光有七佛的造像　　圖 39　犍陀羅造四天王奉缽給彌勒佛像

　　上面提到的克孜爾石窟所造的彌勒佛右手持缽的立像，將「七佛」的小坐佛像以半圓形的造像形式造在彌勒佛的頭光上（見圖 38），自然有說明彌勒佛頭光上的「七佛」造像具有護持彌勒佛下生為轉輪王的信仰的意思；或用此「七佛」作為支提信仰的代名詞或象徵造像，說明此像是支提信仰的彌勒佛下生像。

---

213 栗田功，《ガンダーラ美術》第一冊，《佛傳》，頁 122，圖 237。此像為拉后博物館藏，「四天王奉缽」。

214 見本書第八章，〈新疆克孜爾石窟的支提信仰造像特色及其影響〉。

二 北涼石塔的「七佛一轉輪王」造像

圖40　北涼高善穆造的北涼石塔

　　過去許多學者都談論過「北涼石塔」（圖40）的建造性質及造像內容，包括筆者在內。但在這些學者中，以敦煌莫高窟研究員殷光明所撰的《北涼石塔研究》收錄的石塔數量最多，並最仔細談論石塔上的造像及石塔上刻文的內容。過去學者常用石塔上的〈造像記〉推測，北涼石塔的建造性質及作用。但從來沒有學者，包括殷光明在內，認為「北涼石塔」是北涼在發展支提信仰時期所製作的北涼「石造支提」（the stone caitya）。殷光明從佛教具有「佛塔崇拜」及僧人行禪觀的角度認為，「北涼石塔」的功用除了有被禮拜及供養外，[215] 與僧人行禪觀和修行的活動也有密切關聯。[216]

　　「北涼石塔」的製造方法相當一致：八角形（八面）的塔基，每面淺刻有殷光明所言的「神王」立像。[217] 每位「神王」立像應都有護持的作用，而神王的頭部右側都各刻有一八卦符號。八角形的塔基上方，是長圓形的覆缽建築結構。此長圓形的覆缽建築結構，是石塔最重要的建築部位，並分為上、下二層。殷光明將此上、下二層的建築結構各別稱為「圓柱形塔腹及覆缽形塔肩」。[218]「圓柱形塔腹」是北涼石塔雕刻經文的部位，而每座石塔在此部位都刻有北涼時代非常重視的《十二因緣經》的經文。「塔腹」上方的「塔肩」，是北涼石塔製作所謂「七佛一菩薩像」的八個造像龕的位置。長圓形覆缽的上方，理應造有塔形建築的「方臺」，但因覆缽頂與上方的「相輪」或「金盤」造像相連接的緣故，故看不出有「方臺」的設計。殷光明因此認為，北涼石

---

215 殷光明，《北涼石塔研究》（新竹：覺風佛教藝術文化基金會出版，2000）頁117-123。

216 殷光明，《北涼石塔研究》，頁123-126。

217 殷光明，《北涼石塔研究》，頁223-241。

218 殷光明，《北涼石塔研究》，頁106。

塔上的「方臺」設計，基本上是圓輪形的設計。[219] 圓輪形的「方臺」之上，是造「相輪」或「金盤」的「塔剎」設計部位。北涼石塔的「相輪」或「金盤」的設計，或造成無有層級的式樣，[220] 或造成多層級的設計式樣。「塔剎」的頂端，即是「弧形」的塔頂。[221]

殷光明說，除了「白氏塔」的龕像設計比較不一致外，其他石塔的龕像內容及石塔的設計都相當一致，龕像都造有「七佛及一菩薩」的造像。[222] 殷光明對「北涼石塔」上的佛龕造像作了下面的說明：

> 在現存龕像中，除田氏塔殘存三尊跏趺坐佛像，缺損情況不明外，武威塔的上層龕像都為跏趺坐佛。口吉德塔肩為六尊跏趺坐佛一菩薩，塔身為一跏趺坐佛像。白氏塔腹部像為六跏趺坐佛二菩薩，其餘諸塔都為七尊跏趺坐佛一菩薩像，（由殘塔段和岷州廟各殘存四跏趺坐佛一菩薩，可知各缺損三尊佛像）佛像均呈禪定坐相、說法相。[223]

殷光明所言的「半跏思惟菩薩像」及「交腳坐式菩薩像」，就是他與其他學者至今都認為的「彌勒菩薩像」。殷光明用口吉德塔上所銘記的佛像名稱告訴我們，此七佛的正式名字。殷光明說：「近年口吉德塔的發現，塔上保存的六則造像題名，為北涼石塔「七佛一菩薩」造像的定名，提供了第一手的可靠資料。」[224] 殷光明將此塔上的佛名整理的結果說，「北涼石塔」上的七佛名字即是：

> 第一維衛佛、第二式佛、第三隨葉佛、第四句（留）秦佛、第五（缺）佛、第六迦葉佛、第七釋迦牟口佛、第八彌勒佛。[225]

北涼石塔上的前「七佛」名稱，很明顯的就是《證明經》所載的第一組

---

219 殷光明，《北涼石塔研究》，圓形「平臺」，頁 33，「高善穆塔」。
220 殷光明，《北涼石塔研究》，頁 32，甘肅博物館收藏「殘塔段」。
221 殷光明，《北涼石塔研究》，頁 106。
222 殷光明，〈北涼石塔上的易經八卦與七佛一彌勒造像〉，《敦煌研究》，第 1 期（1997），頁 85-88。
223 殷光明，《北涼石塔研究》，頁 163。
224 殷光明，《北涼石塔研究》，頁 164。
225 殷光明，《北涼石塔研究》，頁 164。

「七佛」的名稱，也是《彌勒大成佛經》所載的「過去七佛」的名字，或後來翻譯的《佛說七佛經》所載的「七佛」名字，[226] 而第八位「彌勒佛」，殷光明認為應是指「彌勒菩薩」。[227] 殷光明說：北涼石塔上的「七佛一菩薩」的信仰，與「三世佛」的信仰有密切的關聯。因此他除了將前六佛視為「過去佛」，第七佛視為「現在佛」（釋迦牟尼佛）外，其也將石塔上的「一菩薩像」，視為「未來佛」或「彌勒菩薩像」。[228] 他又說：「佛教創立三世諸佛的目的，只為了宣傳三世佛論，而三世佛則是佛教的基本教義」。[229] 殷光明甚至認為，北涼石塔造「七佛一菩薩」的造像是「三世佛」的造像。這些造像是作為北涼佛教僧人禮拜及禪觀之用。殷光明說：

> 北涼佛教的特點是重禪觀，多禪僧，禮拜供養、禪行觀像，是禪僧修持的課題。作為北涼佛教思想體現形式之一的北涼石塔，更是集中體現了這一特點，而北涼石塔上所造過去七佛與彌勒菩薩就是禮拜、觀像的必修課目之一。[230]

北涼石塔上的「七佛」名字，也是 4、5 世紀末期之間在犍陀羅流通的《彌勒大成佛經》所載的「過去七佛」的名字。[231] 此「七佛」不僅有護持「支提信仰」眾生，包括彌勒佛下生的轉輪王或彌勒佛王的作用，同時此「七佛」的造像，也具有象徵龍樹所奠立的支提信仰的基礎或淵源。因為此「七佛」除了是普賢菩薩提倡的護持眾生最重要的神祇外，此「七佛」的名字不斷出現於支提信仰經典，如《證明經》及《彌勒大成佛經》等，也說明此「過去七佛」是支提信仰的淵源或象徵神祇。很顯然的，自從《證明經》提倡兩組七佛信仰之後，第一組七佛信仰便顯見的成為支提信仰所提倡的「七佛信仰」。北涼石塔上的此「七佛」及「一轉輪王」的造像，因此有說明此「過去

---

226 （宋）西天譯經三藏朝散大夫試鴻臚卿傳教大師臣法天奉詔譯，《佛說七佛經》，《大正》卷 1，頁 150 下。此經談到過去七佛的名字時說：毘婆尸如來／尸棄毘舍浮／拘留孫世尊／俱那含迦葉／如是出生時，各自人壽量……／如是釋迦佛／而出於五濁／人壽一百歲；並見下詳述。

227 殷光明，《北涼石塔研究》，頁 164。

228 殷光明，《北涼石塔研究》，頁 169-171。

229 殷光明，《北涼石塔研究》，頁 183。

230 殷光明，《北涼石塔研究》，頁 190。

231 見本書第六章，〈山崎大塔的支提信仰造像〉。

七佛」有護持轉輪王及眾生的意思，也有說明此「七佛」具有象徵北涼的支提信仰的作用。

　　支提信仰所談論的「七佛」，既是「過去七佛」，此七佛的名字便不會如殷光明所言，為了成立其「三世佛」的信仰理論，而將此「過去七佛」割裂為「過去六佛」及「現在釋迦摩尼佛」，甚至未來「彌勒菩薩」。因為《彌勒大成佛經》所載的「過去七佛」，也包括「釋迦摩尼佛」。在此情況下，殷光明用「三世佛」的信仰理論解釋北涼石塔上的造像便不能成立。因為口吉德塔所提到的「彌勒佛」，不能被視為「未來的彌勒佛」，或學者所言的《彌勒上生經》所載的「彌勒菩薩」。因為北涼石塔所銘記的「彌勒佛」，或學者所言的「彌勒菩薩」，就其坐相呈「交腳坐相」或「垂一坐相」來判斷，其等便有指此類坐相的人物造像是「轉輪王像」的意思。[232] 為何「北涼石塔」上的「轉輪王像」會被稱為「彌勒佛」？因為在支提信仰裡，轉輪王身是彌勒佛的「法身」下生的轉輪王身（化身），因此在支提信仰裡，轉輪王也能被稱為「彌勒佛王」，甚至「彌勒佛」。[233] 在此情況下，「北涼石塔」所造的龕像內容，除了造有「過去七佛」的造像外，第八位的「彌勒佛像」，都被造成犍陀羅式的「轉輪王」坐像。

　　由於殷光明和學界的許多學者，至今都還將北涼石塔上呈轉輪王「交腳坐相」或呈轉輪王「垂一坐相」的「彌勒佛像」視為《彌勒上生經》所載的坐在兜率天上說法的「彌勒菩薩像」，因此才會出現如殷光明將「北涼石塔」上的「七佛一菩薩」的造像解釋成「三世佛」的造像情形。但我們不要忘記，唐代不空金剛翻譯的《金剛頂經》不但非常清楚的說，轉輪王有三種坐相，而此三種坐相即是：「交腳坐相、垂一坐相及獨膝豎相」。[234] 北涼所發展的「轉輪王信仰」因為是支提信仰的緣故，[235] 我們因此能用龍樹說明「彌勒佛身」

---

232 有關佛教轉輪王坐相的經文記載，見本書第三章，〈貴霜佛教建國信仰的發展者迦尼色迦第一及胡為色迦王〉談論：並見下方談論。

233 見本書第四章，〈佛教支提信仰的奠立者——龍樹菩薩〉。

234 見本書第三章，〈貴霜佛教建國信仰的發展者迦尼色迦第一及胡為色迦王〉。

235 見本書第十章，〈中國北涼發展支提信仰的證據——涼州瑞像與敦煌的白衣佛像〉。

即是轉輪王身的佛有「三身」的理論，[236] 去解釋「北涼石塔」上所言的「彌勒佛像」與轉輪王像的關係。「北涼石塔」上所記的「七佛一菩薩」的造像名稱，用「彌勒佛像」稱呼轉輪王像的做法，除了用支提信仰可以解釋外，也見有其他的〈造像記〉使用同樣的「彌勒」之名指謂「轉輪王像」的身分。我們在後來雲崗石窟第 17 窟所見的〈惠定尼造像記〉，也見該〈造像記〉稱其呈「交腳坐相」的轉輪王像為「彌勒」像的情形。[237] 由此可見，在支提信仰裡，「轉輪王像」的確有被稱為「彌勒像」或「彌勒佛像」的情形。

過去許多學者都將佛教石窟及「北涼石塔」視為僧人作禪觀的地方或對象。這種說法，一樣沒有根據。我們只要看北涼開鑿的石窟和造像及「北涼石塔」上所造「七佛一轉輪王」的造像，便知道北涼開鑿佛教石窟及製作「北涼石塔」的目的，與僧人作禪觀的活動完全沒有關聯。因為北涼開鑿的石窟及製作的石塔不僅完全依據支提信仰經典，如《證明經》及《彌勒大成佛經》等製作其造像，而且其所造的像都明顯的具有表達北涼所發展的「佛教建國信仰」的內容或支提信仰的內容。我們因此不能隨意推測，「北涼石塔」上的造像性質及造像內容。

龍樹在其《寶行王正論》非常強調要「供養支提」及「崇拜支提」的行法。因為龍樹就是用「供養支提」及「崇拜支提」的方法將支提信仰變成娑多婆訶王朝的國教信仰。[238] 譬如，龍樹的《寶行王正論》在一處說：「正法及聖眾／以命色事護／金寶網傘蓋／奉獻覆支提／金銀眾寶花／珊瑚琉璃珠／帝釋青大青／金剛供支提」。[239] 北涼在提倡及發展支提信仰期間，自然也會製作各種支提，包括製作石造支提（北涼石塔），作為民眾供養及崇拜的對象。這就是為何「北涼石塔」會出現於北涼所統治的國土各地的原因。北涼製作如此多「北涼石塔」的原因，除了要用「七佛」的造像說明其支提信仰的性質及用「七佛」的造像護持彌勒佛下生的轉輪王或「彌勒佛王」及一般的民

---

236 見本書第四章，〈佛教支提信仰的奠立者──龍樹菩薩〉。
237 見本書第八章，〈新疆克孜爾石窟的支提信仰造像特色及其影響〉。
238 見本書第四章，〈佛教支提信仰的奠立者──龍樹菩薩〉。
239 見本書第四章，〈佛教支提信仰的奠立者──龍樹菩薩〉。

眾或眾生外，也要提醒北涼人民在供養及禮拜支提之餘，要修行成佛。

北涼王朝在其統治的河西地區失去政權之後（439），沮渠蒙遜（367-433）的兒子沮渠安周（統治，444-460），便與其兄沮渠無諱（統治，439-444）帶領部分的北涼人民逃到高昌，並在高昌繼承北涼建國者沮渠蒙遜用支提信仰建國的方法統治高昌。[240] 安周在其所造的〈造佛寺碑〉便如此解釋為何他要用佛教信仰建國的原因。他說，雖然他公務繁忙，但他無論如何都要其人民和他一樣，有機會修行成佛，不墮輪迴。安周的〈造佛寺碑〉如此載此事：

> 涼王大沮渠安周，誕妙識於靈府，味純猶而獨詠。雖統天理物，日日萬機，而庶幾之心，不忘造次……一念之善，成菩提之果……不弘解脫之致，隨巨波以輪迴，受後有而不息。[241]

這就是為何「北涼石塔」上要用刻造《十二因緣經》的經文方法，讓供養「北涼石塔」的北涼人民在供養「北涼石塔」或「石造支提」之際，也能因讀誦「北涼石塔」上銘刻的《十二因緣經》的經文，了解世事無常，並努力修行佛法的原因。這也是為何「北涼石塔」除了造有「七佛一轉輪王像」，說明北涼發展支提信仰的性質外，也造有《彌勒大成佛經》所載的彌勒佛說法的內容，即《十二因緣經》的經文內容的原因。《彌勒大成佛經》如此記載彌勒佛所說的《十二因緣經》的經法內容：

> 佛於此座（金剛寶座）轉正法法輪，謂是苦苦聖諦，謂是集集聖諦，謂是滅滅聖諦，謂是道道聖諦，並為演說三十七品助菩提法，亦為宣說十二因緣：無明緣行，行緣識，識緣名色，名色緣六入、六入緣觸，觸緣受，受緣愛，愛緣取，取緣有，有緣生，生緣老死、憂悲、苦惱等。爾時大地六種震動。如此音聲聞於三千大千世界，復過是數無量無邊，下至阿鼻地獄，上至阿迦膩吒天。時四大天王各各將領無數鬼神，高聲唱言：佛日出時，降法雨露世間眼目，今

---

240 見本書第十章，〈中國北涼發展支提信仰的證據──涼州瑞像與敦煌的白衣佛像〉。

241 見本書第十章，〈中國北涼發展支提信仰的證據──涼州瑞像與敦煌的白衣佛像〉談論〈造佛寺碑〉的內容，並見蔣文光整理的，〈孤本《北涼沮渠安周造佛寺碑》〉，《新疆文物》，第二期（1989），頁 57，第 8-10 行的文字。

者始開，普令大地一切八部於佛有緣，皆得聞知……[242]

從此段《彌勒大成佛經》所載的彌勒佛在犍陀羅「轉正法輪」的《十二因緣經》的經文內容，我們知道，彌勒佛在犍陀羅「轉正法輪」的內容，便有《十二因緣經》的經文。彌勒佛在犍陀羅所轉的「正法輪」內容，除了有《彌勒大成佛經》所載的《十二因緣經》的經文外，還有「四聖諦」及「三十七道品」。北涼將犍陀羅所造的「七佛一轉輪王」的造像及犍陀羅所提倡的《十二因緣經》的經文銘刻在「北涼石塔」上，說明北涼發展其支提信仰的方法，不僅深受犍陀羅發展的彌勒佛下生說法信仰的影響，同時也深受犍陀羅造「七佛一轉輪王像」的造像法的影響。總的來說，北涼造「北涼石塔」及其造像法的方法，乃深受犍陀羅撰造的《彌勒大成佛經》的信仰內容的影響。這就是北涼流通天下的「北涼石塔」，不但銘刻有犍陀羅撰造及流行的《彌勒大成佛經》所載的《十二因緣經》，也用犍陀羅製作的「七佛、一轉輪王」的造像說明北涼發展的「轉輪王信仰」，是犍陀羅所提倡的支提信仰。

「七佛」的造像，後來也成為亞洲許多支提信仰造像址的重要造像。我們在阿旃陀石窟、葉羅拉石窟（Ellora caves）、克孜爾石窟、婆羅浮屠造像址、敦煌及雲岡石窟等，特別是中國北魏時期（統治，386-534）開鑿的雲岡石窟，常見造有「七佛」造像，或「七佛」與轉輪王像或彌勒佛王像同時出現的造像。由此可見，犍陀羅所提倡的「七佛」信仰及七佛造像，曾是亞洲各地發展支提信仰的重要信仰及造像。

三 犍陀羅的彌勒佛王造像

栗田功收錄有一尊犍陀羅的造像，以瓔珞莊嚴其身，並呈「禪定坐相」坐在獅子座上。此像左手提一水瓶，右手在胸前舉起作「無畏印」。在此像作「無畏印」的右掌心上，淺雕有一個龍樹所言的「手足寶相輪」的「寶相輪」造像，說明此像將下生作轉輪王。此像所梳的髮髻樣式，就如我們在犍陀羅

---

242 （姚秦）龜茲國三藏鳩摩羅什譯，《佛說彌勒大成佛經》，頁 431 中、下。

拉后博物館所見的其石雕編號
572 號石雕上半段所造的，一
手提水瓶的轉輪王造像所梳的
「髮髻」一樣。[243] 此像的頭頂
上，還造有一「華蓋」，在此
「華蓋」的兩側，造有二身飛
天像。栗田功稱此尊造像為
「菩薩坐像」或「兜率天彌勒
菩薩像」（圖41）。[244]

圖41　犍陀羅造彌勒佛王像

　　此鋪犍陀羅製作的人物造
像，從其佩戴有轉輪王的飾物
及左手提水瓶的情形來判斷，
我們會認為此像是一鋪犍陀羅造的轉輪王的造像。但就其右手所作的「無畏
印」、其掌心造有「寶相輪」的造像，及其頭上造有「華蓋」和飛天像的造像
情形來判斷，此像應被視為具有支提信仰的彌勒佛身造像特徵的彌勒佛像。
由於此像不但佩戴有早期犍陀羅製作的轉輪王飾物，如「閻浮提金鎖」及「龍
頭瓔」，[245] 並坐在轉輪王的「獅子座」上，我們因此認為，此鋪造像不僅是一
尊具有彌勒佛身，同時也具有轉輪王身的「彌勒佛王像」。在犍陀羅造此類
「彌勒佛王像」之前，我們在印度的其他支提信仰造像址，都沒見有將彌勒佛
像與轉輪王像混在一起製作的「彌勒佛王像」。這說明，支提信仰傳入犍陀羅
之後，犍陀羅才出現這種用混合轉輪王像及彌勒佛像製作的「彌勒佛王像」
的造像法。克孜爾石窟也製作有其「彌勒佛王像」的造像法，克孜爾石窟常

---

243 見本書第三章，〈貴霜佛教建國信仰的發展者迦尼色迦第一及胡為色迦王〉談論犍陀羅製作的佛
　　教轉輪王造像。

244 見栗田功編著，《ガンダーラ美術》第二冊，《佛陀の世界》，頁 23-27，如圖 41、圖 43、圖
　　44、圖 47、圖 49 等；及頁 38-41，如圖 85、圖 88、圖 89、圖 90、圖 91、圖 97 等。

245 見本書第三章，〈貴霜佛教建國信仰的發展者迦尼色迦第一及胡為色迦王〉談論早期犍陀羅依據
　　《悲華經》製作的轉輪王飾物。

用結合歷代造的支提信仰的彌勒佛像及轉輪王像的造像方法或只用彌勒佛像
製作其三種「彌勒佛王像」：(1) 佛裝、呈「交腳坐相」的彌勒佛王像，(2)
佛裝、呈「倚坐相」的彌勒佛王像，及 (3) 佛裝、呈「禪定坐相」的彌勒佛
王像。[246] 犍陀羅製作的此種結合轉輪王像及彌勒佛像的造像法，完全是用犍
陀羅製作的轉輪王像及其彌勒佛像的造像法製作其「彌勒佛王像」。因此犍陀
羅此尊「彌勒佛王像」的造像法與克孜爾製作的「彌勒佛王像」的造像法不
同。我們因此推測，犍陀羅製作此尊「彌勒佛王像」的方法，可能有受克孜
爾石窟製作「彌勒佛王像」的造像法影響。但犍陀羅還是使用其製作轉輪王
像的方法及彌勒佛像的方法製作其「彌勒佛王像」。為何我們知道此事？因為
此鋪犍陀羅製作的「彌勒佛王像」，是用我們在上面提到的迦尼色迦第一時代
製作的「香盒」上的「彌勒一組三尊像」的彌勒佛
像製作其彌勒佛像。

今日保存的中國十六國時代的造像，也見有類
似犍陀羅製作其「彌勒佛王像」的金銅造像。十六
國時代遺留的此尊支提信仰的金銅「彌勒佛王像」，
目前為日本的「藤井有鄰館」所收藏。季崇建稱此
像為「菩薩鎏金銅像」。[247]「藤井有鄰館」收藏的此
尊金銅造像，也以頭上梳髻、一手提水瓶、一手作
「無畏印」、身上佩戴有犍陀羅早期製作的轉輪王飾
物，如「龍頭瓔」及「閻浮提金鎖」的姿態出現在
造像上。十六國時代中國製作的此尊「彌勒佛王
像」，是一尊明顯受到犍陀羅製作的結合彌勒佛像及
轉輪王造像法影響的「彌勒佛王像」。(圖42)。由此
造像我們可以看出，十六國時期中國製作的支提信
仰的金銅造像，也有受犍陀羅造「彌勒佛王像」影

圖42　日本藤井有鄰館藏
十六國時代造彌勒
佛王像

---

246 見本書第八章，〈新疆克孜爾石窟的支提信仰造像特色及其影響〉。
247 見季崇建，《千年佛雕史》(台北：藝術圖書公司，1997)，圖12。

響的現象。

第五節　犍陀羅製作的支提信仰其他造像

一　犍陀羅製作的金翅鳥及獅子等像

在犍陀羅發展支提信仰期間，犍陀羅也造有金翅鳥攜帶人上兜率天的造像。此類金翅鳥攜帶人上兜率天的造像，自然與支提信仰有關。因為《證明經》說，金翅鳥「背負八萬人，得上兜率天，彌勒俱時下」。[248] 金翅鳥因能「背負八萬人上兜率天」，因此克孜爾石窟及犍陀羅在發展支提信仰時期，都造有金翅鳥背負眾生上兜率天的造像。[249] 栗田功收錄的犍陀羅金翅鳥造像，都被其定為「金翅鳥與龍女」的造像。[250] 栗田功如此定名此類造像，理由可能是，在犍陀羅所見的被金翅鳥攜帶上兜率天的人物，常是女性的緣故。又，因金翅鳥有吃龍蛇的傳說，[251] 故栗田功便視金翅鳥攜帶的女性為「龍女」。[252] 犍陀羅的金翅鳥攜帶人上兜率天的造像，不知是否也傳自克孜爾石窟製作的金翅鳥攜帶人上生兜率天的造像？因為克孜爾造有許多金翅鳥攜帶人上兜率天的造像。[253]

我們在犍陀羅的支提信仰遺址及造像，也見有獅子的造像。[254] 獅子的造像在支提信仰裡具有象徵轉輪王王權或形象的作用。支提信仰用獅子象徵轉輪王的做法，可以上溯至 2 世紀中期或後半葉龍樹建造的阿瑪拉瓦底大支提的造像。犍陀羅的支提信仰造像除了見有獅子的造像外，就動物的造像而

---

248 《普賢菩薩說證明經》，頁 1366 下。

249 有關克孜爾石窟造金翅鳥背負眾生上兜率天的造像，見本書第八章，〈新疆克孜爾石窟的支提信仰造像特色及其影響〉。

250 栗田功編著，《ガンダーラ美術》第二冊，《佛陀の世界》，頁 176-178。

251 見本書第八章，〈新疆克孜爾石窟的支提信仰造像特色及其影響〉。

252 見本書第八章，〈新疆克孜爾石窟的支提信仰造像特色及其影響〉。

253 見本書第八章，〈新疆克孜爾石窟的支提信仰造像特色及其影響〉。

254 栗田功編著，《ガンダーラ美術》第二冊，《佛陀の世界》，頁 241-245。

言，也見有與轉輪王隨身七寶有關的「象寶」及「馬寶」的造像。這些動物的造像，都說明犍陀羅確實曾是一處發展轉輪王信仰或支提信仰的地方。從犍陀羅的造像，我們因此非常確定，犍陀羅的帝王在貴霜之後，曾經長期發展過支提信仰為其等的「佛教建國信仰」，否則今日我們不可能見到如此多犍陀羅製作的支提信仰造像，包括與支提信仰有密切關聯的金翅鳥及獅子等的造像。

第六節　結論

從目前栗田功收錄的犍陀羅製作的支提信仰造像來看，犍陀羅發展支提信仰的時間必定不短。因為就目前保存的犍陀羅製作的支提信仰造像來看，犍陀羅造的支提信仰造像不但多樣，而且其創造及改造支提信仰的造像也為數不少。犍陀羅製作的支提信仰造像，因為認為彌勒佛下生的身體是「神聖」的身體，因此犍陀羅製作的「彌勒下生大像」，不但被造成「巨型發光體的彌勒像」，而且也被造成「漂浮在空中下生」的「彌勒下生大像」。犍陀羅很顯然的也將許多支提信仰的造像「彌勒下生經化」。譬如，犍陀羅製作的「一組三尊彌勒佛像」、「彌勒轉法輪像」、「彌勒三轉法輪像」及各種「彌勒向大眾說法的造像」等，都屬於此類造像的例子。犍陀羅除了常用「彌勒下生經化」支提信仰造像的方法，說明其新造的支提信仰造像性質及內容外，也用「支提信仰化」犍陀羅依據《彌勒下生經》及貴霜所製作的造像，如「彌勒一組三尊像」的造像法，說明其發展的支提信仰造像性質及內容。犍陀羅在發展支提信仰期間，也有自克孜爾石窟傳入「彌勒降魔像」及「釋迦涅槃像」的情形。犍陀羅在自克孜爾石窟傳入的支提信仰造像中，筆者推測，「彌勒下生大像」的造像法，非常可能也是由克孜爾石窟傳入犍陀羅的新支提信仰造像法。其真實的情形如果不是如此，克孜爾石窟不會在其 4 世紀初期左右開始開鑿的石窟，都造有「大像窟」。[255] 雖然製作「彌勒下生大像」的經文被載

---

255 見本書第八章，〈新疆克孜爾石窟的支提信仰造像特色及其影響〉。

於《彌勒大成佛經》，然依據《彌勒大成佛經》開始大量製作「彌勒下生大像」的地方，非常可能就是在犍陀羅鄰近的古代龜茲。這就是為何克孜爾石窟造有如此多「大像窟」的原因。由此我們可以看出，犍陀羅所發展的支提信仰造像，仍然尚無法完全避免使用龍樹撰造的《證明經》製作其新支提信仰造像的方法。特別是，犍陀羅在 4 世紀末開始發展支提信仰的時間，其鄰近的克孜爾石窟，已經是當時亞洲最重要的，用龍樹的《證明經》製作其支提信仰新像的造像中心。[256]

　　從犍陀羅製作的支提信仰新像，譬如「彌勒佛呈巨型發光體下生像」、「彌勒佛轉法輪像」及「彌勒佛轉三法輪像」等像的造像情形，我們可以看出，犍陀羅很明顯的有重新解釋龍樹奠立的支提信仰造像法的情形。這就是我們在檢查犍陀羅製作的支提信仰造像之際，常覺得犍陀羅的支提信仰造像有受制於《彌勒下生經》及《彌勒大成佛經》的造像法及造像現象。這種現象，筆者在本章中稱其為「彌勒下生經化」的支提信仰造像現象。犍陀羅的造像者雖然用「彌勒下生經化」的方法改造支提信仰的造像，犍陀羅的造像者並不是全然要「彌勒下生經化」支提信仰的新造像。因為犍陀羅在發展支提信仰期間，不僅有「支提信仰化」依據《彌勒下生經》製作的「一組三尊彌勒像」的造像現象；同時也有自克孜爾石窟傳入該石窟所造的新支提信仰的造像現象。這說明，犍陀羅在發展支提信仰期間，有「融合」犍陀羅的《彌勒下生經》信仰及龍樹奠立的支提信仰造像的現象。這種「融合」犍陀羅的《彌勒下生經》信仰及龍樹奠立的支提信仰造像現象，事實上才是犍陀羅發展其新支提信仰造像的特性。這就是為何後來的墮和羅王國及梁武帝都能接受犍陀羅製作的新支提信仰造像的原因。

---

256 見本書第八章，〈新疆克孜爾石窟的支提信仰造像特色及其影響〉。

第八章

新疆克孜爾石窟的支提信仰造像
特色及其影響

第一節 克孜爾石窟的地理位置及其建造時間

一 宿白的克孜爾石窟分期及分類說

　　克孜爾石窟（Kizil caves）位於古代中亞（Central Asia）的龜茲國。古代的龜茲是東西陸上絲路的一個大國，坐落於塔里木盆地的北沿，北面越過天山即可以到達烏孫及巴爾克什湖，南面穿過塔克拉瑪干沙漠，可抵達古代絲路上的另一個大國于闐（Khotan）。古代的龜茲國，包括今日中國新疆的拜城、庫車、新和及沙雅四縣。[1]

　　中國最早接觸到的支提信仰，就是前由 4 世紀初期龜茲僧人佛圖澄（c. 232-348），後由 5 世紀初期龜茲名僧鳩摩羅什（Kumārajīva, c. 350-409），自古代龜茲傳入中國北方後趙（統治，319-352）及姚秦（統治，384-417）等國的「天王信仰」。[2] 從佛圖澄及鳩摩羅什傳入中國的「天王信仰」，及今日新疆庫車克孜爾石窟所保存的造像內容來判斷，古代龜茲帝王早在西元 4 世紀初期左右，便開始在龜茲施行龍樹於 2 世紀中期左右或稍後，在南印度的案達羅國所奠立及施行的「支提信仰」建國。中國早期的史料及文獻，都稱中國十六國時期或東晉時代（統治，317-420），帝王所發展的佛教信仰為「天王信仰」。[3] 為何中國十六國時期的佛教文獻及史料，會稱此時代帝王所發展的佛教信仰為「天王信仰」？這自然與此時代的中國帝王都用「天王」稱號統治其國的活動有關。所謂「天王」，有指此類帝王是由天上下來出世或「下生」為轉輪王的

1　賈應逸、祁小山，〈印度到中國新疆的佛教藝術〉，收入季羨林主編，《敦煌學研究叢書》（蘭州：甘肅教育出版公司，2002），頁 242。

2　見古正美，《從天王傳統到佛王傳統：中國中世佛教治國意識形態研究》（以後簡稱《從天王傳統到佛王傳統》）第二章，〈東南亞的天王傳統與後趙石虎時代的天王傳統〉（台北：商周出版公司，2003），頁 65-103。

3　見古正美，《從天王傳統到佛王傳統》第二章，〈東南亞的天王傳統與後趙石虎時代的天王傳統〉，頁 83-97.

意思。因為龍樹奠立的「支提信仰」也被稱為「彌勒佛自兜率天坐支提下生為轉輪王的信仰」,[4] 故十六國時代中國帝王使用的「天王」稱號,有指龍樹的「彌勒佛自兜率天坐支提下生的轉輪王」的意思;特別是,十六國時期不但有提倡彌勒佛信仰的現象,而且也有發展佛教信仰為國教信仰的現象。[5]

　　就目前保留的佛教文獻及造像來看,古代中亞龜茲所發展的佛教信仰情形非常複雜。中國學者賈應逸依據古代龜茲的譯經如此總結龜茲翻譯佛教經典的情形:「龜茲古代的譯經,包括小乘、大乘、律藏、雜密及密教的典籍」。[6] 由此可見,古代的龜茲曾是一處發展各種佛教信仰的地方。但就佛圖澄及鳩摩羅什傳入中國的「支提信仰」內容及克孜爾石窟的造像內容來判斷,古代龜茲國所發展的佛教,明顯的是大乘佛教僧人龍樹所奠立的「支提信仰」或「彌勒佛自兜率天坐支提下生為轉輪王」的大乘佛教信仰。但今日學者基本上認為,古代龜茲所發展的佛教是「小乘佛教」。[7] 這與筆者的看法有極大的出入。

　　克孜爾石窟位於今日拜城縣東北,距庫車縣約 65 公里的地方,是新疆石窟群中開鑿最早、規模最大、且保存情況最為良好的一座石窟群。目前具有編號的克孜爾石窟,共有 236 個,並分布在約 3 公里長的峭壁上。[8] 克孜爾石窟的最大建築特色,即是此石窟群開鑿有許多「中心柱窟」及「大像窟」。克孜爾石窟在其發展的三個階段都開鑿有「中心柱窟」及「大像窟」。由此,我們可以說,克孜爾石窟的開鑿方式,基本上以開鑿「中心柱窟」及「大像窟」為主。克孜爾的「大像窟」,顧名思義,就是以造「大像」為主的石窟;而

4　見本書第四章,〈佛教支提信仰的奠立者——龍樹菩薩〉。

5　見古正美,《從天王傳統到佛王傳統》第二章,〈東南亞的天王傳統與後趙石虎時代的天王傳統〉,頁 65-103。

6　賈應逸、祁小山,《印度到中國新疆的佛教藝術》,頁 243-253。

7　譬如,李瑞哲在其〈龜茲彌勒說法圖及其相關問題〉,《敦煌研究》,第 4 期(2006),頁 19 說:「中心柱的建築結構,具有小乘佛教尊位及因果關係的內在因素,是這一地區長期信仰一佛一菩薩思想的具體反映。彌勒信仰起源於印度,早在部派佛教時期,小乘佛教經典《長阿含經‧轉輪聖王修行經》中就已出現彌勒將於未來成佛的記載」;並見後詳述。

8　賈應逸、祁小山,《印度到中國新疆的佛教藝術》,頁 254-256。

「中心柱窟」，即是克孜爾石窟用造像的方法表達其支提信仰內容的主要石窟。我們在本章，因此要用「中心柱窟」的造像了解古代龜茲或克孜爾石窟發展支提信仰的情形。

圖 1　新疆克孜爾石窟外貌

　　中國考古學家宿白（1922-2016），將克孜爾石窟的開鑿時間劃分為三個階段或三期。[9] 宿白判斷克孜爾石窟有三階段開鑿的活動，除了參照 1970 年代之後其使用 C14 同位素測定法得出的結果外，在 1979-1981 年間，他又用 C13 和樹輪的年代校正法得出克孜爾石窟共有三個比較合理的開鑿時段。此三個時段是：（1）第一階段大約接近 310±80〜350±60 年；（2）第二階段大約接近於 395±65〜465±65 年；（3）第三階段大約接近於 545±75〜685±65 年及其之後。[10]

　　依據宿白的說法，克孜爾第一階段石窟開始開鑿的時間大約在西元 4 世紀初期左右。此時間距離龍樹死後，在南印度龍樹山繼承龍樹遺志發展支提信仰的甘蔗王朝統治南印度的時間非常接近。[11] 這說明克孜爾石窟的開鑿，有直接承傳或延續南印度龍樹所奠立及發展的支提信仰傳統的情形。克孜爾石

9　宿白，〈新疆拜城克孜爾石窟部分洞窟的類型與年代〉，宿白，《中國石窟寺研究》（北京：文物出版公司，1996），頁 22-33。

10　宿白，〈新疆拜城克孜爾石窟部分洞窟的類型與年代〉，宿白，《中國石窟寺研究》，頁 33-35。

11　見本書第五章，〈龍樹與阿瑪拉瓦底大支提的建築及造像〉。

窟的開鑿活動，一直到西元 7 世紀，甚至之後才停止。在長達三百年以上的石窟開鑿活動中，克孜爾石窟的造像自然會出現各種不同的變化，甚至出現新的造像元素。由於克孜爾石窟的開鑿時間如此早，其支提信仰的造像，有些不僅與 4 世紀末、5 世紀初期犍陀羅發展其支提信仰的造像有重疊或相同的現象，同時其創造的支提信仰新像，也曾普遍地影響古代的印度、中國、西藏及東南亞等地區的支提信仰造像方法及造像內容。譬如，克孜爾石窟依據龍樹所撰造的《普賢菩薩說證明經》（此後，《證明經》）製作的「釋迦涅槃像」及「彌勒下生像」的造像法，[12] 不僅明顯的影響 5 世紀後半葉，由西印度帝王哇卡塔卡王（King Vakataka）哈利先那（Harishena, 460-478）開鑿的阿旃陀石窟（Ajantā caves）的造像，[13] 同時也明顯的影響在古代暹羅（Siam）建國的墮和羅王朝（Dvāravatī, 6-11 世紀）在發展支提信仰之際所製作的支提信仰造像。[14] 因此，筆者在本文除了要談論克孜爾石窟製作支提信仰造像的方法及造像特色外，也要談論克孜爾石窟製作的支提信仰造像對古代亞洲各地，特別是印度，製作支提信仰造像的影響情形。

克孜爾石窟，是筆者見過最善於利用石窟壁面及空間的設計表達其支提信仰內容的佛教石窟。換言之，克孜爾石窟建築及造像的設計，不但能讓我們對石窟的造像一目了然看清其要表達的支提信仰含義，而且也能讓我們從石窟內的造像所處的位置，了解該造像及其鄰近的造像所要表達的支提信仰含義，和兩者在時間上或空間上的關聯性。[15] 克孜爾石窟這種開鑿石窟及造像的方法，完全不見於其前，甚至其後，在亞洲開鑿的其他佛教石窟。克孜爾石窟基本上用開鑿「中心柱窟」的方法，表達其支提信仰的內容。因此「中心柱窟」的造像，便是我們了解克孜爾石窟發展其支提信仰的最重要石窟。

---

12 見後詳述。

13 哈利先那王在開鑿阿旃陀石窟群時，也在阿旃陀石窟附近的奧然嘎巴石窟（Aurangaba caves）開鑿了第 1 及第 3 窟。見 Walter Spink, *Ajanta to Ellora*. Bombay: Marg Publishers, 1969, p. 8a；並見下詳述。

14 見古正美，〈古代暹羅墮和羅王國的大乘佛教建國信仰〉，收入《饒宗頤國學院院刊》（香港），第三期（2016），頁 241-285；並見下詳述。

15 見下詳述。

克孜爾開鑿的「中心柱窟」，也被學者稱為「塔柱窟」或「支提窟」。[16]
克孜爾目前保存的壁畫洞窟共有 80 多個，其中有 50 個以上都屬於「中心柱
窟」的建築形制。[17] 所謂「中心柱窟」，即指在此類石窟的中央造有一方形柱
基形成的壁面。在此方形柱基形成的壁面兩側，常見造有兩個能通往石窟「後
室」的「甬道」。方形柱基壁面的上方，造有一橢圓形的造像龕；在此造像龕
的上方，更造有一半圓形的造像壁面。半圓形造像壁面的上端，連接弧形的
石窟窟頂或「券頂」。半圓形造像壁面的兩側，則與石窟兩側的壁面上部相連
接。因此方形柱基壁面上方橢圓形造像龕上部的建築結構，並沒有被造成如
早期敦煌石窟所造的方形「中心柱」或「塔柱」上部的建築結構。嚴格的說，
克孜爾石窟此類「中心柱窟」並不能因其在石窟中央造有一「方形柱基」的
建築結構，便被稱為「塔柱窟」或「支提窟」。因為「中心柱窟」中央所造的
「方形柱基」上部壁面的建築結構，並不是如敦煌「中心柱」上方的塔形建築
結構，只是石窟壁面的建築結構。但李瑞哲認為，克孜爾的「中心柱窟」也
能被稱為「支提窟」（caitya cave）的原因是，其建築形制淵源於印度阿旃陀石
窟「支提窟」的建造法。[18] 李瑞哲說：

> 克孜爾中心柱石窟，在形制上淵源於印度的阿旃陀石窟，但又有它本身的一些
> 特點。阿旃陀石窟的平面為馬蹄形，後部鑿有一個圓形窣堵波，窣堵波的頂部
> 不與窟頂相連接……[19]

李瑞哲在此所言的「窣堵波」（stūpa），事實上指我們所言的「支提」
（caitya）。因為無論阿旃陀石窟所建造的塔形建築是「關閉式支提」，或造有佛
像在內的「開放式支提」，[20] 其等的建築形制都與早期龍樹在案達羅所造的支
提建築形制相仿。[21] 換言之，阿旃陀石窟所造的支提，縱然造有不同的建築形

16　見下詳述。
17　賈應逸、祁小山，《印度到中國新疆的佛教藝術》，頁 257-260。
18　李瑞哲，〈龜茲彌勒說法圖及其相關問題〉，《敦煌研究》，第 4 期（2006），頁 19。
19　李瑞哲，〈龜茲彌勒說法圖及其相關問題〉，《敦煌研究》，第 4 期（2006），頁 20。
20　見本書第五章，〈龍樹與阿瑪拉瓦底大支提的建築及造像〉。
21　見本書第五章，〈龍樹與阿瑪拉瓦底大支提的建築及造像〉。

式，然其建築形制很明顯的是由早期案達羅的支提建築形制演化而來。李瑞哲視克孜爾中心柱窟之「塔形中心柱」的建築形制源自阿旃陀石窟「圓形窣堵波」的建築形制的說法，非常有問題。原因是：李瑞哲認為，阿旃陀石窟的建築形制都一樣。他說：「阿旃陀石窟的平面為馬蹄形，後部鑿有一個圓形窣堵波……」。李瑞哲大概不知道，阿旃陀石窟的建築形制有多種，許多阿旃陀石窟的開鑿方式並沒有建造如李瑞哲所言的，「圓形窣堵波」或「支提」的建築形式。例如，阿旃陀石窟第 1 窟及第 2 窟，便都沒有建造「支提」的石窟建築結構。阿旃陀石窟的支提建造法，無論是支提內部造有坐佛像或立佛像的「開放式支提」，或是沒有造有佛像的「關閉式支提」，其「支提窟」的「支提」建造法，都非常明顯的依據案達羅或早期龍樹所設計的支提建造法製作其支提建築形制。克孜爾石窟的「中心柱窟」的「方形柱基」上方的壁面建築結構，既然沒有造如敦煌「中心柱」或阿旃陀石窟所造的「支提」上部

的建築結構，我們又如何能比較克孜爾的中心柱窟的「中心柱」的建築形制及阿旃陀石窟的「支提窟」的「支提」建築形制？特別是，李瑞哲認為，克孜爾「中心柱」的建築形制源自於阿旃陀的支提建築形制這種說法即有問題。因為李瑞哲似乎完全沒有注意到，阿旃陀石窟的開鑿時間比克孜爾石窟第一期中心柱窟的開鑿時間還要晚。既是如此，我們怎麼能說，克孜爾石窟中心柱窟的「中心柱」的建築形制受到較晚開鑿的阿旃陀石窟「塔柱窟」的「支提」建築形制的影響？

圖 2　克孜爾石窟 38 窟的支提畫像

二 克孜爾石窟的開窟及造像特色

（1）學者研究克孜爾石窟造像的情形

直到今日，許多學者都認為，克孜爾石窟的造像乃是沒有主題信仰的造

像，而只是造「佛本生故事」（jātaka story）及「因緣故事」（nidāna）等佛教故事集結而成的造像（Collected images）。因為學者常說：「克孜爾石窟壁畫的內容，主要是佛教故事畫。其中有以佛本生故事、因緣故事、比喻故事（avadāna），和佛傳故事（Life story of the Buddha）內容最為豐富。此外還有尊像、天相圖、伎樂飛天和邊飾物圖案等」。[22]

克孜爾石窟的造像確實可能造有「佛傳故事」及「本生故事」等佛教故事內容，但這些佛教故事的造像內容都不是此石窟要表達的其主要信仰內容。因為從前面幾章筆者所談論的佛教造像址的造像情形，我們便可以看出，每個具有計劃性開鑿的大型佛教造像址，譬如，山崎大塔（Great Stūpa of Sāñci），縱然也造有如女夜叉及功德天女神等護持者的造像，山崎大塔的造像和其他的亞洲支提信仰造像址一樣，也見其因為要表達支提信仰或「佛教建國信仰」的造像內容，而具有計劃性的製作如「供養支提像」、「供養金輪像」、「七佛坐支提下生像」，及各種轉輪王像等像。[23] 克孜爾石窟既是一處支提信仰的造像址，其自然也會製作各種與支提信仰有關的造像；否則克孜爾石窟不會具有計劃性的開鑿「中心柱窟」，並製作支提信仰的造像。亞洲大型佛教造像址及佛教石窟的開鑿，因此不會是如過去學者常說的，只因民眾、旅行商賈、王公大臣，甚至帝王，為了宗教信仰的原因，所從事的佛教開窟及造像活動；也不是如佛教學者所言的，民眾為了紀念「佛陀偉大的事蹟」（Great events of the Buddha）所從事的造像活動；更不會只是為了要製作「佛傳故事」及「因緣故事」等佛教故事而有開鑿石窟及造像的活動。

（2）克孜爾「中心柱窟」的開窟及造像方法

我們在研究中國十六國時代的「天王信仰」之際便注意到，古代的龜茲是一處古代亞洲發展支提信仰的重要場地。因為歷史上最早傳入中國的支提

---

22 見馬世長、丁明夷，〈中國佛教石窟考古概要〉，《佛教美術全集》（台北：藝術家出版公司，2007），頁 63-64。
23 見本書第六章，〈山崎大塔的支提信仰造像〉。

信仰或「天王信仰」，便是由龜茲僧人傳入中國的信仰。[24] 克孜爾石窟因善於利用石窟空間及壁面表達其支提信仰的內容，並因能創造各種支提信仰新像的緣故，因此我們在此章，除了要談論克孜爾石窟善於利用其石窟壁面或空間造像的情形外，也要談論克孜爾石窟製作各種支提信仰新像的情形。

克孜爾石窟對於其石窟壁面的造像設計，可以說相當固定，特別是對「中心柱窟」各壁面的造像設計，更是如此。換言之，在哪一面牆或壁面要造甚麼樣的造像，克孜爾石窟的造像者都有其在特定壁面要造甚麼像的理由或固定做法。譬如，在中心柱窟「前室」象徵天空或天上的「券頂」上，克孜爾中心柱窟的造像者便常造「彌勒佛」自兜率天（Tuṣita heaven）飛行下生的造像；又如，在象徵此世界的石窟「前室」入口處或門上方的半圓形壁面，克孜爾石窟的造像者便常造「轉輪王像」，說明轉輪王是在世間出世的帝王。克孜爾石窟「中心柱窟」的開鑿，甚至有將石窟的「前室」視為「現在窟」，而石窟的「後室」視為「過去窟」的情形。因此克孜爾石窟的造像者，固定地都將其等表達「彌勒佛下生為轉輪王」的造像，造在「前室」或「現在窟」的「券頂」，及其相鄰的「前室」門上方的半圓形壁面，說明「彌勒佛下生為轉輪王」的事發生在現在；而將釋迦佛的「涅槃像」或釋迦佛的「涅槃故事」，都造在「後室」或「過去室」，說明釋迦佛「涅槃」的事發生在過去。克孜爾石窟「中心柱窟」的建築形制及造像方法，基本上都依據《證明經》所載的支提信仰內容開鑿其石窟及造像。這就是克孜爾石窟的「中心柱窟」的開鑿方法造有「前室」及「後室」兩部分石窟空間的原因。克孜爾石窟連結「前室」及「後室」此二室空間的方法是，在中心柱窟的「前室」及「後室」的中間造二「甬道」。

克孜爾石窟的造像者除了依據石窟的壁面位置製作特定的造像外，其等也完全打破過去石窟造像者在一面壁面說明一個故事、或表達一個完整信仰的造像方法。換言之，克孜爾石窟的造像者，常用兩面不同但相連的壁面表

---

24 見古正美，《從天王傳統到佛王傳統》第二章，〈東南亞的天王傳統與後趙石虎時代的天王傳統〉，頁 65-103。

達一個完整的支提信仰內容。克孜爾石窟這種用兩面不同但相連壁面作畫或造像的方法，事實上是克孜爾石窟開鑿其「中心柱窟」及其造像的特色。克孜爾石窟使用兩個不同但相連壁面造像的情形，乃是要說明，兩個支提信仰的概念雖然不同，但兩者卻有相關性也有連續性。這種造像或作畫的方法，最終都要表達一個完整的支提信仰內容。克孜爾石窟這種造像或作畫的方法，因不見於亞洲其他地區的支提信仰石窟或造像址，故筆者認為，克孜爾石窟是亞洲歷史上最善於利用石窟壁面或空間表達支提信仰造像的早期亞洲佛教石窟。

如果佛教石窟的造像設計方法與石窟的開鑿同時進行，佛教石窟的開鑿者便能在石窟開鑿之際設計好在哪面牆造甚麼像。這就是克孜爾石窟的造像設計及石窟的建築設計給我們的印象。過去我們很少注意到，石窟的開鑿活動與石窟的造像活動會有這樣密切的關聯性。特別是，我們在看過克孜爾石窟於其「後室」及「甬道」各別造有「釋迦涅槃後」及「彌勒正身下」此二《證明經》的經句造像，[25] 更能明白，克孜爾石窟的開鑿活動，與其石窟的造像設計活動，確實有密切的關聯性。克孜爾石窟的造像者能如此善於利用石窟壁面及空間製作其造像的原因，除了與克孜石窟的造像者對支提信仰的內容具有深刻的了解外，也與克孜爾石窟的開窟者及造像者具有高度的創造力及想像力有密切的關聯；否則，克孜爾石窟的造像不會呈現如此高水準及系統性的石窟開窟及造像現象。

（3）克孜爾石窟創造支提信仰新像的方法及其新像影響亞洲各地支提信仰造像的情形

克孜爾石窟除了有善於利用石窟空間或壁面造像的特長外，克孜爾石窟也是我們在亞洲歷史上見到製作最多支提信仰新像的佛教石窟。克孜爾石窟的造像，不但有依據支提信仰經典《證明經》及當日在犍陀羅流行的《彌勒大成佛經》製作其支提信仰的造像的情形，而且也有依據當時在中亞出經的《大方等大集經》等經製作其石窟的造像。在克孜爾石窟製作的支提信仰新像

25　見後詳述。

中，以其依據傳統支提信仰造像法製作的，結合「彌勒佛像」及「轉輪王像」的造像法所創造的「彌勒佛王新像」，最震撼亞洲各地的佛教造像者。大概由於克孜爾製作的「彌勒佛王新像」對亞洲各地支提信仰造像者所造成的巨大影響，我們在亞洲建造的其他支提信仰石窟及造像址，也能見到這些地方使用克孜爾創造的「彌勒佛王新像」的造像法製作其等的「彌勒佛王新像」。亞洲各地製作「彌勒佛王新像」的造像現象，也見於西元 7 世紀初期之後，在印度建國的「摩揭陀國」（Magadha）及「帕拉王朝」（the Pāla dynasty, c. 8ᵗʰ -12 centuries）製作的支提信仰造像。譬如，西元 7 世紀初葉，玄奘（602-664）及王玄策（645-661，三次使印度）去印度巡禮佛教遺跡時，在佛陀成道地「摩訶菩提樹」（Mahābodhi or Bodhgayā），因見到一種兩人從未見過的「摩訶菩提樹像」，兩人因此都記載有「摩訶菩提樹像」的造像故事，並將此像及其故事帶回中國。玄奘及王玄策在「摩訶菩提樹」所見的造像，事實上就是當日印度「摩訶菩提樹」依據克孜爾造「彌勒佛王新像」的造像法製作的「彌勒佛王新像」。玄奘及王玄策所記載的「摩訶菩提樹像」的故事內容雖不盡相同，但他們兩人都不知道，「摩訶菩提樹像」的創作根源可以追溯至克孜爾石窟所創造的「彌勒佛王新像」。筆者在本章，因此除了要談論克孜爾石窟如何創造其「彌勒佛王新像」的情形外，也要談論克孜爾石窟所創造的「彌勒佛王新像」如何影響古代印度、中國、東南亞，及西藏等地製作其等的「彌勒佛王新像」的情形。筆者在本章自然也會談論玄奘及王玄策所見到的「摩訶菩提樹像」，及此「摩訶菩提樹像」對中國佛教造像的影響。

克孜爾石窟造像對亞洲支提信仰造像，造成的另一顯著影響是，克孜爾石窟依據《證明經》所載的「釋迦涅槃後」及「彌勒正身下」此二經句製作的造像，如「釋迦涅槃像」及「彌勒佛下生像」，也隨著克孜爾創造的「彌勒佛王新像」的造像法傳入亞洲各地。譬如，印度製作的「四相圖」及「八相圖」，就造有用《證明經》所載的「釋迦涅槃後」及「彌勒正身下」此二經句製作的「釋迦涅槃像」及「彌勒佛下生像」。我們雖然不知道，「四相圖」及「八相圖」在歷史上確實出現的時間及地點，但從今日印度石窟，如阿旃陀石窟，在 5 世紀後半葉已經造有許多克孜爾石窟所造的各種造像，如新像的情

形來判斷，[26] 印度製作「四相圖」及「八相圖」的活動，非常可能與印度阿旃陀石窟傳入克孜爾石窟的各種新像的活動，有密切的關聯。因為傳入阿旃陀石窟的支提信仰造像，不僅見於克孜爾石窟的造像，也見於「四相圖」，及「八相圖」的主要造像。

直至今日，學者常認為，「四相圖」及「八相圖」都是為要表達佛陀信仰或說明「佛陀偉大事蹟」所製作的造像。[27] 但我們注意到，「四相圖」及「八相圖」的造像內容，除了被造成與支提信仰有關的主要造像內容，如「彌勒說法像」、「彌勒降魔像」、「釋迦涅槃像」、「彌勒下生像」及「佛誕圖」外；這些造像也都見於克孜爾石窟所造的造像。這就是筆者認為，「四相圖」及「八相圖」的造像內容不但有表達 5 世紀中期左右克孜爾石窟所造的支提信仰造像內容，而且其造像內容有許多都是要說明克孜爾石窟當時製作的支提信仰新像的內容，如「彌勒降魔像」、「釋迦涅槃像」及「彌勒下生像」等。這說明，「四相圖」及「八相圖」的造像，並不是如學者所說的，其乃要表達「釋迦偉大事蹟」的造像，而是要說明克孜爾石窟發展支提信仰的造像內容。

我們從西元 8 世紀之後「帕拉王朝」製作「八相圖」及「彌勒佛王新像」的頻繁情形來判斷，[28] 我們也可以看出，帕拉王朝所發展的支提信仰造像有深受克孜爾石窟造像影響的情形。筆者在本章談論「四相圖」及「八相圖」的歷史發展情形之際，因此也要特別談論帕拉王朝製作的「八相圖」及「彌勒佛王新像」的造像方法及造像內容。當然，筆者在談論上面這些造像之際，也會談論克孜爾石窟製作這些支提信仰造像的情形，及這些造像如何影響亞洲其他地區製作支提信仰造像的情形。

---

26 見下詳述。

27 見下詳述。

28 見下詳述。

第二節　克孜爾石窟善於利用石窟壁面或空間造像的例子

在我們談論「四相圖」及「八相圖」的造像之前，我們先要談論克孜爾石窟如何利用石窟的空間及壁面來造像。筆者在下面要談論的克孜爾石窟的造像有：「彌勒佛自空中下生為轉輪王」的造像，即學者所言的「天相圖」、「彌勒降魔變／像」，及「涅槃圖／像」此三種造像。「彌勒佛自空中下生為轉輪王」的造像，因指今日學者所言的「天相圖」及「彌勒菩薩像」，故筆者在下面所要談論此類造像的內容包括有：彌勒佛像、金翅鳥、轉輪王像及彌勒佛王像等造像。由於過去學者對「天相圖」的造像內容都沒有作過較系統性及深入的說明，只簡單的視其為「天相圖」，我們在下面因此便要逐一檢查「天相圖」的造像內容。

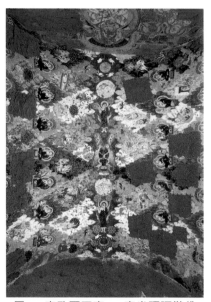

圖 3　克孜爾石窟 38 窟券頂彌勒佛自空中下生圖

一　彌勒佛自空中下生為轉輪王的造像

（1）天相圖

克孜爾石窟善於使用石窟壁面或空間造像的例子，以其處理「彌勒佛自空中下生為轉輪王」的造像最令人讚歎。克孜爾的造像者常在其「中心柱窟」的「券頂」畫有許多小像，包括小佛像，並在這些小像的中間，開畫出一條長形帶狀的空間製作「天相圖」。由於這條造像長帶位處「券頂」的中央，並造有佛像及日、月星辰等的畫像內容，因此中國學者一般都稱此長帶上的畫

像為「天相圖」。[29] 但新疆博物館研究員賈應逸卻稱其為「天部」。賈應逸之所以稱其為「天部」，乃因她認為：「佛教認為，宇宙是由無數的世界所構成，每一世界都有自己的天部，佛土亦是如此」。[30]

克孜爾所繪的「天相圖」，見畫於克孜爾三個時期開鑿的「中心柱窟」的「券頂」中央。由此可見克孜爾石窟開鑿的目的，與所謂「天相圖」的畫像有密切的關聯。譬如，第一時期開鑿的「中心柱窟」第38

圖4　克孜爾 17 窟彌勒佛自空中下生為轉輪王像圖

窟，[31] 便見畫有此「天相圖」的畫像（圖3）；第二時期開鑿的「中心柱窟」第17 窟（圖4）、[32] 第 171 窟等的窟頂，也見畫有此「天相圖」的畫像；[33] 第三時期開鑿的「中心柱窟」第8 窟等，也見畫有此「天相圖」的畫像。[34]

這些「天相圖」的畫像結構，有些非常複雜，有些則很簡單。就第 38 窟窟頂的「天相圖」造像結構來看，「天相圖」呈長形帶狀的畫像結構。在「天相圖」的兩端，各繪有四隻飛鵝／大雁圍繞的日、月圖像；日、月圖像的內側，各繪有一尊平身飛行的佛像；佛像的內側，繪有風神及雷神（也有稱雨神）

29　見馬世長、丁明夷，〈中國佛教石窟考古概要〉，《佛教美術全集》，頁64。

30　賈應逸、祁小山，《印度到中國新疆的佛教藝術》，頁263。

31　宿白，〈克孜爾部分洞窟階段劃分與年代等問題的初步探索——代序〉，新疆維吾爾自治區文物管理委員會、拜城縣克孜爾千佛洞文物保管所、北京大學考古系編，《中國石窟・克孜爾石窟》卷 1（北京：文物出版公司，1989），頁 11；並見新疆維吾爾自治區文物管理委員會等編，《中國石窟・克孜爾石窟》卷 1，圖像 83、84、112、113、114、115。

32　宿白，〈克孜爾部分洞窟階段劃分與年代等問題的初步探索〉，頁 13；並見，新疆維吾爾自治區文物管理委員會等編，《中國石窟・克孜爾石窟》卷 1，圖像 56、57。

33　新疆維吾爾自治區文物管理委員會等編，《中國石窟・克孜爾石窟》卷 3，第 171 窟主室窟頂，圖 8、3 及 5。

34　新疆維吾爾自治區文物管理委員會等編，《中國石窟・克孜爾石窟》卷 1，圖 27。

的造像；[35] 風神及雷神的中間，即是整幅「天相圖」的中央，常見繪有一隻兩頭的金翅鳥（garuda）口咬兩條纏身的龍蛇畫像。[36] 克孜爾第 17 窟「券頂」中央所繪的「天相圖」，沒有如此複雜的繪畫內容，佛像也沒畫有身光。[37] 很顯然的，第 17 窟「券頂」的「天相圖」是一鋪簡化版的「天相圖」。

（2）彌勒佛像

我們要了解克孜爾石窟「券頂」中央「天相圖」的畫像性質，首先要了

解的是，在「天相圖」中兩尊平身飛行的「佛像」是甚麼佛像？我們從第38窟繪有彌勒佛坐支提下生的造像（圖2），及許多克孜爾石窟的中心柱窟的「券頂」都繪有各種坐姿的彌勒佛像坐在支提內下生的圖像，譬如，下面我們要談論的第 188 窟「券頂」的圖像（見圖10），[38] 來推測，「天相圖」中此兩尊平身飛行的佛像，應是彌勒佛在空中飛行下生的圖像。因為在支提信仰裡，彌勒佛是坐支提從「兜率天」下生。龍樹撰造的《證明經》載：「彌勒佛自兜率天（Tusita heaven）坐支提下生」。[39] 因此彌勒佛下生像被繪於象徵「兜率天」或「空中」的「券頂」上。「天相圖」中的二身彌勒佛飛行像，與日月星辰的造像畫在一起，則更清楚的說明，此二身彌勒佛像是自有日月星辰的空中飛行下生。克孜爾第 38 窟、第 17 窟及其他窟的彌勒佛像的畫法是，彌勒佛穿長及足踝的長衣並袒露右肩的佛像。克孜爾第 38 窟及第 8 窟「券頂」所繪的彌勒佛衣兩

圖 5　克孜爾 38 窟券頂天相圖彌勒佛下生像

35　賈應逸、祁小山，《印度到中國新疆的佛教藝術》，頁 263。

36　新疆維吾爾自治區文物管理委員會等編，《中國石窟・克孜爾石窟》卷 1，第 38 窟，圖 83、84、112、113 及 114。

37　新疆維吾爾自治區文物管理委員會等編，《中國石窟・克孜爾石窟》卷 1，第 17 窟，圖 56，「主室券頂前部及前壁壁畫」。

38　見下詳述。

39　見本書第四章，〈佛教支提信仰的奠立者──龍樹菩薩〉談論《證明經》及支提信仰之處。

側，畫有四條如火焰狀的光紋自彌勒佛身放射出來（圖5）。這說明這種彌勒佛以「發光體」下生的造像，乃受犍陀羅用其撰造的《彌勒下生成佛經》或《彌勒大成佛經》所造的彌勒佛像的造像法影響的造像。[40]《彌勒下生成佛經》如此記載彌勒佛以「發光體」下生的情形：

> 身紫金色三十二相，眾生視之無有厭足。身力無量不可思議，光明照耀無所障礙，日月火珠都不復現。[41]

　　這類呈發光體的彌勒佛下生像，因明顯的受到犍陀羅造的「發光體彌勒下生像」的影響，這就是為何克孜爾石窟所造的彌勒佛像，也造有「發光體的彌勒佛下生像」的情形。克孜爾石窟製作的許多支提信仰造像，與犍陀羅製作的支提信仰造像非常相像。這說明兩地製作的造像經典相同外，兩地還因地理位置相近的緣故，在造像上常出現有造像互相影響的現象。克孜爾石窟造此「發光體彌勒佛下生像」的造像法，明顯的就是一鋪受犍陀羅造像法影響的例子。[42] 克孜爾石窟所造的「天相圖」，都沒有將彌勒佛像造在「支提」內下生的情形。很顯然的，這些克孜爾石窟製作的「天相圖」，乃要側重說明彌勒佛自兜率天或空中下生的信仰，因此在造像上只造彌勒佛自有日月星辰的空中下生。由此彌勒自空中下生的造像，被造在石窟「券頂」下生的情形，我們知道，克孜爾石窟的造像者，有將石窟的「券頂」象徵「空中」的情形。

圖6　克孜爾8窟券頂天相圖金翅鳥像

40　見本書第七章，〈犍陀羅的支提信仰性質及造像〉；並見，（後秦）鳩摩羅什譯，《彌勒大成佛經》，《大正》卷14，頁430上-中。

41　（姚秦）龜茲國三藏鳩摩羅什譯，《彌勒下生成佛經》，《大正》卷14，頁424中。

42　見本書第七章，〈犍陀羅的支提信仰性質與造像〉。

（3）金翅鳥像

克孜爾石窟「天相圖」的造像法，為何在「天相圖」的中央，也繪有一隻「雙頭金翅鳥」（圖 6），或具有兩條龍蛇纏身的「雙頭金翅鳥」的畫像（見圖 3）？至今學者對此都沒有作過比較合理的解釋。我們在案達羅、山崎大塔及犍陀羅的支提信仰造像，也都見有金翅鳥的造像。金翅鳥出現的場合，與支提信仰的彌勒佛上、下兜率天的信仰有密切的關聯。我們在前章已經說過，《證明經》載有金翅鳥能如彌勒佛上、下兜率天一樣的經文。筆者在下面再次引《證明經》此段話，作為我們了解金翅鳥在克孜爾出現的意義及其與支提信仰的關連性。《證明經》載：

> 我爾時天上遣金翅鳥下召取有緣。此鳥身長二十里，縱廣三十里，口銜七千人，背負八萬人，得上兜率天，彌勒俱時下。[43]

這段文字提到，金翅鳥能攜帶眾生上兜率天，也能與彌勒佛一起下生。

這就是上面此段經文說：「（金翅鳥）口銜七千人，背負八萬人，得上兜率天」及「彌勒俱時下」的原因。克孜爾第二期開鑿的第 118 窟「券頂」北側，即繪有一隻金翅鳥攜帶一人上生兜率天的造像（圖 7）。[44] 克孜爾 165 窟在四方形的窟頂四角所繪的四隻金翅鳥像，也見繪有雙頭金翅鳥挾帶一人上生兜率天的畫像。[45] 由於同經也載有金翅鳥能與彌勒佛一起下生閻浮提（彌勒俱時下）的經文，故「天相圖」的中央繪有一隻與彌勒佛一起自兜率天下生的金翅鳥像，是有經文依據的造像。

圖 7　克孜爾 118 窟金翅鳥造像

43　《普賢菩薩說證明經》，《大正》卷 85，頁 1366 下。

44　新疆維吾爾自治區文物管理委員會等編，《中國石窟‧克孜爾石窟》卷 2，第 118 窟，券頂北側壁，圖 150、151 及 153。

45　新疆維吾爾自治區文物管理委員會等編，《中國石窟‧克孜爾石窟》卷 2，第 165 窟頂特寫，圖 177。

在古代暹羅地區（Siam）建國的墮和羅王朝，於其發展支提信仰之際，也造有許多彌勒佛坐金翅鳥下生的造像。泰國學者宿巴德拉迪思・迪士庫爾（M. C. Subhadradis Diskul, 1923-2003）在其書《泰國藝術》（*Art in Thailand: A Brief History*）中收集的圖版 14，即是一鋪彌勒佛坐金翅鳥自兜率天下生的圖像。[46] 此圖像與曼谷國家博物館（National Museum, Bangkok）收藏的另一鋪彌勒佛立在金翅鳥上的「彌勒一組三尊像」的造像（圖8），都是墮和羅時代製作的同類彌勒佛坐在金翅鳥上自兜率天下生的石雕造像。由於目前研究墮和羅佛教藝術的學者，都不知道墮和羅所發展的「佛教建國信仰」是支提信仰，因此都沒有從支提信仰的角度去了解墮和羅的此類造像。在此情形下，有些泰國考古學家便將彌勒佛乘坐的金翅鳥像，視為

圖8　曼谷博物館藏墮和羅時期造金翅鳥背負彌勒下生像

Panaspati 或「森林之王」（Lord of the jungle）的造像。[47] 宿巴德拉迪思・迪士庫爾如此解釋泰國學者所言的 Panaspati 的造像：

> Panasbati 有金翅鳥（garuda）的啄，有牛（bull）的耳朵及角，及有大雁（hamsa）的翅膀。這三種動物就是印度教三大神毘濕奴（Vishnu）、濕婆（Siva）及婆羅門（Brahma）的坐騎。在此造像，佛陀取代了印度神騎在 Panasbati 上，可能要說明佛教比印度教更屬害（stronger）的意思。這樣的造像不見於印度。[48]

由於泰國學者似乎都不知道，其等所謂的 Panasbati 的造像，即是能和彌勒佛一樣，一起上下兜率天的金翅鳥像，因此都用自己的想像力，解釋墮和羅時代製作的金翅鳥背負彌勒佛下生的造像。在墮和羅發展支提信仰期間，墮和羅製作很多此類造像。今日泰國曼谷國家博物館便收藏有多鋪此類造

46　M. C. Subhadradis Diskul, *Art in Thailand: A Brief History*. Bangkok: Amarin Printing Group Co., Ltd., p. 33, Pl. No. 14, "Buddha seated on Panasbati." Stone Ht. 67cm, transferred from Pisnulok Museum, Dvaravati style, 8th-9th century A. D..

47　M. C. Subhadradis Diskul, *Art in Thailand: A Brief History*, p. 5.

48　M. C. Subhadradis Diskul, *Art in Thailand: A Brief History*, p. 5.

像。此類金翅鳥背負彌勒佛下生的造像，事實上很能說明，在古代暹羅建國的墮和羅王朝，曾是一個東南亞發展支提信仰的重要國家。墮和羅此類金翅鳥的造像法不見於克孜爾，但非常能表達金翅鳥與彌勒佛一起下生的信仰。

克孜爾的金翅鳥畫像，也被畫成各種式樣。克孜爾 118 窟的金翅鳥攜帶一人上兜率天的造像，是隻單頭、無龍蛇纏身的金翅鳥像（見圖 7）。但 167 窟窟頂所繪的四隻金翅鳥，都是二頭兩嘴咬住二條龍蛇的金翅鳥像。[49] 二頭金翅鳥的圖像，不知是否仿自古代的呾叉始羅（Taxila），因為我們在古代呾叉始羅的希臘（Greek）遺址西爾卡布（Sirkap），也見有二頭鳥的造像。班傑明‧羅蘭（Benjamin Rowland, 1904-1972）稱此二頭鳥為「雙頭鷹」（Double-headed eagle）。[50] 賈應逸對克孜爾石窟的金翅鳥畫像作有下面的說明。她說：

> 有的繪成人首鳥身鷹嘴，如第 171 窟，但第 8、34、38 等窟乃現鳥首，兩翅伸展，尾呈扇形展開，金翅鳥以龍為食，因而畫面上兩爪抓蛇形龍。"[51]

金翅鳥口咬龍蛇的造像，早見於龍樹時代建造的阿瑪拉瓦底大支提的造像。[52] 克孜爾石窟將金翅鳥畫成口咬龍蛇的畫像，因此可以上溯至阿瑪拉瓦底大支提的造像。但到底是甚麼原因使克孜爾的造像者將金翅鳥的畫像畫在「天相圖」的中央？北涼印度僧人曇無讖（Dharmaksema, 384-433）翻譯的支提信仰經典《大方等大集經‧日密分中四方菩薩集品》，載有一段說明金翅鳥為何被畫於「天相圖」中央的文字：

> 佛言：善男子，汝非彼土諸四天下二界中間二十一日大金翅鳥，恐怖大海六萬四千億諸大龍王，令得歸依佛法僧寶發菩提心耶？[53]

---

49 新疆維吾爾自治區文物管理委員會等編，《中國石窟‧克孜爾石窟》卷 2，第 167 窟，圖 178，窟頂。

50 See Benjamin Rowland, *The Art and Architecture of India- Buddhist, Hindu and Jain*. Maryland: Penguin Books Ltd., 1967（reprint），p. 84, Plate 39（A），"Shrine of the double-headed Eagle," Skirkap, Taxila.

51 賈應逸、祁小山，《印度到中國新疆的佛教藝術》，頁 264。

52 見本書第五章，〈龍樹與阿瑪拉瓦底大支提的建築及造像〉。

53 （北涼）中印度僧人曇無讖譯，《大方等大集經‧日密分中四方菩薩集品》卷 32，《大正》卷 13，頁 220 上。

這段話是佛對一菩薩所說的一段話，至於此位菩薩為何與金翅鳥有關？此經沒有作進一步的說明。從此經文，我們只知道，金翅鳥所處的位置是在「四天下二界中間」。至於「二十一日」是甚麼意思，此經文也沒有作進一步的解釋。所謂「四天下二界中間」，很顯然的被克孜爾的造像者解讀為：「在有日、月星辰的二界中間」。這就是克孜爾的金翅鳥像被畫在「天相圖」中央的原因。

《大方等大集經》事實上對「二十一日」也作有解釋。但此解釋則出現在隋代（統治，581-618）天竺三藏那連提（黎）耶舍（Narendrayasasa, 490-589）翻譯的《大方等大集經・日藏分陀羅尼品》第二之二的一段記載金翅鳥與「二十一日」有關的經文。該經文說：

> 爾時智德峰王佛告炎德藏菩薩言：善男子，汝飛於婆娑世界四天下中二十一日化作金翅鳥王，令彼大海六十四萬億諸龍見汝形故，皆生怖畏，以是因緣受三歸依，乃至發阿耨多羅三藐三菩提心。[54]

在世界中央的金翅鳥，原來是「炎德藏菩薩」經過「二十一日」的時間變化成「金翅鳥王」的故事。這應該就是我們常見金翅鳥王口咬龍蛇處於「天相圖」中央的原因。為何金翅鳥王在造像上常口咬龍蛇？這是因為金翅鳥王是使龍蛇發菩提心的生類。從克孜爾石窟如此引金翅鳥的故事作為「天相圖」的畫像，我們因此知道，在克孜爾石窟繪畫「天相圖」的時代，克孜爾石窟不但有用《證明經》作為繪畫彌勒佛王下生信仰的造像依據，而且也用《大方等大集經》或當時中亞流傳的金翅鳥故事，作為克孜爾石窟繪畫金翅鳥像的依據。

金翅鳥常以人頭鳥身的姿態出現在山崎大塔。[55] 我們在克孜爾石窟也見有人首鳥身的金翅鳥像。但我們在克孜爾石窟常見的金翅鳥像，是以二頭鳥身的姿態出現在造像上的金翅鳥像（圖6）。金翅鳥在支提信仰遺址出現的姿態雖然不盡相同，然其卻成為支提信仰遺址的重要造像或地標。後來的中國支

54　（隋）天竺三藏那連提（黎）耶舍譯，《大方等大集經・日藏分陀羅尼品》卷36，頁245中。
55　見本書第六章，〈山崎大塔的支提信仰造像〉。

提信仰遺址也常造金翅鳥像。譬如，敦煌石窟、雲崗石窟等支提信仰遺址，都見造有金翅鳥的造像。無論金翅鳥的故事如何發展，其出現在克孜爾「天相圖」的原因，無非是要說明其能與彌勒佛一起上、下兜率天的信仰。所謂「天相圖」，因此不是指普通的「天相圖」，而是指「彌勒佛與金翅鳥自空中（兜率天）下生」的造像。

（4）轉輪王坐像

克孜爾石窟的造像者，不僅固定地在其中心柱窟主室「券頂」的中央畫彌勒佛自空中下生的造像，同時也固定地在其中心柱窟「前室」門上方的半圓形空間或壁面造彌勒佛下生的轉輪王造像。由於中心柱窟門上方的半圓形壁面的上端連接主室「券頂」的一端，我們因此可以從「券頂」的彌勒下生像得知，彌勒佛將下生為轉輪王。克孜爾製作的轉輪王造像，常被造成犍陀羅式樣的轉輪王像，即呈「交腳坐相」或呈「垂一坐相」、戴冠、王裝的轉輪王造像。克孜爾的轉輪王坐像，在造像上因被其兩側具有同樣呈「交腳坐相」的多位小王圍繞的緣故，我們因此知道，克孜爾石窟「前室」門上方所繪的轉輪王像，是位具有「世界大王」身分的轉輪王造像。我們在前章說過，佛教的「轉輪王」此詞，除了有指用佛教信仰統治國家的帝王外，其也是具有「護法法王」及「世界大王」等稱號的佛教帝王。[56] 克孜爾的造像者並沒有將彌勒佛自空中下生為轉輪王的信仰及造像，都用同一壁面表達此信仰，而是將彌勒佛下生像及轉輪王像分別繪於兩個連結的空間或壁面。因為龍樹認為，彌勒佛是以彌勒佛的「法身」由空中下生，而轉輪王則在地上或世間出世為彌勒佛「化身」的轉輪王。[57] 兩者的「身體」雖不同，但卻具有關聯性，因此兩者的造像被繪在兩個連結的壁面或空間。這就是為何克孜爾的造像者用不同的石窟壁面造彌勒佛下生像及轉輪王像的原因。克孜爾石窟如此設計及表達支提信仰或彌勒佛下生為轉輪王的信仰，可以說是筆者前所未見的支提信仰作畫法。這種表達支提信仰造像的設計法，不但將彌勒佛身及轉輪王

56　見本書第二章，〈大乘佛教建國信仰的奠立者——貴霜王丘就卻〉。
57　見本書第四章，〈佛教支提信仰的奠立者——龍樹菩薩〉。

身所處的位置用不同的空間或壁面說明得很清楚，而且也將彌勒佛與轉輪王的關聯性表達得很清楚。

　　克孜爾石窟雖然在石窟中要表達的是龜茲的支提信仰內容，然其在造轉輪王像時，並沒有使用「案達羅式」的轉輪王像的造像法製作其石窟的轉輪王造像。換言之，克孜爾的造像者，並沒有用案達羅的「垂一坐相」的轉輪王造像法製作其轉輪王像。[58] 克孜爾的造像者，大概因克孜爾石窟在地理上與犍陀羅相對鄰近的緣故，故沿用犍陀羅早期製作佛教轉輪王坐相的造像法，將克孜爾的佛教轉輪王像，或造成呈「交腳坐相」或呈「垂一坐相」，並戴冠、穿王裝的轉輪王造像（圖 9）。[59] 由此可見，克孜爾製作轉輪王像的造像法，也深受犍陀羅造像法的影響。古代的龜茲與犍陀羅，在文化上，甚至宗教信仰上，兩地確實有密切往來或交流的情形。

圖 9　克孜爾 38 窟主室前壁門上方轉輪王造像

　　直至今日，許多學者都還認為，克孜爾石窟主室（前室）門上方半圓形壁面所繪的王裝、戴冠、呈「交腳坐相」的轉輪王像，是「彌勒菩薩坐在兜率天上說法」的造像，[60] 或簡稱「彌勒菩薩像」（Bodhisattva Maitreya）。[61] 這些學

58　有關案達羅的轉輪王造像，見本書第五章，〈龍樹與阿瑪拉瓦底大支提的建築及造像〉。

59　有關犍陀羅轉輪王造像，見本書第三章，〈貴霜佛教建國信仰的發展者迦尼色迦第一及胡為色迦王〉。

60　賈應逸、祁小山，《印度到中國新疆的佛教藝術》，頁 261；並見李瑞哲，〈龜茲彌勒說法圖及其相關問題〉，《敦煌研究》，第 4 期（2006），頁 19；也見馬世長、丁明夷，〈中國佛教石窟考古概要〉，《佛教美術全集》，頁 38。

61　賈應逸、祁小山，《印度到中國新疆的佛教藝術》，頁 261-262。

者會如此認為的原因，自然與我們在本書第三章說過的，與西方學者研究呈「交腳坐相」此類佛教造像的方法及結果有極大的關聯。[62] 這種戴冠、王裝，呈「交腳坐相」的人物造像，因有造像銘文（inscriptions）指認其為「彌勒像」的緣故，西方學者，如羅申費爾德（John M. Rosenfield, 1924-2013）等，便基本上都視此類呈「交腳坐相」的人物造像，是依據《彌勒上生經》製作的「彌勒菩薩像」。[63]

由於西方學者認為，戴冠、王裝、並呈「交腳坐相」的人物造像是「彌勒菩薩像」，因此學者在見到克孜爾石窟主室前壁門上方半圓形壁面所繪的呈「交腳坐相」的人物造像時，便常用「現在佛（釋迦）與未來佛（彌勒菩薩）」，或「一佛一菩薩」的造像理論，說明克孜爾石窟的造像性質及造像內容。[64] 這種釋像法及定像理論，並不是沒有問題。因為如果克孜爾石窟的造像要說明「一佛一菩薩」的信仰，此造像理論到底源自何經？解釋克孜爾石窟造像的學者基本上對此理論都沒有作任何進一步的說明。

今日學者用「現在佛」及「未來佛」的觀點說明克孜爾石窟的造像性質及造像內容，還有一個問題。那就是：學者在克孜爾石窟所見的佛裝人物造像，都不是學者所言的「釋迦像」，而都是「彌勒佛像」。克孜爾石窟所造的佛裝人物造像，除了釋迦佛的「涅槃像」外，基本上都造彌勒佛像或彌勒佛王像。[65] 但學者常在見到佛裝人物的造像後，便都將佛裝人物的造像通視為佛陀或釋迦的造像。這種釋像法，自然也有問題。

如果我們用克孜爾石窟在特定的空間或壁面造特定造像的法則來審視所謂的「彌勒菩薩像」，「彌勒菩薩像」便應被造在石窟的「券頂」。因為除了《彌勒上生經》說，彌勒菩薩是在「兜率天」上說法外，[66] 克孜爾石窟的造像

---

62 見本書第三章，〈貴霜佛教建國信仰的發展者迦尼色迦第一及胡為色迦王〉。

63 見本書第三章，〈貴霜佛教建國信仰的發展者迦尼色迦第一及胡為色迦王〉。

64 李瑞哲在其〈龜茲彌勒說法圖及其相關問題〉，《敦煌研究》，第 4 期（2006），頁 19，提到「一佛、一菩薩」的理論。

65 見後詳述。

66 （宋）居士沮渠京聲譯，《佛說彌勒菩薩上生兜率天經》，《大正》卷 14，頁 420 中-下。

者也將中心柱窟的窟頂或「券頂」，視為具有日月星辰的天空或「兜率天」。彌勒菩薩在兜率天說法的造像，因此理應造在象徵天空或兜率天的窟頂或「券頂」，而不應造在象徵世間的前室門上方的半圓形壁面。學者所謂的「彌勒菩薩像」，因此不會是其等所言的「彌勒菩薩像」。

筆者因此還是要依據我們在前面第三章談論過的，[67] 唐代不空金剛（Amoghavajra, 705-774）翻譯的《金剛頂一字頂輪王瑜伽一切時處念誦成佛儀軌》（此後，《金剛頂經》）中所載的轉輪王有三種坐相判定轉輪王的造像。《金剛頂經》如此載轉輪王的三種坐相：「坐如前全跏／或作輪王坐／交腳或垂一／乃至獨膝豎／輪王三種坐」。[68]《金剛頂經》既將呈「交腳坐相」及呈「垂一坐相」的人物造像視為轉輪王的坐像，我們自然要將克孜爾所造的呈「交腳坐相」及呈「垂一坐相」的人物造像視為佛教的轉輪王造像。[69]

賈應逸在談論古代龜茲流行的佛經時，提到龜茲也翻譯過貴霜或犍陀羅製作的轉輪王造像經典《悲華經》。[70] 這說明，龜茲所造的轉輪王像，有受貴霜或犍陀羅造其佛教轉輪王像的影響。因為龜茲翻譯《悲華經》的目的，就是要用犍陀羅或貴霜製作其佛教轉輪王像的方法製作其龜茲的轉輪王像。賈應逸說：

> 大約在西元 5 世紀以前，流行於龜茲的佛經以梵文經籍為主，曾出土有梵文本的《長阿含經》、《中阿含經》和《雜阿含經》中的部分，還有《一百五十讚頌》、《四百讚頌》和《大莊嚴經》等。隨著佛教傳播的廣泛，當時使用的龜茲文佛教經流行。這也是一種胡本，發現的有《十誦比丘波羅提木叉戒本》、《法句經》、《入阿毗達摩論》、《悲華經》，以及一些佛本生譬喻故事等。[71]

賈應逸在其文中沒有解釋古代龜茲翻譯《悲華經》的原因。但從龜茲有將《悲華經》以「胡本」或龜茲文的形式流通此經的情形我們推測，古代的

---

67 見本書第三章，〈貴霜佛教建國信仰的發展者迦尼色迦第一及胡為色迦王〉。

68 （唐）不空金剛譯，《金剛頂一字頂輪王瑜伽一切時處念誦成佛儀軌》，《大正》卷 19，頁 326。

69 見（唐）不空金剛譯，《金剛頂一字頂輪王瑜伽一切時處念誦成佛儀軌》，頁 326。

70 見本書第三章，〈貴霜佛教建國信仰的發展者迦尼色迦第一及胡為色迦王〉。

71 賈應逸、祁小山，《印度到中國新疆的佛教藝術》，頁 245。

龜茲有依據《悲華經》經文製作佛教轉輪王像的活動；否則《悲華經》不會被翻譯成「胡文」或龜茲文流傳於龜茲。我們在本書第三章《貴霜佛教建國信仰的發展者迦尼色迦第一及胡為色迦王》說過，貴霜早期在犍陀羅製作其各種佛教轉輪王造像的主要經典依據，即是胡為色迦王（Huvishka, c. 126-164/146-184）統治犍陀羅時代撰造的轉輪王造像經典《悲華經》。[72] 古代龜茲流通胡文或龜茲文《悲華經》的原因，因此與克孜爾石窟要用《悲華經》製作其轉輪王造像應有密切的關聯；否則克孜爾石窟不會一致的使用《悲華經》製作其犍陀羅式的轉輪王造像。早期犍陀羅用《悲華經》製作的佛教轉輪王造像，以其製作的呈「交腳坐相」及呈「垂一坐相」的轉輪王造像，數量最多。[73] 這就是為何克孜爾石窟都用犍陀羅或貴霜的呈「交腳坐相」及呈「垂一坐相」的轉輪王造像法製作其佛教轉輪王造像的原因。

　　克孜爾的造像者在其石窟的「券頂」及主室前壁門上方用繪畫的方法表達彌勒佛自空中下生為轉輪王信仰的原因，就是要用此二不同，但連接的壁面或空間，表達龜茲提倡的支提信仰內容。克孜爾石窟的造像設計者，在表達其支提信仰的主題之際，在石窟的「券頂」畫出彌勒佛像自有日月星辰的空中（兜率天）倒向飛行下來（下生），與主室前壁門上方呈「交腳坐相」的轉輪王頭像，隔著石窟壁面相接，說明彌勒佛從空中下生為轉輪王的信仰（圖4、圖9）。這種用不同的壁面及空間將不同性質的畫面聯接起來的作畫方法，事實上即是克孜爾用繪畫的方式說明彌勒佛身與轉輪王的身體具有延續性及相聯性的方法。這也是克孜爾石窟表達龍樹所言的「大王佛法身」，或轉輪王身（大王身）是彌勒佛「法身」下生的身體的作畫方式。[74] 克孜爾石窟如此善用空間或石窟壁面造像的方法及能力，一定令其周遭的許多國家，包括中國，對其發展支提信仰的活動感到印象深刻。這應該就是為何中國在十六國時代會有前秦（統治，351-394）的符堅（統治，357-384），在僧人釋道安（312-

---

72　見本書第三章，〈貴霜佛教建國信仰的發展者迦尼色迦第一及胡為色迦王〉。

73　見本書第三章，〈貴霜佛教建國信仰的發展者迦尼色迦第一及胡為色迦王〉。

74　有關「大王佛法身」的概念，見本書第四章〈佛教支提信仰的奠立者──龍樹菩薩〉。

385）的勸請下，派遣呂光（386-398）帶領大軍去攻打龜茲，並取來龜茲僧人鳩摩羅什的原因。[75]

我們在克孜爾三期開鑿的石窟，都見有上面提及的「彌勒佛下生為轉輪王」的畫像。根據賈應逸的統計，此類像的轉輪王畫像，即學者所言的「彌勒說法圖」，在克孜爾石窟出現的就有：第 17、27、38、97、100、155、163、171、179 等窟。其中第 17、38、171 窟保存的情形較為完整，第 224 窟被德國人割走，現存於柏林印度藝術博物館。[76] 賈應逸是從克孜爾石窟主室前壁門上方所繪的轉輪王像或其所謂的「彌勒說法圖」，統計出目前克孜爾石窟尚保存的轉輪王坐像的畫像數目。[77] 這個數目事實上也說明，克孜爾保留的彌勒佛自空中下生為轉輪王的畫像或「天相圖」的畫像數目。其中保存較完整的轉輪王畫像，目前至少還有十鋪以上。這說明，克孜爾自 4 世紀初期開始便是亞洲一處提倡及發展支提信仰的重要中心。

（5）彌勒佛王像

克孜爾的造像者除了用券頂的彌勒佛下生像及主室前壁門上方的轉輪王坐像表達、說明彌勒佛下生為轉輪王的信仰外，也用券頂「天相圖」的另一端連接的主室或前室正壁主尊造像龕，或方形柱造像龕上方半圓形壁面所造的「彌勒佛王像」，說明彌勒佛下生為「彌勒佛王」的信仰。支提信仰的轉輪王身，因是彌勒佛「法身」下生的轉輪王身（化身），因此支提信仰的「轉輪王身」也被稱為「彌勒佛王身」。這就是筆者在本書的第四及第七章一再提到，支提信仰的「轉輪王像」可以被造成「彌勒佛像」，或具有「彌勒佛身」的「彌勒佛王像」的原因。克孜爾常用三種造像法製作其「彌勒佛王像」（Buddharāja Maitreya）。

克孜爾製作的「彌勒佛王像」的造像法，基本上沿襲早期製作「彌勒佛

75　見古正美，《從天王傳統到佛王傳統》第二章，〈東南亞的天王傳統與後趙石虎時代的天王傳統〉，頁 97。

76　賈應逸、祁小山，《印度到中國新疆的佛教藝術》，頁 261。

77　賈應逸、祁小山，《印度到中國新疆的佛教藝術》，頁 261。

像」的造像法製作其「彌勒佛王像」。我們因此知道，克孜爾製作的許多彌勒佛像，已經不是單純的要說明彌勒佛的造像。特別是，克孜爾在創造其「彌勒佛王新像」之後，我們常見的穿佛衣的彌勒佛像，都是克孜爾石窟製作的「彌勒佛王像」。克孜爾常用三種不同的「彌勒佛像」的造像法，表達其「彌勒佛王像」的造像。這三種「彌勒佛王像」的造像法，因此都造如「彌勒佛像」一樣。這三種「彌勒佛王像」的畫像，常見被繪於石窟的券頂及其他的地方。這三種「彌勒佛王像」的主要造像區別，在於其等的坐姿或坐相（the seated postures）。這三種「彌勒佛王像」的坐相各別為：「禪定坐相」、「倚坐相」，及「交腳坐相」。

我們知道呈此三種不同坐姿的「彌勒佛像」都是「彌勒佛王像」的原因是：此處所言的第三種「彌勒佛王」坐像的造像法，即呈「交腳坐相」的「彌勒佛王像」的造像法，是過去我們沒有見過的彌勒佛像或彌勒佛王的造像。此類「彌勒佛王像」的造像法，明顯的是克孜爾石窟用結合穿佛衣的「彌勒佛像」的上半身造像，及呈「交腳坐相」的「轉輪王像」的下半身造像，創造出來的一種「既有佛身，又有轉輪王身」的「彌勒佛王像」的造像法。筆者因此認為，此類彌勒佛王像是克孜爾石窟創造出來的一種「彌勒佛王新像」。克孜爾石窟的造像者能將彌勒佛像及轉輪王像結合在一起創造「彌勒佛王新像」的原因是，在支提信仰裡，彌勒佛身既有佛身也有轉輪王身；同樣的，其轉輪王身也具有轉輪王身及彌勒佛身，故造像者能將彌勒佛像與轉輪王像融合或結合在一起，創造出呈「交腳坐相」、佛裝的「彌勒佛王新像」。

克孜爾在券頂所繪的其他兩種彌勒佛坐像，即呈「禪定坐相」及呈「倚坐相」的「彌勒佛坐像」，因常與克孜爾創造的呈「交腳坐相」、佛裝的「彌勒佛王新像」同時出現在同一造像場合，故我們也視此二種彌勒佛像為「彌勒佛王像」。

自克孜爾創造呈「交腳坐相」、佛裝的「彌勒佛王新像」後，我們便見中國早期開鑿的敦煌石窟及雲崗石窟等地，常用呈「交腳坐相」、佛裝的「彌勒

佛王新像」說明支提信仰的「彌勒佛王造像」。[78] 克孜爾石窟常將此三種「彌勒佛王像」繪於石窟的券頂，並坐在支提內，說明「彌勒佛王」將自空中或兜率天坐支提下生。譬如，克孜爾第 188 窟的券頂，便繪有此三種彌勒佛王像坐在支提內準備下生的造像（圖 10）。克孜爾第 188 窟在券頂所繪的此三種彌勒佛王坐「支提」下生的造像，並不是克孜爾製作此類彌勒佛王坐支提下生像的唯一造像實例。克孜爾第 186 窟及第 205 窟等的券頂，也見造有此類彌勒佛王坐支提下生的畫像。這種彌勒佛王自空中坐支提下生的造像法，與《證明經》所載的彌勒佛坐「雀梨浮圖」（支提）自空中／兜率天下生的經文完全吻合。[79]

圖 10　克孜爾 188 窟券頂彌勒佛王坐支提下生像

　　克孜爾此三種彌勒佛王的畫像，也出現在克孜爾中心柱窟的其他壁面。在其他壁面出現的此三種彌勒佛王畫像，都不見有被畫在支提內的情形。換言之，只有在券頂的彌勒佛王像，才有被畫成坐在支提內下生的情形。這說明，克孜爾石窟的「券頂」的確有被視為象徵「天空」甚至「兜率天」的意思。畫在其他壁面的三種彌勒佛王像，常出現在克孜爾石窟主室正壁主尊造像龕的上方，即「天相圖」另一端連接的壁面。

78　見本書第十章，〈中國北涼發展支提信仰的證據——涼州瑞像與敦煌的白衣佛像〉。
79　見本書第五章，〈龍樹與阿瑪拉瓦底大支提的建築及造像〉。

（6）彌勒佛王就是轉輪王

為何克孜爾的造像者要特別強調「彌勒佛王」的信仰及造像？這不是沒有原因。克孜爾的造像者認為，彌勒佛下生的轉輪王身，不是普通的轉輪王身，而是具有彌勒佛身的轉輪王身。因此克孜爾的造像者不但因此造有結合彌勒佛像及轉輪王像的「彌勒佛王新像」，而且也認為，支提信仰的「轉輪王身」即是「彌勒佛王身」。克孜爾石窟如此強調「轉輪王身」即是「彌勒佛身」的信仰及造像，並不見於早期案達羅的造像。克孜爾為了表達「轉輪王身」即是「彌勒佛王身」，克孜爾的造像者便在券頂「天相圖」或彌勒佛自空中下生圖的一端連接「轉輪王像」，並在「天相圖」的另一端連接或造「彌勒佛王像」。在克孜爾石窟「天相圖」兩端所造或連接的「轉輪王像」及「彌勒佛王像」，都被造在「中心柱窟」相同高度的壁面上，「轉輪王像」被造在主室前壁門上方的半圓形壁面，而「彌勒佛王像」則被造在主室正壁主尊造像龕上方或方形柱基造像龕上方半圓形的壁面。兩者的造像因此呈對稱、等高的造像形式遙遙相望。

克孜爾石窟在主室正壁主尊造像龕上方所造的「彌勒佛王坐像」，有造呈「禪定坐相」者、呈「倚坐像」者，及呈「交腳坐相」者三種。此三種彌勒佛王坐像的造像法，與我們在同類石窟券頂所見的三種「彌勒佛王坐像」的造像法，完全一致。譬如，第 188 窟主室正壁主尊造像龕上方，即繪有一尊被

圖 11　克孜爾 188 窟主室正壁上方彌勒佛王像

眾小王圍繞的佛裝、呈「禪定坐相」的彌勒佛王坐像（圖11）。[80] 相似的彌勒佛王坐像也見被畫於第69窟主室正壁主尊塑像龕上方及第97窟主室正壁主尊塑像龕上方。[81] 第80窟主室正壁主尊造像龕上方所造的「彌勒佛王坐像」，是一尊呈「交腳坐相」、佛裝的「彌勒佛王新像」（圖12）。[82]

圖12　克孜爾80窟主室正壁上方彌勒佛王像

克孜爾石窟中心柱窟主室正壁主尊造像龕上方的彌勒佛王坐像，與同石窟主室前壁門上方呈「交腳坐相」的轉輪王坐像，在石窟內以對稱的造像形式遙遙相對。如果我們站在第80窟主室中央往上看，便能清楚的看到，「天相圖」的一端連接的是主室前壁門上方壁面所繪的王裝、呈「交腳坐相」的「轉輪王坐像」（已毀）；「天相圖」的另一端，則連接主室正壁造像龕上方所造的佛裝、呈「交腳坐相」的「彌勒佛王坐像」。克孜爾石窟這種造像的設計法，無非是要說明，彌勒佛自空中下生的「轉輪王像」，也能被視為「彌勒佛王像」。由此，我們知道，支提信仰的轉輪王信仰，也是其彌勒佛王的信仰。克孜爾石窟為了說明彌勒佛下生之後的轉輪王身與彌勒佛王身是相同的身體，第80窟的造像者甚至將「天相圖」中的彌勒佛下生頭部的飛行方向，沒有造成飛向轉輪王坐像的方向，而將之轉向飛向彌勒佛王坐像的方向。這種造像現象無非是要告訴我們，「轉輪

80　新疆維吾爾自治區文物管理委員會等編，《中國石窟‧克孜爾石窟》卷3，圖55。

81　新疆維吾爾自治區文物管理委員會等編，《中國石窟‧克孜爾石窟》卷2，69窟，圖1；97窟，圖80。

82　新疆維吾爾自治區文物管理委員會等編，《中國石窟‧克孜爾石窟》卷2，80窟，圖43、44、46。

王身」也是「彌勒佛王身」的意思。[83] 我們因此推測，克孜爾中心柱窟的「天相圖」繪有兩身「彌勒佛身」飛行的造像，與彌勒佛可以下生為轉輪王也可以下生為彌勒佛王的信仰，應有密切的關聯。而「天相圖」中央繪有一隻「雙頭金翅鳥王像」的原因，大概也與「金翅鳥」可以攜帶眾生上兜率天也可以與彌勒佛一起下生為轉輪王或彌勒佛王的信仰，有密切的關聯。

克孜爾石窟第 80 窟主尊造像龕上方壁面所保留的彌勒佛王造像，是一鋪完整的佛裝、呈「交腳坐相」的「彌勒佛王坐像」。此尊呈「交腳坐相」的「彌勒佛王畫像」，就是我們在前面談論過的「彌勒佛王新像」。克孜爾石窟研究員霍旭初稱克孜爾石窟第 80 窟此尊呈「交腳坐相」的「彌勒佛王新像」，為「降伏六師外道」的佛陀造像。[84] 霍旭初如此稱呼此鋪「彌勒佛王新像」的原因，大概與圍繞在此「彌勒佛王新像」四周的諸小王造像都穿著各種奇異的服飾有關。此鋪「彌勒佛王新像」，自然不是霍旭初所言的釋迦佛「降伏六師外道」的畫像，而是一鋪佛裝、呈「交腳坐相」的「彌勒佛王新像」。因為此鋪「彌勒佛王新像」所穿的佛衣、所坐的坐姿，甚至右手所作的「無畏印」，都說明其是克孜爾石窟常造的「彌勒佛王新像」。第 80 窟「彌勒佛王新像」四周所繪的「怪異」人物造像，應都是臣伏造像中此「彌勒佛王」的各地小王的畫像。我們不要忘記，克孜爾的彌勒佛王像即是其轉輪王像。轉輪王除了是用「佛教信仰建國」的帝王外，其也是「護法法王」或「世界大王」，故克孜爾的轉輪王造像或彌勒佛王造像兩側，都見造有多位呈「交腳坐相」的小轉輪王的造像。為何小王也能以呈轉輪王的「交腳坐相」出現在造像上？我們不要忘記，佛經及佛教文獻所記載的轉輪王，有金輪王、銀輪王、銅輪王及鐵輪王之別，[85] 故轉輪王中也有大王及小王之別。

克孜爾石窟一再說明轉輪王身即是彌勒佛王身的信仰，自然是克孜爾石

83　新疆維吾爾自治區文物管理委員會等編，《中國石窟‧克孜爾石窟》卷 2，80 窟，主室正壁，圖 43。

84　霍旭初，〈龜茲金剛力士圖像研究〉，《敦煌研究》，第三期（2005），頁 5，圖 4。

85　見（唐）吉藏撰，《仁王般若經疏仁王護國般若波羅蜜多經‧序品》，《大正》卷 8，頁 314 下；並見（唐）玄奘、辯機著，《大唐西域記》卷 1，《大正》卷 51，頁 869 中。

窟表達其對支提信仰的認識及了解。克孜爾石窟如此強調轉輪王身即是彌勒佛王身的信仰，對後來的支提信仰造像影響很大。我們在本書第三章談論學者所言的，呈「交腳坐相」的所謂「彌勒菩薩像」時，提到雲崗第 17 窟北魏太和十三年（489）製作的〈惠定比丘尼造像記〉，[86] 載有稱穿王裝、呈「交腳坐相」的轉輪王像為「彌勒像」的造像銘記。北涼時代（401/412-439/460）在北涼石塔所造的「七佛一菩薩」的造像銘記也將穿王裝、呈「交腳坐相」的轉輪王像記為「彌勒佛像」。[87] 故我們知道，支提信仰的「轉輪王像」也可以被稱為「彌勒佛王像」或「彌勒（佛）像」。由此，在支提信仰裡，這些王裝、呈「交腳坐相」的轉輪王像，都不是學者向來所言的依據《彌勒上生經》所造的「彌勒菩薩像」，[88] 而是依據支提信仰內容所造的「彌勒佛王像」或「轉輪王」造像。

■ 克孜爾石窟的彌勒降魔變

（1）克孜爾石窟及敦煌石窟的彌勒降魔變

克孜爾的造像者善於利用石窟壁面或空間造像的例子，也見於其等在中心柱窟所造的「彌勒降魔變」或「彌勒降魔像」。大概由於克孜爾石窟的造像者，將主室前壁門上方的半圓形牆面及主室正壁主尊造像龕上方的半圓形牆面都視為彌勒佛下生為轉輪王的「地方」或轉輪王出世的世間，因此克孜爾的造像者，也將彌勒佛下生的「降魔變」造在中心柱窟其造轉輪王像的「地方」。理由是，《證明經》所載的彌勒佛下生降魔的活動，乃發生在彌勒佛自兜率天坐支提下生世間的過程，或彌勒佛已經離開兜率天，並接近地面或閻浮提（世間）的地方。譬如，克孜爾中心柱窟第 98 窟主室前壁門上方半圓形

86　見本書第三章，〈貴霜佛教建國信仰的發展者迦尼色迦第一及胡為色迦王〉。

87　見本書第七章，〈犍陀羅的支提信仰性質及造像〉。

88　對呈「交腳坐相」的所謂「彌勒菩薩像」的討論，見本書第三章，〈貴霜佛教建國信仰的發展者迦尼色迦第一及胡為色迦王〉。

的壁面，就畫有一鋪「彌勒降魔變」（圖 13）。[89] 同克孜爾石窟第 175 窟「門道上方半圓端面」也造有一鋪「彌勒降魔變」。[90]

圖 13　克孜爾 98 窟主室前壁門上方彌勒降魔變

克孜爾中心柱窟第 98 窟主室前壁門上方半圓形壁面所繪的「彌勒降魔變」，其整鋪畫像的構圖，比起我們在犍陀羅所見的「彌勒降魔變」的石雕造像的構圖簡單得多。[91] 克孜爾石窟此鋪「彌勒降魔變」中，彌勒佛的造像被畫在整幅畫像的中央，右手作「降魔印」（Māraviyaja mudrā）或「觸地印」（Bhūmisparśa mudrā），左手握著佛衣。彌勒佛坐像兩側上方，繪有攻擊彌勒佛身的幾身天魔像。彌勒佛坐像兩側下方，則繪有幾身身材高大，彌勒佛召來助其降魔的菩薩像及金剛力士像。整鋪「彌勒降魔變」的構圖也如我們在犍陀羅所見的「彌勒降魔變」的構圖一樣，造有：（1）彌勒佛降魔的畫像和天魔攻擊彌勒佛的造像，及（2）被彌勒佛打敗的二身天魔的畫像。二身天魔的畫像，也如犍陀羅的「彌勒降魔變」一樣，被繪在彌勒佛座下，呈長方形的「牢籠」裡。[92]

克孜爾石窟所造的「彌勒降魔變」內容與犍陀羅所造的「彌勒降魔變」內容基本上一致，但克孜爾製作的「彌勒降魔變」畫像內容因相對的簡單，故筆者認為，犍陀羅的「彌勒降魔變」乃傳自克孜爾石窟。理由是，克孜爾

89　見新疆龜茲石窟研究所編著，《克孜爾石窟內容總錄》（烏魯木齊：新疆美術攝影出版公司，2000），頁 123，第 98 窟：「東壁中部是門道……上方半圓端面繪降魔成道」。

90　見新疆龜茲石窟研究所編著，《克孜爾石窟內容總錄》，頁 196，第 175 窟：「南壁塌毀。門道上方半圓端面原繪降魔成道」。

91　有關犍陀羅造「彌勒降魔變」的情形，見本書第七章，〈犍陀羅的支提信仰性質及造像〉。

92　有關犍陀羅的「彌勒降魔變」，見本書第七章，〈犍陀羅的支提信仰性質及造像〉。

所造的「彌勒降魔變」，除了完全依據《證明經》的經文製作外，克孜爾在發展支提信仰期間，也依據《證明經》製作了多種新支提信仰造像，其中一種即是「彌勒降魔變」。[93] 犍陀羅在發展支提信仰及其造像期間，其製作的支提信仰造像，因完全沒有依據《證明經》製作其造像的情形，筆者因此認為，犍陀羅所造的「彌勒降魔變」乃傳自克孜爾石窟。[94]

新疆克孜爾石窟研究所編撰的《克孜爾石窟內容總錄》，把筆者所言的支提信仰的「彌勒降魔變」，通稱為「釋迦降魔成道像」。[95] 事實上，支提信仰的「彌勒降魔變」與學者所言的「釋迦降魔成道像」，有很大的區別。[96] 前者說的是，彌勒佛自空中下生到地面為轉輪王的過程中，彌勒佛所經歷的一段「與魔共爭」及降魔的故事。在彌勒佛下生的過程中，彌勒佛因受到各種「天魔」的攻擊和挑戰，彌勒佛因此召諸菩薩及金剛力士等為其降魔。後者講述的是，釋迦佛在成道的過程中，其「由凡入聖」的一段與魔鬥爭的心路歷程。「彌勒降魔變」，與學者所言的「釋迦降魔成道」的故事，因此是兩個不同性質及不同內容的降魔故事。

克孜爾石窟製作的「彌勒降魔變」，常被繪在中心柱窟的主室門上方的半圓形牆上，而「釋迦降魔成道」的故事，則常與「魔女誘惑」的繪畫被呈現在製作「佛傳故事畫」的「非中心柱窟」。新疆龜茲石窟研究所編撰的《克孜爾石窟內容總錄》，常用「魔女誘惑」的名稱表達「釋迦降魔成道」故事的原因是，克孜爾石窟在說明「釋迦降魔成道」的場合，常在釋迦苦行像的前方畫有一位誘惑釋迦的「魔女」畫像，而此「魔女」畫像，則被學者視為「佛傳故事」所載的，在釋迦成道之前，魔王派來阻礙釋迦成道的魔王「女兒」的畫像。《克孜爾石窟內容總錄》如此描述克孜爾第 76 窟的「釋迦降魔成道」圖與其周圍的造像內容：

---

93 有關克孜爾「彌勒降魔變」造像經文，及克孜爾依據《證明經》製作新支提信仰造像的情形，見下詳述。

94 見本書第七章，〈犍陀羅的支提信仰性質及造像〉談論犍陀羅製作支提信仰像的情形。

95 見上二註。

96 見下詳述。

四壁中部繪 3 欄佛傳，每欄4鋪。可識別的故事有：樹下誕生、七步宣言、出遊四門、山中苦行、魔女誘惑、迦葉皈依、涅槃（涅槃變）、焚棺，壁面全部被截取。[97]

由《克孜爾石窟內容總錄》對第 76 窟「降魔成道」圖及其周圍畫像所作的描述，我們可以看出，克孜爾第 76 所繪的「降魔成道」圖及其周圍的佛傳畫像，即是克孜爾石窟說明「佛傳故事」的地方。同樣的「魔女誘惑」像，也見繪於第 110 窟。《克孜爾石窟內容總錄》如此載第 110 窟「魔女誘惑」的畫面：「東壁上欄佛傳全部被揭取。中欄可識別的故事有：吉祥施座、二商主供養、四天王捧缽、魔女誘惑、鹿野苑初轉法輪。下欄可識別的故事有：佛涅槃（涅槃變）。[98]《克孜爾石窟內容總錄》所記述的 110 窟的「魔女誘惑」，也是一鋪「釋迦降魔成道」的故事畫像。

就第 76 窟及第 110 窟「魔女誘惑」的畫像內容來判斷，《克孜爾石窟內容總錄》所言的「魔女誘惑」畫像，都是此二窟說明釋迦「佛傳故事」或「釋迦降魔成道」的內容。此二窟所表達的釋迦「佛傳故事」的造像，都沒有繪在中心柱窟的壁面，或中心柱窟製作「彌勒降魔變」的壁面。由此可見，克孜爾的造像者，不但明顯的將《證明經》所載的彌勒下生降魔的故事或「彌勒降魔變」，與「釋迦降魔成道」或「魔女誘惑」的故事作嚴格的區分，而且用不同性質的石窟壁面表達此二佛的降魔故事。

由於過去學者在談論「降魔變」的畫像時，都沒有注意到，克孜爾石窟有明顯區分「彌勒降魔變」與「釋迦降魔成道」畫像的情形；因此在談論降魔造像或降魔故事之際，常將此二種不同的降魔故事及圖像混在一起談論，並將「彌勒降魔變」也視為「釋迦降魔成道」畫像。譬如，王平先所統計的克孜爾降魔畫像（降魔變），共有八幅，並如此描述第 76 窟降魔畫像的造像情形：

其中第 76 窟為 4 世紀中葉到 5 世紀末，第 98 窟、第 205 窟出現於 600-650 年

---

97 見新疆龜茲石窟研究所編著，《克孜爾石窟內容總錄》，頁 88，第 76 窟。
98 見新疆龜茲石窟研究所編著，《克孜爾石窟內容總錄》，頁 140，第 110 窟。

之間。第 76 窟的降魔變由兩幅畫面構成，即魔女誘惑和降魔。魔女誘惑的畫面中央是結跏趺坐的釋迦牟尼苦修像，右側是三個妖豔的魔女，左側是三個丑陋老婦；降魔圖中央是交腳坐釋迦牟尼，身穿戎裝的魔王立於一側，其腰部為身後的魔子緊緊抱住，釋迦牟尼下方有一面向釋迦牟尼雙手合十的女性半身像，即地神。[99]

王平先因為將「彌勒降魔變」及「釋迦降魔成道像」視為同樣性質的「降魔變」，因此其除了將克孜爾石窟第 98 窟的「彌勒降魔變」及第 76 窟的「釋迦降魔成道」都視為釋迦的降魔故事外，也用「魔女誘惑」及「降魔」兩標題說明第 76 窟的「釋迦降魔成道」造像。王平先之所以會用「魔女誘惑」及「降魔」此二標題說明「釋迦降魔成道」的畫像，主要的原因是他認為，克孜爾第 76 窟的「降魔成道」畫像具有此二種造像內容。王平先因此說，克孜爾石窟的「降魔變」造像，除了造有釋迦降魔的畫像外，也畫有「魔女」誘惑釋迦的畫像。

克孜爾石窟所繪的「魔女」造像之所以如此引人注意，不是沒有原因。克孜爾石窟所繪的魔女誘惑佛陀或釋迦的畫像，被畫得栩栩如生。流失在德國的第 76 窟的「魔女誘惑」畫像，便見佛前的魔女使出渾身解數的力氣誘惑坐在其前作苦行的釋迦佛。[100] 這種「魔女誘惑」的畫像，不見於早期莫高窟北涼王朝（統治，401-439）製作的三鋪「彌勒降魔變」及莫高窟北周時期（統治，557-581）製作的莫 428 窟的「彌勒降魔變」。敦煌製作的「彌勒降魔變」畫像，其主角是右手作「降魔印」或「觸地印」的彌勒佛像。王平先雖注意到，其所談論的克孜爾降魔造像具有不同的造像內容及造像結構，然其還是認為，這些不同的降魔造像內容，包括我們所說的「彌勒降魔變」及「釋迦降魔成道」像，都是依據不同的「佛傳故事」製作的降魔造像。王平先顯然沒有注意到，克孜爾石窟所繪的降魔造像，含有「彌勒降魔變」及「釋迦降魔成道」兩種不同性質及內容的降魔造像。王平先說：

99　王平先，〈莫高窟北朝時期的降魔變初探〉，《敦煌研究》，第六期（2007），頁 60。
100　見新疆龜茲石窟研究所編著，《克孜爾石窟內容總錄》，頁 272，左下 76 窟「魔女誘惑」圖。

克孜爾石窟的四幅降魔變圖中，只有 76 窟時代為 4 世紀中葉到 5 世紀末，具有可比性。有學者認為，第 76 窟的「魔女誘惑」出自《瑞應本起經》、「降魔」出自《過去現在因果經》、第 98 窟的降魔變圖源於《過去現在因果經》，第 110 窟的出自於《佛本行集經》。這樣看來，早期的克孜爾出現的地神、思維魔王像，常見於犍陀羅，但不見於敦煌。敦煌出現的魔子、魔女、魔軍等內容無疑也是源自犍陀羅的，同時也出現了《過去現在因果經》裡所沒有的魔子諫父的情節。[101]

王平先基本上認為，克孜爾及敦煌的降魔造像會出現不同的造像內容，乃因這些降魔故事畫像依據不同版本的「佛傳故事」或「釋迦降魔成道」的經文製作其等的造像所致。但由於王平先在上面引文中所提到的一些造像內容，有誤判造像性質的情形，我們因此對其解釋克孜爾及敦煌降魔造像的理論及方法都懷有疑問。譬如，他說：「早期的克孜爾出現的地神、思維魔王像，常見於犍陀羅，但不見於敦煌」。王平先所言的在犍陀羅及克孜爾出現的「地神」及「思維魔王像」，想其必指我們在克孜爾及犍陀羅所見的「彌勒降魔變」，在彌勒佛座下所繪的「被打敗的二身魔軍像」。[102] 我們在克孜爾及犍陀羅所見的「彌勒降魔變」及其經文依據，都不見造／載有其所言的「地神」及「思維魔王像」此二類造像人物。[103] 王平先所言的「魔子諫父的情節」，也不見於克孜爾及犍陀羅所造的「彌勒降魔變」及其經文依據，甚至釋迦「降魔成道」的造像經文。[104] 王平先判讀降魔造像的情形既有這些問題，我們自然可以明白，為何他會將「彌勒降魔變」與「釋迦降魔成道」的造像混為一談的原因。即使敦煌的「彌勒降魔變」都繪有「釋迦降魔成道」中的魔王及魔女被打敗的枯萎形狀的畫像，然而這些在敦煌出現的魔王及魔女的畫像，都完全與克孜爾石窟所繪畫的「魔女誘惑」的畫像內容不同。我們因此不能因見敦煌的「彌勒降魔變」畫有魔王及魔女被打敗的造像，便立即認為，敦

---

101 王平先，〈莫高窟北朝時期的降魔變初探〉，《敦煌研究》，第六期（2007），頁 62。

102 見下詳述。

103 見下詳述。

104 見下詳述。

煌的「彌勒降魔變」是「釋迦降魔成道像」，並企圖用各種不同的佛傳經典說明這些降魔造像的差異。

王平先傾向用釋迦「佛傳故事」研究降魔造像的方法，並不是其個人研究降魔造像的獨特方法。目前研究犍陀羅、克孜爾及敦煌等地製作的「降魔變」學者，事實上都與王平先一樣，都因不知道犍陀羅、克孜爾石窟及敦煌所造的相似「降魔變」基本上都是「彌勒降魔變」，也不知道這些地方所造的「彌勒降魔變」經文依據是《證明經》，因此都用「釋迦佛傳」的經文解釋在亞洲地區所見的大部分「彌勒降魔變」造像。敦煌學者施萍婷在談論莫高窟428 窟北周造「彌勒降魔變」內容之際也說：「龜茲克孜爾石窟開始出現降魔圖，現存六鋪，分別畫於 76、98、110、163、171及175 等窟」。[105] 施萍婷明顯的也將克孜爾石窟所造的「彌勒降魔變」與「釋迦降魔成道」的故事混為一談。

冉雲華（1924-）在談論印度及敦煌的「降魔變」之際，也認為佛教壁畫及石刻上所作的「降魔變」，基本上都依據西晉時代（統治，265-316）或 4 世紀初期竺法護（Dharmaraksa）翻譯的《普曜經》（the *Lalitavistara*）或「佛傳故事」製作的「釋迦降魔成道」的造像。[106] 冉雲華之所以會認為這些「降魔變」的製作與《普曜經》有關，與西方學者常用《普曜經》說明「佛傳故事」的造像依據不無關聯。[107]

敦煌石窟所繪的「彌勒降魔變」，常將被降伏的魔王及魔女的相貌畫成枯萎老人及枯萎老女人的相貌。譬如，北涼時代造莫 254 窟「彌勒降魔變」中魔王及魔女的相貌，被畫成一位枯槁老人及三位枯萎老女人的相貌（圖 14），

---

105 施萍婷，〈關於莫高窟第四二八窟的思考〉，《敦煌研究》，1998 年（1），頁 5。

106 冉雲華，〈試論敦煌與阿旃陀的降魔變〉，敦煌研究院編，《1987 年敦煌石窟研究國際討論會論文集》（瀋陽：遼寧美術出版公司，1990），頁 200 及頁 203；並見王平先，〈莫高窟北朝時期的降魔變初探〉，《敦煌研究》，第六期（2007），頁 59。

107 譬如，美國學者約翰‧密西（John Miksic）在談論中爪哇婆羅浮屠遺址（Candi Borobudur）第 2 層造像廊道主牆（the main wall of the 2nd art gallery）上的佛傳故事造像，便說此造像乃依據《普曜經》製作。See John Miksic, *Borobudur: Golden Tales of the Buddhas*. Singapore: Bamboo Publishing Ltd., 1990, p. 97.

但在北周造莫 428 窟的「彌勒降魔變」，沒有畫魔王的形貌，只畫二身枯萎老女人的相貌（圖 15）。《普曜經》所載的魔王，共有四個女兒，[108] 此四位女兒在被降魔之後，應變成四身枯萎的老女人。敦煌石窟製作的「降魔變」所呈現的「魔王及魔女」的數目，都與《普曜經》的記載有出入。敦煌依據以製作的「降魔變」，其「魔王及魔女」的造像經文依據，因此必另有其本，不會是冉雲華所言的《普曜經》。

冉雲華在談論敦煌的「降魔變」之際，不僅將敦煌「降魔變」的製作源頭上溯至 2 世紀後半葉建造的「阿摩羅縛底」（古案：阿瑪拉瓦底大支提）的降魔浮雕造像及 5 世紀後半葉開鑿的阿旃陀石窟第 1 窟的降魔變壁畫；同時也將印度「降魔變」的內容，與敦煌北涼時代開鑿的莫 254 窟、莫 260 窟及莫 263 窟的「降魔變」內容作了比較。[109] 冉雲華注意到，這些「降魔變」的造像內容雖然不盡相同，但早期敦煌製作的三鋪北涼時代造的「降魔變」，即莫 254 窟、莫 260 窟及莫 263 窟的「降魔變」，[110] 有非常相似的繪畫內容。[111] 冉雲華明顯的也將「彌勒降魔變」與「釋迦降魔成道」混為一談，並從「佛傳故事」，如《普曜經》，去尋找其等的造像依據。

（2）克孜爾石窟及敦煌石窟彌勒降魔變的造像依據

造成學者將「彌勒降魔變」視為釋迦「佛傳故事」或「釋迦降魔成道」的說法，與敦煌早期的「降魔變」所呈現的繪畫內容有非常密切的關聯。敦

---

108 見（西晉）月氏三藏竺法護譯，《普曜經‧降魔品》卷 18，《大正》卷 3，頁 519 上。

109 冉雲華，〈試論敦煌與阿旃陀的降魔變〉，敦煌研究院編，《1987 年敦煌石窟研究國際討論會論文集》，頁 195-200。

110 筆者認為，莫 254 窟、莫 260 窟及莫 263 窟都是北涼時代開鑿的石窟，但許多學者都認為其等為「北魏窟」。見本書第十章，〈中國北涼發展支提信仰的證據——涼州瑞像與敦煌的白衣佛像〉。

111 冉雲華，〈試論敦煌與阿旃陀的降魔變〉，敦煌研究院編，《1987 年敦煌石窟研究國際討論會論文集》，頁 202：敦煌 3 幅北魏「降魔變」，以第 254 窟南壁的那一幅規模最為雄偉，場面最大，內容最複雜。除了魔子、魔女意外，還有奇蟲怪獸。雖然這一幅和阿旃陀的「降魔變」布局相差甚大，不適於比較研究，但其中有兩個特點必須注意：第一，人物多是全身人像；第二，奇蟲怪獸和魔女變老等像，都和其他兩幅西魏畫「降魔變」相同。

煌早期所繪的三鋪北涼造「降魔變」，基本上都依據《證明經》所記載的彌勒佛在下生但未達地面之際，遭遇天魔攻擊的文字製作的「彌勒降魔變」或彌勒降魔畫像。在我們對照《證明經》所載的彌勒降魔經文及造像之前，我們必須先讀王平先所描述的敦煌北涼造莫 254 窟的「彌勒降魔變」的造像內容（見圖 14）。因為從目前保存的敦煌北涼造莫 254 窟的「彌勒降魔變」，我們很難用肉眼清楚的看出此鋪「彌勒降魔變」的各種人物

圖 14　敦煌莫 254 窟北涼造彌勒降魔變（下層）

畫像。王平先如此說明北涼造莫 254 窟的「彌勒降魔變」造像內容：

> ……畫面中央是佛結跏趺坐，兩側魔眾分為四排，左側魔眾中除了將軍形象的魔王外，全是怪異形象的魔怪，他們「擔山吐火」，持各種武器，凶神惡煞般地向佛進攻，最下的一排，佛座左側是三個盛裝魔女，靠近佛座有兩身將軍裝束的人物，面向佛雙手合十下跪，其上部一將軍打扮的人物做拔劍狀，當為魔王。佛座右側是三身女子像，均失頭飾，老態龍鍾。靠近佛有一身菩薩裝人物低頭雙手合十，三個老婦之上還有兩身將軍裝束的人，低頭跪倒在地。[112]

王平先對天魔攻擊佛的描述不多，他基本上還是側重說明莫 254 窟「彌勒降魔變」所繪的釋迦降魔故事中「魔王與魔女」所呈現的面貌。為了了解克孜爾石窟所造的「彌勒降魔變」，及談論莫 254 窟的「彌勒降魔變」的造像內容，筆者將此二地所造的「彌勒降魔造變」的造像依據，即《證明經》的經文，引述於下：

> 爾時彌勒從空而下，諸方菩薩盡來集會之時，三千大千世界六種震動，眾魔外道盡來歸伏。時有魔王競起。爾時摩醯手羅王多將兵眾，嚴器鎧仗刀劍在前，

112 王平先，〈莫高窟北朝時期的降魔變初探〉，《敦煌研究》，第六期（2007），頁 60。

只（共）佛爭力。爾時復有魔王拔刀擲劍共佛爭力。爾時復有素天大魔，三面六手，頭戴山谷，共佛爭力。爾時復有博叉天魔，頭戴地抽，共佛爭力。爾時復有婆修鄰天魔，身上出水，身下出火，身上出火，身下出水，現大復現小，現小復現大，側塞滿虛空，共佛爭力。爾時復有水身天魔，水火並起，雷風疾雨，共佛爭力……爾時復有牛頭天魔，復有虎頭天魔，復有鳥頭天魔，復有蛇身天魔，此諸魔神各將十萬力士，走地挽弩，前擲叫喚，大與兵馬，矛戟在前，火車霹靂，共佛震（爭）鬥。爾時彌勒遣大力並共無量力菩薩，手捻地抽，頭戴地柱。爾時天地八種聲，眾魔惜怖，心情不寧。爾時彌勒左手指地，右手指天，召諸方菩薩。爾時東方有十恒河沙無邊身菩薩，各乘六牙白象，雨寶蓮華，來詣佛所。爾時南方復有十……爾時下方復有十恒河沙力士菩薩，亦乘定國師子，手把金杖從地湧出。爾時普賢菩薩手把金剛三昧杵，擬定三昧。爾時如童菩薩，手把金剛埵。爾時復有金剛力士，手把金棒，走地叫喚，日月崩落。諸方菩薩，盡來集會，三千大千世界六種震動，眾魔罷捨刀杖，各發慈心，五體投地，莫不降伏。[113]

《證明經》此段經文說得很清楚，彌勒佛是在其自空中下生，未到達地面之時降魔。彌勒佛並不是獨力降魔，他是以「佛」的身分召來各種「菩薩、力士菩薩及金剛力士等」助其降魔。《證明經》此段經文並沒有提到「釋迦降魔成道」故事所載的「魔王及魔女」誘惑釋迦的情節，也沒有談到王平先所說的「魔子諫父的情節」。《證明經》所載的助彌勒佛降魔的「菩薩、力士菩薩及金剛力士等」的造像，就是王平先所言的，「將

圖15　敦煌莫428窟北周造彌勒降魔變

113　《普賢菩薩說證明經》，《大正》卷85，頁1367中-下。

軍裝束的人物」的造像。上面引述的《證明經》降魔經文所載的人物造像，都出現在犍陀羅、克孜爾石窟及敦煌早期製作的「彌勒降魔變」。敦煌莫 254 窟的「彌勒降魔變」，彌勒佛坐像左右兩側第一排，與二位或三位魔女並立的菩薩及力士立像，應該就是《證明經》經文所載的彌勒佛召來助其降魔的「普賢菩薩」、「力士菩薩」，或「金剛力士」等的立像。因為敦煌北涼造莫 254 窟「彌勒降魔像」右側一菩薩裝人物的一手，便握有一支似《證明經》所載的，菩薩及力士為降魔手持的「金棒」或「金杖」之物（見圖 14）。克孜爾石窟第 98 窟製作的「彌勒降魔變」，在彌勒佛坐像右側的大身菩薩裝人物的造像，也見其手握持有一如《證明經》所載的「金棒」之物（見圖 13）。王平先所言的「怪異形象的魔怪」，應指《證明經》降魔經文所載的各種攻擊彌勒佛的「天魔」畫像。

學者一般都認為，北涼造莫 254 窟的「降魔變」是敦煌製作的最早一鋪「降魔變」。就莫 254 窟「彌勒降魔變」的畫像內容來判斷，此鋪「彌勒降魔變」的造像法，與犍陀羅及克孜爾石窟所造的「彌勒降魔變」的造像法非常相似，都依據《證明經》所載的彌勒降魔經文製作其等的「彌勒降魔變」的造像內容。但犍陀羅及克孜爾兩地所造的「彌勒降魔變」，並沒有造我們在敦煌莫 254 窟，甚至其他敦煌石窟，如莫 428 窟（見圖 15）所見的「彌勒降魔變」所造的「魔王及魔女」的造像。由此我們可以看出，敦煌所造的「彌勒降魔變」含有「釋迦降魔成道像」的造像成分。由於《證明經》的彌勒降魔經文沒有記載「釋迦降魔成道」的故事，我們因此推測，敦煌「彌勒降魔變」所繪的「魔王及魔女」的造像，乃取自「佛傳故事」所載的「釋迦降魔成道」故事。

為何敦煌莫 254 窟的「彌勒降魔變」畫像要引入「釋迦降魔成道」的故事內容，並用被打敗的「魔王及魔女」的畫像，即枯萎的魔王及魔女的畫像，表達、說明「魔王及魔女」被打敗的樣子？這不是沒有原因。我們在犍陀羅及克孜爾所見的「彌勒降魔變」，都造有二身被彌勒佛打敗的天魔畫像。[114] 犍

---

114 見本書第七章，〈犍陀羅的支提信仰性質及造像〉。

陀羅及克孜爾石窟所造的「彌勒降魔變」的彌勒佛「與魔共爭」的造像，除了造有彌勒佛降魔及各種天魔攻擊彌勒佛的造像外，在彌勒佛座下的長方形「牢籠」裡，我們也見犍陀羅及克孜爾石窟的「彌勒降魔變」造有二身象徵被彌勒佛打敗的「天魔」造像。犍陀羅及克孜爾石窟所造的「彌勒降魔變」，沒有造「魔王及魔女」被降伏的造像。

但敦煌北涼造莫 254 窟的造像者，在敦煌創作莫 254 窟的「彌勒降魔變」之際，很顯然用「釋迦降魔成道」故事中被降服的「魔王及魔女」的枯萎造像，取代了犍陀羅及克孜爾石窟製作的「彌勒降魔變」的二身被彌勒佛降伏的「天魔」造像。由於敦煌莫 254 窟的「彌勒降魔變」是中國敦煌石窟最早製作的一鋪「彌勒降魔變」，故後來敦煌石窟所造的「彌勒降魔變」在受敦煌莫 254 窟此鋪北涼造的「彌勒降魔變」的造像法影響下，都將降伏的「天魔」造像造成「釋迦降魔成道」故事中被降伏的枯萎「魔王及魔女」的造像。這就是為何敦煌石窟後來開鑿的莫 260 窟、莫 263 窟及莫 428 窟繪製的「彌勒降魔變」，都造有「釋迦降魔成道」故事中被降伏的「魔王及魔女」枯萎的造像的原因。

過去的學者因為都沒有注意到，克孜爾石窟有嚴格區分「彌勒降魔變」及「釋迦降魔成道」造像的情形；也沒有注意到，克孜爾石窟所造的「彌勒降魔變」與犍陀羅所造的「彌勒降魔變」，因都依據《證明經》製作的緣故，此二處所造的「彌勒降魔變」的造像法及造像內容因此非常一致；更沒有注意到，中國敦煌石窟所造的「彌勒降魔變」，基本上也受克孜爾石窟及犍陀羅造「彌勒降魔變」的造像法的影響，只是敦煌改用「釋迦降魔成道」的魔王及魔女被打敗的造像，取代克孜爾石窟及犍陀羅所造的「彌勒降魔變」的二身被打敗的天魔造像。

克孜爾石窟將「彌勒降魔變」及「釋迦降魔成道」的造像法用石窟的建造法做區分，就是說明克孜爾製作的「彌勒降魔變」與「釋迦降魔成道」的造像內容及造像性質不同。克孜爾製作的「彌勒降魔變」因與早期支提信仰製作的「彌勒降魔變」的造像法不同的緣故，克孜爾石窟的「彌勒降魔變」才會被傳入犍陀羅，甚至傳入印度及亞洲其他的地方。克孜爾依據《證明經》

製作的「彌勒降魔變」，因為是克孜爾依據《證明經》製作的一種新支提信仰造像，因此自克孜爾石窟製出「彌勒降魔變」之後，此像便成為亞洲各地製作支提信仰造像的最重要造像內容。這就是為何北涼在發展支提信仰之際，此王朝便不斷地在敦煌石窟製作「彌勒降魔變」的原因，這也是印度製作的「四相圖」、「八相圖」，甚至印度帕拉王朝所製作的支提信仰造像，都將「彌勒降魔變」視為這些表達支提信仰造像內容的主尊造像的原因。[115]

《證明經》所載的彌勒降魔故事，發生在彌勒佛自空中坐支提下生未到達地面之前所發生的事。彌勒降魔之後，《證明經》說：「爾時雀梨浮圖（支提）從空而下，安置閻浮履地」。[116] 彌勒佛因坐在支提內降魔，故支提信仰常將其製作的「彌勒降魔變」造在「支提」內，或在彌勒佛像的頭像兩側用造兩支小支提的方法，說明彌勒佛坐支提下生。[117]

彌勒佛下生之後，支提信仰的造像者，也常用戴冠、瓔珞莊嚴的「彌勒佛王新像」，說明、表達彌勒佛下生為轉輪王或彌勒佛王的造像。[118] 後者這種造像依據，與《證明經》描述彌勒下生之後，天子、龍及天王等都來獻寶的經文有密切的關連。《證明經》載：

> 海龍王獻佛十二部尊經……爾時色界天王獻佛寶冠、瓔珞、蓮花上衣。爾時無色界天子獻佛菩提妙華、珍寶、雜香。爾時閻浮提王獻佛八功德水浴池。爾時忉利天王獻佛蓮花、寶冠、珠珍瓔珞，如是等天王殷重供養，皆得無上道。[119]

《證明經》為何要提到「海龍王獻佛十二部尊經」？這不是沒有原因。筆者在第一章解釋「轉輪王」此概念的定義之際便提到，所謂「佛教轉輪王」，乃指用佛教信仰建國的世間帝王。所謂「佛十二部尊經」，乃指用「十二部經」或「十二種大乘造經法」製作的「大乘佛教經典」。[120]「海龍王獻佛十二部尊

---

115 見後詳述。

116 《普賢菩薩說證明經》，《大正》卷85，頁1367中。

117 見下詳述。

118 見下詳述。

119 《普賢菩薩說證明經》，《大正》卷85，頁1367上。

120 有關「十二部經」有指大乘經典或大乘信仰的意思，見（北涼）曇無讖譯，《大般涅槃經》卷

經」，因此有指彌勒下生的轉輪王，在世間出世之後，便要用大乘佛教信仰建國的意思。這就是為何海龍王要獻「十二部尊經」的原因。彌勒佛下生之後，《證明經》所載的天子及天王獻給彌勒佛下生的轉輪王的寶物，以「寶冠及瓔珞」最多。這說明彌勒佛下生之後，因為要在地上出生為轉輪王，並穿戴「寶冠及瓔珞」，及取「轉輪王位」，故《證明經》載有「天子及天王」獻「寶冠及瓔珞」的經文。這段經文所載的「寶冠、瓔珞及蓮花上衣」，常被後來的造像者造成「彌勒佛王新像」所穿戴的飾物及衣服。[121]

三 克孜爾石窟「釋迦涅槃後」及「彌勒正身下」此二《證明經》經句的造像

（1）克孜爾石窟製作「釋迦涅槃後」及「彌勒正身下」像的情形

我們在犍陀羅已經見到許多犍陀羅製作的「釋迦涅槃圖／像」。由於目前保存的犍陀羅造「釋迦涅槃圖」，都以單鋪的造像形式被保留，故我們很難看出犍陀羅製作「釋迦涅槃圖」的原因及背景。我們只知道，犍陀羅製作的「釋迦涅槃圖」非常可能也傳自克孜爾石窟。克孜爾石窟因相對完整的保存其製作「釋迦涅槃圖」在克孜爾石窟的造像位置及造像情形，故我們知道，克孜爾石窟製作的「釋迦涅槃圖」，乃依據《證明經》所載的「釋迦涅槃後」及「彌勒正身下」此二經句製作的造像。在我們談論克孜爾石窟依據《證明經》所載的「釋迦涅槃後」及「彌勒正身下」此二經句所造的「釋迦涅槃像」及「彌勒下生像」之前，我們在早期的亞洲石窟或造像，都沒見過支提信仰造像址有依據《證明經》此二經句造此二種造像的情形。克孜爾石窟因此是歷史上同時製作「釋迦涅槃像」及「彌勒下生像」此二種支提信仰造像的最早佛教石窟。

克孜爾石窟製作的「釋迦涅槃圖」，基本上都被繪／造在中心柱窟的「後

15，《大正》卷 12，頁 451 中；並見古正美：〈大乘佛教的造經方法及早期佛教的文學及藝術的發展關係〉，《嶺南學報》，新第一期（1999），頁 145-150。

121 見後詳述。

室」及「甬道」的壁面。譬如，克孜爾第 17 窟北甬道北壁、[122] 第 38 窟西甬道，[123] 及第 69 窟後室，[124] 都造有「釋迦涅槃圖」或釋迦涅槃故事的造像。克孜爾在石窟「後室」及「甬道」製作「釋迦涅槃圖」及釋迦涅槃故事造像的原因，與克孜爾中心柱窟在「甬道」造有彌勒佛坐支提下生像，或表達彌勒佛將下生的造像設計法，有密切的關聯。譬如，我們在第 17 窟「北甬道」，即見造有一鋪「釋迦涅槃圖」，而在與此鋪「釋迦涅槃圖」造像鄰近的「西甬道」西壁，不但見造有「塔（支提）中坐佛像」或彌勒佛坐支提下生的造像，而且在「東甬道」南端，也見造有一鋪彌勒佛下生的立佛像。[125] 又如，第 38 窟「西甬道」西壁見造有一鋪「釋迦涅槃圖」，與此「釋迦涅槃圖」鄰近的「北甬道」北壁，也見繪有一鋪「一列七幅塔中坐佛」或彌勒坐支提下生的造像。同時在同石窟的「北甬道」南壁，也見繪有「一列四幅塔中佛」（圖 16）。[126] 同樣的「釋迦涅槃圖」與「彌勒下生像」的造像，也見繪於第 69 窟。第 69 窟「後室」北壁下部見造有預留的涅槃臺，「東、西甬道」上則各繪有一身「彌勒佛下生立像」。[127]

圖 16　克孜爾 38 窟釋迦涅槃圖及彌勒佛坐支提下生像

　　克孜爾石窟之所以會將「釋迦涅槃圖」及「彌勒佛下生像」造在中心柱

---

122 見新疆龜茲石窟研究所編著，《克孜爾石窟內容總錄》，頁 25：「（北甬道）北壁繪佛涅槃，佛身後繪梵天、帝釋和四大力士，佛腳下繪迦葉和阿難」。

123 見新疆龜茲石窟研究所編著，《克孜爾石窟內容總錄》，頁 49，西甬道：「西壁繪佛涅槃，佛頭下方繪須跋陀羅，佛身後繪梵天和西大理石，佛腳旁繪三身比丘」。

124 見新疆龜茲石窟研究所編著，《克孜爾石窟內容總錄》，頁 81，後室：「北壁下部有預留的涅槃台，台上壁面大部分殘失。北壁上部殘存浮雕的涅槃佛的背光，背光內繪一圈大雁銜環紋」。

125 見新疆龜茲石窟研究所編著，《克孜爾石窟內容總錄》，頁 25。

126 見新疆龜茲石窟研究所編著，《克孜爾石窟內容總錄》，頁 49。

127 見新疆龜茲石窟研究所編著，《克孜爾石窟內容總錄》，頁 81：「東甬道東壁南端中部殘存一身立佛，西甬道西壁中部繪一身立佛」。

窟的「後室」及「甬道」上，與《證明經》所載的下面這段經文有密切的關
聯。《證明經》說：

> 我本根元，或是定光身，或是句樓秦佛身，或是無光王佛身，或是寶勝佛身，
> 或是登明王佛身，或是須彌尊王佛身，或是釋迦身。我本菩薩時，名為阿逸
> 多，釋迦涅槃後，先做法王治，卻後三十年，彌勒正身下。[128]

這段經文說，《證明經》載有「一佛多身」的信仰，而此「一佛多身」的
信仰，就是《證明經》說明釋迦佛與彌勒佛是「同身」信仰的基礎。《證明經》
如此解釋釋迦佛與彌勒佛是「同身」神祇的關係，顯然與《彌勒下生經》一
再用「釋迦佛傳」及「釋迦佛誕」說明「彌勒佛傳」及「彌勒佛誕」的故事
一樣，都要說明釋迦佛與彌勒佛是「同身」的神祇，及釋迦身是彌勒佛身的
前生信仰。因為《證明經》也載有「釋迦涅槃後」及「彌勒正身下」的經句。
此二經句的意思是，彌勒佛的下生時間是在釋迦佛「（般）涅槃」（parinirvana，
死亡，簡稱涅槃）之後。為了表達《證明經》所載的「釋迦涅槃後」及「彌勒
正身下」此二經句的意思，克孜爾石窟便在中心柱窟的「後室」及「甬道」
造有「釋迦涅槃後」經句的「釋迦涅槃圖」或涅槃故事像，並在「釋迦涅槃
圖」或釋迦涅槃故事像鄰近的「甬道」，用《證明經》所載的「彌勒正身下」
的經句造「彌勒坐支提下生像」或「彌勒下生立像」。

克孜爾石窟在中心柱窟的「後室」造「釋迦涅槃圖」與釋迦涅槃故事，
並在鄰近「甬道」造「彌勒佛坐支提下生像」或「彌勒佛下生像」的造像設
計法，事實上也是克孜爾石窟的造像者，使用兩個不同的空間或壁面說明兩
種不同但相關信仰的例子。克孜爾石窟的造像者將其中心柱窟的石窟內面分
為「現在室」或「前室」及「過去室」或「後室」兩個世界或兩大空間的原
因是，他們認為，「彌勒佛自空中下生為轉輪王」或彌勒佛王的事發生在「現
在」或「前室」，故在石窟的「前室」造「彌勒佛自空中下生為轉輪王」的造
像；而「釋迦涅槃」的事因發生在「過去」或「後室」，故在石窟的「後室」
造「釋迦涅槃圖」或釋迦涅槃的故事像。由於《證明經》說，「釋迦涅槃後」，

---

128 《普賢菩薩說證明經》，《大正》卷85，頁 1362 下。

彌勒佛便要下生，因此在中心柱窟的「後室」通往「前室」的「甬道」，便見造有「彌勒下生像」。這就是我們在克孜爾石窟的中心柱窟的「後室」見造有「釋迦涅槃圖」或釋迦涅槃的故事像；在石窟的「後室」或「過去室」通往「前室」或「現在室」的「甬道」，見造有「彌勒下生像」或彌勒佛坐支提下生像的原因。

　　克孜爾石窟的造像者在其「後室」造「釋迦涅槃像」及在其「甬道」造「彌勒下生像」的原因，並不是只要說明釋迦佛與彌勒佛的關聯性，而是也要說明「彌勒佛坐支提下生」或「彌勒佛下生」的時間，是在「釋迦涅槃」之後。由於「釋迦涅槃」的事發生在過去，因此與之有關並要表達彌勒佛下生的造像便被造在「甬道」上，說明彌勒佛下生的時間不是在過去，而是在象徵從「過去」通向「現在」的「甬道」。這就是克孜爾石窟在「甬道」所造的「彌勒坐支提下生像」不是要說明彌勒佛在「現在」下生，而是要說明彌勒佛在「未來」將下生的意思。

（2）亞洲其他地區製作「釋迦涅槃後」及「彌勒正身下」像的情形

　　克孜爾石窟應該是歷史上最早使用其石窟壁面的造像表達「釋迦涅槃後」及「彌勒正身下」此二《證明經》經句信仰的始源地。《證明經》的此二經句及造像，在 5 世紀中期左右很顯然的傳入印度及亞洲其他的地方。因為我們在克孜爾之後的許多亞洲支提信仰石窟及造像址，也見其等有用「釋迦涅槃後」及「彌勒正身下」此二《證明經》經句造像的情形。譬如，5世紀後半葉開鑿的阿旃陀石窟第26 窟，便見在此石窟內的左側，沿著壁面底部造有一座巨型的「釋迦涅槃像」或「臥佛像」（圖17），並在此石窟的主室中央，造有一座巨型的「倚坐彌勒佛王坐支提下生」的造像（圖18）。阿旃陀石

圖 17　阿旃陀石窟第 26 窟釋迦涅槃像

窟第 26 窟的造像者，雖將此二巨型支提信仰造像造在同一石窟內，然在「倚坐彌勒佛王坐支提下生像」的三面造有條柱圍欄及如拱形屋頂的遮蓋物，隔離「釋迦涅槃像」及坐有彌勒佛王像的「開放式支提」的造像，說明此二造像乃處於不同的空間及時間。阿旃陀石窟將「釋迦涅槃像」及「倚坐彌勒佛王坐支提下生像」造在同一石窟內，但不同空間的設計法，顯然也是受克孜爾石窟造同類造像的影響。

目前大部分的學者都認為，5 世紀後半葉開鑿阿旃陀石窟的哈利先那大王不是一位佛教徒，而其開鑿阿旃陀石窟的原因是他的大臣都是佛教徒，因此他也要用開鑿石窟的方法累積功德。[129] 這種說法不是沒有問題。因為哈利先那大王不僅在其開鑿的阿旃陀第 26 窟內部造有《證明經》所載的「釋迦涅槃後」及「彌勒正身下」此二經句的造像，同時在其開鑿的一些阿旃陀石窟的後室，其也造有支提信仰的「彌勒一組三尊像」，[130] 作為表達此類石窟是哈利先那大王在發展支提信仰為其國教信仰之際所開鑿的石窟。哈利先那大王所開鑿的阿旃陀石窟，常見的支提信仰造像內容有：「彌

圖 18　阿旃陀石窟第 26 窟彌勒佛坐支提下生像

勒佛王坐支提下生像」、「彌勒佛王像」以「彌勒一組三尊像」的造像形式出現在造像上的造像、「七佛造像」，及「千佛造像」等造像。這些造像都能說明，哈利先那大王所開鑿的阿旃陀石窟，是一處說明或表達其發展支提信仰的石窟。哈利先那在開鑿阿旃陀石窟之際，顯然已用石窟的造像說明其是一

129 See Pushpesh Pant, *Ajanta & Ellora: Cave Temples of Ancient India*. Holland: Roli & Janssen BV, 2003, reprint, pp. 23-27; see also, Walter Spink, *Ajanta to Ellora*. Bombay: Marg Publishers, 1969, p. 7b.

130 見本書第七章，〈犍陀羅的支提信仰性質及造像〉。

位彌勒佛下生的轉輪王或彌勒佛王，並用龍樹奠立的支提信仰作為其「佛教建國信仰」。我們因此不能同意學者說哈利先那不是佛教徒，也不能同意其開鑿阿旃陀石窟的原因，只是單純的為了要累積功德的說法。縱然哈利先那的家族有信仰婆羅門教或印度教的記錄或歷史，[131] 然在哈利先那王開鑿阿旃陀石窟的時候，其顯然已是用佛教信仰建國的轉輪王或彌勒佛王；否則其製作的「倚坐彌勒佛王坐支提下生」的造像不會被造在第 26 窟為該窟的主尊造像，而其本人的造像也不會用克孜爾石窟的「彌勒佛王新像」的造像法，被造在阿旃陀石窟第 2 窟所造的「彌勒一組三尊」的造像上。[132] 哈利先那開鑿阿旃陀石窟的活動，事實上是其用佛教信仰建國的最佳證據。

依照美國學者瓦特・斯賓克（Walter M. Spink, 1928-2019）的說法，阿旃陀石窟的造像可以分成兩類型的造像：（1）「小乘佛教」（the Hīnayāna）的造像，或早期、甚至是西元前的造像。這類造像見於其石窟編號 9、10、11、12 及 15A 等石窟，及（2）第二類的造像，就是哈利先那統治哇卡塔卡王朝時期所造的「大乘佛教」的造像。所謂「大乘佛教」的造像，就是指上面提到的「小乘佛教」石窟以外的支提信仰窟的造像。[133]「小乘佛教」的石窟造像，被視為早期或「小乘佛教」造像的原因，除了因為這些石窟的建築及造像內容都相對的簡單外，也因為這些石窟所造的支提建築形制與我們在西印度其他地方，如納昔克（Nāsik）、卡里（Kārlī / Karle / Karla）等地所見到的早期「關閉式支提」的建築形制非常相似。[134] 譬如，阿旃陀第 10 窟的支提造像就是一個例子。[135] 由於斯賓克和其他的學者似乎都不知道支提信仰是龍樹於 2 世紀中期

---

131 Walter Spink, *Ajanta to Ellora*, p. 7a.

132 見下詳述。

133 Walter M. Spink, *Ajanta: History and Development*, Vol. 1. Leiden: Brill, 2005, p. 7.

134 納西克及卡里所造的關閉式支提，見本書第四章，〈佛教支提信仰的奠立者——龍樹菩薩〉談論。

135 See Heinrich Zimmer, *The Art of Indian Asia—Its Mythology and Transformations*, completed and edited by Joseph Campbell, Vol. 2. New York: Bollingen Foundation, 1964, reprint , Plate 165, Cave X, "Interior of caitya hall."

或後半葉才奠立的一種大乘佛教的「佛教建國信仰」，[136] 也不知道支提信仰從一開始便造有「關閉式支提」及「開放式支提」兩種支提建造法，[137] 因此都將阿旃陀第 10 窟此類「關閉式支提」視為「小乘佛教」或早期的佛教造像。這種定像法，自然有商榷的餘地。因為當哈利先那在開鑿阿旃陀石窟之際，他很可能便沿襲了龍樹時代的支提建造方法，在阿旃陀石窟同時造有「關閉式支提」及「開放式支提」兩種支提。[138] 我們自然不能否認，阿旃陀石窟所建造的一些「關閉式支提」，可能是龍樹時代製作的支提。雖是如此，阿旃陀石窟製作的「關閉式支提」，無論如何都不會是西元 2 世紀中期左右之前所造的支提，更不會是「小乘佛教」建造的支提。因為龍樹在 2 世紀中期左右或稍後在案達羅奠立其支提信仰之後，亞洲歷史上才見有「關閉式支提」及「開放式支提」兩種支提的建造法。[139] 「小乘佛教」在其發展的歷史上並沒有創造其自己的支提信仰。換言之，龍樹既是歷史上奠立支提信仰的人物，我們無論如何不會在西元 2 世紀中期左右之前見有支提的建造活動。

亞洲許多支提信仰遺址及造像址，在克孜爾石窟造像的影響下，常用「釋迦涅槃後」及「彌勒正身下」此二《證明經》的經句製作「釋迦涅槃像」及「彌勒下生像」，作為表達彌勒佛下生（彌勒正身下）的時間是在「釋迦涅槃」之後的時間。譬如，6 世紀之後在古代暹羅建國的墮和羅王朝在發展支提信仰時期，也造有用「釋迦涅槃後」及「彌勒正身下」此二經句製作的「釋迦涅槃像」及「彌勒下生像」。今日曼谷國家博物館收藏的一座 8 世紀製作，學者所謂的「舍衛城大神變」（The great miracle of Srāvastī）的墮和羅石雕造像，[140] 便將《證明經》此二經句的造像造在此鋪石雕造像的上部「一組三尊彌勒佛」坐像的下方，及主尊「倚坐彌勒佛王像」的上方。此座墮和羅石雕造像，用對稱法製作的二身「釋迦涅槃像」或「臥佛像」（釋迦涅槃後），被造在此石雕

---

136 見本書第四章，〈佛教支提信仰的奠立者──龍樹菩薩〉。

137 見本書第五章，〈龍樹與阿瑪拉瓦底大支提的建築及造像〉。

138 見本書第五章，〈龍樹與阿瑪拉瓦底大支提的建築及造像〉。

139 見本書第四章，〈龍樹奠立支提信仰的性質及內容〉。

140 See Betty Gosling, *Origins of Thai Art.* Trumbull: Weatherhill Inc., 2004, p. 75, Illustration of the Plate.

上部「一組三尊彌勒佛」坐像的下方。用對稱法製作的二身「彌勒下生立像」（彌勒正身下），則被造在二身「釋迦涅槃像」的下方（圖19）。此座墮和羅石雕造像上方所造的「一組三尊彌勒佛」坐像，乃要表達彌勒佛下生的信仰。[141] 在此「一組三尊彌勒佛像」下方，用「釋迦涅槃後」及「彌勒正身下」此二《證明經》經句所造的二身「釋迦涅槃像」及二身「彌勒下生像」，則要說明「彌勒佛下生」的時間是在「釋迦涅槃後」。在依據《證明經》二經句製作的二種造像下方，此石雕則用「彌勒一組三尊像」的造像法，製作此石雕造像的主尊「倚坐彌勒佛王像」、其兩側一手持

圖19　曼谷國家博物館藏墮和羅時期造舍衛城大神變

白拂的二菩薩像，以及其他的人物的造像。整座石雕造像因此要表達的，並不是如學者所言的「舍衛城神變」或佛陀降服外道的故事，而是要說明彌勒佛將下生成為轉輪王或彌勒佛王的信仰。[142] 由此造像，我們非常確定，古代在暹羅建國的墮和羅王朝，曾發展大乘佛教的支提信仰建國，而其支提信仰的造像法，也有深受克孜爾石窟造像法的影響。

敦煌莫高窟北周造莫428窟的西壁中層，也繪有兩鋪用「釋迦涅槃後」及「彌勒正身下」經句製作的造像。但今日的學者都通稱此二鋪造像為：「涅槃變」（圖20）及「金剛寶座塔」（圖21）。[143] 莫428窟此鋪「涅槃變」，就

圖20　敦煌北周造莫428窟釋迦涅槃像

---

141 見本書第七章，〈犍陀羅的支提信仰性質及造像〉。

142 此像的詳細說明，見古正美，〈古代暹羅墮和羅王國的大乘佛教建國信仰〉，《饒宗頤國學院院刊》，第3期（香港，2016），頁265-274。

143 敦煌文物研究所編，《中國石窟‧敦煌莫高窟》第一冊（北京：文物出版公司，1982），圖164

如我們在阿旃陀第 26 窟所見的「釋迦涅槃像」一樣，釋迦以臥佛的姿態出現在造像上，臥佛的後方及腳側，圍繞著悲傷的佛弟子作哀悼佛去世的畫像。

圖 21　敦煌北周造莫 428 窟彌勒佛坐支提下生像

在同北周造莫 428 窟西壁中層的另一鋪畫像，因造有一主塔及四支柱子圍繞主塔的造像，因此此鋪造像常被學者稱為「金剛寶座塔」[144] 或「五分法身塔」。[145] 李玉珉在其《敦煌四二八窟新圖像源流考》，用《大唐西域記》的記載，解釋此鋪造像的「主塔」為何會被稱為「金剛寶座塔」的原因。她說：由於玄奘在其《大唐西域記》卷八所記載的「摩揭陀國」條載有下面這些文字：「菩提樹垣內正中有金剛座」及「菩提樹垣內四隅皆有大窣堵波」，因此她認為，莫 428 窟西壁此鋪造像中層的「主塔」，應是一座「金剛寶座塔」。[146] 賀世哲並不同意李玉珉此說。賀世哲認為，此鋪造像的「主塔」，應被稱為「五分法身塔」。[147] 賀世哲稱此像「主塔」為「五分法身塔」的原因也源自《大唐西域記》的記載。他說：《大唐西域記》的「摩揭陀國」條載有：「山西南有窣堵波…《印度記》曰：昔無憂王建八萬四千窣堵波已，尚餘五升舍利，故別崇建五窣堵波，制奇諸處，靈異間起，以表如來五分法

「涅槃變」，圖 165「金剛寶座塔」。

144 見李玉珉，〈敦煌莫四二八窟新圖像源流考〉，收入《故宮學術季刊》，第四期，第十卷（1993），頁 17-18。

145 施萍婷，〈關於莫高窟第四二八窟的思考〉，《敦煌研究》，第 1 期（1998），頁 2-3。

146 見李玉珉，〈敦煌莫四二八窟新圖像源流考〉，《故宮學術季刊》，第四期，第十卷（1993），頁 17；並見季羨林等校注，《大唐西域記校注》卷 8（北京：中華書局，1985），頁 668「金剛座」，頁 683「如來成道及諸奉佛遺跡」。

147 見施萍婷及賀世哲著，〈近承中原遠接西域──莫高窟第 428 窟研究〉，敦煌研究院 ，《敦煌石窟藝術·莫高窟第四二八窟（北周）》（江蘇：江蘇美術出版公司1998），頁 17-18。

身」，[148] 故他認為，此鋪造像的「主塔」應被稱為「（如來）五分法身塔」。

李玉珉及賀世哲在判定北周造莫 428 窟此鋪造像的「主塔」名稱時，都沒有談到此鋪造像「主塔」的作用，或此「主塔」內的造像內容。北周造莫 428 窟西壁中層所繪的所謂「金剛寶座塔」或「五分法身塔」，明顯的是鋪彌勒佛坐「支提」下生的畫像。北周造莫 428 窟此鋪所謂「塔」的畫像，事實上是一鋪「支提」的畫像。北周造莫 428 窟此鋪「支提」的畫像，共畫有四層／段的畫像內容：（1）第一段即支提的頂層，畫一隻「與彌勒俱時下」的金翅鳥像。（2）第二段畫有用「彌勒一組三尊像」的造像法製作的彌勒佛下生像：彌勒佛坐中間，兩側各畫普賢菩薩及觀音菩薩的立像。（3）第三段畫有說明轉輪王用「釋迦佛誕」方式出世世間的「釋迦佛誕」造像。（4）第四段即此支提的最底層造像，畫有四名力士護持彌勒佛坐支提下生的造像。此支提內所畫的畫像，都是龍樹在娑多婆訶王朝（the Sātavāhana, c. ? -225）發展支提信仰時建造的阿瑪拉瓦底大支提（Mahācaitya at Amarāvatī）的主要造像內容。[149] 莫 428 窟此鋪支提內所畫的「釋迦佛誕圖」被視為轉輪王出世的造像，乃因阿瑪拉瓦底大支提所造的轉輪王造像，常見造有轉輪王用「釋迦佛誕」的方式出世世間的造像。[150] 莫 428 窟此支提底層繪畫力士像的原因是因為《證明經》說，力士在彌勒佛下生之際有幫助彌勒佛降魔的作用，故北周此支提所造的力士像，有說明這些力士具有護持此支提的作用。[151] 與此支提畫像內容相似的造像內容，也見於國立故宮博物館所藏，北魏孝文帝（統治，471-499）於太和元年（477）鑄造的「金銅佛像」背面的造像。[152]

北周此鋪支提畫像，很可能是北周的造像者仿照犍陀羅支提建築形制製

---

148 施萍婷，〈關於莫高窟四二八窟的思考〉，《敦煌研究》，第 1 期（1998），頁 2；並見季羨林等校注，《大唐西域記校注》卷 8，頁 638-639，「無憂王諸營造遺跡」。

149 見本書第五章，〈龍樹與阿瑪拉瓦底大支提的建築及造像〉。

150 見本書第五章，〈龍樹與阿瑪拉瓦底大支提的建築及造像〉。

151 見本書第七章，〈犍陀羅的支提信仰性質及造像〉談論梁武帝造「彌勒一組三尊像」的「擴大版」造像之處。

152 見本書第十章，〈中國北涼發展支提信仰的證據：涼州瑞像與敦煌的白衣佛像〉。

作的一鋪具有四支阿育王柱子圍繞的支提造像。[153] 由於北周此鋪支提四周所立的四支石柱，在畫中所呈現的形狀有如我們在犍陀羅所見的支提造像四周所造的四支阿育王柱子，因此此四支石柱也常被學者視為「塔」。事實上，從北周此支提的繪畫內容來判斷，北周此鋪支提畫像要表達的信仰內容有兩種：（1）彌勒佛以「彌勒一組三尊」的造像形式坐在支提內下生，及（2）轉輪王用「釋迦佛誕」的方式出世。此二支提信仰的造像內容，就是龍樹撰造的《證明經》記載支提信仰的兩大主要信仰內容，也是龍樹負責建造的阿瑪拉瓦底大支提的二大主要造像內容。[154] 此二造像內容要說明的，因此是彌勒佛坐支提下生為轉輪王的信仰，或《證明經》所載的「彌勒正身下」此經句要表達的信仰內容。北周此支提造像結合同層的「釋迦涅槃像」，便是北周在敦煌此石窟要表達的，用「釋迦涅槃後」及「彌勒正身下」此二經句製作的支提信仰造像內容。因此，北周莫 428 窟此二鋪畫像也可以證明，北周開鑿的莫 428 窟是一座「支提信仰窟」。北周在莫 428 窟內同時用「釋迦涅槃圖」及「彌勒坐支提下生像」表達「釋迦涅槃後」及「彌勒正身下」此二經句的造像內容，顯見的也深受克孜爾石窟造此類造像的影響。

　　許多學者對北周所造的莫 428 窟都作過研究。學者對北周莫 428 窟的研究，始於 1820 年徐松在莫高窟訪得武周（690-705）聖曆元年（698）製作的〈李君莫高窟佛龕碑〉。該〈碑〉載有：「復有刺史建平公、東陽王各修一大窟」的事。[155] 宿白因此考定此〈碑〉中記載的「建平公」，乃為北周時代曾任袞、瓜、邵州刺史的于義，並認為于義「修一大窟」的時間，是在西元 571 年以後迄 574 年的三年間，即北周毀佛之前的時間。[156] 宿白因此認為，于義在莫高窟所修的「一大窟」，即是指莫 428 窟。[157] 施萍婷也認同此說法，並說：莫

---

153 有關犍陀羅的支提建造形制，見本書第七章，〈犍陀羅的支提信仰性質及造像〉。

154 支提信仰的轉輪王用「釋迦佛誕」方式出生的信仰及造像，見本書第五章，〈龍樹與阿瑪拉瓦底大支提的建築及造像〉的說明。

155 宿白，〈東陽王與建平公〉（二稿），宿白，《中國石窟寺研究》（北京：文物出版公司，1996），頁 244。

156 宿白，〈東陽王與建平公〉（二稿），宿白，《中國石窟寺研究》，頁 255。

157 宿白，〈東陽王與建平公〉（二稿），宿白，《中國石窟寺研究》，頁 258；並見施萍婷，〈建平公

428 窟既是北朝開鑿的最大窟，其應也是莫高窟最大的中心柱窟。此窟的畫像內容有：「五分法身塔」、「降魔像」、「涅槃圖」、「盧舍那法界人中像」，及「須達拏太子本生」來判定，此窟應是「建平公」在敦煌所修建的「一大窟」。[158] 李玉珉則用石窟中〈晉昌郡沙門比丘慶仙供養〉的題記，證明莫 428 窟為北周時期開鑿的洞窟。[159]

從莫 428 窟的開鑿時間是在北周毀佛（574 年）之前的情形來判斷，北周武帝（統治，560-578）在毀佛之前，顯然還以彌勒佛下生為轉輪王的姿態統治過北周；否則建平公不會在敦煌為其開鑿此座具有說明北周支提信仰內容的大石窟。

東南亞除了古代的墮和羅王朝有發展支提信仰的活動外，緬甸蒲甘王朝（the Pagan / Bagan dynasty, 849-1369）也有發展支提信仰的活動。自西元 11 世紀初期統治蒲甘王朝的第二代王江孜達（Kyanzittha, 1084-1113）開始於蒲甘大肆發展佛教之後，我們在蒲甘晚期西杜第二（Sithu II, 1113-1170）所建的蘇拉馬尼寺（Sula-Mani temple），還見該寺基部繞寺走道（Base ambulatory）兩側的高大壁面，不斷有重覆用「釋迦涅槃後」及「彌勒正身下」此二經句製作的「釋迦涅槃圖」（圖 22）及「彌勒下生畫像」（圖 23）。這些壁畫，今日都被認為是西元 18、19 世

圖 22　蒲甘蘇拉馬尼寺釋迦涅槃圖

圖 23　蒲甘蘇拉馬尼寺彌勒下生像

與莫高窟〉，《敦煌研究文集》（蘭州：甘肅人民出版公司，1982），頁 144-150。

158 施萍婷，〈關于莫高窟第四二八窟的思考〉，《敦煌研究》，第 1 期（1998），頁 1。

159 李玉珉，〈敦煌四二八窟新圖像源流考〉，《故宮學術季刊》，第 4 期，第 10 卷（1993），頁 1-2。

紀建國的貢榜王朝時期（the Kongbaung dynasty, 1752-1885）製作的壁畫。[160] 蘇拉馬尼寺因此也是目前亞洲保留使用「釋迦涅槃後」及「彌勒正身下」此二經句製作「涅槃圖」及「彌勒佛下生像」有名的蒲甘寺院。

保羅・斯特拉禪（Paul Strachan）對學者強調大乘佛教對蒲甘建築及造像具有重要影響的說法一直不以為然。他認為，自江孜達之後，蒲甘出土的銘文及文獻都說明蒲甘以發展錫蘭小乘上座部佛教（the Theravāda Buddhihsm）為主，大乘及其他印度宗教為副；大乘的建築及造像，僅是蒲甘裝飾性質的（decorative）藝術，只用來支持小乘上座部的發展。[161] 保羅・斯特拉禪也提到，蒲甘的帝王常以未來佛彌勒菩薩自居（The king was often styled as a bodhisattva, a future Buddha），並認為蒲甘的帝王出生到此世間的目的是為了要救度眾生成佛。[162] 但保羅・斯特拉禪卻沒有注意到，帝王以彌勒菩薩或彌勒佛身下生的信仰，是當時蒲甘帝王使用支提信仰建國的活動。蒲甘的建築及造像，因此與蒲甘帝王發展「大乘佛教建國信仰」的活動有密切的關聯。既是如此，蒲甘的大乘佛教建築及造像，便不會如保羅・斯特拉禪所言的，僅作為「裝飾性質」的藝術，或「支持小乘佛教的建築及造像而已」。

蘇拉馬尼寺使用「釋迦涅槃後」及「彌勒正身下」此二經句製作的畫像，很清楚的說明了蒲甘的帝王不但有發展支提信仰建國的活動，而且這種蒲甘帝王發發展支提信仰建國的活動，一直延續至 18 世紀還見使用。因為上面提到的蒲甘蘇拉馬尼寺造「釋迦涅槃圖」及「彌勒佛下生像」的造像現象，明顯的是依據支提信仰經典《證明經》製作的畫像。學者如保羅・斯特拉禪之所以會堅持蒲甘的佛教造像都以小乘上座部佛教為主的造像，乃因目前的學者都認為，蒲甘王朝所發展的佛教是小乘上座部的佛教。蒲甘的帝王在發展支提信仰之際，事實上也同時有發展小乘上座部的佛教作為其等教化人民的宗教活動。這就是筆者認為，蒲甘的帝王在用佛教信仰統治天下之際，不僅

---

160 Paul Strachan, *Pagan: Art & Architecture of Old Burma*. Singapore: Kiscadale Publications, 1989, p. 95.

161 Paul Strachan, *Pagan: Art & Architecture of Old Burma*, p. 10a.

162 Paul Strachan, *Pagan: Art & Architecture of Old Burma*, p. 10a.

一面為自己發展「大乘佛教建國信仰」，以佛教轉輪王的面貌統治天下，同時也一面側重發展小乘上座部的佛教，作為其等教化人民的宗教。蒲甘發展佛教的情形如此，我們便不能只用小乘上座部的佛教說明蒲甘發展佛教信仰的情形，也不能認為，蒲甘在歷史上只有發展小乘上座部佛教，而沒有發展大乘佛教的活動。蒲甘帝王用佛教信仰建國的活動，事實上比我們想像的還要複雜。蒲甘帝王同時發展大、小乘佛教信仰的現象，不但見於緬甸，而且也見於古代的錫蘭及其他的東南亞國家。這說明蒲甘發展佛教的方法，也是古代亞洲相當流行的方法。

錫蘭小乘上座部撰作的《小史》（the Culavaṃsa），載有摩希陀王第二（Mahinda II, c. 777-797）有用銀製造一尊菩薩像（Bodhisattva image），並將之安置於「戒雲寺」（Śilamegha convent）的活動。[163] 研究錫蘭佛教藝術的荷蘭學者烏日希・梵・斯羅易德（Ulrich von Schroeder）認為，這尊銀造的菩薩像應該是一尊彌勒菩薩像。因為只有彌勒菩薩的信仰是受小乘「大寺派」（the Mahāvihara）保守派人士認可的信仰，而這些「大寺派」的保守派人士，就是撰寫《小史》的作者。[164] 錫蘭佛教的「大寺派」，即是錫蘭的「小乘上座部派」。錫蘭小乘上座部派既認為，帝王能以彌勒菩薩的面貌統治錫蘭，東南亞信奉小乘佛教國家的帝王，如緬甸的蒲甘王，自然也能以彌勒菩薩的面貌統治其國。蒲甘蘇拉馬尼寺用「釋迦涅槃後」及「彌勒正身下」此二經句製作的畫像便說明了，也證明了，蒲甘王因用支提信仰作為其「佛教建國信仰」的緣故，這些蒲甘王才能以「彌勒菩薩」的面貌統治蒲甘。此處所言的「彌勒菩薩」即是支提信仰較晚期出經的經典，如《入法界品》（the Gaṇḍavyūha），稱呼支提信仰「彌勒佛」的名字或稱號。[165]

克孜爾石窟無論是在其中心柱窟造「彌勒佛下生為轉輪王」的造像（天相圖）、彌勒佛王像、彌勒降魔變，釋迦涅槃像，或彌勒下生像，其造這些造像

---

163 Ulrich von Schroeder, *The Golden Age of Sculpture in Sri Lanka*. Hong Kong: Visual Dharma Publications Ltd., 1992, p. 27.

164 Ulrich von Schroeder, *The Golden Age of Sculpture in Sri Lanka*, pp. 27-28.

165 見本書第九章，〈《入法界品》的支提信仰性質及造像〉。

的原因，都是要說明、表達古代龜茲的帝王有用支提信仰建國的活動。因此支提信仰是古代龜茲歷史上重要的佛教帝王政治信仰或「佛教建國信仰」。坐落在古代龜茲國的克孜爾石窟的造像，因此不會是如學者所言，只造釋迦的「佛傳故事」或「因緣故事」等佛教故事像而已。

克孜爾石窟所造的支提信仰造像，如「彌勒降魔變」、「釋迦涅槃像」、「彌勒下生像」等，不但在 5 世紀中期左右，或之後被傳出克孜爾石窟，並影響亞洲各地的支提信仰造像方法及造像內容，而且也見克孜爾石窟的這些造像被集結在一起，成為歷史上所言的「四相圖」及「八相圖」的基本造像內容。直至今日，許多學者還將佛教的「四相圖」及「八相圖」視為說明或表達佛陀的四種或八種重要事蹟（events）的造像，我們在下面便要檢查、談論「四相圖」及「八相圖」的造像性質及造像內容。

第三節　印度製作四相圖、八相圖及彌勒降魔像的情形

■一 四相圖及八相圖的製作性質及內容

新疆克孜爾石窟的研究員霍旭初提到，在 7 世紀前半期（600-650）開鑿的克孜爾石窟的第 205 窟，其主室中心柱左側所繪製的「阿闍世王聞佛涅槃悶絕復甦」，繪有阿闍世王的大臣雨行手執畫布，向坐在浴缸裡的阿闍世王展示畫布上繪有「四相圖」的內容。此「四相圖」的內容有：「樹下誕生、降魔成道、初轉法輪和涅槃降魔成道（涅槃圖）。畫面不大，人物不多，但魔羅（魔王）形象凶狠，魔軍怪誕，氣氛緊張」。[166] 霍旭初在此所言的「樹下誕生」，指的就是學者所言的「釋迦佛誕圖」；其所言的「降魔成道」，指的就是學者所言

---

166 霍旭初，〈印度、龜茲、敦煌降魔變的比較〉，收入敦煌研究院編，《2000 年敦煌會議論文集》（蘭州：甘肅民族出版公司，2000），頁 30；並見新疆龜茲石窟研究所編著，《克孜爾石窟內容總錄》，頁 230，第 205 窟。

的「釋迦降魔成道」；其所言的「初轉法輪」，指的就是學者所言的「釋迦說法像」；而其所言的「涅槃像」，指的就是學者所言的「釋迦涅槃圖」。霍旭初在此所言的四種造像內容，就是其所言的「四相圖」的造像內容。霍旭初認為，「四相圖」的造像內容，都是要表達釋迦或佛陀的四種「事蹟」。事實上，「四相圖」的造像內容都見於克孜爾石窟及犍陀羅所造的支提信仰新像或造像。

　　佛教所造的「四相圖」，非常可能在西元 5 世紀中期或稍後，便出現的一種支提信仰的造像形式或造像方法。由於文獻闕如，我們不知道「四相圖」的出現，是否與克孜爾石窟及犍陀羅要將其等製作的支提信仰新像傳播到亞洲各地，特別是印度，有關？我們如此猜測的原因是，印度加爾各答博物館收藏的一鋪學者視為 5 世紀製作的「四相圖」（圖 24）的主要造像內容，如「彌勒降魔像」、「釋迦涅槃圖」、「彌勒下生像」，及「彌勒說法像」（轉法輪像）等，不僅都見於克孜爾石窟及犍陀羅在 5 世紀初、中期之前即已製作的支提信仰造像，同時也見於西元 5 世紀下半葉在西印度開鑿的阿旃陀石窟（Ajantā caves）的造像。

圖 24　加爾各答博物館藏四相圖

　　所謂的「八相圖」，顯然的是由「四相圖」的造像延伸、擴大發展出來的相同性質及造像內容的佛教支提信仰集結造像，只是「八相圖」的造像內容更為複雜、多元。「八相圖」的造像，也見主尊「彌勒降魔像」兩側的造像，有用「對稱法」製作的情形，使原來的造像數目增加至八種造像或「八相」的造像結構。譬如，下面我們要談論的「八相圖」中的所謂「調伏瘋象」及「釋迦自三十三天下生」的造像，事實上都屬於同樣性質及同樣造像內容的造像，但卻被學者分視為兩種不同的造像。[167] 事實

---

167 見後詳述。

上，「八相圖」的造像內容常與「四相圖」的造像內容相似。換言之，「八相圖」的造像內容也常沒有造成「八相」的情形。

「四相圖」及「八相圖」的造像，因將「彌勒降魔像」造成較大身的造像，並將之造在此類造像的中央，我們因此知道，此類造像所載的支提信仰造像，以「彌勒降魔像」被視為最重要的支提信仰造像。「四相圖」及「八相圖」造像的製作，也有其等固定的造像位置。譬如，「釋迦涅槃像」常被造在「四相圖」或「八相圖」的最上方，而「釋迦佛誕圖」或「佛母右脅生釋迦像」，則被造在此類造像的最下方。在「釋迦涅槃像」及「釋迦佛誕圖」中間的位置，除了造主尊「彌勒降魔坐像」外，常造有「彌勒轉法輪像」及「彌勒正身下像」或「彌勒下生立像」等像。[168]

「四相圖」及「八相圖」，因此是一種記載或登錄支提信仰造像內容的造像圖版，或是一種集結各種支提信仰造像內容於一造像版面的造像。由於文獻闕如，我們不知道「四相圖」及「八相圖」出現的確實原因及時間。但從印度阿旃陀石窟在 5 世紀中期之後，即造有克孜爾石窟製作的各種支提信仰新像，如「釋迦涅槃像」、「彌勒下生像」（彌勒正身下像）等像，及用克孜爾石窟結合轉輪王像及彌勒佛像造像法製作的「彌勒佛王新像」；也造有犍陀羅創造的「彌勒一組三尊」的造像及彌勒佛坐在具有雙跪鹿造像座上轉法輪印的造像來判斷，[169] 克孜爾石窟及犍陀羅在 5 世紀中期左右之後，很顯然的便有將其等製作的支提信仰新像傳入印度阿旃陀石窟的情形。在克孜爾石窟及犍陀羅將其等製作的支提信仰新像傳入印度阿旃陀石窟之際，我們也見印度加爾各答博物館收藏的 5 世紀造的「四相圖」，也在歷史上出現。在此 5 世紀製作的「四相圖」圖版上，我們也見其造有阿旃陀石窟自克孜爾石窟及犍陀羅傳入的支提信仰新像，如「彌勒降魔像」、「釋迦涅槃像」、「彌勒說法像」，及「彌勒下生立像」等像。這說明，印度在 5 世紀造的「四相圖」，與印度阿

---

168 Debjani Paul, *The Art of Nālandā—Development of Buddhist Sculpture AD 600-1200*. New Delhi: Munshiram Manoharlal, 1995, Pl. 4, "Life-scenes of the Buddha from Sārnāth, stone, Indian Museum, Calcutta."

169 見下詳述。

旃陀石窟傳入克孜爾石窟及犍陀羅所造的支提信仰新像活動有密切的關聯。換言之，5世紀造「四相圖」的出現，其可能就是扮演將克孜爾石窟製作的支提信仰新像傳播去印度的媒介或角色。由於文獻闕如，我們不知道最初創造攜帶或傳播克孜爾支提信仰新像的「四相圖」，是用什麼材質將克孜爾石窟的造像傳去印度阿旃陀石窟。筆者猜想，開始的時候，此類「四相圖」造像圖版可能不是用石板這種厚重的材料製作或攜帶支提信仰造像，而是用銅板或銅片之類便於攜帶的材質製作此類造像。大概後來印度為了要保存這些自克孜爾傳來的造像，才用石板將「四相圖」此類支提信仰造像刊刻在今日我們所見的「四相圖」的圖版上。

　　印度加爾各答博物館收藏的「四相圖」，有特別強調製作「彌勒佛下生立像」的情形。因為在此「四相圖」上，造有許多尊大、小不等的「彌勒下生立像」，說明「彌勒佛下生」的信仰。我們因此認為，印度早期製作的「彌勒佛下生立像」，除了與克孜爾石窟用《證明經》所載的「釋迦涅槃後」及「彌勒正身下」此二經句製作的「釋迦涅槃像」及「彌勒下生立像」有極大的關聯外，其與克孜爾石窟開鑿「大像窟」及造「彌勒下生大像」的活動也有密切的關聯。因為在克孜爾石窟製作「彌勒下生立像」及「彌勒下生大像」的時間，克孜爾很顯然的用造這些「彌勒下生立像」的方法提倡「彌勒下生信仰」。印度阿旃陀石窟在傳入克孜爾石窟提倡的「彌勒下生信仰」之際，也造有許多「彌勒下生立像」。這就是我們在阿旃陀石窟的內外牆上常見造有大、小不等的「彌勒佛下生立像」外，阿旃陀石窟第19窟外所造的牆面上（圖26），也見造有許多大、小不等的「彌勒佛下生立像」。阿旃陀石窟所造的「彌勒佛下生立像」的

圖25　那爛陀考古博物館藏八相圖

造像風格或造像法，甚至與印度加爾各答博物館收藏的「四相圖」所造的「彌勒下生立像」的造像法或造像風格，非常相像。這說明，阿旃陀石窟第 19 窟外牆所造的「彌勒下生立像」，甚至有依據學者所言的 5 世紀造「四相圖」的「彌勒下生立像」的造像風格或造像法製作其像的情形。在此情況下，我們是否可以說，學者所言的 5 世紀造「四相圖」的造像內容，就是當日阿旃陀石窟製作其支提信仰造像的範本？很顯然的，克孜爾石窟在 5 世紀提倡及製作的「彌勒下生立像」，甚至「彌勒下生大像」時，其所側重的支提信仰內容也隨之傳入印度，並成為印度當時流行的信仰及造像。

我們在印度，也見印度西部孟買（Bombay）附近開鑿有許多早期支提信仰的造像址，譬如，在孟買附近開鑿的納西克石窟（Nāsik）及康合理石窟（Kanheri）等石窟，都見這些造像址，開鑿的「支提窟」外部的廊道兩側造有巨型的「彌勒佛下生立像」。這些印度西部所造的巨型「彌勒下生立像」或「彌勒下生大像」，是否傳自阿旃陀石窟的造像方法及造像內容？或直接傳自克孜爾石窟的造像？由於文獻闕如，我們不清楚。但從印度在 5 世紀後半葉在阿旃陀石窟及 5 世紀造的「四相圖」側重製作「彌勒下生立像」的情形來判斷，我們可以說，克孜爾側重造「彌勒下生立像」的風潮，也隨著克孜爾石窟的支提信仰造像傳入印度，並影響印度的支提信仰造像方法及造像內容。這種 5 世紀中期之後印度側重造「彌勒下生立像」的造像情形，似乎沒有延續多久。因為後來所造的「八相圖」便再也沒有見到此類造像有特別側重製作大、小「彌勒下生立像」的情形。

「四相圖」的造像內容雖與「八相圖」的造像內容非常相像，但由於「八相圖」的製作時間可能較晚，因此在造像上就出現一些變化的造像現象。譬如，印度那爛

圖26　阿旃陀 19 窟外牆造像

陀考古博物館（Nālandā Archaeology Museum, India）收藏的兩座 11 世紀製作的「八相圖」，就不再見到此類「八相圖」有製作多身的「彌勒佛下生立像」的造像情形。那爛陀博物館收藏的兩座「八相圖」，即該館編號 70 號及編號 71 號的石雕造像（圖 25），其中以編號 71 號的「八相圖」保存的情形較為良好。[170]那爛陀博物館收藏的此二座「八相圖」都也以「彌勒降魔像」作為此二石雕的主尊造像。由於此二「八相圖」的主尊造像兩側及上下都造有「佛誕圖」、「彌勒說法像」，及「釋迦涅槃圖」的緣故，此二座「八相圖」因此一直被學者視為說明「釋迦八大事蹟」（8 events）或「八相圖」（Aṣṭamahāsthāna scenes）的造像例子。[171] 研究那爛陀佛教藝術的印度學者德部江尼・保羅（Debjani Paul）沒有用那爛陀博物館編號 71 號的造像談論「八相圖」的造像內容，而是用同博物館編號 70 號的「八相圖」說明「八相圖」的造像內容。他說：

> 八相圖內最重要的一尊造像，就是佛陀在菩提迦耶（Bodhgayā）的成道圖（The scene of enlightenment）。成道事蹟使釋迦由太子轉變成佛。造像上的「佛陀成道圖」，就造在石雕的中央，佛陀坐在蓮花座上，右手作「觸地印」（Bhūmisparśa mudrā），以較大型的造像身形出現在此「八相圖」上。造像上的另一鋪重要造像，就是佛陀的「涅槃圖」（Mahāparinirvāṇa）。石雕上表達的其他佛陀六大事蹟各為：「出生」（佛誕）、「自三十三天（Trayastriṃśa heaven）下生」、「初轉法輪」、「大神變」、「調伏瘋象」及「猴子供養蜂蜜」。[172]

德部江尼・保羅所言的「佛陀在菩提迦耶的成道圖」，即指「八相圖」中央的「彌勒降魔像」。德部江尼・保羅對那爛陀博物館藏「八相圖」所作的解釋，都視此「八相圖」上的造像為與釋迦佛有關的造像。德部江尼・保羅這種解釋「八相圖」造像的方法，也是今日學者解釋「八相圖」的造像方法。美國學者蘇珊・杭庭頓（Susan Huntington）在解釋西藏 11 至 12 世紀製作，由子墨曼家族（The Zimmerman Family）收藏的一幅她認為是「釋迦降魔像」為主

---

170 Debjani Paul, *The Art of Nālandā: Development of Buddhist Sculpture Ad* 600-1200. India: Munshiram Manoharlal Publishers, 1987, Pl. 70 and Pl. 71.

171 Debjani Paul, *The Art of Nālandā*, pp. 90-92.

172 Debjani Paul, *The Art of Nālandā*, p. 89-90.

尊的「八相圖」唐卡（Thangka，圖27）時，[173] 也是如此解釋該唐卡的「八相圖」造像內容。蘇珊‧杭庭頓說：

> 「八相圖」包含有：「降魔成道」（The victory over Māra）、「初轉法輪」（First Sermon）、「大神變」或「舍衛城神變」（The display of supernatural powers at Śrāvastī）、「（佛陀）由婆羅門及因陀羅（帝釋）伴同自三十三天下生」（The descent from Trāyastrimśa at Sāmkāśya in the company of gods Brahmā and Indra）、「調伏瘋象」（Taming of the mad elephant Nālāgiri）、「衛舍利猴子供養蜂蜜」（The gift of honey from the monkey at Vaiśālī），及「釋迦涅槃像」。[174]

蘇珊‧杭庭頓認為，帕拉時代製作的「八相圖」是帕拉時代說明佛陀事跡最重要的造像。帕拉時代製作的「八相圖」，不但具有帕拉特色，而且是該時代最普遍流行的佛教造像。因為同時代其他地區製作的「八相圖」，並沒見有這種「八相圖」的造像結構。早期的造像雖見有一些例子，但都沒有成為當時的流行造像主題（theme）。[175]

帕拉時代雖見造有許多「八相圖」的造像，然帕拉時代製作的「八相圖」，絕對不是此時代才出現的造像。我們在上面說過，5世紀之後，亞洲便出現有製作「四相圖」的造像情形；後來製作的「八相圖」，就是依據較早製作的「四相圖」

圖27　美國子墨曼家族藏 12 世紀八相圖唐卡

---

173 見下註：S. Huntington and J. Huntington, *Leaves from the Bodhi Tree: The Art of Pala India,*（*8th - 12th centuries*）*and its International Legacy*. Seattle: The Dayton Art Institute in Association with the University of Washington Press, 1990. Cat. No. 107。此唐卡為美國子墨曼家族收藏，名為：Scenes from Life of Buddha Shakyamuni, Central Tibet, 12 century.

174 Susan L. Huntington and John C. Huntington, *Leaves from the Bodhi Tree*, p. 316, Cat. No. 107.

175 Susan L. Huntington and John C. Huntington, *Leaves from the Bodhi Tree*, p. 103.

擴大、延伸製作更多造像內容的「八相圖」集結造像。帕拉時代流行的「八相圖」造像因此並不是帕拉王朝創造的造像，而是帕拉時代依據早期「四相圖」，甚至「八相圖」製作的支提信仰造像。「八相圖」變成帕拉王朝普遍流行的造像，自然與帕拉時代發展支提信仰為其國教信仰並用製作「八相圖」的方法說明其支提信仰內容的活動有密切的關聯。

德部江尼・保羅和蘇珊・杭庭頓一樣，都將「八相圖」的主尊造像「彌勒降魔像」視為釋迦的「降魔成道圖」，並用釋迦「降魔成道」的故事說明釋迦成道之前所經歷的一段心路歷程。德部江尼・保羅和蘇珊・杭庭頓都認為，釋迦要經過此心路歷程才能成佛。但我們知道，「成佛」的釋迦與「降魔」的釋迦，除了心理狀態不相同外，身分也不相同。因為前者已經成佛，已得佛身，而後者尚未成佛，尚以菩薩身降魔。我們因此非常懷疑，德部江尼・保羅及蘇珊・杭庭頓使用釋迦「降魔成道」此詞說明「釋迦降魔像」的恰當性。如果此類造像要說明的是釋迦的「降魔」故事，此鋪「降魔像」便不能被造成一鋪佛像，因為降魔時期的釋迦還沒有成道或成佛，尚以菩薩身降魔；同樣的，如果此鋪造像要說明的是佛陀的成道造像，此鋪造像就不該被造成手作「降魔印」的佛像。因為佛陀此時已經成道或成佛，不需要再降魔。

學者用佛陀的四種或八種重要事蹟說明「四相圖」或「八相圖」的造像內容，還有其他的問題。譬如，學者各用「調伏瘋象」及「釋迦自三十三天下生」的名稱稱呼「八相圖」主尊「降魔像」兩側的人物立像，也有問題。因為我們注意到，與「八相圖」有關的所謂「四相圖」，不止一次在主尊「彌勒降魔像」兩側造有不同體型的「彌勒佛下生立像」。此類「彌勒佛下生立像」的造像，在「四相圖」或「八相圖」中是非常重要的造像。在「四相圖」中，此類「彌勒佛下生立像」的重要性，甚至有被特別強調或誇大的情形。譬如，此類「彌勒佛下生立像」便是我們所說的 5 世紀造的「四相圖」上被製作最多的造像，其中有兩身甚至是此「四相圖」造像上最大身的造像。「彌勒佛下生立像」如果沒有具有特別的造像含義，其等不會一再出現於「四相圖」上，並被製成大像。但無論如何，「四相圖」及「八相圖」所要提倡或強調的造像

內容，都不是「四相圖」及「八相圖」所造的四種或八種支提信仰造像，而是「四相圖」及「八相圖」所造的主尊「彌勒降魔像」。

我們在上面已經說過，「彌勒佛下生立像」並不是單獨出現在「四相圖」或「八相圖」的造像，此類造像出現在「四相圖」及「八相圖」的原因是，因為《證明經》所載的「釋迦涅槃後」及「彌勒正身下」此二經句要傳達的彌勒下生的時間是在釋迦涅槃之後的信仰。彌勒下生的信仰因是支提信仰的最重要信仰，因此「四相圖」及「八相圖」都要造「彌勒下生像」，甚至造許多身「彌勒下生像」。

如果我們和德部江尼・保羅及蘇珊・杭庭頓一樣，視此「彌勒下生立像」各為「調伏瘋象」及「釋迦自三十三天下生」像，我們便要問，為何在佛陀的許多事蹟中，造像者要特別強調佛陀「調伏瘋象」及「釋迦自三十三天下生」的造像？學者會視此二像中的一像為「釋迦自三十三天下生像」的原因，大概是因為此像具有像「釋迦自天上下生」的造像形式。但為何在此像的對稱面沒有造另一尊「釋迦自三十三天下生像」，而造「調伏瘋象」？研究此像的學者似乎都沒有解釋此二造像出現在「四相圖」及「八相圖」的原因，特別是，「四相圖」為何會造如此多身下生像？學者似乎也沒有對此事作有任何解釋。

由於德部江尼・保羅對那爛陀博物館藏編號 71 號的「八相圖」（見圖 25）底部所造的「一組三尊坐佛像」的了解，也是從釋迦及「五方佛」或「冥想佛」的角度去了解此「一組三尊像」的造像性質，因此他如此解釋「八相圖」此「一組三尊像」：三尊像中間的造像，是被龍王護持的「釋迦佛像」。釋迦佛像兩側的二佛造像，就此二佛的手印來判斷，他們都是「冥想佛像」（dhyāni-Buddhas），即作「與願印」的是「寶相佛像」（Buddha Ratnasambhava），而作「無畏印」（abhaya mudrā）的是「不空成就佛像」（Buddha Amoghasiddhi）。他們因各別與南方（佛）及北方（佛）相應的佛像，我們甚至可以想像，在造像中央坐佛兩肩後方的兩座（小）塔像，有象徵東方及西方的另外兩位佛，即

「阿閦佛」（Buddha Aksobhya）及「阿彌陀佛」（Buddha Amitabha）。[176]

　　我們在本書第七章〈犍陀羅的支提信仰性質及造像〉已經說過，犍陀羅製作的支提信仰造像，常用《彌勒下生經》所載的彌勒佛下生三次說法的信仰製作「一組三尊彌勒佛像」，作為表達支提信仰的彌勒佛下生信仰的造像。[177] 那爛陀博物館編號 71 號的「一組三尊佛坐像」的造像出現在「八相圖」，因此具有說明此像為一組要說明彌勒佛下生信仰的造像或支提信仰的造像。因為犍陀羅製作的支提信仰造像，就有用「一組三尊彌勒佛像」的造像法表達彌勒佛下生的信仰。[178] 那爛陀博物館收藏的編號 71 號的「八相圖」造像底部所造的「一組三尊佛坐像」因此明顯的是一鋪「一組三尊彌勒佛坐像」。此「一組三尊彌勒佛坐像」中央的彌勒佛坐像，造有多頭龍王自彌勒佛頭部後方豎起作護持彌勒佛狀。這種龍王護持彌勒佛下生的造像，早見於阿瑪拉瓦底大支提及龍樹山製作的多頭龍王護持「彌勒佛坐支提下生」的造像。[179] 那爛陀博物館編號 71 號的「一組三尊彌勒佛坐像」，其三尊彌勒佛像所作的「手印」雖不同，從右到左各別作：「與願印」（varada-mudrā）、「禪定印」（dhyāna mudrā）及「無畏印」（abhaya mudrā），然此三尊佛所作的三種手印，都是支提信仰常見的「彌勒佛下生像」的手印。此三種手印中的後兩種，即「禪定印」及「無畏印」，早見於案達羅製作的「彌勒佛下生像」，而「與願印」則見於克孜爾石窟及九世紀初期建成的中爪哇婆羅浮屠遺址等地所造的「彌勒佛下生像」。[180]

　　德部江尼・保羅不僅視「八相圖」的主尊造像為「釋迦成道像」或「釋迦降魔成道像」，同時也將編號 71 號「八相圖」底部的「一組三尊彌勒佛坐像」視為「冥想佛」的坐像。由於德部江尼・保羅從「冥想佛」或密教「五方佛」的角度去解釋此「一組三尊彌勒佛坐像」，因此其對此「八相圖」主尊

---

176 Debjani Paul, *The Art of Nālandā*, p. 91.
177 見本書第七章，〈犍陀羅的支提信仰性質及造像〉。
178 見本書第七章，〈犍陀羅的支提信仰性質及造像〉。
179 見本書第五章，〈龍樹與阿瑪拉瓦底大支提的建築及造像〉。
180 見下詳述及本書第九章，〈《入法界品》的支提信仰性質及造像〉。

「彌勒降魔像」頭光兩側所製的兩座塔形小支提的造像，也通視為象徵東方及西方的兩位「冥想佛像」，即「阿閦佛」及「阿彌陀佛」的造像。德部江尼・保羅這種釋像法，自然太過牽強，甚至離譜。因為德部江尼・保羅及蘇珊・杭庭頓用「釋迦降魔成道像」的名稱說明「八相圖」的「彌勒佛降魔像」，便是一種錯誤的釋像法。德部江尼・保羅用「冥想佛」的造像或「五方佛像」的造像解釋「八相圖」上用「一組三尊彌勒像」的造像法製作的「彌勒佛坐像」，自然更有問題。

　　德部江尼・保羅及蘇珊・杭庭頓似乎都沒有注意到，或許也不知道，「四相圖」及「八相圖」上的造像基本上都是克孜爾石窟依據支提信仰的《證明經》製作的造像，因此其等所謂的「（釋迦）降魔成道像」，事實上是克孜爾石窟依據《證明經》所載的，彌勒佛坐支提下生降魔的經文製作的「彌勒降魔像」。我們知道此事，除了「四相圖」及「八相圖」上的「釋迦涅槃像」及「彌勒佛下生像」是克孜爾石窟依據《證明經》所載的「釋迦涅槃後」和「彌勒正身下」此二經句製作的此二造像外，那爛陀博物館藏編號 71 號的「八相圖」，在其主尊「彌勒降魔像」頭部兩側所造的「二塔形小支提」的造像，也有說明此鋪造像是一鋪支提信仰造像。因為此「二塔形小支提」的造像，有說明此像是用「對稱」的造像方法表達《證明經》所載的彌勒佛坐在「支提」內下生降魔的意思。這種在「彌勒降魔像」頭部兩側用「對稱法」製作兩支「小支提」的造像法，乃是支提信仰常造以說明彌勒佛坐「支提」下生的造像法。筆者在上面談論彌勒佛坐「支提」下生的信仰時即提到，在支提信仰的造像裡，我們常見造像者，或用「彌勒降魔像」頭部兩側所造的「二支小支提」說明彌勒佛坐「支提」下生降魔的信仰，或直接將「彌勒佛降魔像」造在「支提」內，說明彌勒佛坐「支提」下生降魔。後者這種例子，便見於蘇珊・杭庭頓在上面提到的美國子墨曼家族收藏的「八相圖」造像中的主尊造像及主尊兩側的二菩薩像。此「八相圖」的主尊「彌勒降魔像」及其兩側的二菩薩造像都被造在「支提」內，說明彌勒佛以「彌勒一組三尊像」的造像形式坐支提下生降魔（見圖27）。美國子墨曼家族所藏的用「彌勒一組三尊像」造像法製作的「彌勒降魔像」，至今尚被許多學者稱為「釋迦降魔成道像」，

包括蘇珊・杭庭頓。事實上，此美國子墨曼家族收藏的「八相圖」的主要造像內容，包括用「彌勒一組三尊像」的造像法製作的「彌勒降魔像」及其二菩薩造像，基本上都依據《證明經》的經文製作其等的造像。[181] 此鋪 12 世紀造的西藏「八相圖」唐卡的主尊造像，因此無論如何都不會如學者所言，是一鋪「釋迦降魔成道像」。因為「釋迦佛傳」沒有記載釋迦佛坐支提下生的信仰，也沒有記載釋迦佛與二菩薩坐支提下生的故事。

　　直至今日，我們見有許多「彌勒佛降魔像」的造像，都沒有將「彌勒佛降魔像」造在支提內的情形。這種「彌勒佛降魔像」，常在彌勒佛的頭部兩側或頭部上方兩側，用對稱法造兩支「小支提」的方法，乃要說明彌勒佛坐「支提」下生降魔的信仰。譬如，蘇珊・杭庭頓編著的《菩提樹葉》（*Leaves from the Bodhi Tree*）目錄編號 29 號，11 世紀或帕拉時期製作、在孟加拉北部（Northern Bengal）出土，由維吉尼亞藝術館（Virginia Museum of Fine Arts）收藏的一座用「彌勒一組三尊像」的造像法製作的「彌勒降魔像」石雕造像（圖 28），便將二座「小支提」造像造在彌勒佛頭部上方的兩側，說明彌勒佛坐支提下生降魔的信仰。[182] 但蘇珊・杭庭頓也稱此像的主尊造像為「將成佛的釋迦降魔像」（Buddha-to-be Triumphing Over Māra）。[183] 我們在上面談論的那爛陀博物館收藏的「八相圖」，在其主尊「彌勒佛降魔像」的頭部兩側，也見造有二支「小支提」的造像，作為說明彌勒佛坐支提下生降魔的意思。

　　印度製作的「四相圖」及「八相圖」，除了常用「支提」及象徵彌勒佛的「菩提樹葉」告訴我們這類

圖 28　美國維吉尼亞藝術館藏彌勒一組三尊降魔像

181　見本書第七章，〈犍陀羅的支提信仰性質及造像〉。

182　Susan L. Huntington and John C. Huntington, *Leaves from the Bodhi Tree*, pp. 155-156, Cat. No. 29, "Buddha-to-be Triumphing Over Māra."

183　同上。

造像都是說明彌勒佛坐支提下生為轉輪王的造像外；此類造像也常用其他的造像或方法告訴我們，「四相圖」及「八相圖」的造像是支提信仰的造像。譬如，子墨曼家族收藏的「八相圖」唐卡，在其主尊「彌勒佛降魔像」左下方，即繪有一尊呈「倚坐相」的「彌勒佛王像」，說明此「八相圖」所造的造像，是一鋪支提信仰的「彌勒佛王下生」造像。又如，那爛陀博物館收藏編號 71 號的「八相圖」底部，用「一組三尊彌勒像」的造像法製作的造像，便要告訴我們此「八相圖」的造像與彌勒佛下生信仰有關。由此，「四相圖」及「八相圖」上的每一種造像，都能說明或表達其支提信仰的造像性質及造像內容。這就是筆者所言的，「四相圖」及「八相圖」的造像都是表達支提信仰的造像的原因。我們因此不能從釋迦「佛傳故事」或「佛陀偉大事蹟」的角度去了解「八相圖」及「四相圖」的造像性質及造像內容。

二 印度製作彌勒降魔像的情形

　　隨著「四相圖」及「八相圖」的造像在印度的發展，印度在西元 5 世紀後半葉之後，便出現許多用不同形式的造像法製作的各種「彌勒降魔像」。譬如，或用「彌勒一組三尊」（一佛二菩薩）的造像法製作的「彌勒降魔像」，或用「一組三尊彌勒佛」（三尊彌勒像）的造像法製作的「彌勒降魔像」，甚至用單尊「彌勒降魔像」的造像法製作「彌勒降魔像」。由此可見，印度在發展支提信仰之際所造的「四相圖」、「八相圖」及「彌勒降魔像」，無論其造像形式或造像內容如何變化，其等的造像都明顯的顯示，此類造像除了有受犍陀羅製作的「彌勒一組三尊像」及「一組三尊彌勒像」造像法的影響外，[184] 其支提信仰的造像內容基本上都受到克孜爾石窟製作的支提信仰新造像（如「彌勒降魔像」等像）的造像法及造像內容所影響。這說明，印度在 5 世紀中期左右之後所發展的支提信仰造像，不再使用早期龍樹所奠立及發展的支提信仰造像法及造像內容發展其支提信仰的造像，而是明顯的接受犍陀羅及克孜爾

---

184 見本書第七章，〈犍陀羅的支提信仰性質及造像〉。

石窟所發展的新支提信仰造像法及新造像內容，作為其發展支提信仰的基礎。由此可見，在5世紀中期左右之後，亞洲發展支提信仰的中心又轉移到中亞的犍陀羅及克孜爾石窟。印度在其歷史上所發展的支提信仰，因此並不是一成不變地接受龍樹所奠立及發展的支提信仰及其造像法。很顯然的，印度在5世紀中期左右之後所發展的支提信仰及造像法，因受中亞犍陀羅及克孜爾石窟在4、5世紀之後出現各種支提信仰新造像法及新造像內容的影響，印度所發展的支提信仰及其造像法便見強烈的被「中亞化」，從而顯見的使用犍陀羅及克孜爾石窟製作的新造像法及新造像內容發展其支提信仰的造像。這種印度發展支提信仰造像的現象，自然與我們之前所了解的印度佛教及佛教造像引領亞洲各地佛教發展的看法大不相同。譬如，上面我們提到的美國維吉尼亞藝術館收藏的，用犍陀羅創造的「彌勒一組三尊像」的造像法，製作的克孜爾石窟的「彌勒降魔像」的造像（見圖28），便是一個帕拉王朝的佛教造像明顯受中亞犍陀羅及克孜爾石窟造像法及造像內容影響的實例。蘇珊・杭庭頓在其《菩提樹葉》目錄編號13號所言的「將成佛的釋迦降魔成道像」，也是一鋪印度帕拉王朝造像被「中亞化」的例子。蘇珊・杭庭頓說，此像可能是在比哈（Bihar）或摩揭陀北部（the Northern Magadha）出土，為9世紀末、10世紀初期帕拉時代製作的造像。此像目前為美國克里夫蘭美術館（Cleveland Museum of Art）收藏（圖29）。[185] 此鋪美國克里夫蘭美術館收藏的所謂「將成佛的釋迦降魔成道像」的造像，就是一鋪用犍陀羅創造的「一組三尊彌勒像」的造像法製作，並受克孜爾石窟造「彌勒降魔像」造像法影響的「彌勒佛王下生降魔像」。此鋪造像的主尊造像以作「降魔印」的手勢被造坐在「師子座」或「轉輪王座」上，說明其身分是一位彌勒佛王。此「彌勒佛王降魔像」兩側，各造有一尊「彌勒佛立像」，與主尊「彌勒佛王降魔像」形成「一組三尊彌勒像」的「彌勒佛王下生降魔像」的造像。

　　印度在製作其「彌勒降魔像」時，如果使用犍陀羅的「彌勒一組三尊像」

185　Susan L. Huntington and John C. Huntington, *Leaves from the Bodhi Tree*, pp. 136-138, Cat. No. 13, "Buddha-To-Be Śākyamuni Triumphing Over Māra（Māraviyaja）Attended by Two Buddhas."

的造像法製作其主尊「彌勒佛降魔像」，其主尊造像便常以較大型的身軀被造在造像上。美國維吉尼亞藝術館收藏的此鋪用「彌勒一組三尊像」製作的主尊「彌勒降魔像」的頭部上方，也如犍陀羅的造像一樣，造有說明彌勒佛身分的「菩提樹葉」，並在彌勒佛頭部兩側造有兩支「小支提」，說明造像中的彌勒佛坐支提下生。此鋪造像也將「彌勒降魔像」造坐在象徵轉輪王座或「彌勒佛王座」的「蓮花獅子座」上，故此鋪造像也是一鋪「彌勒佛王降魔像」。由於此鋪造像是用犍陀羅的「彌勒一組三尊像」的造像法製作的一鋪造像，故此鋪造像的兩側，造有護持彌勒佛坐支提下生的普賢菩薩及觀音菩薩的立像，[186] 蘇珊・杭庭頓大概不知道，「彌勒一組三尊像」造像法是犍陀羅創造的支提信仰重要造像法，也不知道此類「彌勒一組三尊像」的造像來源及造像背景，因此她稱此用「彌勒一組三尊像」製作的「彌勒佛王降魔像」為「將成佛的釋迦降魔成道像」（Buddha-to-be Triumphing Over Māra）。

美國克里夫蘭美術館收藏的所謂「將成佛的釋迦降魔成道像」，或也稱「彌勒佛王下生降魔像」，其兩側所造的兩尊「彌勒佛立像」，因一佛的右手作「無畏印」，另一佛的右手作「與願印」，並在此二佛的右手掌都造有龍樹所言的「手足寶相輪／當作轉輪王」的「寶相輪」造像，[187] 故知此鋪用犍陀羅創造的「一組三尊彌勒像」的造像法製作的「彌勒佛降魔像」，便有說明造像中的主尊彌勒佛將下生降魔，或將下生當轉輪王的意思。此鋪美國克里夫蘭美術館收藏的「彌勒佛下生降魔像」，因被造坐在轉輪王的「獅子座」上的「蓮花座」上，因此有說明此像也是一鋪「彌勒佛王像」。西元 4、5 世紀之間出經的《入法界品》因提到，造有「獅子」及「蓮花」的「轉輪

圖 29　美國克利夫蘭美術館藏一組三尊彌勒降魔像

186 見本書第七章，〈犍陀羅的支提信仰性質及造像〉。
187 龍樹的《寶行王正論》載有：「手足寶相輪／當作轉輪王」的信仰。見本書第四章，〈佛教支提信仰的奠立者──龍樹菩薩〉。

王座」是「盧舍那佛王座」，[188] 故坐在此類「盧舍那佛王座」的人物也常被視為「盧舍那佛王」。[189] 從蘇珊・杭庭頓稱呼此像為「將成佛的釋迦降魔成道像」的情形，此像有被視為如同維吉尼亞藝術館收藏的用「彌勒一組三尊像」製作的「彌勒佛王下生降魔像」一樣，為同樣性質的造像，只有表達此像的造像法不同而已。

　　印度在發展支提信仰期間，也常用單尊的「彌勒降魔像」造像法製作其「彌勒降魔像」。蘇珊・杭庭頓所撰的《菩提樹葉》目錄編號 16 的造像，即是一個例子。蘇珊・杭庭頓說，此像可能是在比哈省出土，為 10 世紀帕拉時期製作的石雕造像。目前此鋪造像為舊金山亞洲藝術館（Asian Art Museum of San Francisco）所收藏。此鋪「彌勒降魔像」，是一鋪用單尊的「彌勒降魔像」製作的「彌勒降魔像」。此鋪造像的主尊頭部圓光的上方，造有下垂的「菩提樹葉」，說明此像也是鋪「彌勒佛像」。此鋪「彌勒降魔像」，也被造坐在「轉輪王座」或「獅子座」上作「降魔印」，故知此像是鋪轉輪王像或彌勒佛王像。作「降魔印」的「彌勒佛王」坐在象徵「轉輪王座」的「獅子座」上，便有說明此尊造像也是一尊「彌勒佛王降魔像」。此像具有轉輪王的身分，也與此像的一手掌內及兩腳腳底都造有龍樹所言的「手足寶相輪／當作轉輪王」的「寶相輪」造像有密切的關聯。[190] 因為龍樹說，手足具有「寶相輪」的人物，會成為轉輪王。[191]

　　蘇珊・杭庭頓及西方學者通稱這類「彌勒降魔像」為「釋迦降魔成道像」或「釋迦降魔變」。譬如，她也稱同目錄編號 124 號，約 15、6 世紀製作，卡門斯縣（Khams District）出土，今日紐約那文・庫瑪爾藝術館（Navin Kumar Gallery, NY）收藏的用「彌勒一組三尊像」製作的「彌勒降魔變」唐卡，為「將成佛的釋迦降魔成道像」（圖 30）。蘇珊・杭庭頓沒有注意到，紐約那文・庫

---

188 見本書第九章，〈《入法界品》的支提信仰性質及造像〉。

189 見本書第九章，〈《入法界品》的支提信仰性質及造像〉。

190 Susan L. Huntington and John C. Huntington, *Leaves from the Bodhi Tree*, pp. 141-142, Cat. No. 16, "Buddha-To-Be Śākyamuni Triumphing Over Māra（Māraviyaja）."

191 見本書第四章，〈佛教支提信仰的奠立者──龍樹菩薩〉。

瑪爾藝術館收藏的此鋪用「彌勒一組三尊像」造像法製作的「彌勒降魔變」唐卡的造像內容及造像方法，不但與她及約翰・杭庭頓提供的「佛教及亞洲藝術造像資料庫」收藏的一鋪用「彌勒一組三尊像」製作的「彌勒降魔像」的造像非常相像（圖31），[192] 而且也與她在本章上面談論的子墨曼家族收藏的「八相圖」唐卡，甚至維吉尼亞藝術館收藏的「彌勒佛王降魔像」的石雕造像，都屬於同類性質，並使用相同的「彌勒一組三尊像」的造像法製作的造像；只是子墨曼家族收藏的「八相圖」唐卡，在「彌勒一組三尊像」的兩側，多造了「八相圖」的造像內容。蘇珊・杭庭頓稱紐約那文・庫瑪爾藝術館收藏的立在此鋪其所謂「將成佛的釋迦降魔成道像」兩側的二菩薩造像，各為「觀音及彌勒」（Avalokiteśvara and Maitreya）的立像。[193]

蘇珊・杭庭頓用「觀音菩薩及彌勒菩薩」手持的花朵造像特徵，作為其識別此二菩薩的造像標準。她說，手持蓮花的是觀音的造像，手持「龍花」（Nāgakesara flower）並在「龍花」上造有漱口淨瓶（Kuṇḍikā, mouth-washing vase of purification）造像的是彌勒菩薩。[194] 蘇珊・杭庭頓不僅如此判定紐約那文・庫瑪爾藝術館藏的用「彌勒一組三尊像」製作的「彌勒降魔像」兩側的菩薩造像，她甚至認為，此造像的主尊造像，即其所言的「將成佛的釋迦降魔成道像」，被造成「彌勒一組三尊像」的造像法，也沒有造像故事（narrative）或造像經文作為其造

圖 30　紐約那文・庫瑪爾藝術館藏彌勒一組三尊降魔唐卡

192　印度比哈省（Bihar state）出土，10 世紀造「彌勒一組三尊像」。收入蘇珊・杭庭頓及約翰・杭庭頓佛教及亞洲藝術造像資料庫（The John C. and Susan L. Huntington Photographic Archive of Buddhist and Asian Art）。

193　Susan L. Huntington and John C. Huntington, *Leaves from the Bodhi Tree*, pp. 355-356, Cat. No. 124, "Buddha-To-Be Śakyamuni Triumphing Over Māra（Māravijaya）Attended by Avalokiteśvara and Maitreya." Susan L. Huntington and John C. Huntington, *Leaves from the Bodhi Tree,* p.156.

194　Susan L. Huntington and John C. Huntington, *Leaves from the Bodhi Tree*, p. 156.

的根據。她因此引瑪麗‧摩曼（Marie-Therese de Mallmann）的說法，將此用「彌勒一組三尊像」的造像法製作的造像視為，在金剛頂（the Vajrayāna）觀想佛像（meditation sādhanas）的場合才能見到的造像。[195]

圖 31　印度比哈省出土，10 世紀造彌勒一組三尊像

蘇珊‧杭庭頓顯然不知道，其所言的用「彌勒一組三尊像」的造像法製作的「釋迦降魔成道」，是帕拉王朝使用犍陀羅創造的支提信仰造像法製作的，《證明經》所載的「彌勒佛下生降魔」的故事，也不知道用「彌勒一組三尊像」所造的造像，除了造有彌勒佛下生像外，也造有《證明經》所載的護持彌勒佛下生的「普賢菩薩」及「觀音菩薩」的造像。[196] 因此她將那文‧庫瑪爾藝術館藏的「彌勒佛降魔像」兩側的菩薩造像稱為「彌勒菩薩及觀音菩薩」的造像。蘇珊‧杭庭頓顯然也沒有注意到，其所談論的子墨曼家族收藏的「八相圖」唐卡，和維吉尼亞藝術館收藏的用「彌勒一組三尊像」方法製作的「彌勒佛王降魔像」的石雕造像，除了造「彌勒佛王降魔像」外，也同樣造有「普賢菩薩」和「觀音菩薩」的造像。蘇珊‧杭庭頓甚至沒有注意到，子墨曼家族收藏的「八相圖」唐卡及那文‧庫瑪爾藝術館收藏的「彌勒佛王降魔像」唐卡造像兩側所繪的二菩薩造像，都將觀音菩薩的造像繪成白色膚色並將普賢菩薩的造像繪成黑色皮膚的造像傳統，最早見於克孜爾石窟的造像。蘇珊‧杭庭頓在判定紐約那文‧庫瑪爾藝術館收藏的此鋪用「彌勒一組三尊像」造像法製作的唐卡之際，顯然完全不知道此鋪造像的造像傳統及造像內容，因此她才會說，

---

195 Susan L. Huntington and John C. Huntington, *Leaves from the Bodhi Tree*, p. 156; see also, Marie-Therese de Mallmann, *Introduction al' Iconographie du Tantrisme Bouddhique. Bibliotheque du Centre de Recherches sur l' Asie Centrale et al Haute Asie*. Vol. 1. Paris: Librarie Adrien-Masonneuve, 1975, p. 418.

196 見本書第七章，〈犍陀羅的支提信仰性質及造像〉談論彌勒一組三尊像的造像法。

此類造像沒有任何經本及造像故事作為此像的造像依據。蘇珊・杭庭頓因此用瑪麗・摩曼錯誤的釋像法，解釋此鋪用「彌勒一組三尊像」的造像法製作的造像為「將成佛的釋迦降魔成道像」。

從上面我們談論印度發展「四相圖」和「八相圖」的造像情形，及帕拉王朝時代用各種造像法製作的「彌勒降魔像」的造像情形，我們可以看出，印度在 5 世紀中期之後，其所製作的支提信仰造像，有特別側重製作「彌勒降魔像」的情形。特別是，在帕拉王朝於西元 8 世紀統治印度之後，帕拉王朝甚至將其製作「彌勒降魔像」的事業發展到最高峰；其時代不但製作出各種形式的「彌勒降魔像」，而且也用結合「彌勒降魔像」與「轉輪王像」的造像法，製作出各種形式的「彌勒佛王降魔新像」。這就是今日美國博物館或藝術館收藏有如此多帕拉時代製作的各種「彌勒降魔像」及「彌勒佛王降魔新像」的原因。

筆者之所以也稱「彌勒佛王降魔新像」為「彌勒佛王降魔像」的原因是，克孜爾石窟製作的「彌勒佛王像」，因其出現有用「彌勒佛像」製作的「彌勒佛王像」，也有用結合「轉輪王像」及「彌勒佛像」製作的「彌勒佛王像」，故筆者稱後者此類的「彌勒佛王像」為「彌勒佛王新像」，如克孜爾石窟所造的穿佛衣，呈轉輪王「交腳坐相」的「彌勒佛王新像」便是一個例子。筆者在此所談論的「彌勒佛王降魔新像」，因此是一種結合「轉輪王像」及「彌勒佛降魔像」製作的「彌勒佛王降魔新像」。

第四節　克孜爾石窟製作的彌勒佛王新像在亞洲各地發展的情形

克孜爾石窟製作的「彌勒佛王新像」，乃以結合穿佛衣的「彌勒佛像」及呈「交腳坐相」的「轉輪王像」創造出來的「彌勒佛王新像」最為有名。由於此類新像的造像法不見於克孜爾之前的支提信仰造像及造像址，我們因此稱克孜爾石窟製作的此類造像為克孜爾創造的「彌勒佛王新像」。由於此類

「彌勒佛王新像」已經出現在克孜爾第一期開鑿的石窟，如 4、5 世紀之間開鑿的第 34 窟及第 38 窟等石窟的「券頂」，我們因此認為，克孜爾石窟是歷史上創造「彌勒佛王新像」最早的亞洲佛教石窟。

克孜爾創造的「彌勒佛王新像」，事實上不止一種。我們在克孜爾同時期開鑿的石窟，也見造有另一種「彌勒佛王新像」。此像就是我們在克孜爾石窟第一期開鑿的 114 窟主室正壁，於方形柱基上方造像龕所見的「彌勒佛王新像」。[197] 克孜爾 114 窟的「彌勒佛王新像」的造像法，與我們常見的佛裝、呈「交腳坐相」的「彌勒佛王新像」的造像法完全不同。克孜爾 114 窟此類克孜爾製作的「彌勒佛王新像」的造像法，乃採用結合轉輪王像的上半身像及彌勒佛「禪定坐相」的下半身像的造像法製作的新像。此類新像因此也具有轉輪王瓔珞莊嚴及戴冠的上半身造像特徵，及彌勒佛禪定坐像的下半身造像特徵（圖 32）。

李瑞哲注意到，克孜爾有三個中心柱窟，即 114 窟、58 窟及 63 窟正壁的造像，沒有造其所言的「釋迦佛像」，反而造了戴冠及瓔珞莊嚴的「彌勒菩薩像」，他因此對此三窟所造的「彌勒菩薩像」做了下面的說法：

圖 32　克孜爾 114 窟彌勒佛王新像

> 在克孜爾石窟第 58、63、114 窟出現了將彌勒放在主室正壁龕內的情形，這一位置在其他中心柱窟都是放置釋迦牟尼主尊像的，這一變化，說明彌勒信仰在龜茲地區有一段時期有上升的趨勢，可能受到摩尼教救世主思想的影響。[198]

李瑞哲將克孜爾 114 窟等主室正壁此類上半身戴冠、王裝，下半身造彌勒佛「禪定坐相」的造像視為「彌勒像」或「彌勒菩薩像」。李瑞哲這種說法

---

197 新疆龜茲石窟研究所將 114 窟定為第一期石窟。見新疆龜茲石窟研究所編，《克孜爾石窟內容總錄》，頁 142，「第 114 窟」，4 世紀。

198 李瑞哲，〈龜茲彌勒說法圖及其相關問題〉，《敦煌研究》，第 4 期（2006），頁 21。

說明了一個事實，那就是，只要是王裝、戴冠的造像人物，都被李瑞哲視為「彌勒菩薩像」。這正好違反了學者一般稱呈「交腳坐像」、戴冠及瓔珞莊嚴的人物造像為「彌勒菩薩像」的說法。因為此像並沒有呈「交腳坐相」的坐姿，而呈「結跏趺坐」或「禪定坐相」的坐姿。克孜爾 114 窟等窟的主室正壁出現此類「彌勒佛王新像」的原因，事實上只是用克孜爾石窟新造的「彌勒佛王新像」，取代我們常見或熟悉的「彌勒佛王像」。克孜爾 114 窟等窟主室正壁龕內所造的新像造像變化，因此並不是如李瑞哲所言的，「因受摩尼教救世主思想影響」的結果，而是因為克孜爾石窟出現「彌勒佛王新像」的造像法的緣故。

　　克孜爾出現製作「彌勒佛王新像」的造像活動之後，我們在 5 世紀後半葉開鑿的阿旃陀石窟的壁面，也見阿旃陀石窟造有類似克孜爾所造的「彌勒佛王新像」的造像現象。阿旃陀石窟第 2 窟繪有一鋪以穿王裝、瓔珞莊嚴、戴冠的姿態，並呈彌勒佛「倚坐」的坐姿坐在「轉輪王座」或「摩羯魚座」上的「彌勒佛王新像」。此「彌勒佛王新像」應該就是開鑿阿旃陀石窟的哈利先那王的造像。畫像中的哈利先那王，以黑色皮膚的帝王面貌出現在造像上。哈利先那王的兩側各坐有兩位女性人物的坐像。兩位女性人物坐像的後方，即「轉輪王座」的兩側後方，則各造有觀音及普賢兩位菩薩的立像。此二位菩薩，每位都用一手持有一支象徵轉輪王寶物的「白拂」，說明坐在「轉輪王座」上，呈「倚坐」坐姿的哈利先那王是位佛教轉輪王。[199] 此鋪造像的觀音菩薩被造成白色

圖 33　阿旃陀第 2 窟彌勒佛王新像

---

199 有關「白拂」及「白蓋」為轉輪王的寶物，及其等有象徵轉輪王身分的經文及造像，見本書第五章，〈龍樹與阿瑪拉瓦底大支提的建築及造像〉解釋。

膚色的人物畫像，而普賢菩薩則被造成黑色皮膚的人物畫像（圖33）。

　　阿旃陀石窟第 2 窟此用「彌勒一組三尊像」製作的「彌勒佛王」畫像，會被筆者視為當時統治西印度，並開鑿阿旃陀石窟的印度大王哈利先那王的畫像，乃因施行「佛教建國信仰」統治天下的亞洲帝王，都會有在其等發展「佛教建國信仰」之際，為自己從事開窟及造像的活動。[200] 阿旃陀石窟此畫像的出現，除了說明哈利先那王有發展支提信仰的活動外，也說明哈利先那王在開鑿阿旃陀石窟之際，其已經有用克孜爾石窟製作「彌勒佛王新像」的造像方法製作其自己的「彌勒佛王新像」，或「彌勒佛王像」。哈利先那王的「彌勒佛王新像」的造像法，與克孜爾石窟 114 窟所造的「彌勒佛王新像」的造像法非常相像：兩者都用轉輪王頭戴寶冠、身著瓔珞的造像法製作其等的「彌勒佛王新像」的上半身像；只是克孜爾 114 窟的「彌勒佛王新像」的下半身造像，被造成呈彌勒佛的「結跏趺坐」或「禪定坐相」的坐姿，而阿旃陀的哈利先那王的坐相，則被造成呈彌勒佛的「倚坐相」。我們在阿旃陀造此哈利先那王的「彌勒佛王新像」之前，在印度沒有見過此類新像的造像法。我們因此知道，阿旃陀石窟的此鋪「倚坐彌勒佛王新像」的造像與阿旃陀第 26 窟的造像一樣，都受古代中亞克孜爾石窟造支提信仰造像的影響。阿旃陀石窟的造像受克孜爾石窟造像法及造像內容影響的例子不止於此，還有其他的造像。很明顯的，在西元 5 世紀中期之後，阿旃陀石窟的支提信仰造像法及造像內容已經深受克孜爾石窟創造的造像法及造像內容的影響。

　　自克孜爾石窟創造出自己的「彌勒佛王新像」之後，亞洲各地明顯的也開始創作及使用其等的「彌勒佛王新像」造像法，作為表達其等的轉輪王或彌勒佛王的面貌及形象。這是否說，克孜爾石窟的造像法在西元 5 世紀中期之後便開始傳出克孜爾石窟，並成為亞洲各地製作支提信仰的「彌勒佛王新像」的基本造像模式？的確如此。就中國製作此類造像的情形來看，中國北齊（統治，550-577）到隋末及初唐之間，即 6、7 世紀之間，也見中國造有此類「彌勒佛王新像」的造像現象。收錄於季崇建《千年佛雕史》，北齊天統四年

<hr>

200 見本書第三章，〈貴霜佛教建國信仰的發展者迦尼色迦第一及胡為色迦王〉。

（568）製作、河南省博物館收藏的「佛像石碑」，在此石碑最上層右側的造像，是一尊呈轉輪王「垂一坐相」、瓔珞莊嚴、戴冠的轉輪王造像；而在此轉輪王像左側的主尊造像，則是一尊呈「倚坐相」、戴冠、瓔珞莊嚴的「倚坐彌勒佛王新像」（圖34）[201]。由於此尊「倚坐彌勒佛王新像」的上半身造像與其右側的轉輪王造像，無論是其佩戴的瓔珞、所穿的服裝，及所戴的王冠都一樣，我們因此知道此像是一尊北齊時代製作的「倚坐彌勒佛王新像」。北齊製作此類「彌勒佛王新像」的造像方法，與阿旃陀第2窟製作其「彌勒佛王新像」的造像方法完全一樣，都用結合轉輪王像的上半身像及彌勒佛呈「倚坐相」的下半身像，製作其「倚坐彌勒佛王新像」。由此，我們可以說，西元

圖34　河南博物館藏北齊天統四年造佛像石碑

5世紀中期之後，亞洲各地在發展支提信仰之際，因受克孜爾石窟造「彌勒佛王新像」的造像法影響，而見亞洲各地都製作有其自己的「彌勒佛王新像」的造像現象。

　　季崇建收錄有多座北齊時代製作的此類「倚坐彌勒佛王新像」的造像。譬如，其收錄的（今為上海博物館收藏）北齊武平三年（572）製作的「馬氏造像碑」，也是一座造有「倚坐彌勒佛王新像」的造像碑。「馬氏造像碑」共造有上、下兩個造像龕。石碑下面的造像龕是一鋪用「彌勒一佛二菩薩二弟子」的造像法製作的造像。石碑上面的造像龕，只造一尊呈「倚坐相」的「倚坐彌勒佛王新像」。此尊「倚坐彌勒佛王新像」的上半身，以身穿轉輪王衣、頭戴轉輪王冠的姿態出現在造像上，下半身則以彌勒佛的「倚坐」坐姿出現在造像上。[202] 北齊此尊「倚坐彌勒佛王新像」因此也是一尊用結合「轉輪王像」

201 季崇建，《千年佛雕史》（台北：藝術圖書公司，1997），頁147，圖版133，「佛像石碑」。
202 季崇建，《千年佛雕史》，頁150，圖版136，北齊「馬氏造佛像石碑」。

（上半身）及「倚坐彌勒佛像」（下半身）的造像法創造出來的「倚坐彌勒佛王新像」。由上面此二鋪北齊時代製作的新像，我們可以看出，北齊似乎已經常用「倚坐」的坐姿製作其「倚坐彌勒佛王新像」。

　　北齊很可能是中國製作「倚坐彌勒佛王新像」最早的朝代。北齊製作「倚坐彌勒佛王新像」的活動，對隋末、唐初時代在敦煌製作的「彌勒佛王新像」的造像活動應有一定的影響。因為隋末、初唐開鑿的敦煌莫 390 窟，就見有用同樣的造像法造「倚坐彌勒佛王新像」的造像活動。敦煌莫 390 窟北壁中央所造的所謂「說法圖」，即是一鋪用「一組三尊彌勒佛像」的造像法製作的「倚坐彌勒佛王新像」。此像的主尊「彌勒佛王像」，以「倚坐」的坐姿坐在二彌勒佛立像的中間。此鋪造像主尊「倚坐彌勒佛王新像」兩側的二彌勒佛立像的造像，與其主尊的造像完全一樣，都穿同樣的佛衣，並戴同樣的王冠。此像主尊頭光火焰紋光環的上方，造有一轉輪王寶物「白蓋」，並在「白蓋」兩側，各造一身伎樂飛天。「白蓋」及伎樂飛天上方更造有象徵彌勒佛的「菩提樹葉」，說明此像的主尊造像是一尊具有轉輪王身及彌勒佛身的「倚坐彌勒佛王新像」（圖 35）。隋代此尊「倚坐彌勒佛王新像」的造像法，顯然的是受北齊製作的「倚坐彌勒佛王新像」造像法的影響。隋代此鋪「倚坐彌勒佛王新像」的造像法是用「一組三尊彌勒像」的造像法製作其像。隋代此造像法，因此與阿旃陀石窟及北齊使用的「彌勒一組三尊像」的造像法不同。雖然如此，我們可以看出，「彌勒佛王新像」在歷史上有用各種不同的造像方法表達其信仰的情形。

　　初唐之後中國製作的「彌勒佛王新像」又起了變化。此變化與玄奘（602-664）和王玄策（547-657 三度訪印）於 7 世紀上半葉西行到印度的活動有密切的關聯。玄奘及

圖 35　敦煌隋代 390 窟造彌勒佛王新像

王玄策在 7 世紀上半葉去印度之後，在佛陀成道的地方「摩訶菩提寺」（Mahābodhi temple）見到一種「彌勒佛王新像」。但由於兩人都未見過此類新像，因此兩人不但將此新像的造像故事及造像法各別記載於其等所撰的《大唐西域記》及《中天竺國行記》，而且也將此新像的造像法帶回中國。許多學者因不知道，玄奘及王玄策摹寫帶回中國的新像，是當時中印度「摩揭陀國」（Magadha）的「摩訶菩提寺」所創造的「彌勒佛王新像」，因此有關此像的記載及造像法常引起今日學者的討論。玄奘在《大唐西域記》如此記載「彌勒菩薩」如何在「摩訶菩提寺」製作此新像的故事：

> 有婆羅門兄弟二人欲植善種，求勝福田，天即勸二人建精舍、造佛像以得福報的方法。精舍建成之後，招募工人，欲圖如來初成佛像。曠以歲月，無人應召。久之有婆羅門者來告眾曰：我善圖寫如來妙相。眾曰：今將造像，夫何所須？曰：香泥耳，宜置精舍之中，並一燈照。我入已，堅閉其戶，六月後乃可開門。時諸僧眾皆如其命。尚餘四日未滿六月，眾咸駭異，開以觀之，見精舍內佛像儼然，結跏趺坐，右足居上，左手斂，右手垂，東西而坐，肅然而在。座高四尺二寸，廣丈二尺五寸，像高丈尺五寸，兩膝相去八尺八寸，兩肩六尺二寸，像好具足，慈顏若真，唯右乳上圖瑩未周。既不見人，方驗神鑑。眾咸悲嘆，殷勤請知。有一沙門信心淳質，乃感夢見忘婆羅門而告曰：我是慈氏菩薩，恐工人之思不測聖容，故我躬來圖寫佛像。垂右手者，昔如來之將證佛果，天魔來嬈，地神告至。其一先出助佛降魔。如來告曰：汝勿憂怖，吾以忍力降彼必矣。魔王曰：誰為明證？如來乃垂手指地言：此有證。是時第二地神湧出作證。故今像手倣昔下垂。眾知靈鑑，莫不悲感。[203]

上面此段《大唐西域記》所載的故事顯示，當時造精舍新像的人物是「彌勒菩薩」，而其所造的像，是一尊右手作「降魔印」或「觸地印」的「如來初成佛像」。

類似的故事也見載於唐代《法苑珠林》所引的《王玄策行傳》。但《王玄

---

203 （唐）三藏法師奉詔譯，大總持寺沙門辯機撰，《大唐西域記》卷 8，《大正》卷 51，頁 916 上-下，「摩揭陀國」上。

策行傳》沒有說彌勒菩薩所造的像為一尊「如來初成佛像」。《法苑珠林》的作者釋道世（683 故）認為，《王玄策行傳》所載的造像故事，與玄奘在《大唐西域記》等處所記載的故事，乃屬同一故事，因此釋道世在引《王玄策行傳》記載彌勒菩薩造像的故事之後，在《法苑珠林》又引了一段《奘師傳》記載同一彌勒菩薩造像的故事。玄奘稱此像為作「降魔印」或作「觸地印」的「如來初成佛像」，但王玄策只就造像出現的地點稱其為「摩訶菩提樹像」。[204]

　　根據佛教文獻的說法，「摩訶菩提樹像」傳入中國的時間，是在玄奘及王玄策回到中國的初唐時期。《大慈恩寺三藏法師傳》卷十載：麟德元年（664）玄奘法師臨終前，「又命塑工法智於嘉壽殿豎菩提像骨」。[205] 羅世平認為，這是至今所見的「（摩訶）菩提樹像」傳到中土後「道俗竟模」的最早記載，而此記載的「菩提樹像」，是由宋法智親手模塑。[206] 宋法智是當初在印度摹寫「菩提樹像」的人物。《王玄策行傳》如此記載宋法智摹寫此像及此像在中國流通的情形：「其匠宋法智等，巧窮聖容，圖寫聖顏，來到京都，道俗競摹」。[207] 宋法智帶回「菩提樹像」的造像法，並在中國造此「菩提樹像」。其最初在中國造此「菩提樹像」的地點，是當時的京都長安。但此像在宋法智造出後不久，便傳入洛陽。張彥遠所撰的《歷代名畫記》卷三載有此事：

> 敬愛寺佛殿內菩提樹下彌勒菩薩塑像：麟德二年自內出，王玄策到西域所圖菩薩像為樣，巧兒、張壽、宋朝塑，王玄策指揮，李安貼金。東間彌勒像，張智藏塑，即張壽之弟也，陳永承成。西間彌勒像，竇弘果塑。（以上三處像光及化生，並是劉爽刻）……[208]

　　王玄策不僅在麟德二年（665）將「菩提樹像」自京都長安傳入洛陽「敬愛寺」，同時也在洛陽龍門造有此新像。我們知道此事，乃因〈王玄策造像題

204 （唐）西明寺沙門釋道世撰，《法苑珠林》卷 29，《大正》卷 53，頁 502 下-503 上。

205 （唐）慧立、彥悰，《大慈恩寺三藏法師傳》卷十（北京：中華書局，1983），頁 221。

206 羅世平，〈廣元千佛崖菩提瑞像考〉，國立故宮博物院編輯，《故宮學術季刊》，第九卷，第二期（1991），頁 125。

207 （唐）西明寺沙門釋道世撰，《法苑珠林》卷 29，頁 503 上。

208 （唐）張彥遠著，田村解讀，《解讀歷代名畫記》（合肥：黃山書社，2012），頁 120-121，「敬愛寺」條。

記〉載：「王玄策□□□□□□下及法界（眾生）敬造（彌勒）像一鋪麟德二年九月十五日」。[209]《歷代名畫記》及〈王玄策造像題記〉所載的王玄策在洛陽「敬愛寺」及龍門所造的「摩訶菩提樹像」或「菩提樹像」，都說是「彌勒菩薩像」；特別是《歷代名畫記》非常清楚的說：王玄策所造的像，乃依據「王玄策到西域所圖菩薩像為樣」。

　　為何玄奘記載的「（摩訶）菩提樹像」是一尊「如來初成佛像」，而王玄策在洛陽造的「菩提樹像」卻被稱為「彌勒菩薩像」？這不是沒有原因。我們在前面已經說過，自4、5世紀之間克孜爾出現結合彌勒佛像及轉輪王像的造像法之後，亞洲各地便出現各種不同的「彌勒佛王新像」的造像現象。如果我們不知道這些「彌勒佛王新像」出現的背景及歷史，我們或許會如王玄策一樣，就此類造像的上半身被造成王裝、戴冠、瓔珞莊嚴的情形，因此認為，此類像是「菩薩像」或「彌勒菩薩像」；同樣的，我們或許也會如玄奘一樣，就此類造像的下半身像因被造成佛坐相、右手作「降魔印」或「觸地印」的「手印」，因此認為，此類像是作「降魔印」的「如來初成佛像」或「釋迦降魔成道像」。顯然的，玄奘及王玄策所帶回的「菩提樹像」，是一尊許多中國人都沒見過，甚至不知道的「彌勒佛王降魔新像」。霍巍注意到，四川有一類造像可能就是玄奘及王玄策所言的「摩訶菩提樹像」，並用疑問的口吻在其文中說，此類像是否都具有下面這些造像特徵：「會不會本來就是一種身作菩薩裝，而且具有菩提樹，施降魔印的這樣一些特徵的釋迦降魔成道像？」[210]

　　霍巍的質疑不是沒有原因。玄奘及王玄策帶回的新像，其上半身的造像，的確具有戴冠、瓔珞莊嚴的所謂「菩薩裝」造像特徵；而下半身的造像，因造有作「降魔印」的佛坐像，故被玄奘視為「如來初成佛像」，而被霍巍視為「釋迦降魔成道像」。這類「菩提樹像」除了常在主尊造像頭部上方造有「菩提樹」或「菩提樹葉」，說明此像為彌勒佛像或「彌勒佛王像」外，此類

---

209 羅世平，〈廣元千佛崖菩提瑞像考〉，《故宮學術季刊》，第九卷，第二期（1991），頁125。

210 霍巍，〈唐王玄策攜來的「摩訶菩提樹像」幾個問題的考識〉，收入霍巍，《西南考古與中華文明》（成都：巴蜀書社，2011），頁480。

「摩訶菩提樹像」也常坐在具有
象徵「轉輪王座」或「六牚具」
的王座上，說明此類「菩提樹
像」也具有轉輪王的身分。霍
巍認為，四川「摩訶菩提樹像」
的造像源頭，可能來自洛陽；[211]
並引雷玉華的研究報告說：目
前在四川發現的最早具有明確
紀年的「菩提瑞像」（摩訶菩提
樹像），為浦江飛仙閣 60 號龕

圖 36　四川廣元千佛崖 366 窟菩提瑞像

唐永昌元年（689）造像，此像距王玄策麟德二年（665）在洛陽一帶的造像活
動，要晚了三十多年。[212]

　　霍巍所言的四川造「摩訶菩提樹像」（菩提瑞像／菩提樹像）的例子很多，[213]
但他及羅世平所關心的例子，是川北廣元千佛崖石窟編號 366 號的主尊造像
（圖 36）。霍巍如此描述川北廣元千佛崖石窟 366 號的主尊造像，及此石窟的
造像碑位置和造像碑題：

> 此窟造像組合為一佛二弟子二菩薩二天王，佛像高 134 厘米，頭戴高寶冠，胸
> 飾項圈，臂飾臂釧，腕飾手鐲，右手施降魔印，項光中出現坐佛 11 尊，束腰
> 台座下有二力士承座，背屏上雕刻菩提雙樹，靠背上施有六牚具。在此窟北壁
> 近窟口處刻有造像像碑，碑題額書〈菩提像頌〉，碑文題為〈大唐利州敕史畢
> 公柏堂寺菩提瑞像頌並序〉。[214]

---

211 霍巍，〈唐王玄策攜來之「摩訶菩提樹像」幾個問題之考識〉，霍巍，《西南考古與中華文明》，
　　頁 484。

212 霍巍，〈唐王玄策攜來之「摩訶菩提樹像」幾個問題之考識〉，霍巍，《西南考古與中華文明》，
　　頁 480；並見雷玉華、王劍平，〈試論四川的「菩提瑞像」〉，《四川文物》，第一期（2004）。

213 霍巍，〈唐王玄策攜來之「摩訶菩提樹像」幾個問題之考識〉，霍巍，《西南考古與中華文明》，
　　頁 480-482。

214 霍巍，〈唐王玄策攜來之「摩訶菩提樹像」幾個問題之考識〉，霍巍，《西南考古與中華文明》，
　　頁 480。

霍巍所描述的廣元千佛崖石窟 366 號的造像，是一尊結合轉輪王像及「彌勒降魔像」製作的「彌勒佛王降魔新像」。此像不但具有轉輪王的造像特徵，如戴冠、瓔珞莊嚴，及具有轉輪王座上「六牙具」的造像內容，而且也具有「彌勒佛降魔像」的造像特徵，如手作「降魔印」等造像特徵。此像應該就是玄奘及王玄策兩人所描述的「摩訶菩提樹像」，或學者所言的「菩提樹像」的造像。廣元千佛崖石窟 366 號保留的造像碑題告訴我們，此類「摩訶菩提樹像」也被稱為「菩提瑞像」。這就是為何學者也稱此類造像為「菩提瑞像」的原因。

羅世平在其〈廣元千佛崖菩提瑞像考〉談論此像時說，此石窟保留的造像石碑，後因王蜀乾德六年（924）越國夫人重修此窟，將原碑的大半文字除去，並補上裝修記的文字。越國夫人在其〈重修記〉中沒有稱此窟的主尊造像為「菩提瑞像」或「摩訶菩提樹像」，而改稱此像為「毗盧遮那像」。[215] 羅世平從原碑留下的部分文字考查出，廣元千佛崖此鋪「菩提瑞像」的造像，是一鋪為唐代武則天（統治，690-705）所造的造像，[216] 因為此窟開鑿的時間是在唐景雲至延和年間（710-712）。[217] 羅世平認為，此窟主尊「菩提瑞像」的造像與龍門所造的「大日如來造像」十分相似。[218]

羅世平對廣元千佛崖石窟 366 號「菩提瑞像」的造像法及其周圍的造像情形，如菩提樹，及主尊造像所坐的具有「飛禽及禽獸」的「六牙具」造像，都作有詳細的說明。但羅世平對「六牙具」的造像性質，和其他的學者一樣，因不知道其所謂的「六牙具」即指「轉輪王座」（the cakravartin seat）的造像，因此他說，中國最早見到的「六牙具」造像，是初唐高宗時代（統治，618-626）製作的優填王像所坐的椅座。[219] 事實上，敦煌隋末唐初開鑿的莫 405 窟北壁一組五尊的「倚坐彌勒佛王」坐像，已見此像安坐在「六牙具」或「轉

215 羅世平，〈廣元千佛崖菩提瑞像考〉，《故宮學術季刊》，第九卷，第二期（1991），頁 117。
216 羅世平，〈廣元千佛崖菩提瑞像考〉，《故宮學術季刊》，第九卷，第二期（1991），頁 119。
217 羅世平，〈廣元千佛崖菩提瑞像考〉，《故宮學術季刊》，第九卷，第二期（1991），頁 117-122。
218 羅世平，〈廣元千佛崖菩提瑞像考〉，《故宮學術季刊》，第九卷，第二期（1991），頁 117。
219 羅世平，〈廣元千佛崖菩提瑞像考〉，《故宮學術季刊》，第九卷，第二期（1991），頁 122。

輪王座」上（見圖46）。

　　所謂「六孥具」，就是指具有「轉輪王座」或「摩羯魚座」（the makara seat）上的六種動物及人物造像的椅座。換言之，「六孥具」即指「轉輪王座」。「轉輪王座」的造像法在龍樹撰造的《證明經》經中出現之後，[220] 支提信仰或非支提信仰所造的「轉輪王座」造像，便常都用「六孥具」所載的動物及人物，作為造「轉輪王座」的基本造像方法及造像內容。《證明經》在談論「轉輪王座」的造像法時，只提到「師子及白象」及「鳳凰及麒麟」的造像。早期的「轉輪王座」，因此只造「獅子及白象」及具有「鳳凰及麒麟」造像特徵的「摩羯魚」（makara）。[221] 獅子（師子）及白象都指「轉輪王座」前兩側及扶手下方所造的，與轉輪王信仰有關的動物；而「鳳凰及麒麟」，則指「轉輪王座」背靠上方兩端所造的「摩羯魚頭」。由於「摩羯魚」具有鳳凰的啄及麒麟的身體及尾巴，故《證明經》用「鳳凰及麒麟」表達「摩羯魚」的造像。「轉輪王座」造像的發展，到了製作《造像度量經》的時代，增加了新的與轉輪王信仰有關的動物造像元素至六種：「大鵬（金翅鳥）、鯨魚（摩羯魚）、龍子、童男、獸王（獅子）及象王」，而此六種造像內容的名字尾部都有「孥」字，因此此類「轉輪王座」又被稱為「六孥具」。[222]《造像量度經解》如此說明「六孥具」的造像內容：

> 背光製有云六孥具者。一曰伽嚕孥，華云大鵬，乃慈悲之相也。二曰布囉孥，華云鯨魚，保護之相也。三曰那囉孥，華云籠子，救度之相也。四曰婆囉孥，華云童男，福資之相也。五曰舍囉孥，華云獸王。自在之相也。六曰救囉孥，華云象王，善師之相也。是六件只尾語俱是孥字，故云六孥具，又以何為六度之義。其尺寸色飾，西番書有上中下之分，且漢地舊有其式，故不具錄。[223]

---

220 見本書第四章，〈佛教支提信仰的奠立者──龍樹菩薩〉。

221 《普賢菩薩說證明經》，《大正》卷85，頁1367上。

222 羅世平，〈廣元千佛崖菩提瑞像考〉，《故宮學術季刊》，第九卷，第二期（1991），頁122；並見（大清）內閣掌譯番諸文西番學總管儀賓工布查布譯並講述，《佛說造像量度經解》，《大正》卷21，頁945中。

223 （大清）內閣掌譯番蒙諸文西番學總管儀賓工布查布譯並講述，《佛說造像量度經解》，頁945中。

雖然《造像量度經解》認為，此「六拏具」「又以合為六度之義」，[224] 然此說法乃在「轉輪王座」的造像元素被增多之後，才被賦予的新義。「轉輪王座」的造像法因首見於龍樹撰造的《證明經》，[225] 支提信仰的造像便常將此王座，作為我們判定具有表達轉輪王身分的「轉輪王座」。譬如，我們在阿旃陀石窟的造像，便常見彌勒佛或「彌勒佛王」的坐像坐在此「轉輪王座」上，說明此彌勒佛或「彌勒佛王」具有「彌勒佛身又有轉輪王身」的「彌勒佛王」身分。羅世平也注意到，「優填王倚坐像椅靠六拏具裝飾，後漸次用作彌勒佛和毘盧遮那的座式」。[226] 羅世平雖然不知道，彌勒佛及毘盧遮那佛在佛教歷史的發展中，都有以轉輪王的面貌出現在佛教的經典及造像的情形，然從佛教的造像上，他已經注意到，彌勒佛及毘盧遮那佛都有坐在「六拏具」或「轉輪王座」上的造像現象。亞洲各地製作的「轉輪王座」，有許多並沒有完全依據《證明經》所載的「轉輪王座」造像內容或《造像度量經》所載的「六拏具」造像內容製作其「轉輪王座」。我們常見的「轉輪王座」製做法，除了常見此類造像的椅座造有獅子、白象、立馬及摩羯魚頭這些與佛教轉輪王信仰有關的動物內容外，後來因有「六拏具」的造像發展，我們也見「轉輪王座」的造像內容增造有「童男」及「金翅鳥」等造像的情形。

〈王玄策造像題記〉提到，王玄策在麟德二年有在洛陽龍門開窟造「摩訶菩提樹像」的記錄。今日龍門擂鼓台南洞（圖 37）及北洞保留的「摩訶菩提樹像」，雖被視為「大日如來像」，[227] 然霍巍及羅世平都注意到，龍門擂鼓台南洞及北洞此二石窟所造的所謂「大日如來像」造像，與四川的「摩訶菩提樹像」有非常雷同的造像法。[228] 龍門擂鼓台此二石窟的所謂「大日如來像」造

---

224 （大清）內閣掌譯番蒙諸文西番學總管儀賓工布查布譯並講述，《佛說造像量度經解》，頁 945 中。

225 見本書第四章，〈佛教支提信仰的奠立者——龍樹菩薩〉談論龍樹撰造《證明經》之事。

226 羅世平，〈廣元千佛崖菩提瑞像考〉，《故宮學術季刊》，第九卷，第二期（1991），頁 123。

227 見李文生，《龍門石窟》（上海：上海人民美術出版公司，1993），頁 38-39，〈龍門唐代密教造像〉。李文生認為，擂鼓臺南洞此像是武則天後期的作品。

228 霍巍，〈唐王玄策攜來之「摩訶菩提樹像」幾個問題之考識〉，霍巍，《西南考古與中華文明》，頁 485-486。

像，明顯的也用結合瓔珞莊嚴、戴冠的轉輪王像（上半身）和作「降魔印」的彌勒佛坐像（下半身）製作出來的「彌勒佛王降魔新像」；只是此二像都沒造菩提樹及「六拏具」的造像內容。李文生說，「擂鼓台南洞此像是清末由龍門某寺院遷來，從風格上看，應該是武則天後期作品」。[229] 擂鼓臺南

圖 37　龍門擂鼓臺南洞彌勒佛王降魔新像

洞此像製作的時間，因此距王玄策帶「彌勒菩薩像」來中國的時間不遠，並非常可能就是依據麟德二年王玄策在龍門製作的「彌勒菩薩像」製造的「摩訶菩提樹像」；只是此像和擂鼓台北洞的造像，因都不是在擂鼓台製作的造像，我們因此都不知道，此二座造像原來是否也造有菩提樹及「六拏具」的造像。王玄策在洛陽「敬愛寺」及龍門既都造有此類「彌勒佛王降魔新像」，四川此類「彌勒佛王降魔新像」，因此非常可能就是霍巍所言的，是由洛陽傳入四川的「菩提瑞像」。

　　廣元千佛崖石窟 366 窟的造像記，載有此窟主尊造像原為武則天（天后聖帝）建造的文字。[230] 廣元千佛崖 366 窟此像，最初必定是一鋪為紀念武則天曾以「彌勒佛王」的姿態統治大周（統治，690-705）之事所造的「彌勒佛王降魔新像」。因為武則天自建立大周帝國之後，便有用支提信仰建國的活動，並以彌勒佛下生為轉輪王或「彌勒佛王」的姿態統治大周。[231] 廣元千佛崖石窟

<hr/>

229 李文生，〈龍門唐代密宗造像〉，《文物》，第一期（1991）。

230 羅世平，〈廣元千佛崖菩提瑞像考〉，《故宮學術季刊》，第九卷，第二期（1991），頁 119。

231 見古正美，《從天王傳統到佛王傳統》第五章，〈武則天的《華嚴經》佛王傳統及佛王形象〉，頁236-266。筆者在寫此文之際稱支提信仰為「《華嚴經》的佛王信仰」，乃因筆者在寫此文之際，尚不知《華嚴經·入法界品》是支提信仰的作品，也不知道《入法界品》所載的支提信仰，是較晚期的支提信仰。因此用「《華嚴經》的佛王信仰」說明武則天的支提信仰性質是不恰當的。

366 窟此尊造像，因此非常可能是一鋪為武則天建造的「彌勒佛王降魔新像」。廣元千佛崖石窟 366 窟的此鋪造像，也非常可能是依據當日玄奘及王玄策帶回中國的「摩訶菩提樹像」或「菩提瑞像」的造像法，製作的一鋪武則天的「彌勒佛王降魔新像」。雖然「彌勒佛王降魔新像」與初唐時代阿地瞿多翻譯的《陀羅尼集經》所載的「佛頂像」或「毘盧遮那佛像」的造像法非常相似，只有右手所作的「手印」不同，[232] 但此像後來因改建的緣故而被稱為「毘盧遮那像」。改建之後的此像，是否還是一鋪紀念武則天所建造的造像？我們不清楚，只有重新建造此像的人才知道。因為武則天終其一生都沒有正式使用過「毘盧遮那」的面貌統治大周；[233] 除非改建此像的人認為，武則天因一直用「曌」字為名，也算是用「毘盧遮那」的面貌統治過天下。[234]

克孜爾石窟在 4、5 世紀之間創造出「彌勒佛王新像」及其他的支提信仰造像，如「彌勒降魔變」、「釋迦涅槃圖」及「彌勒下生像」等像之後，克孜爾石窟顯然的成為亞洲發展支提信仰信仰及造像的中心，而克孜爾石窟的造像，從而便見傳出克孜爾石窟到亞洲各地。這就是為何我們在 5 世紀中期之後，在亞洲各地，包括印度及西藏等地，都見有用克孜爾石窟所造的支提信仰造像製作「四相圖」、「八相圖」、「彌勒佛王新像」，及各種「彌勒降魔像」的造像情形。

我們在帕拉王朝時代所見的支提信仰造像，以結合克孜爾石窟的「彌勒降魔像」及各種「轉輪王像」的造像法所創造出的「彌勒佛王降魔新像」的造像，最令人側目。這也是為何玄奘及王玄策在 7 世紀初期來到「摩訶菩提寺」巡禮時，在見到其等從未見過的「摩訶菩提樹像」或我們所言的「彌勒佛王降魔新像」之際，會為之側目、震驚，並將之記載下來帶回中國的原

武則天所施行的支提信仰是早期《證明經》所載的支提信仰。有關此說，見本書第九章，〈《入法界品》的支提信仰性質及造像〉等處。

232 見下詳述。

233 見本書第九章，〈《入法界品》的支提信仰性質及造像〉談論武則天的支提信仰處。

234 有關武則天用「曌」字為名的活動，見本書第九章，〈《入法界品》的支提信仰性質及造像〉談論。

因。「彌勒佛王降魔新像」既已出現於帕拉王朝建國之前的「摩揭陀國」，這就是為何帕拉王朝的造像，除了造有各種「彌勒降魔像」的造像外，也造有許多「彌勒佛王降魔新像」的原因。

由於帕拉王朝在發展其支提信仰之際，常用「八相圖」說明其支提信仰的性質及內容，因此蘇珊‧杭庭頓說：「八相圖」是帕拉時代的佛教造像特色。如果用蘇珊‧杭庭頓所言的「八相圖」說明帕拉時代的造像特色，還不如說，帕拉王朝製作的各種「彌勒降魔像」，及用結合「彌勒降魔像」與「轉輪王像」所創出的各種「彌勒佛王降魔新像」，才是帕拉王朝發展支提信仰的造像特色。因為帕拉王朝所製作的「八相圖」，只是其王朝用以表達其支提信仰內容的一種方法而已。在帕拉王朝時代，從此王朝開始發展支提信仰之後，其所製作的支提信仰造像，基本上都以製作各種形式的「彌勒降魔像」為造像主尊的造像。這說明帕拉王朝的時代，甚至此時代之前，印度最推崇的支提信仰造像即是「彌勒降魔像」；特別是，帕拉王朝在用結合「彌勒降魔像」與「轉輪王像」的造像法創造出各種「彌勒佛王降魔新像」的造像時，此王朝也還是一樣推崇「彌勒佛王降魔像」的製作。因此，如果我們要說帕拉王朝的造像特色，那絕對是以造「彌勒降魔像」為主的造像，才是此時代製作其支提信仰造像的特殊現象。我們因此認為，帕拉王朝的造像特色並不是此時代所造的「八相圖」，而是此時代以「彌勒降魔像」為主所創造出的各種「彌勒降魔像」及「彌勒佛王降魔新像」，才是此時代真正的造像特色。由於唐代的玄奘從一開始便將結合「彌勒降魔像」及「轉輪王像」所創造出來的「摩訶菩提樹像」或「菩提瑞像」視為「釋迦降魔成道像」，從而造成我們今日尚將「摩訶菩提樹像」或「菩提瑞像」視為「釋迦降魔成道像」的錯誤看法。由此我們知道，玄奘也有誤判造像的情形。由於今日的學者都不知道玄奘有誤判造像的情形；也不知道「摩訶菩提樹像」的造像源頭是在克孜爾石窟，因此我們今日都還將「摩訶菩提樹像」視為「釋迦降魔成道像」，並認為，「摩訶菩提樹像」是印度 7 世紀創造的新像。

蘇珊‧杭庭頓在其書中說，古代的「摩揭陀國」位於今日印度的比哈省（Bihar）。此省主要包括恒河平原（the Ganges Plain）的帕特那（Patna）、（菩提

迦耶（Gaya）、那爛陀（Nalanda）及諾瓦達（Nowada）等地區。[235] 今日印度所保留的帕拉王朝所造的「彌勒降魔像」及「摩訶菩提樹像」或「彌勒佛王降魔新像」，基本上都是在上面提到的這些帕拉王朝統治的領土出土的造像。根據帕拉王朝所造的造像，我們知道，帕拉王朝不僅是印度一個長期發展支提信仰建國的國家，同時此王朝也是製作大量支提信仰造像的印度古國。印度自帕拉王朝在 8 世紀開始提倡支提信仰為其「佛教建國信仰」之後，我們便見帕拉王朝鄰近的地方，如西藏及尼泊爾等小國，也跟進發展支提信仰為其等的國家信仰，並也製作有許多「彌勒降魔像」為主的造像。事實上西元 8 世紀之後，亞洲各地都有在其等發展支提信仰的時間製作以「彌勒降魔像」為主的造像現象。亞洲各地的這種信仰及造像現象，顯然是受帕拉王朝發展支提信仰及造像的影響。譬如，西藏自帕拉王朝傳入佛教信仰及佛教造像的活動，也是有跡可尋。西藏當時之所以也有製作各種「彌勒降魔像」及「彌勒佛王降魔新像」的活動，正如蘇珊·杭庭頓所言，在西藏主持第二次弘法（the propagation of Buddhism in Tibet）活動的阿迪俠（Atiśa），於西元 11 世紀便在那爛陀最有名的寺院「吳丹達普拉」（Uddandapura）隨法護（Dharmaraksita）學習佛法兩年。[236] 這說明西藏及帕拉王朝當時已有直接的佛教交流活動。帕拉王朝的佛教造像法，在與西藏的交流中，從而隨西藏與印度僧人的入藏而傳入西藏。由於帕拉王朝發展支提信仰的時間非常長久，因此喜馬拉雅山區的尼泊爾等地，甚至東南亞等國家，在此期間因與帕拉王朝及西藏有直接及間接的接觸，從而也受到帕拉王朝發展支提信仰及造像的影響。

目前保留的帕拉王朝製作的「彌勒佛王降魔新像」或「摩訶菩提樹像」的數目，為數不少。其中一座比較有名的石雕造像，即是蘇珊·杭庭頓編入其《菩提樹葉》目錄編號 31，在比哈出土，並被定為 12 世紀或帕拉晚期製作的造像。此鋪造像為今日波士頓美術館（Museum of Fine Arts, Boston）收藏。蘇珊·杭庭頓稱此鋪造像為「將成佛戴冠釋迦降魔成道像與七相圖」（Crowned

---

235 Susan L. Huntington and John C. Huntington, *Leaves from the Bodhi Tree*, pp. 75-76.
236 Susan L. Huntington and John C. Huntington, *Leaves from the Bodhi Tree*, p. 88a.

Buddha-To-Be Śākyamuni Triumphing Over Māra With Seven Buddha Scenes）（圖 38）。[237]

蘇珊・杭庭頓認為，此鋪戴冠、瓔珞莊嚴的主尊釋迦造像，乃要強調釋迦有「世界大王」（universal sovereign）的個性。（因為）此像給我們的視覺感覺，有一種類似有同時成道及登位為王的視覺感覺（a visual analogy between the attainment of Buddhahood and coronation as a king）。[238]

　　蘇珊・杭庭頓似乎完全忘記，釋迦從來沒有登過轉輪王位，也沒有當過世間帝王。蘇珊・杭庭頓如此解釋此鋪「彌勒佛王降魔新像」的原因，[239] 不但和她一直從佛陀信仰的角度去解釋各種「彌勒降魔像」有關，而且與她沒有注意到，此鋪戴冠的主尊造像四周所造的小像，如「釋迦涅槃像」、「佛說法像」、「佛下生立像」、「佛倚坐像」及「佛誕圖」，都與此像仿照「八相圖」內容製作的支提信仰造像有密切的關聯。蘇珊・杭庭頓稱呼此像為「戴冠將成佛釋迦降魔成道像與七相圖」，即有誤導我們視「七相圖」或「七大佛事蹟」（Seven Buddha Life Scenes）有別於「八相圖」的造像。事實上，她用「七相圖」此名稱呼此像主尊周圍的造像，乃要告訴我們，其所謂的「七相圖」乃取自「八相圖」的造像。因為此鋪造像的內容，也是我們在克孜爾石窟所見的支提信仰造像內容。從此像的造像內容，我們也可以看出，此鋪「彌勒佛王降魔新像」，乃是一鋪帕拉王朝在發展支提信仰造像之際所造的，用結合克孜爾石窟的「彌勒降魔像」與「轉輪王像」製作的，具有「八相圖」內容的「彌勒佛王降魔新像」。

　　此鋪造像的主尊造像，即「彌勒佛王降魔新像」，事實上就是結合當日玄奘所言的「如來初成佛像」（下部）及王玄策所言的「彌勒菩薩像」（上部）製作而成的一尊造像。此尊「彌勒佛王降魔新像」，坐在具有說明轉輪王身分或

237　Susan L. Huntington and John C. Huntington, *Leaves from the Bodhi Tree*, p. 158, Cat. No. 31, "Crowned Buddha-To-Be Śākyamuni Triumphing Over Māra（Māraviyaja）with Seven Buddha Life Scenes."

238　Susan L. Huntington and John C. Huntington, *Leaves from the Bodhi Tree*, p. 158, Cat. No. 31, "Crowned Buddha-To-Be Śākyamuni Triumphing Over Māra（Māraviyaja）with Seven Buddha Life Scenes."

239　Susan L. Huntington and John C. Huntington, *Leaves from the Bodhi Tree*, p. 158, Cat. No. 31, "Crowned Buddha-To-Be Śākyamuni Triumphing Over Māra（Māraviyaja）with Seven Buddha Life Scenes."

彌勒佛王身分的「轉輪王座」或「獅子座」（下）及「蓮花座」（上）上，說明此尊造像，是一尊「既有佛身，也有轉輪王身」的「彌勒佛王降魔新像」。由於此尊「彌勒佛王降魔新像」的頭冠上方也造有象徵彌勒佛或彌勒佛王身分的「菩提樹葉」，此鋪造像，因此是一鋪確確實實的「摩訶菩提樹像」或「菩提瑞像」。

　　波士頓美術館收藏的此鋪「彌勒佛王降魔新像」最引人注意的地方是，在此鋪主尊造像的頂部，造有用《證明經》所載的「釋迦涅槃後」經句製作的「釋迦涅槃像」一身，而此「釋迦涅槃像」的上方，更造有一座「小支提」的造像，說明此鋪造像是一鋪說明彌勒佛王坐在支提內下生「降魔」的「彌勒佛王降魔新像」。此鋪造像既仿「八相圖」的造像內容製作其主尊造像四周的小像，此像的主尊「彌勒佛王降魔新像」的造像，自然不會是一尊如蘇珊・杭庭頓及其他學者所言的「釋迦降魔成道像」。蘇珊・杭庭頓說，此類造像的製作，與 11 至 12 世紀帕拉時代大乘及金剛乘（Vajrayāna）流行的「冥想佛像」（Jina Buddhas）的造像有關。[240] 很顯然的，蘇珊・杭庭頓並不知道此尊「彌勒佛王降魔新像」的製作背景及製作性質。因為此類造像不會如其所言的是一座 11 及 12 世紀才出現的大乘佛教造像，也不會如其所言的是一座與密教「金剛乘」的「冥想佛」有關的造像。由此座「彌勒佛王降魔新像」的出土，我們非常確定，帕拉時期也常用「八相圖」表達「彌勒佛王降魔新像」四周製作的「支提信仰」小像造像內容。

　　約翰・洛克菲勒（John D. Rockefeller）在其紐約的亞洲社會藝術館（The Asia Society Gallery, New York），也收藏有一座與波士頓美術館收藏的「彌勒

圖 38　波士頓美術館藏彌勒佛王降魔新像

---

240 Susan L. Huntington and John C. Huntington, *Leaves from the Bodhi Tree*, Cat. No. 31, "Crowned Buddha-To-Be Śākyamuni Triumphing Over Māra."

佛王降魔新像」（見圖 38）造像內容及造像風格極為相似的造像。但亞洲社會藝術館收藏的此鋪造像內容比較簡單。亞洲社會藝術館收藏的此像，其主尊造像也是一尊用結合「轉輪王像」（上半身）及「彌勒降魔像」（下半部）製作的戴冠及瓔珞莊嚴的「彌勒佛王降魔新像」。[241] 亞洲社會藝術館收藏的此鋪造像的主尊「彌勒佛王降魔新像」兩側的上方，各造有一尊「彌勒佛王坐像」，其中一尊作「無畏印」（左），一尊作「禪定印」（右）。此鋪造像主尊造像下方兩側則各造有一尊「彌勒佛王下生立像」。從此鋪造像的主尊造像下方兩側造有二鋪「彌勒佛王下生立像」的情形來判斷；特別是依據克孜爾石窟用《證明經》所載的「釋迦涅槃後」及「彌勒正身下」二經句造像的法則來判斷，我們會期待，亞洲社會藝術館收藏的此像，也會如波士頓美術館收藏的同類造像一樣，在此像主尊「彌勒佛王降魔新像」的頭冠上方，造一鋪表達「釋迦涅槃後」經句的「釋迦涅槃像」。但亞洲社會藝術館收藏的此像主尊造像的頭光上方，只見造有象徵轉輪王的「白蓋」及象徵彌勒佛的「菩提樹葉」，而沒有用「釋迦涅槃後」經句造「釋迦涅槃圖」。亞洲社會藝術館收藏的此鋪造像也被編入蘇珊·杭庭頓所撰的《菩提樹葉》目錄，並被蘇珊·杭庭頓稱為「戴冠將成佛的釋迦降魔成道像」。[242] 很顯然的，波士頓美術館及亞洲社會藝術館所收藏的此二鋪相似內容的造像，都屬於同一時期及同一地方製作的同一類型的「彌勒佛王降魔新像」或「摩訶菩提樹像」，而不是蘇珊·杭庭頓所言的「戴冠將成佛的釋迦降魔成道像」。

　　目前世上保存的，印度帕拉王朝製作的「摩訶菩提樹像」，除了波士頓美術館及亞洲社會藝術館收藏的此二鋪同類型造像外，蘇珊·杭庭頓在其《菩提樹葉》談到西藏 12 或 13 世紀製作的「大日如來像」（Mahāvairocana）時，也提到一鋪約 10 世紀造，在比哈出土，帕特那博物館（Patna Museum）收藏的，

---

241 The Asia Society Gallery at New York and National Museum of Singapore, *John D. Rockefeller 3rd Collection*. Hong Kong: The Urban Council, 1993, *Catalogue*, p. 9, "Stele with Crowned Buddha in Bhumisparsha Mudra".

242 Susan L. Huntington and John C. Huntington, *Leaves from the Bodhi Tree*, Cat. No.15, pp. 105-106, "Crowned Buddha and Jina Buddha": "Crowned Buddha-To-Be Śakyamuni Triumphing Over Māra."

用「一佛二菩薩」（Buddha and two Bodhisattvas）或「彌勒一組三尊像」的造像法製作的「彌勒佛王降魔新像」（圖39），也是一個例子。[243] 此鋪用「一佛二菩薩」造像法製作的「彌勒佛王降魔新像」，是一鋪用支提信仰的「彌勒一組三尊像」的造像法製作的「彌勒佛王降魔新像」。此鋪「彌勒佛王降魔新像」的主尊造像，也是一尊作「降魔印」的「彌勒佛王降魔新像」。此鋪「彌勒佛王降魔新像」的主尊造像身後，在造有火焰飾紋的身光上方，造有一個象徵轉輪王身分的「白蓋」，並在「白蓋」的兩側，造有象徵彌勒佛的「菩提樹葉」。此鋪造像的主尊「彌勒佛王降魔新像」左側的菩薩，一手持蓮花，說明其是一尊觀音菩薩像；右側的菩薩，因其一手握持有在 8 世紀之後常見的象徵普賢菩薩的「一支三朵花」的造像，我們因此知道此像是一尊普賢菩薩的造像。[244]

圖 39　帕特那博物館藏彌勒佛王降魔新像

此鋪印度帕特那博物館收藏的「彌勒佛王降魔新像」，與帕拉時代用「彌勒一組三尊像」的造像法製作的「彌勒佛王降魔新像」，非常相像；只是此鋪造像的內容，除了用「彌勒一組三尊像」的造像法製作此鋪「一組三尊」的「彌勒佛王降魔新像」外，沒有造其他的造像。

　　霍巍在四川考察「菩提瑞像」之際，也注意到四川造有與「菩提瑞像」相似的造像。「菩提瑞像」通常作「降魔印」，但此類相似的「菩提瑞像」的右手，通常沒有作「降魔印」，而作其他的手印。霍巍說：「四川地區目前發現的，著菩薩裝、戴寶冠的尊像數量不少。尊像的手印既有作施「降魔印」的，也有不作施「降魔印」的，其延續的時間從唐代初期一直到唐代晚期和宋

243 Susan L. Huntington and John C. Huntington, *Leaves from the Bodhi Tree*, p. 377-378, Cat. No. 141 and Figure 73.

244 見本書第九章，〈〈入法界品〉的支提信仰性質及造像〉談論婆羅浮屠的普賢菩薩造像處。

代，其中的情況比較複雜……」。[245]

我們在那爛陀也見有霍巍所言的與「菩提瑞像」相似的造像。這些造像都作有不同的手印，但其等的造像法，都類似「摩訶菩提樹像」或「彌勒佛王降魔新像」的造像法。那爛陀博物館收藏有一尊 11 世紀造，非常類似「摩訶菩提樹像」或「菩提瑞像」的「佛頂像」（圖 40）。由於此像的右手有被重新接過的痕跡。筆者因此懷疑，此像接過的右手，是否即是原先造的右手？由於目前此像的右手作仰掌的「與願印」（Varada-mudrā），因此此像有被視為「摩訶菩提樹像」者，也有被視為「毘盧遮那像」或「佛頂像」者。譬如，此像就被筆者視為一尊作「與願印」的「摩訶菩提樹像」或「菩提瑞像」。但初唐來華的阿地瞿多（無極高）則視其為一尊「佛頂像」或「毘盧遮那佛像」。因為阿地瞿多翻譯的《陀羅尼集經》所載的「佛頂像」或「毘盧遮那佛像」的造像法，即是此像使用的造像法：

> 時佛世尊為諸會眾說佛頂法……若依行者，於淨室中安置佛頂像。其作像法，於七寶華上結跏趺坐，其華座地載二獅子，其二獅子坐蓮花上。其佛右手者，申臂仰掌當右腳膝上，指頭垂下到於華上。其左手者，屈臂仰掌向臍下橫著。其佛左右手臂上，各著三個七寶瓔珞，其佛頸中亦著七寶瓔珞，其佛頭頂上做七寶天冠，其佛身形作真金色，被赤袈裟。其佛右邊作觀自在菩薩（一本云是一面觀世音像）。右手屈臂向上把白拂，左手申臂向下把澡罐，其罐口中置於蓮花，其華端直，至菩薩頂，臨於額前。其佛左邊作金剛藏菩薩像，像右手屈臂向肩上，手執白拂，左手掌中立金剛杵，其一端者從臂上向外立著，咒師於佛前，在（左）右邊胡跪，手執香爐，其佛光上作首陀會天，散花形。作此像已，於清淨處，好料理地莊嚴道場於中定置此已。[246]

羅世平也用中唐善無畏翻譯的《佛頂尊勝心破地獄轉業障出三界秘密三

---

245 霍巍，〈唐王玄策攜來之「摩訶菩提樹像」幾個問題之考識〉，霍巍，《西南考古與中華文明》，頁 485。

246 見（唐）阿地瞿多譯，《陀羅尼集經》卷 1，《大正》卷 18，頁 785；並見羅世平，〈廣元千佛崖菩提瑞像考〉，《故宮學術季刊》，第九卷，第二期（1991），頁 129；也見本書第九章談論此像。

身佛過三種悉地真言儀軌》證明，「尊勝佛頂者，即是毘盧遮那如來身」。[247]
唐代阿地瞿多翻譯的《陀羅尼集經》所載的「佛頂像」或「毘盧遮那佛像」
的造像法，與我們所了解的用「彌勒一組三尊」造像法製作的「彌勒佛王降
魔新像」或「摩訶菩提樹像」的造像法，非常相似，只有右手所作的「手印」
不同。因為《陀羅尼集經》所載的「佛頂像」的主尊上半身造像被造成：「其
佛左右手臂上，各著三個七寶瓔珞，其佛頸中亦著七寶瓔珞，其佛頭頂上做
七寶天冠」，而下半身像則被造成：「其佛身形作真金色，被赤袈裟」。其主
尊坐在「蓮花獅子座」上，「其佛右手者，申臂仰掌當右腳膝上，指頭垂下到
於華上。其左手者，屈臂仰掌向臍下橫著」。《陀羅尼集經》所載的「佛頂像」
的主尊兩側也各造有「觀音菩薩像」及「金剛藏菩薩像」各一身。

《陀羅尼集經》所載的「金剛藏菩薩」，即是「普賢菩薩」密教化之後的
名字，有些經典也稱其為「金剛手菩薩」。[248] 此類「佛頂一組三尊新像」的「金
剛藏菩薩」手持「金剛杵」的造像，不僅見於 5 世紀中期之後開鑿的阿旃陀
石窟所造的普賢菩薩造像，也見於 8 世紀建造的葉羅拉石窟（Ellora caves）所
造的普賢菩薩造像。「佛頂一組三尊新像」的造像法，很顯然的是由「彌勒一
組三尊」的造像法製作的「彌勒佛王降魔新像」或「摩訶菩提樹像」的造像
法演化而來的造像。《陀羅尼集經》所載的「佛頂一組三尊像」與用「彌勒一
組三尊像」造像法製作的「彌勒降魔新像」的區別，因此只在於前者右手作
仰掌的「與願印」，而後者右手則作「降魔印」。除此以外，兩者的造像幾乎
沒有甚麼區別。

「佛頂像」或「毘盧遮那佛像」的造像，為何會與「彌勒佛王降魔新像」
的造像法如此相像？這不是沒有原因。5 世紀初期之前所造的《入法界品》，
即將「彌勒佛王身」與「毘盧遮那佛王身」視為「同身」的佛王。[249] 因此如
果帝王使用《入法界品》的佛王信仰建國，此帝王便可以或用「彌勒佛王」

---

247 羅世平，〈廣元千佛崖菩提瑞像考〉，《故宮學術季刊》，第九卷，第二期（1991），頁 132。
248 見本書第五章，〈龍樹與阿瑪拉瓦底大支提的建築及造像〉。
249 見本書第九章，〈《入法界品》的支提信仰性質及造像〉。

的面貌，或用「毘盧遮那佛王」的面貌面臨其子民。[250] 這就是為何「佛頂像」或「毘盧遮那像」與「摩訶菩提樹像」會如此相似的原因。「佛頂」此詞，乃源自「佛頂輪王」或「金輪佛頂」的簡稱。「佛頂」因此也可以簡單地被了解為「佛王」的意思。

我們雖然可以依據《陀羅尼集經》所載的「佛頂像」造像法，將那爛陀博物館收藏的 11 世紀製作的「佛頂像」視為那爛陀造的「佛頂像」，但筆者認為，此像具有更多「彌勒佛王新像」的造像特徵。因為此像的右手雖呈仰掌的手印，然因此像右手的掌心造有龍樹所言的「手足寶相輪／當作轉輪王」的「寶相輪」（見圖 40），[251] 說明此像也將下生為轉輪王，或具有「轉輪王身」的造像。此像的下半身因呈「禪定坐相」的「彌勒佛坐像」，此像因此也可以說是一尊用結合轉輪王像及彌勒佛像製作的「彌勒佛王新像」。特別是，此像的主尊造像所坐的「轉輪王座」背靠兩側上方，各造有一支「小支提」的造像，我們因此可以將此像也視為一尊坐支提下生的「彌勒佛王新像」。

那爛陀博物館也收藏有一鋪雙手作「轉法輪手印」（Dharma-cakra-mudrā）的造像（圖 41）。此像從那爛陀第三塔（Stūpa 3）遺址出土，並被德部江尼・保羅視為「一種觀音像」（Lokanātha, a form of Avalokiteśvara）。[252] 由於此像兩側的小佛造像造有作「降魔

圖 40　那爛陀博物館藏彌勒佛王新像

圖 41　那爛陀博物館藏第三塔出土彌勒佛王新像

---

250 見本書第九章，〈《入法界品》的支提信仰性質及造像〉。

251 Debjani Paul, *The Art of Nālandā*, Pl. 45.

252 有關 Lokanatha 的解釋，見 Paul Strachan, *Pagan: Art and Architecture of Old Burma*. Singapore: Kiscadale Publications, 1989, p. 33, "Images: Bodhisattva and Dvarapala"; see also, Debjani Paul, *The*

印」的「彌勒降魔」小坐像及作「與願印」的「彌勒下生」小坐像,那爛陀此鋪作「轉法輪手印」的造像很顯然的是一鋪支提信仰的造像。此鋪造像會是一鋪「彌勒佛王新像」嗎?由於此鋪造像的主尊造像上部穿戴的是佛教轉輪王的服飾及王冠,下部呈彌勒佛「結跏趺坐」的坐相,我們因此認為,此像的確是一鋪用結合轉輪王像及彌勒佛像製作的具有「彌勒佛王新像」造像特徵的造像。此像的雙手所作的手印,是我們在犍陀羅造像也見的彌勒雙手所作的「轉法輪印」,[253] 此鋪造像因此是一鋪雙手作「轉法輪印」的「彌勒佛王新像」。[254] 此鋪造像因此不是德部江尼・保羅所言的「觀音像」。因為梵字Lokanatha 此詞有「世界主」或「轉輪王」的意思,由此梵字去推測此像是觀音像的做法,因此也不正確。

那爛陀博物館收藏的這兩鋪作不同「手印」、穿不同服飾,及呈不同坐姿的人物造像說明了,那爛陀博物館收藏的這些造像,就是不用「降魔印」造的「彌勒佛王新像」,而是用「與願印」及「轉法輪印」造的「彌勒佛王新像」。由此我們可以看出,印度在 5 世紀中期之後所發展的支提信仰造像,基本上都有受犍陀羅及克孜爾石窟造支提信仰造像法及造像內容的影響;特別是克孜爾石窟的造像法及造像內容,顯見的都在 5 世紀的後半葉都出現於印度的佛教石窟及造像址。西元 8 世紀之後,由於帕拉王朝提倡支提信仰為其國教信仰的緣故,帕拉王朝所統治的地區,更有大肆發展支提信仰及製作支提信仰造像的現象。這就是帕拉王朝在其統治的期間,不僅造有許多「彌勒降魔像」、「八相圖」,「彌勒佛王降魔新像」,及各式手印的「彌勒佛王新像」的原因。

今日學者除了常稱「彌勒佛王新像」為「戴冠佛像」(the crowned Buddha)外,也還常稱此類「彌勒佛王新像」為「觀音像」。由此可見,直至今日,學者對這類佛像的造像性質及造像背景都還沒有正確的認識。作「降魔印」的

Art of Nālandā, Pl. 22, "Lokanātha group, stucco, Stūpa 3 at Nālandā."

253 見本書第七章,〈犍陀羅的支提信仰性質與造像〉。

254 見本書第三章,〈貴霜佛教建國信仰的發展者迦尼色迦第一及胡為色迦王〉。

「摩訶菩提樹像」或「彌勒降魔新像」，因具有文獻記載，又有傳入中國被繼續發展的情形，故此類造像便成為中國學者比較重視及熟悉的一種「彌勒降魔新像」。其他類型的「彌勒佛王新像」，雖在印度及中國也有傳播及發展的情形，然學者對此類造像的認識還不足的緣故，學者如霍巍，便稱此類造像為「相似類型」的「菩提樹像」或「菩提瑞像」。這就是中國目前對此類造像的認識情形。

　　我們在上面談到的「彌勒佛王新像」，基本上都是呈坐像。但我們注意到，此類「彌勒佛王新像」也有被造成立像的情形。譬如，蘇珊・杭庭頓在其《菩提樹葉》目錄編號 30 號，比哈出土，11 世紀製作，舊金山亞洲藝術館（Asian Art Museum of San Francisco）收藏的一鋪所謂「戴冠釋迦佛與四相圖」（Crowned Śākyamuni Buddha with Four Buddha Life Scenes），就是用一尊戴冠、瓔珞莊嚴的造像為主尊，並用「一組三尊彌勒像」的造像法製作的「彌勒佛王新像」（圖 42）。[255] 此鋪造像的主尊「彌勒佛王造像」及其兩側的二彌勒佛王立像，都被造成同一式樣的造像：上身佩戴瓔珞、戴冠，並穿長及腳踝佛衣，立在蓮花座上的立佛造像。中央的主佛彌勒佛王立像被造得特別大身，兩側的二彌勒佛王立像則被造成較小的身型。由於此像的主尊「彌勒佛王新像」的右手作彌勒佛的「無畏印」，並在右手的掌中造龍樹所言的「手足寶相輪／當作轉輪王」的「寶相輪」，此像因此也有說明其將下生為轉輪王的意思。此像的左手下垂，手中持有一朵大花。此鋪造像主尊立佛像的頭部兩側，也造有兩鋪小型坐在蓮花座上的「彌勒佛王像」，左邊的一鋪造「彌勒佛王降魔坐像」，右邊的一鋪造「彌勒佛王禪定坐像」。主尊「彌勒佛王」立佛像的頭冠上方，更造有一大「華蓋」，說明此像的主尊也是一身具有轉輪王身的彌勒

圖 42　舊金山亞洲藝術館藏彌勒佛王新像

255 Susan L. Huntington and John C. Huntington, *Leaves from the Bodhi Tree*, Cat. No. 30, pp. 156-157.

佛王造像。因為「華蓋」或「白蓋」也是轉輪王的寶物之一。[256] 此鋪造像的主尊造像，因戴冠並瓔珞莊嚴的緣故，我們因此知道，此鋪造像的主尊造像，也是一尊用結合「轉輪王像」及「彌勒佛像」的造像法製作的「彌勒佛王新像」。

上面談論的這些「彌勒佛王新像」在亞洲各地出現的原因，與犍陀羅及克孜爾石窟的支提信仰造像法及造像內容在亞洲各地的發展及傳播自然有密切的關聯。就古代的「摩揭陀國」而言，自 5 世紀開始製作「四相圖」之後，此地便有發展支提信仰的明顯跡象。玄奘及王玄策在 7 世紀初期於「摩訶菩提樹」所見的「摩訶菩提樹像」，也說明此時代的「摩竭陀國」有發展支提信仰的活動。8 世紀之後在帕拉王朝出現的「八相圖」、各種「彌勒降魔像」、各種「彌勒佛王新像」及「彌勒佛王降魔新像」的情形，更說明了帕拉王朝有長期發展支提信仰的活動。從古代帕拉王朝所造的「八相圖」、「彌勒降魔像」及「彌勒佛王像」，甚至「彌勒佛王降魔新像」的造像情形判斷，帕拉王朝所發展的支提信仰及造像活動，都深刻的受到古代中亞犍陀羅及克孜爾石窟所發展的支提信仰造像法及造像內容的影響，特別是克孜爾石窟的影響。由此我們可以說，在西元 5 世紀中期之後，真正影響印度及亞洲其他地區的支提信仰造像地，即是古代的克孜爾石窟。這也說明，5 世紀中期之後，亞洲佛教及佛教造像的傳播情形，是由犍陀羅及克孜爾石窟，特別是克孜爾石窟，向印度及亞洲其他地區傳播的情形，而不是如過去我們所了解的，由印度向亞洲各地傳播，或我們常說的佛教是由印度「東傳」到中亞及中國的情形。事實上，大乘佛教的發展及傳播，自古便是由犍陀羅或今日的巴基斯坦，向印度及亞洲其他地區傳播的情形。雖然龍樹在 2 世紀中期左右之後，曾在南印度的案達羅地方奠立了一、二百年的大乘佛教發展基礎，[257]但自犍陀羅及克孜爾石窟在 4、5 世紀之間開始發展其支提信仰的新造像法及新造像內容之後，大乘佛教的發展中心很顯然的在 5 世紀中期之後，又被移回中亞

---

256 「白蓋」是轉輪王寶物之一的說明，見本書第五章，〈龍樹與阿瑪拉瓦底大支提的建築及造像〉。
257 見本書第四章，〈佛教支提信仰的奠立者——龍樹菩薩〉。

地區。我們因此不能再用「佛教東傳」這種模糊的語言說明歷史上大乘佛教的轉播情形。

我們最後要談論的一種「彌勒佛王降魔新像」或「摩訶菩提樹像」，是一鋪常見於西藏及尼泊爾製作的唐卡。我們在本書第七章談論過一幅拉薩西藏博物館（Tibet Museum, Lhasa）收藏，18、19 世紀西藏製作，名為「佛傳圖」的唐卡，[258] 就是此類造像的例子。同西藏博物館收藏的 14 世紀尼泊爾製作，名為「降魔成道唐卡」（圖 43），也是此類造像的另一個例子。[259] 這兩幅西藏唐卡的主要造像內容，都用「彌勒一組三尊像」的造像法製作其「彌勒佛王降魔新像」。此類唐卡的主尊造像，都被造成「彌勒佛王降魔像」。此類像的主尊「彌勒佛王降魔像」的造像兩側，都各繪有戴冠、呈黑色皮膚的普賢菩薩立像，及戴冠、呈白色皮膚的觀音菩薩立像。此像主尊「彌勒佛王降魔像」所坐的「轉輪王座」背靠上方兩側都各造有一隻與彌勒佛一起上、下兜率天的「金翅鳥」造像，說明造像中的主尊是「彌勒佛王下生降魔像」。此類「彌勒佛王下生降魔像」，都被繪坐在「支提」內下生「降魔」。主尊「彌勒佛王下生降魔像」，除了戴有王冠象徵其有轉輪王的身分外，其穿著的佛衣也都被繪畫得特別精美，說明其也是一尊具有高貴「轉輪王」身分的「彌勒佛王下生身」。此尊「彌勒佛王下生降魔像」右手所作的「降魔手印」，與一般「彌勒佛王降魔像」所作的「降魔手印」，沒有甚大

圖 43　西藏博物館 14 世紀尼泊爾造彌勒佛王新像唐卡

258 見本書第七章，〈犍陀羅的支提信仰性質及造像〉，圖版 26；並見馮明珠、索文清編，《聖地西藏：最接近天空的寶藏》（台北：聯合報股份有限公司，2010），圖版 67，拉薩西藏博物館藏，「佛傳圖唐卡」。

259 馮明珠、索文清編，《聖地西藏：最接近天空的寶藏》，圖版 61，「降魔成道唐卡」。

區別；只是此類「彌勒佛王下生降魔像」所戴的冠，及所穿的佛衣，都被畫得特別精美。這種側重彌勒佛王所著的「冠」及「精美佛衣」的情形，或許與《證明經》所載的，彌勒佛在下生降魔之後便接受許多天王及天子贈送給他許多禮物的經文有關；或許與「摩訶菩提樹像」或「彌勒佛王降魔新像」的造像法有關聯，我們不太確定是何原因。如果這種側重「彌勒佛王」所戴的「冠」及「精美佛衣」的造像法與《證明經》所載的經文有關，我們現在談論的這類「彌勒佛王下生降魔像」唐卡的畫像者，大概就是因為《證明經》載有彌勒下生之後要穿戴天子及天王送給他「寶冠」、「瓔珞」及「蓮花上衣」等禮物的緣故，因此在此類「彌勒佛王下生降魔像」上，先讓下生的「彌勒佛王」穿戴「寶冠」、「瓔珞」」及「蓮花上衣」，說明其將下生為「彌勒佛王」或「轉輪王」。如果此類造像是受「摩訶菩提樹像」造像法的影響，這大概就是西藏及尼泊爾的唐卡造像者，沒有用「轉輪王像」造此類造像的上身像而用穿著華麗的佛衣並戴冠的彌勒佛像造像法，說明此類彌勒佛像也具有高貴「轉輪王身」的原因。無論是那種原因促成此類「彌勒佛王下生降魔像」的造像情形，這種讓「彌勒佛王像」戴「冠」並穿著「精美佛衣」的造像法，與「摩訶菩提樹像」的造像法要表達的信息完全一樣，都是要說明此類造像都具有「摩訶菩提樹像」或「彌勒佛王降魔新像」要表達的意思。因此筆者也稱此類造像為「彌勒佛王下生降魔新像」。

第五節　克孜爾石窟的其他支提信仰造像
——千佛造像

克孜爾石窟能如此靈活地運用石窟壁面所造的造像解釋石窟的信仰內容，並能創造出「彌勒佛王新像」的造像法，不是沒有原因。克孜爾石窟發展支提信仰的時間，大概有三、四百年之久。在此中間，克孜爾石窟不僅因發展支提信仰而植下深厚的支提信仰知識，同時也出現多位熟悉支提信仰的學者及專家，如佛圖澄及鳩摩羅什。古代的龜茲如此累積其發展支提信仰的

知識及文化，我們自然能了解，為何中國十六國時代的帝王在發展支提信仰或「天王信仰」之際，都要依賴龜茲僧人為其發展支提信仰的原因，[260] 及為何直到 5 世紀初、中期，北涼在河西發展支提信仰之際，其在敦煌及河西所發展的支提信仰內容及造像法，都還顯見的受到克孜爾石窟造像法影響的原因。[261] 克孜爾石窟因能不斷的創造新像，並用傳統未用過的新經製作其新支提信仰造像的緣故，我們在克孜爾石窟也見有其他新造的支提信仰造像。譬如，克孜爾石窟所造的兩種新像，也是我們在其之前的亞洲佛教石窟不見的支提信仰造像。此二種新像即是：千佛造像及法界人中像。克孜爾非常可能是將「千佛造像」引入石窟、作為彌勒佛王下生像造像背景的最早石窟。克孜爾也可能在于闐製作「法界人中像」之後，即將「法界人中像」引入克孜爾石窟的地方。筆者將在本書第九章談論「法界人中像」，[262] 故在此章不談論此造像。

我們在上面談論金翅鳥的造像場合提到，金翅鳥在二界中間的造像，並不是出自《證明經》。由此，克孜爾的造像並不完全依賴《證明經》製作其像。克孜爾的「千佛」畫像，也是依據與彌勒佛下生信仰有關的「千佛」下生經典製作的造像。我們在克孜爾見到的「千佛」造像，都以小型的「千佛」坐像製成。克孜爾的「千佛」造像常見造於克孜爾石窟「中心柱窟」具有天空含義的「券頂」，也常見其出現在彌勒佛造像的四周。自克孜爾開始製作「千佛」造像之後，我們在阿旃陀及敦煌石窟等支提信仰遺址，便常見有「千佛」的造像。

「千佛」造像之所以會出現在克孜爾或其他支提信仰遺址，與「千佛」下生的信仰有關，其中與彌勒佛下生的信仰更有直接的關聯。因此「千佛」造像在克孜爾出現之後，「千佛」造像便常成為彌勒佛下生像的造像背景。我們

---

260 見古正美，《從天王傳統到佛王傳統》第二章，〈東南亞的天王傳統與後趙石虎時代的天王傳統〉，頁 65-103；並見本書第十章，〈中國北涼發展支提信仰的證據──涼州瑞像與敦煌的白衣佛像〉。

261 見本書第十章，〈中國北涼發展支提信仰的證據──涼州瑞像與敦煌的白衣佛像〉。

262 有關「法界人中像」，見本書第九章，〈《入法界品》的支提信仰性質及造像〉。

注意到，中國在沮渠氏統治北涼時代，便常造有「千佛」下生的造像；而此「千佛」下生的造像，與彌勒佛下生的造像，常一起出現於造像上。譬如，北涼太緣二年（436），清信士史良奴抄錄的《佛說首楞嚴三昧經》卷下的〈跋〉，即載有一段「千佛」信仰與彌勒下生信仰有關的文字：

> 維太緣二年歲在丙子四月中旬，令狐廉嗣於酒泉勸助優婆塞史良奴寫此一經。
> 願以此福所往生處，常遇諸佛賢聖，深入法藏，辯才無礙，與諸菩薩而為善
> 友。口游十方，捨身先生彌勒菩薩前，亦聞說法，悟無生忍，要值賢劫千佛，
> 心終口不退於無上菩提。[263]

此處所言的「捨身先生彌勒菩薩前」的意思是，要先出生於彌勒菩薩下生的地方。這和北涼石塔及佛教文獻上所言的「值遇彌勒」的意思相同，也與玄奘所言的「待至慈氏」的信仰有相同的意思。[264]「要值賢劫千佛」的意思因此是，要生於「賢劫時期」或現在（bhadrakalpa）「千佛」下生處。此二意思都是希望能在「彌勒」及「賢劫千佛」下生之處，值遇（遇見）「彌勒」及「賢劫千佛」。由此，我們知道，「彌勒佛下生」的信仰及「賢劫千佛下生」的信仰有密切的關聯，否則此二信仰不會同時出現在此抄經的〈跋〉中。

> 「賢劫千佛」的信仰，在北涼清信士史良奴供養《佛說首楞嚴三昧經》之前，
> 即北涼神璽三年（399）二月之前，已見道人寶賢在高昌寫有《賢劫千佛品經》
> 第十。[265]

由此，我們知道《賢劫千佛名經》在 4 世紀後半葉已經在高昌流傳。克孜爾「賢劫千佛」的造像，因此非常可能也在 4 世紀末或 5 世紀初，即出現於克孜爾石窟。闕譯人名今附《梁錄》的《現在賢劫千佛名經》載：「此諸菩薩於是賢劫中，皆當得阿耨多羅三藐三菩提（成佛），除四如來於此劫中得成佛已」。[266] 這話的意思是，這些菩薩在賢劫中都會下生、成佛，而目前已經下生、成佛的已有「四如來」或「四佛」。此處所言的「四如來」，依據同經所

---

263 池田溫，《中國古代寫本識語集錄》（東京：大藏出版公司，1990），頁 85。
264 見本書第五章，〈龍樹與阿瑪拉瓦底大支提的建築及造像〉談論「待至慈氏」的信仰及造像。
265 池田溫，《中國古代寫本識語集錄》，頁 78，第 47，《賢劫千佛品經》第十《道人寶賢題記》。
266 闕譯人名今附梁錄，《現在賢劫千佛名經》，《大正》卷 14，頁 386 上。

載的「千佛」名字，指「南無拘那提佛、南無拘那含牟尼佛、南無迦葉佛、南無釋迦牟尼佛」。此「四如來」下生、成佛之後，就輪到「南無彌勒佛」要下生、成佛。[267]

《現在賢劫千佛名經》將彌勒佛排在「四如來」之後下生，說明彌勒佛乃繼釋迦摩尼佛等佛之後下生、成佛。這段話說明彌勒佛下生的情形，完全與《證明經》所載的「釋迦涅槃後」、「彌勒正身下」的說法相應一致。《現在賢劫千佛名經》就如《彌勒下生經》一樣，也是一部宣揚彌勒佛下生信仰的經典。現在「千佛」下生的信仰既與彌勒佛王下生成佛的信仰有密切的關聯，這就是為何「賢劫千佛」的造像常與彌勒佛王下生信仰的造像造在一起，並出現在克孜爾石窟的原因。克孜爾石窟最常見的「千佛」造像，常被造在券頂「彌勒自空中下生圖」的兩側（見圖3、圖10及圖12），說明「千佛」下生信仰與彌勒佛下生信仰有關。「千佛」造像自見造於克孜爾石窟券頂之後，敦煌許多石窟的窟頂也常造有「千佛」的造像。譬如，隋代開莫311窟及莫407窟的窟頂都用「千佛」造像作窟頂藻井的裝飾。

克孜爾石窟的「千佛」造像，也被造在「彌勒佛王像」的後方，作為說明「彌勒佛王」下生信仰的造像背景。譬如，我們在克孜爾123窟（圖44）及189窟（圖45）都見彌勒佛造像的背面及四周造有「千佛」的造像。這種用「千佛」像作為彌勒佛下生造像背景的造像法，自見於克孜爾之後，「千佛」造像便常見被造在「彌勒佛王」下生像的背面、兩側、上方及下方等處。譬如，敦煌北涼開莫251窟「彌勒一組三尊像」的兩側即見有「千佛」

圖44　克孜爾123窟的千佛與彌勒佛

---

267 闕譯人名今附梁錄，《現在賢劫千佛名經》，頁376上。

造像；隋代開莫 405 窟北壁中央的「彌勒一組五尊像」，即「一佛、二菩薩、二弟子」的造像，或敦煌文物研究所所言的「說法圖」，也見「倚坐彌勒佛王像」背面的菩提樹及白蓋上方造有「千佛」像（圖 46）；我們在前章談論武則天時代在龍門擂鼓臺中洞正壁所造的「彌勒一組三尊像」的造像背景，也見造有「千佛」的造像。[268]

圖 45　克孜爾 189 窟頂千佛與彌勒佛　　　圖 46　敦煌莫 405 窟北壁彌勒佛王與千佛像

　　《證明經》並沒有記載「（現在）賢劫千佛」下生的信仰。此信仰很明顯的是後來加入的「彌勒佛王」下生信仰。《現在賢劫千佛名經》所載的諸佛下生的經文既然提到彌勒佛也要下生的信仰，支提信仰遺址所造的「千佛」造像，便不會是過去「千佛」或未來「千佛」下生的信仰，而應該是「現在賢劫」時期的「千佛」下生造像。這與彌勒佛王現在要下生為轉輪王的信仰是相應的信仰。因為兩者都相信「彌勒佛王」是現在下生或出世的轉輪王。8 世紀初期密教胎藏派學者善無畏（Śubhakarasimha，716 來華）翻譯的《慈氏菩薩略修愈哦念頌法》時，也如此談到彌勒佛王下生信仰與「千佛」的關係：

　　　待慈氏如來下生，為作第一會主，待賢劫千佛時，皆作為轉輪王，千佛皆與授

268 見本書第七章，〈犍陀羅的支提信仰性質及造像〉，圖版 21。

記，與千佛為應身。[269]

　　直至今日，學者對佛教石窟中的「千佛」造像作有各種不同的解釋。譬如，施萍婷便如此解釋其在莫 428 窟所見的「千佛」造像：「四壁上層影塑五排，代表三世十方諸佛，亦是禮佛觀像之需（見《思維略要法》）。《妙法蓮花經・安樂行品》有云：深入禪定，見十方佛，也說明坐禪觀佛的觀十方諸佛」。[270]就我們對北周開鑿的莫 428 窟的造像，如「彌勒降魔像」、「釋迦涅槃像」及「彌勒坐支提下生像」的了解，莫 428 窟乃是座說明支提信仰的石窟。莫 428 窟造千佛造像的原因，自然與支提信仰有關，而與施萍婷所言的坐禪觀像的活動並無關聯。普斯佩斯・潘（Pushpesh Pant）在見到阿旃陀第 2 窟及第 7 窟壁面都造有「千佛」像（圖 47）時，都稱這些「千佛」造像為「舍衛城神變」（Great miracle of Sravasti），或「佛示現神變所化（造）的化佛像」。[271] 普斯佩斯・潘會如此說，自然是因為他沒有注意到，可能也不知道，「千佛」造像在阿旃陀石窟出現的原因，乃要說明彌勒佛王下生信仰。東、西方學者在處理比較複雜或不能解釋的造像時，常用「大神變」（Great miracle）或「舍衛城神變」之名說明之。這種釋像法本來就非常有問題，可是還常見學者使用。日本學者宮治昭對「千佛」造像的解釋非常像普斯佩斯・潘的說法，他說：「這些『千佛』化現的圖像形式是基於佛三昧所生布滿虛空的化佛」。[272] 學者的這些有關「千佛」造像的解釋，明顯的都用「看圖釋像法」解釋「千佛」的造像，而沒有依據經典所載了解「千佛」像在石窟中出現的原因。學者這些釋像法，自然都

圖 47　阿旃陀 7 窟千佛造像

269 （唐）善無畏譯，《慈氏菩薩略修愈哦念誦法》，《大正》卷 20，頁 599 上。

270 施萍婷，〈關於莫高窟第四二八窟的思考〉，《敦煌研究》，第 1 期（1998），頁 4。

271 Pushpesh Pant, *Ajanta & Ellora: Cave Temple of Ancient India.* Holland: Roli & Janssen BV, 1998, pp. 50-51.

272 宮治昭，〈宇宙釋迦佛〉，《敦煌研究》，第一期（2003），頁 28。

有重新被思考及反省的必要。

第六節　結論

　　我們雖然有《證明經》可以用來了解支提信仰的造像性質及內容，然而如果沒有克孜爾石窟用造像的方法告訴我們，克孜爾石窟在發展支提信仰之際所強調的信仰內容，除了有古代龜茲所強調的「彌勒佛自兜率天下生為轉輪王」的信仰外，還有「彌勒佛坐支提下生降魔」的信仰，及「彌勒佛下生的時間在釋迦涅槃之後」的信仰等。換言之，如果我們不知道克孜爾石窟的造像性質及造像內容，直至今日我們或許還會以為，克孜爾中心柱窟的券頂造像只是普通的「天相圖」，而石窟前室門上方所造的「彌勒降魔變」，就是學者所言的「釋迦降魔成道圖」；而克孜爾石窟後室所造的造像，就是簡單的要表達釋迦涅槃的故事。

　　克孜爾石窟的造像者不僅非常善於將《證明經》所載的支提信仰內容呈現在其開鑿的石窟壁面，同時也非常善於精準地用造像的方法在其開鑿的石窟壁面表達其支提信仰的內容，甚至創造各種支提信仰的新像。這就是為何克孜爾石窟所開鑿的石窟及其創造的各種新像，在 5 世紀中期左右之後，便成為亞洲各地發展支提信仰的模式，而其所造的造像，因傳入犍陀羅、印度、喜馬拉雅山區、中國及東南亞各國的緣故，從而全面的影響了亞洲各地製作支提信仰的方法及造支提信仰造像的發展方向。克孜爾石窟在佛教造像史上有如此卓越的發展及成就，顯見的與克孜爾石窟長期發展支提信仰的歷史有密切的關聯外，也與克孜爾石窟的策劃者或造像者具有豐富的想像力及創造力有一定的關聯。

　　過去我們常用「佛教東傳」此詞來說明佛教自印度傳入中亞及中國的情形。由於我們對佛教的傳播，有佛教自印度東傳的固定認識，我們對佛教在歷史上的傳播情形，便從來沒有產生過懷疑。但自 5 世紀中期左右之後，印度各地所發展的支提信仰造像法及造像內容，因都有明顯的受到犍陀羅及克

孝爾石窟造像法及造像內容的影響，特別是後者，我們便開始懷疑印度佛教東傳的說法。印度各地方及王朝發展支提信仰的活動，從目前印度出土的佛教文物便可以看出，印度有長期受克孜爾石窟及犍陀羅發展的支提信仰造像法及造像內容的影響。譬如，印度 5 世紀之後出土的「四相圖」及「八相圖」的造像內容，基本上就是克孜爾石窟提倡及製作的支提信仰新像內容。玄奘在 7 世紀初期去印度巡禮佛蹟之際在佛陀成道地「菩提迦耶」所見的「彌勒降魔新像」，及 8 世紀至 12 世紀帕拉王朝製作的各種「八相圖」、「彌勒降魔像」，及「彌勒降魔新像」，也都說明了印度有長期提倡克孜爾石窟的支提信仰及造像的情形。故筆者稱印度這種受犍陀羅及克孜爾石窟造像法及造像內容影響的造像現象為「中亞化」的佛教或支提信仰發展現象。印度自 5 世紀後半葉阿旃陀石窟開始使用克孜爾石窟的造像法及造像內容建造石窟之後，至帕拉王朝於 12 世紀尚見有依據克孜爾石窟的「彌勒降魔像」的造像法製作其「彌勒降魔像」及「彌勒降魔新像」的情形來判斷，印度在其歷史上發展其「中亞化」的佛教造像活動，前後至少有 7 百年之久。其中印度所造的支提信仰造像法，如「彌勒一組三尊像」及「一組三尊彌勒像」的造像法源自犍陀羅外，其他的造像法及造像內容都來自克孜爾石窟的支提信仰造像。

這樣的印度佛教發展現象，說明了印度自 5 世紀中期左右之後，印度的支提信仰發展便一面倒的自克孜爾石窟吸取其發展佛教信仰的方法及養分。在此情況下，我們便不能用「佛教東傳」此詞說明佛教傳播到中亞及中國的情形。

大乘佛教的信仰及造像的發展中心，於西元 1 世紀中期之後，便在古代貴霜王朝建國的都城犍陀羅。龍樹雖然在 2 世紀中期左右曾在南印度的案達羅地方奠立其新大乘佛教發展基地達 1、2 世紀之久。但自西元 4、5 世紀之間，克孜爾石窟及犍陀羅開始發展其新的支提信仰及造像法之後，大乘佛教的信仰及造像的發展中心，很顯然的又由南印度轉移回中亞的犍陀羅及龜茲，特別是後者。大乘佛教信仰及造像的發展中心因此不是如我們過去所想像的，一成不變都在印度。

過去我們對古代的龜茲國及克孜爾石窟的了解很少，只知道古代的龜茲

國出過兩位影響中國早期佛教發展非常重要的僧人佛圖澄及鳩摩羅什。由於過去我們對於古代龜茲及克孜爾石窟的造像發展情形完全沒有真正的了解，因此才會出現我們都不知道克孜爾石窟的支提信仰造像有傳播至印度及亞洲其他地方（包括中國）的現象，並長久的影響印度及亞洲這些地方的支提信仰造像方法及造像內容；也不知道古代龜茲發展的「佛教建國信仰」是支提信仰；甚至不知道古代的龜茲或克孜爾石窟曾是亞洲發展大乘支提信仰的造像中心。由於我們一直對古代的龜茲及克孜爾石窟沒有特別的關心及研究，這就是為何 7 世紀初葉去印度巡禮佛蹟的玄奘及王玄策，在佛陀成道地菩提迦耶都無法辨識其等所謂的「菩提樹像」或「彌勒降魔新像」的原因，這也是今日的學者還在思考「菩提樹像」的造像性質及造像內容的原因。

　　克孜爾石窟的造像非常重要。因為此石窟的造像不但能反映當時龜茲的佛教信仰情形，特別是其「佛教建國信仰」的信仰情形，而且克孜爾石窟的造像，也是我們考察西元 5 世紀中期之後，亞洲許多地區，特別是印度，發展佛教支提信仰的內容及方法的基礎及模式。克孜爾石窟今日保存石窟及其造像的情形雖然非常殘破，但從其殘留的造像，我們還是可以看出其創造支提信仰造像的氣勢及方法。

第九章

《入法界品》的支提信仰性質及造像

第一節 《入法界品》的中文翻譯及其
信仰內容

■一 《入法界品》的中文翻譯情形

《入法界品》（the *Gaṇḍavyūha*）在中國歷史上曾多次被翻譯成中文。西元 5 世紀初期之前，中國已有多次翻譯《入法界品》的活動，但 5 世紀初期之前所翻譯的《入法界品》，都不是今日所見的完整版的《入法界品》的譯文。西元 5 世紀初期之後，中國才有完整版的《入法界品》的翻譯本。但因 5 世紀初期之後，《入法界品》的翻譯常隨中國《華嚴經》的翻譯被譯成中文的緣故，《入法界品》因此常被中國學者視為《華嚴經》（the *Avatam saka*）的一品。

《華嚴經》因是一部由不同經品集結而成的大經，而《入法界品》的成經時間又被學者認為是在《華嚴經》之前，故日本及西方學者常視《入法界品》是一部獨立的單經；換言之，《入法界品》先以單經的形式流傳之後才被收入《華嚴經》。[1] 但中國《華嚴經》的作疏家向來認為，《入法界品》是《華嚴經》的最後一品。這就是中外學者對《入法界品》在歷史上的定位有不同看法的緣故。

《入法界品》被收入《華嚴經》的原因，與《入法界品》強調「盧舍那／毘盧遮那佛」（Buddha Vairocana）的信仰應有極大的關聯。《入法界品》，特別是八十卷《華嚴經·入法界品》及四十卷《華嚴經·入法界品》，都非常顯見的提倡「毘盧遮那佛」的信仰。這是支提信仰在發展過程中出現的重大變化現象。我們在早期撰作的支提信仰經典《普賢菩薩說證明經》（此後，《證明經》），完全不見有「盧舍那／毘盧遮那佛」的名字及信仰。大概由於《入法界品》的「盧舍那／毘盧遮那佛」的名字也是《華嚴經》主佛的名字，故《入

1　Jan Fontein, *The Pilgrimage of Sudhana: A Study of Gaṇḍavyūha Illustrations in China, Japan and Java*. Leiden: Mouton co. and others, 1966, Chapter 1, p. 17，並見後詳述。

法界品》常被收入《華嚴經》，並成為《華嚴經》的一品。這也說明，《入法界品》的發展與「盧舍那／毘盧遮那佛」的發展乃息息相關。西元 5 世紀之後，三部中譯《入法界品》的經文內容相當一致，只是八十卷及四十卷《華嚴經・入法界品》，為了提倡「毘盧遮那佛」的信仰，而將較早出現的六十卷《華嚴經・入法界品》的經本再度擴大，成為八十卷《華嚴經・入法界品》及四十卷《華嚴經・入法界品》的經本，並強調「毘盧遮那佛」的信仰及重要性。

中國在 5 世紀初期之後，共三次翻譯具有完整版經文的《入法界品》。前兩次翻譯的《入法界品》，都因翻譯《華嚴經》的緣故，《入法界品》的經文也隨之被翻譯成《華嚴經》的一品。中國歷史上三次翻譯完整版《入法界品》經文的情形如下：（1）中國第一次翻譯的完整版《入法界品》的時間，是在東晉時代（統治，317-420）僧人支法領自古代中亞（Central Asia）的于闐（Khotan）取來六十卷《華嚴經》之後不久的時間。中國第一次翻譯的完整版六十卷《華嚴經》或《入法界品》的活動，後便由印度僧人佛馱跋陀羅（Buddhabhadra）在西元 418-420 之間，於中國南方揚州道場寺主持翻譯此經。這就是中國六十卷《華嚴經》，或首部中譯完整版的《入法界品》在中國被譯出的情形。[2]（2）中國第二次翻譯的完整版《入法界品》的時間，是在武則天（624-705）統治大周（統治，690-705）的時代。此次翻譯的活動，因武則天在統治大周的初期自于闐取來八十卷《華嚴經》及其于闐譯人實叉難陀（Śikṣānanda）的緣故，武則天因此於大周證聖年（695）已未而有翻譯八十卷《華嚴經》的活動。中國歷史上第二次翻譯《華嚴經》及《入法界品》的活動，因此是由于闐僧人實叉難陀在大周大遍空寺主持的翻譯活動。這就是中國歷史上有第二部完整版的《入法界品》的中譯經文的原因。[3]（3）中國歷史上第三次翻譯完整版《入法界品》的原因是，在印度東南海岸建國的烏荼王（King Orda or Orissa），因要求

2　（東晉）天竺三藏佛馱跋陀羅譯，《大方廣佛華嚴經》，《大正》卷 9，頁 395-788，並見頁 788 下，〈跋〉。

3　（宋）贊寧等，《宋高僧傳・佛馱跋陀羅》卷 2，《大正》卷 50，頁 718 下；並見（唐）實叉難陀譯，《大方廣佛華嚴經》，《大正》卷 10，頁 1-444 及頁 1，〈序〉。

唐德宗（統治，780-805）送他一口鐘，為了回報唐德宗送鐘之誼，烏荼王因此回贈唐德宗一部烏荼版的四十卷《入法界品》。此部烏荼版的四十卷《入法界品》內容，雖與八十卷《華嚴經・法界品》的內容比較相近；然因其所記載的善財童子（Sudhana）見「觀世音善知識」（kalyānamitra Avalokiteśvara），或也簡稱為「觀音菩薩」的經文，特別是描述觀音菩薩信仰及觀音菩薩形象的經文，已受當時南印度密教金剛頂派（the Vajrayāna）所創造的密教觀音信仰及觀音形象的影響，故烏荼版的四十卷《華嚴經・入法界品》所載的觀音信仰及觀音形象，便與六十卷及八十卷《華嚴經・入法界品》所載的觀音信仰及觀音形象非常不同。[4] 烏荼王贈送給唐德宗的烏荼版四十卷《華嚴經・入法界品》，後由攜帶此經來華的罽賓僧人般若（Prajñā），在唐德宗時代將之翻譯成中文。[5] 這就是中國歷史上第三次翻譯完整版的《入法界品》經本的歷史。第三部完整版的《入法界品》的譯本雖也用《華嚴經》之名流通，然其譯本只載有四十卷《入法界品》的經文，而沒有載《華嚴經》的經文，故烏荼版的《入法界品》譯本也被稱為《普賢行願品》（the *Bhadracarīpranidhāna or the Bhadracarī*），[6] 或「四十卷《華嚴經》」。

二 《入法界品》與龍樹奠立的支提信仰的關聯性

《入法界品》可能是在 4、5 世紀之間，依據龍樹／龍猛於 2 世紀中期左右或稍後，在南印度所奠立的支提信仰內容所撰造的一部「密教化」（esotericised）的支提信仰新經典。[7] 我們之所以知道此事，除了《入法界品》的經尾提到彌勒菩薩（Bodhisattva Maitreya）所說的信仰內容即是龍樹所提倡的

4　見古正美，《從天王傳統到佛王傳統：中國中世佛教治國意識形態研究》（此後簡稱《從天王傳統到佛王傳統》）第七章，〈從南天烏荼王進獻的《華嚴經》說起——密教金剛頂派在南天及南海的發展狀況〉（台北：商周出版公司，2003），頁 364-366。

5　（唐）罽賓國三藏般若奉詔譯，《大方廣佛華嚴經》，《大正》卷 10，頁 661 上-849 上。

6　（唐）罽賓國三藏般若奉詔譯，《大方廣佛華嚴經》，《大正》卷 10，頁 661 上-849 上。

7　見下詳述。

支提信仰內容外，[8] 在《入法界品》的經首，《入法界品》的作者也用具有象徵支提信仰的「阿瑪拉瓦底大支提」的名字，作為經中主角善財童子（Sudhana）參拜五十三位「善知識」（kalyānamitras or good friends）之行〔或其「朝山行」（Pilgrimage）〕的出發地點。《入法界品》之所以會以龍樹所策劃及建造的「阿瑪拉瓦底大支提」作為「善財童子參師行」的出發地點，乃因《入法界品》所載的主要經文內容，都以談論「轉輪王」及「佛王」如何以佛教信仰建國的方法及概念作為經中的主要信仰內容。筆者在前章說過，「佛教建國信仰」的關鍵字就是「轉輪王」（cakravartin）此詞。《入法界品》所載的「轉輪王」及「佛王」（Buddharāja）此二概念的定義，因與龍樹在其《寶行王正論》對「轉輪王」及「佛王」此二概念所作的定義完全相同，[9] 故我們認為，《入法界品》是依據龍樹奠立的支提信仰內容所發展及撰造的一部支提信仰新經典。

善財童子在經中遇到引領其「參師行」或「朝山行」的文殊師利菩薩（Bodhisattva Mañjuśrī）之後，其南行參師的出發點，按照六十卷《華嚴經·入法界品》的說法，即在「覺城東」的「莊嚴幢娑羅林中大塔廟處」。[10] 此處即是 2 世紀中期左右或稍後，龍樹於南印度的案達羅國為娑多婆訶王喬達彌子·禪陀迦（Gautamīputra Sātakarni）發展支提信仰的都城所在地，也是龍樹為娑多婆訶王發展支提信仰所建造的最重要建築物或造像址「阿瑪拉瓦底大支提」的建造地。[11]

我們從中國翻譯的三部中譯《入法界品》的譯文，完全看不出善財童子在見到文殊師利菩薩之後，其南行參師的出發點是在龍樹發展其支提信仰的重要地標「阿瑪拉瓦底大支提」。因為此三部中譯《入法界品》的經本都沒有將經中所言的「莊嚴幢娑羅林中大塔廟處」的梵文意思完整的翻譯出來。六

8　見後詳述。

9　有關龍樹撰造《寶行王正論》之事，見（陳）真諦譯，《寶行王正論》，《大正》卷 32；並見本書第四章，〈佛教支提信仰的奠立者——龍樹菩薩〉。

10　見下詳述。

11　見本書第四章，〈佛教支提信仰的奠立者——龍樹菩薩〉。

十卷《華嚴經・入法界品》如此記載善財見到文殊師利菩薩之後,其南行所住的「莊嚴幢娑羅林中大塔廟處」的譯文:

> 爾時文殊師利菩薩建立彼諸比丘菩提心已,與其眷屬漸游南方至覺城東,住莊嚴幢娑羅林中大塔廟處,過去諸佛所游止處。[12]

八十卷《華嚴經・入法界品》同段經文的譯文是:

> 爾時文殊師利菩薩勸諸比丘發阿耨多羅三藐三菩提心已,漸次南行經人間至福城東,住莊嚴幢娑羅林中,住昔諸佛曾所止住教化眾生大塔廟處,亦是世尊於往昔時修菩薩行能捨無量難捨之處。[13]

四十卷《華嚴經・入法界品》則如此翻譯此段經文:

> 爾時文殊師利菩薩……漸次南行,經歷人間城邑聚落至福生城。於其城東,住莊嚴幢娑羅林中,往昔諸佛曾所止住教化成熟一切眾生大塔廟處,亦是世尊毗盧遮那於往昔時行菩薩道,能捨無量難捨之處。[14]

從此三部中譯《入法界品》的經文,我們完全看不出此三部中譯經文所載的「莊嚴幢娑羅林中大塔廟處」即指「阿瑪拉瓦底大支提」。但研究中國、日本及印尼《入法界品》經本及造像有名的荷蘭裔美國學者真・方登(Jan Fontein, 1927-2017),在依據及比較現存梵文本經文的情況下,將此「莊嚴幢娑羅林中大塔廟」的地點,指向古代娑多婆訶王朝(the Sātavāhana, ?-225)都城「丹尼亞卡拉」(Dhanyākara)[15] 附近的「莊嚴幢娑羅林的支提」(the caitya of Vicitraśāladhvaja near Dhanyākara)。[16] 真・方登在提到「丹尼亞卡拉」此地名時認為,此地名是在印度南方可以找到的真實地點。[17] 因為法國學者拉莫特(Étienne Lamotte, 1903-1983)說,「丹尼亞卡拉」此名在古代即指娑多婆訶王朝

12　(東晉)天竺三藏佛馱跋陀羅譯,《大方廣佛華嚴經・入法界品》卷 45,《大正》卷 9,頁 687 下。

13　(唐)于闐國三藏實叉難陀奉制譯,《大方廣佛華嚴經・入法界品》卷 62,《大正》卷 10,頁 331 下-332 上。

14　(唐)罽賓國三藏般若奉詔譯,《大方廣佛華嚴經》卷 4,《大正》卷 10,頁 677 上。

15　見本書第四章,〈佛教支提信仰的奠立者——龍樹菩薩〉。

16　Jan Fontein, *The Pilgrimage of Sudhana*, Chapter 1, p. 6.

17　Jan Fontein, *The Pilgrimage of Sudhana*, Footnote 7 of the *Gandavyūha*, p. 175.

的都城「丹尼亞卡塔卡」（Dhānyakaṭakā）。研究「阿瑪拉瓦底大支提」有名的學者傑士·布吉斯（Jas Burgess, 1832-1916）也說，西藏文獻所言的「丹尼亞卡塔卡」，即指古代娑多婆訶王朝都城的名字，或今日學者所言的「阿瑪拉瓦底」。[18] 真·方登所提供的現存梵文版《入法界品》的經文既提到，善財童子參師的出發點是在古代娑多婆訶王朝的都城「丹尼亞卡拉」，或今日學者所言的「阿瑪拉瓦底」附近的地方，此處自然是指龍樹發展支提信仰，並建造其「阿瑪拉瓦底大支提」建築的地點。

中譯《華嚴經·入法界品》很顯然的將「支提」（caitya）或「大支提」（mahācaitya）此名翻譯成「塔廟」（stūpa-vihara）或「大塔廟」（the great stūpa-vihara），因此從中譯《華嚴經·入法界品》的譯文，我們完全看不出此經所譯的「大塔廟」此詞有指「阿瑪拉瓦底大支提」。龍樹所隸屬的大眾部律法《摩訶僧祇律》說：「支提」（caitya）與「塔」（stūpa）的建築形制雖相同，但「支提」內造有佛像、寶蓋及供養之具，而「塔」則只是作為收藏「舍利」（relics）之用。[19] 又，龍樹撰造的《證明經》也說，彌勒佛自兜率天坐「支提」下生，[20]「支提」因此是彌勒佛坐以下生的工具，而「支提」內坐的佛像，自然是指「彌勒佛像」。[21] 娑多婆訶王朝在其都城建造「阿瑪拉瓦底大支提」的原因，是為了要說明及宣揚娑多婆訶王朝的帝王以龍樹奠立的支提信仰或「彌勒佛坐支提下生為轉輪王的信仰」及面貌統治天下。[22]《入法界品》既用「阿瑪拉

---

18 Étienne Lamotte, "Mañjuśī", *T'oung Pao*, Vol. 48, Nos. 1-3, 1960, p. 46. Lamotte identifies "Dhanyākara" with "Dhānyakaṭaka" translated by Tibetan source. Jas Burgess might be the first person who identifies "Amarāvatī" with the Tibetan conversion of the ancient name of "Amarāvatī", i.e., "Dhānyakaṭaka". He says: "The town of Dharaṇikoṭa is the ancient Dhanyakaṭaka or Dhānyakaṭaka, the capital of Mahā-Āndhra and lies about eighteen miles in a direct line to the wesward from Bejwādā on the south or right bank of the Kṛishṇā river, above the bed of which it is well raised." See Jas Burgess, The *Buddhist Stupas of Amaravati and Jaggayyapeta in the Krishna District, Madras Presidency surveyed in 1882*, p. 13.

19 見本書第四章，〈佛教支提信仰的奠立者——龍樹菩薩〉。

20 見本書第五章，〈龍樹與阿瑪拉瓦底大支提的建築及造像〉。

21 見本書第四章，〈佛教支提信仰的奠立者——龍樹菩薩〉。

22 見本書第四章，〈佛教支提信仰的奠立者——龍樹菩薩〉及第五章，〈龍樹與阿瑪拉瓦底大支提

瓦底大支提」此支提信仰的建築作為「善財參師行」的出發點，這自然說明，《入法界品》是一部依據龍樹奠立的支提信仰的經義所發展及撰造的新支提信仰經典。

中譯《入法界品》常將「支提」一詞翻譯成「塔廟」或「佛塔」等詞。譬如，《入法界品》在翻譯善財童子參見「長者安住」（Grapati Vesthila）的經文，即將長者安住「供養支提」的「普賢行法」，[23] 翻譯成「供養佛塔」的行法。六十卷《華嚴經‧入法界品》如此翻譯此段長者安住「供養支提」的行法：「彼有長者名曰安住，彼常供養旃檀佛塔」。[24] 八十卷《華嚴經‧入法界品》也如此翻譯同段經文：「於此南方有城名善度，中有居士，名鞞瑟胝羅（安住），彼常供養旃檀座佛塔」。[25] 四十卷《華嚴經‧入法界品》亦如此翻譯同段經文：「有居士比瑟底羅（安住），彼常供養旃檀座佛塔」。[26] 三本中譯《華嚴經‧入法界品》都在說明長者安住行「普賢行法」的場合，將長者安住「供養支提」的行法翻譯成「供養佛塔」的行法。真‧方登在依據梵文本重譯此段文字之際，他將梵文的原文如此翻譯成英文："Tathāgata's caitya called Candanapītha"。[27] 真‧方登英譯此段梵文的意思是：「如來的支提叫做旃檀座」。

但《華嚴經‧入法界品》也有將梵文「支提」此詞翻譯成中文為「制底」及其他譯文的情形。八十卷《華嚴經‧入法界品》在談到善財童子參師的終點站時，即如此提到他見到彌勒菩薩在其住所「廣大樓閣」示現神通說明其「普賢行法」即是「支提信仰」的行法時說：

……或作菩薩，或如來，教化調伏一切眾生；或為法師，奉行佛教，受持讀

　　的建築及造像〉。

23　見下文解釋「普賢行法」此詞。

24　（東晉）天竺三藏佛馱跋陀羅譯，《大方廣佛華嚴經‧入法界品》卷 50，《大正》卷 9，頁 717 中。

25　（唐）于闐國三藏實叉難陀奉制譯，《大方廣佛華嚴經‧入法界品》卷 68，《大正》卷 10，頁 366 上。

26　（唐）罽賓國三藏般若奉詔譯，《大方廣佛華嚴經》卷 16，《大正》卷 10，頁 731。

27　Jan Fontein, *The Pilgrimage of Sudhana*, Chapter 1, p. 10.

誦、如理思惟。立佛支提，作佛形象，若自供養，若勸於他，塗香散華，恭敬禮拜。[28]

這段文字說，彌勒菩薩在其「廣大樓閣」用各種「變化身」教化眾生、建造「支提」及佛像，並自己供養支提，也勸他人供養支提的情形是：「立佛支提，作佛形象，若自供養，若勸於他，塗香散華，恭敬禮拜」。由此段譯文我們知道，《華嚴經·入法界品》所載的「彌勒菩薩」，即指早期支提信仰所言的「彌勒佛」。[29]

中譯三本《華嚴經·入法界品》所譯的「供養旃檀座佛塔」，應被譯為：「供養旃檀座支提」。但此三部中譯經文，都沒有將「支提」一詞譯出，此三譯並都將「支提」此詞翻譯成「佛塔」。真·方登的英譯文雖將「支提」一詞譯出，然其譯文也非常有問題。因為其譯文的中譯意思是：長者安住所供養的「支提」被稱為「旃檀座」。這段真·方登的英譯文字顯然沒有將梵文的原意翻譯出來。其譯文只強調、說明「支提」的名字是「旃檀座」，而沒有提到「長者安住」的「普賢行法」是「供養支提」的行法。《入法界品》此段經文的原意是要說明長者安住供養「旃檀」造的「支提」之事。真·方登顯然不知道三部中譯的譯文，基本上是正確的譯文，只是沒有將「支提」一詞譯出，而都將之譯成「佛塔」。「旃檀」（candana）是一種香樹或木料，[30] 中譯的「旃檀座佛塔」的意思，有指此「支提」的底座或「支提」本身是用「旃檀」製作的意思。從上面談論的《入法界品》譯文，我們非常確定，《入法界品》是一部依據龍樹所創立的支提信仰所撰造的新經。

就《入法界品》記載善財童子為了增益自己的知識及修行，到各處去參見「善知識」或「善友」（kalyāṇamitra）問道的情形，我們可以說，《入法界品》是一部記載善財童子的「參師記」或「朝山行」的經典。由於《入法界品》

28　（唐）于闐國三藏實叉難陀奉制譯，《大方廣佛華嚴經·入法界品》卷 79，《大正》卷 10，頁 437 上。

29　有關彌勒菩薩即是彌勒佛的信仰，見下詳述；並見本書第三章，〈貴霜佛教建國信仰的發展者迦尼色迦第一及胡為色迦王〉。

30　狄原雲來編輯，《梵和大辭典》上冊（台北：新文豐出版公司，1979），頁 458b。

所載的「善知識」或「善友」在梵文中被稱為「大聖」（bhagavat / bhagavatī），[31]而其各自所行的「普賢行」內容及性質不同外，其等也都是修行有成的大菩薩、帝王，甚至是佛等。八十卷《華嚴經・入法界品》卷七十八載有善財所參見的「善知識」或「善友」的數目共有「一百一十善知識」之多：「曩於福城受文殊教，展轉南來求善知識，經由一百一十善知識已，然後而來至我所」。[32]但中國學者一般都認為，善財童子參拜的善知識只有「五十三人」。日本學者的看法則不同，日本學者認為，共有善友「五十五人」。為何會有「五十三人」及「五十五人」的不同說法？依據真・方登的說法，這是因為中國及日本的學者對經中所載的「善知識」人數有不同的算法。譬如，有些學者因善財在不同的場合參見文殊兩次，便將文殊菩薩算成兩位善知識；有些學者因善財在同一場合見了師利散巴瓦（Śrī Sambhava）及師利瑪緹（Śrī Matī），因此認為善財所見的「善知識」只算一次。[33]無論如何，《入法界品》乃是一部記載善財童子在文殊菩薩的引導下，遊行各地參訪五十三／五十五位「善知識」或「善友」，並向他們學習其等的專門行法及知識的故事。文殊菩薩因此被學者認為是位促成善財童子參師行最重要的菩薩。《入法界品》所載的「善知識」有各種不同的人物，有比丘、比丘尼、良醫、夜天、長者、優婆塞、優婆夷、童男、童女、婆羅門、出家外道、海師、印度天神大天（Mahādeva）、不同的轉輪王、不同的菩薩，如觀世音菩薩、普賢菩薩及彌勒菩薩，及不同的佛，如釋迦佛、盧舍那佛／毘盧遮那佛等。

31　見本書第二章，〈大乘佛教建國信仰的奠立者——貴霜王丘就卻〉談論「法王塔」銘文內容之處。

32　（唐）于闐國三藏實叉難陀奉制譯，《大方廣佛華嚴經》卷 78，《大正》卷 10，頁 428 下。

33　真・方登（Jan Fontein）如此說明為何有五十三及五十五善知識數目的差別："Although several Chinese and Japanese sources speak of fifty-three sages, Sudhana's are often referred to in Japan as the Fifty-five Good Friends （kalyānamitras）. The difference in the total number of kalyānamitras is caused by the fact that some count Mañjuśrī twice, because Sudhana visits this Bodhisattva on two different occasions, and that Śrīsambhava and Śrīmatī, whom Sudhana visits at the same time, may either be counted as one or as two." See Jan Fontein, *The Pilgrimage of Sudhana: A Study of Gaṇḍavyūha Illustrations in China, Japan and Java*, Chapter 1V., p. 129.

第二節 《入法界品》的信仰內容及經義

一、《入法界品》所載的佛教轉輪王建國信仰

《入法界品》與龍樹時代製作的支提信仰經典,如《證明經》及《寶行王正論》,[34]最大的不同處是,此經除了載有許多說法的善知識外,此經從頭到尾所談論的最重要行法,即是龍樹所奠立的「轉輪王」及「佛王」的信仰及行法。這就是我們認為《入法界品》是一部奠立於龍樹的支提信仰上,並擴大及延伸支提信仰經意的新經。

龍樹所奠立的支提信仰,基本上是用其「佛有三身」(trikāyas of a Buddha)的理論奠立其「轉輪王信仰」或「彌勒佛王信仰」的基礎。[35]龍樹所奠立的轉輪王信仰及形象,與貴霜王朝所奠立的轉輪王信仰及形象非常不同。龍樹用「佛有三身」的理論或信仰認為,「轉輪王身」是彌勒佛的「法身」(dharmakāya)下生的轉輪王身體(nirmānakāya,化身),因此龍樹的「轉輪王身」也具有「彌勒佛身」,並也是「彌勒佛王身」。[36]龍樹的轉輪王身因具有彌勒佛身,也具有轉輪王身,因此其「轉輪王身」也能被視為「既是佛,也是王」(He who is Buddha is raja / cakravartin)的「彌勒佛王身」(Buddharāja Maitreya),而其轉輪王造像,也能被造成彌勒佛像。[37]這就是龍樹的「轉輪王身」與貴霜王朝所言的「轉輪王」身不同的地方。貴霜王朝所定義的「轉輪王身」,只是普通的帝王身或佛教修行者的身體。[38]由於龍樹的「轉輪王身」具有彌勒佛的身體,龍樹的轉輪王信仰因此也能被視為「彌勒佛王信仰」。這就是為何新疆克孜爾石窟的轉輪王像,常被造成「彌勒佛像」或「彌勒佛王像」的原因。[39]

---

34 見本書第四章,〈佛教支提信仰的奠立者──龍樹菩薩〉。

35 見本書第四章,〈佛教支提信仰的奠立者──龍樹菩薩〉。

36 有關龍樹所奠立的轉輪王信仰及形象,見本書第四章,〈佛教支提信仰的奠立者──龍樹菩薩〉。

37 見本書第八章,〈新疆克孜爾石窟的支提信仰造像特色及其影響〉。

38 有關貴霜轉輪王身的定義,見本書第二章,〈大乘佛教建國信仰的奠立者──貴霜王丘就卻〉。

39 見本書第八章,〈新疆克孜爾石窟的支提信仰造像特色及其影響〉。

《入法界品》在龍樹奠立的轉輪王信仰影響下，雖然談論多種「菩薩」及「佛」的「佛王信仰」，然而，《入法界品》所談論的菩薩及佛的「佛王信仰」，只是擴大、延伸龍樹所談論的「彌勒佛王信仰」內容及概念。因此《入法界品》所談論的轉輪王信仰或佛王信仰，基本上就是龍樹所言的「轉輪王信仰」或「佛王信仰」。

龍樹所了解的「轉輪王」此詞的意思是，轉輪王乃指用佛教信仰建國及治國的帝王。龍樹所了解的「轉輪王」此詞的定義，與貴霜所奠立的「轉輪王」建國及治國的方法完全一樣。兩者都認為，轉輪王除了用大乘佛教信仰內容建國外，也用佛教的道德行法「十善法」或「十戒」建國。[40] 我們是在善財童子南巡參師的起始，或在善財見到善知識海幢比丘（Bhiksu Sāradhavaja）之處，首見《入法界品》提到「轉輪王」此概念。六十卷《華嚴經・入法界品》卷四十七載：「轉輪聖王，七寶具足，四兵圍繞，放無慳光⋯⋯」。[41] 上面這段文字並沒有提到轉輪王用「十善法」或佛教信仰建國之事，只簡單的說明「轉輪王」作為用佛教信仰建國的世間大王，具有「七寶具足，四兵圍繞」的形象。我們是在同經卷四十九記載善財童子見到「滿足王」（King Anala）的場合，讀到《入法界品》說，滿足王用「十善法」作為其修「普賢行」的方法及治世的方法。六十卷《華嚴經・入法界品》

> 善男子，我成就菩薩幻化法門，我此國土殺生、偷盜乃至邪見，諸群生類、不可教化。離諸惡業，我為調伏。令解脫故，化作人眾，種種苦治，令捨十不善道一切諸惡，具足十善，得究竟樂，發（菩提心）。[42]

從這段《入法界品》所載的經文，我們才見到《入法界品》提到佛教「轉輪王」用「十善法」治世及建國的情形。所謂「十善法」，也被稱為佛教的「十戒」。[43] 佛教帝王或轉輪王使用「十善法」或「十戒」教化天下或建國的活動，始自 1 世紀 60 年代下半葉貴霜王朝的建國者丘就卻（Kujūla Kadphises, c.

40　有關貴霜的佛教建國方法，見本書第二章，〈大乘佛教建國信仰的奠立者——貴霜王丘就卻〉。

41　（東晉）天竺三藏佛馱跋陀羅譯，《大方廣華嚴經・入法界品》卷 47，《大正》卷 9，頁 696 上。

42　（東晉）天竺三藏佛馱跋陀羅譯，《大方廣華嚴經・入法界品》卷 49，《大正》卷 9，頁 708 下。

43　見本書第二章，〈大乘佛教建國信仰的奠立者——貴霜王丘就卻〉。

30-80）在歷史上開始施行用大乘佛教信仰建國的時代。丘就卻在犍陀羅（Gandhāra）施行用佛教信仰建國之際，不僅非常重視用初期大乘佛教所提倡的「般若波羅蜜行法」（prajñāpāramitā）或「菩薩道行法」作為其建國的方法，同時其也非常側重用「十善法」或「十戒」的道德行法統治天下。[44] 丘就卻在其記載及流通天下的大乘佛教經典《道行般若經》，便常提到其要人民日夜修行「般若波羅蜜」行法及「十善法」行法的事。[45] 後來亞洲使用佛教信仰建國的帝王或轉輪王大概覺得要求人民修行「般若波羅蜜」行法有些困難，因此都逐漸傾向只強調使用「十善法」的行法作為其等用佛教信仰建國的方法。這大概就是後來的大乘經典常用「十善法」或「十戒」界定「轉輪王」用佛教信仰建國的標準或方法的原因。譬如，北魏（統治，386-534）菩提留支（Bodhiruci）翻譯的《大薩遮尼乾子所說經》，便非常明顯的用「十善法」作為該經界定佛教「轉輪王」建國的方法，並說，用「十善法」建國的「轉輪王」，也叫做「法王」或「護法法王」。[46]

善財童子見了「滿足王」之後，其所見的「大光王」（King Mahāsuprabha）也是一位用佛教信仰教化眾生或建國的「轉輪王」。六十卷《華嚴經·入法界品》說：「（大光王）如法治國，觀察眾生，順行世間，如法教化眾生，攝取眾生，安置眾生，饒益眾生……」。[47]

此處所言的「（大光王）如法治國」的意思是，「大光王」用佛教信仰建國或治國。《入法界品》所載的善知識，除了告訴善財童子轉輪王用「十善法」教化天下外，也提到「轉輪王以四攝法攝取眾生」。所謂「攝取眾生」，就是教化眾生或統治天下的意思。善財童子來到「不動優婆夷」（Upāsikā Acalā）所住的「安住城」，六十卷《華嚴經·入法界品》說：「轉輪王以四攝法攝取眾

44 見本書第二章，〈大乘佛教建國信仰的奠立者——貴霜王丘就卻〉。

45 見本書第二章，〈大乘佛教建國信仰的奠立者——貴霜王丘就卻〉。

46 （元魏）天竺三藏菩提留支譯，《大薩遮尼乾子所說經·王論品第五之一》，《大正》卷 9，頁 330 上-中。

47 （東晉）天竺三藏佛馱跋陀羅譯，《大方廣華嚴經·入法界品》卷 49，《大正》卷 9，頁 709 下。

生」。[48] 此處所言的，「轉輪王以四攝法攝取眾生」的意思是，轉輪王用四種方法教化天下或治國的意思。此「四攝法」指：布施、愛語、利行，及同事。[49] 此處所言的「四攝法」，可以說是簡化《大薩遮尼乾子所說經・王論品》所載的佛教「大王」或「轉輪王」用佛教信仰建國的方法。[50] 六十卷《華嚴經・入法界品》在此處也用非常冗長的經文闡述「轉輪王」此詞的定義及其行法。從六十卷《華嚴經・入法界品》所載的「轉輪王」定義及其行法，我們可以看出，佛教所言的「十善法」，常被視為佛教帝王或「轉輪王」建國的方法。佛教經典因此常稱「十善法」為佛教的「正法」，或佛教帝王或「轉輪王」統治天下的標準方法。

■二 《入法界品》所載的菩薩佛王建國信仰

《入法界品》定義「佛王」此概念的方法，與龍樹在其《寶行王正論》所作的「佛王」定義完全相同。兩者都認為，轉輪王因是佛的「法身」下生，並具有佛的身體，如「三十二相」及「八十種好」（報身），[51] 故「轉輪王身」也能現「佛的身體」。龍樹在《寶行王正論》所載的「大王佛法身」，即是龍樹說明其「佛王」定義最重要的文字。[52] 我們在《入法界品》也見有類似龍樹在其《寶行王正論》所載的「佛王」定義。譬如，六十卷《華嚴經・入法界品》在談論夜天「喜目觀察眾生」（Pramuditanayanajagadvirocanā）的「普賢行法」之處，也如此載有「轉輪王」具有「三十二相」及「八十種好」的形象：

> 其王名智慧／……／彼聖轉輪王／清淨妙色身／三十二相具／八十好莊嚴／……／彼聖轉輪王／常以正法治／統領諸山地／一切四天下／我時為寶

48　（東晉）天竺三藏佛馱跋陀羅譯，《大方廣華嚴經・入法界品》，《大正》卷9，頁712上。

49　William Edward Soothill and Lewis Hodous, *A Dictionary of Chinese Buddhist Terms*. Taipei: Ch'eng Wen Publishing Company, 1970（reprint），pp. 175b-176a.

50　（元魏）天竺三藏菩提留支譯，《大薩遮尼乾子所說經》卷3，《王論品》，《大正》卷9。

51　見本書第四章，〈佛教支提信仰的奠立者──龍樹菩薩〉。

52　見本書第四章，〈佛教支提信仰的奠立者──龍樹菩薩〉。

女。[53]

　　上面這段經文對「智慧」（Prajñā）轉輪王建國方法及形象的描述，乃是要說明《入法界品》的轉輪王所用的建國方法，與一般佛教轉輪王所用的方法沒有甚麼區別，都用佛教「正法」或佛教信仰，如「十善法」建國。但這段話所載的「智慧轉輪王身」或轉輪王形象，則與一般的「轉輪王身」及形象不同。因為此處所載的「轉輪王形象」，已具有佛的「三十二相」及「八十種好」的形象。這樣的「轉輪王身」，自然是具有「佛身」的「轉輪王身」。這樣的「轉輪王身」就是龍樹在其《寶行王正論》所言的「大王佛法身」的「轉輪王身體」。這種「既有佛身，又有轉輪王身」的「轉輪王身體」，即是轉輪王的「佛王身」。六十卷《華嚴經・入法界品》提到的「智慧轉輪王」，不是別人，其即是「文殊師利童子」或「文殊師利菩薩」（Bodhisattva Mañjuśrī）的前生。六十卷《華嚴經・入法界品》如此說明「文殊師利佛王」的故事：

　　善男子，爾時智慧轉輪王者豈是異人乎？文殊師利童子是也。紹繼轉輪王，姓諸如來種，使不斷絕。[54]

　　此段經文說文殊師利菩薩「紹繼轉輪王，姓諸如來種，使不斷絕」的意思是，「文殊師利菩薩」一直能以轉輪王的姿態或「佛王」的姿態統治天下。《入法界品》也用同樣的行文方式說明「彌勒菩薩」的「佛王身」及「普賢菩薩」的「佛王身」。我們是在「妙德救護眾生」（Samantasattvatrānojahśrī）夜天處，見到六十卷《華嚴經・入法界品》如此說明「彌勒菩薩」為「明淨寶藏妙德佛王」的故事：

　　有轉輪王名曰明淨寶藏妙德，為大法王，治以正法，從蓮花生，具三十二大人之相（佛報身相），七寶成就，王有千子，端正勇猛，有十億大臣。[55]

　　爾時明淨寶藏妙德轉輪聖王者，豈是異人乎？今彌勒菩薩是也。[56]

　　轉輪王「明淨寶藏妙德」因以「正法統治天下」或用佛教信仰建國，因

53　（東晉）天竺三藏佛馱跋陀羅譯，《大方廣華嚴經・入法界品》卷52，《大正》卷9，頁726下。
54　（東晉）天竺三藏佛馱跋陀羅譯，《大方廣華嚴經・入法界品》卷52，《大正》卷9，頁728。
55　（東晉）天竺三藏佛馱跋陀羅譯，《大方廣華嚴經・入法界品》卷52，《大正》卷9，頁730中。
56　（東晉）天竺三藏佛馱跋陀羅譯，《大方廣華嚴經・入法界品》卷53，《大正》卷9，頁732下。

此其在經中也被稱為是具有「護法法王」形象的「大法王」（Mahādharmarājika）或「轉輪王」。這段文字也如上面六十卷《華嚴經・入法界品》說明「智慧轉輪王」的文字一樣，說轉輪王「明淨寶藏妙德」「具三十二大人之相」。所謂「大人之相」，即指「佛相」。我們在上面說過，《入法界品》所載的「彌勒菩薩」就是龍樹在其《證明經》所言的「彌勒佛」。《入法界品》所載的「彌勒菩薩」既是過去的「彌勒佛王」，《入法界品》的「彌勒菩薩」自然能以「佛相」或「佛」的姿態下生統治天下，並被稱為「彌勒佛王」。筆者這樣解釋《入法界品》所載的「彌勒菩薩」與龍樹撰造的《證明經》所載的「彌勒佛」的關係，除了筆者在上面提到的，《入法界品》的撰造是「支提信仰」在歷史發展的過程中出現的新經外，我們在 9 世紀中爪哇（Central Java）建造的「婆羅浮屠遺址」（Candi Borobudur）的造像，也常見該遺址的造像者用「彌勒佛王」的造像說明「彌勒菩薩佛王」造像及信仰的來源。[57]「彌勒佛」與「彌勒菩薩」是「同身神祇」（the same deity）的關係，而此「彌勒佛」與「彌勒菩薩」是「同身神祇」的關係是，大乘佛教在 2 世紀初葉即已建立的信仰。[58] 因此後來「密教化」的「支提信仰」經典，如《入法界品》、《大方等大集經》及其他的「密教化」經典，[59] 便都用「彌勒菩薩」之名取代「彌勒佛」的身分。由於「彌勒菩薩」以「轉輪王」或「佛王」的姿態統治天下，故六十卷《華嚴經・入法界品》又說，他具有：「七寶成就、千子、端正勇猛及十億大臣」這些世間大王統治天下的配備及眷屬。六十卷《華嚴經・入法界品》也說，「彌勒菩薩」「從蓮花生」。這大概就是 4、5 世紀之後的造像者在造「彌勒佛王像」或「菩提瑞像」之際，[60] 常將「彌勒佛王像」造坐在「獅子座」上的「蓮花座」上說

57　見下詳述。

58　見本書第三章，〈貴霜佛教建國信仰的發展者迦尼色迦第一及胡為色迦王〉。

59　有關《入法界品》及《大方等大集經》及其他「密教化」經典用「彌勒菩薩」之名取代支提信仰的「彌勒佛」身分，見下詳述。

60　有關「菩提瑞像」的報告，參見羅世平，〈廣元千佛崖菩提瑞像考〉，國立故宮博物院編輯，《故宮學術季刊》，第九卷，第二期（1991），頁 125；並見本書第八章，〈新疆克孜爾石窟的支提信仰造像特色及其影響〉。

明其「既是佛，又是王」的原因。[61] 這大概也是許多「彌勒佛王」的造像前方常造有從「蓮花出生」的「蓮花化身童子像」，作為說明「彌勒佛王」的出生背景的原因。

六十卷《華嚴經・入法界品》在談論「菩薩」為「轉輪王」或「佛王」的故事時，也提到「普賢菩薩」（Bodhisattva Samantabhadra）為「轉輪王」的故事。善財童子是在「妙德守護諸城」（Sarvanagararakṣāsambhavatejaḥśrī）參師夜天時如此聽到「普賢佛王」的故事：

> 彼四天下有王都城名普寶華光，於彼城外有道場……時有轉輪王名離垢光明，於彼佛所守護正法，聞持政法……時轉輪王佛隨彼如來轉正法輪，興隆法者，豈異人呼？今普賢菩薩摩訶薩是也。[62]

普賢菩薩的前生既也以轉輪王的姿態建國，或用佛教信仰建國，我們現在就能明白，為何《入法界品》經文所言的「普賢行法」或「普賢行願」也被視為「轉輪王行法」的原因。六十卷《華嚴經・入法界品》在說明普賢菩薩的前生為轉輪王的故事時，也用同樣的行文方式說明普賢菩薩以「轉輪王」或「佛王」的姿態統治天下。普賢菩薩在《入法界品》中所扮演的角色，已不像其在早期製作的《證明經》中所扮演的護持彌勒佛及支提信仰的角色，[63] 其在《入法界品》中，甚至以「轉輪王」或「佛王」的姿態統治天下。

三 《入法界品》所載的佛的佛王建國信仰

《入法界品》所載的以「菩薩佛王」的面貌統治天下的「菩薩」共有三

61　見本書第八章，〈新疆克孜爾石窟的支提信仰造像特色及其影響〉。

62　（東晉）天竺三藏佛馱跋陀羅譯，《大方廣華嚴經・入法界品》卷54，《大正》卷9，頁737下-739上。

63　普賢菩薩及觀音菩薩在《普賢菩薩說證明經》（此後，《證明經》）中一直扮演護持支提信仰或彌勒佛王下生信仰的兩位最重要菩薩，特別是普賢。見《證明經》，《大正》卷85，頁1365上-中；並見 Kathy Ku Cheng Mei（古正美），"Bodhisattva Samantabhadra of the Verification Sūtra in Candi Borobudur," Institute of Southeast Asian Studes（Singapore）, ed., *Conference on Budddhism Across Asia: Networks of Material, Intellectual and Cultural Exchange*（forthcoming）；亦見本書第五章，〈龍樹與阿瑪拉瓦底大支提的建築及造像〉。

位，而此三位菩薩又都以「又是菩薩，又是轉輪王」的「佛王」面貌統治天下。《入法界品》在說明這些「菩薩佛王」的故事之後，即開始陳述幾位佛過去也以轉輪王的姿態用佛教信仰建國的故事。第一位被提到的佛名，即是「盧舍那佛／毘盧遮那佛」（Buddha Vairocana）。六十卷《華嚴經·入法界品》如此說明「盧舍那／毘盧遮那佛」為「佛王」的故事：

> 時有大王名一切法師子吼圓蓋妙音，有五百大臣，六萬采女，七百王子，端正勇健。爾時彼王威德普被一閻浮提，無有怨敵。彼有大劫中有惡劫起……爾時人民行十惡業，遠離十善……爾時彼大王聞此悲苦楚毒音聲……大慈悲心悉普覆之，隨其所需，衣服、飲食、花香……床座、被褥、舍宅……內諸庫藏城邑聚落，如是一切悉施眾生……爾時一切法師子吼圓蓋妙音王者豈異人乎？今盧舍那如來應供等正覺是也。[64]

「盧舍那如來／毘盧遮那佛」在過去也曾以「一切法師子吼圓蓋妙音轉輪王」的姿態用「十善法」統治其人民，故其也是位「佛王」。六十卷《華嚴經·入法界品》在談論「佛的佛王」信仰之際，提到一個特別的「佛王」案例，那就是，「薩遮尼揵子大論師」（Mahāsatyanirgrantha）以「轉輪王」或「佛王」的面貌建國的例子。「薩遮尼揵子大論師」在「佛教轉輪王建國信仰」的歷史裡，可以說是一位非常特殊的人物。因為他在《大薩遮尼乾（揵）子所說經》中，只以轉輪王的「軍師」姿態告訴經中的轉輪王「嚴熾王」，有關「轉輪王」的定義及「轉輪王」應如何用佛教信仰治世或建國的方法。[65]「薩遮尼揵子大論師」雖是位「尼乾」（Nirgratha）或「耆那教徒」（Jain），然因其對大乘佛教奠立「佛教建國信仰」或「佛教政治傳統」的貢獻非常大。筆者在《貴霜佛教政治傳統與大乘佛教》中曾談論過他，並認為他非常可能就是幫助貴霜王丘就卻奠立「佛教建國信仰」統治貴霜的主要人物。[66]因為他的名字不僅

---

64 （東晉）天竺三藏佛馱跋陀羅譯，《大方廣華嚴經·入法界品》卷 54，《大正》卷 9，頁 742下-745 中。

65 （元魏）天竺三藏菩提留支譯，《大薩遮尼乾子所說經》卷 3，《王論品》，《大正》卷 9，頁 329中-342 上。

66 見古正美，《貴霜佛教政治傳統與大乘佛教》第四章，第二節，「優波毱多」（台北：允晨出版公

出現在《入法界品》談論「轉輪王」及「佛王」定義的經文，同時他在《大薩遮尼乾子所說經》的《王論品》談論「轉論王」定義及轉輪王建國方法的情形，也說明他與「佛教建國信仰」的成立及發展，甚至大乘佛教的興起及發展，有密切的關聯。[67] 這大概也是許多學者都認為，早期大乘佛教的發展與耆那教（Jainism）有密切關聯的原因。《入法界品》的作者顯然非常敬重這位「薩遮尼揵子大論師」，他不僅視「薩遮尼揵子大論師」為「如佛一般」的人物，並認為他在過去也曾以「轉輪王」或「佛王」的姿態統治過天下。[68] 這就是他的名字也被記載在《入法界品》所載的「佛的佛王」名單中的原因。

《入法界品》在談論「薩遮尼揵子大論師」的「佛王」故事之後，便用非常冗長的篇幅說明「釋迦佛」（Buddha Śākyamuni）的前生是如何由太子出生的背景成為「轉輪王」，後來又如何成為「釋迦佛王」的故事：「爾時太子增上功德主豈是異人乎？今釋迦摩尼佛是也」。[69] 由於「釋迦佛」在《入法界品》裡也被視為其前生有以「轉輪王」的姿態統治過天下的「佛王」，古代中亞的于闐（Khotan，今日新疆和田）在發展《華嚴經》或《入法界品》的信仰之際所製作的「佛王瑞像」，也因此造有許多「釋迦佛瑞像」。[70] 所謂「瑞像」，乃指支提信仰的「轉輪王像」或「佛王像」。[71]

四 《入法界品》所載的毘盧遮那佛王建國信仰

《入法界品》在經中最側重的「佛王信仰」，除了有「彌勒菩薩」的「佛王信仰」外，就是「盧舍那佛／毗盧舍那佛」的「佛王信仰」。《入法界品》

司，1993），頁 207-242。

67　見（元魏）天竺三藏菩提留支譯，《大薩遮尼乾子所說經‧王論品》，《大正》卷 9，頁 329 中-342 上。

68　（東晉）天竺三藏佛馱跋陀羅譯，《大方廣華嚴‧入法界品》卷55-56，《大正》卷 9，頁 748 中-749 下。

69　（東晉）天竺三藏佛馱跋陀羅譯，《大方廣華嚴經‧入法界品》卷 56，《大正》卷 9，頁 756 下-761 下。

70　張廣達及榮新江，《于闐史叢考》（上海：上海書店，1993），頁 243-248

71　見本書第十章，〈中國北涼發展支提信仰的證據——涼州瑞像與敦煌的白衣佛像〉。

的作者各用兩次經文提到，並說明「彌勒菩薩」和「盧舍那／毘盧遮那佛」的「佛王信仰」內容。上面六十卷《華嚴經・入法界品》提到的「盧舍那佛／毘盧遮那佛」為「佛王」的例子，即是《入法界品》第一次提到「盧舍那佛／毘盧遮那佛」為「佛王」的故事。下面這段經文，則是六十卷《華嚴經・入法界品》第二次提到「盧舍那佛／毘盧遮那佛」為「佛王」的故事：

> 有一王都名曰智幢，有轉輪王名曰勇盛。彼王都北有一道場，名月光明。其道場神名慈妙德（Netraśrī）。時有菩薩名離垢幢（Vimaladhvaja），坐於道場臨成正覺。時有惡魔名金剛光明（Suvarnaprabha），與眷屬俱至菩薩所壞其道行。是勇盛王具足菩薩神力自在，化作兵眾多彼魔軍而摧伏之，時彼菩薩得成正覺。時道場神見此事已，歡喜無量發如是願：此轉輪王乃至成佛，我為其母。善男子，我曾於彼道場供養十那由他佛。善男子，彼道場神豈是異人乎？我身是也。轉輪王者，盧舍那佛是也。[72]

上面這段經文所言的「我」，即指佛母「摩耶夫人」（Māyā）；而「轉輪王」，即指「盧舍那佛／毘盧遮那佛」的前身。三本中譯《入法界品》的經文在說明「菩薩佛王信仰」或「佛的佛王信仰」之際，都用「過去式」（past tense）的時間表達或說明菩薩或佛在過去為「佛王」的故事。我們因此或會認為，這些菩薩或佛以「轉輪王」或「佛王」的姿態統治天下的時間都發生在過去，與現在這些菩薩或佛的活動無關。事實上並不是如此。因為在「佛教建國信仰」的發展過程中，轉輪王除了常被視為過去的轉輪王外，佛教經典也常談論菩薩或佛於未來將成為「轉輪王」的事。譬如，《中阿含相應品・說本經》便如此提到「彌勒菩薩」將於未來要成為轉輪王的事：

> 世尊告曰：阿夷哆，汝於未來久遠仁壽八萬歲時，當得作王號名螺，為轉輪王。聰明智慧，有四種軍整御天下。由己自在，如法法王，成就七寶。彼七寶者，輪寶、象寶、馬寶、珠寶、女寶、居士寶、主兵臣寶，是為七。汝當有千子具足、顏貌端正，勇猛無畏，能伏他眾。汝當統領此一切地，乃至大海。不

以刀杖，以法教令，令得安穩……[73]

《中阿含相應品·說本經》在上面所言的「阿夷哆」（Ajita），即是「彌勒菩薩」的名字，《中阿含相應品·說本經》所載的此段經文，因此是一段要說明彌勒菩薩將於未來要以轉輪王或法王的姿態統治天下的經文。

轉輪王能於過去及未來統治天下的信仰，也被記載於西元 2 世紀末竺大力共康孟祥翻譯的《修行本起經》。《修行本起經》不但說，轉輪王能不斷的下生，而且也說，轉輪王能「上為天帝，下為聖主，共三十六反」。[74] 這段經文的意思因此是，轉輪王能一再的出生或下生為轉輪王，轉輪王不在地上做轉輪王時，其必在天上為「天帝」。在此信仰下，大乘佛經便載有轉輪王能一再的在世間出世或下生為世間的轉輪王或佛王的故事。

早期的支提信仰經典，如《證明經》，只載有「彌勒佛王」此一種佛王信仰。但到了《入法界品》出經的時代，《入法界品》除了載有與傳統支提信仰有關的「彌勒佛王信仰」外，還增加了各種不同的「菩薩佛王信仰」及「佛的佛王信仰」。在這些佛王信仰中，因「盧舍那佛／毘盧遮那佛」的名字是我們在 4 世紀之前未曾聽過的佛名，我們因此推測，《入法界品》的出經，非常可能與 4、5 世紀之間在歷史上崛起的「盧舍那佛／毘盧遮那佛」有密切的關聯。

《入法界品》將「盧舍那佛／毘盧遮那佛」收入支提信仰經文的原因，除了要說明，「盧舍那佛／毘盧遮那佛」的佛身即是「彌勒菩薩身」外，也要用「盧舍那佛／毘盧遮那佛」的信仰取代「彌勒佛／彌勒菩薩」在早期支提信仰裡的地位。這種《入法界品》經文信仰的演變，從四十卷及八十卷《華嚴經·入法界品》的經文內容便能看得非常清楚。

《入法界品》除了兩次在經中說明「盧舍那佛王／毗盧遮那佛王」的故事外，也兩次說明「彌勒菩薩」為「佛王」的故事。《入法界品》最後談論的佛王信仰，就是《入法界品》第二次談論「彌勒菩薩佛王」的信仰內容。「彌勒

73　（東晉）罽賓沙門瞿曇僧伽提婆譯，《中阿含相應品·說本經》，《大正》卷 1，頁 510。

74　（後漢）竺大力共康孟祥譯，《修行本起經》，《大正》卷 3，頁 463 上。

菩薩」借用他在六十卷《華嚴經・入法界品》所住的「大樓觀」（kūṭāgāra），或四十卷及八十卷《華嚴經・入法界品》所言的「廣大樓閣」，用變化神通的方式示現「彌勒菩薩」的「普賢行」內容。六十卷《華嚴經・入法界品》如此記載「彌勒菩薩」與「大樓觀」的關係：

> 於此南方有一國土名曰海瀾。彼有林園名大莊嚴藏，於彼林中有大樓觀，名嚴淨藏。菩薩往昔善根所起，菩薩諸願自在、諸通智力巧妙，方便功德大悲法門所起，彼園中有菩薩摩訶薩名曰彌勒。[75]

從六十卷《華嚴經・入法界品》所載的這段經文，我們看不出「彌勒菩薩」的信仰在「大樓觀」已經起了變化。但四十卷及八十卷《華嚴經・入法界品》所載的同段經文，則明顯的將「彌勒菩薩」與「毘盧遮那佛」連結起來成為「同身」的神祇。八十卷《華嚴經・入法界品》載：

> 於此南方有國名海岸，有園名大莊嚴，其中有一廣大樓閣，名毗盧遮那莊嚴藏。從菩薩善根果報生，從菩薩念力、願力、自在力、神通力生，從菩薩善巧方便生；從菩薩福德智慧生。善男子，住不思議解脫菩薩，以大悲心為諸眾生現如是境界，集如是莊嚴，彌勒菩薩摩訶薩安處其中。[76]

八十卷《華嚴經・入法界品》將六十卷《華嚴經・入法界品》的「大樓觀」翻譯成「廣大樓閣」（kūṭāgāra），四十卷《華嚴經・入法界品》也將之翻譯成「廣大樓閣」。[77] 八十卷《華嚴經・入法界品》說，「彌勒菩薩摩訶薩」安處在「廣大樓閣」之中（圖1），而此「廣大樓閣」「名毗盧遮那莊嚴藏」。三本中譯《入法界品》在談論「彌勒菩薩」安處於「廣大樓閣」的經

圖1　婆羅浮屠 2 層主牆彌勒菩薩入廣大樓閣

75　（東晉）天竺三藏佛馱跋陀羅譯，《大方廣華嚴經・入法界品》卷58，《大正》卷9，頁767下。

76　（唐）于闐國三藏實叉難陀奉制譯，《大方廣佛華嚴經》卷77，《大正》卷10，頁420上。

77　（唐）罽賓國三藏般若奉詔譯，《大方廣佛華嚴經》卷32，《大正》卷10，頁809中。

文時，善財童子的參師活動已經到達其「朝山行」的終點。為何八十卷《華嚴經・入法界品》沒有將「彌勒菩薩」安處的地方叫做「彌勒菩薩莊嚴藏」，而稱其為「毗盧遮那莊嚴藏」？很明顯的，八十卷《華嚴經・入法界品》在此處已將「彌勒菩薩」與「毘盧遮那佛」連結起來，並認為，「彌勒菩薩」即是「毗盧遮那佛」。八十卷《華嚴經・入法界品》在另一處談論「彌勒菩薩」的前生為轉輪王時，也將「彌勒菩薩」與「毘盧遮那佛」用相似的行文方式連結起來，並說：彌勒菩薩前世為轉輪王的名字叫做「毗盧遮那妙寶蓮花髻轉輪聖王」。[78] 八十卷《華嚴經・入法界品》不斷的將「彌勒菩薩」與「毘盧遮那佛」連結，並視兩者為「同身」（having the same identity）的神祇，不是沒有原因。這其實就是八十卷《華嚴經・入法界品》要告訴我們的，《入法界品》已經將「彌勒菩薩」與「毘盧遮那佛」視為「同身」的神祇。如果八十卷《華嚴經・入法界品》沒有將「彌勒菩薩」與「毘盧遮那佛」視為「同身」的神祇，隋代（統治，581-618）天竺三藏闍那崛多（Jñānagupta）翻譯的《佛本行集經》，不會用一段記述「佛傳故事」的「偽經」說明此事。《佛本行集經》所載的「偽經」，將「彌勒菩薩」與「盧舍那／毘盧遮那」為「同身」的神祇信仰記載得非常清楚。《佛本行集經》此如記載此段「偽經」的內容：

> 於彼佛所，彌勒菩薩最初發心，種諸善根，求阿耨多羅三藐三菩提。時彌勒菩薩身作轉輪聖王，名毗盧遮那。爾時人民壽八萬歲。目犍連，彼善思如來初會說法……時毗盧遮那轉輪聖王，見彼如來具足三十二相八十種好及聲聞眾，佛剎莊嚴，壽命歲數，即發道心，自口稱言：稀有世尊，願我當來得作於佛，十號具足……[79]

《佛本行集經》原本是一部說明「佛傳故事」（Life story of the Buddha）的經典。上面此段經文出現在此「佛傳故事」裡，自然是要告訴讀者，這段記載「彌勒菩薩」與「毘盧遮那佛」為「同身」神祇的經文，是一段「偽經」。《佛

78　（唐）于闐國三藏實叉難陀奉制譯，《大方廣佛華嚴經・入法界品》卷 70，《大正》10 卷，頁 379 下-382 中。

79　（隋）天竺三藏闍那崛多譯，《佛本行集經》卷 1，《大正》卷 3，頁 656 中。

本行集經》此段「偽經」，明顯的出自八十卷《華嚴經・入法界品》。八十卷
《華嚴經・入法界品》既載有「彌勒菩薩」與「毘盧遮那佛」是「同身」神祇
的信仰，亞洲帝王在使用《入法界品》所載的「彌勒菩薩佛王信仰」或「盧
舍那／毗盧遮那佛王信仰」為其「佛教建國信仰」之際，自然能或以「彌勒
菩薩佛王」的形象，或以「毘盧遮那佛王」的形象，甚至同時以「彌勒菩薩
／彌勒佛王」的形象及「盧舍那／毘盧遮那佛」的形象或面貌，統治天下。[80]
這就是為何 9 世紀初期統治中爪哇（Central Java）的「山帝王朝」（Śailendra
kingdom, c. 750-860），在其建造的「婆羅浮屠遺址」內面第 3 層造像廊道主牆
（the main wall of the 3rd gallery）上，造了整牆的「彌勒菩薩佛王」（Buddharāja
Bodhisattva Maitreya）的造像，作為說明當時統治「山帝王朝」的帝王，以「彌
勒菩薩佛王」的面貌統治中爪哇。這也是南宋（統治，1127-1270）高宗趙構（統
治，1127-1162），在 12 世紀初期於四川大足北山開鑿的「轉輪經藏窟」，用「毘
盧遮那佛王」的造像表達其用《華嚴經・入法界品》的「毘盧遮那佛王信仰」
建國的原因。[81] 這更是雲南後理國（統治，1096-1254）的段智興（統治，1172-
1200），在用《華嚴經・入法界品》的「佛王信仰」建國之際，命其畫工張勝
溫為其在《張勝溫梵畫卷》同時繪畫「彌勒佛王像」及「毘盧遮那佛王像」，
說明其也以兩種《華嚴經・入法界品》的「佛王」面貌統治大理國的原因。[82]

　　六十卷《華嚴經・入法界品》雖然沒有明顯的說明，「彌勒菩薩」及「毘
盧遮那佛」是「同身」的神祇，然此經本在多處已對此信仰埋下伏筆。譬如，
六十卷《華嚴經・入法界品》在一處載：

> ……無量龍王悉共執持（寶蓋），寶樹圍繞妙香普熏，於其蓋中有菩提樹，枝
> 葉榮茂，普覆法界，以無量莊嚴而莊嚴之。見盧舍那佛坐此樹下，與不可說佛
> 剎微塵等大菩薩俱，皆悉具足普賢菩薩一切所行，住菩薩住，無能壞者。又見
> 一切世界諸國王圍繞如來。又見一切諸佛次第出生，又見普賢菩薩在一切佛所

80　見下詳述。

81　見古正美，《〈張勝溫梵畫卷〉研究：雲南後理國段智興時代的佛教畫像》（此後簡稱《〈張勝溫
　　梵畫卷〉研究》）（北京：民族出版公司，2018）。

82　見古正美，《〈張勝溫梵畫卷〉研究》。

恭敬供養教化眾生。[83]

上面這段經文所描述的「盧舍那佛」形象，與「彌勒佛／佛王」出現在造像上的形象非常相像：都坐在菩提樹下，都如克孜爾石窟所繪的支提信仰的「轉輪王」或「彌勒佛王」的造像一樣，有諸多「國王圍繞如來」的畫面。[84] 這也與梁武帝時代（統治，502-549）所造的「彌勒佛王」造像一樣，造有「不可說佛剎微塵等大菩薩俱」或「分身百億」的菩薩圍繞彌勒佛的情形。[85] 六十卷《華嚴經‧入法界品》在此段話不但已視「彌勒菩薩」與「盧舍那佛」有「身分」重疊的關係，而且也用「佛母摩耶夫人」為兩者「母親」的身分，將兩者連結起來，說明兩者的關連性。六十卷《華嚴經‧入法界品》卷五十七如此說明「佛母摩耶夫人」為「盧舍那佛」及「彌勒佛」，及其他佛的「母親」：

> ……何以故？修此大願智幻法門故，善男子，我為盧舍那佛母，拘樓孫佛、拘那含牟尼佛、迦葉佛、彌勒佛、獅子佛、法幢佛、善眼佛……佛子，如是等賢劫一切佛，於此世界成等正覺，我悉為母。」[86]

這段六十卷《華嚴經‧入法界品》的文字，與《證明經》所載的，彌勒具有「一佛多身」的經文內容非常相似。[87]「盧舍那佛」不但與「彌勒佛」等佛有「同身」的關係，且都出自「佛母」。這就是八十卷《入法界品》更直接

83　（東晉）天竺三藏佛馱跋陀羅譯，《大方等華嚴經‧入法界品》卷 53，《大正》卷 9，頁 732 上。

84　見克孜爾文物保管所及北京大學考古系等編，《中國石窟‧克孜爾石窟》卷 3（北京：文物出版公司，1997），第 188 窟，圖 55；並見本書第八章，〈新疆克孜爾石窟的支提信仰造像特色及其影響〉。

85　見《證明經》，《大正》卷 85，頁 1365 上載：護持彌勒佛的普賢菩薩及觀世音菩薩「此二菩薩分身百億」。這就是梁武帝代的造像，在彌勒佛王像兩側都造有四身，甚至更多身菩薩像的原因。見本書第七章，〈犍陀羅的支提信仰性質與造像〉；並見袁曙光，〈成都萬佛寺出土的梁代石刻造像〉，《四川文物》，第三期（1991）。

86　（東晉）天竺三藏佛馱跋陀羅譯，《大方廣華嚴經‧入法界品》卷 57，《大正》卷 9，頁 764 上-下。

87　《證明經》，頁 1362 下如此說明彌勒「一佛多身」的信仰；佛言：「汝當至心聽，為汝分別說。我本根元，或是定光身，或是句樓秦佛身，或是無光王佛身，或是寶勝佛身，或是登明王佛身，或是須彌尊王佛身，或是釋迦身，我本菩薩時，名為阿逸多，釋迦涅槃後，先做法王治，卻後三十年，彌勒正身下」。

的將「彌勒菩薩」與「毘盧遮那佛」的身分連接起來，並視兩者為「同身」的神祇的原因。既是如此，三本中譯《入法界品》所要提倡的「彌勒菩薩佛王信仰」，也可以被視為「毘盧遮那／盧舍那佛王信仰」。

　　《證明經》所載的「彌勒佛」（Budddha Maitreya），在被「密教化」之後，便以「彌勒菩薩」（Bodhisattva Maitreya）的面貌出現於支提信仰的新經，譬如，《華嚴經‧入法界品》及《大方等大集經》等經所載的「彌勒菩薩」都以「菩薩」的面貌統治天下。支提信仰的「彌勒佛／菩薩下生信仰」因奠立於在犍陀羅出經的《彌勒下生經》的彌勒佛下生信仰，[88] 故支提信仰的「彌勒佛身」也被視為「彌勒菩薩身」。[89] 因為西元 2 世紀初期撰造的《彌勒上生經》及《彌勒下生經》所談論的「彌勒佛」及「彌勒菩薩」的信仰，便已經把兩者視為「同身」的神祇。[90] 這就是為何亞洲帝王在施行《華嚴經‧入法界品》的佛王信仰建國之際，常將「彌勒菩薩像」的造像還造成「彌勒佛像」的原因，[91] 這也是為何《華嚴經‧入法界品》在談到彌勒菩薩在其住所「廣大樓閣」提倡支提信仰時，也以「彌勒菩薩」的名字及形象談論「支提信仰」的內容的原因。

五 「普賢行願」的定義

　　三本中譯《華嚴經‧入法界品》所載的善知識雖然都有自己的修行法門或方法，然此三本中譯《華嚴經‧入法界品》都通稱這些善知識所修行的法門或方法為「普賢行願」或「普賢行」（the Bhadracarī）。唐代（統治，618-907）不空金剛（Amoghavajra, 705-774）翻譯的〈普賢菩薩行願讚〉如此記載善知識的修行方法為「普賢行」的情形：

88　見本書第四章，〈佛教支提信仰的奠立者——龍樹菩薩〉。

89　見本書第四章，〈佛教支提信仰的奠立者——龍樹菩薩〉。

90　見本書第三章，〈貴霜佛教建國信仰的發展者迦尼色迦第一及胡為色迦王〉談論迦尼色迦第一時代（127-140）提倡彌勒上、下生信仰及其時代造彌勒上、下生經的情形。

91　見下詳述。

所有善友（善知識）益我者／為我示現普賢行／共彼常得而聚會／於彼皆得無厭心。」[92]

六十卷《華嚴經‧入法界品》所載的文殊菩薩甚至在經中如此談論「普賢行」的定義：

若有諸菩薩／不厭生死苦／具足普賢行／一切莫能壞……／正求普賢行／饒益一切眾……／聞說淨法云／受持不忘失／悉於十方界／普見無量佛／成滿諸海／具足菩薩行／究竟方便海／安住如來地……。[93]

上面這段經文所載的文殊菩薩說，「普賢行」是一種「菩薩／不厭生死苦」行。為何文殊菩薩會如此說？我們就三本中譯《華嚴經‧入法界品》所談論的世間帝王的「轉輪王行法」及各種菩薩和佛的「佛王行法」來了解，「普賢行」很顯然的是一種世間的帝王及各種菩薩或佛在「有生死的世間」所行的建國或治國方法。世間的帝王及各種菩薩和佛在世間建國的方法，因用大乘佛教信仰，如「般若波羅蜜」此大乘「菩薩道行法」及「十善道」行法，作為其等的建國或治國方法，世間帝王及各種菩薩或佛所行的「普賢行」，因此可以說是一種世間的「菩薩道行法」，也可以說是一種用大乘佛教信仰建國或治國的行法。[94]《入法界品》所載的「普賢行」既是一種世間帝王及各種菩薩或佛用大乘佛教信仰建國的方法，《入法界品》便能用「普賢菩薩」作為修行「普賢行」的代表人物，並用其名作為「普賢行」的名稱。因為普賢菩薩在早期的支提信仰裡，不但有被視為護持及宣說支提信仰的最重要菩薩，而且其在《入法界品》裡也以轉輪王及菩薩兩種身分統治過天下，就如我們在前面說過，善財童子是在「妙德守護諸城」（Sarvanagararaksāsambhavatejahśrī）參師夜天之際聽到普賢菩薩過去曾為「佛王」及「轉輪王」的故事的原因。[95] 普賢菩

---

92 （唐）不空金剛譯，〈普賢菩薩行願讚〉，《大正》卷 10，頁 880 中。

93 （東晉）天竺三藏佛馱跋陀羅譯，《大方廣佛華嚴經‧入法界品》卷 46，《大正》卷 9，頁 689 中-下。

94 （東晉）天竺三藏佛馱跋陀羅譯，《大方廣佛華嚴經‧入法界品》卷 46，《大正》卷 9，頁 689 下。

95 （東晉）天竺三藏佛馱跋陀羅譯，《大方廣佛華嚴經‧入法界品》卷 54，《大正》卷 9，頁 737

薩因此自然能作為「普賢行」的代表人物；特別是，三本中譯《華嚴經・入法界品》所談論的主要課題就是世間帝王及各種菩薩或佛用大乘佛教信仰建國的方法。

三本中譯《華嚴經・入法界品》所言的「普賢行」，因為具有大乘佛教的「菩薩道行法」及帝王用大乘佛教信仰建國的特徵，這就是為何三本中譯《華嚴經・入法界品》在談論「普賢行」之際，在經中也談論三種「普賢行」的內容的原因。此三種「普賢行」的內容是：（1）各種大乘佛教修行方法，包括密教修行方法；（2）世間帝王用大乘佛教信仰建國的方法，或轉輪王用「十善法」建國的方法；及（3）各種菩薩及佛用佛教轉輪王信仰建國及治國的方法。由於三本中譯《華嚴經・入法界品》所言的「普賢行」是一種包含大乘佛教的「菩薩道行法」、世間轉輪王的治世法，及菩薩和佛所行的佛王或轉輪王建國方法，這就是為何文殊菩薩在談論「普賢行法」的定義之際一面說：「正求普賢行／饒益一切眾」，一面又說：「具足菩薩行／究竟方便海／安住如來地」的原因。文殊師利所言的「普賢行法」，因此與貴霜王丘就卻當日在犍陀羅所奠立的「佛教建國信仰」的方法及目的，完全一致。[96] 三本中譯《華嚴經・入法界品》的作者很顯然的認為，佛教帝王，無論是以轉輪王的面貌，或以菩薩或佛的「佛王」面貌建國或治國，其等在用大乘佛教信仰建國之際，其等除了能救濟眾生，也能令眾生成佛。

普賢菩薩在早期的支提信仰裡，因以最重要的救世菩薩及護持支提信仰的兩大菩薩之一的面貌出現於《證明經》，[97] 我們因此知道，在龍樹奠立的「支提信仰」傳統裡，除了普賢菩薩，沒有一位菩薩比他更能作為「普賢行」的代表人物。筆者在下面再次引述《證明經》的經文，[98] 讓讀者對普賢菩薩在早

下-739 上。

96　有關丘就卻用大乘菩薩道行法及十善法建國的事，見本書第二章，〈大乘佛教建國信仰的奠立者——貴霜王丘就卻〉。

97　見本書第五章，〈龍樹與阿瑪拉瓦底大支提的建築及造像〉。

98　筆者在本書第五章，〈龍樹與阿瑪拉瓦底大支提的建築及造像〉已經引述過同樣的經文，並談論普賢菩薩在支提信仰中的重要性。

期支提信仰中的地位及所扮演的角色有些了解。《證明經》在一處說：

西方無量壽佛弟子大悲觀世音菩薩，此大菩薩與閻浮履地拯濟有緣。爾時東方
王明諸佛弟子摩訶波闍波提普賢菩薩，香火燈明功德利益有緣。此二菩薩稀有
拯濟拔諸眾生苦……爾時觀世音託生凡夫，爾時普賢菩薩優婆塞身。是二菩薩
分身百億難解難料，亦不可思議。[99]

同《證明經》在另一處又說：

爾時觀世音菩薩並共普賢菩薩來詣佛所，胡跪受敕，唯願如來為我演，為我解
說，諦聽諦受，執取受持，不敢缺落，不敢毀損。[100]

上面這兩段經文都說得很清楚，普賢菩薩及觀世音菩薩是《證明經》的
兩大救世菩薩，也是護持支提信仰及其經法的兩大護持者及傳布者。這就是
為何 4、5 世紀之間犍陀羅製作的「彌勒一組三尊像」，在被「支提信仰化」
之際，犍陀羅的造像者不僅依據支提信仰將此三尊像定為支提信仰的造像，
更將此「彌勒一組三尊像」的主尊造像視為支提信仰的彌勒佛像，甚至將彌
勒佛像兩側的二菩薩像，各別視為普賢菩薩及觀世音菩薩的造像。[101] 現存的
《證明經》經本，除了提到普賢菩薩是護持、傳布《證明經》經法的最重要菩
薩外，也說：普賢菩薩是救濟世間苦難者的最重要菩薩。《證明經》說，普賢
因具有「威神之力」，故是救濟眾生苦難的「良藥」。《證明經》載：

普賢菩薩白佛言：世尊，執取正法，善治守護，拯濟病困若病厄，受持此經典
者，病得除愈。若有橫官共相牽械枷鎖繫閉，心念普賢菩薩，讀誦此經百九
遍，便令其官即發慈心，廣復大赦解脫枷鎖，得離橫官無有諸苦……若有女人
渴令男女少患兒息，亦當讀誦此經典者，所願便得。若有女人產生難者，心中
憶念普賢菩薩，朝暮禮拜受持讀誦此經典者，兒者易產……皆是普賢菩薩威神
之力。……何以意故？普賢菩薩閻浮履地病之良藥……。[102]

《證明經》不斷強調普賢菩薩在支提信仰的重要性結果，《證明經》因此

---

99 《證明經》，《大正》卷 85，頁 1365 上。
100 《證明經》，《大正》卷 85，頁 1365 中。
101 見本書第七章，〈犍陀羅的支提信仰性質及造像〉談論「彌勒一組三尊像」的造像法。
102 《證明經》，《大正》卷 85，頁 1368 中。

也被稱為《普賢菩薩說證明經》。由此，普賢菩薩在支提信仰的重要性乃超乎《證明經》所載的其他菩薩。這就是為何中爪哇的婆羅浮屠遺址，在此遺址的地面第 1 層外牆（balustrade）的牆面，不但造有整牆交互出現的龍王（nāga king）像及普賢菩薩像作為護持此遺址的主要護持者造像外，而且也在此遺址的內面最高層造像主牆，即內面第 4 層造像廊道主牆（the main wall of the 4th gallery），造了許多與普賢菩薩信仰有關的普賢菩薩及其相關的神祇造像。[103]

自德國學者克羅門（N. J. Krom, 1883-1945）發現婆羅浮屠內面第 2 層及第 3 層造像廊道主牆所造的浮雕造像（bas-reliefs），都依據《入法界品》的經文製作的造像之後，[104] 德國學者波西（F. D. K. Bosch, 1887-1967）便接著也指認此遺址內面第 4 層造像廊道主牆的造像，也依據《入法界品》的經文製作的造像。[105] 婆羅浮屠遺址內面第 2 層造像廊道主牆的造像，的確依據《入法界品》造善財童子參見五十三位善知識的各種造像。婆羅浮屠內面第 3 層造像廊道主牆，也依據《入法界品》造了一牆的「彌勒菩薩佛王」的各種造像。但婆羅浮屠內面第 4 層造像廊道主牆的造像，並不是如波西所說，全依據《入法界品》的經文製作此層的造像。婆羅浮屠內面第 4 層造像廊道主牆的造像，除了依據《入法界品》造像外，也依據與支提信仰有關的其他經典，如《證明經》及《彌勒下生經》等製作此層的造像。事實上婆羅浮屠內面第 4 層造像廊道主牆的造像，並不是如歐西學者所言的，只造普賢菩薩的造像。[106] 由於過去研究婆羅浮屠建築及造像的歐西學者常都認為，婆羅浮屠的浮雕造像，主要依據《入法界品》的經文製作其造像廊道主牆上的造像，因此這些學者便常用《入法界品》的經文了解，並解釋婆羅浮屠第 2 至第 4 層的浮雕造像內容。在這種研究方法下，有學者便對婆羅浮屠內面第 4 層造像廊道主牆上為何會出現如此多「普賢菩薩像」感到困惑。譬如，美國學者哥美滋

---

103 見下詳述。

104 John Miksic, *Borobudur: Golden Tales of the Buddhas*. Singapore: Bamboo Publishing Ltd., 1900, p. 61.

105 Jan. Fontein, *The Pilgrimage of Sudhana*, p. 116.

106 見下詳述。

（Luis O. Gomez）說，就善財參師的終點是「彌勒菩薩」的住處「廣大樓閣」此事而言，婆羅浮屠的最高層牆面，即內面第 4 層主牆，應該造「彌勒菩薩」的造像。但事實上此層的造像，不僅沒有造哥美滋所言的「彌勒菩薩造像」，反而造許多「普賢菩薩」及許多支提信仰神祇的造像。哥美滋說：

> 如果波西證明（內面）第 4 層主牆的造像是正確的，彌勒所住的「廣大樓閣」（kūtāgāra）應能解釋彌勒的住所（廣大樓閣）在造像上即是連接此遺址在設計上的最高點及彌勒行「普賢行」造像的最高點。如果婆羅浮屠的設計受彌勒住所（廣大樓閣）的影響，為何普賢菩薩的造像會被呈現在善財參師的最後階段？[107]

歌美滋顯然沒有從「普賢行」此名稱及普賢菩薩在支提信仰的重要性去了解婆羅浮屠的造像設計方法，同時也沒有注意到，婆羅浮屠內面第 4 層主牆，即婆羅浮屠最高層的牆面，主要是造護持山帝王朝國家、帝王及人民的神祇造像。婆羅浮屠在設計其內面第 4 層主牆的造像之際，自然不會如哥美滋所預期的，在此牆面造善財在五十三參師中最後參見「彌勒菩薩」的造像，反而會在此牆面造各種護持山帝王朝此國家、帝王及人民的神祇及普賢菩薩的造像。此牆面之所以會造如此多普賢菩薩的造像，一來是因為普賢菩薩在支提信仰裡明顯的扮演護持支提信仰及護持民眾的角色，二來也是因為早期支提信仰所提倡的神祇，如「彌勒下生信仰」、「七佛信仰」及「九佛信仰」，都是普賢菩薩提倡及護持的信仰。因此此層的造像，在造與支提信仰有關的神祇造像之際，都也會造普賢菩薩的造像。由於婆羅浮屠內面第 4 層主牆的造像內容及造像主題，是以造護持婆羅浮屠及山帝王朝的國家、帝王及人民的神祇為主要造像內容，而不是要表達善財童子五十三參的故事，因此此層

---

107 Luis O. Gomez and Woodward, Hiram Woodward V. Jr., eds., *Barabuḍur: History and Significance of A Buddhist Monument*. Berkeley: University of California, 1981, p. 183: "If Bosch's identification of the reliefs on the walls of the fourth gallery is correct, the kūtāgāra theory would have to explain the connection between the vision of Maitreya's abode, as climax for the design of the monument, and the Bhadracarī, as climax for the relief series. If the Barabudur's design was inspired by the vision of Maitreya's abode, why should the Samantabhadra section be represented on its walls as the final stage in Sudhana's pilgrimage?"

的造像自然就不會如西方學者所言的，再造善財童子在其參師的終點站見到「彌勒菩薩」的場面。原因是，婆羅浮屠內面第 2 層主牆已經造過善財童子五十三參師的各種造像。嚴格的說，婆羅浮屠使用《入法界品》經文造像的牆面，只有內面第 2 層及內面第 3 層的主牆。顯然的，哥美滋在談論婆羅浮屠的造像之時，他並不清楚婆羅浮屠內面第 4 層主牆的造像設計方法及設計內容；特別是，他似乎也不知道婆羅浮屠的造像不是只用《入法界品》的經文造像。由於過去研究婆羅浮屠的歐西學者都只從《入法界品》的角度去思考婆羅浮屠的造像問題，因此真‧方登也說：「如果我們能將《入法界品》的經意弄清楚，我們必然就能解開《入法界品》造像之謎。」[108] 婆羅浮屠的造像方法，事實上比歐西學者目前所能想像的還要複雜得多。婆羅浮屠不僅依據各種支提信仰經典及支提信仰的造像製作此址的各層主牆上的造像，也依據許多當時流行的密教經典製作此址的各種造像。[109] 我們因此不能只依賴《入法界品》的信仰及《入法界品》的經意去了解婆羅浮屠的造像性質及造像內容。

六 《入法界品》的密教化證據

《入法界品》所載的「普賢行」，常具有密教的幻術（magic）色彩。譬如，善財參訪的第二位善知識「海雲比丘」（Bhiksu Sāgaramegha），即用「觀察大海、思惟大海」的方法體驗見佛的境界或得「陀羅尼力」的修行成果。[110] 海雲比丘行「普賢行」的方法，與同經中所載的「彌多羅尼」（Maitrāyanī）童女使用「正念思維」「得陀羅尼力」的方法非常相似，[111] 但與「善知眾藝」（Śilpābhijñā）童子用「持誦陀羅尼」（dhāranīs）的方法，則又非常不同。善知眾藝童子「持

---

108 Jan Fontein, *The Pilgrimage of Sudhana*, chapter 1, p. 1 and p. 5.

109 見下詳述。

110 （東晉）天竺三藏佛馱跋陀羅譯，《大方廣佛華嚴經‧入法界品》卷 46，《大正》卷 9，頁 690 下-691 中。

111 （東晉）天竺三藏佛馱跋陀羅譯，《大方廣華嚴經‧入法界品》卷 48，《大正》卷 9，頁 702 中-703 中。

頌陀羅尼」的方法即是，用「唱陀羅尼字」的方法進入「般若波羅蜜」的成佛境界。[112] 善知眾藝童子是用「唱四十二字」進入「四十二個波羅波羅蜜門」，並進而經驗各種大菩薩及佛的（成佛）境界。[113] 唐代不空金剛稱用「唱四十二字」的修行法，為「入法界品四十二觀門」。[114]《大方廣佛花嚴入法界品頓證毗盧遮那法身字輪瑜伽儀軌》（此後，《儀軌》）對此行法作有作進一步的解釋說：

> 復應悟入般若波羅蜜四十二字門，了一切法皆無所得，能觀正智所觀法界悉皆平等無異無別。修瑜伽者，若能與是旋陀羅尼觀行相應，即能現證毗盧遮那如來智身，於諸法中得無障礙。[115]

由此段經文，我們知道，中文佛教文獻所言的「修瑜伽者」，即是「修密教法門的修行者」。此《儀軌》稱「唱四十二字」的方法為「陀羅尼觀行」。所謂「陀羅尼」，照本弄以投士·巴達差利亞（Benoytosh Battacharyya, 1897-1964）在其《佛教密教導論》的說法，乃指「成串無意義的字」（unmeaning strings of words），但如果能不停的念誦這些字，念誦者即能得功德（merit）[116] 或法力。《入法界品》所提到的密教修行法，有用「思惟」、「正念思惟」，及「念誦陀羅尼字」的方法進入「見佛的境界」或「得陀羅尼力」的境界。「念誦陀羅尼字」的佛教修行法，因此是修行佛教密教的一種重要的方法。本弄以投士·巴達差利亞說，佛教密教的行法特色，具有念誦陀羅尼示現神通或幻術（magic）的行法，也有用作／結手印（mudrās）的方法召請神祇（deity）的方法。[117]《入法界品》所載的善知識，因常用「念誦陀羅尼」的方式示現神通或幻術，《入法界品》所載的「普賢行」，因此也具有密教行法的內容及性質。

---

112 （東晉）天竺三藏佛馱跋陀羅譯，《大方廣華嚴經·入法界品》卷 57，《大正》卷 9，頁 765 下。

113 （東晉）天竺三藏佛馱跋陀羅譯，《大方廣華嚴經·入法界品》卷 57，《大正》卷 9，頁 766 上。

114 （唐）不空譯，《大方廣佛華嚴經入法界品四十二觀門》，《大正》卷 19，頁 707 下-709。

115 《大方廣佛花嚴經入法界品頓證毗盧遮那法身字輪瑜伽儀軌》，《大正》卷 19，頁 709 中。

116 Benoytosh Bhattacharyya, *An Introduction to Buddhist Esoterism*. Delhi: Motilal Banarsidass, 1989, reprint, p. 49.

117 Benoytosh Bhattacharyya, *An Introduction to Buddhist Esoterism*, p. 49.

日本學者大村西崖（1868-1927）對密教在佛教的發展作有下面的說明：

> 但此陀羅尼經中，帶外道咒法之意者往往而有焉，大陀羅尼神咒……即是耳。……專說持誦做法如外道者，則咒經之類也。……後遂有兩部大經，密教發達大成。住在是等諸經，該其為有效於世間諸願成就而易入俗者，最致流轉為法曼荼羅，而其字義解釋，仍依舊以莊嚴教理至所願向上之極，旋復歸顯教大乘陀羅尼門，惟求得道之旨，以速疾成佛為最大事，竟以成就兩部灌頂儀式。[118]

依據大村西崖的說法，密教行法以「陀羅尼行法」為其主要行法。陀羅尼行法在佛教的發展，因其行法有「非成佛的外道行法」，也有「成佛的行法」，故佛教的陀羅尼行法，以「速疾成佛為最大事」。此處所言的「兩大部」，即指 7、8 世紀之間於印度南部或南天盛行的「金剛頂」（the Vajrayāna）派密教，及在中天盛行的「胎藏派」（the Garbhayāna）密教兩大部派。[119]《入法界品》所載的陀羅尼行法，就以「念誦四十二字」的方法為「陀羅尼觀行」的方法而言，其就是佛教密教的行法。這就是筆者認為，《入法界品》是一部「密教化」經典的原因。

《入法界品》表達「神通」的方法有多種方式，有用「三昧正受」的方式示現神通者，如「其足下出阿僧祇長者，阿僧祇婆羅門，皆悉頂冠眾寶天冠……從其口出百千阿僧祇轉輪聖王……」；[120] 也有用文字直接說明神通者，如在說明「滿足王」的「普賢行」之際即說：其「成就菩薩幻術法門」。[121]《入法界品》一再談論神通的修行法，自然與此經要說明其是部密教經典有關。但真‧方登卻認為，《入法界品》幾乎沒有密教色彩。[122] 真‧方登似乎忘了其在此經中常見的許多神通（magic or miracle），[123] 甚至菩薩及佛的造像法，都是

---

118 見大村西崖撰，羅振玉署，《密教發達志》（上）（台北：武陵出版公司，1993），頁 40-45.

119 見大村西崖撰，羅振玉署，《密教發達志》（上），頁 243。

120 （東晉）天竺三藏佛馱跋陀羅譯，《大方廣華嚴經‧入法界品》卷 47，《大正》卷 9，頁 695 中-

121 （東晉）天竺三藏佛馱跋陀羅譯，《大方廣華嚴經‧入法界品》卷 49，《大正》卷 9，頁 708 下。

122 Jan Fontein, *The Pilgrimage of Sudhana*, Chapter 1, p. 20.

123 Jan Fontein, *The Pilgrimage of Sudhana*, Chapter. 1, "Summary of the Text," pp. 5-14.

密教的行法及造像法。《入法界品》之所以要如此側重「神通」或密教行法的原因，除了要說明《入法界品》是一部「密教化」的經典外，也是要說明《入法界品》所言的「普賢行」，也是一種具有密教行法的佛教行法。在此了解下，歷代發展《入法界品》佛王信仰的亞洲帝王，在提倡《入法界品》的佛王信仰建國之際，都也會有發展密教信仰或製作密教造像的現象。

第三節　亞洲地區發展《入法界品》佛王信仰的情形

一　古代于闐發展《入法界品》佛王信仰的內容及其造像情形

我們知道于闐在歷史上曾是一處發展《華嚴經》及《入法界品》信仰的要地，乃因中國翻譯的兩部《華嚴經》，即六十卷《華嚴經》及八十卷《華嚴經》，都取自于闐。于闐在 5 世紀初期，甚至更早，非常可能已經是亞洲一處發展《華嚴經》及《入法界品》的重要地點。中國佛教文獻及西藏佛教文獻都提到，于闐不僅有長期發展《入法界品》及《華嚴經》的信仰，同時也有長期施行《入法界品》佛王信仰建國的活動。我們因此要用這些佛教文獻去了解古代于闐發展《入法界品》佛王信仰的情形。譬如，武則天在統治大周時期（統治，690-705），其去于闐請來的于闐僧人實叉難陀自于闐取來的《大方廣普賢菩薩所說經》（此後，《普賢菩薩所說經》），[124] 便是一部我們了解于闐發展《入法界品》的「佛王信仰」的重要資料。

《普賢菩薩所說經》是一部在于闐發展毘盧遮那佛王信仰期間，于闐自己撰造的說明「毘盧遮那佛王信仰」的經典。此經描述毘盧遮那佛示現神通的行文方式，非常明顯的仿照《入法界品》所載的「海幢比丘」（Bhiksu

---

124　（唐）釋智昇撰，《開元錄・實叉難陀》卷 9，《大正》卷 55，頁 565 下-566 中。

Sāradhvaja）示現神通的行文方式。《普賢菩薩所說經》如此描述毗盧遮那佛示現神通的情形：

> 忽見世尊毗盧遮那雙足輪中有世界，名法界輪。其土有佛名法界莊嚴王，住世說法，彼普光藏菩薩摩訶薩與十不可說不可說百千億那由他佛剎微塵等菩薩摩訶薩俱，從彼佛剎來此會坐。於雙蹲中有世界名無礙藏，其土有佛名無礙淨光，住世說法……於雙膝中有世界名真金藏，其土有佛名金藏王，住世說法……於雙股中有世界名一切寶莊嚴藏，其土有佛……於其臍中有世界名毗盧遮那佛藏，其土有佛名毗盧遮那威德莊嚴王，住世說法，彼金剛藏菩薩摩訶薩，與佛……於口中有世界名妙寶莊嚴，其土有佛名無量光嚴王……於其頭中有世界名覆持不散……時諸菩薩既見如是無盡世界如來道場。菩薩眾會神變已，一一皆得法界藏三昧，等十佛剎微塵數諸陀羅尼離垢藏般若波羅蜜……時普賢菩薩復告大眾：諸佛子，此法唯是行普賢行。[125]

《普賢菩薩所說經》說：「忽見世尊毗盧遮那雙足輪中有世界，名法界輪，其土有佛，名法界莊嚴王」。這段說明「毗盧遮那雙足輪」的經文，便是一段表達或說明《入法界品》所載的「毘盧遮那佛王信仰」的經文，也是一段用《入法界品》的「幻術行法」說明「普賢行法」的經文。此段經文所載的「有世界法界莊嚴王」的信仰及概念，明顯的也是于闐創造其「盧舍那法界人中像」的信仰及造像的基礎。[126]「毘盧遮那佛」的「雙足輪」，乃指「毘盧遮那佛」雙足底部的「寶相輪」。「毘盧遮那佛」雙足上的「寶相輪」，依據龍樹所載的「手足寶相輪／當作轉輪王」的說法，[127] 毘盧遮那佛此「雙足輪／寶相輪」即有說明「毘盧遮那佛」將下生為世間「轉輪王」的意思。[128]由於此「輪」也被稱為「法界輪」，我們因此知道「毘盧遮那佛」與彌勒佛一樣，都用其等的「法界」（dharmdhātu）或「法身」（dharmakya）下生為「轉輪

---

125 （唐）于闐國三藏實叉難陀奉制譯，《大方廣普賢所說經》，《大正》卷 10，頁 883 下-884 上。
126 見後詳述；
127 （陳）真諦譯，《寶行王正論》，《大正》卷 32，頁 497 中；並見本書第四章，〈佛教支提信仰的奠立者——龍樹菩薩〉。
128 見本書第四章，〈佛教支提信仰的奠立者——龍樹菩薩〉。

王」。這也是此經說：「其土有佛，名法界莊嚴王」，即「佛是王」或「佛王」的意思。此段經文既是談論《入法界品》所載的「毗盧遮那佛王」信仰，我們因此推測，于闐有長期研究及發展《入法界品》的歷史，其才能在《入法界品》的信仰上創造如《普賢菩薩所說經》這樣一部仿《入法界品》佛王信仰的經典。《普賢菩薩所說經》的出經，因此是我們研究于闐發展《入法界品》佛王信仰的重要文獻。

　　為了讓讀者了解為何筆者說《普賢菩薩所說經》是一部仿照《入法界品》的「幻術」行文方式製作的一部于闐《入法界品》經文，筆者將《入法界品》載海幢比丘示現「神通」或「幻術」的經文也引述於下供讀者作比較：

> 其足下出阿僧祇長者，阿僧祇婆羅門，皆悉頂冠眾寶天冠……從其兩膝出剎利婆羅門……從其兩腰邊出一切眾生數等五通仙人……從其兩脇出不可思議諸龍、不可思議龍女，顯現不可思議諸龍自在攝取眾生……從其胸德字出無量阿僧祇阿修羅示現阿修羅王不可思議自在神力……從其背出阿僧祇聲聞、緣覺，應以二乘化眾生故……從其兩肩出阿僧祇諸夜叉王、諸羅剎王，種種惡身……從其腹出百千阿僧祇緊那羅王……從其口出百千阿僧祇轉輪聖王，七寶具足四兵圍繞……從其兩目出百千阿僧祇日，普照十方滅一切闇，悉令眾生除滅垢瞳……從其眉間出百千阿僧祇天王帝釋……從其額上出無量梵天……從其頭上出阿僧祇諸菩薩中，種種行色相好……從其頂上出百千阿僧祇佛身奉，具足相好莊嚴猶如金山，普照一切出妙音聲……。[129]

《普賢菩薩所說經》仿照《入法界品》所載的海幢比丘示現「神通」或「幻術」的行文內容，不外乎是要說明不同的「毗盧遮那佛王」身體都由同一「毗盧遮那佛」的身體出生或下生。《普賢菩薩所說經》所載的這段說明「毗盧遮那佛」行「幻術」的經意，雖然與《入法界品》所載的海幢比丘示現「神通」的經意內容不同，但是《普賢菩薩所說經》所載的，不同「毗盧遮那佛王」的身體都由同一「毗盧遮那佛」身體不同部位出生的「神通」行文方式，

129　（東晉）天竺三藏佛馱跋陀羅譯，《大方廣佛華嚴經·入法界品》卷47，《大正》卷9，頁695中-697上。

則明顯地仿照《入法界品》所載的，不同的「有情眾生」的身體，如剎帝利、婆羅門、龍王、阿修羅、夜叉、羅剎、緊那羅、轉輪王等，都由同一「海幢比丘」的不同身體部位出生的「神通」行文方法。

《普賢菩薩所說經》所載的這段經文，與我們在下面要談論的《大集經·月藏分》所載的「毘盧遮那佛王信仰」或「月光童子信仰」的經文內容非常相像。古代的于闐人在研究《入法界品》的經文之際，顯然已經注意到，《入法界品》所載的海幢比丘行「幻術」的這段經文非常重要。因為于闐在《入法界品》經文的影響下，不僅造有《大集經·月藏分》所載的「毘盧遮那佛王信仰」的經文，同時也造有《普賢菩薩所說經》所載的這段記載「毘盧遮那佛」行「幻術」的經文。于闐在發展《入法界品》的佛王信仰之際，更依據《大集經·月藏分》的經文在于闐製作「盧舍那法界人中像」。于闐在造其「盧舍那法界人中像」之際，甚至也用《入法界品》所載的海幢比丘的身體不同部位能出生各種不同「有情眾生」的信仰，造其「毘盧遮那佛衣」上的「人中」造像。[130]

目前研究「盧舍那法界人中像」的學者，都沒有注意到，敦煌在北周（統治，557-581）及隋代（統治，581-618）所造的「盧舍那佛衣」上的圖像安排方式，如「胸前的須彌山左右常見纏繞二龍，而須彌山前都畫有一阿修羅王，手托日月」[131] 的圖像安排方式，乃源自上面我們提到的這段《入法界品》記載海幢比丘示現神通或「幻術」的經文：「兩脇（胸前兩側）出不可思議諸龍、不可思議龍女，顯現不可思議諸龍自在攝取眾生……從其胸德字出無量阿僧祇阿修羅示現阿修羅王不可思議自在神力……」。敦煌學者殷光明在研究「盧舍那法界人中像」之際，因為沒有注意到上面筆者提到的這段《入法界品》經文，他因此如此解釋北周在敦煌莫 428 窟所造的「盧舍那法界人中像」的造像淵源：

須彌山左右也纏繞二龍，很可能是承襲了中原地區的。敦煌的須彌山前都有一

---

130 見下詳述。

131 殷光明，〈敦煌盧舍那法界圖像研究之一〉，《敦煌研究》，第 4 期（2001），頁 10。

阿修羅王，這一形式不見於其他地區。[132]

北周時代製作的「盧舍那法界人中像」，也見於北周時期東陽王開鑿的敦煌莫 428 窟。敦煌莫 428 窟的造像，就其依據《證明經》所載的「釋迦涅槃後」及「彌勒正身下」經文造像的情形來判斷，敦煌莫 428 窟乃是一座北周時代開鑿的「支提信仰窟」。因為北周造莫 428 窟用「釋迦涅槃後」、「彌勒正身下」的造像經文製作的「釋迦涅槃像」及「彌勒佛坐支提下生像」，乃出自龍樹撰造的《證明經》。[133] 由北周莫 428 窟也造有「盧舍那法界人中像」的情形來判斷，我們因此知道，莫 428 窟也是一座依據《入法界品》所載的「毘盧遮那佛王信仰」內容開鑿的石窟。[134] 筆者因此認為，于闐曾是亞洲歷史上提倡《入法界品》信仰及製作「盧舍那佛王像」的主要地方。[135] 這就是我們推測，敦煌莫 428 窟此尊「盧舍那法界人中像」胸前所繪的須彌山圖左右纏繞的二龍，及須彌山前所繪的阿修羅王手托日月的造像法，乃源自發展《入法界品》信仰的古代于闐的原因。[136]

于闐僧人實叉難陀在替武則天翻譯于闐的八十卷《入法界品》經文之際，不僅替武氏翻譯《普賢菩薩所說經》此部在于闐製作的類似《入法界品》的經典，也為武氏翻譯有其他幾部類似用《入法界品》行文方式及行文內容製作的于闐造經，如《大方廣入如來智德不思議經》等。[137] 這說明，到了西元 7 世紀的後半葉，于闐還是一處亞洲發展《入法界品》及《華嚴經》信仰的重要中心。基於此因，武則天在準備發展《入法界品》支提信仰之際，[138] 才會有自于闐取來八十卷《華嚴經》及于闐譯人實叉難陀之事。

古代的于闐會成為《入法界品》及《華嚴經》信仰的亞洲發展中心，不

---

132 殷光明，〈敦煌盧舍那法界圖像研究之一〉，《敦煌研究》，第 4 期（2001），頁 10。

133 見本書第八章，〈新疆克孜爾石窟的支提信仰造像特色及其影響〉。

134 見後詳述。

135 見下詳述。

136 見後詳述。

137 （唐）于闐三藏實叉難陀譯，《大方廣入如來智德不思議經》，《大正》卷 10，頁 924 中-928 中。

138 見後詳述。

是沒有原因。除了中國翻譯的兩部《華嚴經》，即六十卷《華嚴經》及八十卷《華嚴經》，都取自于闐，都能說明古代的于闐是亞洲發展《入法界品》及《華嚴經》的中心地外，中國佛教文獻也載有于闐是亞洲發展《華嚴經》的重要地點。譬如，唐代法藏編集的《華嚴傳記》卷一便提到：

> 昔于闐東南二千餘里有遮拘槃國。彼王歷葉敬重大乘，諸國名僧入其境者，竝皆試練。若小乘學則遣不留，摩訶衍人請停供養。王宮內自有華嚴摩訶般若大集等經，竝十萬偈。王躬受持，親執戶鑰，轉讀則開，香華供養。又於道場內種種莊嚴，眾寶備具，並懸諸雜幡。時非時果，誘諸小王令入禮拜。又此國東南，可二十餘里有山甚嶮，其內置華嚴、大集、方等、寶積、楞伽、方廣、舍利弗陀羅尼、華聚陀羅尼、都薩羅藏、摩訶般若大雲等，凡一十二部，皆十萬偈。國法相傳，防護守掌。[139]

上面這段話雖是記載于闐發展大乘佛教的情形，然從此記載，我們可以看出，于闐曾是一處亞洲發展《華嚴經》或支提信仰的重要中心。因為此段經文所言的《大集經》，即是《大方等大集經》的簡稱，也是一部受《入法界品》經文影響，于闐所撰造的「密教化」支提信仰或「彌勒菩薩佛王下生信仰」的經典。[140] 我們在北齊那連提（黎）耶舍翻譯的《大集經》中也見此經記載有于闐發展支提信仰的活動情形。譬如，下面我們要談論的《大方等大集經·日藏分護塔品》卷四十九所提到的，閻浮提二十位不同的「龍王」，包括于闐的龍王，要護持二十座「大支提」或「聖人住處」之事，就是一個于闐發展支提信仰的例子。《大方等大集經·日藏分護塔品》卷四十九對于闐龍王護持于闐「大支提」的情形也作有下面的說明：「閻浮提內于闐國中水河岸上牛頭山邊近河岸上瞿摩婆羅香大聖人支提住處，付囑吃利呵婆達多龍王，守護供養」。[141] 由此，于闐確實有發展支提信仰並建造大支提的活動。

西元 4 至 5 世紀之間，中亞的于闐非常可能已經是一處亞洲發展支提信

---

139 （唐）京兆沙門崇福寺僧法藏集，《華嚴傳記》卷 1，《大正》卷 32，頁 153 中。
140 見本書第十章，〈中國北涼發展支提信仰的證據——涼州瑞像與敦煌的白衣佛像〉。
141 見下詳述。

仰的重鎮。因為西藏文書《于闐國史》記載的兩位于闐國王，也有用《入法界品》的「彌勒菩薩佛王信仰」建國的活動。日本學者寺本婉雅翻譯的《于闐國史》說：

> 第一位于闐王伏闍耶散跋婆王即位五年後才在于闐發展佛教，並認為彌勒及文殊各能護持國土。彌勒則化現為伏闍耶散跋婆王，而文殊則化現為聖毗盧折那。伏闍耶散跋婆王為了供養毗盧折（遮）那，在于闐建立擦摩（Tsar-ma）大伽藍。伏闍耶散跋婆王之後，彌勒菩薩也化現于闐王伏闍耶毗梨耶王。[142]

《于闐國史》在此所言的「彌勒則化現為伏闍耶散跋婆王」的意思是，于闐王伏闍耶散跋婆王（King Vijayasambhava，普勝王）以「彌勒菩薩」或「彌勒菩薩佛王」的面貌統治于闐的意思。同樣的于闐王，「為了供養毗盧折（遮）那，在于闐建立擦摩（Tsar-ma）大伽藍」。這段《于闐國史》除了記載有于闐伏闍耶散跋婆王以《入法界品》的「彌勒菩薩佛王」面貌統治于闐外，伏闍耶散跋婆王也有特別崇奉「毗盧折（遮）那」佛的現象。這說明，于闐的伏闍耶散跋婆王，不僅知道《入法界品》所載的「毗盧遮那佛王信仰」的內容，同時也使用《入法界品》所載的「毗盧遮那佛王」及「彌勒菩薩佛王」的姿態統治于闐。這段《于闐國史》也提到，于闐王「伏闍耶毗梨耶王」（King Vijayavirya，普勝精進力王）以「彌勒菩薩」的面貌統治于闐。《于闐國史》這段記載于闐發展《入法界品》彌勒佛王信仰的情形，與我們在上面提到的《大集經》載有于闐建造「大支提」及「龍王護持于闐大支提」的事，應有密切的關聯，都要說明于闐在歷史上有長期發展《入法界品》佛王信仰或支提信仰的活動。

美國學者丹尼士・帕翠・萊娣（Denise Patry Leidy）認為，《于闐國史》所載的兩位施行《入法界品》彌勒佛王信仰統治于闐的時間，是在西元第 1 世紀。[143] 這種說法自然非常不可信。因為龍樹奠立支提信仰的時間是在 2 世紀

---

142 寺本婉雅，《于闐國史》（東京：釘子屋書店，1921），頁 22-25.

143 Denise Patry Leidy, "Bodhisattva Maitreya, Prakhon Chai, and the Practice of Buddhism in Southeast Asia," in Denise Patry Leidy and Nandana Chutiwongs, *Buddha of the Future—An Early Maitreya from Thailand*. New York: Asia Society Galleries, 1994, p. 70; see also, F. W. Thomas, *Tibetan Literary*

中期左右或稍後，[144] 而《入法界品》出經的時間，依據我們的推測，也在 4 世紀初期之後，5 世紀初期之前的時間。因此于闐此二帝王使用《入法界品》作為其等佛教建國信仰的時間，無論如何都不會早過 4 世紀初期之前。《于闐國史》所提到的兩位于闐王使用《入法界品》佛王信仰建國的時間，因此也絕對不會如丹尼士・帕翠・萊娣所言的在西元第 1 世紀。

于闐發展《入法界品》及《華嚴經》的信仰，與于闐帝王使用《入法界品》的「彌勒菩薩佛王信仰」建國的活動，必有一定的關聯；否則于闐不會如此努力發展《入法界品》及《華嚴經》的信仰。于闐既有發展《入法界品》及《華嚴經》信仰的證據，也有施行《入法界品》佛王信仰建國及治國的歷史，于闐自西元 4 世紀之後，自然會是一處亞洲發展《入法界品》及《華嚴經》的要地。我們從目前保留的于闐佛教文獻，很難看出于闐發展《入法界品》的真實情形。但從其他的佛教文獻，我們還是可以看出于闐不但有長期發展《入法界品》所載的「毘盧遮那佛王信仰」的歷史，甚至有製作盧舍那／毘盧遮那經典及造「盧舍那法界人中像」的活動。

于闐長期發展《入法界品》佛王信仰活動的結果，在歷史上也留下許多毘盧遮那佛的造像。張廣達及榮新江在其《于闐史叢書》說：

> 敦煌出土的于闐文卷子有十方佛的名稱，核以〈瑞像記〉及〈瑞像圖榜題〉，瑞像佛名無一收入。特別值得注意的是，于闐因為大乘華嚴部頗為流行而十方佛中的毘盧遮那（Vairocana）的神像較多，但在敦煌的這組瑞像中，毘盧遮那的形象卻沒有因為于闐地方的影響而擠入瑞像之列。[145]

張廣達及榮新江在其等的《于闐史叢書》所載的有關敦煌出土的于闐文卷子載有于闐造有許多毘盧遮那像的情形，說明古代的于闐，在發展《入法界品》佛王信仰之際，也造有許多毘盧遮那佛像。

Texts and Documents Concerning Chinese Turkistan, Vol. 2. London: Luzac for the Royal Asiatic Society, p. 75, p. 305, and p. 306.

144 見本書第四章，〈佛教支提信仰的奠立者——龍樹菩薩〉。

145 張廣達及榮新江，《于闐史叢書》，頁 251。

二 中國早期發展《入法界品》佛王信仰的情形

（1）北涼發展《大方等大集經》信仰的概況

筆者在 2003 年出版的《從天王傳統到佛王傳統——中國中世佛教治國意識形態研究》第四章〈齊文宣與隋文帝的月光童子信仰〉中，已經談論過中國北齊（統治，550-577）的齊文宣高洋（統治，550-559）及隋代（統治，581-618）的隋文帝楊堅（統治，581-604）發展「月光童子信仰」或《華嚴經·入法界品》的佛王信仰的情形。[146] 但筆者在撰寫該章的「月光童子信仰」之際，並沒有能將「月光童子信仰」與《入法界品》及《大集經》的毘盧遮那佛王信仰的關係，和「法界人中像」的關聯性說明清楚。原因是，當年在撰寫〈月光童子信仰〉此文時，筆者除了不知道《入法界品》是支提信仰的「密教化」作品外；筆者也不知道，齊文宣及隋文帝依據以發展的「月光童子信仰」，是中亞于闐所造的于闐版《入法界品》的佛王信仰。故筆者在下面此節，便要再談論此二中國帝王所發展的「月光童子信仰」的出處，及此信仰與「法界人中像」的關聯性。

中國早期發展《入法界品》佛王信仰的帝王，除了常用《入法界品》的經文說明《入法界品》的佛王信仰內容及造像外，也常用《大方等大集經》（此後，《大集經》）作為其等發展《入法界品》佛王信仰及造像的依據。《大集經》非常可能是在古代于闐出經或撰造的，受《入法界品》佛王信仰影響的經典。《大集經》在中國歷史上前後共被翻譯過兩次。第一次翻譯此經的僧人是印度僧人曇無讖（Dharmaksema, 384-433）。曇無讖是北涼王朝（統治，401-439/460）的奠基者沮渠蒙遜（367-433），在北涼的都城涼州（今甘肅武威）施行「佛教建國信仰」活動建國之際，最倚重的一位為其發展「佛教建國信仰」的「軍師」。北涼的建國者沮渠蒙遜及其繼承者在統治河西、敦煌及高昌的時代（約 421-460），便用曇無讖翻譯的《大集經》所載的「彌勒菩薩佛王信仰」內容，作

---

146 見古正美，《從天王傳統到佛王傳統：中國中世佛教治國意識形態研究》（台北：商周出版公司，2003），第四章〈齊文宣與隋文帝的月光童子信仰〉，頁 156-210。

為其等以佛教「轉輪王」或「彌勒佛王」的姿態統治北涼王朝的依據。[147] 中國第二次翻譯《大集經》的時間，是在北齊發展《入法界品》佛王信仰的時代。北齊文宣帝高洋及其之後的隋文帝楊堅，在發展《入法界品》佛王信仰作為其等的「佛教建國信仰」的時代，都用烏場僧人那連提（黎）耶舍（Narendrayasasa, 490-589），作為其等發展《入法界品》佛王信仰的主要策劃人或「軍師」。那連提（黎）耶舍，也被稱為「那連提耶舍」，其翻譯《大集經》的時間是在齊文宣死後。[148] 雖然那連提（黎）耶舍翻譯的《大集經》內容與北涼時代曇無讖翻譯的《大集經》內容不同，然我們都用相同的名稱稱呼其等翻譯的《大方等大集經》為《大集經》。[149] 總而言之，中國兩次在歷史上翻譯的《大集經》經本，雖然譯者不同，時代不同，然兩部《大集經》都是于闐解釋《入法界品》佛王信仰的作品。[150]

北涼在發展《大集經》的時代，雖在河西及敦煌等地都造有許多支提信仰的造像，然北涼所造的「轉輪王像」或「彌勒佛王像」，因深受克孜爾石窟造支提信仰造像法及造像內容的影響，因此北涼所造的「轉輪王像」及「彌勒佛王像」，都採用克孜爾石窟造「轉輪王像」或「彌勒佛王像」的造像法製作其時代的「轉輪王像」及「彌勒佛王造像」。[151] 北涼在河西時代（421-439）罕見甚至不見造有毘盧遮那像的原因大概是：北涼所造的支提信仰造像主要依據早期支提信仰經典《證明經》製作外，其時代也是中國開始接觸《華嚴經‧入法界品》佛王信仰的時代。北涼在河西發展佛教建國信仰的時代，是在 5 世紀的上半葉或 421 之後。中國在南朝初期翻譯的六十卷《華嚴經‧入法界品》的時間，也在 5 世紀初期此段時間。那連提耶舍翻譯的《大集經》載有「毘盧遮那佛王信仰」的經文，被譯出的時間是在曇無讖於北涼去世

---

147 見本書第十章，〈中國北涼發展支提信仰的證據——涼州瑞像與敦煌的白衣佛像〉。

148 見下詳述。

149 見後詳述。

150 見古正美，《從天王傳統到佛王傳統》第四章，〈齊文宣與隋文帝的月光童子信仰及形象〉，頁156-212；並見本書第十章，〈中國北涼發展支提信仰的證據——涼州瑞像與敦煌的白衣佛像〉。

151 見本書第十章，〈中國北涼發展支提信仰的證據——涼州瑞像與敦煌的白衣佛像〉。

（433）之後的時間。[152] 曇無讖在北涼發展支提信仰之際，表面上我們沒見其有發展《入法界品》佛王信仰的活動，也沒有見其有造「盧舍那／毘盧遮那佛王像」的活動，事實上其在北涼發展的「彌勒菩薩佛王信仰」，就是一種于闐解釋《入法界品》的佛王信仰。

（2）北齊及隋代發展《入法界品》佛王信仰的情形

過去學者研究的「盧舍那／毘盧遮那法界人中像」，也被簡稱為「法界人中像」或「人中像」。中外學者在研究此像之際都沒有注意到，「法界人中像」的製作不但與《入法界品》的佛王信仰在中國的發展有關，而且與那連提耶舍在北齊翻譯《大集經》的活動也有密切的關聯。學者在談論「盧舍那法界人中像」之際，因此類造像的「造像銘記」常稱此類像為「盧舍那像」或「毘盧遮那像」的緣故，因此學者都從《華嚴經》的角度去了解、說明此類造像的性質及造像內容。事實上「法界人中像」的製作，不僅與于闐及中國發展《入法界品》所載的「毘盧遮那佛王信仰」有關，也與那連提耶舍在北齊翻譯《大集經》所載的「盧舍那佛王信仰」有密切的關聯。

我們注意到，在烏場僧人那連提耶舍於北齊天保七年（556）來到北齊為齊文宣發展「毘盧遮那佛王信仰」之前，[153] 齊文宣已經有發展「盧舍那佛／毘盧遮那佛王信仰」的現象。北齊僧人僧稠於天保六年（555）在河南安陽「小南海」中洞為齊文宣重修的「一組三尊佛像」（圖2），不但在小南海中洞門外上方銘刻有《華嚴經》的經文，[154] 而且也銘刻有「大齊天保元年（550）靈山寺僧方法師，故雲陽公子林等率諸邑人刊此巖窟，髣像真容。至六季，中國法師大德稠禪師重瑩修成」的文字。[155] 小南海此刻文說明，小南海中洞的造

---

152 見下詳述。

153 烏場僧人那連提耶舍於天保七年到北齊的事，見（唐）釋道宣撰，《續高僧傳·那連提耶舍傳》卷2，《大正》卷50，頁432；並見古正美，《從天王傳統到佛王傳統》第四章，〈齊文宣與隋文帝的月光童子信仰〉，頁174。

154 見顏娟英，《北齊小南海石窟與僧稠》，〈附錄〉，收入釋恆清編，《佛教思想的承傳與發展》（台北：東大圖書公司，1995），頁590；並見古正美，《從天王傳統到佛王傳統》第四章，〈齊文宣與隋文帝的月光童子信仰及形象〉，頁189-193。

155 見〈安陽縣金石錄〉，收入河南省古代建築保護研究所編，《寶山靈泉寺》（鄭州：河南人民出版

像，是當時北齊僧稠為齊文宣重造的「髣像真容」，或猶如皇帝面貌的造像。由於小南海中洞外刊刻有《華嚴經》的經文，故此中洞面貌的造像，常被學者視為與《華嚴經》之盧舍那佛信仰有關的造像。[156]

北齊僧人僧稠或「稠禪師」並不是一位普通的僧人。僧稠於天保二年（551）來到北

圖 2　河南安陽小南海中洞窟外表

齊的都城鄴都時，「帝（齊文宣）躬舉大賀，出郊迎之」，[157] 後齊文宣又從其「受菩薩戒」。[158] 這說明僧稠是為齊文宣主持行「受菩薩戒儀式」，並將齊文宣推上轉輪王位及盧舍那佛王位的僧人。[159] 僧稠因有為齊文宣重修「小南海中洞」的活動，我們因此認為，僧稠即是為齊文宣發展《入法界品》佛王信仰為其「佛教建國信仰」的最早一位北齊佛教「軍師」或「佛教建國信仰」的策劃者。

僧稠在「小南海中洞」所刻造的「一組三尊佛像」，與後來隋文帝（統治，581-604）代靈裕法師（518-605）在河南靈泉寺西側寶山南麓所開鑿的「大住聖窟」所造的「一組三尊佛像」，有相似的造像性質及造像內容。從隋代靈裕法師在「大住聖窟」所造的「盧舍那法界人中像」，我們知道，僧稠所造的造像，沒有靈裕法師所造的造像如此複雜。因為靈裕法師為隋文帝所開的「大住聖窟」的主尊造像「盧舍那佛像／毘盧遮那佛像」，或「盧舍那法界人中像」

公司，1991），頁 115；並見顏娟英，《北齊小南海石窟與僧稠》，頁 589-590。

156　見後詳述。

157　（唐）釋道宣撰，《續高僧傳·齊鄴西龍山雲門寺僧稠》卷 16，《大正》卷 50，頁 554 上-中。

158　（唐）釋道宣撰，《續高僧傳·齊鄴西龍山雲門寺僧稠》卷 16，頁 554 上-中。

159　見本書第十章，〈中國北涼發展支提信仰的證據——涼州瑞像與敦煌的白衣佛像〉。

的佛衣上，造有「五趣」或「五道輪迴」的人、物圖像。[160] 這種在佛衣上造圖像的設計法，不見於僧稠於「小南海中洞」所造的「盧舍那／毘盧遮那佛像」。

顏娟英對小南海中洞的造像作有下面的描述：

小南海中洞的主尊坐佛像，是尊盧舍那佛坐像。此坐佛像雕造在北壁高浮雕一佛二弟子像中央，通高 1.12 米，結跏趺坐，頭及雙手皆已殘毀。其旁站著一位合掌菩薩，佛座下似有一隻獅子。在佛的身光與弟子頭光之間，刻有兩行榜題：「天上天下無如佛／十方世界亦無比／世界所有我盡見／一切無有如佛者」。其下接著刻一比丘右手持香爐面向佛，左手持花供養的造像。比丘面前刻有「比丘僧稠供養」六個字。[161]

從顏娟英對小南海中洞的盧舍那佛王造像所作的描述，及小南海中洞「一組三尊像」的造像安排方式，我們因此知道小南海此「一組三尊像」，與《入法界品》所載的盧舍那佛王／毘盧遮那佛王信仰有密切的關聯。小南海此「一組三尊像」，除了造有《入法界品》所載的「盧舍那／毘盧遮那佛王信仰」的「盧舍那佛像／毘盧遮那佛王像」及「彌勒菩薩／佛像」外，也造有《入法界品》所側重的往生西方信仰的「無量光佛」或「阿彌陀佛像」。[162]「小南海中洞」因此是一座明顯說明《入法界品》所載的「盧舍那／盧舍那佛王信仰」的造像窟。

小南海中洞所造的主尊「盧舍那佛／毘盧遮那佛像」，沒有在此佛的佛衣上造有任何圖像。但那連提耶舍在天保七年來到北齊之後，我們便注意到，北齊所造的「盧舍那／毘盧遮那佛」的造像即起了變化。此變化即是，「盧舍那／毘盧遮那佛像」的佛衣上即造有世間「五道／六道輪迴」的人物圖像。造成這種「盧舍那／毘盧遮那佛像」變化的原因，與那連提耶舍在天保七年來北齊發展的「盧舍那／毘盧遮那佛王信仰」有密切的關聯。換言之，那連

---

160 見後詳述。

161 顏娟英，《北齊小南海石窟與僧稠》，頁 567-568；《寶山靈泉寺》，「善應石窟又稱小南海石窟」，頁 60-61。

162 見下詳述。

提耶舍在北齊所發展的《入法界品》佛王信仰，是依據于闐版的《入法界品》佛王信仰，或更確切的說，是依據于闐撰造的《大集經‧月藏分》所載的「毘盧遮那佛王信仰」所造的造像。由於那連提耶舍所譯的《大集經‧月藏分》載有「盧舍那／毘盧遮那佛王信仰」及「月光童子信仰」的經文，而此《大集經‧月藏分》所載的「盧舍那／毘盧遮那佛王信仰」也被該經稱為「月光童子」（Prince Moon-light）的信仰，我們在下文便要稱《大集經‧月藏分》所載的「盧舍那／毘盧遮那佛王信仰」為「月光童子信仰」，或「《大集經‧月藏分》的佛王信仰」內容。

依據《大集經‧月藏分》所載的「盧舍那／毘盧遮那佛王信仰」製作的「盧舍那／毘盧遮那佛王像」，因在「盧舍那／毘盧遮那佛王像」的佛衣上常見造有「五道／六道輪迴」等人物的造像，我們因此知道，依據《大集經‧月藏分》所造的「盧舍那／毘盧遮那佛王像」，與依據《入法界品》經文所造的「盧舍那／毘盧遮那佛王像」，有顯著的區別。因為《入法界品》的經文沒有載有「月光童子」的信仰內容，因此依據《入法界品》的經文製作的「盧舍那／毘盧遮那佛像」的佛衣上沒有造「五道／六道輪迴」等人物的圖像。這說明，「月光童子」的信仰與在「盧舍那／毘盧遮那佛衣」造「五道／六道輪迴」的造像有極密切的關聯。這也是我們稱呼依據《大集經‧月藏分》製作的「盧舍那／毘盧遮那佛王像」，為「盧舍那法界人中像」的原因。

自北齊齊文宣天保七年之後，我們便見北齊一代有發展「月光童子信仰」的活動。北齊之後，隋文帝所發展的「佛教建國信仰」，也是依據《大集經‧月藏分》所載的「月光童子信仰」的經文造像。由於《大集經‧月藏分》所載的「月光童子信仰」源自《大集經‧月藏分》所載的「盧舍那／毘盧遮那佛王信仰」，我們在下面除了要談論《大集經‧月藏分》所載的「盧舍那／毘盧遮那佛王信仰」，與《入法界品》所載的「盧舍那／毘盧遮那佛王信仰」的區別外，也要談論依據《大集經‧月藏分》製作的「盧舍那／毘盧遮那佛王像」或「月光童子像」的造像法。所謂「月光童子」的造像法，即指學者所言的「盧舍那法界人中像」的造像法。我們要如此做的原因是，齊文宣及隋文帝在發展《大集經‧月藏分》所載的「盧舍那／毘盧遮那佛王信仰」之際，

都造有「盧舍那法界人中像」或「月光童子」的造像。

（3）北齊及隋代發展月光童子信仰的性質及製作「法界人中像」的造像情形

我們在上面說過，自那連提耶舍於天保七年來到中國之後，其即在北齊為齊文宣及其後的北齊皇帝發展《大集經‧月藏分》所載的「毘盧遮那佛王信仰」或「月光童子信仰」。[163] 我們知道那連提耶舍在天保七年來到北齊所發展的「佛教建國信仰」是「月光童子」的信仰，除了因那連提耶舍在天保八年（557）為齊文宣翻譯的《月燈三昧經》是一部提倡「月光童子」信仰的經典外，天保七年之後齊文宣所造的造像都是「月光童子像」或「盧舍那法界人中像」。北齊那連提耶舍翻譯的《月燈三昧經》的經中主角本是「文殊師利童子」，但那連提耶舍在天保七年開始為北齊發展「月光童子」的信仰之後，他便將此經的「文殊師利童子」的名字都改成「月光童子」的名字。[164] 北齊這種提倡「月光童子信仰」的現象，就是要說明當時的齊文宣以「月光童子」的面貌統治北齊。齊文宣在依據《大集經‧月藏分》發展「盧舍那／毘盧遮那佛王信仰」之際，其也造有「盧舍那法界人中像」。譬如，今日保留北齊最早製作的「盧舍那法界人中像」，即是齊文宣天保九年（558）河南新鄉魯思明等合邑千人立寺造寶塔時所造的「人中石像」二軀。天保十年（559），即齊文宣統治的最後一年，山東濟寧普照寺道朏也造有「盧舍那法界人中像」一軀。[165] 齊文宣天保九年及十年所造的「盧舍那法界人中」像的活動，都與那連提耶舍在北齊為齊文宣發展的《大集經‧月藏分》所載的「盧舍那／毘盧遮那佛王信仰」或「月光童子信仰」的活動有密切的關聯。

---

163 見（唐）西明寺沙門釋道宣撰，《續高僧傳‧那連提黎耶舍》卷2，《大正》卷50，頁432上。

164 見古正美，《從天王傳統到佛王傳統》第四章，〈齊文宣與隋文帝的月光童子信仰及形象〉，頁174-176及頁193-196；並見（唐）釋智昇撰，《開元錄‧那連提耶舍》卷7，《大正》卷55，頁544中，載有北齊那連提耶舍翻譯的《月燈三昧經》等經；並見（高齊）天竺三藏那連提耶舍譯，《月燈三昧經》，《大正》15，頁549-620。

165 顏娟英，〈華嚴經造像的圖像學〉，中央研究院主編，《中央研究院第三屆國際漢學會議論文》，頁18。

天保十年北齊文宣帝去世之後，我們在北齊高湛（統治，561-564）統治的河清三年（564），也見此時代的董淵造有一座依據《入法界品》所載的「盧舍那／毘盧遮那佛王信仰」製作的「彌勒佛王造像」。這說明，齊文宣之後，北齊有繼續發展《入法界品》所載的「盧舍那／毘盧遮那佛王信仰」的活動。顏娟英在其〈華嚴經造像的圖像學〉如此描述北齊河清三年此座董淵的造像：

> 此石正面刻交腳彌勒像，兩位菩薩側立禮拜，外側各有一龕思維菩薩。背面有三龕，中央主尊為倚坐佛，題字：大像主周幸女侍佛時。兩側各有一立佛，左側題字：盧舍那像主王實為亡父母，右側立佛題字：盧舍那像主王口口為亡父母。整體造像來看，是以彌勒菩薩和彌勒佛為主尊，而兩尊思維菩薩和兩尊盧舍那佛則成了配襯或次要的尊了。[166]

　　就此北齊河清三年董淵所造的此座造像來看，此像中央造有一尊呈「交腳坐相」的主尊造像，並在主尊造像的兩側，則各造一尊呈「垂一坐相」的人物造像情形來判斷。此三尊造像都不是顏娟英所言的「彌勒菩薩造像」及「兩尊思維菩薩像」，而是一尊呈「交腳坐相」及兩尊呈「垂一坐相」的犍陀羅式（the Gandharan style）的「佛教轉輪王造像」。[167] 此座北齊河清三年所造的石雕造像正面的造像，因此是造「三尊」坐姿不同的「轉輪王像」。這說明河清三年統治北齊的高湛，乃以「轉輪王」的姿態用大乘佛教信仰統治北齊。此座石雕造像背面所造的主尊造像，是一尊呈「倚坐相」的「彌勒佛王像」。「倚坐彌勒佛王像」兩側所造的造像，就是此像〈造像記〉所載的兩尊「盧舍那佛立像」。北齊河清三年製作的石雕造像背面所造的「三尊佛像」，很明顯的乃要表達《入法界品》所載的「彌勒佛王信仰」及「盧舍那佛王信仰」的內容。此座石雕正反兩面造像的內容因此說明，此座石雕造像乃要說明或表達，北齊高湛乃以《入法界品》所載的「彌勒佛王」及「盧舍那佛王」信仰統治北齊。換言之，北齊的高湛認為自己是，以「彌勒佛王」及「盧舍那佛王」的姿態下生於北齊的「轉輪王」。

---

166 顏娟英，〈華嚴經造像的圖像學〉，《中央研究院第三屆國際漢學會議論文》，頁 12。
167 見本書第三章，〈貴霜佛教建國信仰的發展者迦尼色迦第一及胡為色迦王〉。

北齊在發展《入法界品》的佛王信仰時代，北齊的帝王，如齊文宣及後主高緯（統治，565-577），或用發展《大集經‧月藏分》所載的「盧舍那／毘盧遮那佛王信仰」或「月光童子信仰」統治北齊，或用發展《入法界品》的「盧舍那／毘盧遮那佛王信仰」統治北齊。那連提耶舍是在北齊後主溫公（高緯）統治的天統二年（566），為後者翻譯了《大方等大集經‧月藏分》十卷。[168] 那連提耶舍為北齊後主翻譯的《大方等大集經‧月藏分》十卷，即是我們所說的《大集經‧月藏分》的經文。那連提耶舍為北齊帝王翻譯《大集經‧月藏分》經文的原因，就是要為北齊皇帝發展《大集經‧月藏分》所載的「盧舍那／毘盧遮那佛王信仰」或「月光童子信仰」建國。事實上，那連提耶舍在為北齊後主翻譯《大集經‧月藏分》之前，他早已為北齊的皇帝齊文宣發展「盧舍那／毘盧遮那佛王信仰」或「月光童子信仰」建國。《大集經‧月藏分》的翻譯既在齊文宣之後的北齊後主高緯統治北齊的時代，後主高緯在其統治北齊的十一年中，明顯的也會依據《大集經‧月藏分》發展「盧舍那／毘盧遮那佛王信仰」或「月光童子信仰」統治北齊。

北齊晚期依據《大集經‧月藏分》製作的「盧舍那法界人中像」或「月光童子」像，以北齊范陽王高紹義於武平七年（577+7年）所造的「盧舍那法界人中像」最為有名。[169] 由於此像的造像記載有「盧舍那法界人中像」的造像性質及造像內容，此像因此成為後來學界學者研究「盧舍那法界人中像」或簡稱為「法界人中像」的最重要資料或造像。[170]

因為北齊在發展《大集經‧月藏分》的時代都造有「法界人中像」的活動，因此日本學者大村西崖說，「北齊造像中以造盧舍那佛像的數量最多」。[171] 1996 年中國青州出土的東魏、北齊的「盧舍那法界人中像」也有十多軀之

---

168 見（唐）崇福寺沙門釋智昇撰，《開元釋教錄‧那連提（黎）耶舍》卷 6，《大正》卷 55，頁 543 下。

169 見後詳述。

170 見後詳述。

171 大村西崖，《中國美術史雕塑篇》（東京：國書刊行會，1980，復刻），頁 356。

多，¹⁷² 故我們可以說東魏（統治，534-550）、北齊之後，中國的帝王也有明顯發展《大集經·月藏分》所載的「盧舍那／毘盧遮那佛王信仰」為其等的「佛教建國信仰」的活動。目前筆者所談論的「法界人中像」，基本上都是北齊時代製作的造像。理由是，北齊保留有相對多的文獻及造像記，記載此時代發展此類佛教信仰及佛教造像的情形。

直到隋代，我們還見隋文帝用《大集經·月藏分》發展其「月光童子信仰」。隋文帝開皇三年（584）左右，因「上敕追召」，那連提耶舍在離開中國的途中，遂又被隋文帝「追召請入隋都」，並為隋文帝發展《大集經·月藏分》所載的「盧舍那佛王信仰」或「月光童子信仰」為其「佛教建國信仰」。那連提耶舍在進入隋都的這一年，即開皇三年，也為隋文帝翻譯了月光童子經典《德護長者經》。¹⁷³ 那連提耶舍在開皇三年為隋文帝翻譯《德護長者經》的原因，自然與隋文帝要用此經發展其「月光童子信仰」的建國活動，及其要在全國流通其「月光童子形象」的活動有密切的關聯。那連提耶舍所譯的《德護長者經》，載有一段記載隋文帝以「月光童子」的姿態下生在大隋國作「轉輪王」的「偽經」。《德護長者經》如此記載此段經文：

> 又此（月光）童子，我涅槃後，於未來世，護持我法，供養如來，受持佛法，安置佛法，讚嘆佛法。當於來世，佛法末時，於閻浮提大隋國內作大國王，名曰大行，能令大隋國內一切眾生信於佛法，種諸善根。時大行王以大信心，大威力供養我鉢。於爾數年，我鉢當至沙勒國，從爾次第至大隋國，其大行王於佛鉢所大設供養，復能受持一切佛法，亦大書寫大乘方廣經典，無量百千億數，處處安置諸佛法藏，名曰法塔……其王以是供養因緣，於不可稱不可量無邊際不可說諸佛所常的共生，於一切佛剎常作轉輪聖王，常值諸佛……此菩薩如是安住……於最後身當得做佛，號離垢月不動……。¹⁷⁴

---

172 張總，〈盧舍那法界人中像·彩繪僧尼像〉，青州博物館編，《青州龍興寺佛教造像藝術》（濟南：山東美術出版公司，1999），頁 110。

173 （唐）釋道宣撰，《續高僧傳·那連提耶舍傳》卷 2，《大正》卷 50，頁 432；並見古正美，《從天王傳統到佛王傳統》第四章，〈齊文宣與隋文帝的月光童子信仰及形象〉，頁 174-175。

174 （隋）天竺三藏那連提耶舍譯，《佛說德護長者經》卷下，《大正》卷 14，頁 849 中-下。

這段「偽經」說，隋文帝以「月光童子」的「轉輪王」或「大國王」的面貌統治大隋國。我們推測，那連提耶舍很可能也是此段《德護長者經》「偽經」的撰造者。隋文帝自開皇三年以「月光童子」的姿態統治大隋國之後，其可能一直到開皇十七年（598）的十四年間都以「月光童子」的「轉輪王」身分或面貌統治大隋國。因為費長房在開皇三年到開皇十七年撰作的《歷代三寶記》，[175] 也提到隋文帝以「月光童子」的「轉輪王」姿態統治大隋國的事。《歷代三寶記》卷十二如此載此事：

> 又《德護長者經・如來記》云：月光童子與當來世佛法來時，於閻浮提脂那國內做大國王（古案：轉輪王），名大行。彼王能令脂那國內一切眾生諸於佛法，種諸善根。震旦脂那蓋楚夏耳。[176]

此處所言的「閻浮提脂那國」，即指當時有「支那」之名的中國或「大隋國」。《歷代三寶記》所載的此段文字，與我們在上面讀到的《德護長者經》的「偽經」內容如出一轍，都說隋文帝以「月光童子」之名的「轉輪王」身分統治「大隋國」或「支那」。我們除了有此些文獻可以證明隋文帝在開皇三年之後有以「月光童子」的「轉輪王」身分統治大隋國外，我們也注意到，開皇時期的隋代譯經也告訴我們，隋文帝此時有以「月光童子」的姿態統治大隋國的情形。因為開皇九年（590）四月八日隋文帝皇后的抄經目中，便載有當時皇后抄寫月光童子經典《佛說月燈三昧經》的活動：「皇后為法界眾生造一切經流通供養」。[177] 同開皇九年，釋靈裕為隋文帝在河南寶山開鑿的「大住聖窟」的造像，也說明隋文帝在此年有發展「支提信仰」或《入法界品》佛王信仰建國的活動。釋靈裕開鑿的「大住聖窟」的〈開窟記刻文〉也載有開皇九年造「大住聖窟」的造像內容如下：

> 大隋開皇九年己酉歲敬造／窟，用功一千六百。十四／像、世尊用功九百。／盧舍那世尊一龕、／阿彌陀世尊一龕、／彌勒世尊一龕、三十五佛世尊三十五

---

175 （隋）開皇十七年翻經學士臣費長房撰，《歷代三寶記》卷 12，《大正》卷 49，頁 107 中。

176 （隋）開皇十七年翻經學士臣費長房撰，《歷代三寶記》卷 12，頁 107 中。

177 池田溫，《中國古代寫本識語集錄》（東京：大藏出版公司，1990），頁 143，308 條。

龕、／七佛世尊七龕／傳法聖大法師二十四人。[178]

　　上面這段「大住聖窟」的〈開窟記刻文〉說得很清楚，「大住聖窟」的主要造像龕有：「盧舍那世尊一龕、／阿彌陀世尊一龕、／彌勒世尊一龕」。「大住聖窟」開造的三座大像龕的造像，很顯然的都與齊文宣在發展《入法界品》佛王信仰時代在小南海中洞所造的「一組三尊像」的造像內容完全一致，都要說明此「大住聖窟」的造像是要表達《入法界品》的佛王信仰或支提信仰內容的造像。「大住聖窟」內的其他小像，如「三十五佛世尊三十五龕、／七佛世尊七龕」，也都是我們常見的說明諸佛下生信仰的支提信仰造像。由上面的刻文內容，我們可以看出，隋文帝在開皇九年用釋靈裕為其建造的「大住聖窟」的活動，乃是一處隋文帝要用造像的方法說明及記載其在開皇年間發展支提信仰或《入法界品》佛王信仰的歷史及活動。「大住聖窟」的〈開窟記刻文〉最後也提到「大住聖窟」還造有許多僧人的造像：「傳法聖大法師二十四人」。為何「大住聖窟」的〈開窟記刻文〉要提到此造像址也造有「傳法聖二十四人」的造像？這不是沒有原因。「大住聖窟」要表達的，不僅是隋文帝發展《入法界品》的「佛王信仰」的內容，同時也要表達隋文帝當時以「月光童子」或「盧舍那／毘盧遮那佛」下生為「轉輪王」的姿態在「大隋國」發展「佛教建國信仰」的活動。自西元 1 世紀 60 年代後半葉之後，貴霜王朝便常用「護法信仰」作為其表達「佛教建國信仰」的「造經模式」及「造像模式」。[179] 在貴霜的影響下，後來發展「佛教建國信仰」的亞洲帝王，也常用「護法信仰」作為其等表達、說明用佛教信仰建國的記號或方法。「護法信仰」的造像內容因具有表達法師（僧團）及轉輪王（國主）結合共同建造佛教國家的造像內容，這就是為何大理國所造的〈張勝溫梵畫卷〉，在記載後理國的皇帝段智興發展《入法界品》的佛王信仰內容之際，用繪畫的方法，一面將段智興所使用的《入法界品》所載的「佛王信仰」內容及面貌，即毘盧遮那佛王及彌勒佛王的信仰及面貌，記載並繪錄於〈張勝溫梵畫卷〉上；一面又花

---

178 《寶山靈泉寺》，頁 62。

179 見本書第二章，〈大乘佛教建國信仰的奠立者──貴霜王丘就卻〉。

第九章
《入法界品》的支提信仰性質及造像　749

費相當的篇幅在〈張勝溫梵畫卷〉繪畫各種佛教僧人的畫像，如十六尊者、禪宗自菩提達摩以下的南宗僧人，及大理國僧人的畫像等的原因。[180] 這種同時側重法師及帝王共同發展「佛教建國信仰」的造像方法，顯然是許多亞洲帝王在貴霜之後都使用以表達其王朝發展「佛教建國信仰」的方法。這就是「大住聖窟」不僅造有表達當時隋文帝使用的《入法界品》的「佛王信仰」內容及其佛王面貌，同時也造有「傳法聖二十四人」的造像的原因。

　　齊文宣在發展《入法界品》及《大集經》的佛王信仰之際，除了在小南海中洞銘刻有《華嚴經》經文外，自己也有親書《華嚴齋記》等的活動。[181]隋文帝在發展「月光童子信仰」之際，其與齊文宣一樣，都有提倡《華嚴經》信仰的現象。這種現象，大概與《入法界品》在中國常被視為《華嚴經》的一品，及盧舍那佛或毘盧遮那佛常被視為《華嚴經》的主佛，有密切的關聯。日本學者池田溫（1931-）收集的隋代《華嚴經》寫經，基本上都是開皇三年至開皇十七的寫經。[182] 這也證明，隋文帝發展「月光童子信仰」的時間，至少是從開皇三年發展到開皇十七年這段時間。池田溫收錄的隋代抄經，也有《大集經》的寫經或抄經。池田溫收錄的《大集經》寫經共有四件，而寫經的時間都落在開皇三年。[183] 這說明，那連提耶舍在開皇三年為隋文帝翻譯月光童子經典《德護長者經》的活動，與其為隋文帝發展《大集經・月藏分》所載的「月光童子信仰」有密切的關聯。很顯然的，隋文帝基本上也依據那連提耶舍於北齊天統二年翻譯的《大集經・月藏分》發展其「毘盧遮那佛王信仰」或「月光童子信仰」。[184] 那連提耶舍在開皇四年（585）也為隋文帝翻譯

180 見古正美，〈張勝溫梵畫卷〉研究：雲南後理國段智興時代的佛教畫像》第四章，〈《張勝溫梵畫卷》所載的段智興用佛教建國信仰建國的造像〉（北京：民族出版公司，2018），頁96-106。

181 劉鳳君，《山東佛像藝術》（台北：藝術家出版公司，2001），頁106，作者說：「高陽（齊文宣）拜高僧為國師，並親書《華嚴齋記》，所以青州地區雕刻盧舍那佛像也就不難理解了」。

182 池田溫，《中國古代寫本識語集錄》，頁139-150。

183 池田溫，《中國古代寫本識語集錄》，頁139-140，第294、295及296條，並頁148，第330條。

184 那連提（黎）耶舍在北齊天統二年（566）在天平寺翻譯《大方等大集經・月藏分》十卷，後又於隋開皇四年翻譯《大方等大集經・日藏分》十卷。見（唐）崇福寺沙門釋智昇撰，《開元釋教錄》卷6及卷7，頁543下及頁547下。

《大集經·日藏分》十卷。[185]此經的翻譯，也與隋文帝發展其「月光童子信仰」或「佛教建國信仰」的活動，甚至與隋文帝在開皇九年令靈裕法師開鑿的「大住聖窟」的造像活動都有密切的關聯。[186] 由此，開皇三年隋文帝除了用《德護長者經》及其「偽經」提倡「月光童子信仰」外，也用《大集經·月藏分》及《大集經·日藏分》所載的「月光童子信仰」的經文，說明其以「月光童子」的「轉輪王」身分統治「大隋國」。《大集經·月藏分》卷四十六如此記載「毘盧遮那佛信仰」與「月光童子信仰」的關係：

> 爾時佛告大目揵連：西方有世界名月勝，佛號日月光，有月藏童真菩薩摩訶薩"。[187]

這段《大集經·月藏分》所載的，說明「毘盧遮那佛信仰」與「月光童子信仰」關係的經文非常短。但其行文方式，與前面我們談論的《普賢菩薩所說經》所載的「毘盧遮那佛王信仰」的行文方式，非常相像。此處所載的「日月光」，乃指「毘盧遮那」或「大日如來」（Vairocana）此名的梵字意譯中文名稱。因為「毘盧遮那」的梵字字義有「日月遍照」或「大日普照」的意思。[188] 此處所言的「日月光」，因此有指「毘盧遮那佛」的意思。此處所言的「月藏童真菩薩摩訶薩」，乃指「月光童子」（Prince Moonlight）。因為《德護長者經》說，「月光童子」即是「月光菩薩」。《大集經·月藏分》所載的「月藏童真菩薩摩訶薩」，因此有指「月光童子」或「月光菩薩」的意思。由此段經文，我們知道，北齊及隋代所發展的「月光童子信仰」乃源自與《入法界品》有關的《大集經·月藏分》所載的「日月光佛」及「月藏童真菩薩摩訶薩」的信仰。

《大集經·月藏分》說，在「毘盧遮那佛」的「佛土」，有「月藏童子菩薩摩訶薩」。這說明，「毘盧遮那佛」與「月藏童真菩薩摩訶薩」或「月光童

---

185 見註 185。

186 見下詳述。

187 （高齊）天竺三藏那連提耶舍譯，《大方等大集經·月藏分》卷 46，〈月幢神咒品第一〉，《大正》卷 13，頁 298 中起。

188 荻原雲來編，《梵和大辭典》下冊（台北：新文豐，1978），頁 1284。

子」有一定的關聯性。《德護長者經》的「偽經」說,「月光童子」就是隋文帝的「轉輪王身」,「月光童子」因此應是《大集經・月藏分》所載的「毘盧遮那佛」的「轉輪王身」。如果我們用龍樹使用的「佛有三身」的信仰來了解這段「毘盧遮那佛身」與「月光童子身」的關係,[189] 我們可以說,「毘盧遮那佛身」即是此佛的「法身」,而「月光童子身」或「月光菩薩身」,即是「毘盧遮那佛身」的「化身」或「轉輪王身」。在龍樹奠立的「支提信仰」裡,「月光童子」即是「毘盧遮那佛」用其「法身」下生的「轉輪王身」。《大集經・月藏分》所載的「毘盧遮那佛王信仰」因此也可以被稱為「月光童子信仰」。

　　《大集經・月藏分》除了談到「月光童子信仰」外,也提到許多支提信仰的菩薩名字及其等的故事。譬如,彌勒菩薩、毗摩羅詰(維摩詰)、地藏菩薩,及功德天等的名字及故事。《大集經・月藏分》最關注的事,事實上是「正法久住」或「佛法久住」的問題,[190] 因此在此經中,佛陀不斷地付囑天王、龍、夜叉、阿修羅、神王等要護持、養育正法。[191] 這就是為何支提信仰的造像,常造天王、龍、夜叉、阿修羅及神王的造像作為支提及支提信仰的護持者的原因。《大集經・月藏分》也提到許多印度、波斯及中亞國家的名字。這些國家有中亞有名的大國名字,如沙勒、于填(闐)、龜茲及鄯善等國名。[192] 此經也幾次提到「震旦漢國」或「震旦國」(中國)的名字,並說,佛令龍王、夜叉等護持這些國家。[193]《大集經・月藏品》在經尾,甚至提到:「善財長者子／名曰涑羅多(Sudhana,善財童子)／是大月光童子阿羅漢／恆在香山中」的經文。[194] 這說明《大集經・月藏分》的出經,很明顯的是在《入法界品》經文或信仰影響下所撰造的一部記載中亞支提信仰的經典。由於《大集經・月藏品》所載的國名及信仰基本上都是中亞的國家及信仰,並以于闐的支提信

189　見本書第四章,〈佛教支提信仰的奠立者——龍樹菩薩〉。

190　(高齊)天竺三藏那連提耶舍譯,《大方等大集經・月藏分》卷 56,《大正》卷 13,頁 375 中。

191　(高齊)天竺三藏那連提耶舍譯,《大方等大集經・月藏分》,頁 363 上:世尊告龍王要「護持養育正法」。

192　(高齊)天竺三藏那連提耶舍譯,《大方等大集經・月藏分》,頁 368 上。

193　(高齊)天竺三藏那連提耶舍譯,《大方等大集經・月藏分》,頁 368 上。

194　(高齊)天竺三藏那連提耶舍譯,《大方等大集經・月藏分》,頁 377 上。

仰記載最多，筆者因此推測，《大集經・月藏分》非常可能是一部在古代中亞于闐撰造的支提信仰經典；特別是，《大集經・月藏分》所載的「月光童子信仰」或「月藏菩薩信仰」，就與其他佛教文獻所記載的于闐「月藏菩薩信仰」有密切的關聯。

我們在晚唐沙州西藏僧人法成所撰的《釋迦牟尼如來像法滅盡之記》，[195] 讀到于闐有一比丘因見過《月藏菩薩所問經》，從而問起于闐的「像法」將於何時滅盡的事。[196] 于闐佛教的存亡，既與《月藏菩薩所問經》或于闐的「月藏菩薩信仰」有關，「月藏菩薩」應該就是歷史上主持或負責于闐用佛教信仰建國的人物。由於文獻缺如，我們不知法成撰造的《釋迦牟尼如來像法滅盡之記》所記載的「月藏菩薩」是指何人，但就《大集經・月藏品》所載，此人應指如于闐的「月藏童子」或「月藏菩薩」這種用佛教信仰建國的于闐帝王或轉輪王。我們因此推測，于闐的帝王曾使用過「月光童子」或「月光菩薩」之名統治過于闐。

武氏時代實叉難陀翻譯的《普賢菩薩所說經》，在談論「盧舍那佛王信仰」之際，提到毘盧遮那佛自其身體的不同部位「出生」不同的「毘盧遮那佛王信仰」。由此經文，我們推側，于闐在提倡及發展《入法界品》的「佛王信仰」之際，也撰造有各種于闐版的《入法界品》的「毘盧遮那佛王信仰」經文及造像，如《大集經・月藏分》所載的「毘盧遮那佛王信仰」即是一個例子。于闐大概認為，于闐版的《入法界品》所載的「佛王信仰」，就如于闐自己撰造的《普賢菩薩所說經》所載的「佛王信仰」一樣，無論其「佛王信仰」從「毘盧遮那佛」身體的那一部位「出生」，其信仰都是屬於《入法界品》所載的同一「毘盧遮那佛王」的信仰。這就是我們可以視《大集經・月藏分》的「毘盧遮那佛王信仰」為《入法界品》的「毘盧遮那佛王信仰」的原因。但《大集經・月藏分》所載的「毘盧遮那佛王信仰」，究竟與《入法界品》所載

---

195 榮新江，《歸義軍史研究——唐宋時代敦煌歷史考索》（上海：上海古籍出版公司，1966），頁 6 載：「法成為吐蕃的佛教大師，吐蕃退走沙州之際，法成應敦煌歸義軍領袖張議潮之請留在敦煌講經，法成卒於咸通五年（864）五月」。

196 （唐）國大德三藏法師沙門法成譯，《釋迦摩尼如來像法滅盡之記》，《大正》卷 51，頁 996 上。

的「毘盧遮那佛王信仰」有一些差別。此差別就是，《大集經・月藏分》載有「月光童子」的轉輪王信仰，而《入法界品》所載的「毘盧遮那佛王信仰」，則沒有記載有此「月光童子」為轉輪王的信仰。這就是為何齊文宣及隋文帝在提倡及發展《大集經・月藏分》的「毘盧遮那佛王信仰」之際，都用《大集經・月藏分》造其等的「月光童子像」或「盧舍那法界人中像」的原因。由於「月光童子信仰」出自《大集經・月藏分》，故筆者也稱「月光童子信仰」為《大集經・月藏分》的信仰。「月光童子信仰」因與「盧舍那法界人中像」的造像法有密切的關聯，我們在下面便要談論「盧舍那法界人中像」的造像經典及造像法。

（4）盧舍那法界人中像的造像背景及造像法

日本學者吉村怜（1929-）說，此類「盧舍那像」在 4 至 5 世紀之間便由河西走廊傳入中國各地，而中國最早的「法界人中像」，可以推溯至 4 世紀末、5 世紀初僧詮所造的「人中像」。[197] 水野清一（1905-1971）也說，此像的源頭可以追溯至古代的龜茲及于闐，如庫車克孜爾千佛洞第 17 窟所繪的此類畫像（圖 3）、洛克克（A. von Le Cog, 1860-1930）在庫車取得的一木雕斷片，及于闐的此類造像（圖 4）。于闐的發哈・貝克・亞垃基（Farhad-Beg Yailaki）、丹丹・烏里克（Dandan-Uiliq）及多末克（Domoko）等地也都見有此類造像。[198] 由此可見，中亞的于闐及龜茲應是古代發展「盧舍那法界人中像」的發源地或發展中心。「盧舍那法界人中像」

圖 3　克孜爾 17 窟法界人中像

---

197 吉村怜，〈盧舍那法界人中像再論 —— 華嚴教主盧舍那佛と宇宙主的釋迦佛〉，《佛教藝術》，242（1999），頁 27-31。

198 水野清一，〈いわゆる華嚴經教主盧舍那る立像について〉，《中國の佛教美術》（東京：平凡社，1978），頁 152-154。

在發展的過程當中，非常可能也將此類造像傳到敦煌，及東魏、北齊，甚至隋代的領地。

這些在古代中亞地區及中國所見的「盧舍那法界人中像」或「法界人中像」，其佛衣上所造的造像或圖案，如人、牛、阿修羅、須彌山及地獄等，基本上都是我們常見的「盧舍那法界人中像」佛衣上的圖像。大村西崖（1868-1927）在其《支那美術史雕塑篇》第334頁，載有羅振玉（1866-1940）所拓的，北齊武平七年所造的〈盧舍那造像記〉的造像內容。此〈盧舍那造像記〉如此說明「法界人中像」的意思：「神軀恢廓，網羅法界；四大閑雅，包

圖4　新德里國立博物館藏于闐法界人中像

含於六道」。此〈盧舍那造像記〉原是為解釋釋慧圓及道密等在北齊時代造「盧舍那白玉像並二菩薩」的〈造像記〉。[199] 吉村怜依據此盧舍那〈造像記〉的內容再度解釋此〈造像記〉的意思說：「法身與法界如同宇宙似的巨大，四大（佛身）閑雅，包含六道，因此盧舍那法界人中像的意思是：在擬人化佛身上圖示法界形象的盧舍那佛像」。[200]

吉村怜所言的「擬人化的佛身」，大概指「像人形的佛像身體」，而「法界形象的盧舍那佛像」則指「盧舍那佛的法身像」或「盧舍那佛成佛的身體」。吉村怜這句話的意思因此是，用「像人形的佛像身體」圖示「成佛狀態（法身）的盧舍那佛」的意思。武平七年的造像記所言的：「神軀恢廓，網羅法界」有指「法身」或「法界」所言的「成佛世界」的意思，而「四大閑雅，

---

199 見顏娟英，〈華嚴經造像的圖像學〉，《中央研究院第三屆國際漢學會議論文》，頁7；也見魯迅，《魯迅輯校石刻手稿》，頁899（未刊），北京圖書館金石組編，《北京圖書館藏中國歷代石刻拓本匯編》（鄭州：中州古籍出版公司，1988），頁79；並見李玉珉，〈寶山大住聖窟初探〉，《故宮學術季刊》，第16卷，第二期（1998），頁11。

200 吉村怜，〈盧舍那法界人中像の研究〉，收入《中國佛教圖像の研究》（東京：株式會社東方書店，1986），第二刷，頁17-18。

包含於六道」，則有指「人中」或「未成佛的世界」，或「五道／六道輪迴」的世界的意思。「法界人中像」，因此是一種同時顯示「成佛世界」及「未成佛世界」的造像。如果我們的解釋無誤，吉村怜的解釋，則有傾向說明，用「像人形的佛像身體」展示、說明（圖示）「成佛的身體」（法身）的意思。這樣的解釋，自然與「法界人中像」要同時表達的「法界」及「人中」的意思不同。因為「未成佛的世界」不能只用「像人形的佛像身體」作為表達。顏娟英也認為，吉村怜的解釋不恰當。顏娟英說：

> 人中即人體的說法或觀念並不見於《華嚴經》中。人中尊等都是用來形容佛的功德，所以推論人中像為人中尊像，亦即佛像的可能性最大。法界人中像解釋為法界佛，或現法界於世間之佛皆無不可。[201]

顏娟英上面的解釋也有問題。因為她將「法界人中像」都解釋為「法界佛像」。她也如吉村怜一樣，沒有將「人中」一詞解釋清楚；特別是她認為，「人中」或「人中尊」也指「法界佛」，是非常錯誤的解釋法。吉村怜及顏娟英的解釋都沒有將「人中」此表達「未成佛世界」的概念說明清楚。我們知道，成佛的人才可以體驗「法界」，並得「法身」，而沒有成佛的人，則具有「四大」或「地、水、火、風」此物質成分，並住於「五道／六道輪迴」的世界。因此，「人中」不能只被解釋為「人造或如人形的佛身」，更不能被視為顏娟英所言的「人中尊」或「法界佛」。

《大集經》在許多處都提到「人中」的概念。譬如，《月藏分》在一處提到：「謝過人中最勝者」；[202] 在另一處也說：「忍得人中主」；[203] 在另一處更說：「人中堅固士」；[204] 在另一處也說：「供養人中上」。[205] 很明顯的，「人中」的概念在記載「月光童子信仰」的經典是個非常普通的名詞，而此名詞有指「未成佛的世界」，或具有「四大」並住在「五道／六道輪迴」的「有情」或有感

---

201 顏娟英，〈華嚴經造像的圖像學〉，《中央研究院第三屆國際漢學會議論文》，頁 10-11。

202 （高齊）天竺三藏那連提耶舍譯，《大方等大集經・月藏分》，《大正》卷 13，頁 300 中。

203 （高齊）天竺三藏那連提耶舍譯，《大方等大集經・月藏分》，頁 319 中。

204 （高齊）天竺三藏那連提耶舍譯，《大方等大集經・月藏分》，頁 360 上。

205 （高齊）天竺三藏那連提耶舍譯，《大方等大集經・月藏分》，頁 360。

官知覺的眾生（sentient beings），甚至有指「人世間」或「人間」的意思。「大住聖窟」的刻經《大集經・月藏分・分布閻浮提品》後半的《摩訶衍經》刻經，也如此提到「人中」的概念：「心懷愁苦／及在人中／貧窮下賤／為人所使」。[206] 從這些佛教經典及刻經使用「人中」一詞的情形來看，「人中」一詞，總的來說，有指「人間」或「未成佛世界」的意思。

武平七年〈盧舍那像造像記〉提到的「法界」與「人中」此二概念，雖指兩個完全不同的佛教概念或兩個不同的佛教世界，即「成佛的世界」和「未成佛的世界」，然此二概念與《大集經・月藏分》所載的「盧舍那佛／毘盧遮那佛王信仰」有密切的關聯。換言之，我們認為，此二概念乃源自《大集經・月藏分》所載的「盧舍那佛王信仰」及「月光童子信仰」。因為《大集經・月藏分》要說明的是，「毘盧遮那佛」是「法身佛」，而毘盧遮那佛下生的「轉輪王」或「月光童子」是「毘盧遮那佛」的「化身佛」或具有生死輪迴的身體；前者說明的是「法界」的概念，而後者則說明「人中」的概念。「法界人中像」，因此可以說是源自《大集經・月藏分》所載的「毘盧遮那佛王信仰」及「月光童子」的信仰。這就是我們會認為，「法界人中像」的製作，與《大集經》所載「毘盧遮那佛王信仰」及「月光童子信仰」有密切關聯的原因。

在造像上，為了解決「法界」及「人中」造像的問題，造「毘盧遮那法界人中像」的造像者，很顯然的用造「盧舍那佛像」的方法表達「法界」此概念；而用在「毘盧遮那佛衣」上造「五道／六道輪迴」圖像的方法表達與「四大」有關的「未成佛世界」，或「人中」的概念。[207] 這就是我們在「盧舍那法界人中像」的盧舍那佛衣上，常見繪有「四大」或「五道／六道輪迴」的造像內容的原因。「盧舍那法界人中像」因此是一種同時表達兩種「盧舍那佛身」或兩種佛教世界的造像。換言之，敦煌北周造莫 428 窟及隋代「大住聖窟」所造的「盧舍那佛像」，因在盧舍那佛衣上造有「四大」或「五道／六道輪迴」的造像，我們因此認為此二處的「盧舍那佛像」除了有表達其「法

---

206 見李玉珉，〈寶山大住聖窟初探〉，《故宮學術季刊》，第 16 卷，第 2 期（1998），頁 41。
207 見殷光明，〈敦煌盧舍那法界圖像研究之一〉，《敦煌研究》，第 4 期（2001），頁 1-12。

界」的概念外，也有表達其「人中」的概念。既是如此，此二處的「盧舍那法界人中像」也能被稱為「月光童子像」，或簡稱為「人中像」的原因。這就是我們也稱「盧舍那法界人中像」為「月光童子像」的原因。

　　敦煌造有許多「盧舍那法界人中像」的原因，非常可能是因此像由于闐或龜茲傳入中國的過程中，在敦煌影響敦煌的造像；也可能是，在中國北方稱帝的帝王，用「月光童子信仰」作為其等的「佛教建國信仰」的緣故，因此在敦煌造此類像。敦煌較早、且較完整的一鋪此類造像，即是殷光明及許多學者談論過的，北周（統治，557-581）在敦煌莫 428 窟所造的「盧舍那法界人中像」。殷光明如此描述北周在敦煌所造的莫 428 窟此鋪「盧舍那法界人中像」佛衣上的造像圖案：

> 胸前畫須彌山，山頂五所宮殿內各坐一人，兩側龍圍繞。前部畫坐佛，飛天。山前阿修羅，裸上身，下著紅色短褲，雙臂上舉，手托日月。袖及腹部畫山巒，山間有許多房舍人物。人物坐房內，或立於方外，或於林間修行、擁抱，或奏樂跳舞。膝部畫牛、馬、猴、鹿、鳥等。內裙下擺畫刀山、內有六人。裸體，舉手拔足似在掙扎。[208]

　　北周時代在敦煌莫 428 窟所繪的「盧舍那法界人中像」（圖 5），其佛衣上的造像圖案，很明顯的依據武平七年的〈盧舍那造像記〉所載的「四大」內容製作其圖像。此像因此造有在敦煌常見，並受《入法界品》經文影響的須彌山、阿修羅、龍蛇等的造像，也造有表達「四大」的建築物及「六道輪迴」的人、物造像。就《入法界品》的經文內容來判斷，此鋪「盧舍那法界人中像」兩側所立的兩位菩薩造像，應是普賢菩薩及文殊菩薩的造像。相對此鋪佛衣上的造像，隋代「大住聖窟」所造的「盧舍那法界人中像」（見圖 7），其佛衣上的圖像設計，則簡單多了，只造「五道輪迴」的人物圖像。北周及隋代所造的「盧舍那法界人中像」，其等佛衣上的造像內容雖不同，但都明顯的表達「人中」的概念或「四大」的造像。

　　「盧舍那法界人中像」既依據《大集經‧月藏分》所載的「盧舍那／毘盧

---

208 見殷光明，〈敦煌盧舍那法界圖像研究之一〉，《敦煌研究》，第 4 期（2001），頁 3。

遮那佛王信仰」製作其造像，我們因此不能
同意松本榮一（1900-1984）及水野清一稱此
類造像為「華嚴教主盧舍那佛像」；[209] 也不
能同意宮治昭及美國哈佛大學教授何恩之
（Angela F. Howard）稱此像為「宇宙主的釋迦
像」（the Cosmological Buddha）；[210] 更不能同意
殷光明從敦煌石窟製作有許多「盧舍那佛
像」及「法界人中像」的角度認為，[211]「法
界人中像」乃出自《華嚴經》，並是釋迦像
演變成盧舍那像的「盧舍那法身像」。殷光
明如此解釋其觀點：

圖 5　敦煌北周造莫 428 窟法界人中像

> 法身盧舍那佛是由笈多、犍陀羅釋迦神變
> 相演化而來，其軌跡即為世尊像→釋迦神
> 變像→盧舍那佛法身像。隨著中國佛教的發展和末法思想的影響，最終完成了
> 從釋迦牟尼到盧舍那佛信仰的轉變，將法身集中在了盧舍那這樣一個具體的佛
> 身上，從而把法身、報身和化身統一起來，具有三位一體的神格。既以十方一
> 切世界主佛代表無窮無盡的宇宙觀，有將盧舍那佛與十方佛相互函攝，盧舍那
> 佛稱為唯一的世尊，十方微塵數主佛都聚集在他的周圍，成了他的化身，而釋
> 迦牟尼被降低了盧舍那佛的一種化身。[212]

　　殷光明從《華嚴經》載釋迦佛轉變成盧舍那佛的角度說明，「盧舍那法界
人中像」是一尊具有多佛身的「盧舍那佛像」。殷光明的解釋事實上並沒有說

---

209 水野清一，〈いわゆる華嚴經教主盧舍那の立像について〉，《中國の佛教美術》，頁 151；並見
　　松本榮一，《敦煌畫の研究圖像篇》（東京：東方文化學院研究所，1985，再版），頁 291。

210 見宮治昭，〈宇宙主としての釋迦──インドから中央アジア・中國へ──〉，《曼荼羅と輪迴》
　　（東京：佼成出版公司，1993）；see also, A. F. Howard, *The Imagery of the Cosmological Buddha*.
　　Leiden: E. Brill, 1986；並見殷光明，〈敦煌盧舍那佛法界圖像研究之二〉，《敦煌研究》，第 1 期
　　（2002），頁 4。

211 殷光明，〈敦煌盧舍那法界圖像研究之一〉，《敦煌研究》，第 4 期（2001），頁 1-9。

212 殷光明，〈敦煌盧舍那佛法界圖像研究之二〉，《敦煌研究》，第 1 期（2002），頁 49。

明，為何此類佛像會被稱為「盧舍那法界人中像」的原因。

中國石窟製作「盧舍那佛像」或「法界人中像」的原因，因此並不是如殷光明所言，因《華嚴經》載有釋迦佛轉變成盧舍那佛的信仰所致；或他在另一處所言的，在末法時代作為「禪觀」或「觀想」的對象所致。[213] 無論如何，筆者認為，「盧舍那法界人中像」在中國的出現，是因為中國受于闐發展的《大集經・月藏分》所載的「盧舍那佛／毘盧遮那佛王信仰」或「月光童子信仰」影響的結果。

我們從隋代靈裕法師建造的「大住聖窟」的名字也被稱為「金剛性力住持那羅延窟」此事，也知道「大住聖窟」是座「支提信仰」窟，甚至是一座為隋文帝所開鑿的支提信仰石窟。因為「那羅延」（Nārāyana）的名字也見記於那連提耶舍於開皇四年翻譯的《大集經・日藏分護塔品》，且是當時隋文帝的「乳名」。[214] 那連提耶舍在天保七年來到北齊都城鄴都為北齊皇帝發展「月光童子信仰」之後，因隋文帝也想要發展「月光童子信仰」的緣故，那連提耶舍因此於開皇三年左右來到隋都。那連提耶舍為隋文帝發展「月光童子信仰」至開皇九年（589）便去世。[215]《大集經・日藏分護塔品》卷四十九提到閻浮提有二十個「龍王」護持二十座「大支提」或「聖人住處」。其中「海德龍王」護持中國「大支提」的名字叫做「那羅耶那（那羅延）弗羅婆娑牟尼聖人住處」。《大集經・日藏分護塔品》如此載此事：

> 復以閻浮提中震旦漢國名那羅耶那弗羅婆娑牟尼聖人住處，付囑海德龍王。復
> 以閻浮提內于闐國中水河岸上牛頭山邊近河岸上瞿摩婆羅香大聖人支提住處，
> 付囑吃利阿婆達多龍王，守護供養。此大支提皆是過去大聖菩薩、大辟支佛、
> 大阿羅漢、得果沙門、五通仙人諸聖住處。是故過去一切諸佛次第付囑，欲令
> 流轉怖畏眾生，增長善根得菩提故。如是十方無量無數阿僧祇過去諸佛及諸菩

---

213 殷光明，〈敦煌盧舍那佛法界圖像研究之二〉，《敦煌研究》，第 1 期（2002），頁 50。

214 見下詳述。

215 見古正美，《從天王傳統到佛王傳統》第四章，〈齊文宣與隋文帝的月光童子信仰及形象〉，頁156-210。

薩，皆住於彼大支提，常加守護……亦復住此二十大支提常加守護……。[216]

隋代靈裕法師為了要說明其所建造的「大住聖窟」，即是《大集經·日藏分護塔品》所載的中國「那羅耶那（那羅延）弗羅婆娑牟尼聖人住處」，或中國的「大支提」，他在「大住聖窟」的窟門表造有與隋文帝「乳名」有關的「那羅延神像」及護持震旦國的「迦毗羅神像」（圖6），作為護持此石窟之用。[217] 由於隋文帝

圖6　大住聖窟窟門表兩側二神王像

的「乳名」叫做「那羅延」，我們因此也可以說，《大集經·日藏分護塔品》所載的中國「那羅耶那（那羅延）弗羅婆娑牟尼聖人住處」，有指「大住聖窟」是隋文帝的造像窟，或是為隋文帝開鑿的「大支提」。換言之，「大住聖窟」是一座隋代在發展「支提信仰」之際開造的一座隋文帝的「那羅延聖人住處」，或「隋文帝的大支提」，而不是李玉珉所言的，因其時有「末法信仰」，故「大住聖窟」之名與《大集經·月藏分》所載的「正法久住」的信仰有關，或是與「此窟受到諸佛與菩薩金剛性力護持，是一座無物能摧、永世堅固的石窟」有關的建築物如此簡單。[218]

我們在前面提到，那連提耶舍在開皇四年（585）也為隋文帝翻譯《大集經·日藏分》十卷。上面筆者所引的《大集經·日藏分護塔品》所載的，海德龍王護持「閻浮提中震旦漢國名那羅耶那（那羅延）弗羅婆娑牟尼聖人住處」

---

216 （高齊）天竺三藏那連提耶舍譯，《大方等大集經·日藏分護塔品》第十三，《大正》卷13，頁294上-中。

217 （高齊）天竺三藏那連提耶舍譯，《大方等大集經·月藏分》，頁368中-下；並見李玉珉，〈寶山大住聖窟初探〉，《故宮學術季刊》，第16卷，第2期（1998），頁9。有關隋文帝的那羅延像，見下說明。

218 李玉珉，〈寶山大住聖窟初探〉，《故宮學術季刊》，第16卷，第2期（1998），頁13-16。

的事，筆者非常懷疑其也是一段那連提耶舍於開皇四年所撰造的「偽經」。因為靈裕法師為隋文帝所造的「大住聖窟」，除了在其窟門表兩側，各造有一尊與隋文帝「乳名」有關的「那羅延神像」及一尊與隋文帝護持震旦國的「迦毗羅神像」外，《大集經‧日藏分護塔品》所載的，海德龍王護持「閻浮提中震旦漢國名那羅耶那（那羅延）弗羅婆娑牟尼聖人住處」也明顯的顯示，當時靈裕法師所開鑿的「大住聖窟」，是一處為隋文帝（那羅延）開造的造像窟或「大支提」。

陳三平在其《木蘭與麒麟：中國中世的突厥—伊朗元素》中說，中國具有「突厥—鮮卑」血統的統治者，在統治中國時都具有一些非漢族統治者所表現的鮮明文化特徵，其中之一即是，這些胡人統治者常具有胡人的「乳名」。陳三平又說，《大藏經》既載有隋文帝的胡人或佛教「乳名」為「那羅延」，我們因此知道，隋文帝有「那羅延」的名字。[219] 很顯然的，無論是從「大住聖窟」的窟門所造的與隋文帝「乳名」有關的「那羅延神像」，或《大集經‧日藏分護塔品》所載的，海德龍王護持「閻浮提中震旦漢國名那羅耶那（那羅延）弗羅婆娑牟尼聖人住處」的經文來看，那連提耶舍在開皇四年翻譯《大集經‧日藏分護塔品》時，已經埋下為隋文帝開造「大住聖窟」的伏筆。雖然開皇九年靈裕法師開始建造「大住聖窟」的時間，那連提耶舍已經去世，然從「大住聖窟」的建造始末、方法，及其造像所依據的經典，我們仍然可以看出，靈裕法師在開皇九年不但繼承，而且沿襲那連提耶舍在隋代發展支提信仰事業的遺志，為隋文帝在河南建造「大住聖窟」。

坐落在河南寶山靈泉寺的「大住聖窟」，很顯然的是一座「聖人住處」或「大支提」的原因是，靈裕法師在建造「大住聖窟」之際，他主要依據《入法界品》所載的支提信仰系統製作「大住聖窟」的三尊大佛像。筆者在文前說過，《入法界品》是一部依據龍樹奠立的支提信仰所發展及延伸出來的新經，因此靈裕法師所建造的「大住聖窟」是一座支提信仰的「大支提」。我們之所

---

219 陳三平著，賴芊曄譯，《木蘭與麒麟：中古中國的突厥—伊朗元素》（台北：八旗文化，2019），頁34。

以稱「大住聖窟」為「大支提」的原因是，那連提耶舍在開皇四年翻譯的《大集經・日藏分護塔品》提到，隋文帝建造的「大住聖窟」是一座具有龍王護持的「大支提」。隋文帝在發展「支提信仰」期間，其表面上雖然推崇《華嚴經》的信仰，然隋文帝真正要發展的信仰，是與《入法界品》有密切關聯的《大集經・月藏分》所載的「盧舍那佛／毘盧遮那佛王信仰」。因此靈裕法師在建造「大住聖窟」時，雖然依據《入法界品》的經文造此石窟的三大佛像，但靈裕法師在製作「盧舍那佛／毘盧遮那佛王像」時，他卻依據《大集經・月藏分》所載的「盧舍那佛／毘盧遮那佛王信仰」或「月光童子信仰」，製作隋文帝的「盧舍那法界人中像」或「月光童子像」。

有關「大住聖窟」的三尊大佛像，開皇九年「大住聖窟」〈開窟記刻文〉如此記載此三大佛像的名字：「盧舍那世尊像」、「阿彌陀世尊像」，及「彌勒世尊像」。由於隋文帝在開皇三年便詔告天下，其將以「月光童子」的「轉輪王」之名統治大隋國，這就是為何靈裕法師在繼承那連提耶舍開鑿「大住聖窟」及建造「盧舍那佛像」之際，依據《大集經・月藏分》所載的「盧舍那佛／毘盧遮那佛王信仰」在此窟製作一尊「盧舍那法界人中像」或「月光童子像」的原因。靈裕法師在「大住聖窟」之所以會造「彌勒世尊像」，乃因《入法界品》所載的「盧舍那佛／毘盧遮那佛王身」與「彌勒世尊身」有身分重疊的關係，故靈裕法師在此石窟也造一尊「彌勒世尊像」。靈裕法師在「大住聖窟」之所以也會造「阿彌陀佛像」，乃因支提信仰從一開始便非常側重人死後要「託生無量壽」或「往生阿彌陀佛淨土」的信仰。支提信仰經典《證明經》在其經尾就如此提到「託生無量壽」的信仰：

> 彌勒治化時，人壽八萬七千歲，自欲受終時，不勉自然生，復欲受終時，託生無量壽，自然蓮華生。[220]

「託生無量壽」的信仰，也見載於後來撰造的《入法界品》經尾的〈偈語〉。《入法界品》的〈偈語〉說：「常遠離惡知識／永離一切諸惡道／速見

---

220 《證明經》，《大正》卷85，頁1368上。

如來無量光（無量壽）」。[221] 這就是靈裕法師在「大住聖窟」也造一尊「阿彌陀世尊像」的原因。

　　從「大住聖窟」所造的此三尊大佛像來看，我們可以看出，「大住聖窟」的造像，不僅能表達隋文帝發展《入法界品》佛王信仰的情形，同時從此窟主尊的造像，我們也能看出，「大住聖窟」事實上是一處依據《大集經·月藏分》所載的「盧舍那佛／毘盧遮那佛王信仰」為隋文帝所建造的表達其「盧舍那佛／毘盧遮那佛王信仰」或「月光童子信仰」的造像窟。很顯然的，靈裕法師作為那連提耶舍的繼承者，完全知道隋文帝所發展的「月光童子信仰」雖然可以稱為《入法界品》的「盧舍那佛／毘盧遮那佛王信仰」，然而隋文帝所發展的「盧舍那佛／毘盧遮那佛王信仰」，事實上是《大集經·月藏分》所載的「盧舍那佛／毘盧遮那佛王信仰」或「月光童子信仰」。因為當靈裕法師在開鑿「大住聖窟」時，隋文帝事實上已經依據《大集經·月藏分》所載的「盧舍那佛／毘盧遮那佛王信仰」或「月光童子信仰」統治「大隋國」多年。因此靈裕法師將「大住聖窟」的「盧舍那佛像」造成與《大集經·月藏分》有關的「盧舍那法界人中像」。這就是為何「大住聖窟」的「盧舍那佛像」會是一尊隋文帝的「盧舍那法界人中像」或「月光童子像」的原因。

　　但李玉珉認為，「大住聖窟」此三大佛像的造像，與《十地經論》所載的「一切佛者，有三種佛：有應身佛，二報身佛，三法身佛」經文有關。[222] 同時李玉珉也如此解釋「大住聖窟」的三尊佛像：

> 從大住聖窟的三壁三龕來看，該窟具體地表現了三身佛的觀念。正壁龕的主尊為法身盧舍那佛，是佛法的表徵，其普現三世十方，充滿法界，演說一切佛法，調伏無量眾生，是全窟的主尊。西壁龕為報身佛阿彌陀佛，其所成就的佛身乃是酬報其為法藏菩薩時，行四十八大願，所顯現的相好莊嚴之身。東壁龕為應身佛彌勒佛，是為了善權方便，應化實現的佛身。[223]

---

221 （唐）罽賓三藏般若奉詔譯，《大方廣佛華嚴經》卷 3 第 40，《大正》卷 10，頁 848 上。

222 李玉珉，〈寶山大住聖窟初探〉，《故宮學術季刊》，第 16 卷，第 2 期（1998），頁 20；並見（北魏）菩提流支譯，《十地經論》卷 3，《大正》26 卷，頁 138 中。

223 李玉珉，〈寶山大住聖窟初探〉，《故宮學術季刊》，第 16 卷，第 2 期（1998），頁 20。

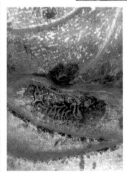

圖7　大住聖窟主尊法界人中像及細部

　　李玉珉不但從「佛有三身」的觀點說明「大住聖窟」此三大佛像的造像性質及內容，而且也從佛教信仰中的盧舍那佛、彌勒佛及阿彌陀佛的信仰性質將「大住聖窟」三佛的造像各別配置為「佛的三身像」，即法身佛、應身佛及報身佛。「大住聖窟」此三尊佛像，應該不會是李玉珉所言的「佛的三身佛像」的造像。因為「佛有三身」的意思，是指每個成佛的「佛」有三種身體。西元 2 世紀中期左右或稍後提倡「支提信仰」的龍樹菩薩對此「佛有三身」的信仰，已經作有很清楚的解釋。 龍樹在其撰造的《寶行王正論》說：佛的「法身」是指佛的成佛狀態或成佛的身體；佛的「報應身」是指佛以其「三十二相」或「八十種好」的身體顯現或說法的狀態；而佛的「化身」，乃指佛具有生死輪迴的身體，如佛在世間出生的轉輪王身體。[224] 因此我們不能如李玉珉用「彌勒佛身」及「阿彌陀佛身」來說明「盧舍那佛」的「報應身」及「化

---

224 見本書第四章，〈佛教支提信仰的奠立者──龍樹菩薩〉談論龍樹說明「佛有三身」之處。

身」。因為「大住聖窟」的主佛造像是一尊與《大集經·月藏分》所載的與「盧舍那佛王信仰」有關的「盧舍那法界人中像」或「月光童子」造像；除此，「大住聖窟」的此三尊佛像的造像根據，很明顯的依據與《華嚴經》有關的《入法界品》經文製作的三尊佛像。

「大住聖窟」此三尊佛像的造像設計及安排方式，與北齊天保六年僧稠在小南海中洞重修的「一組三尊佛像」所依據的《入法界品》的信仰內容所安排的造像方式，完全一致；只是「大住聖窟」的主尊「盧舍那佛像」的造像被造成「盧舍那法界人中像」。靈裕法師所造的「大住聖窟」的「盧舍那世尊像」所穿的「佛衣」，自胸前至腳部，依序各淺刻有「五趣圖」，即「五道輪迴圖」：胸前淺刻有一飛天像，肚臍上方刻有一人立像，肚臍下方袈裟覆蓋腿部的位置刻有一牛圖，覆蓋兩膝的袈裟上左右各刻地獄及餓鬼像（見圖7）。由此，我們更加確定，靈裕法師為隋文帝在「大住聖窟」建造的主尊造像，是一尊「盧舍那法界人中像」（見圖7）。

(5) 中國初唐高宗及武則天所發展的支提信仰

隋代之後，初唐時代的唐高宗李治（統治，650-683），是我們在唐代歷史上最早見到的一位發展《入法界品》佛王信仰建國的帝王。唐高宗在上元元年（674）左右即有一連串的造像及更改帝號的活動，而這些活動都明顯的說明，其要用《入法界品》的佛王信仰及佛王形象統治當時的唐室。唐高宗在上元元年的活動，與中國十六國時期的後趙（統治，319-352）石勒（統治，319-333）和石虎（統治，335-349），及前秦（統治，334-394）的苻堅（統治，357-385）一樣，為了發展支提信仰或「天王信仰」，放棄使用中國的「皇帝號」，而改用與支提信仰有關的「天王號」或「天皇號」，作為其帝王的稱號。《資治通鑑》如此記載此事：「改皇帝稱天皇，皇后稱天后」。[225]《釋氏稽古略》卷二如此記載石勒及苻堅使用「天王號」的情形：「晉咸和五年（330），（石）勒稱大趙天王，行皇帝事」；同文獻又說：「（苻）堅乃去皇帝之號，稱大秦天

225　（宋）司馬光編著，（元）胡三省音注，《資治通鑑》，《唐紀》18（上海：上海古籍出版公司，1986），頁1368上。

王」。[226]《釋氏稽古略》所載的這段話說明，「天王號」也是一種帝王稱號，但此帝王稱號的性質與中國的皇帝稱號性質不同。高宗所用的「天皇號」，就是石勒、石虎及苻堅所用的「天王號」。此「天王號」或「天皇號」都有說明，此類帝王是自天上（兜率天）下生的帝王，故稱「天王」或「天皇」。此「天王」或「天皇號」，顯然的是中國史料及文獻稱呼使用支提信仰建國的帝王稱號。因為支提信仰的轉輪王是彌勒佛自兜率天下生的轉輪王。[227]

在唐高宗去皇帝號改「天皇號」的前一年，即咸亨四年（673），僧人釋慧簡為高宗皇帝在洛陽的龍門石窟開鑿了一座「慧簡洞」，在此「慧簡洞」造了一尊巨型的「倚坐彌勒佛王」造像（圖8）。[228] 在此年的前一年，即咸亨三年（672），當時的撿校僧西京實際寺善導禪師、法海寺惠暕法師（慧／惠簡）、大使司農寺卿韋機、副使東面監上柱國樊玄則……等又在龍門「大奉先寺址」，為高宗皇帝造了一尊巨型的「盧舍那佛像」（圖9）。此「盧舍那佛像」是咸亨三年四月一日開始建造，直到上元二年（675）才工畢的一尊大佛像。[229] 由於釋惠（慧）簡同時參與龍門「彌

圖8 河南龍門石窟惠簡洞高宗倚坐彌勒佛王像

---

226 （元）烏程職里寶相比丘釋覺岸寶洲再編治集，《釋氏稽古略》卷2，《大正》卷49，頁780-81。

227 見本書第四章，〈佛教支提信仰的奠立者——龍樹菩薩〉。

228 宮大中，〈慧簡造像記〉，《龍門石窟藝術》（上海：上海人民出版公司，1981），頁172。

229 〈大盧舍那像龕記〉載：大唐高宗天皇大帝之所建也。佛身通光，高八十五尺，二菩薩七十尺，迦葉、阿難、金剛神王，各高五十尺。粵以咸亨三年壬申之歲四月一日，皇后武氏助脂粉錢二萬貫，奉敕檢校僧西京實際寺善道禪師、法海寺主惠暕法師，大使司農寺卿韋機副使……至上元二年乙亥十二月三十日畢功。調露元年乙卯八月十五日，奉敕於大像南置大奉先寺，簡召高僧解兼備者二七人，闕即續填，創基住持，範法、英律而為上首。至二年正月十五日，大

勒佛王像」及「盧舍那佛王像」的建造工作，我們
因此推測，此二尊大佛像的建造工作不但是在國家
策劃之下進行的建造工作，而且此二大佛像的建造
活動彼此也有密切的關聯。換言之，唐高宗在上元
元年改稱「天皇號」的活動，應與當時高宗使用《入
法界品》所載的「盧舍那佛王」下生為轉輪王的信
仰有密切的關聯；否則高宗不會在上元元年左右同
時造有與《入法界品》「佛王信仰」有關的「倚坐彌
勒佛王像」及「盧舍那佛王大像」，也不會在上元元
年改王號為支提信仰的「天皇」號。

圖9　龍門石窟大奉先寺高
宗盧舍那佛王大像

　　後來製作的龍門盧舍那佛像的造像記，即〈大盧舍那像龕記〉，因載有為
建造此「大盧舍那佛像」，「皇后武氏助脂粉錢二萬貫」的文字，因此許多學
者認為，龍門此尊「大盧舍那佛像」的建造活動，乃是為當時的皇后武則天
所從事的造像活動。溫玉成認為，學者這種說法，完全違背史實。他說：

> 此龕全工時間是 675 年，其始作時間如以十年計，當在麟德二年；如以十五年
> 計，當始於顯慶五年。顯慶至麟德，正是武則天竭力取得唐高宗信任，逐步取
> 得權力的過程。出於政治上的需要，武則天絕對不會拋開唐高宗去突出自
> 己。[230]

　　溫玉成對高宗建造「盧舍那大佛像」的活動，有其自己的看法。他認為，
唐高宗敕立建造「盧舍那大佛像」及「大奉先寺」的時間，恰值唐太宗去世
三十週年，故龍門「盧舍那大佛像」及「大奉先寺」的建造，是唐高宗為唐

帝書額。前後別度僧十六人，並戒行精勤，住持業務。恐年代綿邈，芳紀莫傳，勒之頌銘，庶
貽永劫云爾。佛非永上，法界為身，垂形化物，俯跡同人，有感即現，無罪仍親，愚迷永隔，
唯憑信因。實賴我皇，圖茲麗質，相好稀有，鴻顏無匹，如月如日，瞻容垢盡，祈誠願畢，正
教東流，七百餘載，佛龕功德，唯此為最。縱廣兮十有二丈矣，上下兮有三十尺耳。見溫玉
成，〈中國佛教與考古〉，朗寧法師及清修法師主編，《中國佛教學者文集》（北京：宗教文化出
版公司，2009），頁 305。

230 溫玉成，《中國佛教與考古》，頁 306。

太宗追福所造的造像及建築活動。[231] 如果是這樣，溫玉成又將如何解釋，在同時間裡，為何唐高宗不但還造有許多自己的「彌勒佛王像」的活動，甚至有更改其皇帝號的活動？

我們除了有開元十年（722）至天寶八年（749）之間製作的〈大盧舍那像龕記〉，作為說明唐高宗在龍門建造「盧舍那佛像」的證據外，[232] 中國的佛教文獻也載有唐高宗發展《入法界品》的佛王信仰為其建國信仰之事。〈大盧舍那像龕記〉在最後不僅提到高宗以「佛身或法身下生教化眾生」（法界為身，垂形化物）；同時也提到，此像是高宗所造的其「盧舍那佛王像」（實賴我皇，圖茲麗質，相好稀有，鴻顏無匹，如月如日）。〈大盧舍那像龕記〉在此說，高宗的造像「如月如日」，即有說明高宗所造的造像是一尊其自己的「盧舍那佛像」的意思。因為「盧舍那」或「毘盧遮那」（Vairocana）的梵文名字，即有「日、月遍照」的意思。〈大盧舍那像龕記〉所載的高宗以「法界身」或「佛身」下生教化眾生的信仰，很明顯的是指《入法界品》所載的「盧舍那佛王」下生為轉輪王的信仰。[233]《入法界品》因載有「盧舍那佛王」與「彌勒菩薩佛王」為「同身」神祇的信仰，這就是高宗在上元改號的前後，在龍門同時建造有其「彌勒佛王像」及「盧舍那佛王像」的原因。雖然唐高宗在龍門建造的「盧舍那大佛像」到了上元二年才建造完畢，然高宗此時已經以「天皇」或「彌勒佛王」或「盧舍那佛王」的姿態統治大唐。因為在上元二年的兩年前，即上元元年，高宗已改用具有說明「支提信仰」含義的「天皇號」，取代其當時使用的中國「皇帝號」。

《佛祖統紀》卷三十九也載有一段高宗與孫思邈在上元元年的談話內容，而此談話內容提到，唐高宗最終決定使用《入法界品》為其「佛教建國信仰」之事。從兩人的這段談話，我們也可以看出，孫思邈在高宗發展《入法界品》佛王信仰的初期，非常可能也有參與高宗使用《入法界品》佛王信仰建國的

---

231 溫玉成，《中國佛教與考古》，頁 300。
232 見〈大盧舍那像龕記〉；並見溫玉成，《中國佛教與考古》，頁 304-305。
233 有關彌勒佛用法身下生的信仰，見本書第四章，〈佛教支提信仰的奠立者——龍樹菩薩〉。

決策諮詢工作。因為《佛祖統紀》卷三十九載：

> 上元元年召隱士孫思邈入見，拜諫議大夫，固辭。上問佛經以何為大？思邈曰：無若《華嚴》。上曰：近玄奘法師譯《般若》六百卷，何不為大？思邈曰：華嚴法界是一切門，於一門中可演出大千經卷。《般若》乃《華嚴》一門耳。於是帝持《華嚴》。是歲思邈求還山，乃入終南隱居，篤志佛典，前後寫《華嚴經》七百五十部……。[234]

上面這段談話，說明高宗在上元元年決定使用《入法界品》佛王信仰作為其建國信仰之際，其有諮詢過孫思邈。由於孫思邈說：「華嚴法界是一切門」，高宗從而如《佛祖統紀》所載：「於是帝持《華嚴》」。此處所言的「華嚴法界」，實指《華嚴經》的《入法界品》所載的「盧舍那佛王信仰」。這就是唐高宗在上元元年最終決定使用《入法界品》所載的「毘盧遮那佛王信仰」作為其「佛教建國信仰」，並在同年更改其中國的帝王號為「支提信仰」的帝號「天皇號」的原因。

唐高宗在上元元年改號的左右，也造有其他與《入法界品》佛王信仰有關的「彌勒佛王像」。譬如，他於上元二年（675），在敦煌也有開窟造像的活動。段文傑（1917-2011）在其〈唐代前期的莫高窟藝術〉提到，初唐高宗時代開鑿的石窟，包括有上元二年（西元675年）在敦煌莫高窟開鑿的莫386窟。莫高窟386窟的「上元二年」的題記，是在此窟「南壁上初唐畫千佛，中西起中唐畫阿彌陀經變底層露出的題記」。[235] 由於此像已經被中唐造的「阿彌陀經變」覆蓋，我們因此看不到高宗所造的原畫。但從此窟南壁保留有「初唐千佛像」的造像情形，我們推測，南壁此像非常可能是一鋪「彌勒佛王」的畫像。因為克孜爾石窟及敦煌早期石窟所畫的「彌勒佛王像」，常以千佛造像為「彌勒佛王像」的造像背景。[236]

---

234 （宋）景定四明東湖沙門志磐撰，《佛祖統紀》卷39，《大正》卷49，頁368中。

235 段文傑，〈唐代前期的莫高窟藝術〉，敦煌文物研究所編，《中國石窟・敦煌莫高窟》卷三（北京：文物出版公司，1987），頁162。

236 見本書第八章，〈新疆克孜爾石窟的支提信仰造像特色及其影響〉，及本書第十章，〈中國北涼發展支提信仰的證據──涼州瑞像與敦煌的白衣佛像〉。

唐高宗遺留的造像，以其所造的「彌勒佛王像」數量較多。瑞士瑞特堡博物館（Museum Rietberg, Zürich）收藏的一座高宗於咸亨三年（672）十月十日製作的「彌勒佛王石雕造像」，也是一尊「彌勒佛王像」呈禪定坐相坐在造像的中央，兩側各造二弟子、二菩薩的「彌勒佛王一組五尊」的造像。[237] 山西省博物館收藏的咸亨三年（672）製作的「倚坐彌勒佛王石像」，[238] 也是一尊「彌勒佛王像」。由此可見，唐高宗在發展《入法界品》佛王信仰之際，造了不少的「彌勒佛王像」。這可能與「彌勒佛王」造像更能表達支提信仰的內容有關。唐高宗自登上「天皇」位之後，直到其於永淳二年（682）去世的八年間（674-682），他都沒有再更改過其「天皇號」。這說明自上元元年開始到高宗去世為止，高宗一直以支提信仰的「天皇」姿態，或以《入法界品》的「盧舍那佛王」或「彌勒佛王」的姿態統治唐室。

中國史料及文獻記載唐高宗發展《入法界品》佛王信仰的情形，著墨相對的少，但對高宗的繼承者武則天發展《入法界品》佛王信仰的情形，甚至後來其改成發展《證明經》所載的支提信仰的情形，則有較多的記載。武則天在建立大周王朝（統治，690-705）之前，即非常努力提倡《華嚴經》及《入法界品》的信仰。武則天在建立大周王朝之前這段發展《華嚴經》及《入法界品》佛王信仰的活動，顯示當時的武氏有受唐高宗發展《入法界品》佛王信仰的影響，並積極的準備用同樣的《入法界品》佛王信仰統治大周。

當西元 7 世紀後半葉武則天遣使去于闐取《華嚴經》及其譯人實叉難陀來華時，[239] 于闐顯然還是一處亞洲發展《華嚴經》及《入法界品》佛王信仰的要地。這從武氏自于闐取來八十卷《華嚴經》及其譯人實叉難陀之事可以證明外，從武氏自于闐取來的另一位于闐僧人釋提雲般若（Devendraprajñā）在華為其翻譯《入法界品》經典的情形，我們也能看出，當時的于闐確實還是一處亞洲發展《入法界品》佛王信仰的中心；否則武氏時代的于闐僧人不會

---

237 瑞士瑞特堡博物館編輯，《瑞士瑞特堡博物館中國雕刻》（*Chinese Sculptures, Museum Rietberg, Zürich*）Zürich: Neue Zürcher Zeitung, 1959，圖版 50，Votive Stele（石碑雕刻）。

238 季崇建，《千年佛雕史》（台北：藝術圖書公司印行，1997），頁 236，圖版 211，「彌勒佛石雕」。

239 （宋）贊寧敕撰，《宋高僧傳‧實叉難陀傳》卷 2，《大正》卷 50，頁 718 下。

都為其翻譯與《華嚴經》及《入法界品》有關的經本。實叉難陀及釋提雲般若事實上都不是普通的佛教譯經僧。《宋高僧傳・釋提雲般若》載，于闐僧人提雲般若在永昌元年（689）來到洛陽之後，武氏便敕令其於魏國東寺翻譯「《華嚴經》法界無差別論等六部七卷」。[240] 這說明武氏時代來華的兩位于闐僧人，都參與過武氏時代提倡《華嚴經》或《入法界品》的「佛王信仰」活動。武則天積極提倡《華嚴經》及《入法界品》的活動，至少可以上溯至其革命、建立大周帝國之前的垂拱元年（685）。垂拱元年，武氏也令印度僧人地婆訶羅（日照，Divākara）翻譯《華嚴經續入法界品》一卷。[241] 武則天在登位、建國之前所從事的《華嚴經》及《入法界品》的譯經活動，明顯的顯示，武氏在建立大周帝國的之前，好像一直也有想用《華嚴經・入法界品》的「佛王信仰」為其「佛教建國信仰」的意圖；而其要發展的《入法界品》的「佛王信仰」活動，甚至在武氏建立大周帝國的五年前已經開始。武則天其時提倡的《華嚴經・入法界品》的「佛王信仰」活動，事實上不止於翻譯相關經典的活動而已。在其革命的前一年（689），武氏甚至還令其僧人在玄武北門設立「華嚴高座八會道場」，提倡《華嚴經・入法界品》的信仰。[242] 由此可見，武則天在其準備建立大周帝國之前，其便有積極準備用《華嚴經・入法界品》所載的「佛王信仰」及「佛王形象」作為其發展「佛教建國信仰」及「轉輪王形象」的基礎。我們從武則天登位的第一年所使用的「曌」名，也能看出武氏有發展《入法界品》所載的「盧舍那佛王信仰」及「佛王形象」統治大周的意圖。《資治通鑑》如此載武氏用「曌」字為名的事：

> 鳳閣侍郎河東宗秦客，改造天地等十二字以獻，丁亥行之。太后字名曌，改詔為制。[243]

「曌」字的文字結構，有說明此字即有「日、月遍照天空」的意思。此字

240　（宋）贊寧等撰，《宋高僧傳・釋提雲般若》卷 3，頁 719 中。

241　（唐）釋慧琳撰，《開元錄・地婆訶羅》卷 9，《大正》卷 55，頁 563 下-564 中。

242　（宋）京兆崇福寺僧沙門志磐撰，《佛祖統記》卷 39，《大正》卷 51，頁 164 上。

243　（宋）司馬光著，（元）胡三省音註，《資治通鑑》下冊，《唐紀》20，頁 1376 下。

因此是「盧舍那」或「毗盧遮那」（Vairocana）此梵字（Sanskrit）的中文字義。[244]
這就是我們在中爪哇婆羅浮屠（Candhi Borobudur, Central Java）所見的毗盧遮那佛王造像，常見其造像的兩側，都造有圓形的太陽及呈上弦月的月亮，作為說明造像的性質及造像的內容，與「盧舍那佛王／毗盧遮那佛王」信仰有密切的關聯。

　　垂拱元年，武氏在準備以《入法界品》的「佛王信仰」作為其「佛教建國信仰」之際，因千金公主的推薦，武氏從而認識後來為其發展早期「支提信仰」的「軍師」薛懷義。武氏在認識薛懷義之後，她顯然立即改變初衷，並決定放棄使用《入法界品》的「佛王信仰」作為其「佛教建國信仰」，改而使用薛懷義為其策劃及提倡的，龍樹於西元 2 世紀中期左右或稍後，在南印度為娑多婆訶王朝奠立及發展的支提信仰為其「佛教建國信仰」。[245] 薛懷義為武氏所發展的支提信仰，基本上是用龍樹或龍樹造像集團所撰造的《證明經》作為其提倡支提信仰的依據。[246] 薛懷義為武氏發展支提信仰的活動所完成的第一件大事，即是為武氏在其神都洛陽建造武氏的佛教發展中心「明堂」的建築。薛懷義完成建造「明堂」建築的時間，是在垂拱四年（689）年底，此年即是武氏革命的前一年。[247] 薛懷義在為武氏發展支提信仰為其「佛教建國信仰」之初，也與洛都的僧人法明等，依據《證明經》等經編撰、流通武則天是「彌勒佛下生為女轉輪王」信仰的政治宣傳品《大雲經疏》。[248]《資治通鑑》如此記載洛都僧人為武氏編撰及流通《大雲經疏》於天下的情形：

　　東魏國寺法明等撰《大雲經》四卷表上之，言太后乃彌勒佛下生，當代唐為閻

244　見古正美，《從天王傳統到佛王傳統》第五章，〈武則天的《華嚴經》佛王傳統與佛王形象〉，頁 239-240；並見荻原雲來等編修，《梵和大辭典》，頁 1284 上。

245　有關龍樹於娑多婆訶王朝奠立及施行支提信仰的活動，見本書第四章，〈佛教支提信仰的奠立者──龍樹菩薩〉。

246　見本書第四章，〈佛教支提信仰的奠立者──龍樹菩薩〉及本書第五章，〈龍樹與阿瑪拉瓦底大支提的建築及造像〉。

247　（宋）司馬光著，（元）胡三省音註，《資治通鑑》下冊，《唐紀》20，頁 1375 上。

248　有關《大雲經疏》的編撰及內容，參見古正美，《從天王傳統到佛王傳統》第五章，〈武則天的〈華嚴經〉佛王傳統與佛王形象〉，頁 240-249。

浮提主，制頒天下。[249]

此處所言的《大雲經》，實指薛懷義等為武氏編撰的《大雲經疏》。[250]《資治通鑑》在此說，武氏在登位的第一年，即開始施行支提信仰為其「佛教建國信仰」，武氏並以「彌勒佛下生為轉輪王（閻浮提主）」的姿態統治天下。武氏在法明等撰造《大雲經疏》的第二個月，即武氏建立大周帝國的第一年冬天，便詔令《大雲經疏》流通天下，作為其用佛教信仰建國的主要宣傳物。《資治通鑑》載：

（冬十月）壬申，敕兩京諸州各置大雲寺一區，藏《大雲經》，使僧升高座講解。其撰疏僧雲宣等九人皆賜爵縣公，乃賜紫袈裟銀龜袋。

《大雲經疏》所載的「彌勒佛下生為女轉輪王的信仰」除了取自《證明經》的經文外，[251] 也取自記載娑多婆訶王朝有女轉輪王用佛教信仰建國的《大雲經》。《大雲經》即是北涼時代印度僧人曇無讖翻譯的《大方等無想經》。[252] 武則天在其流通《大雲經疏》於天下的詔書，事實上已經很清楚地告訴她的人民，她將放棄使用《入法界品》的「佛王信仰」建國，改用《證明經》所載的支提信仰建國。武則天的這個改變，當時一定令許多人感到驚訝或困惑，因為武則天在登位之前一直有積極準備使用《入法界品》的「佛王信仰」建國的活動。

武則天決定使用龍樹奠立的支提信仰為其「佛教建國信仰」的決策，事實上一直到其登位的第一年冬天，即其敕令流通《大雲經疏》之際才明朗化。自此，我們從武氏時代所造的「彌勒佛王像」，基本上都造成「倚坐彌勒佛王像」的情形來判斷，[253] 我們知道武氏在其統治大周期間，基本上都以發展早

---

249 （宋）司馬光著，（元）胡三省音註，《資治通鑑》下冊，《唐紀》，頁 1377 中。

250 古正美，《從天王傳統到佛王傳統》第五章，〈武則天的《華嚴經》佛王傳統與佛王形象〉，頁 240。

251 見本書第四章，〈佛教支提信仰的奠立者——龍樹菩薩〉。

252 見古正美，《從天王傳統到佛王傳統》第五章，〈武則天的《華嚴經》佛王傳統與佛王形象〉，頁 240-249。

253 譬如，武氏在龍樹東山播鼓台中洞所造的造像及在敦煌莫高窟所造的北大像，基本上都造成倚坐的彌勒佛王造像。

期龍樹所奠立的「支提信仰」為其「佛教建國信仰」。雖然武氏在此之後還使用「曌」字為名，然這並不表示其有使用《入法界品》所載的「佛王信仰」建國。換言之，武則天在統治大周帝國時期，其一直就沒有使用過《入法界品》的「佛王信仰」建國。很顯然的，武則天並不願意延續或使用高宗所使用的《入法界品》的「佛王信仰」建國。

（6）中國南宋時期發展《入法界品》佛王信仰的情形

中國使用《入法界品》佛王信仰建國的情形，一直到南宋時期（統治，1127-1279）尚見中國帝王使用。中國南宋時期帝王使用《入法界品》佛王信仰建國的遺址及造像，今日多見於中國的南方，如今日的四川及雲南。南宋高宗趙構（統治，1127-1163）在定都臨安（杭州）之際所發展的《入法界品》佛王信仰造像址，便見於四川大足北山的「多寶塔」及其附近的「轉輪經藏窟」。[254]雲南後理國時期（統治，1096-1253），段氏王朝段智興（1173-1200）發展《入法界品》佛王信仰建國的活動情形，則都被記載於其時段智興令其宮廷畫匠張勝溫製作的〈張勝溫梵畫卷〉。[255] 段智興發展《入法界品》佛王信仰的活動，受到南宋高宗趙構發展此信仰的影響很大。兩者都依賴當時在四川最活躍的禪宗南宗臨濟宗楊岐派僧人為其等發展《入法界品》的佛王信仰建國，並造像。筆者在 2018 年出版的《張勝溫梵畫卷研究：雲南後理國段智興時代的佛教畫像》，對此二王朝發展《入法界品》佛王信仰的情形已作有詳細的報告，故在此不再贅述。

三 印尼中爪哇婆羅浮屠的建築與造像

（1）婆羅浮屠的大支提建造法

---

254 見古正美，〈張勝溫梵畫卷〉研究：雲南後理國段智興時代的佛教畫像》第三章，〈南宋高宗在四川大足轉輪經藏窟的造像與四川臨濟宗楊岐派信仰的關聯性〉，頁 53-73。

255 見古正美，〈張勝溫梵畫卷〉研究：雲南後理國段智興時代的佛教畫像》第四章，〈《張勝溫梵畫卷》所載的段智興用佛教信仰建國的造像〉及第五章，〈段智興時期的劍川石窟造像及禪宗信仰〉，頁 75-150。

圖 10　中爪哇婆羅浮屠遺址全景

　　本章的最後，筆者要談論西元 8 至 9 世紀之間，中爪哇「山帝王朝」（Śailendra kingdom, c. 750-860）發展《入法界品》佛王信仰的造像情形。西方學者研究印尼中爪哇山帝王朝建造的「婆羅浮屠遺址」（Candi Borobudur, Central Java）（圖 10）的建築及造像雖已達百多年的歷史，然到目前為止，西方學者對婆羅浮屠遺址建造的性質及造像內容，尚處於摸索的研究階段。學者對婆羅浮屠的建造性質到目前為止還有各種說法：有些學者認為，此遺址是山帝王朝在統治中爪哇（Central Java）時期建造的一座崇拜祖先的「山廟」（mountain temple）；[256] 有些學者認為，此遺址是一座「塔」（stūpa）或一座「支提」（caitya or cedi）；[257] 有些學者更認為，此遺址是一座密教的「曼陀羅」或「壇城」（mandala）；[258] 有些學者則認為，此遺址是一座不能用任何一種基本理論（one fundamental idea）解釋的複雜佛教建築結構。譬如，美國學者約翰·密細（John Miksic）在其有名的《婆羅浮屠：諸佛精彩的故事》（the *Borobudur: Golden Tales of the Buddhas*）即如此說：「如果想用一種基本理論去解釋婆羅浮屠的複雜建造結構，未免太過簡單化問題」（"It would be far too simplistic, therefore, to expect to discover one fundamental idea to account for all aspects of the Borobudur's complex form."）。[259]

---

256 John Miksic, *Borobudur-Golden Tales of the Buddhas*, p. 47.

257 John Miksic, *Borobudur-Golden Tales of the Buddhas*, p. 49.

258 John Miksic, *Borobudur-Golden Tales of the Buddhas*, p. 50.

259 John Miksic, *Borobudur-Golden Tales of the Buddhas*, p. 47a.

約翰‧密細之所以會如此說，乃因為他認為：

　　大多數中爪哇的早期佛教建築已經失去原來的面貌。因為西元 800 左右這些佛教遺址都經過大整修，因此我們很難看出這些佛教建築的原來面貌。婆羅浮屠至少經過 50 年的建造過程，其間因 8、9 世紀傳入的新佛教信仰而改變了其建造的面貌。當婆羅浮屠被建造之時，佛教正逢變化；爪哇人認為，這種變化使他們的佛教信仰將發展成更有效的解脫之道。因此有些婆羅浮屠的設計，就反映這種新的佛教，幫助爪哇人體驗各種新的解脫之道。[260]

　　約翰‧密細很顯然的認為，婆羅浮屠的建造有反映當時爪哇人的佛教信仰及行法。因為他說，婆羅浮屠並不是為了佛陀崇拜而建造的建築，而是為了教人們如何成佛的工具或方法（instrument），或幫助人們成佛解脫而建造。[261]

　　約翰‧密細說這些話時，似乎完全沒有考慮到，婆羅浮屠為何會有依據《入法界品》的經文製作其主要的浮雕造像的情形。如果我們在研究婆羅浮屠的建造性質及造像之際，完全不考慮婆羅浮屠的造像有依據《入法界品》的經文造像此事，而只關心當時爪哇人的佛教修行問題，我們自然不能了解山帝王朝為何要花五十年的時間建造婆羅浮屠此造像址的造像。一個王朝要花費如此長久的時間建造婆羅浮屠，一定有其原因及作用；特別是，此王朝明顯的使用載有「佛王信仰」內容的《入法界品》作為其製作婆羅浮屠造像的主要經典依據，便有要說明此造像址是一處要說明龍樹提倡的支提信仰造像址。婆羅浮屠在歷史上雖然歷經多次大規模的修繕，然此造像址要表達的信息，仍然非常清楚的被保存於其今日存留的造像。我們因此非常懷疑約翰‧密細對婆羅浮屠建造性質的解釋。

　　自克洛姆、波西及梵俄普（Th. van Erp）在 1920 年代後期發現婆羅浮屠遺址內面第 2、3 及第 4 層造像廊道的主牆（the main walls of the 2nd, 3rd and 4th galleries）上的造像，是依據《入法界品》的經文製作的造像之後，[262] 許多學

---

260 John Miksic, *Borobudur-Golden Tales of the Buddhas*, p. 47a.

261 John Miksic, *Borobudur-Golden Tales of the Buddhas*, p. 98a.

262 N. J. Krom and van Erp Th., *Archaeological Description of Barabudur*. The Hague: M.Nijhott, 1927-1931; see also, Jan Fontein, *The Pilgrrimage of Sudhana: A Study of Gandhavyhua Illustration in*

者便認為，《入法界品》是我們了解婆羅浮屠建造性質及造像內容的最重要經典。換言之，這些學者認為，如果我們能了解《入法界品》的經意，我們便能打開婆羅浮屠建造之謎。[263] 事實上，要了解婆羅浮屠的建造性質及造像內容，光用《入法界品》的經文來了解，絕對不足夠。雖是如此，《入法界品》依舊是我們打開婆羅浮屠建築及造像之謎的主要線索。婆羅浮屠的建築及造像，除了依據《入法界品》的經文製作外，也大量的引用早期龍樹所撰造的支提信仰經典，如《普賢菩薩說證明經》（此後，《證明經》）和《寶行王正論》，及 8、9 世紀之間流行的大乘密教經典，作為其設計及建造此造像址的建築及造像的經典依據。這就是我們在婆羅浮屠遺址，也見到許多龍樹於 2 世紀中期左右或稍後，於南印度的案達羅國依據《證明經》在其為娑多婆訶王朝策劃及建造阿瑪拉瓦底大支提的建築及造像的原因。[264] 直至今日，沒有一位研究婆羅浮屠建築及造像的學者（包括終身研究婆羅浮屠造像的真・方登）注意到，《入法界品》在歷史上出現的原因與此經和龍樹所奠立的支提信仰的關聯性，因此這些學者目前都只用其等所了解的《入法界品》推測、談論婆羅浮屠的建造性質及造像內容。

根據約翰・密細的說法，婆羅浮屠可能始建於西元 760 年，並約完成於西元 830 年左右。[265] 約翰・密細所判定的婆羅浮屠建造時間，與法國學者賈克・杜馬克（Jacques Dumarcay, 1926-）所判定的婆羅浮屠建造時間，即西元 780 始建到西元 833 完成的時間，[266] 有些差別。無論如何，學者基本上同意，建造婆羅浮屠遺址的王朝，是當時統治中爪哇的「山帝王朝」。就我們在本章前面談論《入法界品》的出經原因、經典內容，及《入法界品》在亞洲其他地區被使用的情形來判斷，山帝王朝在 8、9 世紀之間使用《入法界品》建造婆

China, Japan and Java, p. 116.

263 Jan Fontein, *The Pilgrimage of Sudhana*, chapter 1, p. 1 and p. 5.

264 有關龍樹參與設計、建造阿瑪拉瓦底大支提的活動，請見本書第四章，〈佛教支提信仰的奠立者──龍樹菩薩〉。

265 John Miksic, *Borobudur-Golden Tales of the Buddhas*, p. 25.

266 Soekmono and others, *Borobudur: Prayer in Stone*. Singapore: Archipelago Press, 1990, p. 13.

羅浮屠造像的原因，應有要用《入法界品》的「佛王信仰」表達其王朝當時發展的支提信仰或「佛教建國信仰」的內容。既是如此，婆羅浮屠在使用《入法界品》作為其主要的造像經典依據之餘，婆羅浮屠的造像者，自然也會引用龍樹在歷史上所奠立的支提信仰內容及龍樹所建造的阿瑪拉瓦底大支提的建築及造像，建造婆羅浮屠的建築及造像。因為《入法界品》的撰造及出經，就是奠立於龍樹的支提信仰上。這應該就是我們在婆羅浮屠也見有早期支提信仰的建築及造像的原因。

　　婆羅浮屠既是一座支提信仰的造像址，筆者在下面便要從支提信仰的角度試圖解釋、說明婆羅浮屠的建造性質及造像內容。筆者在下面要談論的婆羅浮屠的建築及造像，基本上是筆者比較確定的一些其主體建築上的建築及造像。筆者在撰寫此文之際，雖然有多次考察婆羅浮屠建築及造像的經驗，並經過多年思考及研究此造像址的建築及造像問題，然筆者所了解的婆羅浮屠的建築及造像，依然非常有限。由於筆者所了解的婆羅浮屠的建築及造像，都從筆者研究支提信仰的經驗及角度出發，因此筆者所了解的婆羅浮屠的建築及造像，並不是完整或全面的了解。因為婆羅浮屠的一些建築及造像，也具有中爪哇的歷史及文化色彩及含義，這些建築及造像因此仍需待研究中爪哇文化及歷史的專家來告訴我們它們出現在婆羅浮屠造像址的原因及意義。

　　筆者認為，婆羅浮屠的建造性質及建造目的，與當日龍樹在南印度為娑多婆訶王朝建造阿瑪拉瓦底大支提的建築性質及造像目的一樣，[267] 都因當時的王朝要用支提信仰作為其「佛教建國信仰」，因此用建造「大支提」的造像方法，說明及表達其王朝發展支提信仰的內容，及當時的轉輪王或佛王的形象；只是婆羅浮屠的造像者，主要依據《入法界品》的經文製作婆羅浮屠的主要造像，而阿瑪拉瓦底大支提的建築及造像者，則依據龍樹撰造的《證明經》製作其「大支提」的造像。

　　無論如何，我們從婆羅浮屠的建築外貌來看此造像址的建築及造像，即

---

267 見本書第四章，〈佛教支提信仰的奠立者——龍樹菩薩〉。

能看出婆羅浮屠是一座支提信仰的造像址。換言之，婆羅浮屠的建築及造像，都具有建造支提信仰的「大支提」（mahācaitya）及「小支提」（caitya）的建築結構及造像內容。由於婆羅浮屠是一座造有各種「小支提」的「大支提」建築結構，因此婆羅浮屠與阿瑪拉瓦底大支提一樣，都是用在「大支提」上建造各種不同形式的「小支提」的方法，表達其支提信仰的內容。[268] 龍樹在其建造的阿瑪拉瓦底大支提的塔身上，用浮雕造像的方法製作許多「開放式小支提」（caitya of the open style）及「關閉式小支提」（caitya of the closed-up style）。龍樹用浮雕造像方法製作的「開放式」及「關閉式」小支提，主要都被造在粘貼於阿瑪拉瓦底大支提圓筒形塔身下部的無數長方形「鼓形石板」（stone slabs）上。但婆羅浮屠所造的「小支提」，除了在「大支提」上用「建築方法」（the constructional method）建造許多「開放式」及「關閉式」的「小支提」外，婆羅浮屠也如阿瑪拉瓦底大支提一樣，用「浮雕造像法」（the bas-relief-making method），在「大支提」的四層造像廊道的四面內面主牆（4 main walls of 4 art galleries）製作許多「開放式」及「關閉式」的「小支提」。婆羅浮屠用「建築方法」建造的「小支提」，基本上都被造在婆羅浮屠「大支提」每層外牆的上方及婆羅浮屠「大支提」地面第 5 層以上的所謂「主體塔身上方」的建築部位。

婆羅浮屠的主體建築體，是一座 10 層高的塔形建築物。其第 10 層的建築結構，即是婆羅浮屠主體建築的最高層建築結構，也是婆羅浮屠主體建築的「塔頂」（Central peak）建築部位。婆羅浮屠第 10 層的塔頂建築體，是一座用「建築方法」建造的如「鐘形的」（the bell-shaped）「關閉式小支提」。從此塔頂鐘形「關閉式小支提」的外部，我們完全看不出此小支提內部是否造有佛像。因為此塔頂的鐘形小支提的建築方式被造成完全封閉的「關閉式鐘形小支提」。

婆羅浮屠的主體建築，自地面第 5 層以上的「主體塔身上方」的建築結

---

268 有關阿瑪拉瓦底大支提的建築結構及建築方法，見本書第五章，〈龍樹與阿瑪拉瓦底大支提的建築及造像〉。

構，造有三層面積遞減，並部分重疊的圓形平臺。在此三層面積遞減並部分重疊的圓形平臺上，每層平臺上都造有多座塔身具有方形或菱形鏤空小格子設計的「關閉式鐘形小支提」（the bell-shaped caityas of the closed-up style）。這些「鐘形小支提」的數目，由下往上分別造有 32、24 及 16 座體積相同，但比「塔頂鐘形小支提」體積較小的「關閉式鐘形小支提」。這些「關閉式鐘形小支提」內部各造有一尊作有同樣手印（mudrā）的坐佛像。這些「關閉式鐘形小支提」的塔身，因用鏤空方式制作菱形（第 1、2 層）及方形（第 3 層）小格子作為塔身孔洞的設計圖案，我們因此從這些孔洞可以隱約看到這些「關閉式鐘形小支提」內部的坐佛造像被造在此 72 座「關閉式鐘形小支提」內；其中一座此類「關閉式小支提」的上半部被打開，並露出內部坐佛像的上半身造像。此 72 座「關閉式鐘形小支提」因呈梯形圍繞著「塔頂」的「鐘形小支提」，婆羅浮屠的「主體塔身上方」遂形成一座造有許多「鐘形小支提」圍繞著「塔頂鐘形小支提」的山形建築結構（圖 11）。

圖 11　婆羅浮屠塔頂關閉式支提造像

　　婆羅浮屠除了在主體建築的上方用「建築方式」建造其「關閉式小支提」外，在其地面第 1 層[269] 到第 5 層的外牆（balustrade）上，每層外牆也造有用「建築方式」建造的許多「開放式小支提」（圖 12）。這些「開放式小支提」內部都造有一尊坐佛像。依據印尼考古學家梭葉克莫諾（R. Soekmono, 1922-1997）的說法，地上四層（外）牆上所造的佛像所結的手印，因每尊佛像坐落的「方位」不同，而造有不同的手印：北面佛坐像造結「無畏印」（abhaya mudrā）的「不空成就佛像」（Amoghasiddhi）；東面坐佛像造結「降魔印」（bhumisparśa

269 實際上是地面第 2 層，因為第 1 層已經陷入地底。

mudrā）的「阿閦佛像」（Aksobhya）；南面坐佛像造結「與願印」（vara mudrā）的「寶生佛像」（Ratnasambhava）；西面坐佛像造結「禪定印」（dhyana mudrā）的「阿彌陀佛像」（Amitabha）。由於婆羅浮屠地面四層外牆上所造的「開放式小支提」內的坐佛像所作的「手印」皆不同，故我們無論走到此遺址的何處，只要抬頭看外牆上坐佛像的「手印」，便知道我們所處的方位。地面第 5 層外牆上的「開放式小支提」內的坐佛像，其等所結的手印都一樣。[270]

圖 12　婆羅浮屠外牆上方開放式支提造像

　　婆羅浮屠地面第 1 層外牆與地面第 5 層內牆中間，遂形成四層造像廊道（4 art galleries）。在此四層造像廊道內面的兩座牆面，特別是內牆的主牆，是婆羅浮屠製作其浮雕造像的主要牆面，也是婆羅浮屠用「浮雕造像方法」表達其支提信仰內容的主要牆面。在這些造像廊道的主牆上，我們也見婆羅浮屠用浮雕造像的方式造有許多「爪哇式」（the Javanese style）或「山帝王朝式」（the Sailendra style）的「小支提」造像。梭葉克莫諾說，我們在婆羅浮屠所見的具有爪哇式建築風格的建築物，即是指具有「山帝王朝建築風格」（the architecture of Śailendra style）的建築物。[271] 梭葉克莫諾所言的「具有山帝王朝建築風格」

270 Soekmono and others, *Borobudur: Prayer in Stone*, pp. 29-30.

271 R. Soekmono, "Indonesia Architecture of the Classical Period（古典時代的印尼建築）: A Brief Survey," in Jan Fontein ed., *The Sculpture of Indonesia*. New York: Harry N.Abrams.Ind., 1990, pp. 70-71: "Śailendra architecture in general is characterized by a profile that consists of a plain plinth, a bell-

的建築物，即指山帝王朝在婆羅浮屠所造的「爪哇式」或「山帝王朝式」的浮雕「小支提」造像。此類浮雕「小支提」造像的建築結構，是用「壁柱」（pilasters）支撐，造如房舍式樣（the chamber style）的建築物。此類建築物，有四面牆或多面牆造成，而正面牆的中央，開一正

圖13　婆羅浮屠山帝王朝式浮雕關閉式支提

門。婆羅浮屠用浮雕方式製作的「山帝王朝式」小支提，常在其隆起的柱基（plinth）上，造有一階梯通向正門（main door）。在此類小支提的頂部，造有許多如塔形的裝飾物，形成如山形的建築外貌。具「山帝王朝風格」的「關閉式小支提」（圖13），常在其小支提的正門上方懸掛一黑天（kāla）的頭像，作為護持之用。西藏學者多羅那他（Tāranātha, 1575-1734）在其《印度佛教史》說，用黑天（kāla）或大黑天（mahākāla）護持支提的做法，乃始於龍樹。多羅那他說：

> 龍樹在一百零八寺建立一百零八大乘中心。每一中心，他用大黑天取代禪地加（Candikā）作為護持之用。[272]

　　就上面西藏學者多羅那他的說法，龍樹所造的「大乘中心」，有指當日龍樹在天下所造的「支提」。由此，龍樹用黑天護持「支提」的方法，便成為後來支提遺址都見有造黑天像作為「支提」護持者的原因。事實上，多羅那他此說非常有問題。因為我們在早期案達羅或阿瑪拉瓦底大支提的造像，都未曾見有黑天護持支提的情形；特別是，龍樹撰造的《證明經》，也沒有記載黑天有護持支提的作用。多羅那他此說，很可能是龍樹死後，支提信仰在密教化的過程中，造像者用龍樹之名所撰造的「史料」或「文獻」。由於西藏此

---

shaped ogee, and a semicircular molding."（山帝王朝時代的建築，通常有三個特徵：平面柱基、鐘形曲線及半圓形線條）。

272 Tāranātha, *History of Buddhism in India*, edited by Debiprasad Chattopadhyaya and translated by Lama Chimpa and Alaka Chattopadhyaya. Delhi: Motilal Banarsidass, 1990, reprinted, p. 107.

「文獻」說，黑天或大黑天具有護持「支提」及「支提信仰」的作用。後來亞洲各地所建造的具有密教色彩的支提信仰遺址或建築物，便常見造有黑天或大黑天的造像作為護持之用。譬如，婆羅浮屠遺址在其大支提的四個主要門道（gateway）上方的拱門上，便造有黑天的頭像作為護持此造像址之用。

　　婆羅浮屠在其造像廊道的主牆上，除了造有許多「山帝王朝式樣」的浮雕「關閉式小支提」外，也造有許多「山帝王朝式」的「開放式浮雕小支提」（圖 14）。此類「開放式浮雕小支提」，常在「小支提」內面造有一佛像。這就是我們在婆羅浮屠的主體建築，或「大支提」的建築上，常見到造有各種「小支提」造像的原因。由於婆羅浮屠的主體建築體是一座「在大支提上建造許多小支提」的建築物，故我們認為，婆羅浮屠的「大支提建築結構」，與龍樹建造的阿瑪拉瓦底大支提的建築結構一樣，都有「在大支提上建造許多小支提」的「大支提」建築結構及建築特色，[273] 婆羅浮屠因此是一座明顯表達支提信仰內容的「大支提」建築物。

圖 14　婆羅浮屠山帝王朝式浮雕開放式支提

　　婆羅浮屠是一座用無數石板及石板造像堆砌而成的，如山形的十層建築結構。婆羅浮屠因坐落在一座人工堆積而成的山坡平台上，婆羅浮屠在其建造的過程中，由於體積過重的緣故，發生過多次坍塌的情形。目前婆羅浮屠最底層的造像，便因主體建築的體積太沉重的緣故而陷入地裡，只保留幾鋪造像於地面上供遊人觀賞。學者因此稱此層陷入地下的造像為「隱藏地底的造像」（images of the hidden-base）。婆羅浮屠的主體建築，雖不是完全呈四方形的建築結構（圖 15），然其主體建築的四面，都開造有一入口處，作為我們進入此建築內部的「造像廊道」、「主體建築上方」，及「塔頂」的入口處。

---

273 見本書第五章，〈龍樹與阿瑪拉瓦底大支提的建築及造像〉。

圖 15　中爪哇婆羅浮屠鳥瞰的建築體

（2）婆羅浮屠地面第1層外牆外壁及內面四層造像廊道主牆上的浮雕造像內容

A. 婆羅浮屠地面第1層外牆外壁的造像——婆羅浮屠護持者的造像

　　當我們走上「婆羅浮屠大支提」坐落的地面時，我們的眼睛所接觸的此址最底層的造像，即是地面第 1 層外牆外壁上的造像。由於婆羅浮屠主體建築的底層已經陷入地底，因此原是主體建築第 2 層外牆的造像便成為我們現在見到的地面第 1 層外牆外壁（The outer wall of the 1ˢᵗ balustrade）的造像。在地面第 1 層外牆外壁上，我們的眼睛所見到的造像，即是多頭龍王（multi-headed-Nāga king）和其侍者呈「一組三尊」的造像，及普賢菩薩和其侍者呈「一組三尊」的造像。換言之，我們眼睛所接觸的造像景象是，龍王及普賢此兩組造像呈交互出現的形式被造在此「大支提」地面第 1 層外牆外壁上（圖 16）。在早期的支提信仰裡，多頭龍王及普賢菩薩都是護持支提信仰及其建築的最重要人物。[274] 婆羅浮屠將「龍王一組三尊」的造像及「普賢菩薩一組三尊」的造像交互地呈現在地面第 1 層外牆外壁上，便有說明龍王及普賢菩薩是護持婆羅浮屠此大支提建築及支提信仰的護持者。

　　阿瑪拉瓦底大支提所造的「關閉式小支提」，常見造有一隻多頭龍王纏繞

---

274 見本書第五章，〈龍樹與阿瑪拉瓦底大支提的建築及造像〉。

在支提的外表，說明龍王具有護持支提或彌勒佛坐支提下生的作用。[275]《證明經》不但載有普賢菩薩是支提信仰的「護持者」，而且也說，普賢菩薩是「眾生的良藥」，具有救濟、護持眾生的作用。[276] 這應該就是婆羅浮屠的造像者選擇龍王及普賢菩薩作為護持婆羅浮屠建築及支提信仰的護持者的原因。由此我們也知道，婆羅浮屠地面第 1 層外牆外壁的造像，是此造像址造其護持者造像的地方。

婆羅浮屠地面第 1 層外牆所造的普賢菩薩造像，常見其左手握有「一支三朵花」的造像特徵（見圖 16）。普賢菩薩手持「一支三朵花」的造像特徵，乃出自唐代印度僧人善無畏及一行翻譯的《大毗盧遮那成佛神變加持經》所載的「普賢如意珠印」的造像，即「以

圖 16　婆羅浮屠地面第 1 層外牆外壁龍王（左）與普賢菩薩（右）護持大支提的造像

定慧手合為一，以二風輪加火輪上，餘如前，是普賢如意珠印」的造像；[277] 也是《大毗盧遮那神變加持經蓮花胎藏悲生曼陀羅廣大成就儀軌供養方便會》（別本一卷）所載的，「普賢如意珠，蓮合風（輪）加火（輪）」的造像。[278] 普賢握此「一支三朵花」的造像，因此具有象徵其所結的「如意珠印」或「密教手印」的意思。普賢手持「一支三朵花」的造像特色，不僅見於婆羅浮屠地面第 1 層外牆外面的普賢造像，同時也見於婆羅浮屠其他層面的普賢造像。

---

275 見本書第五章，〈龍樹與阿瑪拉瓦底大支提的建築及造像〉。

276 見本書第五章，〈龍樹與阿瑪拉瓦底大支提的建築及造像〉。

277 （唐）善無畏及一行譯，《大毗盧遮那成佛神變加持經》卷 2，《大正》卷 18，頁 12；並見 Kathy Ku Cheng Mei, "Bodhisattva Samantabhadra of the *Verification Sūtra* in Candi Borobudur," in Institute of Southeast Asian Studies（Singapore）, ed., *Conference on Buddhism Across Asia: Networks of Material, Intellectual and Cultural Exchange*（forthcoming）.

278 《大毗盧遮那神變加持經蓮花胎藏悲生曼陀羅廣大成就儀軌供養方便會》（別本一卷），《大正》卷 18，頁 130 中。

由於普賢手持「一支三朵花」的造像特徵常見於婆羅浮屠的普賢造像，因此約翰‧密西說：普賢菩薩在婆羅浮屠的造像非常重要，他的造像不僅出現在婆羅浮屠最高層（第 4 層）整層的造像牆面，他的造像也以其手所持的「一支三朵花」（the long- stemmed flower with three blossoms）作為識別其造像的方法。[279]

B. 婆羅浮屠內面第 1 層造像廊道主牆上、下二層的造像——表達轉輪王信仰及轉輪王形象的造像

婆羅浮屠內面第 1 層「造像廊道主牆」（此後，也稱主牆）上的造像，分為上、下兩層的造像。婆羅浮屠內面第 1 層主牆上層的造像，自 1901 年荷蘭學者普列特（C. M. Pleyte, 1863-1917）認為，此層內面主牆上層的造像主要依據《方廣大莊嚴經》（the *Lalitavistara*）或「佛傳故事」（life story of the Buddha）製作的造像之後，[280] 今日

圖 17　婆羅浮屠內面第 1 層主牆彌勒佛王造像（上層）及轉輪王像（下層）

東、西方學者便都視婆羅浮屠此內面第 1 層主牆上層的造像為「釋迦佛傳」或「佛傳故事」的造像。婆羅浮屠內面第 1 層主牆下層的造像，筆者認為其等都是各種轉輪王的造像。因為此層的轉輪王造像，除了有用唐代不空翻譯的《金剛頂一字頂輪王瑜伽一切時處念誦成佛儀軌》所載的「轉輪王坐相」，如呈「垂一坐相」，即一腳下垂於地面，一腳安置於椅座上的坐姿，製作其轉輪王的造像（圖 17）外，[281] 也用其他的方法說明此層的造像為轉輪王的造像。譬如，用轉輪王坐在具有轉輪王寶物「寶劍」裝飾的寶座上，或用坐在具有

279 John Miksic, *Borobudur-Golden Tales of the Buddhas*, p.133a.

280 John Miksic, *Borobudur-Golden Tales of the Buddhas*, p. 61b.

281 見本書第三章，〈貴霜佛教建國信仰的發展者迦尼色迦第一及胡為色迦王〉談論貴霜或早期犍陀羅使用後來（唐）不空金剛翻譯，《金剛頂一字頂輪王瑜伽一切時處念誦成佛儀軌》所載的轉輪王三種坐相製作轉輪王像情形。

象徵轉輪王形象的「摩羯魚」（makara）頭裝飾的「轉輪王座」（the cakravartin seat）上，作為我們辨識轉輪王造像的方法。[282]

婆羅浮屠的造像者，在內面第 1 層主牆上層造「釋迦佛誕」的造像及各種彌勒佛王像，及在同層主牆下層的牆面上造整牆的轉輪王造像，不是沒有原因。《證明經》在提到彌勒佛的兩種出世方式時說：（1）彌勒佛的一種下生或出生方式是，彌勒坐在「雀梨浮圖」或「支提」內自「兜率天」（Tusita heaven）下生的方式；（2）另一種彌勒佛的出生方式，即如《證明經》所載的，如「釋迦佛誕」的出生方式一樣，由佛母的左脅出生的方式。[283]《證明經》如此說明彌勒佛下生或出世的方式，自然讓我們覺得非常悶納、不解。因為我們會問，為何彌勒佛會有兩種完全不同的出生方式？但我們在看到阿瑪拉瓦底大支提的「釋迦佛誕」的造像之後即明白，為何《證明經》會如此說。《證明經》之所以會說彌勒佛也以「釋迦佛誕」的方式出世世間，乃因其要說明，具有彌勒佛身的「轉輪王身」是用「釋迦佛誕」的方式出世世間。《證明經》是一部龍樹撰作，並用以補助、說明支提信仰經意的經典，也是一部龍樹用以製作阿瑪拉瓦底大支提造像的主要經典。[284] 龍樹在其撰造的另一部說明支提信仰內容的經典《寶行王正論》中說明及解釋「佛身」與「轉輪王身」的關係時，用「佛有三身」（trikāyas of a Buddha）的信仰說明及解釋彌勒佛身與轉輪王的關係是「大王佛法身」的關係。因為《寶行王正論》說：「諸佛有色身／皆從福行起／大王佛法身／由智慧行成」。[285] 換言之，龍樹認為，「大王

---

282 見本書第五章〈龍樹與阿瑪拉瓦底大支提的建築及造像〉談論《證明經》所載的「轉輪王座」經文，及（唐）義淨翻譯的《佛為勝光天子說王法經》所載的五種轉輪王寶物：「如意髻珠、白蓋、白拂、寶履、及寶劍」，造轉輪王像的情形。見（唐）沙門釋義淨奉詔譯，《佛為淨光天子說王法經》，《大正》卷 15，頁 125 中。

283 見本書第五章，〈龍樹與阿瑪拉瓦底大支提的建築及造像〉談論彌勒佛坐支提下生的造像及轉輪王用「釋迦佛誕」方式出生的造像；並見《證明經》，《大正》卷 85，頁 1367 中及頁 1365 上，談論彌勒佛坐支提下生及轉輪王用「釋迦佛誕」出生的文字。

284 本書第五章，〈龍樹與阿瑪拉瓦底大支提的建築及造像〉。

285 見（陳）真諦譯，《寶行王正論》，《大正》卷 32，頁 498 上；並見本書第五章，〈龍樹與阿瑪拉瓦底大支提的建築及造像〉。

身」或「轉輪王身」是彌勒佛的「法身」（dharmakāya）下生的身體（化身）。在此了解下，《證明經》所載的彌勒佛用「釋迦佛誕」方式出生的信仰乃要說明，具有「彌勒佛身」的「轉輪王身」，是用「釋迦佛誕」的方式出世世間的意思。[286] 這就是為何阿瑪拉瓦底大支提所造的許多轉輪王造像，都將轉輪王的造像與「釋迦佛誕」的造像（即《證明經》所載者：「左脅生釋迦（彌勒），老子作相師，白疊承釋迦，老子重瞻相」的造像），[287] 造在一起的原因。[288]

由於阿瑪拉瓦底大支提所造的許多轉輪王像都被造在《證明經》所載的「釋迦佛誕」的造像側，我們因此知道，轉輪王是用「釋迦佛誕」的方式出世世間。阿瑪拉瓦底大支提的造像因此造有許多彌勒佛坐支提下生的造像，也造有許多轉輪王用「釋迦佛誕」方式出生的造像。[289] 婆羅浮屠內面第 1 層主牆上層所造的「釋迦佛傳」的造像，因此是要說明、表達轉輪王用「釋迦佛誕」的方式出世世間的造像，而不是如學者所說的，乃要表達「釋迦佛傳」的造像。我們知道此事，乃因同層主牆下層的造像，除造有整牆的轉輪王造像外，同層內面主牆上層在所謂的「佛傳故事像」之後，也造有二十多鋪「彌勒佛王」的造像。所謂「彌勒佛王」，有指「轉輪王」的意思。這說明婆羅浮屠內面第 1 層主牆上、下兩層的造像，都要表達及說明轉輪王信仰及轉輪王形象，包括轉輪王用「釋迦佛誕」的方式出生世間的造像。這就是為何婆羅浮屠內面第 1 層主牆上層的造像，要從釋迦在天上觀察地上父母準備下生的造像開始造起的原因。我們不要忘記，「釋迦佛傳」與「彌勒佛傳」具有相同的「佛傳故事」內容，而且《證明經》也說，「釋迦佛身」與「彌勒佛身」是「同身」的神祇。[290] 這就是為何婆羅浮屠內面第 1 層主牆上層的造像，也造有《證明經》所載的「釋迦佛傳」中「釋迦佛誕」之各種造像情節，如「佛母夜

---

286 見本書第五章，〈龍樹與阿瑪拉瓦底大支提的建築及造像〉；並見《普賢菩薩說證明經》（《證明經》），頁 1367 中。

287 《證明經》，《大正》卷 85，頁 1365 上。

288 有關筆者談論阿瑪拉瓦底大支提造轉輪王用「釋迦佛誕」的方式出生的造像的細節，見本書第五章，〈龍樹與阿瑪拉瓦底大支提的建築及造像〉。

289 見本書第五章，〈龍樹與阿瑪拉瓦底大支提的建築及造像〉。

290 見本書第五章，〈龍樹與阿瑪拉瓦底大支提的建築及造像〉。

夢白象入胎」（圖18）、「佛母右（左）脇生釋迦」，及「太子出生七步生蓮」等造像。但由於婆羅浮屠內面第1層主牆上層的造像也造有許多其他的「釋迦佛傳」故事造像，如釋迦在成道前出遊四門觀世間生、老、病、死苦的造像情節等，學者因此都認為，婆羅浮屠內面第1層主牆上層的造像是要表達「釋迦佛傳」的故事。

婆羅浮屠內面第1層主牆上層所造的「釋迦佛誕」的造像，最後是用《證明經》所載的彌勒佛在下生之前「與魔相爭」，或「彌勒降魔」的故事（圖19），作為此層製作「釋迦佛傳」故事的終結。《證明經》記載的彌勒降魔故事，是彌勒佛坐在支提內下生，但未達地面或出生之前，彌勒佛體驗其「與魔共爭」的故事。[291] 婆羅浮屠所造的「彌勒降魔變」，因造成克孜爾石窟所創造的「彌勒降魔像」，[292] 我們因此知道，8、9世紀之間的中爪哇，也有受克孜爾石窟造像影響的情形。由於彌勒佛以「彌勒佛身」下生降魔，婆羅浮屠此「彌勒降魔變」，因此與釋迦或佛陀用菩薩身降魔的情形不同。[293] 在婆羅浮屠此鋪「彌勒降魔變」的造像裡，彌勒佛的頭部上方，也造有我們在犍陀羅的支提信仰造像所見的象徵彌

圖18 婆羅浮屠內面第1層主牆上層佛母夜夢白象入胎像

圖19 婆羅浮屠內面第1層主牆上層彌勒降魔變

---

291 見《證明經》，《大正》卷85；並見本書第八章，〈新疆克孜爾石窟的支提信仰造像特色及其影響〉。

292 見本書第八章，〈新疆克孜爾石窟的支提信仰造像特色及其影響〉。

293 見本書第八章，〈新疆克孜爾石窟的支提信仰造像特色及其影響〉。

勒佛身的菩提樹葉，[294] 說明降魔的人物是彌勒佛。事實上，自龍樹建造阿瑪拉瓦底大支提開始，支提信仰所造的彌勒佛像，便常用菩提樹或菩提樹葉作為象徵或表達彌勒佛身的記號。[295]《證明經》所載的彌勒降魔故事，也載有彌勒佛在降魔之際，召來諸大力菩薩及金剛力士等幫助其降魔的故事情節。這就是為何新疆克孜爾石窟、犍陀羅及敦煌製作的「彌勒降魔變」，在彌勒降魔像的座前，都造有大力菩薩及金剛力士等人的造像的原因。[296] 婆羅浮屠內面第 1 層主牆上層所造的「彌勒降魔變」，在彌勒佛的座前，理應也會造有被彌勒佛召來幫助其降魔的大力菩薩及金剛力士等的造像。但今日我們所見的婆羅浮屠的「彌勒降魔像」座前的人物造像，都不像是大力菩薩及金剛力士的造像。這可能與婆羅浮屠在修補此像期間，沒有將正確的造像內容補回「彌勒降魔像」的座前的緣故。

　　婆羅浮屠內面第 1 層主牆上層的造像，在造「彌勒降魔變」之後，此層內面第 1 層主牆上層接著也連續造有約 26 鋪說明「彌勒佛王」坐支提下生、說法、灌頂、取轉輪王位，及供養支提等的造像（見圖 17、20、21、22）。這些「彌勒佛王」的造像，事實上也是支提信仰的「轉輪王」造像。支提信仰的轉輪王因是彌勒佛的「法身」下生的「轉輪王身」，因此具有彌勒佛身體的「轉輪王身」，也常被稱為「彌勒佛王身」。在造像上，「彌勒佛王」的造像因常被造成「彌勒佛像」，[297] 因此婆羅浮屠這些「彌勒佛王」的造像，都被造成「彌勒佛像」的造像。在這些「彌勒佛王」的造像中，可以辨認的有：彌勒佛王坐支提下生像（圖 20）、彌勒佛王坐支提下生取「轉輪王座」為轉輪王或彌勒佛王的造像（圖 21）、彌勒佛王行「水灌儀式」登上其轉輪王位或佛王位的造

---

294 見本書第七章，〈犍陀羅的支提信仰性質與造像〉。

295 有關彌勒佛像用菩提樹葉造像的經文及造像依據，見本書第五章，〈龍樹與阿瑪拉瓦底大支提的建築及造像〉。有關支提信仰的彌勒降魔變經文及造像，見本書第八章，〈新疆克孜爾石窟的支提信仰造像特色及其影響〉。

296 有關克孜爾、犍陀羅及敦煌的彌勒降魔像的製作情形，見本書第八章，〈新疆克孜爾石窟的支提信仰造像特色及其影響〉。

297 見本書第八章，〈新疆克孜爾石窟的支提信仰造像特色及其影響〉。

像、彌勒佛王坐在宮中享受歌舞的造像，彌勒佛王說法像（見圖 17 上層），及彌勒佛王供養案達羅式的「支提」的造像（圖 22）等。婆羅浮屠的造像者在此處也造有兩張婆羅浮屠製作的，最華麗的「轉輪王座」的造像（見圖 21）。此二張「轉輪王座」的背靠上部兩端、扶手及座前都造有《證明經》所載的，具有「摩羯魚（頭）、白象及獅子」為裝飾的「轉輪王座」的造像。[298] 婆羅浮屠內面第 1 層主牆上層這些彌勒佛王的造像，事實上也是婆羅浮屠造其轉輪王造像的地方，這就是為何我們會認為，婆羅浮屠內面第 1 層主牆上、下兩層所造的造像，都是婆羅浮屠要表達其轉輪王信仰及轉輪王造像的牆面的原因。

　　婆羅浮屠的造像者，在內面第 1 層主牆造轉輪王用「釋迦佛誕」方式出生的造像，就是婆羅浮屠的造像者明顯沿襲阿瑪拉瓦底大支提的造像法，表達其轉輪王信仰及轉輪王造像的地方。過去研究婆羅浮屠造像的學者，如真・方登[299] 及約翰・密細

圖 20　婆羅浮屠內面第 1 層主牆上層彌勒佛王坐爪哇式支提下生像

圖 21　婆羅浮屠內面第 1 層主牆彌勒佛王下生取轉輪王座（上層）及轉輪王造像（下層）

圖 22　婆羅浮屠內面第 1 層主牆上層彌勒佛王供養案達羅式支提像

---

298 有關《證明經》所載的轉輪王座，見本書第五章，〈阿瑪拉瓦底大支提的建築及造像〉。

299 Jan Fontein, *The Pilgrimage of Sudhana*, Chapter V, p. 170.

等，[300] 因都認為內面第 1 層主牆上層的造像是要表達「釋迦佛傳」的故事，因此都沒有注意到，內面第 1 層主牆上、下層的造像設計，是婆羅浮屠大支提要表達支提信仰的轉輪王或彌勒佛王用「釋迦佛誕」的方式出世世間的牆面。婆羅浮屠大支提的建築及造像設計法，因此有明顯沿襲龍樹建造的阿瑪拉瓦底大支提的建築形制及造像方法。

C. 婆羅浮屠內面第 2 層造像廊道主牆的造像：善財參見五十三師的造像及各種佛王信仰的造像

　　婆羅浮屠內面第 2 層主牆上所造的造像，主要是用《入法界品》所載的「善財童子（Sudhana）參見五十三師」，或「五十三位善知識」的故事作為說明婆羅浮屠的建造性質及造像內容。《入法界品》所載的「善財童子參見五十三善知識」的經文，是《入法界品》的主要經文內容，而《入法界品》的主要信仰內容，則是《入法界品》所載的各種轉輪王信仰及佛王信仰內容；其中以載述「盧舍那／毘盧遮那佛王信仰」及「彌勒菩薩佛王信仰」的內容最為重要。「盧舍那／毘盧遮那佛王信仰」及「彌勒菩薩佛王信仰」，可以說是龍樹奠立的支提信仰或「彌勒佛下生為轉輪王」的信仰，所發展或延伸出來的佛王信仰內容。雖然《入法界品》所載的「盧舍那佛／毘盧遮那佛王」與「彌勒菩薩佛王」為「同身」的信仰，及《入法界品》所載的多種菩薩及佛的「佛王信仰」內容，不見於早期龍樹所奠立的支提信仰經典，然而我們可以說，龍樹所奠立的支提信仰內容，與《入法界品》所載的轉輪王及佛王信仰內容，基本上相同。這就是為何婆羅浮屠在此牆面造《入法界品》的「善財五十三參師行」的造像起始牆面，即此層造像的東端牆面，造有 12 鋪說明彌勒佛王坐在「山帝王朝式」的支提內下生的造像（見圖 23），作為此層造「善財五十三參師行」的引子或導論的原因。這些在此層東端牆面所造的「彌勒佛王坐支提下生」的造像，不僅要說明《入法界品》的佛王信仰與龍樹所奠立的支提信仰的關聯性，同時也要說明《入法界品》所載的佛王信仰，乃源自龍樹所奠立的支提信仰。

---

300 John Miksic, *Borobudur-Golden Tales of the Buddhas*, p. 97a.

婆羅浮屠內面第 2 層主牆上的
造像和婆羅浮屠其他層面主牆上的
造像一樣，都由每層主牆東端牆面
開始造像。婆羅浮屠內面第 2 層主
牆東端開始製作的造像，基本上都
是作為說明「善財五十三參師行」
造像用的引子的 12 鋪彌勒佛王坐支
提下生的造像。這些造像的主尊造
像，多數都被造成佛裝的「彌勒佛
王坐支提下生像」（圖 23）。在此 12
鋪「彌勒佛王坐支提下生像」中，
其中有 9 鋪的彌勒佛王造像的右
手，都作有〈慈氏菩薩略修愈哦念
頌法〉（此後，〈念頌法〉）所載的，
有表達支提信仰的「右手大拇指押
火輪甲（食指甲）上，餘指散舒微屈
風幢」的手印（mudrā）。〈念頌法〉
稱呼此手印為「彌勒菩薩瑜伽一曼
陀羅手印」（Bodhisattva Maitreya Yoga-
Mandala mudrā）。[301] 這些「彌勒佛王
坐支提下生像」，都被造坐在「山
帝王朝式」的「開放式支提」內的
「轉輪王座」或「摩羯魚座」（the
makara seat）上，說明造像中的彌勒
佛像是「既是佛，又是轉輪王」的
「彌勒佛王像」。

圖 23　婆羅浮屠內面第 2 層主牆東端彌勒佛王
　　　　坐支提下生像

圖 24　婆羅浮屠內面第 2 層主牆普賢菩薩呈轉
　　　　輪王「垂一坐相」的佛王造像

圖 25　婆羅浮屠內面第 2 層主牆文殊師利菩薩
　　　　佛王像

301 見後詳述。

此層在此 12 鋪「彌勒佛王坐支提下生像」之後，即造一鋪「普賢菩薩佛王」的造像。此鋪「普賢菩薩佛王」的造像，被造成我們在爪哇造像常見的，用一條長布條固定「普賢菩薩佛王」呈轉輪王「垂一坐相」的腿部的造像（圖24）。「普賢菩薩佛王」坐像之後，此牆造一鋪「彌勒佛王」被眾佛王圍繞的造像。在此「彌勒佛王像」之後，更造一鋪「文殊師利菩薩佛王」左手持一朵蓮花，蓮花上置有梵夾的「密教文殊師利菩薩佛王」的坐像（圖25）。

筆者在文前說過，在《入法界品》中，「普賢菩薩」及「文殊師利菩薩」都以「佛王」或「轉輪王」的姿態統治過天下。從婆羅浮屠的造像者在此層將「普賢菩薩佛王」的造像造在「文殊菩薩佛王」造像之前的做法即可看出，婆羅浮屠的造像者明顯的認為，「普賢菩薩佛王」在《入法界品》或支提信仰中的地位比「文殊師利菩薩佛王」更為重要，其甚至有象徵「普賢行願」的意思。在此層「文殊菩薩佛王」造像之後，婆羅浮屠的造像者才在此層正式開始造「善財五十三參師行」所參見的各種人物或善知識的造像。婆羅浮屠在此層造「善財五十三參師行」之前，特別造一鋪「普賢菩薩佛王造像」及一鋪「文殊師利佛王造像」的原因，除了要說明此層主牆的造像是要說明「善財五十三參師行」有象徵「普賢行願」的意思外，也要說明「善財五十三參師行」是「普賢菩薩佛王」及「文殊師利菩薩佛王」引領的「朝山行」。「善財五十三參師行」的造像，結束於善財見「彌勒菩薩佛王」於其「廣大樓閣」的造像（見圖1）。由於此層主牆所造的「善財五十三參師行」所見的人物造像沒有填滿此層的造像牆面，因此有學者認為，婆羅浮屠的造像者有在此層重覆再造一次「善財五十三參師行」所見的善知識造像的情形。[302] 但就這些學者所言的「重複再造一次」的善知識造像中，我們見有四鋪與《入法界品》經文無關的密教「不空羂索觀自在菩薩」（Bodhisattva Amoghapāśa）或稱「不空羂索觀音佛王」的造像。這說明，此層在「善財五十三參師行」的造像後面，可能不是重覆再造一次「善財五十三參師行」的造像，而是記錄早期爪哇王在歷史上發展過的其他佛王信仰及佛王造像的情形。這就是為何此層在造「善

---

302 Jan Fontein, *The Pilgrimage of Sudhana*, Chapter IV, pp. 116-124.

財五十三參師行」的造像之後，會出現此四鋪「不空羂索觀音佛王」造像的原因。

　　婆羅浮屠內面第 2 層主牆在製作五十三參師的人物造像的後面所造的此四鋪「不空羂索觀音佛王」造像，其造像形式及造像內容都不同。這四鋪「不空羂索觀音佛王」的造像，雖然都被造成頭冠上戴有化佛的造像，然這四鋪「不空羂索觀音佛王」的造像，或被造成六臂，或被造成四臂的密教觀音或「觀自在」的造像（圖 26、圖 27）。這些「不空羂索觀音佛王」的造像，都被造坐在「蓮花座」或「轉輪王座」上，說明此四鋪「密教觀音造像」，是四鋪密教「不空羂索觀音佛王」的造像（Buddharāja Amoghapāśa）。

圖 26　婆羅浮屠內面第 2 層主牆造六臂密教不空羂索觀音像　　圖 27　婆羅浮屠內面第 2 層內面主牆造多臂密教不空羂索觀音像

　　在爪哇發展其密教觀音佛王信仰的歷史長河裡，以發展密教「不空羂索觀音佛王」信仰的時間最為長久。自西元 7 世紀到 13 世紀，我們便見有不同的爪哇王，以各種不同的「不空羂索觀音佛王」的面貌發展「不空羂索觀音佛王信仰」建國的情形。[303] 筆者因此認為，此四鋪密教「不空羂索觀音佛王」的造像，說明了山帝王朝在中爪哇發展支提信仰之前，中爪哇的帝王在歷史上也有發展密教「不空羂索觀音佛王信仰」的活動。筆者會如此說的原因是，雲南大理國的國王段智興在 12 世紀發展《入法界品》的「佛王信仰」統治後

---

303 見古正美，《從天王傳統到佛王傳統》第七章，〈從南天烏荼王進獻的《華嚴經》說起——密教金剛頂派在南天及南海的發展狀況〉，頁 342-351。

理國的時期，其除了敕令畫工張勝溫用繪畫的方式為其在〈張勝溫梵畫卷〉登錄其時代發展的各種《入法界品》佛王信仰的畫像外，也見其令張勝溫用相當的篇幅，繪製段智興之前雲南的南詔（統治，728-902）及大理國發展各種觀音信仰的畫像。[304] 大概亞洲的帝王在用造像的方法登錄其王朝發展的「佛教建國信仰」內容之際，也常會同時用造像的方法登錄其前朝發展「佛教建國信仰」的情形，因此婆羅浮屠的造像者在呈現當今王朝所發展的「善財五十三參師行」的造像之際，也會用造像的方法記載中爪哇歷史上發展過的「密教不空羂索觀音佛王」信仰。這可能就是婆羅浮屠的造像者，在婆羅浮屠內面第 2 層主牆造「善財五十三參師行」的造像之際，也將其前朝在歷史上發展的密教「不空羂索觀音佛王」信仰及造像，用四鋪「密教不空羂索觀音佛王」的造像說明之的原因。

　　約翰‧密細認為，婆羅浮屠製作的《華嚴經‧入法界品》石雕造像內容，與烏荼版的四十卷《華嚴經‧入法界品》的內容相近，因此他不但認為，婆羅浮屠製作《入法界品》五十三參師的造像是依據烏荼版的四十卷《華嚴經‧入法界品》製作，而且也說，爪哇傳入烏荼版四十卷《華嚴經‧入法界品》的時間比中國傳入此經的時間早。[305]

　　約翰‧密細在說此話之際，並沒有進一步的解釋，為何他會如此說的原因。事實上烏荼版四十卷《華嚴經‧入法界品》（此後，烏荼版）的經文與八十卷《華嚴經‧入法界品》的經文非常相似，只有烏荼版譯經在記述密教觀自在菩薩的信仰及形象之際，將密教觀自在菩薩的形象「不空羂索觀音化」。由於約翰‧密細沒有說，烏荼版經文何時傳入中爪哇，我們在下面便要比較中譯烏荼版的經文與武則天時代所翻譯的不空羂索觀音的經文，並看其中的變化。

　　武則天在證聖元年（695）敕于闐僧人實叉難陀於東都大遍空寺翻譯的八十卷《華嚴經‧入法界品》，雖已將觀自在菩薩的住所名稱譯為：「於此南方，

---

304 見古正美，《〈張勝溫梵畫卷〉研究》。

305 John Miksic, *Borobudur: GoldenTales of the Buddhas*, pp. 128-129.

有山名補咀洛迦」，[306] 但此經對觀自在菩薩的形象或造像（image），都還保留六十卷《華嚴經・入法界品》所記述的此菩薩信仰及形象：「跏趺坐金剛寶座，無量菩薩恭敬圍繞，而為說大慈悲經」。[307] 這說明，六十卷《華嚴經・入法界品》、八十卷《華嚴經・入法界品》及四十卷《華嚴經・入法界品》記載善知識觀音菩薩的行法及形象非常一致。直到八十卷《華嚴經・入法界品》的出現，我們才見觀音菩薩的居所被改為「補咀洛迦」（Potalaka）。

唐德宗時代（統治，780-804）敕釋般若翻譯的烏荼版四十卷《華嚴經・入法界品》，即是中國翻譯的烏荼版的《入法界品》經文。唐德宗翻譯此經的時代，已經距武則天翻譯及提倡不空羂索觀音信仰的時間有九十年左右。烏荼版四十卷《華嚴經・入法界品》在用「長行」或「經體」（sūtra）說明善財童子在南方觀自在菩薩所居之處「補咀洛迦」問學觀自在菩薩之後，即補入二段用「偈頌體」（gāthā）書寫的經文。[308] 這兩段用「偈頌體」書寫的經文，皆不見記於早期六十卷及八十卷的《華嚴經・入法界品》。第一段用「偈頌體」書寫的經文內容，基本上與《法華經・普門品》所記的，用「長行」或「散文體」書寫的觀世音菩薩行「善權方便」（upāyakauśalya）救度世間各種苦難眾生的經文內容非常相像。[309] 第二段用「偈頌體」書寫的經文，除了一部分的文字用來描述觀自在菩薩的莊嚴形象（the magnificent image）外，其餘的經文內容都用來描述觀自在菩薩以「大悲菩薩」的形象救度世間苦難眾生的文字。此段描述觀自在菩薩以「大悲菩薩」形象救世的經文，與武則天在長壽二年（693）發展密教「不空羂索觀音佛王」信仰之際，敕令慧智翻譯的〈讚觀世音菩薩頌〉所描述的「不空羂索觀音」形象的經文，[310] 幾乎完全一致。為了討

---

306 唐）于闐國三藏實叉難陀奉詔譯，《大方廣佛華嚴經》卷 68，頁 366-367。

307 （唐）罽賓國三藏般若奉詔譯，《大方廣佛華嚴經》卷 68，《大正》卷 10，頁 366 下。

308 （唐）罽賓國三藏般若奉詔譯，《大方廣佛華嚴經》，卷十六，《大正》卷 10，頁 733-735。

309 （姚秦）鳩摩羅什譯，《妙法蓮花經・觀世音普門品》，《大正》卷 9，頁 56-58。

310 （唐）釋道宣，《開元錄・沙門釋智慧》卷 9，《大正》卷 55，頁 565 下；並見古正美，《從天王傳統到佛王傳統》第六章，〈武則天神功之前所使用的密教觀音佛王傳統及佛王形象——中國女相觀音出現的原因〉，頁 285-299；也見古正美，《從天王傳統到佛王傳統》第七章，〈從南天烏荼王進獻的《華嚴經》說起——密教金剛頂派在南天及南海的發展狀況〉，頁 342-351。

論上的方便，筆者在下面將引述此二經描述觀世音形象或不空羂索觀音的經文供讀者參考。烏荼版四十卷《華嚴經．入法界品》如此描述觀自在的形象：

種種華鬘以嚴飾／頂上真金妙寶冠／光明淨妙過諸天／威德尊嚴超世主／圓光狀彼流虹遶／外相明如淨月輪／頂相豐起若須彌／端嚴正坐如初日／腰繫金條色微妙／現殊勝相放光明／伊尼鹿皮作下帬／[311] 能令信者生歡喜／妙身種種莊嚴相／眾寶所集如山王／腰垂上妙清淨衣／如雲普現無邊色／真珠三道為交絡／猶如世主妙嚴身／……以白瓔珞為嚴飾／如白龍王環遶身／世主手執妙蓮花／色如上妙真金聚／毘琉璃寶以為莖／……[312]

武則天時代僧人慧智翻譯的〈讚觀世音菩薩頌〉，如此描述「不空羂索觀自在」的形象：

尊重首飾甚嚴好／冠以曼陀及金花／虹蜺美麗以莊嚴／復如半月映山王／又似百寶成須彌／尊者身相甚微妙／猶如輕雨籠寶岳／伊尼鹿彩覆其肩／光明晃朗普周遍／巍巍挺特若金山／亦如滿月處虛空／又似薝波迦花色／勝彼摩醯首羅身／徒以白龍為瓔珞／右手執持金蓮花／毘琉璃寶以為莖／……。[313]

上面這兩段經文所記的「觀自在菩薩」或「觀音菩薩」的形象，即是上面兩經所載的「不空羂索觀音」的形象。烏荼版及武則天時代的譯經，不但都有相似形容觀音頭上「螯髻」的文字：「頂相豐起若須彌」及「又似百寶成須彌」，而且也有相似形容披在「觀自在菩薩」左肩上的「黑鹿皮」或「伊尼鹿皮」的文字：「伊尼鹿皮作下帬」及「伊尼鹿彩覆其肩」；更有相似形容「觀自在菩薩」身體配戴瓔珞莊嚴的文字：「以白瓔珞為嚴飾」及「徒以白龍為瓔珞」，甚至「觀自在」手持的「蓮花」及「蓮花莖」，都用相似的文字形容之：「世主手執妙蓮花／色如上妙真金聚／毘琉璃寶以為莖」及「右手執持金蓮花／毘琉璃寶以為莖」。

---

311 （唐）罽賓國三藏般若奉詔譯，《大方廣佛華嚴經》卷 16，《大正》卷 10，頁 735 上。該經的注 2，認為此字應為「裙」字。但從目前記有此「伊尼鹿皮作下帬」的經文，都將此字記為「垂」字。

312 （唐）罽賓國三藏般若奉詔譯，《大方廣佛華嚴經》卷 16，頁 735 上。

313 （唐）天后代佛授記寺翻經沙門慧智制譯，〈讚觀世音菩薩頌〉，《大正》卷 20，頁 67 中。

上面此二經所記載的不空羂索觀音菩薩的形象或造像，明顯的都是密教「不空羂索觀音」的造像。「不空羂索觀音」本是密教金剛頂派的「蓮花部主」，[314] 烏荼版的四十卷《華嚴經‧入法界品》將「不空羂索觀音」的形象引入經文中作為此經的「觀音」或「觀自在」善知識的形象，即有說明烏荼版的四十卷《華嚴經‧入法界品》在南天密教金剛頂派信仰的影響下，有將四十卷《華嚴經‧入法界品》的觀音形象「密教金剛頂化」或「不空羂索觀音化」的情形。

烏荼版四十卷《華嚴經‧入法界品》引入當時流行的密教不空羂索觀音信仰及形象之前，中國早在初唐武則天統治大周時代（890-705）已經將南天金剛頂派發展的不空羂索觀音信仰及造像傳入中國。由此，我們推測，金剛頂派發展的不空羂索觀音信仰及造像傳入爪哇或中爪哇的時間一定也比烏荼版四十卷《華嚴經‧入法界品》傳入「不空羂索觀音」信仰及形象還要早。

婆羅浮屠所造的四鋪密教「不空羂索觀音」的造像，與婆羅浮屠用烏荼版四十卷《華嚴經‧入法界品》製作婆羅浮屠五十三參師的造像是否有關？筆者認為沒有。理由是：婆羅浮屠所造的四鋪密教「不空羂索觀音」的造像，都是用我們在早期密教「不空羂索觀音」經典所見的「不空羂索觀音」造像法製作的造像。譬如，「四臂不空羂索觀音」的造像，在 7 世紀末武氏統治大周時期，武氏時代的重要僧人寶思惟在洛陽翻譯的《不空羂索陀羅尼自在王咒經》已經提到，「尊者（不空羂索觀音）四臂」的造像是：「左邊上手執持蓮花、下手執持澡瓶、右邊上手施無畏印、下手執數珠」。[315] 多臂或「六臂不空羂索觀音」的造像，也見載於神龍三年（707）錫蘭僧人菩提流志（Bodhiruci）在中國翻譯的《不空羂索神變真言經》。《不空羂索神變真言經》所載的不空羂索觀音造像有：一面二臂、一面四臂、一面六臂、三面十臂、一面三目十八臂，及十一面三十二臂等不同的造像法，而其六臂的造像法是：「一手蓮花、一手執羂索、一手把三叉戟、一手持瓶、一手施無畏印、一手執揚掌」

---

314 見古正美，《從天王傳統到佛王傳統》第七章，〈從南天烏荼王進獻的《華嚴經》說起——密教金剛頂派在南天及南海的發展情形〉，頁 334-348。

315 （唐）天竺三藏寶思惟奉詔譯，《不空羂索陀羅尼自在王咒經》卷上，《大正》卷 20，頁 422 中。

的造像法。[316] 我們在婆羅浮屠所見的四鋪密教不空羂索觀音造像的經典依據，非常可能都出自初唐或 8 世紀初期，甚至更早製作的《不空羂索神變真言經》。

烏荼版四十卷《華嚴經‧入法界品》所載的「不空羂索觀音」形象或造像法，因此不但與我們在婆羅浮屠所見的此四鋪「多臂不空羂索觀音」的造像法不同，而且也與婆羅浮屠所造的善財五十三參師的「觀音菩薩」或「觀音善知識」的造像法也不同。因為在善財五十三參師所見的「觀音菩薩」或「觀音善知識」的造像，並沒有被造成烏荼版四十卷《華嚴經‧入法界品》所載的不空羂索觀音造像。我們在上面提到的烏荼版四十卷《華嚴經‧入法界品》所載的不空羂索觀音造像，不但頭上「種種華鬘以嚴飾／頂上真金妙寶冠」，而且左肩上也披有「伊尼鹿皮作下裙」；更有「以白瓔珞為嚴飾／如白龍王環遶身」的裝飾，甚至「手執妙蓮花／色如上妙真金聚／毘琉璃寶以為莖」。這樣的不空羂索觀音造像法，我們完全不見於婆羅浮屠內面第 2 層造像廊道主牆製作的善財五十三參師的「觀音菩薩像」或「觀音善知識」的造像。我們因此不認為婆羅浮屠的善財五十三參師行的造像，是依據烏荼版四十卷《華嚴經‧入法界品》的經文製作。筆者因此認為，婆羅浮屠製作「五十三參師」故事的經典依據，另有其本。

婆羅浮屠內面第 2 層造像廊道主牆所造的「善財五十三參師」的造像，有些很容易辨認，有些則非常難。原因是，此遺址有些造像因風化及破損相當嚴重的緣故，我們完全無法辨識其像。婆羅浮屠比較容易辨認的造像，有自「獅子頻申比丘尼」造像（圖 28）開始至「大天」或「濕婆」造像這一小段的造像。善財在見過「獅子頻申比丘尼」（Bhiksunī Simhavijrmbhitā）之後，即去見「伐蘇蜜多」（Bhāgavatī Vasumitrā）（圖 29）、「毗瑟底羅」（Grhapati Vesthila，長者安住）（圖 30）、「觀自在菩薩」（Bodhisattva Avalokiteśvara，缺圖）、「正性無異菩薩」（Bodhisattva Ananyagāmin，缺圖）及「大天」（Śiva Mahādeva）（圖 31）。[317]

316　（唐）天竺三藏菩提流志譯，《不空羂索神變真言經》，《大正》卷 20，頁 227-398。

317　（唐）罽賓國三藏般若奉詔譯，《大方廣佛華嚴經》卷 15 及 16，《大正》卷 10；see also, *The*

圖 28　婆羅浮屠內面第 2 層主牆師子頻申
　　　比丘尼像

圖 29　婆羅浮屠內面第 2 層主牆伐蘇蜜多
　　　造像

圖 30　婆羅浮屠內面第 2 層主牆毗瑟底羅（長者
　　　安住）供養支提像

圖 31　婆羅浮屠內面第 2 層主
　　　牆大天造像

D. 婆羅浮屠內面第 3 層主牆上的造像——彌勒菩薩佛王造像

　　我們在婆羅浮屠四層內面主牆（the main walls of the four galleries）上所見的造像，以內面第 3 層內面主牆上所造的各式「彌勒菩薩佛王」坐支提下生的造像，對我們了解婆羅浮屠的建造性質及建造目的最為重要。因為內面第 3 層主牆所造的「彌勒菩薩佛王」坐支提下生的造像，是當時建造婆羅浮屠造像址的「山帝王朝帝王」用以表達其使用《入法界品》所載的「彌勒菩薩佛王」信仰建國的其「彌勒菩薩佛王」形象。從婆羅浮屠的造像者使用婆羅浮

Gandavyūha, in Jan Fontein, *The Pilgrimage of Sudhana*, p. 10.

屠內面第 3 層主牆所有的牆面製作各種不同的「彌勒菩薩佛王」坐支提下生的造像情形來判斷，我們知道，當時建造婆羅浮屠的中爪哇王或山帝王朝的帝王，乃以《入法界品》所載的「彌勒菩薩佛王」坐「支提」下生的面貌統治中爪哇。婆羅浮屠內面第 3 層主牆上所造的「彌勒菩薩佛王」的造像，因其頭部皆戴有王冠，並在冠前方都造有「法界塔印」。由此我們知道，婆羅浮屠內面第 3 層主牆上所造的各式「彌勒菩薩佛王」的造像，都不是普通的「彌勒菩薩像」，而是依據《入法界品》所載的「彌勒菩薩佛王信仰」製作的「彌勒菩薩佛王」（Buddharāja Bodhisattva Maitreya）造像。這些「彌勒菩薩佛王」的造像，都被造在「山帝王朝式」的支提內，說明這些「彌勒菩薩佛王」，都如《入法界品》或支提信仰所載，坐在支提內下生為轉輪王或「彌勒菩薩佛王」。支提信仰因為是一種非常側重「轉輪王信仰」及「轉輪王形象」的「佛教建國信仰」，因此婆羅浮屠的造像者，不僅在此造像址的內面第 3 層主牆上造了一牆的「彌勒菩薩佛王」的造像，同時也在同造像址的內面第 1 層主牆上造了許多轉輪王用「釋迦佛誕」的方式下生的造像，及許多其他的轉輪王像和彌勒佛王像。婆羅浮屠內面第 3 層主牆上所造的「彌勒菩薩佛王」造像，造有坐像（圖 32），也造有立像（圖 33）。這些「彌勒菩薩佛王」的造像，都造有一些共同的造像特徵。譬如，每位「彌勒菩薩佛王」都坐在支提內下生，及每位「彌勒菩薩佛王」頭冠上都戴有一密教「彌勒菩薩」的「塔印」或「支提印」（圖 34）。就此「塔印」的造像方法，被記載於 8 世紀 初 期 來 華 的 密 教 胎 藏 派 僧 人 善 無 畏

圖 32　婆羅浮屠內面第 3 層主牆頭戴塔印的彌勒菩薩佛王坐支提下生像

圖 33　婆羅浮屠內面第 3 層主牆頭戴塔印的彌勒菩薩佛王坐支提下生立像

（Śubhakarasimha，716 來華）翻譯的《慈氏菩薩略修愈哦念頌法》（《念誦法》）來判斷，「彌勒菩薩佛王」的造像可能自西元 7、8 世紀之後即有頭戴「塔印」或「支提印」的造像特徵。[318]

圖 34　婆羅浮屠內面第 3 層主牆頭戴塔印右手作彌勒菩薩瑜伽一曼陀羅手印的彌勒菩薩佛王坐支提下生像

（a）彌勒菩薩佛王頭戴的「塔印」或「支提印」

　　西元 8 世紀初期來華的密教胎藏派僧人善無畏，在其翻譯的《念頌法》提到彌勒菩薩所戴「塔印」的製作方法。《念頌法》是在談論「印沙塔印」的製作方法之處如此提到「彌勒菩薩塔印」的製作方法：

> 作此印沙佛像塔像，必得大悉地，勿令斷絕。其印塔做法，一如西方塔形，中置法身佛像。[319]

　　唐代善無畏翻譯的《念頌法》是一部密教化的支提信仰經典。此處所言的「西方塔形」，即指印度德干高原（the Deccan Plateau）西部，如納西克（Nāsik）、卡里（Kārli），甚至阿旃陀石窟（Ajantā caves）石窟等地所造的「關閉式」及「開放式」的支提造像形狀。[320] 我們在前章說過，印度「佛塔」（stūpa）與「支提」（caitya）都具有「塔形」的建築形制或結構，但「塔」或「佛塔」只作收藏舍利（relics）之用，而「支提」則因是彌勒佛坐以下生的工具，因此支提內常造有佛像或彌勒佛像。[321] 龍樹時代所造的「關閉式支提」，以娑多婆訶王在收復德干高原西部的納西克及卡里之後，在納西克及卡里所造的「關閉式支提」最為有名。[322] 有名的阿旃陀石窟第 26 窟所造的支提，並不是一座

318　（唐）善無畏譯：《慈氏菩薩略修愈哦念頌法》下卷，《大正》卷 20，頁 599 中；並見下詳述。

319　（唐）善無畏譯，《慈氏菩薩略修愈哦念頌法》下卷，《大正》卷 20，頁 599 中。

320　開放式及關閉式支提的建造法，見本書第四章，〈佛教支提信仰的奠立者──龍樹菩薩〉。

321　見本書第四章，〈佛教支提信仰的奠立者──龍樹菩薩〉。

322　見本書第四章，〈佛教支提信仰的奠立者──龍樹菩薩〉及本書第五章，〈龍樹與阿瑪拉瓦底大支提的建築及造像〉。

「關閉式支提」，而是一座在支提內造有一尊「倚坐彌勒佛王」下生像的「開放式支提」。[323] 這些在印度西部所見的支提，其建築形狀都非常相像，都造有圓桶形的塔身、塔頂都造有一座四方形的小平台及剎柱等如塔頂的建築結構，只是支提的建築形式有「關閉式」及「開放式」之別。《念頌法》所言的「西方塔形」造有「法身佛像」的意思是，指類似阿旃陀第 26 窟此類支提內部造有彌勒佛下生像的「開放式支提」的建築形制。[324]

「開放式支提」因在支提內部造有「彌勒佛像」的造像特徵，因此此處所言的「法身佛像」，即指支提內部所造的「彌勒佛像」。因為龍樹認為，彌勒佛是用其「法身」（dharmakāya）坐支提下生為轉輪王，故龍樹不但在其《寶行王正論》說：「大王佛法身」，而且也在其撰造的《證明經》說，彌勒佛自兜率天坐支提下生。[325] 這就是《念頌法》所言的，在「西方塔形」內造有「法身佛像」的原因。《念頌法》在此處所提到的「塔」或「塔印」，實指「支提」或「支提印」。

《念頌法》在說明「印沙塔印」的場合不僅提到「開放式支提」的造像法，同時也在說明彌勒菩薩造像法之際，提到「關閉式塔印」（支提）的造像法。所謂「關閉式塔印」，則指此類支提不見造有「法身佛像」者。換言之，此類支提只見塔形的支提建築結構，而其建築結構，即如納西克及卡里的支提造像法一樣，沒有在塔身內造有佛像。龍樹所建造的阿瑪拉瓦底大支提的造像，也造有「關閉式」及「開放式」兩種支提造像，[326]《念頌法》在經中談論「塔印」（支提）時，也提到兩種「支提」的造像法。這說明，《念頌法》是一部密教化的支提信仰經典。因為此經所談論的「塔印」，無論是「開放式」或「關閉式」，都顯見的衍生自龍樹奠立的支提建造法。《念頌法》在經中提到幾種不同的彌勒菩薩造像法。譬如，《念頌法》如此談論彌勒菩薩修「愈哦

---

323 見本章第八章，〈新疆克孜爾石窟的支提信仰造像特色及其影響〉，圖版 18，阿旃陀第 26 窟的支提造像。

324 見本書第八章，〈新疆克孜爾石窟的支提信仰造像特色及其影響〉。

325 見本書第四章，〈佛教支提信仰的奠立者──龍樹菩薩〉。

326 見本書第五章，〈龍樹與阿瑪拉瓦底大支提的建築及造像〉，圖版 18。

（瑜伽）漫拏欏（曼陀羅）」的造像法：

> 大圓明內更觀九圓明八金剛界道。其中圓明慈氏菩薩白肉色，頭戴五智如來
> 冠，左手執紅蓮花，於蓮花上畫法界塔印，右手大拇指押火輪甲上，餘指散舒
> 微屈風幢，種種寶光，於寶蓮花上半跏而坐，種種瓔珞天衣白帶環釧莊
> 嚴……。[327]

此處所言的「法界塔印」，由於沒有造「法身佛像」，因此是指「關閉式
支提」或「關閉式塔印」。《念頌法》在上面這段文字所提到的「法界塔印」，
是造在彌勒（慈氏）菩薩左手所持的紅蓮花上。此「法界塔印」，即指紅蓮花
上所造的「塔形支提」的造像。婆羅浮屠內面第 3 層主牆上所造的「彌勒菩
薩佛王」所戴的「法界塔印」，都一律被戴在「彌勒菩薩佛王」頭冠的前方（見
圖32、圖33 及圖34）或冠上。

「彌勒菩薩佛王」造頭戴「法界塔印」的傳統，顯然不是源自善無畏翻譯
的《念頌法》造像傳統。我們注意到，與善無畏差不多同時來華的金剛頂派
僧人不空金剛，也譯有一部談論彌勒菩薩頭戴「塔印」的密教經典《八大菩
薩曼陀羅》。《八大菩薩曼陀羅》如此記載「彌勒菩薩」的造像法：

> 想慈氏菩薩，金色身，左手執軍持（金剛杵），右手施無畏印，冠中有窣堵波
> （塔印），半跏坐。[328]

《八大菩薩曼陀羅》所載的「彌勒菩薩」造像，也是一尊「彌勒菩薩佛王」
的造像。因為此尊「彌勒菩薩」的坐相，在此經中被記為「半跏坐」的坐相。
所謂「半跏坐」，即指其腳作轉輪王一腳下垂的「垂一坐相」或「半跏坐
相」。[329]《八大菩薩曼陀羅》所載的「彌勒菩薩佛王造像」，因載有「冠中有
窣堵波（塔印）」的造像經文，因此婆羅浮屠的「彌勒菩薩佛王」在冠中造有
「塔印」或「支提印」的造像法，乃受金剛頂派所造的《八大菩薩曼陀羅》的
造像法影響的造像。

---

327 （唐）善無畏譯，《慈氏菩薩略修愈哦念頌法》上卷，《大正》卷 20，頁 591 上。

328 （唐）不空奉詔譯，《八大菩薩曼陀羅》，《大正》卷 20，頁 675 中。

329 見本書第三章，〈貴霜佛教建國信仰的發展者迦尼色迦第一及胡為色迦王〉。

婆羅浮屠的造像者，很顯然的依據金剛頂派製作的《八大菩薩曼陀羅》製作婆羅浮屠的頭戴「塔印」或「支提印」的「彌勒菩薩佛王」坐支提下生的造像。婆羅浮屠內面第 3 層主牆上的「彌勒菩薩佛王」造像所戴的「法界塔印」或「支提印」，因此是我們辨認「彌勒菩薩佛王」造像的重要標準。

　　9 世紀初葉建成的婆羅浮屠造像址，依據《八大菩薩曼陀羅》製作的頭戴「塔印」的「彌勒菩薩佛王」造像法，並不是始自中爪哇的婆羅浮屠遺址。我們注意到，西元 7、8 世紀之間，在古代的南海諸國（今日東南亞國家）所造的單尊「彌勒菩薩佛王」造像，已經有依據《八大菩薩曼陀羅》製作「彌勒菩薩佛王像」的情形。譬如，今日柬埔寨金邊藝術博物館（the Phnom Penh Museum of Fine Arts）收藏的 7 至 11 世紀古代柬埔寨製作的「彌勒菩薩佛王」造像，便見其頭冠上都造有「塔印」或「支提印」。這說明古代的柬埔寨，早在 7、8 世紀之間，已經有依據金剛頂的《八大菩薩曼陀羅》製作其「彌勒菩薩佛王」的造像。麥德琳・季陶（Medeleine Giteai）及丹尼爾・谷瑞（Danielle Gueret）在其等合著的《高棉藝術——吳哥文明》中收錄有金邊藝術博物館收藏的一尊四臂銅雕「彌勒菩薩佛王」立像及一尊八臂銅雕「彌勒菩薩佛王」立像。依據麥德琳・季陶及丹尼爾・谷瑞的說法，此四臂銅雕「彌勒菩薩佛王」立像乃由暹羅（Siam）購入，不知出處，可能是一尊吳哥王朝之前製作的「彌勒菩薩」立像。[330] 從此二尊「彌勒菩薩佛王」立像頭冠都戴有「塔印」或「支提印」的情形來判斷，這些像非常可能都是古代暹羅或柬埔寨在發展密教化支提信仰或《入法界品》的佛王信仰之際所造的「彌勒菩薩佛王」造像。這些古代柬埔寨的銅雕彌勒菩薩佛王立像，都梳高髻、頭戴塔印，上身裸露，腰間圍著短裙或沙龍。除了柬埔寨外，泰國、緬甸等東南亞國家，也出土有類似頭冠戴「塔印」或「支提印」的「彌勒菩薩佛王」造像。南達那・楚提旺（Nandana Chutiwongs）及丹尼士・帕翠・萊娣（Denise Patry Leidy）在兩人合著的《未來佛——泰國早期的彌勒》（*the Buddhas of the Future—An Early Maitreya From*

---

330 Medeleine Giteau and Danielle Gueret, *Khmer Art—The Civilization of Angkor*. France ASA Edition / Somogy Editions d' Art, 1997. Pl. 100 and Pl. 101.

Thailand）中提到，1964 年，泰國東北部布利然省（Buriram）的帕拉空・猜（Prakhon Chai）出土一批精美的銅雕「彌勒菩薩」立像。此批出土的「彌勒菩薩」銅像，與亞洲社會博物館（Asian Society Galleries）收藏的類似造像，就風格而言，非常相像。[331] 但葉瑪・本可（Emma C. Bunker）認為，學者以為在「帕拉空・猜」出土的銅雕佛像，事實上並不是在「帕拉空・猜」出土，而是在「帕拉沙・興・考・帕萊・跋」第 2 遺址（Prasat Hin Khao Plai Bat II）出土的造像。[332] 在此遺址出土的造像有「觀音菩薩像」及「彌勒菩薩像」。這些像都梳高髻，觀音菩薩像的高髻上都造有化佛像，而彌勒菩薩的高髻上則造有「塔印」或「支提印」。這些菩薩像都著短裙或沙龍，基本上都被造成四臂，身上沒有任何飾物。[333] 泰國學者南達那因此認為，泰國其他地方也出土有類似的彌勒菩薩造像。[334] 古代東南亞國家製作如此多戴「塔印」或「支提印」的「彌勒佛王造像」，說明古代的東南亞國家在中爪哇施行《入法界品》佛王信仰建國之前後，有許多國家都有施行用《入法界品》佛王信仰建國的活動。

　　婆羅浮屠內面第 3 層主牆上所造的「彌勒菩薩佛王」下生造像，除了用「塔印」或「支提印」作為我們辨認「彌勒菩薩佛王」的造像外，也常用「彌勒菩薩佛王」坐支提下生的造像，作為我們辨識此類「彌勒菩薩佛王」造像依據。我們在前章及上面都已經說過，《證明經》載有彌勒佛用坐「支提」的方式下生世間。由於龍樹創立的支提信仰奠立於《彌勒下生經》所載的彌勒佛下生信仰，[335] 支提信仰的彌勒下生信仰因此常用《彌勒下生經》所載的彌勒佛下生信仰說明其彌勒佛下生為轉輪王的信仰。[336] 在早期犍陀羅製作的《彌

331 Nandana Chutiwongs and Denise Patry Leidy, *Buddha of the Future—An Early Maitreya From Thailand*, p. 14 and cover pages, 1, 4, 5, 8-9, and p. 26.

332 Emma C Bunker, "The Prakhon Chai Story-Facts and Fiction," *Arts of Asia*, Vol. 32, No. 2 （March 2002）.

333 Emma C Bunker, "The Prakhon Chai Story-Facts and Fiction," *Arts of Asia*, Vol. 32, No. 2 （March 2002）, pp. 106-125.

334 Nandana Chutiwongs and Denise Patry Leidy, *Buddha of the Future*, pp. 34-35.

335 見本書第四章，〈佛教支提信仰的奠立者——龍樹菩薩〉。

336 見本書第四章，〈佛教支提信仰的奠立者——龍樹菩薩〉。

勒下生經》及《彌勒上生經》裡，彌勒佛因與彌勒菩薩被認為是「同身神祇」的關係，因此早期支提信仰所造的「彌勒佛像」到了《入法界品》出經的時代，《入法界品》所載的「彌勒菩薩佛王」形象便取代了早期支提信仰的「彌勒佛王」形象。這就是婆羅浮屠的「彌勒佛王形象」，基本上都以「彌勒菩薩佛王」的面貌出現於婆羅浮屠造像址的原因。又因《入法界品》所載的「彌勒菩薩佛王」信仰被密教化的緣故，婆羅浮屠所造的「彌勒菩薩佛王」下生的造像，便出現其頭冠或髮髻上佩戴有「塔印」或「支提印」的造像現象。婆羅浮屠的「彌勒菩薩佛王」頭部所佩戴的「塔印」或「支提印」，因此一來有說明，其是支提信仰的下生「彌勒菩薩佛王」身分；二來也有說明，其「彌勒菩薩佛王」的信仰已經是「密教化」的「彌勒菩薩佛王」信仰。

（b）彌勒菩薩的瑜伽—曼陀羅手印

婆羅浮屠內面第 3 層主牆上的「彌勒菩薩佛王」下生造像，除了在頭冠上戴有「塔印」或「支提印」，及坐在「支提」內下生的造像特徵外；「彌勒菩薩佛王」右手所作的「手印」（mudrā），也是此層「彌勒菩薩佛王」造像的一個重要造像特徵。善無畏翻譯的《念頌法》載有：（彌勒菩薩）「右手大拇指押火輪甲上（食指甲），餘指散舒微屈風幢」的手印。婆羅浮屠的造像者，顯然的認為，此類手印最能表達「彌勒菩薩佛王」的造像。此種「右手大拇指押火輪甲上，餘指散舒微屈風幢」的手印，即是「右手大拇指押食指甲，餘指微屈豎起」的手印。此類手印也是《念頌法》所言的，「彌勒菩薩瑜伽—曼陀羅手印」（Bodhisattva Yoga-Mandala mudrā）。自《念頌法》在 7、8 世紀之間出經之後，此類「手印」便成為亞洲各地製作其「彌勒佛王像」的「手印」，甚至是其他密教化的支提信仰神祇的重要「手印」。換言之，在 7、8 世紀之後，亞洲各地的造像者，都顯見的使用此類「手印」製作其「彌勒佛王像」及其他支提信仰的神祇「手印」。譬如，在婆羅浮屠造此「手印」之前，我們在古代暹羅（Siam）建國的墮和羅王朝（the Dvāravatī，6-11 世紀）製作的「彌勒佛王」造像，[337] 便已見該王朝常用此「手印」說明「彌勒佛王像」的身分。

---

337 在古代暹羅（Siam）建國的墮和羅王朝（Dvāravatī，統治，6-11 世紀）在發展支之際所造的

有些亞洲支提信仰造像址，甚至也用此「手印」造「彌勒佛王像」身側的「普賢菩薩像」及「觀世音菩薩像」的「手印」。譬如，離婆羅浮屠遺址約十公里遠的「蒙杜遺址」（Candi Mendut），在其大支提內所造的「彌勒一組三尊像」的造像，即彌勒佛王像造在中間，彌勒佛王像兩側所造的觀音菩薩及金剛手菩薩（普賢菩薩）的造像，都顯見的作「彌勒瑜伽—曼陀羅手印」。[338] 研究東南亞佛教藝術及建築的學者，由於不知道此「手印」的出處及含義，因此直至今日，印尼學者還常稱此類手印為「解脫手印」（vitaka mudrā, or the gesture of deliberation），[339] 而泰國學者則稱其為「教學或說法印」（the teaching mudrā）。譬如，泰國佛教藝術史學者毗利亞・克賴瑞斯（Piriya Krairiksh），不僅稱右手或單手作「彌勒瑜伽—曼陀羅手印」的佛像為「過去佛像」[340] 或「釋迦佛像」等，同時也稱這些佛像所作的此類「手印」為「教學或說法印」。[341] 毗利亞・克賴瑞斯甚至也稱 8 世紀在難他布里（Nonthaburi）崇塔寺（Wat Cheong Tha）出土，雙手作此「彌勒瑜伽—曼陀羅手印」的佛像為「阿彌陀佛像」（Buddha Amitabha），並稱此「阿彌陀佛像」所作的「彌勒瑜伽—曼陀羅手印」有說明阿彌陀佛在「淨土世界」（Sukhavati）說法的意思。[342] 由於東、西方學者對「彌勒佛王」造像所作的「彌勒瑜伽—曼陀羅手印」的造像性質及造像背景完全不清楚的緣故，因此對此「手印」作有各種不同的解釋。佛教造像，甚至佛教「手印」的造像法，自貴霜王朝或西元 2 世紀中期之後，便都有依據經文製作其佛教造像及「手印」的傳統，[343] 因此如果我們不依據經典判定佛教造

「彌勒佛王」造像的手印。見古正美，〈古代暹羅墮和羅王國的大乘佛教建國信仰〉，《饒宗頤國學院院刊》，第三期（2016），頁 271-273。

338 Candi Mendut 的「彌勒一組三尊像」常被視為佛陀、觀音菩薩及金剛手菩薩的造像。見 Jan Fontein ed., *The Sculpture of Indonesia*. p, 74.

339 Soekmono and others, *Borobudur-Prayer in Stone*. Singapore: Archipelago Press, 1990, p. 30,

340 Piriya Krairiksh, *The Roots of Thai Art*, translated by Narisa Chakrabongse. Bangkok: River Books, 2012, p. 65, Pl. 1.40.

341 Piriya Krairiksh, *The Roots of Thai Art*, translated by Narisa Chakrabongse, p. 69, Pl. 1.45.

342 Piriya Krairiksh, *The Roots of Thai Art*, translated by Narisa Chakrabongse, pp. 90-91, Pl. 1.83, Pl. 1.84, and Pl. 1.85.

343 見本書第三章，〈貴霜佛教建國信仰的發展者迦尼色迦第一及胡為色迦王〉。

像或說明佛教造像的「手印」，我們自然不會了解佛教造像，更不了解佛教「手印」的造像性質及造像作用。

由婆羅浮屠使用《念頌法》製作「彌勒菩薩佛王」下生像所戴的「塔印」或「支提印」，及所作的「彌勒瑜伽—曼陀羅手印」的情形來判斷，婆羅浮屠在製作其「彌勒菩薩佛王」造像之際，很明顯的深受當時流行的密教胎藏派撰造的《念頌法》經文、金剛頂派撰造的《八大菩薩曼陀羅》經文，及古代東南亞國家使用此「手印」及「塔印」的影響。

婆羅浮屠內面第 3 層主牆製作的「彌勒菩薩佛王」坐支提下生的造像，沒一鋪「彌勒菩薩佛王」的造像是重複製作的造像。換言之，每一鋪「彌勒菩薩佛王」的造像都不相同。我們在本書第三章談論唐代不空金剛翻譯的《金剛頂一字頂輪王瑜伽一切時處念誦成佛儀軌》所載的「三種轉輪王坐相」之際，提到我們在婆羅浮屠見到的一種「轉輪王坐相」的名字叫做「獨膝豎相」。[344] 所謂「獨膝豎相」的造像，即是本文圖 33 所顯示的，婆羅浮屠製作的一種「彌勒菩薩佛王」的立像。因為此鋪「彌勒菩薩佛王」立像的頭部髮髻不但見造有婆羅浮屠「彌勒菩薩佛王」所佩戴的「塔印」或「支提印」，而且此「彌勒菩薩佛王像」也如同層的「彌勒菩薩佛王像」一樣，被造在支提內，說明其是坐支提下生的佛王。約翰・密細在談論此鋪造像時認為，此像是彌勒菩薩在其前生修行一種「未來菩薩的艱難身體瑜伽行」（the difficult physical yoga of a future Bodhisattva）的造像。[345] 由於學者一般都認為，婆羅浮屠內面第 3 層主牆的造像都是造「彌勒菩薩」像，因此約翰・密細也認為，此像只是一尊「彌勒菩薩」像而已。事實上此像是一尊「彌勒菩薩」呈轉輪王「獨膝豎相」的「彌勒菩薩佛王造像」。換言之，此像是一尊婆羅浮屠製作的「彌勒菩薩佛王」的立像。由於學者在過去都沒有從《入法界品》的「彌勒菩薩佛王」信仰及造像的角度去了解婆羅浮屠此層的造像性質及造像內容，因

---

344 見本書第三章，〈貴霜佛教建國信仰的發展者迦尼色迦第一及胡為色迦王〉，見圖 17；並見（唐）不空金剛譯，《金剛頂一字頂輪王瑜伽一切時處念誦成佛儀軌》，《大正》卷 19，頁 326。

345 見本書第三章，〈貴霜佛教建國信仰的發展者迦尼色迦第一及胡為色迦王〉；並見 *John Miksic, Borobudur, Golden Tales of the Buddhas*, Relief 136, Panel 111.47.

此都不知道，婆羅浮屠地面第 3 層內面主牆所造的「彌勒菩薩像」都不是普通的「彌勒菩薩像」，而是表達支提信仰的「彌勒菩薩佛王」坐支提下生的造像。

婆羅浮屠用以說明《入法界品》「彌勒菩薩佛王」信仰及造像的造像法，並不見於後來南宋（統治，1127-1270）高宗趙構（統治，1127-1162）於四川大足北山「轉輪經藏窟」所造的《入法界品》佛王信仰造像，[346] 也不見於雲南後理國時期或 12 世紀後半葉段智興命其畫工張勝溫所繪的〈張勝溫梵畫卷〉。[347] 這說明，5、6世紀之後，亞洲各地所發展的《入法界品》的佛王信仰內容及造像，特別是造像法，因使用不同的經典製作《入法界品》的佛王信仰內容及佛王造像，因此各地所造的《入法界品》佛王信仰造像都不相同。婆羅浮屠所推崇的《入法界品》佛王信仰，明顯的是《入法界品》所載的「彌勒菩薩佛王」信仰。這就是此遺址在其內面第 3 層主牆製作整牆的「彌勒菩薩佛王」下生像的原因。

E. 婆羅浮屠內面第 4 層主牆上的支提信仰神祇造像

西方學者認為，婆羅浮屠內面第 4 層主牆整牆的造像，是婆羅浮屠最高層的造像牆面，也是婆羅浮屠造普賢菩薩像的造像牆面。[348] 西方學者這種說法不是沒有原因。婆羅浮屠內面第 4 層主牆上的造像，因是婆羅浮屠造護持山帝王朝國家、帝王及其人民的支提信仰神祇造像的地方，又因普賢菩薩從早期支提信仰的發展到《入法界品》的發展時間，都被視為支提信仰最重要的護持菩薩，因此婆羅浮屠內面第 4 層主牆上的造像，除了造有許多與支提信仰有關聯的護持佛像及菩薩像外，也造有許多普賢菩薩的造像。因為《證明經》不但說，普賢菩薩是救濟眾生的「良藥」或「救世主」，而且也說，普賢菩薩是提倡「九佛信仰」及「七佛信仰」的主要菩薩，[349] 婆羅浮屠在此層

---

346 古正美，《〈張勝溫梵畫卷〉研究》。

347 古正美，《〈張勝溫梵畫卷〉研究》。

348 Luis O. Gomez and Hiram W. Woodward, Jr., eds., "Introduction," in *Barabuḍur: History and Significance of A Buddhist Monument.* Berkeley: University of California Press, 1981, p. 183.

349 《證明經》，《大正》卷 85，頁 1363 中；見本書第四章，〈佛教支提信仰的奠立者——龍樹菩薩〉。

造護持支提信仰的神祇造像之處，自然也會造普賢菩薩的造像。這就是為何婆羅浮屠的造像者在造「九佛信仰的神祇造像」（圖 35）及「七佛信仰的神祇造像」（圖 36）之際，在此二類造像的下方（造像下層），都見造有一尊一手握持「一支三朵花」的普賢菩薩的坐像，說明普賢菩薩是「九佛信仰」及「七佛信仰」的提倡者。婆羅浮屠內面第 4 層主牆所造的護持山帝王朝及其帝王和人民的神祇，除了造有七佛造像、九佛造像、十佛造像、五佛造像，及六佛造像等的神祇造像外，其所造的支提信仰神祇還有：「盧舍那佛／毘盧遮那佛像」、「彌勒一組三尊像」、「一組三尊彌勒佛像」、「彌陀一組三尊像」、「地藏菩薩像」及「虛空藏菩薩像」等的造像。

圖 35　婆羅浮屠內面第 4 層主牆普賢菩薩（下層）與其提倡的 9 佛（上層）造像

圖 36　婆羅浮屠內面第 4 層主牆普賢菩薩（下層）與其提倡的 7 佛（上層）造像

圖 37　婆羅浮屠內面第 4 層主牆彌勒一組三尊像

圖 38　婆羅浮屠內面第 4 層主牆一組三尊彌勒佛像

婆羅浮屠內面第 4 層主牆的造像，因此明顯的是山帝王朝表達其支提信仰的各種護持神祇及信仰的牆面。婆羅浮屠的造像者在此牆面造其護持神祇的方法，常見用重覆造像法製作一些相同的神祇造像，但這些造像被呈現或表達的方式都不同。最常見的重覆造像內容便有：依據犍陀羅製作的「彌勒一組三尊像」的造像法（圖37）及「一組三尊彌勒佛像」（圖38）的造像法而製作的表達「彌勒佛下生為王」的信仰造像。譬如，在此層用「一組三尊彌勒佛像」的造像法製作的造像，便有用三尊彌勒佛像呈三角點的造像方式呈現者，也有用三尊彌勒佛像呈並列的方式呈現者。同樣的，用「彌勒一組三尊像」的造像法製作的造像，也用各種不同的「一組三尊」的安排方式呈現造像要表達的支提信仰內容。婆羅浮屠所造的「彌勒佛像」的造像法，也顯見的受到克孜爾石窟造「彌勒降魔像」的造像法的影響，將「彌勒佛像」造成一手作「觸地印」或「降魔印」的「克孜爾式」（the Kizil style）的「彌勒降魔像」（見圖37及圖38等）。由此可見，西元 8、9 世紀之間中爪哇婆羅浮屠的支提信仰造像，與其他亞洲地方（如印度帕拉王朝等地）的支提信仰造像一樣，都深受犍陀羅及克孜爾石窟造像法及造像內容的影響。[350] 婆羅浮屠所造的一些神祇造像，是筆者從未見過，甚至無法辨認的造像。由此可見，婆羅浮屠在發展支提信仰的時代，其所接觸及使用的支提信仰造像法及造像內容非常廣泛，也非常不同。

第四節　結論

《入法界品》所載的「佛王信仰」，自 5、6 世紀之後，便在亞洲各地被亞洲帝王使用作為其等的「佛教建國信仰」。我們從于闐發展《大集經》的「月藏菩薩」或「月光童子」的信仰及造像，及中國 6、7 世紀之間北齊、北周及隋代受于闐「月光童子」信仰及造像影響的情形來判斷，中國早期所發展的

---

350 有關克孜爾石窟造像對印度等地支提信仰造像的影響，見本書第八章，〈新疆克孜爾石窟的支提信仰造像特色及其影響〉。

《大集經》佛王信仰內容及造像法，與中國後來依據《入法界品》發展的佛王信仰內容及造像法雖有關聯，但還是有顯著的差異；特別是于闐所造的「月光童子」的造像，即「盧舍那法界人中像」，並不見載於《入法界品》，甚至《華嚴經》的經文及造像；其顯然是古代的于闐，在受《入法界品》的佛王信仰影響下，所創造並發展的于闐撰造的《大集經》所載的「盧舍那／毘盧遮那佛王信仰」的造像法。中國自北齊之後到隋代都見有發展于闐撰造的《大集經》所載的「盧舍那／毘盧遮那佛王信仰」及其造像的情形。但中國這種發展《大集經》所載的「盧舍那／毘盧遮那佛王信仰」及造像的現象，不知是甚麼原因到了初唐的時代便嘎然停止。

　　中國初唐時代高宗所發展的《入法界品》佛王信仰方法，明顯的是依據《入法界品》所載的「盧舍那佛王信仰」的經文所發展的佛王信仰內容及造像法。這就是為何唐高宗在發展《入法界品》所載的「佛王信仰」之際，其在龍門有同時建造「奉先寺」的「盧舍那佛王像」及「惠簡洞」的「彌勒佛王像」的原因。唐高宗發展《入法界品》所載的「佛王信仰」的方法，基本上與 12 世紀中國南宋高宗在四川大足北山「轉輪經藏窟」所發展的《入法界品》的「佛王信仰」方法一樣，都依據《入法界品》的經文發展其《入法界品》的「佛王信仰」內容及造像。中國南宋高宗在其四川大足北山所造的「轉輪經藏窟」的《入法界品》佛王信仰造像，有用結合早期支提信仰依據《證明經》製作的「彌勒一組三尊像」的造像內容，與依據《入法界品》製作的「毘盧遮那佛王一組三尊」的造像內容，呈現其時代所信仰的《入法界品》的佛王信仰內容的情形。但南宋高宗在「轉輪經藏窟」所造的主尊造像，並沒有同時呈現「彌勒佛王像」及「盧舍那佛王／毘盧遮那佛王像」。因為他在結合早期支提信仰的「彌勒一組三尊像」與《入法界品》的「盧舍那佛王／毘盧遮那佛王一組三尊」的造像內容之際，他也用《入法界品》所載的「彌勒佛王」與「盧舍那佛王／毘盧遮那佛王」為「同身神祇」的信仰，將「盧舍那佛王／毘盧遮那佛王像」取代了「彌勒佛王像」；換言之，「轉輪經藏窟」所呈現的支提信仰造像，只造「盧舍那佛王／毘盧遮那佛王像」，沒有造「彌勒佛王像」。因此四川大足的「轉輪經藏窟」的《入法界品》佛王信仰造像，雖然有

結合早期支提信仰的「彌勒一組三尊像」及《入法界品》所載的「盧舍那佛王／毘盧遮那佛王一組三尊像」的情形，但此窟的主尊造像，只造「盧舍那佛王／毘盧遮那佛王像」及兩組造像的侍者菩薩及弟子的造像。[351] 南宋高宗這種造像方法，不見於早期唐高宗所發展的《入法界品》佛王信仰的造像，但卻見於後理國段智興時代所製作的〈張勝溫梵畫卷〉及其時代的雲南造像。[352] 12 世紀末雲南後理國段智興所發展的《入法界品》的「毘盧遮那佛王信仰」內容及造像法，因深受南宋高宗發展的《入法界品》的佛王信仰內容及造像法的影響，因此在其〈張勝溫梵畫卷〉上的「奉為皇帝驃信畫」的畫像，雖也有結合早期支提信仰的「彌勒一組三尊像」及《入法界品》的「盧舍那佛王／毘盧遮那佛王一組三尊像」的造像情形，但此鋪畫像的主尊造像所呈現的畫像，也只有造「盧舍那佛王／毘盧遮那佛王像」及其多位侍者菩薩、力士及弟子的造像。[353] 段智興在其〈張勝溫梵畫卷〉所製作的《入法界品》的佛王信仰造像，還是與南宋高宗所製作的同類造像有些區別；特別是，段智興非常側重使用貴霜王朝奠立並表達其「佛教建國信仰」的造像法，即「護法信仰」的造像法，[354] 製作並表達其「佛教建國信仰」的造像內容。[355] 段智興這種側重貴霜「護法信仰」的造像法及造像現象，則不見於南宋高宗在四川大足的造像。很顯然的，亞洲各個時代及各個地區的帝王在發展《入法界品》的佛王信仰之際，都有各自使用其獨特的信仰內容及造像方法發展支提信仰的現象。

西元 9 世紀初期建成的中爪哇婆羅浮屠造像址，就其造像的情形來判斷，此造像址乃是一處依據 2 世紀中期左右或稍後，龍樹在南印度案達羅建造的阿瑪拉瓦底大支提的建築及造像內容建造的一座大支提及造像地址。譬

---

351 見古正美，《〈張勝溫梵畫卷〉研究》，頁 56-81。

352 見古正美，《〈張勝溫梵畫卷〉研究》，頁 53-62。

353 見古正美，《〈張勝溫梵畫卷〉研究》，頁 76-81。

354 見本書第二章，〈大乘佛教建國信仰的奠立者——貴霜王丘就卻〉及第三章，〈貴霜佛教建國信仰的發展者迦尼色迦第一及胡為色迦王〉。

355 見古正美，《〈張勝溫梵畫卷〉研究》，頁 91 等處。

如，婆羅浮屠在內面第 1 層主牆上製作的「轉輪王像」、「彌勒佛王像」和「轉輪王用釋迦佛誕方式出生」的造像方法，及在內面第 3 層主牆製作的「彌勒菩薩佛王」坐「支提」下生的造像法，顯見的都受阿瑪拉瓦底大支提製作其轉輪王用「釋迦佛誕」的方式出世的造像法，及「彌勒佛坐支提下生像」的造像法的影響。[356] 這說明，婆羅浮屠所發展的《入法界品》的佛王信仰造像，也有用結合早期支提信仰的造像法及《入法界品》的造像法，表達其發展「佛教建國信仰」的情形。但婆羅浮屠的造像，也見深受當時在東南亞國家流行的支提信仰造像法，及當時密教金剛頂派和胎藏派信仰的造像法的影響。因此婆羅浮屠的造像情形，顯見的複雜，且具密教色彩。譬如，婆羅浮屠所造的「彌勒佛王」造像一手所作的「彌勒瑜伽－曼陀羅手印」，及「彌勒菩薩佛王」頭冠上所戴的「塔印」或「支提印」的造像，都是明顯的受當時在東南亞國家流行的密教化支提信仰經典影響的例子。婆羅浮屠製作的表達《入法界品》的佛王信仰的建築及造像，因此不全然只受印度早期阿瑪拉瓦底大支提的建築及造像的影響，也不全然受東南亞國家當時流行的密教化支提信仰經典及造像的影響。因為婆羅浮屠的造像，甚至也受當時印度帕拉王朝和中亞犍陀羅及克孜爾石窟所發展的支提信仰造像法及造像內容的影響。婆羅浮屠此「大支提」的建築及造像，因此可以說，有集亞洲歷史上重要的支提建造法、造像法及造像內容於一身的，一座亞洲歷史上未曾見過的，支提信仰造像總匯建築物。這應該就是婆羅浮屠有「世界七大奇蹟之一」稱號的原因。

　　婆羅浮屠發展的《入法界品》佛王信仰的建築及造像方法，雖然明顯的受龍樹在南印度奠立及發展的支提信仰建築及造像方法的影響，然婆羅浮屠所發展的《入法界品》佛王信仰的建築及造像方法，已經非常明顯的有被「山帝王朝化」或「爪哇化」的現象。因為就婆羅浮屠所造的浮雕支提的造像而言，我們完全看不出婆羅浮屠所造浮雕「開放式支提」及浮雕「關閉式支提」，與龍樹所建造的「塔形支提」的建築形制有何關聯。這也是筆者花費相當長的時間辨認山帝王朝製作的支提建造形制的原因。這種山帝王朝建造的

---

356 見本書第五章，〈龍樹與阿瑪拉瓦底大支提的建築及造像〉。

具「山帝王朝風格」或「爪哇風格」的「支提」及「大支提」，自然是婆羅浮屠製作其支提建築及造像的重要特色，也是婆羅浮屠成為世界重要文化遺產的原因。

最後我們要說的是，婆羅浮屠的建造性質並不是如目前學者所說的，是一座祭祀祖先的「山形建築物」；也不是一座學者所說的「塔」或「曼陀羅」；甚至不是一座簡單的「支提」；更不是約翰‧密細所說的，婆羅浮屠的複雜建築結構及造像內容不能用一種「基本理論」來解釋其建築及造像的性質及目的的建築物。婆羅浮屠的建造目的，事實上和龍樹所建造的阿瑪拉瓦底大支提的建造目的一樣，都是當時的亞洲帝王在發展其等的支提信仰為「佛教建國信仰」之際所建造的，一座具有「教化」性質及「教化」內容的「大支提」。婆羅浮屠因此可以用龍樹所奠立的「支提信仰」此「佛教建國信仰」的理論或信仰，解釋其建築的性質及造像的內容。因為我們只要看婆羅浮屠使用《入法界品》的經文造像的情形，就能證明此說。

第十章

中國北涼發展支提信仰的證據
——涼州瑞像與敦煌的白衣佛像

第一節　前言

敦煌早期開鑿的石窟，共有五座石窟的主尊造像被造成「白衣佛像」。[1] 其中以莫 254 窟西壁所造的「白衣佛像」（圖 1），畫工最為精細，且時代最早。莫 254 窟西壁此鋪「白衣佛像」，是一尊呈「結跏趺坐相」、穿通肩白色佛衣、梳髻，右手在胸前舉起作「無畏印」（abhaya mudrā），左手在左膝上作外翻手勢的造像。由於此鋪佛像穿白色佛衣，故敦煌研究所稱其為「白衣佛像」。

圖 1　敦煌莫 254 窟西壁白衣佛像

　　敦煌早期開鑿的石窟，常在石窟的西壁造有一鋪「白衣佛像」，作為石窟的主尊造像。這說明「白衣佛像」曾是早期敦煌石窟常造的重要造像。為何敦煌早期開鑿的石窟會有一再製作「白衣佛像」作為石窟主尊造像的造像現象？敦煌研究所沒有作甚麼解釋，只如此解釋「白衣佛像」為何穿白色佛衣：「白色是清淨慈悲之色，白者即是菩提之心」。[2] 如果「白色是清淨慈悲之色，白者即是菩提之心」，所有的敦煌佛像都應穿著白衣。敦煌石窟研究員王惠民對「白衣佛像」為何會頻繁地出現於敦煌石窟作有比較多的解釋。[3] 但王惠民在下面此段解釋「白衣佛像」為何會出現於佛教文獻及敦煌石窟的情形只說：「白衣佛像」的來源是印度、是彌勒像，並具名「南天竺國彌勒白佛瑞像」。至於「白衣佛像」為何會被稱為「瑞像」，王惠民依據文獻及石窟的榜題說，因「白衣佛像非出自正統佛經」，故稱其為「瑞像」。王惠民說：

　　白衣佛起源可追溯到印度。斯坦因所獲敦煌文獻 2113 號壁畫榜題底稿中記

1　見下詳述。

2　敦煌文物研究所編，《中國石窟・敦煌莫高窟》卷 1（北京：文物出版公司，1982），頁 209，莫 254 窟，西壁中央「白衣佛」。

3　見下詳述。

載：「南天竺國彌勒白佛瑞像記」。其像坐，白。五代第 72 窟西壁龕頂西坡北起第三幅瑞像圖榜題為：「南天竺國彌勒白佛瑞像記」。據上資料，可以確定敦煌畫中白衣佛的來源是印度，身分是彌勒佛，其名為「彌勒白佛瑞像」。確實，由於非出自正統佛經，稱其為瑞像，似較妥貼。[4]

斯坦因（A. Stein, 1862-1943）所獲文獻及莫高窟五代第 72 窟的榜題都視「白衣佛像」出自「南天竺國」，並都稱「白衣佛像」為「南天竺國彌勒白佛瑞像」。為何「白衣佛像」的出處會被視為「南天竺國」？這必與「白衣佛像」被視為與龍樹／龍猛於西元 2 世紀中期左右或後半葉在「南天竺」娑多婆訶王朝奠立及施行的「支提信仰」活動有關，[5]因為「支提信仰」不僅是龍樹在南印度奠立的最重要「佛教建國信仰」，同時此信仰也因提倡彌勒佛下生的信仰，而被稱為「彌勒佛下生為轉輪王的信仰」。[6]這大概就是「白衣佛像」的出處被認為出自「南天竺國」的「彌勒佛像」的原因。

王惠民也說：「白衣佛像」是彌勒佛的一種「瑞像」，而此「瑞像」的出現，與「末法時期的彌勒佛下生拯救困難」有關。[7]王惠民在其另一篇談論「白衣佛像」的〈白衣佛小考〉裡，由於認為「瑞像」非出自「正統佛經」，因此他用中國北魏（統治，386-534）之後的彌勒教匪有「服素衣、持白傘、白幡，率諸逆眾於雲台郊，抗拒王師」的行為，解釋「白衣佛像」所以穿「白衣」的原因。[8]王惠民雖持有此看法，然他終究認為，這種解釋有問題；於是他轉而認為，「白衣佛」之所以會穿「白衣」，與《佛說法滅盡經》所載的，「白衣袈裟是末法的象徵」更有關聯。[9]王惠民這些說法看似都有一些道理，但「白衣佛像」在敦煌石窟的出現，與《佛說法滅盡經》的記載，也沒有關聯，

4　王惠民，《彌勒經畫卷》，敦煌研究所主編，《中國石窟全集》6（香港：　商務印書館，2002），頁 19。

5　有關支提信仰，見本書第四章，〈佛教支提信仰的奠立者──龍樹菩薩〉。

6　見古正美，〈古代暹羅墮和羅王國的大乘佛教建國信仰〉，《饒宗頤國學院院刊》，第三期（2016），頁 250-252。

7　王惠民，《彌勒經畫卷》，頁 29，西魏莫 431 西壁，「西魏白衣佛」。

8　王惠民，〈白衣佛小考〉，《敦煌研究》，第四期（2001），頁 66-67。

9　王惠民，〈白衣佛小考〉，《敦煌研究》，第四期（2001），頁 68。

反而與北涼（統治，401/412-439/460）使用龍樹在「南天竺國」所奠立及施行的「佛教建國信仰」或「支提信仰」有密切的關係。

許多學者和王惠民一樣，都視「白衣佛像」與佛經所載的「末法信仰」有關聯，並認為彌勒佛下生的原因是要在「末法時期」救濟眾生。譬如，張善慶及沙武田在其等的論文中說：「劉薩訶與涼州瑞像相關圖像和文獻，都強烈地凸顯了一種末法思想。」[10] 但龍樹撰造及說明支提信仰的經典《佛說普賢菩薩說證明經》（此後，《證明經》）及《寶行王正論》（the Ratnāvalī），[11] 都沒有提到「支提信仰」或「彌勒佛下生為轉輪王的信仰」與「末法信仰」有關。西元 2 世紀前半葉在犍陀羅出經的《彌勒下生經》，也沒有提到彌勒佛的下生與「末法信仰」有關。[12] 筆者既認為，「白衣佛像」的製作，與龍樹在「南天竺」奠立的支提信仰有關，筆者在此章便要談論龍樹奠立的支提信仰為何與「白衣佛像」在歷史上的出現有關。「白衣佛像」在中國歷史上的出現，或在敦煌的出現，事實上與北涼的建國者沮渠蒙遜（367-433）在河西用大乘佛教信仰建國，並施行支提信仰為其「佛教建國信仰」的活動有密切的關聯。筆者在此章因此要談論北涼在河西發展「佛教建國信仰」的情形，及北涼在敦煌開鑿佛教石窟、建造「白衣佛像」的原因。「白衣佛像」在歷史上的出現，因也與北涼製作「涼州瑞像」的活動有密切的關聯，故筆者在此章也要談論北涼製作「涼州瑞像」與「白衣佛像」的背景及關聯性。許多學者都認為，「白衣佛像」的出現與中國的「末法信仰」有密切的關聯，故筆者在此文自然也要談論「白衣佛像」與中國「末法信仰」的關聯性。

有關中國「瑞像」的記載，最早見於《集神州三寶感通錄》第十四記載

---

10 張善慶及沙武田，〈劉薩訶與涼州瑞像信仰的末法觀〉，《敦煌研究》，第五期（2008），頁 12。

11 有關《普賢菩薩說證明經》及《寶行王正論》的出處，見《普賢菩薩說證明經》，《大正》卷 85，〈敦煌遺書〉；並見（陳）真諦譯，《寶行王正論》，《大正》卷 32，頁 493 中-505 上。有關龍樹奠立的支提信仰，見古正美，〈古代暹羅墮和羅王國的大乘佛教建國信仰〉，《饒宗頤國學院院刊》，第三期（2016），頁 249-255；並見本書第四章，〈佛教支提信仰的奠立者——龍樹菩薩〉。

12 見（西晉）竺法護譯，《佛說彌勒下生經》，《大正》卷 14，頁 421-423。有關此經在犍陀羅出經的事，見本書第三章，〈貴霜佛教建國信仰的發展者迦尼色迦第一及胡為色迦王〉。

的一段有關北魏沙門劉薩訶預言「涼州瑞像」將出現的文獻。《集神州三寶感通錄》第十四載：

> 元魏涼州山開出像者：太武太延元年，有離石沙門劉薩訶者，備在僧傳，歷游江表，禮鄮縣塔，至金陵開阿育王舍利，能事將訖西行。至涼州西一百七十里番禾郡界東北，望御谷山遙禮。人莫測其然也。訶曰：此山崖當有像出……經八十七載至正光元年（520），因大風雨雷震山巖，挺出石像高一丈八尺。形像端嚴唯無有首……至周元年，涼州城東七里澗七里，澗石忽出光照燭幽顯，觀者異之，乃像首也。奉安像身，宛然符合……周保定元年（561），立為瑞像寺……。[13]

《集神州三寶感通錄》第十四所載的這段有關劉薩訶預言「涼州瑞像」將出現的記載，也見記於其他佛教文獻，甚至被繪畫於敦煌 72 窟中央的壁面。[14] 就上面文獻提到劉薩訶「禮鄮縣塔，至金陵開阿育王舍利」之事，我們推測，所謂「涼州瑞像」，非常可能與阿育王提倡的「轉輪王信仰」，或法國學者戈岱司所言的，古代東南亞國家帝王所使用以建國的「佛教（帝王）建國信仰」（Buddhist conception of royalty），有密切的關聯。[15] 因為劉薩訶出家之後以釋慧達（345-436）之名所從事的活動，即是參訪中國各地的阿育王聖跡或阿育王塔像的活動。杜斗城在其〈劉薩訶與涼州番禾望御山「瑞像」〉一文中引梁代釋慧皎的話也說：「其（釋慧達）出家後往丹陽會稽吳郡覓阿育王塔像、晉寧康中至京師長干寺（古案：阿育王寺），感舍利出現等東西觀記，屢表徵驗」。[16] 劉薩訶當日預言「御谷山」將有「涼州瑞像」出現的地點，後果有像出。北周（統治，557-581）保定元年（561），將此「御谷山」的「涼州瑞像」

13　（唐）釋道宣，《集神州三寶感通錄》卷中，《大正》卷 52，頁 417 下。

14　饒宗頤，〈劉薩訶事跡與瑞像圖〉，收入敦煌研究院編，《1987年敦煌石窟研究國際討論會文集》（瀋陽：遼寧美術出版公司，1990），頁 336-349。

15　G. Coedes（戈岱司），*The Indianized States of Southeast Asia*, edited by Walter F. Vella, translated by Susan Brown Cowing. Kuala Lumpur: University of Malaya Press, 1968, pp. 15-16；並見本書第一章，〈緒論〉。

16　杜斗城，〈劉薩訶與涼州番禾望御山「瑞像」〉，敦煌研究院編，《段文傑敦煌研究五十年紀念文集》（北京：世界圖書出版公司，1996），頁 163。

立為「瑞像寺」的造像。「御谷山」的「瑞像寺」，在大業五年（609）隋煬帝（統治，605-618）西巡之際被改名為「感通寺」。[17] 後來此「感通寺」又在西夏時期（1032-1227）被改稱為「聖容寺」。研究西夏佛教的學者彭向前認為，「又在西夏人題記出現聖容寺字樣，於此我們認為聖容寺得名當始於西夏」。[18] 北周所造的「瑞像寺」、隋代改稱的「感通寺」，及西夏再改名的「聖容寺」，其地理位置即坐落在今日甘肅省永昌縣。

日本學者百橋明穗及田林啟在其等所撰的〈劉薩訶及び瑞像圖に關する諸問題について〉提到，日本白鶴美術館收藏有〈第二十二圖讚聖迹住法相此神州感通育王瑞像〉的〈畫圖讚文〉文題及殘文。[19] 日本白鶴美術館收藏的此〈畫圖讚文〉文題，稱「感通寺」的「瑞像」為「育王瑞像」。就此文獻所載的「育王瑞像」及殘文內容載有「育王像」的情形來判斷，此文獻所載的「育王瑞像」有指殘文內所載的「育王本像」及「育王所造像」的意思。[20] 此處所言的「育王」，有指印度大王「阿育王」的簡稱。阿育王在歷史上之所以有名，乃因其以佛教信仰建國，並以佛教「轉輪王」或「法王」的姿態統治印度的緣故。[21] 「阿育王」此名，在佛教文獻中，因此常被視為「轉輪王」此詞的「同義詞」（synonym）或「代名詞」。「育王瑞像」在此因此有指「轉輪王像」。從日本白鶴美術館收藏的此文獻內容來看，「涼州瑞像」在歷史上也有被稱為「育王瑞像」或「轉輪王像」的情形。既是如此，釋慧達（劉薩訶）當日來到「御谷山」的原因，也與其考察「阿育王聖蹟」或「轉輪王聖跡」的活動有密切的關聯。換言之，中國佛教文獻所載的「涼州瑞像」，非常可能有指北涼時代所造的轉輪王像的意思。

17　彭向前，〈關於西夏聖容寺研究的幾個問題〉，丁得天及杜斗城主編，《絲綢之路與永昌聖容寺國際學術研討會論文集》，頁355。

18　彭向前，〈關於西夏聖容寺研究的幾個問題〉，頁357。

19　百橋明穗及田林啟，〈劉薩訶及び瑞像圖に關する諸問題について〉，丁得天及杜斗城主編，《絲綢之路與永昌聖容寺國際學術研討會論文集》，頁83，圖1。

20　見百橋明穗及田林啟，〈劉薩訶及び瑞像圖に關する諸問題について〉，頁83，圖1。

21　譬如，（西晉）安法欽譯，《阿育王傳》，《大正》卷50，便提到阿育王被佛授記將來將作佛教轉輪王，並在天下立八萬四千塔寺的事。

所謂「轉輪王」，即指用宗教信仰建國的帝王。「佛教轉輪王」因此有指用佛教信仰建國的帝王。佛教「轉輪王」因常視自己為「世界大王」或「王中之王」，並因用大乘佛教信仰建國的緣故，故大乘佛教經典、文獻及實物常稱佛教「轉輪王」為「大王」或「法王」。[22] 佛教轉輪王用大乘佛教信仰建國的傳統，我們因此稱其為「佛教轉輪王建國信仰」，或簡稱其為「佛教建國信仰」。「佛教建國信仰」因用大乘佛教所奠立的大乘佛教信仰建國，故我們可以說，此「佛教建國信仰」是大乘佛教在歷史上所奠立的一種，亞洲帝王用大乘佛教信仰作為其治國或建國方法的佛教政治傳統。[23]

　　《集神州三寶感通錄》此記載雖沒有直接告訴我們，「涼州瑞像」是北涼製作的「瑞像」，但同《集神州三寶感通錄》第十五的標題因載有〈涼州石崖塑瑞像者——沮渠蒙遜〉，[24] 我們因此推知，「涼州瑞像」有指北涼建國者沮渠蒙遜（甚至其繼承者）於北涼發展「佛教建國信仰」之際所造的其等的「轉輪王像」。這些北涼製作的「瑞像」，因北涼都城或行政中心設置於古代河西的「涼州」（今甘肅武威），故被稱為「涼州瑞像」。

　　中國佛教文獻載有北涼蒙遜在其統治的河西地區及敦煌從事開鑿石窟及造像的活動。譬如，《集神州三寶感通錄》載：（北涼）「於州南百里連崖綿亘東西不測，就而斷窟，安設尊儀，或石或塑千變萬化」。[25] 從此記載說，北涼在其都城涼州南方有開窟及造像的活動，[26] 我們因此知道，蒙遜有在其統治的

22　古正美，〈古代暹羅墮和羅王國的大乘佛教建國信仰〉，《饒宗頤國學院院刊》，第三期（2016），頁 241-286；並見下詳述。

23　見本書第二章，〈大乘佛教建國信仰的奠立者——貴霜王丘就卻〉。

24　（唐）釋道宣，《集神州三寶感通錄》卷中，〈十五‧涼州石崖塑瑞像者——沮渠蒙遜〉，《大正》卷 52，頁 418 上。

25　（唐）釋道宣，《集神州三寶感通錄》卷中，〈十五‧涼州石崖塑瑞像者——沮渠蒙遜〉，頁 417-418。

26　宿白，〈涼州石窟遺址與「涼州模式」〉，《中國石窟寺研究》（北京：文物出版公司，1996），頁 42 載：四十年代初期，向達懷疑此「州南」的開窟遺址，乃指武威東南 45 公里的張義堡天梯山大佛寺遺址。後來經馮國瑞及史岩的勘查，確定該遺址即是蒙遜在「州南」所開的窟址。宿白認為，蒙遜所開的石窟已不存在。

河西涼州地區建造其轉輪王像或「涼州瑞像」的活動。因為此文獻所言的「尊儀」，應也有指「涼州瑞像」的意思。蒙遜除了在其統治的河西地區造有其轉輪王像或「涼州瑞像」外，在敦煌也有用開窟及造像的方法製作其轉輪王像的活動。《集神州三寶感通錄・北涼河西蒙遜》如此記載沮渠蒙遜在敦煌開窟、造像的情形：

> 今沙洲東南三十里三危山崖高二里，佛像二百八十，龕光相亙發云。[27]

就《集神州三寶感通錄》記載蒙遜在敦煌造有如此多「佛像」的情形來判斷，蒙遜在其領地發展佛教的活動，並不是普通的宗教信仰活動，而是其施行「佛教建國信仰」統治北涼的活動。亞洲的帝王在用大乘佛教信仰建國之際，除了在其領地有用文字或經典傳播或流通其「佛教建國信仰」的內容及方法外，也會用造像的方法說明其「佛教建國信仰」的內容及其轉輪王的形象。[28] 由於亞洲帝王在發展「佛教建國信仰」之際，都有用造像的方法，即用雕塑或繪畫的方法，表達其「佛教建國信仰」的內容及其轉輪王形象，亞洲帝王在施行佛教信仰建國之際，便都會用造像的方法表達自己的「佛教建國信仰」的內容及自己的轉輪王造像。這就是蒙遜及其繼承者，在發展「佛教建國信仰」之際，在其等統治的河西地區及敦煌，都有開鑿石窟及造像的活動的原因。

第二節　北涼發展的兩種佛教建國信仰內容及造像

沮渠蒙遜之所以能在其建國的河西使用「佛教建國信仰」統治北涼，與蒙遜獲得印度高僧曇無讖（Dharmaksema, 384-433）為其主持「佛教建國信仰」

---

27 （唐）釋道宣，《集神州三寶感通錄》卷中，《大正》卷 52，〈十六・北涼河西王蒙遜〉，頁 418 上。

28 見本書第三章，〈貴霜佛教建國信仰的發展者迦尼色迦第一及胡為色迦王〉。

的活動有極大的關聯。曇無讖不是一位普通的印度僧人，他在佛教歷史上除了有一代高僧的稱譽外，他也是一位對大乘佛教經典及「佛教建國信仰」具有深刻研究的大乘佛教專家。我們從他在北涼的譯經及敦煌的造像，便能看出其在北涼發展的「佛教建國信仰」有兩大系統：（1）一是貴霜王朝的建國者丘就卻於西元 1 世紀 60 年代後半葉在犍陀羅奠立的貴霜「佛教建國信仰」，[29]（2）二是龍樹／龍猛於 2 世紀中期左右或稍後，在南印度案達羅地方為娑多婆訶王朝所奠立及發展的「支提信仰」，或也稱為「彌勒佛下生為轉輪王的信仰」。[30] 曇無讖之所以要讓涼王沮渠蒙遜使用此二種大乘佛教在歷史上所創立的「佛教建國信仰」統治北涼，乃因他要用貴霜的「佛教建國信仰」，即「護法信仰」，[31] 作為蒙遜在北涼施行「佛教建國信仰」的基本方法。貴霜之後，我們注意到，亞洲許多帝王在施行「佛教建國信仰」之際，常用貴霜的「護法信仰」作為其等用大乘佛教信仰建國的基本信仰內容。譬如，12 世紀後半葉在雲南大理建國的「後理國」國王段智興，在用「佛教建國信仰」建國之際，便明顯的使用貴霜的「護法信仰」作為其用「佛教建國信仰」建國的基本方法。[32] 另一方面，曇無讖要讓蒙遜使用龍樹奠立的支提信仰建國的原因，與當時的支提信仰為亞洲的主流政治思想有極大的關聯。譬如，當時絲路上的龜茲國，在 4 世紀初期左右便開始使用龍樹奠立的支提信仰建國。[33] 龜茲國鄰近的于闐國，也在 4、5 世紀之後有長期發展支提信仰的活動，[34] 除此原因，龍樹所奠立的支提信仰最吸引亞洲帝王的地方是，此信仰特別強調「帝王崇拜」的信仰，即強調「轉輪王信仰」及崇拜「轉輪王形象」。龍樹在其撰造的《寶行王正論》中說，「大王佛法身」的意思即是，大王或「轉輪王身」，

29　見本書第二章，〈大乘佛教建國信仰的奠立者──貴霜王丘就卻〉。

30　見古正美，〈古代暹羅墮和羅王國的大乘佛教建國信仰〉，《饒宗頤國學院院刊》，第三期（2016），頁 249-255；並見本書第四章，〈佛教支提信仰的奠立者──龍樹菩薩〉。

31　見本書第二章，〈大乘佛教建國信仰的奠立者──貴霜王丘就卻〉。

32　古正美，《張勝溫梵畫卷研究：雲南後理國段智興時代的佛教畫像》（北京：民族出版公司，2018），頁 99 等處。

33　見本書第八章，〈新疆克孜爾石窟的支提信仰造像特色及其影響〉。

34　見本書第九章，〈《入法界品》的支提信仰性質及造像〉。

是彌勒佛的「法身」下生的身體（化身）。龍樹所提倡的支提信仰的「轉輪王身」，因具有「彌勒佛身」或彌勒佛的形象，[35] 龍樹的「轉輪王身」，因此也能被稱為「彌勒佛王身」。在造像上，「彌勒佛王身」因也能被造成「彌勒佛像」的緣故，用支提信仰建國的轉輪王因此能以「彌勒佛」的形象統治天下。[36] 對亞洲帝王而言，這自然是最具吸引力的地方。這應該就是北涼的沮渠蒙遜選擇使用支提信仰為其佛教轉輪王信仰及佛教轉輪王形象的原因。

一 北涼使用的貴霜佛教建國信仰內容及造像法

　　丘就卻所奠立的「佛教建國信仰」，基本上用貴霜所奠立的初期大乘佛教信仰，即「般若波羅蜜」行法，或也稱「大乘菩薩道行法」，作為其用大乘佛教信仰建國的基礎。「般若波羅蜜」行法，也稱為「六度」行法，包括：「供養」或「施捨」（dāna）行法、「守戒」（śila）行法、「忍辱」（ksanti）行法、「精進」（vīrya）行法、「禪定」（dhyāna）行法，及「智慧」（prajñā）行法。[37] 丘就卻大概考慮到他的國民不是人人都能恪守此六種菩薩道行法，因此在其施行用大乘菩薩道行法建國之際，其只側重比較容易施行的「施捨」及「守戒」行法作為其用大乘佛教信仰建國的基礎。

　　丘就卻事實上非常重視用「供養」或「施捨」的行法作為其用大乘佛教建國的方法。他認為，如果其人民都能行供養或施捨的行法其便能將貴霜王朝變成一個佛教國家。因此他將供養或施捨行法再度發展成兩種不同形式的行法：（1）法師說法或作「法施」的行法，及（2）帝王及人民所作的財物供養或「財施」的行法。「法施」行法，指法師說法、傳播佛法的活動；而「財施」行法，則指帝王及一般人民施捨各種物資或財物，如，飲食、衣服、臥

35　有關龍樹的「轉輪王身」的定義，見本書第四章，〈佛教支提信仰的奠立者——龍樹菩薩〉。

36　有關龍樹定義的轉輪王身是「彌勒佛王身」的說法，見本書第四章，〈佛教支提信仰的奠立者——龍樹菩薩〉；有關「彌勒佛王身」也能被造成彌勒佛像的事，見本書第八章，〈新疆克孜爾石窟的支提信仰造像特色及其影響〉。

37　見（後漢）月支國三藏支婁迦讖譯，《道行般若經》卷 2，《大正》卷 8，頁 434 中。

具、醫藥等給傳播佛法的法師的行法。丘就卻認為，此二種施捨的行法不但能支持僧團的生存，而且也能讓其國家的帝王及人民得以聽聞佛法。此二種施捨的行法因是相輔相成的行法，故用此供養或施捨的行法建國，丘就卻便能將僧團及國家結合起來，並在犍陀羅建立佛教國家。筆者因此稱丘就卻所側重的用供養或施捨行法建國的方法為「二施並作」的方法。[38] 丘就卻的曾孫貴霜王迦尼色迦第一在沿襲丘就卻的「佛教建國信仰」方法統治貴霜時，在其時代撰造的《大般涅槃經》，便如此解釋丘就卻的「二施並作」的建國方法：

> 護法者，所謂愛樂正法，常樂演說、讀誦、書寫、思惟其義，廣宣敷揚、令其流布。若見有人書寫、解說、讀誦、贊嘆、思惟其義者，為求資生而供養之；所謂衣服、飲食、臥具、醫藥。為護法故，不惜身命，是名護法。[39]

《大般涅槃經》所定義的「護法」概念，即是丘就卻所施行的「二施並作」的方法。《大般涅槃經》之所以稱此「二施並作」的方法為「護法信仰」或「護法行法」，乃因使用此「二施並作」的方法建國，不僅能護持佛法、傳播佛法，而且也能用此方法建立佛教國家。很顯然的，貴霜王在用大乘佛教信仰建國之際，都非常重視丘就卻奠立的「二施並作」的方法，或「護法信仰」，作為貴霜王朝使用大乘佛教信仰建國的基本方法或基本模式。丘就卻除了用「二施並作」的方法作為其用佛教信仰建國的模式外，其也用此「二施並作」的方法作為其時代製作「佛教建國信仰」的經典或造經模式。[40] 事實上，貴霜的「二施並作」或「護法模式」的發展，也見於貴霜製作的佛教造像。換言之，在迦尼色迦第一統治貴霜的時代，迦尼色迦第一不僅將此「二施並作」或「護法模式」作為其表達「佛教建國信仰」的造像模式，同時也用「一佛、一轉輪王」的造像模式表達「二施並作」或「護法模式」的信仰內容。[41] 貴霜王迦尼色迦第一開始使用「一佛、一轉輪王」的「護法信仰」模式作為其表

---

38 見本書第二章，〈大乘佛教建國信仰的奠立者──貴霜王丘就卻〉。

39 （北涼）曇無讖譯，《大般涅槃經》卷 14，《大正》卷 12，頁 549 中。

40 見本書第二章，〈佛教建國信仰的奠立者──貴霜王丘就卻〉。

41 見本書第三章，〈貴霜佛教建國信仰的發展者迦尼色迦第一及胡為色迦王〉。

達貴霜的「佛教建國信仰」的造像模式之後，迦尼色迦王第一的兒子胡為色迦王便常用貴霜的「一佛、一轉輪王」的「護法模式」造像法表達或說明貴霜的「佛教建國信仰」內容。[42] 譬如，今日保存的早期犍陀羅製作的佛教造像，如巴基斯坦拉后博物館收藏的石雕編號 1135 號及石雕編號 572 號的造像，便是貴霜王胡為色迦王時代依據其撰造的轉輪王造像經典《悲華經・大施品》製作的，具有表達「護法信仰」的佛教石雕造像。[43]《悲華經・大施品》因是一品用「一佛、一轉輪王」的「護法信仰」模式撰造的，說明轉輪王修行、成佛的經文，[44] 故胡為色迦王製作的編號 572 號及編號 1135 號的石雕造像，在完全依據《悲華經・大施品》的經文製作此二石雕上的造像情況下，也用「一佛、一轉輪王」的造像模式安排其石雕造像上的佛像及各種轉輪王造像。筆者因此稱呼拉后博物館收藏的此二石雕造像為「悲華經經雕造像」。[45]拉后博物館此二石雕造像，後來也成為亞洲各地製作其等表達貴霜佛教轉輪王像的造像法或造像模式。[46] 這就是為何曇無讖在北涼都用「一佛、一轉輪王」的造像模式或造像方法，說明其製作的表達貴霜「佛教建國信仰」或「護法信仰」的造像模式的原因。[47]

丘就卻也用「般若波羅蜜」第二行法，即「守戒」（śila）行法，作為其用大乘佛教信仰建國的方法。丘就卻之所以要施行「守戒」行法，乃因他在施行用「十善法／道」或「十戒」行法建國之際，如果他的人民都能恪守「十戒」行法，即「不殺生、強盜、婬逸、兩舌、嗜酒、惡口、妄言綺語，不嫉妒、嗔恚罵詈，不疑」的行法，[48] 他便能建立一個安定及守法的社會和國家。丘就卻奠立的「十善道」或「十戒」的建國方法，後來便成亞洲帝王使用大

---

42 見本書第三章，〈貴霜佛教建國信仰的發展者迦尼色迦第一及胡為色迦王〉。

43 見本書第三章，〈貴霜佛教建國信仰的發展者迦尼色迦第一及胡為色迦王〉。

44 見本書第三章，〈貴霜佛教建國信仰的發展者迦尼色迦第一及胡為色迦王〉。

45 見本書第三章，〈貴霜佛教建國信仰的發展者迦尼色迦第一及胡為色迦王〉。

46 見本書第三章，〈貴霜佛教建國信仰的發展者迦尼色迦第一及胡為色迦王〉。

47 見下詳述。

48 見本書第九章，〈《入法界品》的支提信仰性質及造像〉。

乘佛教信仰建國的基本方法，甚至也成為大乘佛教經典定義佛教轉輪王治世法的基本方法或傳統。[49]

　　曇無讖在涼州為沮渠蒙遜發展「佛教建國信仰」之際，為了要為北涼的涼王沮渠蒙遜製作其貴霜式（the Kushān style）的轉輪王造像，及發展貴霜王朝奠立的「佛教建國信仰」，其不僅翻譯了晚期貴霜製作用以說明「施捨」行法或「供養」行法、「護法信仰」及「十戒」行法的《優婆塞戒經》及《大般涅槃經》等經，也翻譯了貴霜製作的轉輪王造像經典《悲華經》（the *Karunāpundarika sūtra*）。[50]

　　《優婆塞戒經》，也簡稱為《菩薩戒經》或《戒經》。[51] 所謂《戒經》，有指此類經典既有說明「戒」的內容，也有說明「經」的內容。[52]《優婆塞戒經》是一部具有十卷長的《菩薩戒經》。此經自其第四卷之後，便載有貴霜發展「佛教建國信仰」的內容，即說明「六般若波羅蜜」行法及「十善道」或「十戒」行法的內容。[53]《優婆塞戒經》談論大乘佛教信仰的「供養」或「施捨」行法的場合非常多，譬如《優婆塞戒經》在一處說：

> 施有兩種，一者財施，二者法施。口口名下，法施名上。云何法施？若有比丘、比丘尼、優婆塞、優婆夷，能教他人具信戒施，多聞智慧，若以紙墨令人書寫，若自書寫如來正典，然後施人，令得讀誦，是名法施……[54]

《優婆塞戒經》在此處所言的施捨行法，就是貴霜提倡的「二施並作」的行法或「護法信仰」的行法。《優婆塞戒經》因此是一部貴霜在犍陀羅撰造的「佛教建國信仰」經典。曇無讖翻譯此經的目的，顯然是要用此經作為北涼使

49　見本書第二章，〈佛教建國信仰的奠立者——貴霜王丘就卻〉。

50　見（北涼）曇無讖譯，《悲華經》，《大正》卷 3，T157。

51　見（唐）釋智昇撰，《開元錄·曇無讖》，《大正》卷 55，〈曇無讖譯經錄〉，頁 520；並見（北涼）曇無讖譯，《優婆塞戒經》卷 3，《大正》卷 24。

52　見古正美，〈中國早期《菩薩戒經》的性質及內容〉，《南京大學學報》，第四期（2010），頁 1-15。

53　有關貴霜施行「十戒」行法的情形，見本書第二章，〈大乘佛教建國信仰的奠立者——貴霜王丘就卻〉。

54　（北涼）曇無讖譯，《優婆塞戒經》卷 4，《大正》卷 24，頁 1054 中及卷 5，頁 1059 中。

用貴霜「佛教建國信仰」建國的經典依據或手冊。[55]

《優婆塞戒經》在經中也詳細地談論及解釋恪守大乘佛教提倡的「持戒」行法。譬如，《優婆塞戒經》用冗長的篇幅說明修持「十戒」或「十善道」的重要性及修持「十戒」的方法。[56] 曇無讖翻譯《優婆塞戒經》的原因，因此也是要用此經所載的「十戒」或「十善道」，作為北涼建立佛國的基本信仰內容，或建立佛國的主要道德規範。[57] 由此我們可以看出，曇無讖翻譯的《優婆塞戒經》對北涼用大乘佛教信仰建國的重要性。

事實上曇無讖翻譯《優婆塞戒經》的最迫切原因是，曇無讖要用此《菩薩戒經》所載的「十戒」作為蒙遜及其臣民行「受菩薩戒儀式」的方法及內容。蒙遜因有行「受菩薩戒儀式」的活動，故曇無讖便能將蒙遜推上其轉輪王位或彌勒佛王位。蒙遜登上其佛教轉輪王位之後，其便能用「十戒」或「十善道」建國。[58] 從曇無讖的譯經及蒙遜當時發展「佛教建國信仰」的情形，我們便可看出，北涼涼王沮渠蒙遜的確有步貴霜王丘就的後塵，用貴霜所奠立的「佛教建國信仰」的內容及方法統治北涼。

《優婆塞戒經》所記載的「佛教建國信仰」的內容，也包括有大乘佛教用「施捨」或「供養」行法作基礎所發展的佛教倫理行法，如「佛教的孝行」。《優婆塞戒經》在解釋「供養六方」的行法時，也用「供養」或「施捨」行法說明我們為何要踐行倫理行法，如供養父母、尊敬師長、供養妻子、善知識、沙門、婆羅門及奴婢的原因及方法。[59]《優婆塞戒經》如此說明我們為何要踐行佛教的孝行：

> 善男子，在家菩薩若欲受持優婆塞戒，先當次第供養六方：東方、南方、西方、北方、下方、上方。言東方者即是父母。若人有能供養父母衣服、飲食、臥具、湯藥、房舍、財寶，恭敬禮拜、贊嘆、尊重報恩，是人則能供養東方。

55　（北涼）曇無讖譯，《優婆塞戒經》卷 4-10，頁 1052 中-1075 中。

56　（北涼）曇無讖譯，《優婆塞戒經》卷 3，頁 1066 下-10671。

57　見本書第二章，〈大乘佛教建國信仰的奠立者──貴霜王丘就卻〉。

58　有關蒙遜及其臣民用《優婆塞戒經》行「受菩薩戒儀式」的事，見下詳述。

59　（北涼）曇無讖譯，《優婆塞戒經》卷 3，《大正》卷 24，頁 1047 上-下。

父母還以五事報之：一者至心愛念，二者終不欺誑，三者捨財與之，四者為聘
上族，五者教以世事。

大乘佛教一直非常重視用佛教孝行建國的方法。印度人非常相信，印度
大王阿育王在以佛教轉輪王的姿態統治印度時，其便非常重視其國民的行孝
行法。因為阿育王常用其立於天下各地的〈阿育王石敕〉（stone edicts）流通其
側重用佛教孝行建國的方法。阿育王在石敕上所推廣的佛教孝行，即是大乘
佛教所側重的供養父母的孝行。[60] 大乘佛教的孝觀，因奠立在「父母恩重」及
「報恩思想」上，因此大乘佛教行孝的方法，與中國儒家的孝觀非常不同。[61]
大乘佛教常用「供養父母衣服、飲食、臥具、湯藥、房舍、財寶，恭敬禮拜、
讚嘆、尊重報恩」作為佛教孝行的方法或標準，因此《優婆塞戒經》認為，
能如此行孝的人，「則能供養東方」或孝順父母。

《優婆塞戒經》很顯然的也用「大乘菩薩道行法」或「六般若波羅蜜」行
法的第一「供養」或「施捨」行法建立大乘佛教的「六倫」倫理系統及孝行，
我們因此可以說，佛教的孝行也是一種行「大乘菩薩道」的行法。《優婆塞戒
經》中所言的「六倫」，包括我們與「父母、師長、妻子、善知識、沙門及婆
羅門和奴婢」的關係。帝王用大乘佛教信仰建國的方法，因此與其他世俗國
家的帝王建國方法一樣，非常重視用世俗倫理建立理想的國家。北涼人民在
遵循《優婆塞戒經》所載的戒法及佛教行法下，自然能共同建立理想的國家。
從《優婆塞戒經》記載用「佛教建國信仰」建國的情形，我們大概也可以想
像，北涼在曇無讖的策劃下會建立怎樣的一個佛教國家。

過去我們不太注意大乘佛教世俗化的發展與「佛教建國信仰」在歷史上
的發展有密切的關係，也沒有注意到，《菩薩戒經》的發展與大乘佛教世俗化
的發展有極密切的關聯。因此還有許多學者常認為，佛教基本上是一種「出
世」或不重視現世生活的宗教；甚至認為，佛教孝觀的出現，乃受中國儒家

---

60 B.G. *Gokhale, Asoka Maurya*. New York: Twayne Publishers, Inc., 1966, Appendix, Stone Edict 11, p.
    156.

61 見古正美，〈大足佛教孝經經變的佛教源流〉，重慶大足石刻藝術博物館編，《2005 年重慶大足
    石刻國際學術研討會論文集》（北京：文物出版公司，2005），頁 136-172。

思想影響的結果。[62] 這種看法自然需要更正。

《優婆塞戒經》除了載有貴霜的「佛教建國信仰」內容及行法外，也載有《彌勒下生經》的經文內容。《優婆塞戒經》在其卷五經尾處提到，《彌勒下生經》所載的轉輪王「蠰佉」（Sankha）的名字及轉輪王貯存寶藏的國度名稱，如「波羅奈國」及「乾陀羅國」的名字。[63] 除此，《優婆塞戒經》也載有「彌勒出時」等文字。[64] 所謂「彌勒出時」，即指彌勒佛下生的意思。這些有關彌勒下生信仰的文字，具有說明「彌勒佛下生」的信仰。[65] 從《優婆塞戒經》所載的這些文字，我們可以看出，[66] 北涼在發展貴霜「佛教建國信仰」之際，北涼也有發展貴霜的彌勒下生信仰。由此《優婆塞戒經》的翻譯，我們因此非常確定，北涼涼王沮渠蒙遜在統治河西及敦煌之際，的確有發展貴霜的「佛教建國信仰」的活動。

曇無讖翻譯的《大般涅槃經》，是一部說明「大乘佛性信仰」的作品。此經因是一部提倡人人皆有佛性，人人皆能成佛的經典，[67] 因此此經對想要用佛教信仰建國的帝王而言，是一部具有正面鼓勵人民要共同努力建立佛國的重要大乘經典；特別是，此經也載有說明及定義「護法信仰」的文字，這自然是北涼在發展貴霜的「佛教建國信仰」之際要特別重視的一部大乘經典。

曇無讖在北涼翻譯《悲華經》的原因，自然是要用此經製作北涼涼王的「犍陀羅式」的轉輪王像。曇無讖翻譯的《悲華經》，只有其〈大施品〉的經文載有說明轉輪王「無諍念」（Cakravartin Aranemin）供養「寶藏佛」（Buddha Ratnagarbha）、聽佛說法，並修行、成佛的故事。《悲華經·大施品》的撰作，雖以說明此經所載的轉輪王無諍念修行、成佛的故事為經文的主要內容，然此經的〈大施品〉經文，卻是曇無讖用來製作表達北涼使用貴霜「佛教建國

---

62 見古正美，〈大足佛教孝經經變的佛教源流〉，〈序文〉，頁 136-137。

63 見（西晉）竺法護譯，《佛說彌勒下生經》，《大正》卷 14，頁 421 中-下。

64 （北涼）曇無讖譯，《優婆塞戒經》卷 5，頁 1063 上-中。

65 見本書第四章，〈佛教支提信仰的奠立者──龍樹菩薩〉。

66 見後詳述。

67 見（北涼）曇無讖譯，《大般涅槃經》，《大正》卷 12。

信仰」的轉輪王造像的最主要經文依據。[68] 譬如，我們在下面要談論的張掖金塔寺西窟的中心柱造像，及敦煌莫 254 窟中心柱的造像，都見北涼依據《悲華經・大施品》的經文製作貴霜的「一佛、一轉輪王」的「護法信仰」造像，及貴霜呈「交腳坐相」及呈「垂一坐相」的佛教轉輪王造像。

■二 北涼使用的支提信仰內容及造像法

龍樹在其所撰的《寶行王正論》如此說明「大王佛法身」的經文：「諸佛有色身／皆從福行起／大王佛法身／由智慧行成」。[69]「大王佛法身」因此有：「轉輪王身」或「大王身」是佛的「法身」下生的「轉輪王身」的意思。龍樹在《寶行王正論》並沒有直接或明顯的告訴我們，佛教的轉輪王是彌勒佛的「法身」下生的「轉輪王身」。但龍樹在其撰作的《證明經》告訴我們，佛教的「轉輪王身」，是彌勒佛自兜率天坐「雀梨浮圖」或「支提」下生的「轉輪王身」。[70]

「支提」的建築形制，就表面上來看，有如塔形，並具有「塔」的建築結構。但「支提」（caitya）與「塔」（stūpa）的功用不同。唐代（統治，618-907）的釋道世（卒於 683），在其撰作的《法苑珠林》如此區別「支提」與「塔」的功用：

> 佛言：亦得作支提，有舍利者名塔，無舍利者名支提……此諸支提得安佛、華蓋、供養具。[71]

「支提」既是彌勒佛坐以下生的工具，故在造像上，「支提」內常造有「彌勒佛像」，而「塔」則只具有收藏「舍利」的功用。[72] 由於彌勒佛自兜率天坐

---

68 見後詳述。

69 （陳）真諦譯，《寶行王正論》，《大正》卷 32，頁 498 上。

70 見本書第四章，〈佛教支提信仰的奠立者——龍樹菩薩〉；並見《普賢菩薩說證明經》，《大正》卷 85，頁 1367 中。

71 （唐）釋道世撰，《法苑珠林》，《大正》卷 53，頁 580 中；並見本書第四章，〈佛教支提信仰的奠立者——龍樹菩薩〉。

72 見古正美，〈古代暹羅墮和羅王國的大乘佛教建國信仰〉，《饒宗頤國學院院刊》，第三期

「支提」下生，故古代龜茲開鑿的克孜爾石窟，在發展支提信仰期間常在其開鑿的「中心柱窟」主室的「券頂」，即今日學者所言的石窟窟頂，常造有所謂的「天相圖」，[73] 並在「天相圖」中造有二身彌勒佛平躺下生的造像，自具有象徵「兜率天」的日月星辰的天空飛行下生。[74] 譬如，克孜爾石窟第一期開鑿的中心柱窟第 38 窟「券頂」，便見造有「天相圖」及彌勒佛飛行下生的造像（圖2）。[75]

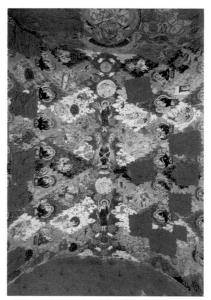

圖2　克孜爾 38 窟券頂彌勒佛自空中下生圖

　　克孜爾石窟也常在其中心柱窟的「券頂」造三種「彌勒佛王像」坐支提下生的造像。克孜爾此三種「彌勒佛王像」即是：(1) 佛裝、呈「交腳坐相」的「彌勒佛王像」、(2) 佛裝、呈「倚坐相」的「彌勒佛王像」，及 (3) 佛裝、呈「結跏趺坐相」或「禪定坐相」的「彌勒佛王像」。[76] 此三種「彌勒佛王像」，除了第一種的「彌勒佛王像」外，其餘兩種「彌勒佛王像」都是支提信仰在其發展的過程中常造的「彌勒佛像」。[77] 我們知道此三種「彌勒佛像」在克孜爾被視為「彌勒佛王

（2016），頁 225-251；並見本書第四章，〈佛教支提信仰的奠立者──龍樹菩薩〉。

73　見馬世長、丁明夷，《中國佛教石窟考古概要》，《佛教美術全集》第 18 冊（台北：藝術家出版公司，2007），頁 64。

74　見本書第八章，〈新疆克孜爾石窟的支提信仰造像及其影響〉。

75　宿白，〈克孜爾部分洞窟階段劃分與年代等問題的初步探索──代序〉，新疆維吾爾自治區文物管理委員會、拜城縣克孜爾千佛洞文物保管所、北京大學考古系編，《中國石窟・克孜爾石窟》卷 1（北京：文物出版公司，1989），頁 11；並見《中國石窟・克孜爾石窟》卷 1，圖像 83、84、112、113、114、115。

76　見下詳述。

77　見古正美，〈古代暹羅墮和羅王國的大乘佛教建國信仰〉，《饒宗頤國學院院刊》，第三期（2016），頁 263-281。

像」的原因是，第一類佛裝、呈「交腳坐相」的「彌勒佛王像」，是克孜爾石窟用結合「彌勒佛像」（上身）及轉輪王的「交腳坐相」（下身）製作的「既有佛身也有轉輪王身」的「彌勒佛王像」。[78] 克孜爾的造像者能將「彌勒佛像」及「轉輪王像」結合造在一起或一身的原因是，在支提信仰裡，「彌勒佛身」及「轉輪王身」都能被視為「彌勒佛王身」。故克孜爾此三種「彌勒佛像」都被筆者視為「彌勒佛王像」。這就是克孜爾石窟將「彌勒佛王身」也視為「轉輪王身」的原因。[79] 克孜爾第 188 窟的券頂便見繪有此三種「彌勒佛王」坐「支提」下生的造像（圖 3）。克孜爾第 188 窟券頂所繪的此三種「彌勒佛王」坐支提下生的造像，並不是克孜爾製作此類造像的單例。同遺址 186 窟及 205 窟等的券頂也見繪有此類「彌勒佛王」坐支提下生的畫像。克孜爾石窟這三種「彌勒佛王像」，就是北涼在河西石窟及敦煌石窟用以表達其支提信仰的「轉輪王像」或「彌勒佛王像」的三種造像的造像模式。

玄始十年（421），北涼涼王蒙遜攻克敦煌、高昌等地，並在敦煌獲得曇無讖，蒙遜從而將曇無讖請入涼州，作為其發展「佛教建國信仰」的「國師」或「軍師」。[80] 曇無讖為蒙遜在北涼發展的佛教活動，以其為蒙遜翻譯大乘經典的活動最為重要。因為北涼施行「佛教建國信仰」建國的依據，無論是涼王登其轉輪王位或佛王位的儀式，或涼王行「受菩薩戒儀式」建國的儀式，基本上都依據曇無讖翻譯的大乘佛經。《開元錄‧曇無讖傳》如此記

圖 3　克孜爾石窟 188 窟彌勒佛王坐支提下生像

78　見本書第八章，〈新疆克孜爾石窟的支提信仰造像特色及其影響〉。

79　見本書第八章，〈新疆克孜爾石窟的支提信仰造像特色及其影響〉。

80　馮承鈞，《西域南海史地考證論著彙輯》（台北：中華書局，1978），頁 246。

載曇無讖在涼州開始翻譯大乘佛經的情形：

> 河西王沮渠蒙遜聞讖名，呼與相見，接待甚厚。蒙遜素奉大法，志在弘通，請
> 令出經本。讖以未參土言，又無傳譯，恐言乖於理，不許即翻。於是學語三年
> 方譯初分十卷。[81]

〈大涅槃經序〉第十六則如此提及蒙遜在敦煌遇見曇無讖，並將曇無讖帶
到涼州發展佛教的事：

> 大沮渠河西王者，至德潛著，建隆王業，雖形處萬機，每思弘大道，為法城
> 塹。會開定西夏，斯經與讖自遠而至。自非至感先期，孰有若茲之遇哉。[82]

由上面此二文獻的記載，我們可以看出，蒙遜一直有想發展「佛教建國
信仰」統治北涼的想法；否則《開元錄‧曇無讖傳》不會說：（蒙遜）「志在弘
通」，而〈大涅槃經序〉也不會說：（蒙遜）「思弘大道，為法城塹」。蒙遜平
定敦煌（西夏）之後，便將曇無讖帶入涼州發展大乘佛教建國的活動。曇無讖
在涼州翻譯的大乘經典，都與蒙遜要發展的「佛教建國信仰」內容有密切的
關聯。譬如，我們在上面提到的，曇無讖在涼州翻譯的《優婆塞戒經》、《大
般涅槃經》及《悲華經》，都是曇無讖在涼州為北涼蒙遜發展貴霜「佛教建國
信仰」之際使用的重要大乘經典。曇無讖翻譯的《大方等大集經》及《大方
等無想經》或也稱《大雲經》，則是曇無讖為北涼蒙遜在涼州發展「支提信仰」
之際所使用或依據的主要大乘要經。[83]

北涼發展「佛教建國信仰」的內容及活動，不僅與曇無讖在北涼的譯經
活動有密切的關聯，北涼在其河西及敦煌開窟及造像的活動，也與曇無讖在
北涼的譯經活動有密切的關係。我們從河西張掖金塔寺東、西窟中心柱的造
像，便能看出北涼開鑿的石窟，的確有依據曇無讖譯經造像的情形，也有依
據曇無讖譯經表達北涼使用兩種「佛教建國信仰」統治北涼的情形。

81　（唐）釋智昇撰，《開元釋教錄‧沙門曇無讖》卷 4，《大正》卷 55，頁 520 上-下。

82　（北涼）涼州釋道朗作，〈大涅槃經序〉第十六；（梁）釋僧祐，《出三藏記集》卷 8，《大正》
　　卷 55，頁 59 下。

83　見下詳述。

第三節　金塔寺東、西窟中心柱的造像

張掖金塔寺東、西窟的造像者，很明顯的使用此二石窟中心柱四面的造像，表達北涼使用的兩種「佛教建國信仰」內容及北涼的轉輪王形象或造像；也明顯的使用曇無讖在北涼的譯經、犍陀羅的「護法信仰」造像法，及克孜爾石窟的「彌勒佛王像」的造像法，製作其表達兩種「佛教建國信仰」的造像。金塔寺東、西窟的中心柱造像，雖然不如北涼在敦煌用中心柱窟的中心柱造像一樣，如此有系統及有計劃的表達北涼的兩種「佛教建國信仰」內容及轉輪王形象，然而金塔寺東、西中心柱窟的中心柱四面造像，也相當完整的表達了北涼所使用的兩種「佛

圖 4　張掖金塔寺西窟中心柱西、北向面全景

教建國信仰」的內容及轉輪王形象。譬如，金塔寺西窟中心柱西向面中、下層的造像，即用貴霜「一轉輪王」（中層：造貴霜呈「垂一坐相」的轉輪王思惟像）[84]及「一佛」（下層：造貴霜呈「結跏趺坐」的佛像）的造像，作為表達貴霜「護法信仰」的造像，並表達貴霜「佛教建國信仰」的內容（圖4）。

我們過去常將呈「交腳坐相」及「垂一坐相」的造像，各別視為「彌勒菩薩像」，[85] 及「思惟菩薩像」、「太子思惟像」或「半跏思惟像」等的造像。[86]但唐代不空金剛翻譯的《金剛頂一字頂輪王瑜伽一切時處念誦成佛儀軌》（此

84　有關轉輪王呈「垂一坐像」的思惟像的說法，見本書第三章，〈貴霜佛教建國信仰的發展者迦尼色迦第一及胡為色迦王〉。

85　John M. Rosenfield, *The Dynastic Arts of the Kushans*. California: University of California Press, 1967, p. 234.

86　水野清一，〈半跏思惟像について〉，《中國の佛教美術》（東京：平凡社，1978），頁 243-250。

後，《金剛頂經》），卻視呈「交腳坐相」及呈「垂一坐相」人物的造像為「佛教轉輪王」的造像。《金剛頂經》載：

> 坐如前全跏／或作輪王坐／交腳或垂一／乃至獨膝豎／輪王三種坐。[87]

《金剛頂經》所載的三種轉輪王坐相，以「交腳坐相」及「垂一坐相」的轉輪王造像，常見於貴霜在犍陀羅製作的轉輪王像及北涼製作的貴霜式轉輪王造像。譬如，上面提到的金塔寺西窟表達貴霜「護法信仰」模式的呈「垂一坐相」的「轉輪王造像」，便是一尊我們在貴霜或犍陀羅常見的，用轉輪王「垂一坐相」的造像法製作的佛教「轉輪王造像」。[88]

金塔寺西窟中心柱東向面、北向面及南向面下層中央的造像，都被造成早期支提信仰常見的呈「結跏趺坐」的「彌勒佛像」的造像。[89] 金塔寺西窟中心柱東向面、北向面及南向面中層中央的造像，則各別被造成我們在克孜爾石窟所見的三種「彌勒佛王像」，即佛裝、呈「倚坐相」的「彌勒佛王像」（東向面）、佛裝、呈「交腳坐相」的「彌勒佛王像」（北向面），及佛裝、呈「結跏趺坐」的「彌勒佛王像」（南向面）（圖5）。金塔寺西窟中心柱的造像內容因此說明，此窟的造像內容，不僅具有北涼使用貴霜「佛教建國信仰」或「護法信仰」的造像法製作的，表達北涼使用貴霜「佛教建國信仰」的內容；同時也具有北涼使用克孜爾石窟所造的支提信仰「彌勒佛王像」的造像法，製作的表達北涼轉輪王像或彌勒佛王像的造像內容。由此我們推測，金塔寺西窟

圖5　張掖金塔寺西窟中心柱東向面全景

87　（唐）不空金剛譯，《金剛頂一字頂輪王瑜伽一切時處念誦成佛儀軌》，《大正》卷19，頁326。

88　見本書第三章，〈貴霜佛教建國信仰的發展者迦尼色迦第一及胡為色迦王〉。

89　見本書第五章，〈龍樹與阿瑪拉瓦底大支提的建築及造像〉；see also, Robert Knox, *Amaravati— Buddhist Sculpture from the Great Stupa*. British Museum Press, 1992, p. 137.

的建造時間，一定落在北涼使用及施行兩種「佛教建國信仰」統治河西的時代或之後不久。

　　金塔寺東、西窟的建造址，就建在蒙遜出生地張掖的臨松山上。這說明，金塔寺東、西窟的開鑿及建造，與北涼建國者或統治者有密切的關聯。因為在北涼建國的前後，只有北涼王朝是用兩種「佛教建國信仰」統治河西地區。北涼在臨松山建造金塔寺東、西窟的原因，顯然的除了要說明在張掖臨松山出生的北涼沮渠氏曾在河西建國，也要說明臨松山出生的沮渠氏曾用兩種「佛教建國信仰」統治河西。《十六國春秋纂錄校本》卷 7，〈北涼錄・沮渠蒙遜〉如此記載沮渠蒙遜在歷史上崛起及建國的情形（摘錄）：

> 沮渠蒙遜原是河西臨松（今甘肅張掖）盧水胡，後為涼州牧段業的張掖太守。天（神）璽元年（399），段業自稱涼王，以蒙遜為尚書左丞。永安元年（401），蒙遜殺業，自稱涼州牧、張掖公。永安十二年（412），蒙遜遷都姑臧（涼州），改元玄始，置百官，正式建國、稱王。[90]

　　金塔寺東窟中心柱的造像情形，與其西窟中心柱的造像情形，在設計上有很大的區別。金塔寺東窟中心柱四面的主要造像，也是用上、中、下三層的造像方式表達其「佛教建國信仰」的內容。但金塔寺東窟中心柱的造像，要表達的是開鑿此石窟的轉輪王信仰及轉輪王形象。譬如，金塔寺東窟中層常用「一組三尊彌勒像」的造像法，造克孜爾石窟製作的「彌勒佛王像」，作為表達北涼涼王的「轉輪王形象」或「彌勒佛王形象」。支提信仰常用《彌勒下生經》所載的「彌勒下生三次」說法的信仰，或造「一組三尊彌勒（佛）像」的造像法，說明「彌勒佛下生信仰」或支提信仰。[91] 譬如，武則天在統治大周期間、發展支提信仰建國之際，於龍門「摩崖三佛龕」所建造的「一組三尊彌勒佛坐像」，即是武氏時代用《彌勒下生經》所載的「彌勒佛下生三次」說法的信仰，表達武氏以彌勒佛身下生為轉輪王的信仰或支提信仰。[92]「一組三

90　（後魏）崔鴻撰，清湯球輯，（清）吳翊校勘，《十六國春秋纂錄校本》卷 7，《北涼錄・沮渠蒙遜》，收入《百部叢書集成》（台北：藝文印書館，1964）。

91　見本書第四章，〈佛教支提信仰的奠立者——龍樹菩薩〉。

92　見古正美，《從天王傳統到佛王傳統——中國中世佛教治國意識形態研究》（此後簡稱《從天王

尊彌勒佛像」的造像法，本出自貴霜或犍陀羅提倡的《彌勒下生經》所載的「彌勒佛下生三次說法」的信仰。[93] 由於《彌勒下生經》的信仰系統並不是支提信仰，因此犍陀羅在發展支提信仰之際，便將「一組三尊彌勒佛像」的造像法「支提信仰化」，將之成為支提信仰的造像法。有關「一組三尊彌勒佛像」在犍陀羅被「支提信仰化」的情形，筆者在本書的第七章〈犍陀羅的支提信仰性質及造像〉已作有詳細的說明，故在此不再贅述。[94]

圖 6　張掖金塔寺東窟中心柱東向面全景

金塔寺東窟中心柱的造像，除了東、西向面中層所造的「一組三尊彌勒像」的中央造像，被造成佛裝、呈「交腳坐像」的「彌勒佛王像」外，其餘的中心柱造像，基本上都被造成佛裝、呈「結跏趺坐」的「彌勒佛王像」（圖6）。從東窟中心柱中層四面所造的「一組三尊彌勒像」的造像內容，被明顯的造成我們在克孜爾石窟常見的兩種不同坐姿的「彌勒佛王像」，即佛裝、呈「交腳坐相」的「彌勒佛王

圖 7　張掖金塔寺東窟中心柱北向面中上層

傳統到佛王傳統》）第五章，〈武則天的《華嚴經》佛王傳統與佛王形象〉（台北：商周出版公司，2003），頁 250-251，圖 21。

93　見本書第七章，〈犍陀羅的支提信仰性質及造像〉。

94　見本書第七章，〈犍陀羅的支提信仰性質及造像〉；並見古正美，〈古代暹羅墮和羅王國的大乘佛教建國信仰〉，《饒宗頤國學院院刊》，第三期（2016），頁 266。

像」（東、西向面中央）及佛裝、呈「結跏趺坐」的「彌勒佛王像」（南、北向面造像）（圖7）的造像情形來判斷，北涼在建造金塔寺東窟時，有明顯的使用克孜爾石窟製作的「彌勒佛王像」的造像法，表達北涼涼王的轉輪王像或彌勒佛王像的情形。總而言之，金塔寺西窟中心柱造像要表達的是，北涼使用兩種「佛教建國信仰」建國的內容，而金塔寺東窟中心柱的造像，則只表達北涼涼王使用支提信仰為其彌勒佛王形象或轉輪王形象的造像。

北涼建國者沮渠蒙遜開始發展「佛教建國信仰」統治北涼的時間，從沮渠蒙遜行「受菩薩戒儀式」，並登上其轉輪王位或彌勒佛王位的時間是在西元426年，或426年之後不久的時間，[95] 及北涼在此之後便有在其領地用開鑿石窟及造像的方法表達北涼用兩種「佛教建國信仰」統治北涼的活動來推測，張掖金塔寺東、西窟的開鑿時間，必定是在西元426年至北涼政權在河西亡滅的時間（439），或在北涼政權在河西亡滅之後不久的時間（439-440）。[96] 因為金塔寺東、西窟的造像要表達的是，北涼使用兩種「佛教建國信仰」建國的內容，及其轉輪王形象的造像。但因金塔寺東、西窟的造像，看來都像在倉促之間所建造的石窟造像，因此金塔寺東、西二窟的建造，非常不可能是在北涼和平統治河西的時代開鑿的石窟，而非常可能是在其失去河西政權之後（439）的時間開鑿的石窟。因為此二窟的造像相對北涼在敦煌精心設計的造像，不但顯得粗燥，而且其石窟四周壁面都沒有造像。這都顯示此二石窟的建造在是匆忙或急迫之間建造的石窟。這就是筆者認為，此二窟的建造不會是在北涼統治河西的時間建造的原因。

許多學者都認為，金塔寺東、西窟的建造時間，是在北涼被北魏（統治，386-534）消滅之後，北魏統治北涼河西故地的時間。北魏要在北涼故地河西及敦煌開窟及造像，北魏一定要有發展「佛教建國信仰」統治北魏的活動，否則其不會有系統性或計劃性的開鑿石窟及造像活動。但學者判定金塔寺東、西窟開窟的時間，都沒有從北魏發展「佛教建國信仰」的角度去考慮金

---

95 見筆者在下面對此時間的算法及說明。
96 見後詳述。

塔寺東、西窟的開鑿時間及造像背景。譬如，張寶璽及八木春生便認為，金塔寺東、西窟的部分造像特徵，與雲崗石窟的造像非常雷同，因此他們都視金塔寺的建造受雲崗石窟造像的影響，而將金塔寺東、西窟的開鑿時間置於北涼被北魏滅後，北魏統治河西的時期，[97] 或「5 世紀末北魏建造早期（雲崗）石窟的時間」。[98] 李玉珉則持有不同的看法。她認為，金塔寺東、西窟開鑿的時間不同，東窟開鑿的時間是在 5 世紀 50 或 60 年代，而西窟開鑿的時間則在 5 世紀 70 年代或稍晚。[99] 李玉珉明顯的也認為，金塔寺東、西窟的開鑿時間是在北涼為北魏滅後，北魏統治北涼河西故地的時間。

雖然有些學者認為，金塔寺東、西窟開鑿的時間是在北涼被北魏滅後北魏統治河西的時間，然而有些學者還是認為，金塔寺東、西窟的開鑿時間是在北涼建國的早期，甚至更早。譬如，美國學者瑪麗蓮（Marylin M. Rhie）則認為，金塔寺二窟大約開鑿於西元 400 年。[100] 中國學者王瀧及金維諾也認為，金塔寺此二窟開鑿的時間是在沮渠蒙遜於張掖定都的時間（412 之前）。[101]

無論如何，張掖金塔寺東、西窟開鑿的時間，都不可能落在蒙遜於涼州定都及發展「佛教建國信仰」之前。因為蒙遜是在定都涼州及攻克敦煌（421）之後，才將曇無讖迎入涼州助其發展「佛教建國信仰」，並才有在其統治的河西地區及敦煌從事開鑿石窟及造像的活動。金塔寺東、西窟的開鑿時間，因此不可能落在蒙遜將曇無讖迎入涼州之前，即西元 421 年之前的時間。

北涼亡後（439），部分的北涼僧人及工匠雖被帶入北魏都城平城（今日山

97 八木春生，《雲崗石窟文樣論》（京都：法藏館，2000），頁 56-60；並見八木春生著，蘇哲譯，〈河西石窟群年代考——兼論雲崗石窟與河西石窟群的關係〉，《美術史研究期刊》，第四期（1997），頁 16；也見張寶璽，〈河西北朝石窟編年〉，敦煌研究院編，《1994 年敦煌學國際研討會文集》（蘭州：甘肅民族出版公司，1994），頁 264。

98 見張寶璽，《河西北朝石窟編年》，頁 264。

99 李玉珉，〈金塔寺石窟考〉，《故宮學術季刊》，第 22 卷，第二期（2004、12 月），頁 45。

100 Marylin Martin Rhie, *Early Buddhist Art of China and Central Asia*. Leiden: Brill, 1002, p. 388.

101 見王瀧，〈甘肅早期石窟的兩個問題〉，敦煌研究所編，《1983 年全國敦煌學術討論會文集》上冊（蘭州：甘肅人民出版公司，1985），頁 312-318；並見金維諾，《中國古代佛雕：佛教造像樣式與風格》（北京：文物出版公司，2002），頁 29。

西大同），[102] 然因北魏太武帝拓跋燾（統治，424-451）當時受制於儒生崔浩（?-450）及道士寇謙之（365-448）在北魏發展儒教及道教的活動，北魏太武帝縱然有發展佛教的意願，但終其一生，其一直沒有機會施展其發展佛教的慾望。[103] 即使北魏太武帝在消滅北涼後（439），有將北涼僧人及工匠帶入北魏都城平城的情形，其也沒有實現過其要用「佛教建國信仰」統治天下的願望。主要原因是，北魏太武帝的兒子拓跋晃，因與北涼來京的僧人來往過密，從而造成北魏太子拓跋晃在宮中與當時把持政權的儒生大臣崔浩產生嚴重的政治摩擦，最後這場宮廷鬥爭便促使崔浩發動了中國歷史上第一次的全國性毀佛活動。[104] 北魏太武帝因此自始至終都沒有機會發展用佛教信仰建國的願望。太武帝死後（451），太武帝的孫子文成高宗皇帝（統治，452-464）在繼承太武帝位之後，雖然有立即恢復佛教信仰為其國教信仰的情形，然北魏官方所造的史料及文獻都沒有提到北魏文成帝有在河西開窟及造像的活動；特別是，北魏文成帝在復佛之後所使用的北涼僧人，基本上都在北魏都城附近的雲崗石窟為其開窟、造像。譬如《佛祖統紀》卷 36 載：「（元嘉）二十九年（452），魏文成帝即位大復佛法」。[105]《魏書・釋老志》也說：文成高宗即位後，即下詔恢復佛教信仰，先以罽賓沙門（北涼僧人）師賢為僧統。師賢去世後，由北涼僧人曇曜繼續主持僧事。文成皇帝後令曇曜於京西武州西山石窟（今日雲崗石窟）開窟五所，並為文成以上五帝造佛像五尊。[106] 這就是有名的雲

---

102 杜斗城，《北涼佛教研究》（台北：新文豐，1998），頁 175-186；並見下註。

103 見後詳述；並見古正美，《從天王傳統到佛王傳統》第三章，〈北涼佛教與北魏太武帝的佛教意識形態發展歷程〉，頁 106-153。

104 見古正美，《從天王傳統到佛王傳統》第三章，〈北涼佛教與北魏太武帝的佛教意識形態發展歷程〉，頁 106-153。

105 （宋）咸淳四明東湖沙門志磐撰，《佛祖統紀》卷 36，《大正》卷 49，頁 345 下。

106 （北齊）著作郎魏收撰，《元魏書・釋老志》載：興安元年（452）高宗皇帝不僅下詔復佛曰：「今制諸州城郡縣，於眾居之所，各聽建佛圖一區，任其財用不制會限；其有好樂道法欲為沙門，不問長幼，出於良家，性行素篤，鄉里所明者，聽出家……」，同時「敕有司於五級大寺為太祖以下武帝，鑄釋迦文像五軀」。「和平中（460），又令詔玄統曇曜於武州西山（又稱恒安石窟）開窟造像」。見（唐）釋智昇，《開元釋教目錄》卷 6，《大正》卷 55，頁 539 下；並見《廣弘明集・魏書・釋老志》卷 2，頁 103 中-下。

崗「曇曜五窟」的開鑿始末。

北魏在文成皇帝恢復佛教之後，在理論上，北魏便有可能在北涼故地敦煌及河西從事開窟及造像的活動。但文成帝在復佛之後，文成帝及其繼承者顯祖獻文皇帝（統治，465-471）及高祖孝文皇帝（統治，471-499），基本上都在北魏都城平城附近的雲崗石窟從事其等的「佛教建國信仰」的造像活動。因此北魏文成帝之後定都於平城的北魏帝王，也都不可能有在敦煌及河西從事開窟及造像的活動；何況金塔寺東、西窟的造像，明顯的顯示，此二佛教石窟的造像都要表達北涼施行二種「佛教建國信仰」內容建國的情形。因此金塔寺東、西窟的開鑿及建造，與北魏佔領河西及敦煌的活動，並無關聯。

筆者認為，張掖金塔寺東、西窟的建造，非常可能是蒙遜的兒子沮渠無諱（統治，440-444），在北涼亡後，因攻打張掖失利，退保張掖臨松這段時間所建造的二座佛教石窟。沮渠無諱退保臨松的時間確實有多久，我們不清楚。依據我們推測，無諱進駐臨松的時間大概是在西元 440 年左右。北涼在西元 439 年被北魏消滅，而結束其統治河西的政權。蒙遜的繼承者沮渠茂虔（統治，434-440）在緣禾八年（440）自裁。[107] 茂虔死後，茂虔次弟沮渠無諱顯然在西元 440 年繼承了茂虔的帝位，[108] 並擁家戶西就其從弟敦煌太守沮渠唐兒。但沮渠唐兒拒而不納，無諱遂殺唐兒，收復敦煌。無諱先使唐兒保敦煌，自與其弟攻打酒泉。在拔得酒泉之後，無諱繼續攻打張掖不剋，於是退保臨松。[109]《北涼錄・沮渠茂虔》載：無諱直到西元 441 年（一說 442 年）才率領萬餘家棄敦煌西就安周於鄯善，後留安周住守鄯善，自率眾又取高昌。[110] 沮渠無諱在敦煌滯留的時間，可能只有一年或一年（440-441）多的時間。在無

---

107 《十六國春秋輯補》卷 97，《北涼錄》三，〈沮渠茂虔〉，頁 672。

108 見後詳述。

109 《十六國春秋輯補》卷 97，《北涼錄》三，〈沮渠茂虔〉，頁 672。

110 見榮新江，〈《且渠安周碑》與高昌大涼政權〉，《燕京學報》，北京大學出版公司，第五輯（1998），頁 75 說：441 年，且渠牧犍弟無諱據敦煌，並遣弟安周率五千人西擊鄯善。鄯善王比龍拒之，安周不能克。422 年，無諱自率萬餘家撤離敦煌；並見《十六國春秋輯補》卷 97，《北涼錄・沮渠茂虔》3。

諱退守敦煌之前，無諱可能因北涼於 439 亡滅的緣故，去攻打張掖失利，而有退保張掖臨松之舉，並因此建造了張掖金塔寺東、西窟。

我們認為金塔寺東、西窟是沮渠無諱開鑿的「北涼窟」的原因有二原因：（1）自曇無讖為蒙遜在敦煌開鑿「中心柱窟」此類型的石窟，如敦煌莫 254 窟之後，[111] 北涼即有用「中心柱窟」的「中心柱」四面壁面開龕及造像，作為表達北涼使用二種「佛教建國信仰」建國的情形。[112] 金塔寺東、西窟的石窟建造形制，也是建造「中心柱窟」的建築形制。金塔寺二窟所建造的「中心柱窟」，與北涼在敦煌建造的「中心柱窟」一樣，都用其「中心柱」四面的壁面開龕、造像，並表達北涼的兩種「佛教建國信仰」內容。筆者因此認為，金塔寺東、西窟的開鑿時間，是在北涼結束其河西政權（439）之後不久的時間。

事實上金塔寺東、西窟的造像情形，與北涼在敦煌所開鑿的「中心柱窟」的造像情形不太相同。北涼在敦煌所造的「中心柱窟」，除了在「中心柱」四面造有表達北涼的兩種「佛教建國信仰」內容外，在其「中心柱窟」的石窟四壁也造有表達北涼「佛教建國信仰」的造像內容及北涼的「轉輪王像」。金塔寺東、西窟的造像，基本上都將造像集中造在「中心柱」上；換言之，金塔寺東、西窟的石窟四面壁面都沒造有任何造像。金塔寺西窟「中心柱」的造像，較像北涼在敦煌開鑿的「中心柱窟」一樣，在其「中心柱」上造有北涼施行的兩種「佛教建國信仰」的內容。但金塔寺東窟的「中心柱」，只造表達北涼支提信仰的轉輪王像或彌勒佛王像。李玉珉大概因為金塔寺此二窟的「中心柱」造像內容不同的緣故，因此她認為，金塔寺此二窟的開鑿時間不同。

自曇無讖死後（433），[113] 沮渠茂虔時代開鑿的敦煌石窟，雖有沿襲曇無讖使用「中心柱」的四面壁面造像的傳統，表達北涼提倡的兩種「佛教建國信仰」的內容，然自茂虔開始，北涼在敦煌開鑿的石窟，便都有特別側重或強

---

111 見後詳述。

112 見下詳述。

113 見下詳述。

調製作支提信仰的轉輪王像或彌勒佛王像的造像現象。譬如，茂虔時代開造的莫 263 窟，便是一個例子。在莫 263 窟，除了此石窟的「中心柱」壁面還見造有貴霜的「一佛、一轉輪王」的「護法信仰」造像外，此石窟的四壁都不再見造有貴霜的「護法信仰」造像的情形，而只造支提信仰的轉輪王像或彌勒佛王像。金塔寺開鑿東、西窟的方法，因此有受茂虔時代在敦煌開窟、造像的影響。這就是，金塔寺只在其開鑿的西窟「中心柱」表達北涼使用的兩種「佛教建國」信仰內容，而在東窟的「中心柱」，則完全只造表達北涼支提信仰的轉輪王像或彌勒佛王像。由於北涼自茂虔時代開始即有特別側重發展及表達北涼施行的支提信仰的轉輪王形象或彌勒佛王形象，故金塔寺東窟便也只見造支提信仰的轉輪王像或彌勒佛王像。由於金塔寺東、西窟的造像都明顯的顯示此二石窟的開鑿，乃在茂虔之後倉促開鑿的石窟，我們因此推測，金塔寺此二窟的建造時間，應該就是落在沮渠無諱攻打張掖失利、退保張掖臨松這段極短暫且不安定的時間。

（2）蒙遜發展「佛教建國信仰」的中心雖在其都城涼州，即今日河西的武威，然蒙遜及茂虔時代計劃性及系統性開鑿石窟及造像的活動，基本上都在今日敦煌的莫高窟。北涼會在張掖臨松山倉促開鑿具有說明北涼「佛教建國信仰」內容的金塔寺東、西窟，應該只有在北涼統治河西的晚期或失去政權之後，或沮渠無諱攻打張掖失利，並退保臨松此段時間。換言之，沮渠無諱既在北涼亡後還有退保其王朝發跡地張掖臨松的機會，他自然會想要在其祖先居住地開窟、造像。

我們推測，曇無讖是蒙遜開鑿敦煌石窟的肇始者。曇無讖為蒙遜在敦煌最早開鑿的一座「中心柱窟」，即是曇無讖在敦煌莫高窟為蒙遜開鑿的莫 254 窟。此窟的「中心柱」四面的造像，與後來北涼在敦煌開鑿的「中心柱窟」的「中心柱」四面造像方法完全一致，都在「中心柱」的南、北向面造表達貴霜「佛教建國信仰」的「護法信仰」造像，即造「一佛、一轉輪王」的造像；並在「中心柱」的東、西向面造表達支提信仰的轉輪王像或彌勒佛王像。我們因此認為，北涼開造「中心柱窟」的窟龕造像方法及傳統，始於曇無讖為蒙遜在敦煌開鑿的莫 254 窟的時代。學者在過去似乎都沒有注意到，曇無

識是敦煌莫 254 窟的開鑿者及設計者。我們在下面因此除了要證明曇無讖是敦煌莫 254 窟的開鑿者及設計者外，也要談論敦煌莫 254 窟的其他造像內容。原因是，我們在此石窟，不但見有敦煌最早製作的「白衣佛像」的造像，也在此石窟見有當時只有曇無讖會使用的，犍陀羅佛教造像使用的「轉化」造像方法。[114]

第四節　北涼敦煌莫 254 窟及莫 259 窟的建造性質及造像內容

一　北涼莫 254 窟中心柱的造像設計方法及設計者——曇無讖

莫 254 窟的「中心柱」，很明顯的是北涼用以表達北涼使用兩種「佛教建國信仰」內容的地方：在莫 254 窟「中心柱」東向面（朝門）開造一大龕，造一尊佛裝、呈「交腳坐相」的「彌勒佛王像」（圖 8）；在西向面上、下層的圓券龕，皆塑呈「結跏趺坐相」的「彌勒佛王像」。這說明莫 254 窟東、西向面的造像都造支提信仰的「彌勒佛王像」或轉輪王像。莫 254 窟南、北向面上層所開的闕形龕，皆各造一尊「犍陀羅式」的王裝、戴冠、呈「交腳坐相」的轉輪王像，下層的圓券龕內，則各造一尊具有說明犍陀羅造像含義的呈「結跏趺坐相」的佛像。莫 254 窟中心柱南、北向面的造像，很明顯的都用我們在金塔寺西窟也見到的，「一轉輪王、一佛」的貴霜「護法信仰」造像法，

圖 8　莫 254 窟東向面中心柱彌勒佛王造像

---

114 有關「白衣佛像」及犍陀羅「轉化」造像的方法，見後詳述。

表達北涼使用貴霜「佛教建國信仰」統治北涼的方法及內容；只是金塔寺西窟製作的「犍陀羅式」的轉輪王像被造成呈「垂一坐相」的轉輪王像，而敦煌莫254窟所造的「犍陀羅式」的轉輪王像，則被造成呈「交腳坐相」的轉輪王像。北涼用「中心柱窟」的「中心柱」造像方法表達北涼使用兩種「佛教建國信仰」建國的方法，也見於北涼在敦煌開鑿的其他「中心柱窟」的「中心柱」造像。由此，北涼在敦煌開鑿的「中心柱窟」的「中心柱」造像，便是筆者判斷「北涼窟」的一個重要方法或標準。

在北涼一代，能真正掌握及了解「貴霜佛教建國信仰」內容及「支提信仰」內容及造像者，沒有第二人，只有來自犍陀羅或罽賓，並曾遊學西域各國，包括于闐及龜茲的曇無讖。曇無讖不僅是位深通密教行法的西域大咒師，其也是一位專攻「涅槃學」及「佛教建國信仰」的佛教高僧。蒙遜非常敬重曇無讖，並稱他為「聖人」：

> 初罽賓沙門曇無讖，自云能使鬼治病，且有秘術，涼王遜甚重之，謂之「聖人」。[115]

《開元錄》也說曇無讖的學問及才能非常不凡：

> 曇無讖或云曇摩讖，亦云曇謨讖，蓋取梵音不同故也。涼云法豐。中印度人，自幼讀咒經，先學小乘，後學大乘，專攻涅槃。以「西域大神咒師」之名聞於當世。先為中印度王咒師，後因事乃齎大涅槃經本前分十卷，並菩薩戒經、菩薩戒本等奔龜茲。龜茲國多學小乘不信涅槃，遂至姑臧傳舍。河西王沮渠蒙遜聞讖名，呼與相見，接待甚厚。……讖以涅槃經本品數未足，還國尋求。值其母亡，遂留歲餘，後於于闐更得經本，復還姑臧，續譯成四帙焉。讖以玄始三年甲寅創首翻譯，至十五年丙寅都迄。[116]

從上面史料及文獻記載曇無讖求法及其佛教的活動，我們或許還看不出曇無讖的知識及才能是如何的不凡。但從當時北魏太武帝對曇無讖的評價，

---

115 （宋）司馬光編著，（元）胡三省音註，《資治通鑑》上冊，《宋紀》4（上海：上海古籍出版公司，1986），頁819中。

116 （唐）釋智昇撰，《開元釋教錄・沙門曇無讖》卷4，《大正》卷55，頁520上-下。

我們即能看出，曇無讖是歷史上罕見的佛教高僧。太武帝說他具有鳩摩羅什的學問及佛圖澄行使咒術的能力及知識：「博通多識羅什之流，秘咒神驗澄公之匹」。[117] 鳩摩羅什及佛圖澄是曇無讖來華之前，中國歷史上最為有名的來華高僧。曇無讖顯然的是一位集歷代高僧之所長於一身的不凡僧人。莫 254 窟的開鑿，如果不是曇無讖主持開鑿此窟，莫 254 窟的造像不可能如此正確的表達貴霜「佛教建國信仰」的「護法信仰」造像，也不可能如此正確的用克孜爾石窟造三種「彌勒佛王像」的造像法說明北涼帝王的「彌勒佛王像」。曇無讖不尋常的佛教經典及造像知識，從其在莫 254 窟所設計的「中心柱」造像、所使用的犍陀羅「轉化」造像的方法，及在此窟所製作的「白衣佛像」，便能看出其對佛教歷史、經典及造像的深刻認識及了解。除此，他如果沒具有製作變化造像的能力及創造造像的能力，他是不可能製作敦煌莫 254 窟的造像。曇無讖在莫 254 窟所設計及製作的「佛教建國信仰」造像內容及造像方法，因此不僅奠立了中國佛教石窟的窟龕造像的建造基礎，同時也影響了中國石窟的窟龕造像的方法及方向。我們因此可以說，曇無讖是中國佛教石窟造像傳統的真正奠立者及創始者。

曇無讖在莫 254 窟所使用的犍陀羅的「轉化」造像方法，由於需要對貴霜「佛教建國信仰」的造像及經典具有深刻的了解及認識，才能製作此類造像，因此在曇無讖死後（433），北涼開鑿的「中心柱窟」的造像者，不僅不再有人能製作如此多表達貴霜「佛教建國信仰」的造像，同時也不再有人能使用犍陀羅「轉化」造像的方法製作佛教新像。我們因此認為，在北涼一代，只有曇無讖這位通曉大乘佛教教理、貴霜「佛教建國信仰」、龍樹奠立的支提信仰內容及造像法、犍陀羅早、晚期造像方法及造像內容、于闐撰造的新支提信仰內容，及克孜爾石窟發展及創造的支提信仰造像法及造像內容的佛教高僧，才能使用「轉化」造像的方法在敦煌石窟造像。這就是筆者為何將具有「轉化」造像內容的敦煌莫 259 窟及莫 254 窟，都定為曇無讖在敦煌開鑿的「北涼窟」的原因。

---

117 （梁）釋慧皎，《高僧傳・曇無讖傳》卷 2，《大正》卷 50，頁 336 下。

二 北涼莫 254 窟的「轉化」造像

　　曇無讖在莫 254 窟製作的最明顯的一鋪具有「轉化」造像性質的造像，即是此窟南壁前部一鋪看似用貴霜「護法信仰」模式製作的造像（圖9）。為了說明此鋪造像是一鋪用「轉化」造像的方法製作的造像，我們在下面即要談論此鋪造像的內容。此鋪造像共分上、下兩部分造像：上部的造像，是一鋪仿照貴霜或早期犍陀羅製作的呈「交腳坐相」的轉輪王造像製作的敦煌轉輪王造像。此鋪轉輪王像所佩戴的三種轉輪王飾物，即「閻浮提金鎖」、「閻浮提金造龍頭瓔」及「珍珠貫」，完全依據貴霜撰造的轉輪王造像經典《悲華經》所載的轉輪王飾物，[118] 製作敦煌莫 254 窟此尊轉輪王像所佩戴的飾物。當時在北涼能如此了解貴霜或犍陀羅製作其「交腳轉輪王像」的方法者，包括製作轉輪王所佩戴的三種轉輪王飾物者，應該沒有第二人，只有曇無讖。我們因此認為，敦煌莫 254 窟此尊「交腳轉輪王像」，是一尊曇無讖為沮渠蒙遜設計的，北涼製作的犍陀羅式（the Gandhāra style）的佛教轉輪王造像。莫 254 窟此尊敦煌製作的轉輪王造像，被造在如宮室的建築內，說明此像是一尊佛教轉輪王坐在宮殿內的造像。此尊「交腳轉輪王像」的下方，曇無讖用繪畫的方式畫了一鋪，依據克孜爾石窟所造的

圖9　莫 254 窟南壁北涼造似護法模式造像

118　有關貴霜或犍陀羅製作其轉輪王造像的方法，見本書第三章，〈貴霜佛教建國信仰的發展者迦尼色迦第一及胡為色迦王〉。有關轉輪王佩戴的轉輪王飾物名稱，見（北涼）曇無讖譯：《悲華經》卷 2，頁 175 下。

彌勒佛作「降魔印」的「彌勒降魔變」。[119] 由此可見，曇無讖為北涼製作的支提信仰造像，如穿佛衣、呈「交腳坐相」的「彌勒佛王像」，及作「降魔印」的「彌勒降魔像」，都受克孜爾石窟的造像法及造像內容影響的造像。曇無讖在來涼州為北涼發展「佛教建國信仰」之前，曾居留龜茲一段時間，並對克孜爾石窟所造的支提信仰造像法及造像內容有一定的研究及了解。

敦煌莫 254 窟此鋪「交腳轉輪王像」，是一鋪仿照犍陀羅的轉輪王像的造像法製造的北涼轉輪王造像。我們在敦煌莫 275 窟西壁也見有一鋪用相同的造像法製作的此類「犍陀羅式」的北涼轉輪王像。但敦煌莫 275 窟此鋪呈「交腳坐相」的轉輪王像，其胸前所佩戴的三種貴霜轉輪王飾物，[120] 目前只剩「閻浮提金鎖」及「珍珠貫」，而「龍頭瓔」則已模糊不清（圖 10）。

敦煌莫 254 窟所造的此鋪仿貴霜製作的北涼轉輪王像，其身上佩戴的「龍頭瓔」，應該就是雲崗石窟製作其佛教轉輪王像（圖 11），所佩戴的「龍頭瓔」的造像雛形。兩者都將「龍頭瓔」的兩隻龍頭各別造在轉輪王胸前佩戴的項環兩端，兩支龍頭各在轉輪王胸前挺起、相望。這種北涼「龍頭瓔」的造像法，與犍陀羅或貴霜製作的「龍頭瓔」造像法並不相同。因為後者的「龍頭瓔」上的兩隻龍頭，都被造在轉輪王胸前佩戴的項鍊前端，兩隻龍頭隔著一方圓形飾物相對（圖 12）。很顯然的，曇無讖並沒有完全依照犍陀羅或貴霜製作轉輪王像的方法製作其北涼的轉輪王造像。曇無讖為了替北涼創造一種新的「北涼轉輪王像」，他將犍陀羅或貴霜的「龍頭瓔」稍加改造成為

圖 10　敦煌莫 275 窟西壁北涼造交腳轉輪王像

119 有關「彌勒降魔變」的造像法，見本書第八章，〈新疆克孜爾石窟的支提信仰造像特色及其影響〉。

120 見本書第三章，〈貴霜佛教建國信仰的發展者迦尼色迦第一及胡為色迦王〉談論貴霜製作的三種轉輪王像所佩戴的飾物。

北涼式的「龍頭瓔」。這就是
筆者說，敦煌的此類轉輪王
飾物是仿照犍陀羅的轉輪王
飾物製作的原因。事實上，
曇無讖也將犍陀羅轉輪王造
像斜背在胸前的「珍珠貫」，
改造成掛在頸上的「珍珠
貫」。當時在敦煌莫高窟能如
此改造犍陀羅佛教轉輪王造
像及飾物的人物，沒有別
人，只有曇無讖。

圖 11　雲崗北魏造佛教轉輪　　圖 12　犍陀羅造佛教轉輪王
　　　　王造像　　　　　　　　　　　造像及其飾物

　　如果曇無讖對犍陀羅的佛教造像沒有深刻的認識，他絕對不可能改造北
涼轉輪王佩戴的飾物，也不可能翻譯記載有三種「轉輪王飾物」的《悲華
經》，甚至用《悲華經》製作北涼的佛教轉輪王的造像。北涼滅後，許多北涼
的僧人及工匠被帶入北魏平城，北涼僧人及工匠不僅將北涼開窟、造像的方
法傳入北魏平城，同時也將北涼製作轉輪王像的方法，包括我們在敦煌莫 254
窟所見的轉輪王三種飾物的造像方法，都傳入雲崗石窟。雲崗石窟所造的轉
輪王像，雖然要表達的是北魏的轉輪王形象，然北魏所造的轉輪王像卻顯見
的完全仿照北涼在敦煌所造的北涼轉輪王像的造像法，製作雲崗的北魏轉輪
王造像。這說明，為北魏開鑿雲崗石窟及造像的主要僧人及工匠，雖然都是
北涼當日被遣送來北魏京師的僧人及工匠，但這些北涼僧人，顯見的沒有像
曇無讖這種通曉大乘佛經及佛教造像的高僧，因此北魏所造的「佛教建國信
仰」的造像，常見只是一味仿照北涼製作的佛教造像造其北魏雲崗的造像。

　　直至今日，許多學者對敦煌莫 254 窟南壁前部繪在「交腳轉輪王」塑像
下方的「彌勒降魔變」，都視為「釋迦降魔成道像」。[121] 莫254窟此鋪「彌勒

---

121 見王平先，〈莫高窟北朝時期的降魔變初探〉，《敦煌研究》，第六期（2007），頁 60；並見冉雲
　　華，〈試論敦煌與阿閦陀的降魔變〉，《1987 年敦煌石窟研究國際討論會論文集》（瀋陽：遼寧美
　　術出版公司，1990），頁 200 及頁 203。

降魔變」，是敦煌四鋪「彌勒降魔變」，即莫 254 窟「彌勒降魔變」、莫 263 窟「彌勒降魔變」、莫 435 窟「彌勒降魔變」，及莫 460 窟「彌勒降魔變」中，造像內容最複雜，且製作時間最早的一鋪敦煌製造的彌勒佛下生降魔造像。[122] 莫 254 窟此鋪「彌勒降魔變」的造像法，因依據支提信仰經典《證明經》的經文製作，並受克孜爾石窟造「彌勒降魔像」的造像法的影響，[123] 因此此「彌勒降魔像」具有克孜爾石窟所造的「彌勒降魔像」的造像內容如：諸天魔攻擊彌勒佛下生的造像、彌勒佛令諸大力菩薩及金剛力士等助其降魔的造像，及被打敗的天魔造像，即枯萎的魔王及魔女的造像。[124] 此鋪「彌勒降魔變」因此是一鋪曇無讖用繪畫的方法表達「克孜爾式」的彌勒佛坐支提下生降魔的「彌勒降魔畫像」。筆者在本書的第八章已經詳細的談論過此鋪造像之所以被視為「彌勒降魔變」的原因，及此鋪「彌勒降魔變」與依據佛傳故事所造的「釋迦降魔成道像」不同的原因，[125] 故筆者在此不再贅述這些問題。

敦煌莫 254 窟南壁前部此鋪看似一鋪用貴霜護法模式製作的「一轉輪王、一佛」的造像，但如果我們仔細檢查此鋪造像下方的「彌勒降魔變」，我們會注意到，此鋪「彌勒降魔變」的造像，是一鋪要表達支提信仰的「彌勒佛降魔變」，我們因此不能視此鋪造像為一鋪要表達貴霜「佛教建國信仰」或「護法信仰」的造像。貴霜早期在犍陀羅奠立的「佛教建國信仰」或「護法信仰」的造像，因要表達「轉輪王」作「財施」及「佛」作「法施」的信仰內容，因此依據貴霜「佛教建國信仰」或「護法信仰」製作的「一轉輪王、一佛」的造像，其「一佛」的造像，應被造成一鋪作「法施」的「佛像」，或佛說法像，而不會被造成一鋪具有支提信仰含義的「彌勒佛降魔變」。我們在敦煌莫 254 窟南壁前部所見的「彌勒降魔變」，因為是一鋪依據支提信仰的《證明經》製作的造像，此鋪「彌勒降魔像」，因此是一鋪與貴霜用「護法信仰」的造像法製作的佛像無關的彌勒佛降魔像。敦煌莫 254 窟此鋪「彌勒降魔變」，顯然

---

122 見本書第八章，〈新疆克孜爾石窟的支提信仰造像特色及其影響〉談論敦煌的「彌勒降魔變」。
123 見本書第八章，〈新疆克孜爾石窟的支提信仰造像特色及其影響〉談論敦煌的「彌勒降魔變」。
124 見本書第八章，〈新疆克孜爾石窟的支提信仰造像特色及其影響〉談論敦煌的「彌勒降魔變」。
125 見本書第八章，〈新疆克孜爾石窟的支提信仰造像特色及其影響〉。

是一鋪被「轉化」了的造像。換言之，曇無讖在造此貴霜的「護法信仰」造像之際，他不但將貴霜「護法信仰」的「一佛」造像「轉化」掉，代之用克孜爾石窟製作的支提信仰的「彌勒降魔變」取代原來具有「護法信仰」含義的「一佛」或法師說法的造像。此鋪看似一鋪「護法信仰」的造像，在被曇無讖「轉化」之後，即成為一鋪具有同時表達貴霜「佛教建國信仰」內容的犍陀羅式的轉輪王造像（上層），及一鋪具有表達支提信仰含義的「彌勒佛降魔變」（下層）。曇無讖在敦煌莫254窟南壁前方之所以要用「轉化」造像的方法，變化或轉變原來表達「護法信仰」的造像，乃因他要將具有表達「護法信仰」的造像，「轉化」成為一鋪具有同時表達北涼使用的貴霜「佛教建國信仰」及「支提信仰」內容的造像。

　　曇無讖在開鑿敦煌石窟之前，他一定知道貴霜或犍陀羅有用「轉化」造像的方法造像。因為犍陀羅使用「轉化」造像的方法，首見於犍陀羅依據《悲華經・大施品》經文製作的「悲華經經雕造像」；或更確切的說，首見於拉后博物館收藏的572號「悲華經經雕造像」上說明「轉輪王成佛像」的造像（圖13）。[126]貴霜在「悲華經經雕造像」上，用「對稱法」在主尊坐佛像的兩側，各造有一鋪同樣的轉輪王修行、成佛的造像。但拉后博物館收藏的572號的「悲華經經雕造像」，在依據《悲華經・大施品》製作「轉輪王成佛像」的造像之處，卻在主尊坐佛像的一側，造一鋪身體放光的「轉輪王成佛像」，即「無量壽佛像」；而在主尊坐佛像的另一側，用「轉化」造像的方法，將原本應造的「無量壽佛像」轉化掉，代之用《法華經・見寶塔品》所載的「二佛並坐像」表達「轉輪王成佛

圖13　拉后博物館藏572號悲華經經雕造像

---

126 見本書第三章，〈貴霜佛教建國信仰的發展者迦尼色迦第一及胡為色迦王〉。

像」的造像。犍陀羅這種「轉化」造像的結果,雖然將原來依據《悲華經》製作的「無量壽佛像」轉化掉,但轉化後的「二佛並坐像」,卻有說明成佛的轉輪王能與佛並坐的含義。[127] 敦煌莫254窟南壁前方此鋪原是「護法信仰」的造像,其「一佛」的造像在被轉化之後,便成為一鋪具有說明支提信仰含義的「彌勒降魔變」。莫254窟南壁前方這種「轉化」造像的目的,與上面筆者提到的犍陀羅使用「轉化」造像的目的,事實上並不相同。因為犍陀羅572號的「悲華經經雕造像」,在使用轉化造像之後,其乃用一種新的造像,即「二佛並坐像」,取代原來的「轉輪王成佛像」的造像法。但敦煌莫254窟南壁此鋪造像,在曇無讖使用轉化造像之後,不但失去原來要表達的「護法信仰」造像含義,而且還轉變原來的「護法信仰」造像成為具有表達北涼使用的兩種「佛教建國信仰」內容的造像。

「二佛並坐像」的經文依據,出自《法華經・見寶塔品》。此品的主角是「多寶佛」(Buddha Prabhutaratna)。「多寶佛」在行菩薩道時曾作大誓願說:「若我成佛,滅度之後,於十方國土有說《法華經》處,我的塔廟,為聽是經故,涌現其前為作證明」。「多寶佛」去世後,釋迦牟尼佛演說是《法華經》,「多寶佛塔」於是涌現空中。為了示現弟子「多寶佛」的「法身不壞」,全身不散如入禪定,釋迦佛因此開啟多寶塔門,進入塔中,與「多寶佛」分座而坐。《法華經・見寶塔品》如此載記此段「二佛並坐」的經文:

> 爾時多寶佛於寶塔中分半座與釋迦牟尼佛而作是言:釋迦牟尼佛,可就此座。即時釋迦牟尼佛入其塔中坐其半座,結加(跏)趺坐。爾時大眾見二如來在七寶塔中師子座上結跏趺坐。[128]

《法華經・見寶塔品》的經文,除了用「釋迦牟尼佛」及「多寶佛」「分座而坐」或「二佛並坐」的經文表達「人人皆有佛性」,皆能如經中的「多寶佛」一樣,得佛的「金剛不壞法身」外,也能與佛平等,或「與佛並座而坐」。「二佛並坐像」的原意因此是要闡揚大乘佛教提倡的「人人皆有佛性」

---

127 見本書第三章,〈貴霜佛教建國信仰的發展者迦尼色迦第一及胡為色迦王〉。

128 (後秦)龜茲國三藏法師鳩摩羅什譯,《妙法蓮華經》卷4,《大正》卷9,頁32中-33下。

及佛性平等的信仰。[129]

　　拉后 572 號石雕使用「二佛並坐像」表達「轉輪王成佛像」的情形，很顯然的就是拉后 572 號經雕的造像者，用「轉化」造像的方法，將原來的「無量壽佛像」轉化成具有《法華經 見寶塔品》的「二佛並坐」的含義；換言之，轉化成為「轉輪王成佛像」，或具有佛身的轉輪王像，與佛並坐的造像。[130]

　　犍陀羅拉后博物館收藏的 572 號石雕所使用的「轉化」造像的方法，一定給曇無讖留下深刻的印象，因此曇無讖將犍陀羅始用的「轉化」造像的方法帶來中國的敦煌石窟，並運用於其表達北涼「佛教建國信仰」的造像。曇無讖除了將犍陀羅使用的「轉化」造像的方法用於其開鑿的敦煌莫 254 窟，他在其開鑿的敦煌莫 259 窟，也見其使用「轉化」造像的方法將貴霜的「護法信仰」造像轉化成為表達北涼使用的兩種「佛教建國信仰」的造像內容。當日在北涼能使用此「轉化」造像方法表達北涼的「佛教建國信仰」內容者，沒有別人，只有曇無讖。這就是筆者認為，曇無讖是開鑿莫敦煌 254 窟及莫 259 窟的策劃者及造像者的原因；這也是曇無讖死後（433），我們再不見有其他的敦煌石窟造像者能如曇無讖一樣，使用「轉化」造像的方法說明及表達北涼「佛教建國信仰」的造像者。

三 北涼莫 259 的「轉化」造像

　　事實上我們很難判斷曇無讖開鑿莫 259 窟的時間是在其開鑿的莫 254 窟之前或之後。但我們推測，莫 259 窟不但是曇無讖為北涼涼王沮渠蒙遜開鑿的一座大石窟，而且此大石窟的開鑿時間，與莫 254 窟的開鑿時間，都在沮渠蒙遜行過「受菩薩戒儀式」，並正式使用「佛教信仰建國」統治北涼之後不久的時間，即我們推算的 426 年之後不久的時間。[131] 我們除了用曇無讖在敦

129　（後秦）龜茲國三藏法師鳩摩羅什奉詔譯，《妙法蓮花經 · 見寶塔品》第 11。

130　見本書第三章，〈貴霜佛教建國信仰的發展者迦尼色迦第一及胡為色迦王〉。

131　筆者為何會如此推算此窟建造的時間，見下詳述。

煌莫254窟製作的中心柱造像及「白衣佛像」推算出莫254窟開鑿的時間，
我們也用此二窟造有許多表達北涼使用二種「佛教建國信仰」的造像，或用
「轉化」造像的方法表達北涼使用二種「佛教建國信仰」的造像，推算出敦煌
莫254窟及莫259窟開鑿的時間。

　　許多學者都談論過莫259窟的開窟、造像時間。李玉珉所搜集到的學者
對此窟的定年便有下面這些說法：福山敏男（1905-1995）認為莫259窟開鑿於
西涼或北涼時代（400-440）。[132] 王瀧也認為此窟是北涼開鑿的石窟。[133] 東山健
吾（1931-2021）認為此窟是敦
煌現存最早的北魏窟。[134] 水野
清一（1905-1971）、[135] 久野健
（1920-2007）[136] 及久野美樹，[137]
都認為此窟是北魏太和時期
（477-499）開鑿的石窟。美國
佛教藝術史學者亞歷山大・索
泊（Alexander Soper, 1904-1993）
則提出西元500年前後所開鑿
的石窟的說法。[138]

圖14　莫259窟北壁三組龕形護法模式造像

---

132 福山敏雄，〈敦煌石窟編年試論〉，《佛教藝術》，第19號（1953），頁29-30。

133 王瀧，〈甘肅早期石窟的兩個問題〉，《1983年全國敦煌學術討論會文集・石窟藝術》，頁323。

134 東山健吾，〈敦煌莫高窟北朝期尊像圖像的考察〉，《東洋學術》，第24卷，第一號（1985），頁
　　96。

135 水野清一，〈敦煌石窟ノート〉，《佛教藝術》，第34號（1958），頁13-14；並見水野清一，《中
　　國の佛教美術》（東京：平凡社，1990），頁396等。

136 久野健，《佛像のきた道－ダンダ-ラから慶州らで》（東京：東京日本放送出版協會，1990，再
　　版），頁64。

137 久野美樹，〈中國初期石窟と觀佛三昧－麥積山石窟を中心としで一〉，《佛教藝術》，第176號
　　（1988），頁82。

138 Alexander Soper, "Northern Liang and Northern Wei in Kansu," *Artibus Asiae*, Vol. 21（1958），p.
　　161. 以上學者的定年，見李玉珉，〈敦煌莫高窟二五九窟研究〉，敦煌研究院編，《1994年敦煌
　　國際研討會文集——紀念敦煌研究院成立50周年・石窟考古卷》（蘭州：甘肅民族出版公司，

這些學者的說法，大致可以分為兩類，一類主張此窟是北涼時期開鑿的石窟，一類則主張此窟是北魏孝文帝發展佛教時期在敦煌開鑿的石窟，或日本學者所言的北魏孝文帝太和時期開鑿的石窟。李玉珉則認為，此窟的菩薩像，除了大體與莫275窟的菩薩像一致外，此窟的雕塑風格及洞窟裝飾，均與莫254窟十分相似。[139] 李玉珉此處所言的「菩薩像」，乃指石窟中呈「交腳坐相」及「垂一坐相」的造像。由於此二類造像常被學者稱為「彌勒菩薩像」，故李玉珉也稱此類造像為「菩薩像」。

學者所謂的「彌勒菩薩像」或「菩薩像」，因唐代不空金剛翻譯的《金剛頂一字頂輪王瑜伽一切時處念誦成佛儀軌》（此後，《金剛頂經》），記載有佛教轉輪王的三種坐相：「坐如前全跏／或作輪王坐／交腳或垂一／乃至獨膝豎／輪王三種坐」，[140] 故筆者稱呈「交腳坐相」及「垂一坐相」的人物造像為佛教轉輪王的造像。[141]

李玉珉雖然認為，莫259窟的造像與莫275窟及莫254窟的造像有「十分相似」的地方，然她也認為，莫259窟的佛像風格和龕楣的樣式與雲崗「曇曜五窟」及雲崗第7、8窟的龕像相近。因此她和日本學者一樣，將莫259窟定為北魏孝文帝時期（465-471）開鑿的洞窟。[142] 但筆者認為，莫259窟也是曇無讖在敦煌為北涼涼王沮渠蒙遜開鑿的一座早期「北涼窟」。其原因是，此窟內的造像，不但具有明顯表達北涼蒙遜提倡的兩種「佛教建國信仰」的造像內容，甚至也有如莫254窟的造像一樣，用「轉化」造像的方法將「護法信仰」的造像，轉化成為表達北涼使用的兩種「佛教建國信仰」的造像內容。莫259窟的這種造像方法及造像現象，也都明顯的見於曇無讖在敦煌為蒙遜開鑿的莫254窟的「中心柱窟」的造像。因此筆者認為，敦煌莫259窟也是曇無讖為蒙遜設計及開鑿的北涼石窟。

2000年），頁75。

139 見李玉珉，〈敦煌莫高窟二五九窟研究〉，頁77。

140 （唐）不空金剛譯，《金剛頂一字頂輪王瑜伽一切時處念誦成佛儀軌》，《大正》卷19，頁326。

141 見本書第三章，〈貴霜佛教建國信仰的發展者迦尼色迦第一及胡為色迦王〉。

142 見李玉珉，〈敦煌莫高窟二五九窟研究〉，頁77-78。

（1）北涼莫 259 窟南、北兩壁像似「護法模式」的造像

莫 259 窟並不是一座「中心柱窟」，但其南、北兩壁的上、下層造像，看似都用貴霜「一佛、一轉輪王」的貴霜「護法信仰」造像模式表達北涼提倡的貴霜「佛教建國信仰」的內容。此窟北壁上層所塑的三尊「犍陀羅式」的造像，都被造成王裝、戴冠，或呈「交腳坐相」，或呈「垂一坐相」的轉輪王像。這三尊「犍陀羅式」的轉輪王造像，都被造坐在如宮室般的建築物內。[143] 但下層所造的對應上層三尊「轉輪王像」的造像，造有二尊呈「結跏趺坐相」的「彌勒佛王像」及一尊呈「倚坐相」的「彌勒佛王像」：呈「倚坐相」的「彌勒佛王像」被造在中間，其兩側則各造一尊呈「結跏趺坐相」的「彌勒佛王像」。

莫 259 窟南、北兩壁，事實上都各造有三組看似用貴霜「護法信仰」造像模式製作的「一轉輪王、一佛」的造像。此三組看似用「護法信仰」造像模式製作的造像，都被造成豎形的「一轉輪王、一佛」的「護法信仰」造像（圖 14）。但如果我們仔細檢查此三組看似表達「護法信仰」的造像底層或下層的三尊「坐佛像」，我們便會注意到，此三尊「坐佛像」都已經被轉化過，並成為表達支提信仰的「彌勒佛王像」。譬如，莫 259 窟北壁此三組看似用「護法信仰」模式製作的造像，由於原有的三尊坐佛像已被轉化掉，取而代之造了目前所見的三尊「彌勒佛王像」，即用「結跏趺坐相」或「禪定坐相」製作的二尊「彌勒佛王像」及用「倚坐相」製作的一尊「彌勒佛王像」。這三尊「彌勒佛王像」都已經不再是原來具有表達犍陀羅「法施」或法師說法含義的「坐佛像」，而成為具有表達支提信仰含義的「彌勒佛王像」。此三組豎立的造像組合，因此不再有表達貴霜的「護法信仰」造像。莫 259 窟北壁此三組豎立的造像，因其底層的坐佛像被轉化過，而成為三組具有同時表達北涼提倡的兩種「佛教建國信仰」的內容，此三組造像的上層轉輪王像，因此有表達北涼使用貴霜「佛教建國信仰」的內容，而下層的三尊「彌勒佛王像」，則有表達北涼使支提信仰的轉輪王像或彌勒佛王像。莫 259 窟南、北兩壁三組

---

143 見本書第三章，〈貴霜佛教建國信仰的發展者迦尼色迦第一及胡為色迦王〉。

豎形的造像，因此與我們在上面提到的，莫254窟南壁前方所造的，看似表達「護法信仰」的造像一樣，都是用「轉化」造像的方法，將原有的造像轉化掉，進而表達北涼提倡的二種「佛教建國信仰」的內容。莫259窟南、北兩壁的造像，因此與莫254窟南壁前方用「轉化」造像的方法製作「一轉輪、一佛像」的造像法完全如出一轍，都用轉化「護法信仰」的造像方法，改變此二鋪造像的原意；並表達北涼使用兩種「佛教建國信仰」的內容。敦煌莫259窟造像的策劃者及建造者，因此一定也是莫254窟造像的策劃者及建造者疊無識。

　　莫259窟所造的「轉化」造像的例子，還有此窟西壁所造的此窟主尊造像「二佛並坐像」的造像，我們因此在下面也要談論莫259窟西壁此鋪用「轉化」造像方法製作的造像。

（2）北涼莫259窟西壁的「二佛並坐像」

　　莫259窟西壁的主尊造像，是一組我們在貴霜「悲華經經雕造像」，或拉后博物館藏572號石雕造像所見的，被「轉化」的「轉輪王成佛像」，即「二佛並坐像」（圖15）。[144] 貴霜所造的此鋪「二佛並坐像」，在拉后572號石雕造像因具有表達「轉輪王成佛像」的作用及含義，此「二佛並坐像」在貴霜之後，便也被視為「轉輪王成佛像」。[145] 但我們注意到，北涼在敦煌所造的莫259窟的「二佛並坐像」，甚至還具有表達支提信仰的「彌勒佛王像」或具有「彌勒佛身的轉輪王造像」的含義。

圖15　　莫259窟西壁北涼造二佛並坐像

---

144 敦煌文物研究所編，《中國石窟‧敦煌莫高窟》卷1，圖20，頁208，莫259窟，「二佛並坐像」。
145 見本書第三章，〈貴霜佛教建國信仰的發展者迦尼色迦第一及胡為色迦王〉。

敦煌莫 259 窟西壁所造的「二佛並坐像」，並不是完全依據《法華經・見寶塔品》所載的兩尊呈「結加（跏）趺坐」的「二佛並坐像」的造像法製作的造像。敦煌莫 259 窟西壁此「二佛並坐像」，都著佛衣，二尊坐佛外側的一隻腳都作下垂的轉輪王「垂一坐相」，而另一隻腳則彎起安置在座上，此二佛的坐姿，因有表達早期案達羅或龍樹製作的佛教轉輪王的「垂一坐相」的含義，[146] 莫 259 窟此「二佛並坐像」因其坐相或坐姿，便有表達此像有被「支提信仰化」的現象，並具有表達支提信仰的轉輪王像或「彌勒佛王像」的含義。[147] 筆者如此解釋莫 259 窟的「二佛並坐像」的「垂一坐相」的造像意思不是沒有原因。

敦煌莫 259 窟用轉輪王的「垂一坐相」造「二佛並坐像」的造像傳統，也見於隋代（統治，581-618）開鑿的敦煌莫 303 窟北壁前部所造的「二佛並坐像」。雖然敦煌莫 303 窟的「二佛並坐像」並沒有將其等呈「垂一坐相」的一隻腳下垂到地面，而是將其一腳踩在「轉輪王座」或「獅子座」上，[148] 然我們知道此鋪隋代製作的「二佛並坐像」會如此被造於此窟的北壁，乃因其受敦煌莫 259 窟西壁所造的「二佛並坐像」的造像法影響所致。隋代莫 303 窟此「二佛並坐像」的二佛坐像的中間，還繪有一塔形小「支提」的圖像，說明此「二佛並坐像」坐「支提」下生的意思。敦煌莫 303 窟此「二佛並坐像」，因此有指支提信仰的「彌勒佛王像」，或意味「彌勒佛王坐支提下生」的意思。隋代造此「二佛並坐像」的造像法，因此可以上溯至敦煌莫 259 窟西壁北涼所造的「二佛並坐像」的造像。因為隋代造的此「二佛並坐像」，用案達羅造的轉輪王「垂一坐相」說明其「二佛並座像」是「彌勒佛王像」的造像法或造像傳統，顯然受北涼時代在敦煌莫 259 窟造「二佛並坐像」的造像法的影響。

---

146 見本書第五章，〈龍樹與阿瑪拉瓦底大支提的建築及造像〉。

147 見本書第五章，〈龍樹與阿瑪拉瓦底大支提的建築及造像〉。

148 敦煌文物研究所編，《中國石窟・敦煌莫高窟》卷 2，圖 14，莫 303 窟北壁前部，「二佛並坐像」。有關獅子座即是轉輪王座的說法，見本書第九章，〈《入法界品》的支提信仰性質及造像〉。

曇無讖在莫 259 窟西壁用「二佛並坐像」說明「彌勒佛王像」的造像方法，也是一種「轉化」造像的方法，只是此鋪造像將原來只具有「轉輪王成佛像」含義的「二佛並坐像」，再度轉化成為「彌勒佛王像」。為何曇無讖要將犍陀羅的「二佛並坐像」再度的轉化成具有「支提信仰」含義的「二佛並坐像」？龍樹在談論彌勒佛身與轉輪王身的關係時，用「佛有三身」的信仰說明轉輪王身是彌勒佛「法身」下生的身體，並在其撰造的《寶行王正論》說「大王佛法身」。[149] 由此我們知道具有佛身的轉輪王身與彌勒佛身都是同一的佛身，轉輪王身與彌勒佛身同坐的情形說明此「二佛並坐」的情形是，轉輪王的身體與彌勒佛的身體都是同一的彌勒佛王身體。這種情形，與早期犍陀羅所轉化的「二佛並坐」，將轉輪王成佛的身體與並坐的佛身視為兩個不同身體的情形，截然不同。這就是曇無讖視「二佛並坐像」為沮渠蒙遜的「彌勒佛王像」的原因。曇無讖在敦煌莫 259 窟西壁將犍陀羅的「二佛並坐像」用「轉化」造像的方法，將此像「支提信仰化」的情形，非常可能就是曇無讖在歷史上創造的最明顯的，改變造像原意的造像。曇無讖要改變犍陀羅或貴霜的「二佛並坐像」為支提信仰的「彌勒佛王像」的原因，無非是要為蒙遜製作其「彌勒佛王新像」。因此曇無讖用「轉化」造像的方法，將原來在犍陀羅已經轉化過的「二佛並坐像」，再度轉化此像。曇無讖此做法在其製作敦煌造像的時代，一定引起相當的注意及重視。因此曇無讖將此「二佛並坐像」作為莫 259 窟的主尊造像。事實上，曇無讖在莫 259 窟轉化「二佛並坐像」的做法，除了影響隋代敦煌的造像，在隋代之前，也顯見的影響北魏孝文帝（統治，471-499）及梁代梁武帝（統治，502-549）的造像。我們在今日台北國立故宮博物院博物館收藏的北魏孝文帝太和元年（477）製作的所謂「金銅佛像」，事實上就是一尊北魏孝文帝的「彌勒佛王像」或轉輪王像。在此造像的背面，我們便見造像者用「二佛並坐像」的方法表達孝文帝以「彌勒佛王的姿態坐支提下生」的造像。[150] 太和元年製作的金銅佛像背面所造的「二佛並

---

149 見本書第四章，〈佛教支提信仰的奠立者——龍樹菩薩〉。
150 見下詳述。

坐像」，被造坐在具有三支「阿雅卡柱子」（ayaka
pillars）及二個像帝王徽誌的「支提」內部（圖
16），就有說明此「二佛並坐像」是坐在「支提」
內下生的「彌勒佛王像」。我們最早見到的「支
提」上立有五支「阿雅卡柱子」的造像，是在龍
樹建造的「阿瑪拉瓦底大支提」。[151] 國立故宮博
物館所藏的此座太和元年製作的金銅佛像背面所
造的「二佛並坐像」，因坐在具有阿雅卡柱子裝
飾的「支提」內，因此此「二佛並坐像」便具有
說明「彌勒佛王」坐「支提」下生的意思。太和
元年此尊金銅造像背面的造像內容，除了造有
「彌勒佛王」坐「支提」下生的造像外，也造有
其他的支提信仰造像，如「彌勒一組三尊像」（中
部）、轉輪王用「釋迦佛誕」方式下生的佛誕造像
（底部），[152] 及說明北魏孝文帝因行「受菩薩戒儀
式」登上其「轉輪王位」或「彌勒佛王位」的「白
衣佛像」，即北魏造的「文殊菩薩問道於維摩詰」
的造像。[153] 由此我們知道，北魏孝文帝在用支提
信仰統治中國北方之際，其對「二佛並坐像」的
造像性質及造像方法，已有一定的認識及了解，
並深受北涼在敦煌造此像的影響。

　　曇無讖所了解的「轉化」造像的方法，並沒
有固定的「轉化」造像的方法或法則。這樣的
「轉化」造像法，因此不是任何一位普通的造像

圖 16-1　國立故宮博物院藏太
　　　　和元年造金銅佛像
　　　　（正面）

圖 16-2　國立故宮博物院藏太
　　　　和元年造金銅佛像
　　　　（背面）

151 見本書第五章，〈龍樹與阿瑪拉瓦底大支提的建築及造像〉。
152 有關轉輪王用「釋迦佛誕」方式出世的造像，見本書第五章，〈龍樹與阿瑪拉瓦底大支提的建築
　　及造像〉。
153 見下詳述。

者敢隨意使用的方法。這大概就是在曇無讖死後，我們再也沒有見有造像者在中國使用「轉化」造像法製作造像的原因。

我們注意到，梁武帝在使用支提信仰統治天下，造其「彌勒佛王像」之際，因受曇無讖在敦煌用「二佛並坐像」造像的影響，也將「二佛並坐像」視為其「彌勒佛王像」。譬如，我們在本書第七章談論梁武帝所造的「彌勒一組三組」的擴大版造像之際，也見梁武帝用「二佛並坐像」說明其「彌勒佛王造像」。[154]

由曇無讖使用「轉化」造像的方法說明莫 259 窟的「二佛並坐像」的造像性質，莫 259 窟的「二佛並坐像」因此便不再有說明《法華經》所載的「二佛並坐像」的原意。我們因此不能再如許多學者一樣，用《法華經》所載的「二佛並坐」的經意說明敦煌莫 259 窟是座「法華窟」。但李玉珉因視此「二佛並坐像」在敦煌莫 259 窟的出現，有說明莫 259 窟是座「法華窟」的意思，因此她說：

> 第 259 窟是敦煌最早的法華窟。全窟的圖像一方面固然保存了涼州的特色，將兜率天宮的彌勒菩薩置於兩壁的上層龕中，但是也受到了長安佛教圖像的影響。全窟圖像安排的義學基礎是以長安教團的法華思想為根本，旨在體現《法華經》「三世無礙，法身長存」的要旨。又由於 259 窟圖像的布置很可能與「法華三昧的觀法」有關，所以窟中的千佛圖應代表釋迦的分身化佛，而非三世千佛或賢劫千佛。[155]

李玉珉的解釋，自然有商榷的餘地。因為曇無讖在敦煌為北涼製作的佛教造像，如造莫 259 窟及莫 254 窟的造像，除了顯見的具有系統性的造像現象外，也見曇無讖使用各種「佛教建國信仰」及其造像法為北涼製作佛教造像。這些曇無讖製作的敦煌石窟造像，因此都不是我們可以隨意用中國的佛教發展背景說明其造像的性質及造像的來源。譬如，曇無讖在使用犍陀羅的「轉化」造像方法之際，都有其用貴霜或犍陀羅的造像法及克孜爾石窟製作支

---

154 見本書第七章，〈犍陀羅的支提信仰性質與造像〉。
155 李玉珉，〈敦煌莫高窟第二五九窟研究〉，頁 88。

提信仰的造像法，作為其為北涼製作敦煌石窟造像的基礎及依據。這就是我們可以追溯曇無讖在敦煌莫 254 窟及莫 259 窟的造像背景及造像方法的原因。曇無讖在敦煌莫 254 窟及莫 259 窟所造的造像，甚至有曇無讖依據傳統造像所創造的變化造像，如莫 259 窟的「二佛並坐像」及莫 254 窟或「中心柱窟」的中心柱造像。曇無讖在敦煌所開鑿的石窟及所造的造像，可以說都令人嘆為觀止。如果中國歷史上沒有他為北涼發展佛教及從事開窟造像的工作，中國敦煌石窟的開鑿及造像活動不會出現如此精彩的窟龕造像現象。我們因此可以說，曇無讖是開啟中國佛教石窟系統性造「佛教建國信仰」造像的先驅或開山祖。

我們縱然有佛教經文可以作為我們辨認佛教造像的依據，但從曇無讖開鑿敦煌石窟及造像的情形，特別是他使用「轉化」造像的情形，我們發現佛教造像並不是依據經典一成不變的造像。這大概就是研究佛教造像最困難的地方。事實上，這些變化造像不是無跡可尋，但我們還是要花費相當的力氣去了解這些變化造像出現的原因及其在歷史上發展的情形。

第五節　莫 254 窟「白衣彌勒佛像」或「白衣佛像」的製作背景及造像意義

■一 沮渠蒙遜行「受菩薩戒儀式」的活動及其意義

事實上最能證明曇無讖是開鑿敦煌莫 254 窟的開鑿者及造像者的證據，即是曇無讖為蒙遜在莫 254 窟西壁所造的「白衣彌勒佛像」。曇無讖為蒙遜開鑿莫 254 窟的原因是，他要用造「白衣彌勒佛像」的方法紀念蒙遜因行「受菩薩戒儀式」而登上其轉輪王位或「彌勒佛王位」，並以「白衣居士」或「白衣彌勒佛王」的身分統治北涼的歷史。換言之，他要用造「白衣彌勒佛像」的方法記錄蒙遜用「佛教建國信仰」統治北涼的歷史。這就是莫 254 窟的主尊造像是一鋪「白衣彌勒佛像」的原因。為何我們知道此事？原因是，西元

4、5 世紀之間，印度出現了許多《菩薩戒經》及《菩薩戒法》。《菩薩戒經》及《菩薩戒法》在印度的出現，與印度帝王要用行「受菩薩戒儀式」登上「轉輪王位」的活動有極大的關聯。因為帝王在行「受菩薩戒儀式」時，他必須用《菩薩戒法》行其儀式，並在行「受菩薩戒儀式」之後，帝王及其人民都需要用《菩薩戒經》作為其等修行佛教的修行手冊及其等共同建立佛教國家的指南。

　　西元 4、5 世紀之間印度出現《菩薩戒經》及《菩薩戒法》的數量不少，其中有許多這類經典都在西元 5 世紀初期之後，即被陸續的傳入中國。譬如，西元 5 世紀初期，中國北方便有龜茲僧人鳩摩羅什在長安為後秦（統治，384-417）的姚興（統治，394-415）翻譯《梵網經盧舍那佛說菩薩心地戒品第十卷》（此後，《梵網經》）。[156] 印度僧人曇無讖也在 5 世紀中期左右為統治河西的北涼政權翻譯《優婆塞戒經》七卷、《菩薩戒經》一卷、《菩薩戒本》一卷及《菩薩地持經》十卷等。曇無讖甚至認為，《優婆塞戒經》對北涼發展「佛教建國信仰」的活動最為重要。[157] 西元 5 世紀初期來到中國南方的印度僧人求那跋摩（Gunavarman, 394-468），也在中國的南方為劉宋王朝（統治，420-479）的帝王翻譯了五部《菩薩戒經》及《菩薩戒法》。求那跋摩在中國南方翻譯的五部《菩薩戒經》即是：《菩薩善戒經》九卷、《菩薩善戒經》一卷、《菩薩內戒經》一卷、《優婆塞五戒威儀經》一卷及《優婆塞五戒相經》一卷。[158] 這三位在西元 5 世紀初葉來華的僧人，都是中國南北朝時代最有名的印度及中亞高僧。他們在中國翻譯及傳播《菩薩戒經》及《菩薩戒法》的現象，說明了其時代的印度及中亞帝王都有用行「受菩薩戒儀式」的方法登上「轉輪王位」的活動。曇無讖在北涼翻譯《菩薩戒經》的活動，說明他也要用行「受菩薩戒儀式」的方法，將北涼涼王沮渠蒙遜推上「轉輪王位」。唐代撰造的《開元錄》說：「（曇無讖）先為中印度王咒師，後因事乃齎大涅槃經本前分十卷，並

156　（唐）釋智昇撰，《開元錄·鳩摩羅什》卷 4，頁 512-513。有關《梵網經》，請見下詳述。

157　（唐）釋智昇撰，《開元錄·曇無讖譯經錄》卷 4，頁 519 下-520 上；並見下詳述。

158　見古正美，〈中國早期《菩薩戒經》的性質及內容〉，《南京大學學報》，第四期（2010），頁 13；並見（唐）釋智昇撰，《開元錄·求那跋摩》卷 5，頁 526 上。

菩薩戒經、菩薩戒本等奔龜茲」。《開元錄》這段話說得很清楚，曇無讖在 5
世紀初期從犍陀羅來華時，即攜帶有《菩薩戒經》及《菩薩戒本》。曇無讖自
罽賓或犍陀羅帶來《菩薩戒經》及《菩薩戒本》的事，即有說明其準備到古
代中亞的龜茲或中國為帝王發展「佛教建國信仰」。曇無讖在北涼翻譯《優婆
塞戒經》的活動，因此有說明，其要為蒙遜主持行「受菩薩戒儀式」及在敦
煌造「白衣彌勒佛像」的活動。曇無讖完全知道，如何幫助帝王用行「受菩
薩戒儀式」登上轉輪王位或彌勒佛王位；甚至知道，如何為帝王造「白衣彌
勒佛像」。當時的北涼沒有一位僧人如曇無讖如此了解《菩薩戒經》及《菩薩
戒本》的性質及作用，也沒有一位僧人能為北涼涼王蒙遜主持行「受菩薩戒
儀式」及用此儀式將蒙遜推上轉輪王位；更沒有一位僧人能為北涼涼王蒙遜
造中國從未見過的「白衣彌勒佛像」。很顯然的，曇無讖就是這一連串為北涼
涼王施行「佛教建國信仰」活動的設計者及主持者。

從 5 世紀初期龜茲僧人鳩摩羅什翻譯的《梵網經》，我們便知道，帝王要
用佛教信仰建國之前，他必須與其臣民先行「受菩薩戒儀式」，才能登上「轉
輪王位」或「佛王位」。因為《梵網經》說：

> 佛言：若佛子，欲受國王位時，受轉輪王位時，百官受位時，應先受菩薩戒。
> 一切鬼神救護王身、百官之身，諸佛歡喜。[159]

《梵網經》此處所言的「菩薩戒」，即指帝王在行「受菩薩戒儀式」之際
所乞請的「十善道」或「十戒」。帝王乞請了「十善道」或「十戒」之後，他
才能登上其「轉輪王位」或「佛王位」，並開始用佛教信仰或「十善道」建
國。《梵網經》不但提到帝王必須先行「受菩薩戒儀式」才能登上其轉輪王位
的事，而且也說，「百官受位時，應先受菩薩戒」。《梵網經》雖然說，帝王
及百官要行「受菩薩戒儀式」的原因是，「一切鬼神救護王身、百官之身，諸
佛歡喜」，然而我們不要忘記，許多大乘佛經及佛教文獻都載有轉輪王用佛教
「十善道」或「十戒」建國的事。這就是為何梁武帝在其統治梁朝（統治，502-

---

159 （後秦）龜茲國三藏鳩摩羅什譯，《梵網經盧舍那佛說菩薩心地戒品第十卷》下，《大正》卷
24，頁 1005 上。

557）的四十七年中，兩次與其臣民行「受菩薩戒儀式」的原因。[160] 這也是為何帝王在行「受菩薩戒儀式」之際，都要與其臣民一起受戒的原因。梁武帝在其第一次行「受菩薩戒儀式」時，即天監三年（504），他不但在此儀式向天下人宣告其要用佛教信仰建國，而且他也與道俗二萬人共同受「菩薩戒」並「發菩提心」，希望未來成佛。《廣弘明集》如此記載梁武帝第一次行「受菩薩戒儀式」的情形：

> 弟子（梁武帝）經遍迷耽事老子，歷葉相承，染此邪法，習因善發，棄迷知還。今捨舊醫，歸憑正覺，願使未來生世童男出家，廣弘經教，化度含識…弟子蕭衍和南。於時帝與道俗二萬人於重雲殿重閣上手書此文，發菩提心。[161]

帝王及其百官和人民行「受菩薩戒儀式」的活動，因此是帝王正式宣布要用佛教信仰建國的最重要儀式。因為帝王在與百官及人民行「受菩薩戒儀式」之後，帝王便能登上「轉輪王位」或「佛王位」，並用「十善道」或「十戒」統治天下。梁武帝在其第一次行「受菩薩戒儀式」時，梁武帝不僅正式宣告天下，其要放棄道教信仰，改用佛教信仰建國；同時他也與道俗二萬人在儀式中，乞請其要用佛教信仰建國的「十戒」，並「發菩提心」。[162]「發菩提心」的意思，即有決定修行、成佛的意思。

蒙遜的兒子沮渠安周（統治，444-460）在北涼滅後，統治高昌的「後北涼」

---

160 見古正美，〈梁武帝的彌勒佛王形象〉，上海社會科學院編輯委員會編，《傳統中國研究集刊》（上海社會科學院編輯委員會編），第二輯（2006，10 月），頁 28-47; see also, Kathy Ku Cheng Mei（古正美），"The Buddharāja Image of Emperor Wu of the Liang," in Alan K. L. Chan and Yuet-keung Lo, eds., *Philosophy and Religion in Early Medieval China*. New York: State University of New York Press, 2010, pp. 265-290.

161 （唐）釋道宣撰，《廣弘明集》，《大正》卷 52，頁 112 上；並見古正美，〈梁武帝的彌勒佛王形象〉，上海社會科學院編輯委員會編，《傳統中國研究集刊》（上海社會科學院編輯委員會編），第二輯（2006，10 月），頁 28-47; see also Kathy Ku Cheng Mei（古正美），"The Buddharāja Image of Emperor Wu of the Liang", pp. 265-290。

162 見古正美，〈中國早期《菩薩戒經》的性質及內容〉，《南京大學學報》，第四期（2010），頁 1-15；並見古正美，〈梁武帝的彌勒佛王形象〉，上海社會科學院編輯委員會編，《傳統中國研究集刊》，第二輯（2006，10 月），頁 28-47；See also Kathy Ku Cheng Mei（古正美），"The Buddharāja Image of Emperor Wu of the Liang," pp. 265-290.

時代，不但有用行「受菩薩戒儀式」登上其「轉輪王位」的活動，而且也在其行「受菩薩戒儀式」之際，也如後來的梁武帝一樣，和其臣民一起有「發菩提心」或「發道心」的活動。沮渠安周用佛教信仰建國的原因，很清楚的記載於其在高昌所造的〈造佛寺碑〉。

〈造佛寺碑〉前半段的碑文即很清楚的說明修行佛教的重要性。沮渠安周認為，如果我們不修行佛教，便要永遠在輪迴中受苦（不弘解脫之致，隨巨波以輪迴，受後有而不息）。為了救度眾生，即使其（安周）「日理萬機」，非常忙碌，其也不敢不發展佛教信仰。〈造佛寺碑〉載：

> 涼王大沮渠安周，誕妙識於靈府，味純猷而獨詠。雖統天理物，日日萬機，而庶幾之心，不忘造次……一念之善，成菩提之果……不弘解脫之致，隨巨波以輪迴，受後有而不息。[163]

安周認為，他要發展佛教信仰建國的原因是，他要使人人都能修行佛教，解脫輪迴成佛。這應該就是其在行「受菩薩戒儀式」之際，其有與其臣民一起「發菩提心」或「發道心」，堅決要成佛的活動的原因。安周在其〈造佛寺碑〉也提到，其及其臣民都有行「受菩薩戒儀式」，並因此登上其「轉輪王位」或「彌勒佛王位」，而有「法王」及「彌勒菩薩」之稱。[164]〈造佛寺碑〉如此記載安周及其臣民行「受菩薩戒儀式」活動的情形：「兆庶欣然，咸發道心」。[165]此處所言的「兆庶欣然」，有指安周與其眾多的臣民都非常高興一起行「受菩薩戒儀式」。此處所言的「咸發道心」，即指安周及其臣民都在行「受菩薩戒儀式」中「一起發菩提心」。安周一定認為，行「受菩薩戒儀式」對其發展「佛教建國信仰」的活動具有重大的歷史意義，因此其命史臣將此事記載下來。〈造佛寺碑〉說：

> 兆庶欣然，咸發道心，於是隆業之右，唯一簣之不倦，熙神功以悟世。爰命史臣，載籍垂訓，有鄙之類，思不畢。[166]

---

163 蔣文光，〈孤本《北涼沮渠安周造佛寺碑》〉，《新疆文物》，第二期（1989），頁57，第8-10行。
164 見下詳述。
165 蔣文光，〈孤本《北涼沮渠安周造佛寺碑》〉，《新疆文物》，第二期（1989），頁57，第12行。
166 蔣文光，〈孤本《北涼沮渠安周造佛寺碑》〉，《新疆文物》，第二期（1989），頁57，第12行。

沮渠安周用佛教信仰建國的方法，非常可能就是其依據其父蒙遜當日用行「受菩薩戒儀式」的方法登上其「轉輪王位」或「彌勒佛王位」的方法。〈造佛寺碑〉所載的下面文字：「口口口之有幸，遇交泰於當年，目睹盛美，心生隨喜，嗟嘆不足，刊石抒懷」，[167] 應該是一段記載安周在行「受菩薩戒儀式」之後表達其對行此儀式的感想。安周在此段文字中，沒有告訴我們，其在何時行「受菩薩戒儀式」，只說是在「當年」（遇交泰於當年）。安周因「目睹盛美，心生隨喜」，但仍然覺得有些遺憾（嗟嘆不足），於是「刊石抒懷」。既是這樣，安周行「受菩薩戒儀式」的時間，並不是在其「刊石抒懷」的時間或承平三年（445），而是在承平三年之前的「當年」。此「當年」，應該是指安周繼承無諱的北涼帝位的承平二年（444）。由於無諱死於承平二年，安周必在承平二年繼承無諱的帝位，才有其用行「受菩薩戒儀式」的方法登上其「轉輪王位」或「彌勒佛王位」的事。筆者因此認為，〈造佛寺碑〉是一座追記安周行「受菩薩戒儀式」，並因此登上其「轉輪王位」或「彌勒佛王位」的紀念碑，或安周開始發展「佛教建國信仰」統治「後北涼」的紀念碑；而不是蔣文光（1938-）及周肇祥（1880-1954）所言的「造佛像碑」、池田溫（1931-）所言的「功德碑」，及榮新江所言的「造寺碑」或「造像碑」；[168] 更不是賈應逸所言的為北涼僧人法進所造的造像碑。[169]

　　從安周行「受菩薩戒儀式」的事，我們可以看出，行「受菩薩戒儀式」，是帝王要登上其「轉輪王位」，並用「佛教信仰建國」之前必行的儀式。帝王因要用佛教信仰建國，因此帝王及其臣民都要在此儀式中乞請「十善道」或「十戒」，帝王才能用佛教信仰建國。北魏（統治，386-534）菩提留支翻譯的《大薩遮尼乾子所說經》說，轉輪王因用「十善道」建國的緣故，因此有「法王」或「轉輪王」的稱號：

---

167 蔣文光，〈孤本《北涼沮渠安周造佛寺碑》〉，《新疆文物》，第二期（1989），頁 57，第 13 行。

168 此碑有多個名字。譬如，蔣文光及周肇祥都稱其為「北涼沮渠安周造佛像碑」，而池田溫就用此碑的安周稱號稱其為「涼王大且渠功德碑」。見榮新江，〈《且渠安周碑》與高昌大涼政權〉，《燕京學報》，北京大學出版公司，第五輯（1998），頁 72。

169 賈應逸，〈鳩摩羅什譯經和北涼時期的高昌佛教〉，《敦煌研究》，第一期（1999），頁 152。

轉輪聖王以十善道化四天下，悉令受持，離十惡業。行十善道，具足成就，名
為法王。[170]

《道行般若經》對「十善道」或「十戒」的內容及行法作有下面的解釋：

當持十戒，不殺生、強盜、婬逸、兩舌、嗜酒、惡口、妄言綺語，不嫉妒、嗔
恚罵詈，不疑。亦不教他人為。身自持十戒不疑，復教他人受十戒。於夢中自
護十戒，亦復於夢中面目見十戒。[171]

自從貴霜王丘就卻開始用大乘菩薩道行法「般若波羅蜜」行法作為其用
佛教信仰建國的方法之後，亞洲後來用佛教信仰建國的轉輪王，都會沿襲丘
就卻用「十善道」或「十戒」行法建國。[172] 這就是《道行般若經》如此重視
「十善道」或「十戒」行法的原因，這也是《大薩遮尼乾子所說經》用「十善
道」或「十戒」定義轉輪王為「法王」的原因。曇無讖翻譯的《優婆塞戒
經》，因記載有丘就卻用「般若波羅蜜」行法建國的方法，因此此經不但記載
有貴霜王用「護法信仰」建國的內容，也記載有轉輪王用「十善道」或「十
戒」建國的方法及內容。這就是曇無讖要翻譯《優婆塞戒經》的原因。

根據《優婆塞戒經‧出經後記》的說法，《優婆塞戒經》是蒙遜的世子
「沮渠興國與諸優婆塞等五百餘人」請曇無讖翻譯的一部《菩薩戒經》。《優
婆塞戒經‧出經後記》沒有提到蒙遜及其子等因要行「受菩薩戒儀式」，故請
曇無讖翻譯此《菩薩戒經》。但我們知道，曇無讖翻譯《優婆塞戒經》的目
的，與蒙遜及其臣民要行「受菩薩戒儀式」，及蒙遜要在此儀式之後，登上其
「轉輪王位」或「彌勒佛王位」，並用佛教信仰建國的活動息息相關。因為《優
婆塞戒經》是一部說明如何用佛教信仰建國的佛教建國手冊。[173]《優婆塞戒
經‧出經後記》載有《優婆塞戒經》被要求翻譯的情形及此《菩薩戒經》出

---

170 （元魏）天竺三藏菩提留支譯，《大薩遮尼乾子所說經‧王論品第五之一》，《大正》卷 9，頁
330 上-中。

171 （後漢）大月支僧人支婁迦讖譯，《道行般若經》卷 6，頁 454 中-下。

172 見本書第二章，〈大乘佛教建國信仰的奠立者──貴霜王丘就卻〉。

173 見古正美，〈中國早期《菩薩戒經》的性質及內容〉，《南京大學學報》，第四期（2010），頁
1-15。

經的時間：

> 太歲在丙寅夏四月二十三日，河西王世子撫軍將軍錄尚書事大沮渠興國，與諸優婆塞等五百餘人，共於都城之內，請天竺法師曇摩（無）讖譯此在家菩薩戒，至秋七月二十三日都訖，秦沙門道養筆受。願此功德令國祚無窮，將來之世，值遇彌勒，初聞悟解逮無生忍十方有識咸同斯慶。[174]

依據《優婆塞戒經·出經後記》的說法，《優婆塞戒經》被曇無讖譯出的時間是在北涼「丙寅」年。北涼「丙寅」年即是（劉）宋元嘉三年（426）。曇無讖翻譯的《優婆塞戒經》因此是在西元 426 年 7 月 23 日完成翻譯此經的工作。我們因此推測，「河西王世子大沮渠興國與諸優婆塞等五百餘人」是在西元 426 年 7 月 23 日，或此日左右的時間，在曇無讖的主持下行「受菩薩戒儀式」。《優婆塞戒經·出經後記》雖然沒有提到北涼涼王蒙遜也參與此次北涼的「受菩薩戒儀式」，然因蒙遜在此儀式之後，便以「白衣居士」的姿態登上其「轉輪王位」或「彌勒佛王位」，並有曇無讖在此儀式之後，在敦煌為蒙遜造「白衣彌勒佛王像」或「白衣佛像」的活動，[175] 我們因此非常確定，蒙遜不但參與此次的受戒儀式，而且因此次的受戒活動，蒙遜開始正式以「白衣彌勒佛王」的姿態用大乘佛教信仰統治北涼。

曇無讖為了紀念蒙遜此重要且具有歷史意義的佛教建國活動，因此為蒙遜在敦煌開鑿了莫 254 窟，並在此窟的西壁，即此石窟的主牆，為蒙遜製作一鋪「白衣彌勒佛像」或「彌勒白佛瑞像」。曇無讖在敦煌建造「白衣彌勒佛像」的活動，因此需要兩個基本條件：（1）北涼涼王要行「受菩薩戒儀式」，並以「白衣居士」的身分登上其「轉輪王位」或「彌勒佛王位」；（2）北涼涼王要以支提信仰的「彌勒佛王」形象統治天下。蒙遜行「受菩薩戒儀式」的活動，除了用曇無讖翻譯的《優婆塞戒經》可以證明外，我們從安周在高昌依據曇無讖翻譯的《大方等大集經》所載的「彌勒菩薩佛王」形象建國的活動，也能證明蒙遜在行其「受菩薩戒儀式」之後，也有用《大方等大集經》

---

174 （梁）僧祐撰，《出三藏記集》卷 9，《優婆塞戒經·出經後記》，《大正》卷 55，頁 64 下-65 上。
175 見後詳述。

登上其「彌勒佛王位」，並以「白衣彌勒佛王」的面貌統治北涼。因為《大方等大集經》也是曇無讖在北涼為蒙遜翻譯的一部大乘經典。除此，從北涼在敦煌及河西開鑿的石窟都造有「轉輪王像」及「彌勒佛王像」的活動，也能證明北涼王朝自沮渠蒙遜登上其轉輪王位或／及彌勒佛王位之後，便有用「支提信仰」的轉輪王信仰及轉輪王形象統治北涼的現象。

二 蒙遜的「白衣彌勒佛王」形象

我們從梁武帝行過「受菩薩戒儀式」之後，即以「菩薩戒弟子」的稱號稱呼自己的情形知道，行過「受菩薩戒儀式」的帝王及其臣民，都可以稱自己為「菩薩戒弟子」，[176] 或「白衣居士」。所謂「菩薩戒弟子」，即有說明此類人從此進入佛教「僧團」、成為佛教僧團的一分子，並開始修行佛教。佛教「僧團」共含有四眾或四種佛教修行者。除了「在家眾」或「居士」（laymen）外，還有「出家眾」。「在家眾」又分為在家男性居士或「優婆塞」（upāsaka）及在家女性居士或「優婆夷」（upāsikā），而出家眾則又分為男性出家眾（bhiksu，比丘）及女性出家眾（bikshuni，比丘尼）兩部。佛教自《維摩詰經》提到維摩詰（Vimalakīrti，也稱「淨名」）以「在家居士」的身分被稱為「白衣」或「白衣居士」後，佛教的「在家居士」便常以「白衣」、「白衣居士」（layman）自居。鳩摩羅什翻譯的《維摩詰所說經》如此說明維摩詰以「白衣居士」的身分修行佛教的情形：

> 雖為白衣，奉持沙門清淨律行，雖處居家，不著三界，示有妻子，常修梵行。[177]

《佛說維摩詰經》在吳代（統治，222-280）被月氏優婆塞支謙翻譯成中文後，[178] 此經便成為中國佛教徒非常喜歡研讀的一部大乘經典。此經最吸引人

---

176 見古正美，〈梁武帝的彌勒佛王形象〉，上海社會科學院編輯委員會編，《傳統中國研究集刊》，第二輯（2006，10月），頁28-47。

177 （姚秦）三藏鳩摩羅什譯，《維摩詰所說經》卷上，《大正》卷14，頁539上。

178 （吳代）優婆塞支謙譯，《佛說維摩詰經》，《大正》卷14，頁520。

的地方是，此經的說法者不是佛，也不是大菩薩，而是一位「在家居士」維摩詰（Vimalakīrti）。「白衣」的概念，在曇無讖為蒙遜提倡佛教信仰期間，在北涼已經是一個非常普遍的佛教名詞或佛教概念。因為曇無讖在北涼翻譯的《大方等大集經・日密分》，也是一品說明維摩詰以「白衣」身分示現各種「變化身」為眾生說法的人物。《大方等大集經・日密分》載：

> 日密言：世尊，彼維摩詰即我身也。世尊，我於彼土現白衣像，為諸眾生宣說法要，或時示現婆羅門像，或剎利像，或毘舍像，或首陀像，自在天像，或帝釋像，或梵天像，或龍王像，阿修羅王像，迦樓羅王像，緊那羅……[179]

曇無讖在北涼翻譯的《大般涅槃經》卷十八，也提到護持佛教的居士叫做「白衣檀越」。《大般涅槃經》說：

> 若佛初出得阿耨多羅三藐三菩提已，有諸弟子解甚深義，多有篤信白衣檀越敬重佛法，佛雖涅槃，當知佛法久住於世。[180]

所謂「檀越」，就是指佛教的修行者、居士或護法者。曇無讖在北涼翻譯的經典一再提到維摩詰以「白衣」或「白衣居士」的身分出現的情形，北涼人民不但對《維摩詰經》非常熟悉，而且對使用「白衣」或「白衣居士」此概念也有一定的認識。蒙遜的從弟沮渠京聲在北涼亡後奔宋，還以「居士」之名稱呼自己。沮渠京聲稱自己為「居士」的原因，自然與其在北涼行過「受菩薩戒儀式」，為「菩薩戒弟子」的活動有關。[181]《維摩詰經》既在北涼已經普遍流行，北涼人民因此都知道，此經所言的「白衣」的意思。蒙遜在行「受菩薩戒儀式」之後，自然會以「白衣」或「白衣居士」的面貌登上其「轉輪王位」或「彌勒佛王位」，這就是曇無讖在敦煌莫254窟為蒙遜製作的「轉輪王像」或「彌勒佛像」，是一鋪穿「白衣」的「白衣彌勒佛像」或「白衣彌勒佛王像」的原因。曇無讖為涼王蒙遜開鑿的敦煌莫254窟和莫259窟一樣，因此都可以說是曇無讖為涼王沮渠蒙遜所建造的「彌勒佛王窟」。因為無

---

179 （北涼）曇無讖譯，《大方等大集經》卷31，《大正》卷13，頁217上。

180 （北涼）曇無讖譯，《大般涅槃經》卷18，《大正》卷12，頁473上。

181 見（梁）僧祐，《出三藏記集》卷14，《沮渠安陽侯傳》，《大正》卷55，頁106中。

論是莫 259 窟的主尊造像「二佛並坐像」，或是莫 254 窟的主尊造像「白衣彌勒佛王像」，都是曇無讖為北涼涼王沮渠蒙遜製作的「彌勒佛王像」。

西元 5 世紀初葉的印度既有如此多《菩薩戒經》及《菩薩戒法》流行，我們因此推測，印度當時必有帝王因行「受菩薩戒儀式」，以「白衣居士」的身分登上「轉輪王位」或「彌勒佛王位」，並以「白衣彌勒佛王」面貌統治其國的活動；否則曇無讖不會在為蒙遜主持行「受菩薩戒儀式」之後，即為蒙遜在莫 254 窟的西壁造一鋪「白衣彌勒佛像」或「彌勒白佛瑞像」。蒙遜之所以會以「白衣彌勒佛王」的面貌統治北涼，與曇無讖在北涼翻譯于闐撰造的《大方等大集經》的活動自然也有密切的關聯。[182]「白衣彌勒佛像」之所以會出現在北涼時代開鑿的敦煌石窟，因此絕對不是偶然的因素造成的現象，而是當時印度高僧及中國北涼涼王共同努力、並發展「佛教建國信仰」的結果。

三 沮渠安周所造的〈造佛寺碑〉

我們推測，蒙遜和其子沮渠安周、沮渠茂虔（統治，434-440），甚至沮渠無諱，都用曇無讖翻譯的《大方等大集經》所載的「彌勒菩薩佛王」的形象或面貌統治北涼。因為《大方等大集經》是一部于闐依據《入法界品》所載的「彌勒佛王」信仰撰造的，說明「彌勒菩薩佛王」信仰及行法的經典。[183]沮渠安周在高昌製作的〈造佛寺碑〉即告訴我們，安周以《大方等大集經》的「彌勒菩薩佛王」的面貌統治高昌，而蒙遜的繼承者沮渠茂虔，也用《大方等大集經》所載的「彌勒菩薩佛王」的面貌在北涼提倡「末法信仰」。[184]《大方等大集經》因此是一部北涼涼王使用「彌勒菩薩佛王」形象，或以支提信仰的「彌勒佛王」的姿態統治北涼的最重要經典依據。安周製作的〈造佛寺碑〉即如此提到安周以《大方等大集經》所載的「彌勒菩薩佛王」的形象統治「後北涼」的活動。〈造佛寺碑〉載：

---

182 見本書第九章，〈《入法界品》的支提信仰性質及造像〉。
183 見本書第九章，〈《入法界品》的支提信仰性質及造像〉。
184 見後詳述。

彌勒菩薩控一乘以長驅，超二漸而玄詣……虛空藏積苦行於十地，隨所化而現生，功就寶莊，來為郢匠。法王震希音以移風，大士運四攝以護持。[185]

這段〈造佛寺碑〉所載的「彌勒菩薩佛王」及「虛空藏菩薩」，都是《大方等大集經》所載的經中主要人物。沮渠安周在〈造佛寺碑〉中不但用曇無讖翻譯的《大方等大集經》所載的「彌勒菩薩」的面貌，說明自己以「彌勒菩薩」的形象或身分提倡大乘佛教（一乘）信仰：「彌勒菩薩控一乘以長驅，超二漸而玄詣」，而且也說自己以「法王」或「轉輪王」的姿態用大乘佛教信仰教化天下：「法王震希音以移風」。這就是我們知道北涼的涼王，自沮渠蒙遜開始使用《大方等大集經》所載的「彌勒菩薩」的面貌建國之後，北涼的涼王，包括沮渠安周，都以「彌勒菩薩」是「法王」或「轉輪王」的「彌勒菩薩佛王」的面貌建國的原因。〈造佛寺碑〉所載的「虛空藏菩薩」，也是《大方等大集經》所載的一位重要菩薩。安周很顯然的用此菩薩的名字指射當時為其策劃及發展「佛教建國信仰」的「軍師」的修行成就：「虛空藏積苦行於十地，隨所化而現生，功就寶莊，來為郢匠」。

〈造佛寺碑〉也提到，安周以彌勒佛下生的轉輪王或支提信仰的「彌勒佛王」身分統治「後北涼」的活動。〈造佛寺碑〉載：

爰有含靈獨悟之士，較日月於寸，具十號以降生，顧塵海之飄濫。[186]

這段話可以用後來梁武帝大臣沈約（441-513）在其《佛記序》所說的，梁武帝以「十號」佛或「彌勒佛下生為轉輪王」的文字來了解其義。沈約的《佛記序》載：

皇帝行成無始，道承曠劫，十號在躬，三達靡礙，屈茲妙有，同此轉輪。[187]

沈約這段文字很清楚的說明，梁武帝以「彌勒佛下生為轉輪王」或「彌勒佛王」的面貌統治梁朝。沈約在《佛記序》記述梁武帝以「彌勒佛下生為轉輪王」或「彌勒佛王」的姿態統治大梁的這段文字，很可能即是受〈造佛

---

185 蔣文光，〈孤本《北涼沮渠安周造佛寺碑》〉，《新疆文物》，第二期（1989），頁 57，第 5-6 行。

186 蔣文光，〈孤本《北涼沮渠安周造佛寺碑》〉，《新疆文物》，第二期（1989），頁 56，碑文第 3 行。

187 （梁）沈約奉梁高祖敕撰并敕啓序合三首，《佛記序》；（唐）西明寺釋道宣撰，《廣弘明集》卷15，《大正》卷 52，頁 201 上-中

寺碑〉說安周是「彌勒佛下生為轉輪王」的這段文字的影響。因為兩文獻的行文方式及行文內容非常相似，只是沈約的行文多加了一些文字使原文的意思變得更加清楚。由此，安周的「彌勒菩薩佛王」的形象或「彌勒佛王」形象，明顯的是支提信仰的「彌勒佛下生為轉輪王」或「彌勒佛王」的形象。安周在行「受菩薩戒儀式」之後，顯然的和其父親蒙遜一樣，便登上其「轉輪王位」及「彌勒佛王位」，並以「彌勒佛王」或「彌勒菩薩佛王」的面貌統治「後北涼」。

安周在行「受菩薩戒儀式」之後，也有造像的活動。〈造佛寺碑〉載：「藹藹龍年（華），寢斤俟聘，名以表實，像亦載形」。[188]〈造佛寺碑〉在此處所言的「龍年」，池田溫認為是「龍華」的筆誤。[189] 此處所言的「像亦載形」的「像」，因此是指「彌勒佛像」。因為彌勒佛是坐在「龍華」樹下成佛。[190] 又，自龍樹建造阿瑪拉瓦底大支提的造像之後，「龍華樹」或「菩提樹」便成為「彌勒佛像」的象徵物。[191] 這就是為何佛教文獻常用「龍華信仰」指謂彌勒佛下生信仰的原因。[192] 這段〈造佛寺碑〉的錄文，因此是一段讚頌「彌勒佛像」的文字。〈造佛寺碑〉雖提到讚頌「彌勒佛像」的文字，然此碑沒有說，安周造「彌勒佛像」的地點是在榮新江所言的高昌 M 寺址。[193]

榮新江認為，〈安周碑〉（〈造佛寺碑〉）也是安周的「造像碑」及「造寺碑」的原因是，他依據格倫威德爾繪制的〈且渠安周碑〉（〈造佛寺碑〉）出土的高昌 M 寺址認為，〈安周碑〉提到的「於鑠彌勒，妙識淵鏡，稽式兜率，經始法館」，就是安周在 M 寺址造「彌勒菩薩像」及「造家祠」的證據。榮新江還引錄文中另一處提到「彌勒菩薩」的文字，即「彌勒菩薩控一乘以長驅，

---

188 蔣文光，〈孤本《北涼沮渠安周造佛寺碑》〉，《新疆文物》，第二期（1989），頁 47，第 17 行。

189 榮新江，〈《且渠安周碑》與高昌大涼政權〉，《燕京學報》，北京大學出版公司，第五輯（1998），頁 72。

190 見（西晉）竺法護譯，《佛說彌勒下生經》，《大正》卷 14，頁 421 下。

191 見本書第五章，〈龍樹與阿瑪拉瓦底大支提的建築及造像〉。

192 見本書第五章，〈龍樹與阿瑪拉瓦底大支提的建築及造像〉。

193 榮新江，〈《且渠安周碑》與高昌大涼政權〉，《燕京學報》，北京大學出版公司，第五輯（1998），頁 81。

超二漸而玄詣」，證明 M 寺址的造像確實是鋪「彌勒菩薩像」。[194] 榮新江如此說明高昌 M 寺址的「彌勒菩薩像」：

> 根據河西地區留存的早期彌勒造像，多為交腳菩薩裝的形象，所以遺址中間殿堂正壁（北壁）殘存腳部的主像，當是碑中所說的彌勒菩薩無疑，而土臺上的這組建築，也應該就是安周所修建的且渠王家祠了。[195]

《造佛寺碑》確實載有「於鑠彌勒，妙識淵鏡」的錄文，但在此錄文後面，蔣文光及池田溫的錄文都寫著：「業已行隆」，[196] 而不是榮新江所言的「稽式兜率，經始法館」。「稽式兜率，經始法館」，是池田溫整理過的錄文，[197] 此錄文出現在蔣文光錄文的第十九行，並被蔣文光校成：「普式奧率，經始法館」。[198] 此二句錄文離蔣文光第十六行所錄的「於鑠彌勒，妙識淵鏡」，有三行行文的距離。我們從錄文所載的「於鑠彌勒，妙識淵鏡」，只能看出安周有推崇彌勒信仰的現象。至於錄文中所言的「經始法館」，是否有指榮新江所言的 M 寺址或「家祠」，我們非常懷疑。因為從「經始法館」前後的錄文，我們可以看出錄文要表達的，並不是榮新江所言的造「家祠」的意思。這段話在池田溫的錄文裡看得比較清楚。池田溫的錄文載：「望標理翰，稽式兜率，經始法館，興因民願，崇不終旦」。[199] 這段錄文的意思大概是：發展佛教的方法，以彌勒信仰（兜率）為主，建造法館或道場，乃因人民的願望，可以隨時崇拜。由此，安周推崇彌勒信仰，建造「法館」或「道場」的原因，是為了

---

194 榮新江，〈《且渠安周碑》與高昌大涼政權〉，《燕京學報》，北京大學出版公司，第五輯（1998），頁 81。榮新江使用的〈造佛寺碑〉錄文是日本池田溫校輯的錄文（頁 72）。

195 榮新江，〈《且渠安周碑》與高昌大涼政權〉，《燕京學報》，北京大學出版公司，第五輯（1998），頁 81。

196 蔣文光，〈孤本《北涼沮渠安周造佛寺碑》〉，《新疆文物》，第二期（1989），頁 57，第 16 行。

197 榮新江，〈《且渠安周碑》與高昌大涼政權〉，《燕京學報》，北京大學出版公司，第五輯（1998），頁 72。

198 蔣文光，〈孤本《北涼沮渠安周造佛寺碑》〉，《新疆文物》，第二期（1989），頁 57，第 19 行。

199 蔣文光，〈孤本《北涼沮渠安周造佛寺碑》〉，《新疆文物》，第二期（1989），頁 57，第 19 行：「興因民願」，池田溫的錄文為「興國民願」。見榮新江，〈《且渠安周碑》與高昌大涼政權〉，《燕京學報》，北京大學出版公司，第五輯（1998），頁 72。

人民信仰上的需要。既是如此，此處所言的「法館」，並沒有指特定的「法館」或「道場」，而是指崇拜彌勒的道場，如寺院。這種道場或寺院，應不只一座，因為當時安周鼓勵全國人民都信仰彌勒。安周的「彌勒信仰」活動，因很明顯的是其國教信仰或「佛教建國信仰」的活動，安周所建造的「法館」，因此應如阿育王在天下所建造的「八萬四千塔寺」一樣，都是阿育王在全國各地所立的佛教傳教中心。武則天在用支提信仰統治大周之際，因步阿育王的後塵，故也在兩京及諸州立有「大雲寺」，作為其在全國傳播佛教信仰的中心。[200] 由此可見，用佛教信仰建國的帝王都有在全國各地建造「道場」或「法館」，作為其傳播佛教信仰的方法及中心。〈造佛寺碑〉所言的「經始法館」的活動，因此非常可能指安周在全國（高昌）建造的佛教傳教中心或寺院的活動。故此處所言的「法館」並沒有指特定的地方，如榮新江所言的 M 寺址或如榮新江所言的沮渠氏「家祠」。

榮新江推測，高昌 M 寺址的主尊造像，是一尊呈「交腳坐相」的「菩薩裝彌勒菩薩像」，即學者所言的，《彌勒上生經》所載的坐在兜率天上說法的「彌勒菩薩」的造像。[201] 榮新江這種說法，不是沒有問題。因為〈造佛寺碑〉所記載的「彌勒像」是尊「彌勒佛像」，而《大方等大集經》所載的「彌勒菩薩」的形象是「彌勒菩薩佛王」的形象，不是榮新江所言的，呈「交腳坐相」的「菩薩裝彌勒菩薩像」，或學者所言的《彌勒上生經》所載的「彌勒菩薩像」。榮新江在用高昌 M 寺址所造的安周呈「交腳坐相」的造像遺址，說明〈造佛寺碑〉所言的「彌勒佛像」及安周所造的「法館」建造地點時，顯然沒有考慮到，北涼一直有用克孜爾石窟使用的三種「彌勒佛王像」的造像法說明及表達北涼的「彌勒佛王像」或「轉輪王像」的情形。在北涼使用的三種克孜爾石窟製作的「彌勒佛王像」中，就有一種「彌勒佛王像」是克孜爾石窟用結合轉輪王像（下部）及彌勒佛像（上部）的方法創造的佛裝、呈「交腳

---

200 見古正美，《從天王傳統到佛王傳統》第五章，〈武則天的《華嚴經》佛王傳統與佛王形象〉，頁241-242；並見本書第九章，〈《入法界品》的支提信仰性質及造像〉。

201 見本書第三章，〈貴霜佛教建國信仰的發展者迦尼色迦第一及胡為色迦王〉。

坐相」的「彌勒佛王像」。[202] 此類克孜爾石窟創造的「彌勒佛王像」，筆者也稱其為「彌勒佛王新像」。[203] 榮新江顯然在看到高昌 M 寺址所造的安周造像具有呈「交腳坐相」的造像痕跡時，馬上就認為此像是一尊學者所言的《彌勒上生經》所載的呈「交腳坐相」的「菩薩裝彌勒菩薩像」。高昌 M 寺址所造的安周「彌勒菩薩」造像，就上面我們談論的《大方等大集經》及〈造佛寺碑〉所載的安周的佛王形象，因是「彌勒菩薩佛王」的形象，其呈「交腳坐相」的彌勒佛王形象，應該就是克孜爾石窟創造的呈「交腳坐相」、穿佛衣的「彌勒佛王像」或「彌勒佛王新像」。

四 北涼在敦煌製作的「白衣佛像」

我們不知道，沮渠安周在行「受菩薩戒儀式」之後所造的「彌勒佛王像」，是否也是一尊如曇無讖在莫 254 窟為蒙遜所造的「白衣彌勒佛王像」？但因安周完全沿襲當日蒙遜依據《大方等大集經》所載的「彌勒菩薩佛王」的形象統治「後北涼」，故其轉輪王或「彌勒菩薩佛王」的造像，應也被造如蒙遜的佛王造像一樣，造成克孜爾石窟所造的「彌勒佛王」造像。

《大方等大集經》所載的「彌勒菩薩佛王信仰」，其信仰根源因是支提信仰，或更切實的說，是《入法界品》所載的「彌勒菩薩佛王信仰」，因此其「彌勒菩薩佛王」的造像可以如蒙遜一樣，被造成「彌勒佛王像」。[204] 克孜爾石窟因用「彌勒佛像」的造像法製作其「彌勒佛王像」或轉輪王像，[205] 這就是為何曇無讖用克孜爾石窟使用的「彌勒佛王像」製作北涼涼王蒙遜的「彌勒菩薩佛王像」的原因。[206] 事實上克孜爾石窟所造的「彌勒佛王像」，有兩種是依據支提信仰所造的「彌勒佛像」造其「彌勒佛王像」，有一種是用結合

---

202 見本書第八章，〈新疆克孜爾石窟的支提信仰造像特色及其影響〉。
203 見本書第八章，〈新疆克孜爾石窟的支提信仰造像特色及其影響〉。
204 見本書第九章，〈《入法界品》的支提信仰性質及造像〉。
205 見本書第八章，〈新疆克孜爾石窟的支提信仰造像特色及其影響〉。
206 有關克孜爾石窟造三種「彌勒佛王像」，見本書第八章，〈新疆克孜爾石窟的支提信仰造像特色及其影響〉。

「轉輪王像」及「彌勒佛像」的造像法製作的「彌勒佛王像」。[207] 後者此類「彌勒佛王像」因不見於克孜爾石窟之前所造的支提信仰造像，故筆者稱其為「彌勒佛王新像」。這就是為何曇無讖在莫 254 窟為蒙遜所設計及製作的「白衣彌勒佛王像」被造成克孜爾石窟製作的佛裝，呈「禪定坐相」的「彌勒佛王像」的原因。沮渠安周在高昌所提倡的「彌勒菩薩佛王信仰」，因也依據曇無讖翻譯的《大方等大集經》製作其「彌勒菩薩佛王造像」，因此安周所造的「彌勒菩薩佛王像」，如果要表達其「彌勒佛王」的信仰，並要造成呈「交腳坐相」的「彌勒佛王像」，安周便要用克孜爾石窟結合「轉輪王像」及「彌勒佛像」的造像法造一尊呈「交腳坐相」、穿佛衣的「彌勒佛王新像」。安周在高昌顯然造有此類「彌勒菩薩佛王像」。由於安周所造的呈「交腳坐相」的「彌勒菩薩佛王像」，與榮新江所言的《彌勒上生經》所載的坐在兜率天上說法的「菩薩裝彌勒菩薩像」，在信仰上及造像上都有其各自不同的背景，故筆者認為，榮新江所言的高昌 M 寺址的造像，不會是一尊其所言的，依據《彌勒上生經》製作的呈「交腳坐相」的「菩薩裝彌勒菩薩像」；而應是一尊安周依據克孜爾石窟創造的呈「交腳坐相」、佛裝的「彌勒佛王新像」製作的「彌勒佛王」造像。事實上，榮新江所言的，呈「交腳坐相」的「菩薩裝彌勒菩薩像」，也不會是一尊如其所言的，是依據《彌勒上生經》製作的所謂「彌勒菩薩像」。因為《彌勒上生經》完全沒有提到，彌勒菩薩是戴冠、穿菩薩裝，並呈「交腳坐相」的坐姿坐在兜率天上說法的經文。[208] 榮新江及許多學者所言的呈「交腳坐相」的「菩薩裝彌勒菩薩像」，事實上是一種佛教轉輪王的造像。[209]

蒙遜行「受菩薩戒儀式」的時間，既在 426 年的 7 月 23 日或之後不久，我們推測，曇無讖在敦煌開鑿莫 254 窟的時間，或造「白衣佛像」的時間，非常可能即在蒙遜及其臣民行「受菩薩戒儀式」的西元 426 年 7 月 23 日之後不久的時間。因為如果蒙遜沒有以「白衣彌勒佛王」的面貌統治北涼，曇無

---

207 見本書第八章，〈新疆克孜爾石窟的支提信仰造像特色及其影響〉。

208 見本書第三章，〈貴霜佛教建國信仰的發展者迦尼色迦第一及胡為色迦王〉，筆者談論學者所言的，呈「交腳坐相」的所謂「彌勒菩薩像」。

209 見本書第三章，〈貴霜佛教建國信仰的發展者迦尼色迦第一及胡為色迦王〉。

識不會為蒙遜在敦煌莫 254 窟造「白衣彌勒佛像窟」，也不會在此窟為蒙遜造「白衣彌勒佛像」。

　　沮渠蒙遜在用行「受菩薩戒儀式」登上其「轉輪王位」或「彌勒佛王位」之後，其很明顯的用「白衣彌勒佛王」的面貌統治北涼。這就是為何曇無讖為蒙遜在敦煌莫 254 窟製作的「彌勒佛王像」，是一鋪穿白衣且呈「禪定坐相」的「彌勒佛王像」的原因。蒙遜死後，蒙遜的繼承者基本上都沿襲蒙遜行「受菩薩戒儀式」的方法登其「彌勒佛王位」或「轉輪王位」，並以「白衣彌勒佛王」的形象統治北涼。北涼在其開鑿的敦煌石窟造有三座「白衣彌勒佛像窟」。北涼在敦煌所開鑿的三座「白衣彌勒佛像窟」是，莫 254 窟、莫 263 窟及莫 435 窟。此三座石窟所造的「白衣彌勒佛像」，都被造成曇無讖在莫 254 窟為蒙遜所設計的「白衣彌勒佛像」或「彌勒白佛瑞像」的造像形式。我們如此確定敦煌此三座石窟是北涼在統治河西及敦煌時期所開鑿的三座「白衣彌勒佛窟」，乃因此三座石窟都被造成「中心柱窟」的窟形，而其「中心柱」四面的造像，無論其等的造像內容及造像安排方式如何變化，此三座石窟的中心柱造像，都造如莫 254 窟的中心柱四面造像一樣，在中心柱的東、西向面造支提信仰的彌勒佛王像，在南、北向面造貴霜的「護法信仰」造像。但今日的學者不但都將此三座敦煌「白衣彌勒窟」視為「北魏窟」或「西魏窟」，而且也沒有從此三窟的中心柱造像內容去判斷此三窟的造像年代及造像性質。譬如，王惠民即如此判斷敦煌此三窟的開鑿時代基本上在北魏，並認為，「白衣佛像」在敦煌的出現，與佛教「中國化」及與中國北魏之後彌勒教匪的活動有關：

> 白衣彌勒佛是敦煌早期壁畫的又一亮點，共五鋪：北魏 2 鋪，第 254、263 窟；西魏 3 鋪，第 288、431、435，均出現在有中心柱的洞窟中，位於西壁……白衣彌勒佛在敦煌出現並在中國長期流行，是佛教進一步中國化的體現；由於他的民間色彩，進而形成白衣彌勒教。白衣彌勒教始萌於北魏，延續到唐代，流行時間長，分佈區域廣。[210]

---

210 見王惠民，《敦煌彌勒經畫卷》，頁 19b。

王惠民認為，莫254窟及莫263窟的「白衣佛像」是北魏時代製作的造像，而莫288窟、莫431窟及莫435窟所造的「白衣佛像」則是西魏時期（統治，535-556）製作的「白衣佛像」。但筆者從莫254窟、莫263窟及莫435窟三窟的中心柱造像內容判斷，敦煌此三窟都是北涼時代開鑿的石窟，而此三窟所造的「白衣佛像」，都屬於北涼在統治河西時期，北涼不同的統治者所造的其等的「白衣彌勒佛王」的造像。換言之，此三窟的造像，即是蒙遜、茂虔及無諱為了紀念其等行「受菩薩戒儀式」，並以「白衣彌勒佛王」的面貌統治北涼之際所造的三座當今皇帝的「白衣彌勒佛像窟」或「白衣彌勒佛王窟」。[211]

五 「涼州瑞像」名之所由

由於「白衣彌勒佛像」也被稱為「彌勒白佛瑞像」我們因此知道，北涼時代所造的涼王的轉輪王像或彌勒佛王像都有「瑞像」的稱號。特別是，《集神州三寶感通錄》第十五的標題也載有〈涼州石崖塑瑞像者——沮渠蒙遜〉，也載有為沮渠蒙遜所造的像也被稱為「瑞像」的情形。我們因此推測，「涼州瑞像」此詞即有指謂北涼在發展「佛教建國信仰」統治河西及敦煌之際，所造的沮渠氏或北涼涼王的轉輪王像及彌勒佛王像。北涼涼王蒙遜既在其定都涼州時期於敦煌建造「彌勒白佛瑞像」，敦煌石窟所造的三鋪「彌勒白佛瑞像」或「白衣彌勒佛像」，因此無論如何都是北涼在統治河西時期製作的三位北涼涼王的「轉輪王像」或「彌勒佛王像」，而北涼在敦煌開鑿的此三座「彌勒白佛瑞像窟」，也可以被稱為「涼州瑞像窟」。

筆者認為，莫288窟及莫431窟所造的「白衣彌勒佛像」屬於另一個王朝所造的造像，或王惠民所言的「西魏時代」造像的原因是，莫288窟及莫431窟中心柱四面的造像設計及造像內容，與北涼中心柱四面的造像設計及造像內容不同。換言之，莫288窟中心柱東向面造「倚坐彌勒佛王像」，西

---

211 見下詳述。

向面造「佛裝交腳彌勒佛王像」；南、北向面上、下層只造「結跏趺坐彌勒佛王像」的造像。莫 288 窟中心柱四面的造像因此只造支提信仰的「彌勒佛王像」，沒有造貴霜的「護法信仰」造像內容。莫 431 窟中心柱的造像與莫 288 窟中心柱的造像，在安排上有些不同：中心柱東向面造「倚坐彌勒佛王像」；西向面造「結跏趺坐彌勒佛王像」；南、北、向面上、下層各造「結跏趺坐彌勒佛王像」。這種造像法及造像內容說明，莫 431 窟也是座支提信仰窟。莫 288 窟及莫 431 窟的中心柱所呈現的造像內容及造像法都說明，建造此二石窟的王朝只發展支提信仰為其「佛教建國信仰」，而完全沒有發展貴霜奠立的「佛教建國信仰」的現象。此二敦煌石窟雖然沿襲北涼製作「白衣彌勒佛像」的方法製作其「彌勒佛王像」，然開鑿此二石窟的王朝所發展的「佛教建國信仰」內容則明顯的與北涼不同，故筆者不視此二窟為北涼窟。

由此，北涼在敦煌石窟製作「白衣彌勒佛像」的原因，除了與北涼的帝王要用製作「白衣彌勒佛像」的方式表達其等在歷史上以「白衣彌勒佛王」的形象或面貌統治北涼外，也用製作「白衣彌勒佛像」的方法記載其等發展「佛教建國信仰」的歷史及內容。北涼開鑿的「白衣彌勒佛像窟」，因具有表達及登錄北涼發展「佛教建國信仰」的歷史及內容，北涼製作的「白衣彌勒佛像」的背景及動機，因此與此時代製作的一般佛像及菩薩像的背景及動機不同。我們從北涼在敦煌只造三座「白衣彌勒佛王窟」的造像現象因此也知道，每一位北涼皇帝在發展「佛教建國信仰」期間，為了紀念自己以「白衣彌勒佛王」的姿態統治北涼，只會為自己開鑿一座紀念性質的「白衣彌勒佛王窟」。既是如此，敦煌莫 254 窟的「白衣彌勒佛王窟」乃是為沮渠蒙遜開鑿的石窟；而莫 263 窟及莫 435 窟的「白衣彌勒佛王窟」，則各別是為沮渠茂虔及沮渠無諱開鑿的石窟。[212] 此三座北涼開鑿的「白衣彌勒佛王窟」，因此都具有歷史意義及歷史性質，都不是普通的佛教石窟。[213]

我們從蒙遜製作的造像被稱為「瑞像」的情形推知，北涼製作的「瑞

---

212 見下詳述。
213 見下詳述。

像」，除了有指北涼在敦煌所造的「白衣彌勒佛王像」外，也有通指北涼製作的各種「轉輪王像」及「彌勒佛王像」。很顯然的，北涼為了區別其製作的「轉輪王像」或「彌勒佛王像」與普通的佛像及菩薩像不同，因此稱北涼製作的「轉輪王像」及「彌勒佛王像」為「瑞像」。由於北涼王朝是中國歷史上首見在其統治的河西及敦煌地區大量製作其「轉輪王像」及「彌勒佛王像」的王朝，因此歷史上便見有用「涼州瑞像」稱呼北涼製作的「佛教建國信仰」的造像情形。「涼州瑞像」因此不是只指北涼在敦煌石窟所造的「轉輪王像」及「彌勒佛王像」，也指其統治的河西地區所造的「轉輪王像」及「彌勒佛王像」，包括金塔寺東、西窟製作的各種「轉輪王像」及「彌勒佛王像」。由於有「涼州瑞像」此詞，我們便知道，為何歷史上會出現如「南天竺國彌勒白佛瑞像」這種說明支提信仰造像的名稱。北涼使用「瑞像」此詞說明北涼製作的「轉輪王像」及「彌勒佛王像」之後，「瑞像」此詞也有泛指後來所造的各種「轉輪王像」及「佛王像」。[214]

王惠民將白衣佛像在敦煌的出現，不僅視為「是佛教進一步中國化的體現」，同時也視其為「具有民間色彩」的造像。這種說法，不是沒有問題。因為我們在上面已經說過，「白衣佛像」在敦煌最初的出現，與北涼蒙遜用印度帝王登位儀式登上其「轉輪王位」的活動有關外，也與蒙遜用「支提信仰」的「彌勒佛王」面貌統治北涼的活動有密切的關聯。「白衣佛像」在敦煌的最初出現，因此與北涼涼王用「佛教信仰建國」的活動統治北涼的活動有密切的關係。「白衣佛像」在中國後來的發展，雖然出現各種變化的現象，然其在中國最早出現的原因，與王惠民所言的佛教「中國化」，並「具有民間色彩」的情形完全無關。因為王惠民所言的「白衣佛像」的「中國化」及「具有民間色彩」的特性，都是中國在北魏之後出現的「白衣佛像」發展的現象。

北魏之後中國出現的「彌勒教匪」及「白衣彌勒教」，自然可以上溯到北涼在敦煌所造的「白衣佛像」。北涼發展的「佛教建國信仰」及製作「白衣佛像」的造像的方法，顯然的被北魏之後的中國民間叛亂團體仿照使用。這就

---

214 見下詳述。

是為何北魏之後，民間叛亂團體除了有使用與支提信仰有關的各種名號，如用「新佛出世，除去舊魔」之名、[215]「新佛出世」之名，[216] 及「大乘」之名等，[217] 舉事叛亂外，北魏之後的中國史料也載有「舉事者皆白衣白帽的記載」。[218] 在此情況下，「白衣佛像」在北魏之後的中國才會有「中國化」，並「具有民間色彩」的發展現象。

六 北涼之後製作的「新式白衣佛像」

北涼之後，在敦煌製作「白衣彌勒佛像」的朝代，似乎只有王惠民所言的西魏一代。這是否說明，中國在西魏之後再也沒有任何朝代製作「白衣佛像」？其情形並非如此。我們注意到，在北魏孝文帝（統治，471-499）在其於北魏平城發展「佛教建國信仰」，並經營雲崗石窟的開窟及造像活動之際，「白衣彌勒佛像」就有被北魏孝文帝重新塑造成另一種與「白衣彌勒佛像」完全無關的造像。換言之，北魏孝文帝已經不再用北涼曇無讖製作的「白衣彌勒佛像」的造像法造其「白衣彌勒佛王像」，而用具有表達《維摩詰經》所載的，「維摩詰與文殊對話」的造像或「文殊問道維摩詰」的造像，表達其「彌勒佛王像」。由於文獻闕如，我們不知道「白衣彌勒佛像」在北魏轉變的真正原因。但就北魏「白衣彌勒佛像」造像法的轉變，與《維摩詰經》所載的白衣居士維摩詰的修行形象有關此事來判斷，北魏製作新「白衣彌勒佛像」的活動，明顯的與貴霜在發展「佛教建國信仰」之際非常側重轉輪王的修行形象及製作轉輪王的修行、成佛造像的傳統，應有密切的關聯。[219] 因為北魏製作的「白衣彌勒佛像」，便有將「維摩詰」與佛弟子「文殊師利」在經中談論「入不二法門」的造像取代了曇無讖在敦煌製作的「白衣彌勒佛像」的造像形

215 張繼昊，〈北魏的彌勒信仰與大乘之亂〉，《食貨月刊》，第 16 卷，3-4 期，頁 59-79。
216 張繼昊，〈北魏的彌勒信仰與大乘之亂〉，《食貨月刊》，第 16 卷，第 3、4 期，頁 59-79。
217 張繼昊，〈北魏的彌勒信仰與大乘之亂〉，《食貨月刊》，第 16 卷，第 3、4 期，頁 59-79。
218 張繼昊，〈北魏的彌勒信仰與大乘之亂〉，《食貨月刊》，第 16 卷，第 3、4 期，頁 59-79。
219 見本書第三章，〈貴霜佛教建國信仰的發展者迦尼色迦第一及胡為色迦王〉。

式及造像法。北魏的造像者大概認為，「白衣」是居士修行的象徵，帝王以白衣的姿態登上「轉輪王位」或「彌勒佛王位」，即有說明帝王也有修行佛教的意思。北魏用白衣修行者「維摩詰」與佛弟子「文殊師利」在經中談論「入不二法門」的造像表達「白衣彌勒佛王」的修行形象，看來就比原來北涼製作的「白衣彌勒佛像」更能表達轉輪王以居士或佛教修行者的姿態統治天下的形象。自貴霜在犍陀羅依據《悲華經・大施品》製作佛教轉輪王修行、成佛的造像之後，大乘佛教便非常重視製作轉輪王的修行、成佛的造像。[220] 北魏孝文帝時代的造像者大概認為，曇無讖用造「白衣彌勒佛像」的方法，不如用《維摩詰經》所載的維摩詰居士與佛弟子文殊師利談論「入不二法門」的形象或造像，[221] 更能表達居士修行及成佛的決心。故北魏孝文帝時代便用《維摩詰經》中所載的維摩詰居士與佛弟子文殊師利談論「入不二法門」的造像，取代了北涼曇無讖製作的「白衣彌勒佛像」。

台北國立故宮博物院收藏的北魏孝文帝太和元年（477）製作的所謂「金銅佛像」背面的造像，即造有一對「維摩詰與文殊對話」的造像（見本章圖 16）。[222] 此鋪「維摩詰與文殊對話」的造像，被造在上部「二佛並坐像」坐支提下生造像的下方兩側。筆者在文前說過，此「二佛並坐像」因具有表達當時的北魏孝文帝以「彌勒佛王」坐支提下生的姿態統治北魏的意思。「維摩詰與文殊對話」的造像出現在此像支提造像的下方兩側便有說明，下生的北魏孝文帝已行過「受菩薩戒儀式」成為一位「白衣居士」，並以「白衣居士」的身分登上其「轉輪王位」及「彌勒佛王位」。「維摩詰與文殊對話」的造像因此是要說明或表達北魏孝文帝以「白衣彌勒佛王」的姿態統治北魏的佛教修行者的形象。從此北魏太和元年製作的此金銅「彌勒佛王像」，就其造像背面造有「維摩詰與文殊對話」的造像情形來判斷，我們可以說，北魏太和元年孝文帝已經以新的「白衣彌勒佛王」的姿態統治北魏，而其時代製作的新

---

220 見本書第三章，〈貴霜佛教建國信仰的發展者迦尼色迦第一及胡為色迦王〉。
221 見（姚秦）鳩摩羅什譯，《維摩詰所說經》，《大正》卷 14，頁 551 下。
222 陳慧霞，《歷代金銅佛造像特展圖錄》（台北：國立故宮博物院，1996），頁 20-23，圖 2，「釋迦牟尼佛坐像」。

「白衣彌勒佛像」，即是「維摩詰與文殊對話」的造像。我們在北魏孝文帝於太和年間開鑿的雲崗第 6 窟的門內上方壁面，也見造有一組「維摩詰與文殊對話」的造像。由此我們推測，北涼式的「白衣彌勒佛像」在北魏孝文帝太和元年之後，似乎便不再被使用，代之使用北魏孝文帝時期所塑造的「維摩詰與文殊對話」的造像，作為表達帝王以「彌勒佛王」的姿態，用大乘佛教信仰統治天下的形象。

七 「涼州瑞像」在歷史上的造像變化情形

由於北涼製作的「涼州瑞像」或「瑞像」的方法，基本上依據北涼使用的支提信仰製作其轉輪王像或彌勒佛王像，因此北涼製作的「涼州瑞像」多為支提信仰的轉輪王像及彌勒佛王像。北涼之後，中國歷史上所造的支提信仰的轉輪王像及彌勒佛王像，也常被稱為「涼州瑞像」或「瑞像」。譬如，孫修身（-2000）在其《佛教東傳故事畫卷》中收錄的幾鋪敦煌的「涼州瑞像」及「瑞像」即是例子。孫修身收錄的一鋪「涼州瑞像」，即是宋代

圖 17　宋代莫 76 窟甬道頂涼州瑞像

圖 18　中唐莫 231 窟御容山瑞像

造莫 76 窟甬道頂所畫的「涼州瑞像」（圖 17），而另一鋪則是中唐造莫 231 窟西壁佛龕頂所畫的「御容山石佛瑞像」（圖 18）。[223] 此處所言的「御容山」，即

223 見孫修身主編，《佛教東傳故事畫卷》，敦煌研究院主編，《敦煌石窟全集》，卷 12（香港：商務印書館，1999），頁 160，圖 139 及圖 138。

指劉薩訶當年預言「涼州瑞像」將出現的地點，此「御容山石佛瑞像」因此也可以被稱為「涼州瑞像」。孫修身所提到的此二鋪「涼州瑞像」，因都具名「涼州瑞像」或「瑞像」，故此二像的製作，與北涼所造的「涼州瑞像」，都有關聯。換言之，此二鋪「涼州瑞像」或「瑞像」，都指北涼時代製作的「轉輪王像」或「彌勒佛王像」。但孫修身所提到的此二鋪「涼州瑞像」，因為此二像所作的「手印」（mudrā）都是北涼之後（439）支提信仰在歷史上所發展的「彌勒菩薩（佛王）手印」，[224] 因此此二鋪「涼州瑞像」的造像法與北涼時代所造的「涼州瑞像」的造像法，有顯著的區別。這是否說，依據北涼時代「佛教建國信仰」製作的轉輪王像或彌勒佛王像能被視為「涼州瑞像」外，後來製作的支提信仰的轉輪王像及彌勒佛王像，也可以被稱為「涼州瑞像」？

　　孫修身所提到的此二鋪「涼州瑞像」，都被造成立像。「御容山石佛瑞像」身穿通肩長佛衣，右手在胸前作印度僧人善無畏於盛唐時期傳入的《慈氏菩薩略修愈哦念頌法》所載的，「彌勒菩薩」的「瑜伽─曼陀羅手印」（yoga-mandala-mudrā），即「大拇指押食指（火輪甲），餘指散舒微屈風幢」的手印，[225] 左手則在胸前下方握住佛衣角。「御容山石佛瑞像」明顯的是一鋪密教化的支提信仰的「彌勒菩薩立像」或「彌勒佛王立像」。作此「手印」的「彌勒菩薩立像」，也常見造於亞洲其他支提信仰的造像址。譬如，在古代暹羅建國的「墮和羅王國」所造的「彌勒佛王像」（圖 19），便常見其「彌勒佛王像」一手或兩手作有此「彌勒菩薩」的「瑜伽─曼陀羅手印」。[226]「御容山石佛瑞像」，

---

224 見本書第九章，〈《入法界品》的支提信仰性質及造像〉談論婆羅浮屠的「彌勒菩薩瑜伽曼陀羅手印」處；並見下詳述。

225 《慈氏菩薩略修愈哦念頌法》在談論彌勒菩薩修「愈哦（瑜伽）漫拏欀（曼陀羅）」的造像法時說：「大圓明內更觀九圓明八金剛界道。其中圓明慈氏菩薩白肉色，頭戴五智如來冠，左手執紅蓮花，於蓮花上畫法界塔印，右手大拇指押火輪甲上，餘指散舒微屈風幢，種種寶光，於寶蓮花上半跏而坐，種種瓔珞天衣白帶環釧莊嚴」。此經所言的，「右手大拇指押火輪甲上，餘指散舒微屈風幢」的「手印」，即是彌勒菩薩的「瑜伽─曼陀羅手印」。見（唐）善無畏譯，《慈氏菩薩略修愈哦念頌法》上卷，《大正》卷 20，頁 591 上。

226 見古正美，〈古代暹羅墮和羅王國的大乘佛教建國信仰〉，《香港饒宗頤國學院院刊》，第 3 期（2016），頁 271-273。

因此可以說是一鋪「彌勒佛王像」或「彌勒菩薩像」被「密教化」的畫像。孫修身提到的宋代畫「涼州瑞像」，也是一鋪「密教化」的「彌勒佛王像」。此像身穿偏袒右肩，並長及腳踝的佛衣，右手下垂、手掌外翻作「與願印」（varamudrā），左手在胸前握著佛衣的衣角。此類作「與願印」的「彌勒佛王像」，也見於克孜爾石窟、墮和羅造像，及印度那爛陀（Nālandā）等地製作的密教化「彌勒佛王像」。[227] 此二鋪孫修身收錄於其書中的「涼州瑞像」，雖與北涼時代製作的「彌勒佛王像」，如金塔寺東、西窟中心柱窟所造的三種「彌勒佛王像」，有明顯的造像區別，然因此二鋪造像都是依據支提信仰的「彌勒佛王像」製作的新「彌勒佛王像」的緣故，此類造像也被稱為「涼州瑞像」。

圖 19　墮和羅手結彌勒菩薩瑜伽一曼陀羅手印的彌勒佛王像

　　上面孫修身所提到的兩鋪「涼州瑞像」，雖都是敦煌製作的「彌勒菩薩像」或「彌勒佛王像」的立像，然此二鋪「涼州瑞像」都不是北涼時代製作的「涼州瑞像」，因此「涼州瑞像」此詞的用法，在此有通指支提信仰的「轉輪王像」或「彌勒佛王像」的意思。

　　孫修身也收錄有二鋪白石及白銀製作的「瑞像」。其收錄的此二鋪「瑞像」，即是中唐莫 231 窟西壁佛龕頂所造的「犍陀羅國白石彌勒瑞像」（圖 20）及中唐莫 231 窟西壁佛龕頂所造的「摩揭陀國白銀彌勒瑞像」（圖 21）。[228]「犍陀羅國白石彌勒瑞像」的造像法，包括其右手所作的手印，與我們在上面提到的「御容山石佛瑞像」所作的手印非常相像，因此此像也是一鋪密教化的「彌勒佛王像／瑞像」。「摩揭陀國白銀彌勒瑞像」則是一鋪呈「倚坐相」的「彌勒佛王像」，其雙手在胸前作「轉法輪印」。「倚坐相」的坐相，也被克孜

227 見本書第八章，〈新疆克孜爾石窟的支提信仰造像特色及其影響〉。
228 見孫修身主編，《佛教東傳故事畫卷》，頁 062，圖 45 及頁 061，圖 44。

爾石窟視為一種支提信仰的「彌勒佛王」坐相。[229] 由此可見,犍陀羅及摩揭
陀國製作的「彌勒佛王像」也沒有固定的造像法或造像形式,只要其造像能
說明或表達其是一鋪「彌勒佛王像」的支提信仰造像就可以了。

圖 20　中唐犍陀羅國白石彌勒瑞像　　圖 21　中唐摩揭陀國白銀彌勒瑞像

　　孫修身在上面所提到「涼州瑞像」或「瑞像」,雖然都是中唐之後印度及
中國製作的各種「彌勒佛王造像」,然這些造像與北涼製作的「涼州瑞像」或
「瑞像」一樣,都是在帝王發展支提信仰為其「佛教建國信仰」的情況下製作
的帝王的「彌勒佛王像」。從這些犍陀羅、印度及中國製作「彌勒佛王像」造
像的情形,我們可以看出,5 世紀之後,犍陀羅、印度及中國都有支提信仰盛
行的情況。這與我們在本書第八章所談論的 5 世紀之後,先有克孜爾石窟、
犍陀羅及阿旃陀石窟有積極發展支提信仰的情形,後來摩揭陀國及帕拉王朝
也成為印度發展支提信仰的中心的情況相當一致,[230] 在這些發展支提信仰的

---

229 見本書第八章,〈新疆克孜爾石窟的支提信仰造像特色及其影響〉。
230 見本書第八章,〈新疆克孜爾石窟的支提信仰造像特色及其影響〉。

地方，都也見有製作「彌勒佛王像」的活動。這說明這些地方的帝王都有積極發展支提信仰為其「佛教建國信仰」或「轉輪王信仰」的現象。敦煌石窟所造的「涼州瑞像」，因此像一面鏡子一樣，反映北涼及北涼之後，亞洲各時代發展支提信仰的情況。

第六節　北涼的「末法信仰」

　　王惠民說，「白衣彌勒佛像」的製作與「末法信仰」有關。為了了解北涼製作「白衣彌勒佛王像」的背景與「末法信仰」的關聯性，我們在下面便要談論北涼的「末法信仰」情形。殷光明在其〈試論末法思想與北涼佛教及其影響〉一文中引湯用彤的說法說：「是在南北朝初業已有信當時入末法者」。[231]殷光明也引《文選》卷 59〈王簡栖頭陀寺碑文〉注引認為：「至北涼時期，高僧曇無讖首倡末法之說，提出將佛教分為正法五百年，像法一千年，末法一萬年」。[232] 殷光明甚至認為，「北涼的佛教徒相信於西元 434 年就進入了末法時期」。[233] 殷光明之所以會提出 434 年是北涼進入「末法時期」的原因是，他自〈南岳慧思大禪師立誓願文〉所載的慧思生日算出此 434 年的時間。[234]殷光明的算法是，他用慧思生年乙未年是北魏延昌四年（515），也是「末法第82 年」，上推 81 年，就得出此北涼緣禾三年（甲戌），或西元 434 年是北涼「末法時期」開始的時間。[235] 殷氏也用北涼石塔最早載有「生值末法」的時間在緣禾三年推算出北涼進入「末法信仰」的時間。他說：「北涼石塔中白雙咀及段程兒兩人的造塔記都載有生值末法的文字，而此二造塔記製作的時間都

---

231 見湯用彤，《漢魏晉南北朝佛教史》（北京：中華書局，1963），頁 818。

232 殷光明，〈試論末法思想與北涼佛教及其影響〉，《敦煌研究》，第二期（1998），頁 91。

233 殷光明，〈試論末法思想與北涼佛教及其影響〉，《敦煌研究》，第二期（1998），頁 91。

234 殷光明，〈試論末法思想與北涼佛教及其影響〉，《敦煌研究》，第二期（1998），頁 91；並見石俊編，《中國佛教思想資料選編》（北京：中華書局，1981），頁 408。

235 殷光明，〈試論末法思想與北涼佛教及其影響〉，《敦煌研究》，第二期（1998），頁 91。

在 434 年之後」。[236] 殷光明對北涼進入「末法信仰」的時間顯然非常在意，但他自始至終沒有告訴我們，為何北涼在緣禾三年要提倡「末法信仰」？

由於有這些記載「末法信仰」或「末法時期」的文獻及銘文，殷光明因此說：

> 北涼時期佛教信徒相信當時（434）已進入了末法時期，末法思潮的出現和盛行，應與當時北涼一些高僧的倡導有關。在我國首倡末法之說者是首譯《大般涅槃經》的曇無讖，因曇無讖將佛教分為正法五百年、像法一千年，末法一萬年。[237]

如果北涼進入「末法信仰」的時間是在西元 434 年，我們在此即能斷言，曇無讖即使在北涼有提倡「末法信仰」的活動，但真正促使北涼進入「末法信仰時期」的人物，絕對不會是曇無讖。因為曇無讖在北涼進入「末法信仰時期」的前一年（433）已被蒙遜殺掉。[238] 殷光明算出的北涼進入「末法信仰」的時間是在曇無讖死後，沮渠茂虔（統治，434-440）開始統治北涼的時間。

北涼在 434 年之後之所以會出現「末法信仰」或「法滅」信仰，我們認為有兩個原因促成此信仰在北涼的出現：（1）433 年北涼佛教的發展，因曇無讖及蒙遜在此年相繼去世的緣故，北涼佛教的發展從而遭遇空前的大挫折，（2）與北涼在 434 年出現新的轉輪王統治北涼有密切的關聯。

蒙遜並不是一位普通的北朝皇帝，他除了有政治野心外，其也是一位飽讀史書，具有謀略及魄力的北朝皇帝。《北涼錄・沮渠蒙遜》說：「蒙遜好學，博涉群史，頗曉天文，雄烈有英略，滑稽善權變，梁熙、呂光皆奇而憚之」。[239] 蒙遜在北朝初期的聲望及政治地位，顯然在當時許多中國北方的政治領袖之上。蒙遜非常敬重曇無讖，蒙遜自在敦煌得到曇無讖之後，兩人即合作無間，並攜手共同在北涼發展「佛教建國信仰」統治北涼。由於曇無

---

236 殷光明，〈試論末法思想與北涼佛教及其影響〉，《敦煌研究》，第二期（1998），頁 91。

237 殷光明，〈試論末法思想與北涼佛教及其影響〉，《敦煌研究》，第二期（1998），頁 92。

238 《十六國春秋輯補》卷 7，《北涼錄・沮渠蒙遜》2；並見梁釋慧皎，《高僧傳・曇無讖傳》卷 2，頁 336 下；並見下詳述。

239 《十六國春秋輯補》卷 97，《北涼錄・沮渠蒙遜》1。

讖的學問及才能在當時遠近馳名，北魏太武帝因此一直想擁有他。太武帝用各種威脅、利誘的方法逼迫蒙遜交出曇無讖給他，但蒙遜覺得非常為難。因為蒙遜依賴曇無讖的情形，已經不是單純地視曇無讖為其發展「佛教建國信仰」的「軍師」或主持人而已。從《魏書‧釋老志》的記載，我們即能看出曇無讖也參與蒙遜的各種政治或治國的活動。《魏書‧釋老志》說：

> 沮渠蒙遜在涼州亦好佛法，有罽賓沙門曇無讖習諸經論於姑臧，與沙門智嵩等譯涅槃諸經十餘部，又曉術數，禁咒，歷言他國安危多所中驗，蒙遜每以國事咨之。[240]

當時北魏的太武帝對於蒙遜擁有曇無讖作為其國師之事，自然非常羨慕，甚至自己也想擁有曇無讖，並用他為自己發展「佛教建國信仰」統治北魏。我們從《高僧傳‧曇無讖傳》記載太武帝一而再用威脅、利誘的手段想得到曇無讖的情形，便能看出太武帝與蒙遜爭奪曇無讖的緊張情形。《高僧傳‧曇無讖傳》載：

> 時魏虜託跋燾聞讖有道術，遣使迎請，且告（蒙）遜曰：若不遣讖，便即加兵。遜既事讖日久，未忍聽去。後又遣偽太常高平公李順策拜蒙遜為使持節侍中都督涼州、西域諸軍事太傅、驃騎大將軍、涼州牧、涼王，加九錫之禮。又命遜曰：聞彼有曇摩讖法師，博通多識羅什之流，秘咒神驗澄公之匹。朕思欲講道，可馳送之……遜既吝讖不遣，又迫魏之強，至遜義和三年三月，讖固請西行更尋涅槃後分，遜忿其欲去，乃密圖害讖……春秋四十九。[241]

蒙遜與太武帝爭奪曇無讖的情形，一定令當時的曇無讖覺得非常為難，曇無讖因此自請離開北涼。在曇無讖離開涼州之際，蒙遜就派人將他殺掉。蒙遜是在義和三年（433）三月殺掉曇無讖之後的第二個月，即義和三年夏四月，蒙遜自己亦「寢疾」，不久即薨，享年六十六歲。[242]

西元433年的三、四月間，曇無讖及北涼涼王蒙遜相繼去世，北涼頓時

---

240 （齊）魏收撰，《魏書‧釋老志》，《二十五史》冊3，頁2505a。

241 （梁）釋慧皎，《高僧傳‧曇無讖傳》卷2，頁336下。

242 《十六國春秋輯補》卷97，《北涼錄‧沮渠蒙遜》2。

失去推動北涼發展「佛教建國信仰」的兩位最重要人物。蒙遜在 421 年將曇無讖帶到涼州發展佛教之後，兩人即攜手在北涼共同發展「佛教建國信仰」共達十二年左右之久（421-433）。北魏高謙之（486-527）所撰的《涼書》，對北涼發展佛教信仰的情形作有這樣的描述：「國寺極壯，窮海陸之財，造者弗吝金碧，殫生民之力」。[243] 無論《涼書》這段記載是指蒙遜時代發展佛教的情形，或指蒙遜繼承者沮渠茂虔時代發展佛教的情形，我們都可以看出《涼書》所載北涼盡一切財力及物力發展佛教信仰的情形。

　　西元 433 年蒙遜及曇無讖忽然相繼去世，這對當時的北涼佛教的發展而言，有如遭遇「法滅」或「末法」的挫折，相當致命；特別是蒙遜的去世，北涼頓時失去其發展佛教的主要動力。因為蒙遜是當時推動北涼發展佛教信仰建國的最關鍵人物。

　　除此原因，我們推測，蒙遜的遽然去世，蒙遜的繼承者沮渠茂虔雖然沿襲了蒙遜發展「佛教建國信仰」的方法，並用行「受菩薩戒儀式」登上其「轉輪王位」及「彌勒佛王位」，也以「白衣彌勒佛王」的姿態統治北涼，然沮渠茂虔似乎還是沒有足夠的信心統治北涼。我們從隋文帝（統治，581-604）在以「月光童子」之名為轉輪王的姿態統治隋朝（統治，581-618）之際提倡「末法信仰」的情形即知道，轉輪王為了說明自己是「正法」或佛教最重要的護持者，常用「末法信仰」作為自己要發展佛教，或令「正法久住」的藉口。[244] 因此帝王一旦以轉輪王的姿態統治天下，便常有提倡「末法信仰」的活動，作為其人民覺得帝王是「末法時期」護持佛法或「正法」的最重要及最關鍵人物。

　　帝王推動「末法信仰」的原因，因此也是一個國家的帝王用護持佛法作

---

243 （唐）釋道宣撰，《廣弘明集》卷 7，《敘列代王臣滯惑解》下，《大正》卷 52，頁 132-133。

244 隋文帝在末法時期以「月光童子」的轉輪王身分護持佛法的證據，載於隋代翻譯的《德護長者經》之偽經：「又此童子，我涅槃後，於未來世護持我法，供養如來受持佛法，安置佛法，讚歎佛法，於當來世佛法末時，於閻浮提大隋國內作大國王，名大行⋯⋯」。見（隋）天竺三藏那連提耶舍譯，《佛說德護長者經》卷下，《大正》卷 14，頁 849 中-下；並見本書第九章，〈《入法界品》的支提信仰性質及造像〉。

為其鞏固政權的方法或藉口。《大方等大集經‧須彌藏分》因此常要求天王、阿修羅、龍王、夜叉等也要護持、養育佛法，並令佛法久住。[245] 但隋代的費長房認為，在這些護持佛法久住的眾生中，以帝王護持佛法的力量最大，且最為有效。費長房在談論「法滅」此詞時，引《大集經‧日藏分‧護法品》所載的「佛告頻婆娑羅王（Bimbisara）」的一段話，如此定義「法滅」的意思並說明帝王（轉輪王）護持佛法的重要性：

> 大王（轉輪王），汝等諸王於現在及未來世，乃至法住，於是時中，一切佛法付囑汝等，一切諸王應好擁護。如擁護者，即是三世一切諸佛之大檀越，能護持三世諸佛正法。是人命終生於他方淨佛國土。若擁護者，能令三寶久住不滅，若不擁護，我法即滅。若法在世，能令人天充滿，惡道減少。所以世界成壞要因諸佛，聖法興壞必在帝王。[246]

《歷代三寶紀》所載的這段話說，「法滅」的情形即是惡道橫行、天下大亂的情形。為了要避免「法滅」，帝王或轉輪王就要「擁護」佛法。帝王如果能「擁護」佛法及護持佛法，佛法便能久住不滅，甚至「能令人天充滿，惡道減少」。帝王既是令「正法久住」的關鍵性人物，因此「佛告頻婆娑羅王」說：「聖法興壞必在帝王」。費長房很顯然的認為，在護持佛法久住的眾生中，以帝王的責任最為重大，因為其護持佛法的力量最為有效。費長房如此看待帝王護持佛法的重要性，這與隋文帝當時以「月光童子」的轉輪王面貌統治大隋國的活動自然有密切的關聯。[247] 因為費長房認為，隋文帝即是一位在「末法時期」護持佛教（正法），用佛教信仰建國的轉輪王：「慧日既隱蒼生晝昏，天啟我皇乘時來馭，君臨億兆化被萬邦」。[248]

---

245 （高齊）那連提耶舍譯，《大方等大集經‧須彌藏分》，頁386下。

246 （隋）開皇十七年翻經學士臣費長房上，《歷代三寶紀》卷12，〈眾經法式十卷〉，《大正》卷49，頁107上。

247 有關隋文帝以月光童子的轉輪王面貌統治大隋國的事，見古正美，《從天王傳統到佛王傳統》第四章，〈齊文宣與隋文帝的月光童子信仰及形象〉，頁193-210；並見本書第九章，〈《入法界品》的支提信仰性質及造像〉。

248 （隋）開皇十七年翻經學士臣費長房上，《歷代三寶紀》卷12，〈眾經法式十卷〉。

北涼提倡「末法信仰」的原因，因此與茂虔以轉輪王的姿態統治北涼的活動自然有密切的關聯。這就是沮渠茂虔在 434 年登上轉輪王位之後，北涼石塔及北涼文獻都出現「生值末法」、「生值末世」或「末法時期」這些文字的原因。這也說明，沮渠茂虔在繼承蒙遜的帝位之際，茂虔不但有發展佛教信仰的危機感，而且也有作為北涼新政治領袖的危機感。這應該就是沮渠茂虔要在其登上轉輪王位的第一年，即西元 434 年，要積極提倡「末法信仰」的原因。

無論如何，曇無讖縱然有提倡「末法信仰」的活動，但在北涼刻意提倡「末法信仰」的人物，並不是曇無讖，也不是沮渠蒙遜，而是沮渠蒙遜的繼承者沮渠茂虔。

最後我們要問，為何彌勒佛王信仰會與北涼的「末法信仰」連結在一起？我們最早見到「值遇彌勒」與表達「生值末世」的文字，一起出現於北涼實物的時間，是在北涼緣禾三年（434）白雙咀所造的〈造塔記〉。此年即是茂虔統治北涼的第一年。該〈造塔記〉載：

> 涼故大沮渠緣禾三年歲次甲戌七月上旬，清信士白雙咀自惟薄福，生值末法，波流苦深，與聖錄曠正，惟慨寤寐永嘆。即於山岩，步付斯石，起靈塔一尊一窟，形容莊嚴，使國主兄弟善心純熟，興隆三寶，見於師僧證菩提果，七世父母兄弟宗親，捨身受身，值遇彌勒，心開意解，獲其果願。[249]

此〈造塔記〉說得很清楚，在沮渠茂虔開始統治北涼的第一年或緣禾三年，北涼即出現有結合彌勒佛王下生信仰（值遇彌勒）與「末法信仰」（生值末法）發展的現象。這也說明在緣禾三年，沮渠茂虔有同時提倡「支提信仰」及「末法信仰」的現象。這就是為何殷光明會說：緣禾三年是「北涼進入末法時期」的時間的原因。北涼的「末法信仰」及彌勒佛王下生信仰會在茂虔登位的第一年出現在白雙咀的〈造塔記〉，因此並不是偶然因素造成的現象。造成此現象，除了與筆者所言的，與蒙遜及曇無讖在 433 年遽然相繼去世有關外，也與茂虔在此年行「受菩薩戒儀式」、登上其「轉輪王位」，並依據《大

---

249 見殷光明，《北涼石塔研究》（新竹：財團法人覺風佛教藝術文化基金會，2000），頁 129。

方等大集經》所載的「彌勒菩薩佛王」的面貌統治北涼的活動有密切的關聯。茂虔在蒙遜死後，其很顯然的遵循了蒙遜行「受菩薩戒儀式」，以「白衣彌勒佛王」的面貌登上其「轉輪王位」及「彌勒佛王位」，同時也沿襲了蒙遜用《大方等大集經》所載的「彌勒菩薩佛王」或「彌勒佛王」的面貌統治北涼。茂虔在沿襲蒙遜的佛教制度下，在敦煌莫高窟也建造的一鋪紀念自己以「白衣彌勒佛王」的姿態統治北涼的造像。我們推測此像就是敦煌莫 263 窟所造的「白衣彌勒佛像」。

茂虔在繼承蒙遜的北涼帝位之後，由於北涼的佛教，在曇無讖及蒙遜相繼去世之後，遭遇空前的災難及不確定性，茂虔為了要繼續發展「佛教建國信仰」，並統治北涼，因此在其登位的第一年，便一面以轉輪王的姿態施行「佛教建國信仰」立國，並一面提倡「末法信仰」，作為其「護持正法久住」及鞏固其政權的方法。

茂虔以「彌勒菩薩佛王」的面貌統治北涼的經典依據，應該也是《大方等大集經》。因為此經就載有「彌勒菩薩」在「末法時期」有救濟眾生及「護持正法」的能力。因此茂虔在緣禾三年登位時，其便不遺餘力地提倡「末法信仰」。這就是茂虔也要提倡《大方等大集經》的「彌勒佛王信仰」的原因。《大方等大集經》在經中即如此記載「彌勒菩薩」在末法時期能因此經而救度眾生的情形：

> 若後末世法欲滅時，其有受持此經轉為人說者，當知皆是彌勒威神之所建立。[250]

此處所言的「末世法欲滅時」，即指「末法時期」的意思。在《大方等大集經》裡，「彌勒菩薩佛王」或「彌勒佛王」，很明顯的也扮演在「末法時期」護持正法及救濟眾生的「救濟者」角色。《大方等大集經》既在經中提到，「彌勒菩薩佛王」在「末世法欲滅時」能救濟眾生、護持正法，沮渠茂虔在全國皆失去發展佛教的依靠力量時登位，其自然會以《大方等大集經》所載的「彌勒菩薩佛王」面貌登上其王位，並提倡「末法信仰」。這就是茂虔在登位之後

---

250 （北涼）曇無讖譯，《大方等大集經》卷 18，頁 126-127。

努力提倡「末法信仰」的原因。這也是在茂虔統治北涼之後，北涼的佛教文獻及實物都不斷提到，北涼有積極提倡「末法信仰」的活動的原因。

今日的學者都認為，「白衣彌勒佛像」的出現，與「末法信仰」有一定的關聯。但這些學者都不知道，敦煌「白衣彌勒佛像」的出現，與北涼施行「佛教信仰建國」的活動有密切的關聯。從蒙遜時代開始在敦煌造「白衣彌勒佛像」的情形來判斷，蒙遜雖也用《大方等大集經》作為其用「彌勒菩薩佛王」面貌統治北涼的依據，然蒙遜並沒有在其統治北涼的時間刻意提倡「末法信仰」。因為蒙遜時代的史料、文獻及實物都沒有提到蒙遜有提倡或發展「末法信仰」的活動。北涼刻意大力發展「末法信仰」的時間，是在蒙遜及曇無讖去世之後，茂虔以轉輪王的姿態統治北涼的時間。我們因此認為，彌勒佛王下生信仰與「末法信仰」在北涼真正結合在一起發展的時間，是在茂虔以支提信仰的轉輪王姿態統治北涼的時代。「白衣彌勒佛像」的製作背景，的確與「末法信仰」有關，但不是所有用《大方等大集經》建國的「彌勒菩薩佛王」都會將其製作「白衣彌勒佛像」的活動與「末法信仰」掛鉤。譬如，蒙遜就是一個例子。

蒙遜的繼承者茂虔及無諱，因為明顯的都沿用蒙遜奠立的北涼轉輪王登位儀式，及北涼使用的支提信仰的轉輪王形象統治北涼，我們因此推論，北涼在敦煌所造的最後一座具有「白衣彌勒佛像」的中心柱窟，即是沮渠無諱建造的莫 435 窟。此窟因此是沮渠無諱為紀念其以「白衣彌勒佛王」姿態統治北涼所開鑿的一座敦煌石窟。莫 435 窟不會是蒙遜開鑿的石窟也不會是茂虔開鑿的石窟，其原因是，每一位統治北涼的涼王只會為自己行一次「受菩薩戒儀式」，並造一次紀念自己以「白衣彌勒佛王」的面貌統治北涼的活動。蒙遜及茂虔既已在敦煌石窟造有紀念其等的「白衣彌勒佛像窟」，莫 435 窟此尊「白衣彌勒佛像」，自然就是最後統治河西及敦煌的北涼涼王沮渠無諱所造的其「白衣彌勒佛像」。

北涼在 439 年被北魏滅後，蒙遜的繼承者沮渠茂虔在緣禾八年（440）自

裁。[251] 茂虔死後，茂虔的次弟沮渠無諱，即擁家戶西就從弟敦煌太守沮渠唐兒。但沮渠唐兒拒而不納，無諱遂殺唐兒，收復敦煌。無諱在北涼滅後再度收復敦煌的時間，應該是在西元 440 年之後。無諱在打下敦煌之前，與其弟攻打酒泉，並在拔得酒泉之後，無諱因攻打張掖不剋，遂有退保臨松之舉。[252]這就是為何我們認為無諱是在「退保臨松」之際，有在張掖臨松開鑿金塔寺東、西窟活動的原因。

沮渠無諱顯然的在其收復敦煌之後（440），已行過「受菩薩戒儀式」，以「白衣居士」的姿態登上其轉輪王位，並以「白衣彌勒佛王」的姿態統治其時的北涼餘部。沮渠無諱是在緣禾九年（441）撤離敦煌進駐高昌。茂虔死後，無諱在河西及敦煌逗留的時間，前後大概只有一年或一年多的時間（440-441）。無諱在其收復敦煌之後（440），其也在敦煌建造了莫 435 窟此「中心柱窟」。我們知道此事，乃因敦煌的莫 435 窟的造像顯示，無諱沒有太多的時間策劃建造其莫 435 窟的窟龕造像問題。因為莫 435 窟的窟龕造像有明顯抄襲其前代北涼窟的窟龕造像方法建造此石窟的情形。這說明無諱是在匆促的情況下開鑿敦煌的莫 435 窟。無諱在敦煌建造莫 435 窟的主要原因是，他在登上北涼的彌勒佛王位之後，他也要與其父兄一樣，為自己建造一座紀念自己以「白衣彌勒佛王」面貌統治北涼的「白衣彌勒佛王窟」。

我們推測，莫 435 窟的開鑿時間，是在北涼河西政權亡滅之後的時間，甚至是在沮渠茂虔死後，沮渠無諱以北涼新統治者的身分收復敦煌之後的時間。理由有二：（1）北涼雖然在敦煌開鑿有許多石窟，然而沒有一座石窟的造像內容及窟龕造像方法，是用抄襲其前代北涼窟的窟龕造像方法建造其石窟的造像內容者。莫 435 窟此中心柱窟的造像方法及造像內容，除了有明顯的仿照北涼造莫 260 窟此中心柱窟的造像內容及造像方法製作外，莫 435 窟的窟龕造像法，也有仿照北涼造莫 251 窟此中心柱窟的窟龕造像法建造此石窟的造像情形。譬如，莫 435 窟及莫 251 窟的窟龕造像法非常相像，都在石窟

---

251 《十六國春秋輯補》卷 97，《北涼錄》三，〈沮渠茂虔〉，頁 672。

252 《十六國春秋輯補》卷 97，《北涼錄》三，〈沮渠茂虔〉，頁 672。

的人字坡下造「彌勒佛王下生說法像」，並在「彌勒佛王下生說法像」的兩側壁面造「千佛」造像。（2）莫435窟出現抄襲其前代北涼窟窟龕造像的情形，應與沮渠無諱在茂虔死後，其倉促登位、倉促收復敦煌，及倉促在敦煌開鑿其「白衣彌勒佛王窟」的活動有很大的關聯。無諱在敦煌開鑿的莫435窟，雖是為其自己建造的石窟，但因他在倉促之間收復敦煌，並在缺乏資源的情況下在敦煌開鑿其「白衣彌勒佛王窟」，因此莫435窟才會出現有用抄襲其前代北涼窟的窟龕造像方法建造此石窟的造像情形。這就是為何莫435窟的造像品質及造像內容都不能與其前的北涼窟造像品質及造像內容相比的原因。

第七節　結論

敦煌開始製作「白衣彌勒佛像」的原因，與北涼的統治者沮渠蒙遜用「佛教建國信仰」建國，並以龍樹奠立的支提信仰的「彌勒佛王」信仰及形象統治北涼的活動有密切的關聯。為北涼蒙遜發展「佛教建國信仰」的印度高僧曇無讖，為了紀念蒙遜以「白衣彌勒佛王」的面貌統治北涼，從而在敦煌莫254窟為蒙遜開鑿了一座「白衣彌勒佛王窟」，並在此窟的西壁製作了中國歷史上的第一鋪「白衣彌勒佛王像」。從敦煌後來製作的具名「南天竺彌勒白佛瑞像」的名稱來判斷，所謂「瑞像」或「涼州瑞像」，與北涼製作的「白衣彌勒佛王像」等的造像活動有密切的關聯。換言之，所謂「瑞像」或「涼州瑞像」，乃指北涼在發展其「佛教建國信仰」時期製作的北涼沮渠氏的轉輪王像或彌勒佛王像。由於北涼在發展其「佛教建國信仰」時期所製作的「瑞像」或「涼州瑞像」，基本上都依據北涼提倡的「支提信仰」內容，並用克孜爾石窟製作的支提信仰「彌勒佛王像」的造像法，造其「瑞像」或「涼州瑞像」的緣故，這就是後來我們在敦煌所見的「涼州瑞像」，都被造成支提信仰的「彌勒佛王像」的造像形式。北涼製作「涼州瑞像」的方法，可以說是印度僧人曇無讖一手設計及創造的北涼製作「涼州瑞像」的造像法及造像傳統。曇無讖創造的最有名的「涼州瑞像」的造像實例，就是其在敦煌莫254窟為北

涼涼王沮渠蒙遜所造的該窟主尊造像「白衣彌勒佛王瑞像」。北涼王朝除了在敦煌石窟製作許多「涼州瑞像」外，在其統治的河西地區，甚至後來的高昌都造有許多「瑞像」或「涼州瑞像」。這就是為何後來敦煌石窟製作的「瑞像」或「涼州瑞像」都以北涼的「涼州瑞像」為其造像模式的原因。當然，中國後來在敦煌製作的「涼州瑞像」，也都與其時代發展的「佛教建國信仰」的活動有一定的關聯。北涼很顯然的是中國歷史上，在其統治的土地上，最早並最大量製作其帝王的佛教彌勒佛王像或轉輪王像的朝代，這應該就是歷史上有「涼州瑞像」或「瑞像」之名的來源。這也是北涼發展龍樹奠立的「支提信仰」的重要證據。由於「涼州瑞像」指的是北涼涼王的轉輪王像或彌勒佛王像，這就是為何日本白鶴美術館收藏的〈第二十二圖讚聖迹住法相此神州感通育王瑞像〉的〈畫圖讚文〉的文題也稱「涼州瑞像」為「育王瑞像」或「轉輪王瑞像」的原因。「涼州瑞像」此名，因此除了有指北涼依據支提信仰製作的轉輪王像或彌勒佛王像外，後來也有指北涼之後，亞洲其他地區發展支提信仰之際，製作的各種轉輪王像或彌勒佛王像，包括密教化的支提信仰造像。「涼州瑞像」此名，因此也可以說是一種對亞洲地區製作的支提信仰的轉輪王像或彌勒佛王像的通稱。

張廣達及榮新江在用 P3033 背、P3352、S5659 和 S2113 四件〈敦煌文書〉的「瑞像目錄」和「佛教聖蹟的扼要表述」，考察「瑞像」此詞的意思時，他們注意到，這些〈敦煌文書〉涉及的地域包括有天竺、泥婆羅、于闐、河西及江南等地。他們因此推斷，上面提到的四份〈敦煌文書〉應是「壁畫的文字設計或繪後記錄」。[253] 四份〈敦煌文書〉中，以「瑞像」的記錄最多，張廣達及榮新江因此說：

> 從瑞像反映的內容來分析，它（瑞像）不同於佛本生故事畫、佛傳畫、譬喻故事畫、因緣故事畫等佛教形象資料，更不同於大乘諸宗大肆宣揚的經變畫，就某些點來說，瑞像圖接近佛教史蹟畫，但是，就瑞像的功用而言，看來亦應與

---

253 張廣達及榮新江，〈敦煌「瑞像記」、瑞像圖及其反映的于闐〉，張廣達及榮新江，《于闐史叢考》（上海：上海書店，1993），頁 212。

史蹟畫加以區別。[254]

很顯然的，張廣達及榮新江並不知道「瑞像」此詞的意思。因為他們兩人一面認為，「就某些點來說，瑞像圖接近佛教史蹟畫」，但另一方面他們也說：「就瑞像的功用而言，看來亦應與史蹟畫加以區別」。張廣達及榮新江在其等所撰的書中，始終沒有清楚的定義「瑞像」此詞的意思，也不知道「瑞像」的出現與「佛教建國信仰」在歷史上的發展有密切的關聯；甚至不知道，「瑞像」是用佛教信仰建國的佛教轉輪王或帝王的轉輪王像或佛王像。

張廣達及榮新江所談論的四件〈敦煌文書〉所載的「瑞像」名稱，除了載有如，「（天）竺國彌勒白佛瑞像記」所載的「彌勒白佛瑞像」之名外，[255] 也載有我們在北涼時代不見的一些「瑞像」名稱，如「佛在毗耶離國巡城行化紫檀瑞像」、[256]「如意輪菩薩手掌日月指日月瑞像記」、[257]「觀世音菩薩（於蒲特山放光成道瑞像）」，[258] 及「于闐玉河浴佛瑞像」等「瑞像」之名。[259] 這些「瑞像」的名稱顯示，後來亞洲帝王製作的其轉輪王像或佛王像，並不在意其等所使用的「佛教建國信仰」不是「支提信仰」，依然同樣稱呼其等製作的轉輪王像或佛王像為「瑞像」。換言之，這些〈敦煌文書〉有通稱所有的「支提信仰」及非「支提信仰」的轉輪王像或佛王像為「瑞像」的情形。

我們也注意到，後來製作的「瑞像」，常用「瑞像」出現的地點或造像特徵作為「瑞像」的名稱。[260] 張廣達及榮新江在其等的書中也提到敦煌石窟的「瑞像」，並說：敦煌莫高窟至少有二十七座洞窟中繪有「瑞像」，而這些「瑞相圖」大多出現於晚唐、五代、宋初，尤其是五代宋初曹氏掌權時為多。[261] 張廣達及榮新江所提到的敦煌「瑞像圖」的名稱，常以「瑞像」出現的地名

---

254 張廣達及榮新江，〈敦煌「瑞像記」、瑞像圖及其反映的于闐〉，頁 213。

255 張廣達及榮新江，〈敦煌「瑞像記」、瑞像圖及其反映的于闐〉，頁 218，4 行。

256 張廣達及榮新江，〈敦煌「瑞像記」、瑞像圖及其反映的于闐〉，頁 216，17、18 行。

257 張廣達及榮新江，〈敦煌「瑞像記」、瑞像圖及其反映的于闐〉，頁 217，7 行。

258 張廣達及榮新江，〈敦煌「瑞像記」、瑞像圖及其反映的于闐〉，頁 217，9 行。

259 張廣達及榮新江，〈敦煌「瑞像記」、瑞像圖及其反映的于闐〉，頁 220，22 行。

260 見下詳述。

261 張廣達及榮新江，〈敦煌「瑞像記」、瑞像圖及其反映的于闐〉，頁 224-234。

或「瑞像」的造像特徵命名「瑞像」。譬如,「盤和都督仰容山番禾縣北聖容瑞像」,[262]「觀音菩薩於蒲特山放光成道瑞像」、[263]「佛在毗耶離巡城行化紫檀瑞像」,[264]「中天竺摩訶菩提寺造釋迦瑞像」,「酒泉釋迦牟尼瑞像」、[265]「于闐海眼寺釋迦聖容瑞像」、[266]「于闐坎城瑞像」,[267] 及「于闐古城瑞像」等。[268]

「瑞像」在中國與古代于闐,甚至亞洲其他地區的發展,明顯的都與古代中國及亞洲地區所發展的「佛教建國信仰」有關。從敦煌所繪的各種「瑞像」,我們可以看出,「佛教建國信仰」在亞洲及中國的發展,有各種不同的信仰傳統。這就是敦煌會出現如此多種「瑞像」的原因。「佛教建國信仰」的發展情形及內容,基本上都記載於歷代大乘佛教製作的一些大乘經典。譬如,《入法界品》所載的「佛王信仰」,就載有三種「菩薩佛王信仰」。此三種「菩薩佛王信仰」即是:「彌勒菩薩佛王信仰」、「普賢菩薩佛王信仰」,和「文殊菩薩佛王信仰」。[269]

《入法界品》也載有三種「佛的佛王信仰」。此三種「佛的佛王信仰」即是:「釋迦摩尼佛的佛王信仰」、「盧舍那佛／毘盧遮那佛的佛王信仰」,及「薩遮尼揵子大論師的佛王信仰」。《入法界品》在說明「薩遮尼犍子大論師」為轉輪王的故事後,便用非常冗長的篇幅說明釋迦佛的前生如何由太子出生的背景成為「轉輪王」,後來又如何成為「釋迦佛王」的情形:「爾時太子增上功德主豈是異人乎?今釋迦摩尼佛(Buddha Śākyamuni)是也」。[270] 這就是為何亞洲的帝王在以「轉輪王」的姿態統治天下時,也能以「釋迦摩尼佛王」的

262 張廣達及榮新江,〈敦煌「瑞像記」、瑞像圖及其反映的于闐〉,頁 231,東披,7 行。

263 張廣達及榮新江,〈敦煌「瑞像記」、瑞像圖及其反映的于闐〉,頁 231,南披,4 行。

264 張廣達及榮新江,〈敦煌「瑞像記」、瑞像圖及其反映的于闐〉,頁 231,南披,3 行。

265 張廣達及榮新江,〈敦煌「瑞像記」、瑞像圖及其反映的于闐〉,頁 232,北披,5 行。

266 張廣達及榮新江,〈敦煌「瑞像記」、瑞像圖及其反映的于闐〉,頁 232,北披,6 行。

267 張廣達及榮新江,〈敦煌「瑞像記」、瑞像圖及其反映的于闐〉,頁 232,西披,9 行。

268 張廣達及榮新江,〈敦煌「瑞像記」、瑞像圖及其反映的于闐〉,頁 232,北披,6 行。

269 (東晉)佛馱跋陀羅譯,《華嚴經・入法界品》卷 52,《大正》卷 9,頁 730 中等處;並見本書第九章,〈《入法界品》的支提信仰性質及造像〉。

270 (東晉)佛馱跋陀羅譯,《華嚴經・入法界品》卷 56,頁 756 下-761 下。

面貌面臨其子民的原因。《入法界品》所載的「佛王信仰」中，《入法界品》最側重的「佛王信仰」，是「盧舍那／毘盧遮那佛的佛王信仰」及「彌勒佛王信仰」。因此《入法界品》甚至兩次各別提到此二佛的「佛王信仰」故事。《入法界品》因為認為，「盧舍那佛王身／毘盧遮那佛王身」，與「彌勒菩薩佛王身」是「同身」的神祇，因此亞洲帝王在用《入法界品》所載的「佛王信仰」統治天下時，除了可以同時使用「盧舍那佛王身／毘盧遮那佛王」與「彌勒菩薩佛王」的面貌統治天下外，也可以只用其中的一種佛王面貌統治天下。[271]

亞洲歷史上所奠立的「佛教建國信仰」，除了貴霜王丘就卻在 1 世紀 60 年代後半葉奠立的「貴霜佛教建國信仰」、[272] 龍樹在 2 世紀中期左右或稍後奠立的「支提信仰」、《入法界品》在 4、5 世紀間提出的「新支提信仰」或「密教化的支提信仰」外，還包括西元 7、8 世紀之間，印度中部及南部也流行「胎藏密教」及「金剛頂密教」所奠立的「佛王信仰」。譬如，「金剛頂密教」便奠立有「不空羂索觀音佛王信仰」。[273] 這就是我們在「瑞像圖」上也見有「如意輪觀音菩薩佛王瑞像」及其他「觀音菩薩佛王瑞像」的原因。古代的于闐因為一直有發展《華嚴經·入法界品》所載的「毘盧遮那佛王信仰」的現象，[274] 這就是為何于闐造有許多「毘盧遮那佛王瑞像」的原因。

彭向前在其《關於西夏聖容寺研究的幾個問題》中不僅認為，「聖容寺得名當始於西夏」，甚至說：「既然石佛瑞像被稱為聖容，帝后神御也被尊稱為聖容，大概在奉安西夏帝后神御後，感通寺索性以此為契機，改稱聖容寺。也就是說，聖容寺的聖容一語雙關，即指原來的石佛瑞相，又指西夏帝后神

---

271 以上有關《入法界品》所載的「盧舍那或毘盧遮那佛王信仰」及「彌勒菩薩佛王信仰」的內容及造像，見本書第九章，〈《入法界品》的支提信仰性質及造像〉。

272 見本書第二章，〈大乘佛教建國信仰的奠立者——貴霜王丘就卻〉。

273 有關密教觀音信仰的發展情形，見古正美，《從天王傳統到佛王傳統》第六章，〈武則天神宮之前所使用的密教觀音佛王傳統及佛王形象——中國女相觀音出現的原因〉、第七章，〈從南天烏荼王進獻的《華嚴經》說起——密教金剛頂派在南天及南海的發展狀況〉。

274 有關古代于闐發展《華嚴經·入法界品》所載的「毘盧遮那佛王信仰」的事，見本書第九章，〈《入法界品》的支提信仰性質及造像〉。

御」。[275] 所謂「神御」，依據彭向前的說法，乃指「西夏帝后死後的遺畫像或塑像」。[276]

　　筆者在前面說過，「瑞像」也有指施行支提信仰或其他「佛教建國信仰」建國的亞洲帝王所造的轉輪王像或佛王像。由於北涼使用龍樹奠立的「支提信仰」建國，北涼涼王的佛教轉輪王像，便都依據克孜爾石窟的支提信仰製作各式的彌勒佛王像。北涼涼王在其等開鑿的石窟中所造的「瑞像」，都是北涼涼王生前為自己所造的各式彌勒佛王畫像及塑像。在此了解下，劉薩訶所預言的「涼州瑞像」，便有指北涼涼王在其統治河西地區所造的彌勒佛王像。西夏將永昌的「感通寺」改為「聖容寺」，嚴格的說，與西夏在此奉安西夏帝后「神御」的活動無關。因為「聖容」一詞衍自「轉輪聖王像」。「轉輪王」因也被稱為「轉輪聖王」，[277] 故「瑞像」一詞也能被稱為「轉輪聖王」的「聖容」。西夏在「聖容寺」奉安其帝后的「遺畫像或塑像」，筆者認為，乃是西夏後來的做法；與原初西夏更改具有「瑞像寺」之名的「感通寺」為「聖容寺」的做法，應無關聯。

　　我們在本章提到，曇無讖不僅將貴霜的「護法信仰」及「轉化」造像的方法運用在其於敦煌石窟為北涼製作的造像，同時其也用于闐仿照《入法界品》撰造的《大方等大集經》的佛王信仰內容，[278] 作為北涼發展支提的基礎。但北涼在敦煌製作的支提信仰的轉輪王像及彌勒佛王像，並不是受于闐的造像法的影響，而是受當時克孜爾石窟發展的支提信仰及其造像法的影響。這就是北涼在張掖金塔寺東、西窟所造的轉輪王像或彌勒佛王像，及北涼在敦煌所造的轉輪王像或彌勒佛王像，如「白衣彌勒佛王像」，都依據克孜爾石窟所製作的轉輪王像或彌勒佛王像製作的原因。曇無讖時代的于闐和龜茲，雖然都發展支提信仰為其等的「佛教建國信仰」，然而兩地使用以發展其等的支提信仰經典依據完全不同。前者于闐有同時使用《入法界品》及仿照《入法

---

275 彭向前，〈關於西夏聖容寺研究的幾個問題〉，頁358。

276 彭向前，〈關於西夏聖容寺研究的幾個問題〉，頁357。

277 見本書第二章，〈大乘佛教建國信仰的奠立者——貴霜王丘就卻〉對「轉輪王」一詞的定義。

278 見本書第九章，〈《入法界品》的支提信仰性質及造像〉。

界品》的《大方等大集經》作為其發展支提信仰的經典依據，[279] 而後者龜茲的克孜爾石窟則完全依據龍樹所奠立的《普賢菩薩說證明經》，或簡稱《證明經》，發展其支提信仰的內容及造像。[280] 由此可見，曇無讖為北涼發展「佛教建國信仰」及造像的情形，除了依據早期貴霜或犍陀羅製作的大乘佛教經典及造像製作北涼蒙遜的貴霜「佛教建國信仰」的造像外，其為北涼蒙遜發展的支提信仰及造像，不但有用當時于闐流行的《大方等大集經》作為其發展北涼支提信仰的經典依據，也有用當時龜茲發展的支提信仰造像法發展北涼的支提信仰造像的情形。曇無讖為北涼發展的「佛教建國信仰」及造像情形顯見的非常複雜。這與曇無讖曾遊學大乘佛教的發展地罽賓或犍陀羅，並在進入中國之後曾在于闐及龜茲學習當地發展的支提信仰及其造像法有一定的關聯。這就是曇無讖能為蒙遜主持行「受菩薩戒儀式」，並將蒙遜推上轉輪王位及彌勒佛王位的原因，這也是曇無讖能在敦煌為蒙遜造「白衣彌勒佛王像」的原因，這更是曇無讖能在敦煌用犍陀羅的「轉化」造像方法及造「中心柱」造像的方法，表達北涼使用兩種「佛教建國信仰」的內容的原因。曇無讖為北涼發展的「佛教建國信仰」及造像現象，可以說是我們在中國佛教發展史上首見的最不尋常的「佛教建國信仰」及佛教造像發展現象。我們因此可以說，曇無讖不僅在中國佛教歷史上奠立了中國發展「佛教建國信仰」的新發展模式，同時他也在中國佛教造像史上奠立了佛教石窟的新造像方法及新造像方向。這就是後來開鑿敦煌石窟及雲崗石窟的造像者，都要謹守及沿用曇無讖在敦煌奠立的佛教造像方法及佛教造像內容的原因。曇無讖能在中國成就如此發光發熱的佛教發展事業，除了因為他遇到了其一生中發展佛教事業最重要的貴人或伯樂北涼涼王沮渠蒙遜外，也與其本身具有好學不倦的精神及淵博的學問和知識有密切的關聯。我們因此可以說，曇無讖是奠立中國發展「佛教建國信仰」新方法的先驅，如果沒有北涼涼王沮渠蒙遜將他帶來涼州發展北涼的「佛教建國信仰」，我們在中國歷史上就沒有造「白衣彌勒佛王

---

279 見本書第九章，〈《入法界品》的支提信仰性質及造像〉。
280 見本書第八章，〈新疆克孜爾石窟發展支提信仰的特色及其影響〉。

瑞像」的活動，也沒有大量製作「涼州瑞像」的造像傳統及造像現象。

第十一章　總結

筆者撰寫本書的結論沒有一定的方法，因此筆者在此結論中，除了會談論筆者撰寫本書每一章的結論外，也會談論筆者撰寫本書每一章的一些經驗及心得。譬如，筆者如何處理大乘經典的文字與造像之間的關係、大乘佛教製作「佛教建國信仰」經典的情況，及筆者為何要用學者所謂的「偽經」作為筆者研究「佛教建國信仰」的重要文獻等。

　　我們過去對大乘佛教經典記載的丘就卻在犍陀羅施行「供養七寶塔」的政策，基本上沒有甚麼特別的印象。但自 1993 年〈拉巴塔克銘文〉的出土，我們再讀 1980 年在「烏萇」（Odi）發現的，載有烏萇王「薩達色迦諾」（Sodaskano）於其統治的第 14 年鑄造的「七寶塔」的〈金卷片銘文〉的感覺，便完全不同。由於〈拉巴塔克銘文〉的出土，我們因此知道丘就卻有兩個兒子；一位是微馬・塔克圖（Vima Taktu, 80-95），一位是烏萇王「薩達色迦諾」。後者也是微馬・卡德費些斯的父親。[1] 烏萇王「薩達色迦諾」所造的〈金卷片銘文〉顯示，其在重建的「七寶塔」中安置「佛舍利」的活動，事實上是響應其父親丘就卻在發展其「佛教建國信仰」之際所推行的「建造七寶塔」及「供養佛舍利」的政策。這就是「薩達色迦諾」在其鑄造的〈金卷片銘文〉中要求其烏萇的臣民，包括貴霜貴族、將軍及一般人民等，都要「供養七寶塔」的原因。[2] 這些貴霜銘文的出土，的確非常重要。因為這些銘文的出土，使我們對貴霜的政治及宗教發展活動有較具體及深刻的認識。隨著佛教銘文的出土，研究貴霜歷史及文物的環境也隨之改變，這就是筆者在 1993 年出版《貴霜佛教政治傳統》之後一直想重寫《貴霜佛教政治傳統》的原因；這也是筆者撰寫本書的第二章〈大乘佛教建國信仰的奠立者──丘就卻〉及本書的第三章〈貴霜佛教建國信仰的發展者迦尼色迦第一及胡為色迦王〉，作為我們了解本書所談論的「佛教建國信仰」在亞洲歷史上發展的背景及內容的原因。

　　由於「佛教建國信仰」或佛教政治傳統在亞洲歷史上的發展，與貴霜的建國者丘就卻在歷史開創始用此信仰或傳統，統治貴霜王朝的活動有密切的

1　https://en.wikipedia.org/wiki/Kushan_Empire.2/1/2019.

2　見本書第二章，〈大乘佛教建國信仰的奠立者──貴霜王丘就卻〉。

關聯，我們因此要用各種方法了解丘就卻在其都城「犍陀羅」發展「佛教建國信仰」的情形。我們過去對貴霜王朝的歷史及文物的研究，不但要依賴各種出土的銘文，而且也要用中國早期撰造的各種史料及文獻，如《史記》、《後漢書》，及《北史》等，作為我們研究及了解古代貴霜王朝或「大月氏國」建國及遷徙的活動情形。中國史書記載「月氏」或「月支」民族活動情形的資料，是目前我們了解貴霜王朝建國及活動情形的主要資料，也是東、西方學者研究貴霜歷史及文物的重要文獻。因此如果我們對這些史料或文獻的解讀有問題，我們對貴霜在歷史上的活動情形，便會有非常不同的解釋。譬如，《北史·西域傳》在「大月氏國條」如此稱會移動或遷徙的「月氏」為「大月氏」：

> 大月氏國（貴霜），都勝監氏城，在弗敵沙西，去代一萬四千五百里，北與蠕蠕接，數為所侵，遂西徙多薄羅城（藍氏城），去弗敵沙二千一百里。其王寄多羅勇武，遂興師越大山，南侵北天竺，自乾陀羅國以北，盡役屬之。[3]

《北史·西域傳》在此提到兩次「大月氏國」遷徙的情形：（1）大月氏西徙至貴霜王朝建國的薄羅城（Bactra or Bactria，藍氏城），及（2）大月氏國「其王寄多羅」遷徙至犍陀羅的情形。《北史·西域傳》在此也提到，在薄羅城定都及建國的「大月氏王」是「寄多羅」。但《後漢書·西域傳》說，在藍氏城建立「貴霜王朝」的是「丘就卻」。[4]《北史·西域傳》所言的「寄多羅」，很明顯的是指在大夏地或「薄羅城」建立「貴霜王朝」的丘就卻。[5] 因為只有丘就卻是具有「遂興師越大山，南侵北天竺，自乾陀羅國以北，盡役屬之」經驗及活動的貴霜大王。[6]「寄多羅」的名字也出現在《北史·西域

3　（唐）李延壽撰，《北史·西域傳》卷 97，「大月氏國」，《二十五史》第 4 冊（上海：上海古籍出版公司，1986）；並見古正美，《貴霜佛教政治傳統與大乘佛教》（台北：允晨出版公司，1003），第三章第三節，「有關法王塔的文獻及史料」，頁 133-135。

4　（劉宋）宣城太守范曄撰，唐章懷太子賢注，《後漢書·西域傳》卷 88，上海書店編，《二十五史》（上海：上海古籍出版公司，1986）。

5　（唐）李延壽撰，《北史·西域傳》卷 97，頁 345b，「小月支國」；並見本書第二章，〈大乘佛教建國信仰的奠立者──貴霜王丘就卻〉。

6　見本書第二章，〈大乘佛教建國信仰的奠立者──貴霜王丘就卻〉。

傳》，說明「小月氏王」與「大月支王」「寄多羅」有關聯性的文字：

> 小月氏國，都富樓沙城，其王本大月氏王寄多羅子也。寄多羅為匈奴所逐，西
> 徙，後令其子守此城，因號小月氏焉。在波路西南，去代……現居西平，張掖
> 之間，被服頗與羌同，其俗以金銀錢為貨……城東十里有佛塔……所謂百丈佛
> 圖也。[7]

《北史・西域傳》在此不僅認為，小月氏「其王本大月氏王寄多羅子
也」，同時也認為，此「小月氏王」實指貴霜王迦尼色迦第一。因為《北史・
西域傳》說，此王在其都城「富樓沙城」（Purusapura）或犍陀羅，造有「百丈
佛圖」的活動。此處所謂的「百丈佛圖」，乃指貴霜王迦尼色迦第一在犍陀羅
建造的「西域第一大塔」。[8] 很顯然的，《北史・西域傳》的作者李延壽並不知
道，迦尼色迦第一或其所言的「大月氏王寄多羅子」，是大月氏王丘就卻或寄
多羅的曾孫，不是丘就卻的兒子。因為 1993 年出土的〈拉巴塔克銘文〉便載
有早期貴霜統治者的統治順序年表。[9]

《北史・西域傳》在此提到：「寄多羅為匈奴所逐，西徙，後令其子守此
城，因號小月氏焉」。從此條史料，我們知道，「小月氏」因沒有隨寄多羅「西
徙」，並因留「守此城」的緣故，而有「小月氏」之稱。從此條史料，我們也
知道，丘就卻在定都犍陀羅（富樓沙城）之後，因「匈奴所逐」，又有「西徙」
的活動。這就是筆者認為，丘就卻在統治犍陀羅之後，因有被「匈奴所逐」
的事件，因此又「西徙」去了「達夏西拉」（Taxila），並死在「達夏西拉」，最
後甚至被葬於「達夏西拉」的「法王塔」（Dharmarājika stūpa）的原因。

許多研究貴霜歷史及文物的西方及印度學者，因為都沒有像筆者如此解
釋《北史・西域傳》所載的「寄多羅」或丘就卻「西徙」的活動。原因是，
這些西方及印度學者對「寄多羅」此名的了解及解釋，與筆者完全不同。這
些東、西方學者不但從未認為丘就卻在西元 1 世紀 60 年代定都犍陀羅之後還

7　（唐）李延壽撰，《北史・西域傳》卷 97，頁 345b，「小月支國」。
8　見本書第二章，〈大乘佛教建國信仰的奠立者——貴霜王丘就卻〉談論迦尼色迦第一在犍陀羅建
　　造「西域第一大塔」或「百丈佛圖」的活動。
9　見本書第二章，〈大乘佛教建國信仰的奠立者——貴霜王丘就卻〉。

有「西徒」到「達夏西拉」的活動，而且也不知道，丘就卻最後還死在「達夏西拉」，並被葬於「法王塔」。因為這些東、西方學者常將「寄多羅」此名視為西元 3、4 世紀的人物。譬如，馬歇爾爵士（Sir John Marshall, 1876-1958）便將「寄多羅貴霜」（Kidāra Kushān）視為西元 4 世紀的貴霜。[10] 今日的網絡學者也認為，「寄多羅」是西元 360 年「一支名為寄多羅的寄多羅匈奴」（A Kidarite Hun named Kidara）。[11] 東西方學者如此判讀記載「寄多羅」的史料結果，自然無法說明，為何丘就卻會在達夏西拉鑄造如此多錢幣，也無法判定，達夏西拉所建造的「法王塔」是丘就卻的葬塔。[12] 這就是筆者在本書的第二章，要再從中國史料及佛教文獻的角度再談論丘就卻在達夏西拉被賜死的原因，及「法王塔」的建造始末。

　　研究貴霜的歷史及文物，除了要重視出土銘文、現存的史料及佛教文獻的記載外，也要重視中國歷代翻譯的大乘佛經。因為自貴霜王丘就卻在 1 世紀後半葉開始發展及施行「佛教建國信仰」統治貴霜王朝之後，丘就卻便有將其奠立的「佛教建國信仰」的發展方法及發展內容登錄於其時代撰造的一些大乘佛經。這就是為何筆者常說，大乘佛經也是我們研究貴霜歷史及文物的「重要記史文獻」的原因。[13] 筆者並不是歷史上第一位注意到大乘佛教經典載有「佛教建國信仰」或佛教政治思想的文獻者。筆者在本書的〈緒論〉即提到，陳寅恪先生（1890-1969）在研究中國中古時代的「佛教與政治」關係之際，已經注意到，大乘佛經記載有佛教政治思想及活動的內容。陳寅恪先生因此不僅白紙黑字的說佛經載有佛教政治思想及實行方法，同時他自己也因此開始研究佛典。[14] 但陳寅恪先生的提醒及筆者呼籲，似乎並沒有改變學界學者長久以來認為中譯大乘佛教經典不是記史文獻的深根蒂固看法。

10　Sir John Marshall, *The Buddhist Art of Gandhara*, Chapter 1, "Introduction." England: Cambridge University Press, 1960, p. 1.

11　https://en.wikipedia.org/wiki/Kushan_Empire/1/29/2019.

12　見本書第二章，〈大乘佛教建國信仰的奠立者——貴霜王丘就卻〉。

13　見本書第二章，〈大乘佛教建國信仰的奠立者——貴霜王丘就卻〉。

14　見本書第一章，〈緒論〉。

譬如，筆者在本書中談論過的中國學者林梅村，對 1996 年在古代大夏寺（今日阿富汗）出土的 13 捆丘就卻時代用佉盧文字書寫的樺樹皮佛經，非常興奮的說，這些 1-2 世紀之間製作的佛教抄經，對我們研究及了解丘就卻時代發展佛教的情形非常重要。林梅村在說這些話時，他似乎完全忘記，中國在東漢（統治，25-220）末年便有許多貴霜及貴霜屬地的譯經僧（如安世高、支婁迦讖及支謙等）來到中國的洛陽，並在洛陽譯出丘就卻時代的造經。[15] 中國東漢時代的譯經，如《道行般若經》、《伅真陀羅所問如來三昧經》及《犍陀國王經》等，便是筆者在本書的第二章用以談論丘就卻發展「佛教建國信仰」的重要大乘佛教經典或文獻。[16] 我們不知道1996 年在古代大夏寺出土的 13 捆丘就卻時代用佉盧文字書寫的樺樹皮佛經，是否載有比中國東漢譯經更為重要、並能讓我們了解丘就卻發展「佛教建國信仰」的文字？如果學者都認為，丘就卻時代撰造的大乘經典對我們了解及研究丘就卻時代的佛教活動如此重要，為何林梅村及西方學者不就中國東漢時代的譯經先了解丘就卻發展大乘佛教及「佛教建國信仰」的情形，而要捨近求遠的等待這批在大夏寺出土的佛經被翻譯出來？從林梅村對大夏寺寫經出土的強烈反應，我們即可看出，東、西方學者在研究貴霜文物之際，完全沒有考慮中國東漢譯經的重要性。為何筆者要在此處再談及此事？因為「佛教建國信仰」及與之有關的佛教造像法，都被記載於歷代撰造的大乘佛經。如果我們不知道此事，我們便完全不會知道亞洲帝王有實施「佛教建國信仰」統治天下的歷史；更不會知道，施行「佛教建國信仰」的亞洲帝王為何要在其國家建造造像址，甚至有開窟造像的活動。

　　大乘佛教在發展「佛教建國信仰」之際，很顯然的有同時使用文字（經典）及造像的方法，表達及傳播其「佛教建國信仰」的內容及轉輪王形象的活動。由於「佛教建國信仰」是大乘佛教的產物，大乘佛教便具有鮮明的政治色彩。

15　見古正美，《從天王傳統到佛王傳統──中國中世佛教治國意識形態研究》第一章，〈中國第一位佛教轉輪王──漢桓帝〉（台北：商周出版公司，2003），頁 50-57。

16　見本書第二章，〈大乘佛教建國信仰的奠立者──貴霜王丘就卻〉。

這種具有政治個性的大乘佛教所產生的「佛教建國信仰」，因此不是如法國學者戈岱司所言的，是由印度政治文化或印度宗教文化產生的「帝王建國信仰」或政治傳統。[17] 丘就卻時代撰造的《仳真陀羅所問如來三昧經》很明顯的說，「仳真陀羅王」（月支王／貴霜王丘就卻）的「佛教轉輪王信仰」，因受印度一希臘王尼彌陀羅王（彌蘭王）的影響，貴霜所奠立的「佛教建國信仰」因此具有鮮明的中亞政治信仰色彩。[18] 除此，丘就卻在其鑄造的錢幣上所銘記的「轉輪王號」或「法王號」，也載有印度「大王」（Maharāja）、伊朗「王中之王」（Rājatirāja）及貴霜王（Kushānasa）三種王號的內容。[19] 這說明，丘就卻所奠立的「佛教建國信仰」，具有印度、伊朗或大夏及貴霜的政治信仰成分。丘就卻所奠立的大乘佛教，甚至其「佛教建國信仰」，都是丘就卻在中亞的犍陀羅奠立的新佛教信仰傳統及新佛教政治傳統。這種貴霜奠立的大乘佛教，因此不是單純地出自戈岱司所言的「印度佛教信仰」或印度政治文化傳統，故筆者不用戈岱司所言的「印度佛教建國信仰」稱呼丘就卻所奠立的「佛教建國信仰」，而用「貴霜奠立的佛教建國信仰」稱呼之。這也是筆者為何不認為我們可以用戈岱司所言的「印度教化」（Indianization）此詞來說明貴霜奠立的「佛教建國信仰」在中國，甚至在東南亞國家發展及傳播的原因。

筆者撰寫本書第三章的原因，除了要說明迦尼色迦第一及胡為色迦王，是丘就卻發展大乘佛教及「佛教建國信仰」的最重要繼承者外，也要說明丘就卻所奠立的大乘佛教及「佛教建國信仰」，到了迦尼色迦第一及胡為色迦王統治貴霜或犍陀羅的時代，已經步入貴霜發展大乘佛教及「佛教建國信仰」的巔峰時期。因為迦尼色迦第一所奠立的《彌勒下生經》所載的彌勒佛下生信仰，不僅影響後來龍樹／龍猛在南印度奠立的「支提信仰」的「彌勒佛下生信仰」，[20] 此信仰也是後來亞洲各地發展彌勒佛下生信仰的主要信仰依據或

17　見本書第一章，〈緒論〉。

18　見本書第二章，〈大乘佛教建國信仰的奠立者──貴霜王丘就卻〉。

19　見古正美，《貴霜佛教政治傳統與大乘佛教》（台北：允晨出版公司，1993），頁 117；並見本書第二章，〈大乘佛教建國信仰的奠立者──貴霜王丘就卻〉。

20　見本書第四章，〈佛教支提信仰的奠立者──龍樹菩薩〉及本書第七章〈犍陀羅的支提信仰性質

源頭。筆者在撰寫迦尼色迦第一時代所發展的彌勒下生信仰之際，常覺得，迦尼色迦第一所發展的《彌勒下生經》所載的「彌勒佛下生說法」的信仰，或許與貴霜所發展的「佛教建國信仰」，沒有特別密切的關聯。但後來筆者在處理貴霜亡滅之後，犍陀羅的造像者用糾結的心態接受龍樹所奠立的支提信仰及其造像時，筆者才恍然大悟，迦尼色迦第一時代在犍陀羅所發展的《彌勒下生經》所載的「彌勒佛下生說法」的信仰，事實上是迦尼色迦第一當日在犍陀羅用以發展其貴霜「佛教建國信仰」的新解釋。迦尼色迦第一很顯然的用《彌勒下生經》所載的：彌勒佛下生對轉輪王及其人民說法（法施）的信仰，及轉輪王及其人民對彌勒佛作「財施」的信仰，[21] 重新解釋貴霜的「佛教建國信仰」或「護法信仰」的運作方式。這就是為何迦尼色迦第一時代會在犍陀羅提倡「彌勒下生說法」的信仰，並鑄造如此多具有彌勒佛造像的錢幣的原因。[22] 犍陀羅在迦尼色迦第一將《彌勒下生經》所載的「彌勒佛下生說法」的信仰視為當時貴霜所提倡的「佛教建國信仰」模式之後，支提信仰在 4、5 世紀之間傳入犍陀羅時，犍陀羅人便不能接受龍樹所提倡的「彌勒佛下生為轉輪王」的信仰或支提信仰；這也是為何犍陀羅在發展支提信仰之際，常用《彌勒下生經》所載的「彌勒下生說法」的信仰取代支提信仰的原因。[23] 迦尼色迦第一提倡及發展《彌勒下生經》所載的「彌勒下生說法」的信仰之後，犍陀羅的佛教信仰及造像方法，很顯然的受到其提倡的「佛教建國信仰」的影響。

貴霜所發展的「佛教建國信仰」，除了在迦尼色迦第一統治犍陀羅的時代有顯著的變化外，迦尼色迦第一的兒子胡為色迦王，在其統治犍陀羅的時代，也對「佛教建國信仰」的造像，作出極大的貢獻。胡為色迦王雖然沒有

及造像〉。

21　見本書第二章，〈大乘佛教建國信仰的奠立者──貴霜王丘就卻〉，並見本書第三章，〈貴霜佛教建國信仰的發展者迦尼色迦第一及胡為色迦王〉，和本書第七章，〈犍陀羅的支提信仰性質及造像〉。

22　見本書第三章，〈貴霜佛教建國信仰的發展者迦尼色迦第一及胡為色迦王〉。

23　見本書第七章，〈犍陀羅的支提信仰性質及造像〉。

直接繼承其父迦尼色迦第一的佛教發展事業，但他將佛教轉輪王造像的方法，依據其撰造的大乘經典大量系統性製作的結果，他不僅在佛教歷史上因此奠立了同時使用文字（經典）及造像方法發展及傳播「佛教建國信仰」的傳統及方法，[24] 同時他也將犍陀羅變成亞洲佛教造像的發源地及亞洲佛教的造像中心。貴霜因為有迦尼色迦第一及胡為色迦此二代帝王如此努力地在犍陀羅經營大乘佛教信仰及「佛教建國信仰」的事業，大乘佛教及其「佛教建國信仰」因此才能成為亞洲歷史上重要的佛教政治信仰或佛教政治傳統。這就是筆者在本書的第三章認為，迦尼色迦第一及胡為色迦王是貴霜王丘就卻之後，發展貴霜奠立的大乘佛教及「佛教建國信仰」最重要的人物。

筆者在撰寫本書的第四章及第五章有關龍樹奠立的支提信仰及其造像時，曾經歷各種寫作上的困境。主要的原因是，在筆者研究龍樹於西元 2 世紀中期左右或後半葉所奠立的「支提信仰」之前，沒有學者知道，印度歷史上的「大案達羅國」為何會在東、西德干高原建造如此多支提及其造像的原因；也沒有學者談論過，龍樹奠立的支提信仰發展性質及發展內容。因此筆者和曾參與考古挖掘龍樹建造的阿瑪拉瓦底大支提工作的印度考古、藝術學家蘇柏拉曼尼安（K.S. Subramanian）一樣，完全不知道東、西德干高原建造如此多支提的原因。蘇柏拉曼尼安在其 1981 年出版的《南印度佛教遺址及早期案達羅的歷史──西元 225 到 610 年》一書中，雖然花費大半本書談論：古代「大案達羅國」在東、西德干高原建造支提的情形、西藏文獻談論龍樹在娑多婆訶王朝都城建造「阿瑪拉瓦底大支提」圍欄的活動、龍樹與當時統治「案達羅國」的國王「娑多婆訶王」或「引正王」，在「黑蜂山」一起發展佛教的情形，及龍樹在中文佛教文獻所遺留的著作等，[25] 然而他還是完全無法了解龍樹與娑多婆訶王朝的帝王在「案達羅國」發展佛教的性質及造像內容；也無法了解東、西德干高原為何會出現如此多支提建造址。蘇柏拉曼尼安在

---

24 見本書第三章，〈貴霜佛教建國信仰的發展者迦尼色迦第一及胡為色迦王〉。

25 K. S. Subramanian, *Buddhist Remains in South India and Early Andhra History-225 A.D. to 610 A. D.* New Delhi: Cosmos Publicatins, 1981, pp. 11-63.

研究古代東、西德干高原建國的「大案達羅國」所建造的支提時，最大的問題是：他和其他研究龍樹及「大案達羅國」佛教建築及造像的學者一樣，因為都不知道龍樹還撰造有《寶行王正論》及《普賢菩薩說證明經》（此後，《證明經》）此二部談論「支提信仰」性質及其造像內容的大乘經論，故他們都完全無法從龍樹在「大案達羅國」奠立「支提信仰」、提倡「建造支提」和「供養支提」的角度去了解今日東、西德干高原建造如此多「支提信仰」遺址及造像的真正原因。

《寶行王正論》及《證明經》此二龍樹撰造的大乘經、論，都沒有具名龍樹菩薩造。但此二大乘經論卻是我們打開龍樹奠立「支提信仰」及其在「大案達羅國」建造大、小支提的最關鍵性作品。因此如果我們沒有研究及了解龍樹撰造的此二部經、論，我們便永遠無法揭露印度東、西德干高原為何會建造如此多支提及造像之謎。[26]

事實上，筆者也花費了相當長的時間及精力才找到此二部龍樹撰造的大乘經、論。如果我們不知道西藏學者宗喀巴（Tsong-kha-pa, 1357-1419）曾在14、15 世紀之間考證過《寶行王正論》，並認為《寶行王正論》是龍樹的作品，[27] 我們就不可能知道龍樹在歷史上曾為娑多婆訶王朝奠立「支提信仰」為後者的「佛教建國信仰」，也不會知道龍樹因要發展「支提信仰」為娑多婆訶王朝的國教信仰，而有在娑多婆訶王朝全國各地，即「大案達羅」，建造支提及造像的活動。[28]

筆者知道有《證明經》此經的經過是，筆者在多年前研究武則天在建立其大周帝國（統治，690-705）並發展其「佛教建國信仰」之際注意到，武氏曾用《證明經》所載的「彌勒佛下生為轉輪王」（天出明王，地出聖主，二聖併治，

---

26 見本書第四章，〈佛教支提信仰的奠立者——龍樹菩薩〉；並見本書第五章，〈龍樹與阿瑪拉瓦底大支提的建築及造像〉。

27 呂澂，《印度佛學源流略講》（上海：上海世紀出版，2005 年版），頁 93；並見本書第四章，〈佛教支提信仰的奠立者——龍樹菩薩〉。

28 見本書第四章，〈佛教支提信仰的奠立者——龍樹菩薩〉。

並在神州）的信仰統治大周帝國。[29] 但筆者當時因完全不知道《證明經》是龍樹撰造的「支提信仰」作品，特別是，今日學者尚認為，《證明經》是一部中國撰造的「偽經」或「半偽疑經典」。[30] 因此筆者在開始研究「支提信仰」時，並沒有特別注意《證明經》與龍樹的關係，及此經的重要性。後來因為筆者開始檢查大英博物館收藏的龍樹負責建造的「阿瑪拉瓦底大支提」的造像，並發現「阿瑪拉瓦底大支提」的造像，造有許多彌勒佛立／坐在「支提」（caitya）內下生的造像。筆者這才想起《證明經》載有「彌勒佛自兜率天坐支提下生」的經文。[31] 從那時起，筆者便開始對照《證明經》的經文與「阿瑪拉瓦底大支提」的造像關聯性，並因此確定，龍樹依據《證明經》製作「阿瑪拉瓦底大支提」的主要造像，如「彌勒佛坐支提下生像」，及轉輪王用「釋迦佛誕」的方式出世世間的造像等。[32]

　　龍樹負責設計及建造的「阿瑪拉瓦底大支提」，不但依據《證明經》的經文製作其許多「彌勒佛坐支提下生」的造像，[33] 而且也依據《證明經》製作許多轉輪王像及轉輪王用「釋迦佛誕」方式出生世間的造像。[34] 但由於《證明經》沒有直接的記載「彌勒佛自兜率天坐支提下生」閻浮提之後，彌勒佛便在地上出世為轉輪王的經文，因此筆者完全無法用《證明經》直接證明或說明，「阿瑪拉瓦底大支提」所造的轉輪王像，都依據《證明經》製作。所幸《證明經》在經中提到「轉輪王座」的造像法[35] 及「彌勒佛王」的概念，即《證明經》所載的：「天出明王（彌勒佛），地出聖主（轉輪聖王），二聖併治，並在神州」的信仰，[36] 故筆者推測，「阿瑪拉瓦底大支提」的造像應該也會造有許多

---

29 見古正美，《從天王傳統到佛王傳統：中國中世佛教治國意識形態研究》第五章，〈武則天的《華嚴經》佛王傳統與佛王形象〉，頁 236-249。

30 見本書第四章，〈佛教支提信仰的奠立者——龍樹菩薩〉。

31 見本書第四章，〈佛教支提信仰的奠立者——龍樹菩薩〉。

32 見本書第五章，〈龍樹與阿馬拉底大支提的建築及造像〉。

33 見本書第五章，〈龍樹與阿馬拉底大支提的建築及造像〉。

34 見本書第五章，〈龍樹與阿馬拉底大支提的建築及造像〉。

35 《普賢菩薩說證明經》，頁 1367 上。

36 《普賢菩薩說證明經》，頁 1366 上。

轉輪王像；特別是，「阿瑪拉瓦底大支提」也造有許多用象徵物表達「待至慈氏」或「民眾等待彌勒佛下生為轉輪王」的造像。[37] 譬如，羅拔‧諾斯在其書收錄的大英博物館收藏的「阿瑪拉瓦底大支提」「鼓形石板」（drum slabs）編號 60 號的造像，[38] 即是一鋪用象徵物，如「菩提樹」、「空王座」及「具寶相輪的雙足印」製作，並表達「待至慈氏」信仰的造像。[39] 我們見到「待至慈氏」此詞，是在玄奘所撰的《大唐西域記》卷 10，用來說明龍樹及娑多婆訶王「引正王」共同發展的佛教信仰的名稱。[40] 事實上，龍樹在「阿瑪拉瓦底大支提」的造像，也將其用「象徵物造像法」表達「民眾等待彌勒佛下生為轉輪王」的信仰視為「待至慈氏」的信仰。所謂「待至慈氏」，在造像上有指「民眾等待彌勒佛下生為轉輪王」的意思，因此「待至慈氏」的造像法，在造像上，不造彌勒佛像，也不造轉輪王像；只造民眾等待彌勒佛下生及象徵物的造像。阿瑪拉瓦底大支提也造有許多「待至慈氏」的造像，而這些「待至慈氏」的造像，都如上面提到的羅拔‧諾斯鼓形石板編號 60 號的造像一樣，用象徵物的造像法表達支提信仰的內容。羅拔‧諾斯鼓形石板編號 60 號的造像，因用「菩提樹」象徵「彌勒佛」、用「空王座」象徵「轉輪王座」及用「具寶相輪的雙足印」象徵彌勒佛下生之後要當轉輪王，故諾斯鼓形石板編號 60 號的造像有說明：彌勒佛將下生取轉輪王座、做轉輪王的意思。因為龍樹在其《寶行王正論》說：「手足寶相輪／當成轉輪王」。[41] 此話的意思是，手掌或足底如果造有「寶相輪」的造像者，此人當做轉輪王。從此類「待至慈氏」的造像法，我們因此知道，彌勒佛下生之後將在地上出生取轉輪王位，並做用佛教信仰建國的轉輪王。「彌勒佛坐支提下生為轉輪王」的信仰，因此是《證明

37　見本書第五章，〈龍樹與阿馬拉底大支提的建築及造像〉。

38　Robert Knox, *Amarāvatī: The Buddhist Sculpture from the Great Stūpa*. London: British Museum Press, 1992, p. 120, fig. 60.

39　見本書第四章，〈佛教支提信仰的奠立者——龍樹菩薩〉；並見本書第五章，〈龍樹與阿瑪拉瓦底大支提的建築及造像〉。

40　見本書第四章，〈佛教支提信仰的奠立者——龍樹菩薩〉。

41　（陳）天竺三藏真諦譯，《寶行王正論》，《大正》卷 32，頁 497 中。

經》所載的龍樹奠立「支提信仰」的定義。[42] 這就是筆者認為，《證明經》是龍樹或其造像集團撰造的一部「支提信仰」經典的原因。這也是筆者認為，龍樹基本上用《證明經》製作其設計及建造的「阿瑪拉瓦底大支提」的造像。

龍樹在其《寶行王正論》也用「佛有三身」（trikāyas）的信仰或理論說明「彌勒佛身」及「轉輪王身」的關係是，「大王佛法身」的關係。龍樹在其《寶行王正論》因此說：「諸佛有色身／皆從福行起／大王佛法身／由智慧行成」。[43] 從龍樹所說的：「大王佛法身／由智慧行成」，我們知道，龍樹所言的「大王身」或「轉輪王身」，並不是普通的帝王身體，而是具有修行成就或「智慧行成」的身體，甚至是彌勒佛的「法身」下生的「轉輪王身」（化身）。[44] 龍樹所了解的「轉輪王身」，既具有彌勒佛的身體，為彌勒佛的「法身」下生的身體，龍樹的「轉輪王身」便能被視為「彌勒佛王身」，甚至是「彌勒佛身」。這就是歷史上所造的「支提信仰」造像，常用「彌勒佛像」製作或表達「彌勒佛王像」或「轉輪王像」的原因。[45] 龍樹奠立的「支提信仰」因此是一種帝王崇拜的信仰。

轉輪王信仰因是「支提信仰」的主要信仰，因此「阿瑪拉瓦底大支提」在造「支提信仰」的造像之際，自然也會造許多轉輪王像。事實上就是如此。「阿瑪拉瓦底大支提」所造的轉輪王像，非常容易辨認，因為這些轉輪王像常被造成「案達羅式」的轉輪王像，即轉輪王裸露上身、頭戴寶冠，呈轉輪王「垂一坐相」的坐姿，一腳安置在其椅座上，一腳則下垂踩在腳墊上。

從《證明經》的經文，筆者看不出《證明經》有直接記載轉輪王造像的經文，也看不出《證明經》有直接記載轉輪王是用「釋迦佛誕」的方式或「左脅生釋迦」的方式出世世間的經文；《證明經》只提到「釋迦佛誕」及「左脅

42　見本書第四章，〈佛教支提信仰的奠立者──龍樹菩薩〉。

43　（陳）真諦譯，《寶行王正論》，頁 498 上；並見本書第四章，〈佛教支提信仰的奠立者──龍樹菩薩〉。

44　見本書第四章，〈佛教支提信仰的奠立者──龍樹菩薩〉。

45　見本書第五章，〈龍樹與阿瑪拉瓦底大支提的建築及造像〉；並見本書第八章，〈新疆克孜爾石窟的支提信仰造像特色及其影響〉。

生釋迦」的經文。[46] 筆者因此也是從「阿瑪拉瓦底大支提」的造像推知並確認，轉輪王是用《證明經》所載的「釋迦佛誕」的方式出世世間。因為在「阿瑪拉瓦底大支提」製作的轉輪王造像側或四周，造像者常用《證明經》所載的各種「釋迦佛誕」的造像，表達轉輪王是用「釋迦佛誕」的方式出生世間的造像。其中最常造的「釋迦佛誕」造像，就是佛母立在花樹下，舉起左手，以「左脅生釋迦」的姿態表達其「釋迦佛誕」的造像。[47] 如果我們只用《證明經》記載「釋迦佛誕」或「左脅生釋迦」的文字去了解「釋迦佛誕」的意思，我們便完全無法知道，《證明經》所載的「釋迦佛誕」是用來說明轉輪王在世間出生的方式。換言之，如果筆者沒有檢查「阿瑪拉瓦底大支提」的造像，也不知道「支提信仰」的轉輪王是彌勒佛的「法身」下生的帝王，筆者便完全不會知道，《證明經》所載的「釋迦佛誕」或「左脅生釋迦」的經文是要說明彌勒佛下生的轉輪王是用「釋迦佛誕」或「左脅生釋迦」的方式出世世間。由此可見，研究「支提信仰」的造像，有時不能單靠佛教經典所載去了解其造像；換言之，檢查佛教造像也能輔助我們了解佛教經典所載的經意。

由於「阿瑪拉瓦底大支提」的其他造像，如「金翅鳥」及「摩羯魚」的造像，也都依據《證明經》的經文製作這些像，筆者因此認為，《證明經》是龍樹或龍樹及其造像集團，為了製作「阿瑪拉瓦底大支提」的造像所撰造的一部說明「支提信仰」內容的經典。

龍樹很可能就是在「案達羅國」發展「支提信仰」之際撰造《證明經》此部經典。筆者會如此說的原因是，《證明經》的經文一定曾在古代的「案達羅國」流傳一段不短的時間，否則玄奘不會在其撰造的《大唐西域記》卷10的「案達羅國」條記載有「清辯故事」。「清辯故事」說，清辯為了等待彌勒佛下生（待見慈氏），經過觀自在菩薩（觀音菩薩）及金剛手菩薩（普賢菩薩）的幫助，才完成其心願。[48]「清辯故事」在古代的「案達羅國」流傳，便有說明

46　見本書第五章，〈龍樹與阿瑪拉瓦底大支提的建築及造像〉。

47　見本書第五章，〈龍樹與阿瑪拉瓦底大支提的建築及造像〉。

48　（唐）玄奘、辯機原著，季羨林校注，《大唐西域記校注》，卷10（北京：中華書局 1985），頁843-845，「清辯故事」。

古代的「案達羅國」有《證明經》所載的「支提信仰」流傳。因為「清辯故事」的原型很明顯的出自《證明經》，特別是「清辯故事」所記載的三位經中的主要人物，即彌勒佛（慈氏）、觀自在菩薩及金剛手菩薩（普賢菩薩），即是《證明經》中所載的發展支提信仰的三位主要人物。[49]

玄奘在其《大唐西域記》卷 10 雖然記載有如此多有關龍樹在娑多婆訶王朝發展「待至慈氏」信仰的活動，但筆者非常不明白，玄奘在印度巡禮佛蹟之際既已到了在古代「憍薩羅國」及「案達羅國」建國的「娑多婆訶王朝」的故地，[50] 也在其書「案達羅國」條記載有娑多婆訶王朝的「國大都城」造有龍樹所屬部派的「大眾部僧伽藍」的建築及僧人人數，[51] 為何玄奘沒有記載任何有關龍樹在其「國大都城」建造的「阿瑪拉瓦底大支提」的建築及造像情形？筆者會提出此質疑，不是沒有原因。因為西藏文獻都載有龍樹在娑多婆訶王朝都城建造「阿瑪拉瓦底大支提」圍欄的事，而佛教經典，如《入法界品》，也載有「阿瑪拉瓦底大支提」是善財童子朝山行的出發點。[52] 除此，直到西元 1344 年，錫蘭僧人法護來到「阿瑪拉瓦底大支提」巡禮佛蹟之際，也還有修復此「大支提」的活動。[53] 西元 7 世紀初期去印度巡禮佛蹟的玄奘，為何到了「案達羅國」，就單單對龍樹在「案達羅國」建造的「阿瑪拉瓦底大支提」的建築及造像保持沉默？這真令人不解。

過去的學者對山崎大塔的定年，都因山崎大塔所覆蓋的小塔，被當年挖掘山崎大塔遺址的考古學家，如康寧漢（A. Cunningham, 1814-1893），視為阿育王時代所建之塔，[54] 因此印度及西方學者對山崎大塔的定年都偏早，最晚也定在西元 1 世紀。譬如，英國有名的藝術史學家哈樂（J.C. Harle, 1922-2004）便將

49　見本書第五章，〈龍樹與阿瑪拉瓦底大支提的建築及造像〉。

50　見本書第四章，〈佛教支提信仰的奠立者——龍樹菩薩〉。

51　見本書第四章，〈佛教支提信仰的奠立者——龍樹菩薩〉。

52　見本書第九章，〈《入法界品》的支提信仰性質及造像〉。

53　Robert Knox, *Amaravati: Buddhist Sculpture from the Great Stūpa*, p. 16a.

54　見林保堯，《山奇大塔：門道篇》（新竹：覺風佛教藝術文化基金會，2009），頁 17。

山崎大塔定為西元 1 世紀建造的大塔。[55] 筆者在本書第六章談論的法國學者佛謝爾（A. Foucher, 1865-1962），對山崎大塔的定年更早，其甚至認為，山崎大塔是西元前 1、2 世紀建造的佛教建築物。[56] 山崎大塔很顯然的因此常被學者視為印度最早建造的佛教造像址或佛塔。

　　西方學者如此定年山崎大塔，研究山崎大塔的學者自然會將山崎大塔的造像視為印度歷史上最早建造的佛教造像。值得注意的是，這些西方學者在談論山崎大塔的造像之際，似乎特別關心山崎大塔用象徵物造像的情形，甚至用象徵物的造像法定年山崎大塔的建造年代。這樣說明山崎大塔的造像性質及造像年代，自然就不會考慮山崎大塔的其他造像。筆者在了解龍樹建造的「阿瑪拉瓦底大支提」的造像情形之後，對於西方學者對山崎大塔所作的定年及其造像的解釋，便開始產生質疑，特別是對佛謝爾對山崎大塔造像所作的解釋，充滿疑問。

　　龍樹在造「阿瑪拉瓦底大支提」的「彌勒佛坐支提下生」的造像，及轉輪王用「釋迦佛誕」的方式出生世間的造像，基本上都依據《證明經》的經文製作這兩種造像。龍樹在造「阿瑪拉瓦底大支提」的「待至慈氏」的造像時，其使用的象徵物造像，都有其經典及支提信仰造像的依據。譬如，龍樹因彌勒佛坐在菩提樹下成佛，因此用「菩提樹」象徵「彌勒佛」；用「具寶相輪的雙足印」，象徵此人將下生做轉輪王，因為龍樹撰造的《寶行王正論》說：「手足寶相輪／當作轉輪王」；用「金輪」象徵轉輪王，因為佛經說，「金輪」是轉輪王最重要的象徵物；用「金翅鳥」說明彌勒佛下生的信仰，因為佛經說，金翅鳥「與彌勒佛俱時下」；用「白拂」及「白蓋」象徵轉輪王的寶物，因為佛經說，「白拂」及「白蓋」是轉輪王的寶物。從龍樹製作其支提信仰的造像情形來看，龍樹所造的「支提信仰」造像，無論是彌勒佛像或其他的「支提信仰」造像，都有其經典及「支提信仰」的造像依據。由此我們知

55　J. C. Harle, *The Art and Architecture of the Indian Subcontinent*. New Haven: Yale University Press, 1991（reprint）, p. 31.

56　見本書第六章，〈山崎大塔的支提信仰造像〉。

道，龍樹所使用的造像或象徵物，就如其使用的語言一樣，都有其固定的含義及用法。[57]

　　法國學者佛謝爾，不但注意到山崎大塔有用象徵物造像的情形，而且也注意到「阿瑪拉瓦底大支提」及巴滬（Bharhut）遺址也有使用象徵物造像的情形。但佛謝爾在談論印度此三處的佛教造像址使用象徵物造像的情形時，他並沒有告訴我們，印度此三處的佛教造像址都有使用相同的象徵物造像的情形。[58] 這些印度造像址既然都使用同樣的象徵物造像，我們便非常確定，肇始使用這些象徵物造像的源頭或人物，應該就是西元 2 世紀中期左右或稍後，在「案達羅國」的「阿瑪拉瓦底大支提」使用象徵物表達其「待至慈氏」信仰或造像法的龍樹。因為印度此三處的造像，不但都見有使用同樣的象徵物造像，而且也見有用同樣的象徵物表達彌勒佛（菩提樹）下生取轉輪王座（空王座）為轉輪王（具寶相輪的雙足印印）的「待至慈氏」的造像。[59] 除此，此三處也都造有表達支提信仰的「供養支提」及「崇拜金輪」的造像。[60] 龍樹既是歷史上首位在其撰造的《寶行王正論》談論「建造支提」及「供養支提」的方法，並使用「佛有三身」的理論談論彌勒佛身與轉輪王身的關係，或定義支提信仰的「轉輪王」概念的人物，[61] 及用象徵物表達「待至慈氏」或支提信仰的造像者，[62] 我們自然會認為，龍樹是歷史首位使用這些象徵物造像的人物。龍樹使用其象徵物造像的情形，既視每一種象徵物都具有其固定的含義及用法，我們便不能接受佛謝爾用自己的方法解釋印度此三處的造像是，使用印度古代象徵物造像法表達「釋迦偉大事蹟」的說法。謝爾認為，山崎大塔不僅是一處用印度古代象徵物造像法製作的佛教造像址，同時也是一處使用印度古代象徵物造像法表達「釋迦偉大事蹟」（Great events of the Buddha）的造

57　見本書第五章，〈龍樹與阿瑪拉瓦底大支提的建築及造像〉。

58　見本書第六章，〈山崎大塔的支提信仰造像〉。

59　見本書第六章，〈山崎大塔的支提信仰造像〉。

60　見本書第六章，〈山崎大塔的支提信仰造像〉。

61　見本書第四章，〈佛教支提信仰的奠立者──龍樹菩薩〉。

62　見本書第五章，〈龍樹與阿瑪拉瓦底大支提的建築及造像〉。

像址。因為他如此解釋山崎大塔的象徵物含義：

> 山崎的「（具寶相輪的）佛足印」象徵佛陀的「出生」，「菩提樹」是「知識之樹」
> 或「成道之樹」，因此有象徵佛陀在此樹下「成道」的意思；[63]「（金）輪」則
> 象徵佛陀第一次說法或「初轉法輪」；[64] 而「塔」（支提）則象徵佛陀事業的終
> 結或「死亡」（般涅槃）。[65]

佛謝爾因將山崎大塔上的塔形建築視為「佛塔」或佛陀死亡的象徵物，其在解釋山崎大塔的塔形建築或塔的建築性質時，便與龍樹將塔形建築視為「支提」或「彌勒佛坐以下生」的工具或象徵物，有很大區別。龍樹隸屬的大眾部律法《摩訶僧祇律》對「塔」（stūpa）與「支提」（caitya）的功用作有下面明顯的區分及定義：

> 有舍利者名塔，無舍利者名枝提（支提）。如佛生處、得道處、轉法輪處、般
> 泥洹處、菩薩像、辟支佛窟、佛腳跡，此諸枝提得安佛、華蓋、供養具。[66]

《摩訶僧祇律》說：「有舍利者名塔，無舍利者名枝提（支提）」，我們因此知道「塔」與「支提」的功用的確非常不同。《摩訶僧祇律》所言的「枝提得安佛、華蓋、供養具」的意思是，支提內安置有佛像、華蓋及供養具。這說明支提內坐有佛像，而此佛像即是彌勒佛像。這就是「塔」與「支提」的區別。龍樹所言的「供養支提」，因此有指供養支提內的彌勒佛像的意思。

佛謝爾因為從「佛陀偉大事蹟」的角度去解釋象徵物的含義，因此他也將「菩提樹」視為佛陀的象徵物，將象徵轉輪王的「金輪」視為「法輪」或佛陀第一次說法的象徵；並說：「人形佛像」（Human-formed image of the Buddha）出現之前，古代印度的佛教造像者，特別是中印度的佛教造像者，常用古印

63 A. Foucher, *The Beginning of Buddhist Art and Other Essays in Indian and Central Asian Archaeology*. New Delhi: Asian Educational Services, 1994, pp. 16-17.

64 A. Foucher, *The Beginning of Buddhist Art*, p.19.

65 A. Foucher, *The Beginning of Buddhist Art*, p.18.

66 （東晉）佛陀跋馱羅共釋法顯譯，《摩訶僧祇律》卷 33，《大正》卷 22，頁 498 中；並見本書第四章，〈佛教支提信仰的奠立者——龍樹菩薩〉。

度使用象徵物的造像法表達「佛陀偉大事蹟」。[67] 佛謝爾也說,我們知道古印度的造像,常用象徵物造像的原因是,我們在目前保留的印度古代的銀幣及銅幣,都未見這些錢幣造有「人形佛像」的情形,我們只在這些古印度錢幣上見到其等造有「戳印」、「樹」、「輪」及「塔」等的造像。[68] 這說明,古印度有使用象徵物造像的傳統及方法。佛謝爾因此認為,山崎大塔是一處使用印度古代的象徵物造像法表達「佛陀偉大事蹟」的造像址,山崎大塔用象徵物造像的情形,便是沿襲古印度使用象徵物造像法造像的例子。[69] 佛謝爾用自己的方法解釋山崎大塔的象徵物造像的結果,山崎大塔不但成為一座紀念「佛陀偉大事蹟」的造像址,而且也奠立了其佛教造像理論或佛教造像史觀。[70] 佛謝爾的佛教造像理論或佛教造像史觀即是,佛教的造像是從「無人形佛像」的造像法或象徵物的造像法,發展到「有人形佛像」(Human-formed image of the Buddha)的造像法。[71] 佛謝爾的造像理論,至今尚深刻地影響佛教藝術史學者對山崎大塔造像的了解及認識。

佛謝爾因對山崎大塔的象徵物造像法具有這樣的了解,因此他在談論山崎大塔東塔門正面中間橫梁所造的象徵物造像時,他認為,此鋪造像就是山崎大塔用象徵物,如「菩提樹」、馬背上的「空座」,[72] 及「具寶相輪的雙足印」,表達「悉達多太子騎在馬背上出家」的造像。佛謝爾因此認為,此鋪造像乃要表達悉達多太子「大出離」(Great Departure)或騎馬出家的造像。[73]

筆者認為,佛謝爾只用「大出離」的造像解釋山崎大塔的造像性質,其論證的方法過於薄弱;特別是佛謝爾用自己的方法解釋山崎大塔的象徵物的做法,也有商榷的餘地。理由是:(1)山崎大塔還造有其他的象徵物造像。譬

67　A. Foucher, *The Beginning of Buddhist Art*, p.15.

68　A. Foucher, *The Beginning of Buddhist Art*, p. 14.

69　A. Foucher, *The Beginning of Buddhist Art*, p. 11, p.14 and p. 21…etc.

70　見本書第六章,〈山崎大塔的支提信仰造像〉。

71　A. Foucher, *The Beginning of Buddhist Art*, p. 4.

72　A. Foucher, *The Beginning of Buddhist Art*, p. 105.

73　A. Foucher, *The Beginning of Buddhist Art*, pp. 105-106;有關「白蓋」及「白拂」為轉輪王的寶物或象徵物,見本書第五章,〈龍樹與阿瑪拉瓦底大支提的建築及造像〉。

如，依據龍樹撰造的《寶行王正論》所載的「供養支提」的方法，便有多種。其中，山崎大塔便出現有使用「鼓樂聲」或樂隊作為「供養支提」的造像方法及例子。[74] 山崎大塔也造有許多用象徵物「樹」及「支提」的造像表達「七佛坐支提下生」的信仰。「七佛坐支提下生」的信仰，是支提信仰的重要信仰。因為此信仰又被視為支提信仰的「彌勒坐支提下生」的信仰來源或信仰基礎。[75]（2）山崎大塔的造像，也造有許多與支提信仰有關的，表達其「轉輪王信仰」的轉輪王造像，及象徵轉輪王形象或威權的「金輪」造像等像。[76] 筆者在上面所言的這些造像，都與支提信仰有關，都與佛謝爾所言的表達「佛陀信仰」或「佛陀偉大事蹟」沒有關聯。

如果我們用龍樹使用的象徵物造像法解釋佛謝爾所言的「大出離」造像，我們對「大出離」造像的解釋，便會與佛謝爾的解釋非常不同。我們對此鋪造像的解釋是：彌勒佛（造像中央的「菩提樹」）將下生為轉輪王（造像右側所造的「具寶相輪的雙足印」），並騎其轉輪王的「馬寶」。

我們知道造像上的馬都是轉輪王的「馬寶」，乃因這些馬背上所插的「白蓋」和「白拂」，都具有象徵、說明這些馬是轉輪王「隨身七寶」的「馬寶」。我們因此不能像佛謝爾一樣，隨意用自己的方法去解釋山崎大塔的象徵物造像的含義，也不能像佛謝爾一樣，因見山崎大塔有用象徵物造像的現象，從而認為，佛教造像的發展過程是由象徵物的造像法或「無人形佛像」的造像法，發展到「人形佛像」的造像發展過程。換言之，作為佛教藝術史學者，我們不能用自己的方法為佛教造像說話。因為每一種佛教造像的出現，都有其信仰上及造像上令其如此出現的原因。在我們沒有弄清楚這些原因之前，我們的解釋或說明都是多餘。很顯然的，山崎大塔的象徵物造像法，是龍樹用以表達其支提信仰或「待至慈氏」的造像法。既是如此，我們便要遵守龍樹使用象徵物造像法的原則去了解山崎大塔的造像性質及造像內容。山崎大

---

74 見本書第六章，〈山崎大塔的支提信仰造像〉談論《寶行王正論》記載用「鼓樂聲」或樂隊供養支提的經文及造像。

75 見本書第六章，〈山崎大塔的支提信仰造像〉談論。

76 見本書第六章，〈山崎大塔的支提信仰造像〉談論。

塔因此不是一座學者所言的「佛塔」,而是印度在歷史上於印度中部建造的一座表達支提信仰的「大支提」。山崎大塔使用龍樹表達「待至慈氏」或象徵物造像法製作山崎大塔的造像頻繁率很高,這便是我們在山崎大塔見有許多用象徵物造像的原因,這也是山崎大塔的造像特色。

山崎大塔的建造時間,因此不會落在龍樹於歷史上奠立其支提信仰的 2 世紀中期之前;特別是,山崎大塔出現的功德天女神(Lakṣmī)及夜叉(Yakṣī)的造像,在大乘經典中出現的時間,都要遲到西元 5、6 世紀之後,[77] 這是否說,山崎大塔的建造時間,也不會在西元 5 世紀之前?這自然是一個值得我們深思的問題。

我們在本書第七章,談論犍陀羅發展的支提信仰性質及造像之際注意到,龍樹製作的支提及支提信仰造像,在 4 世紀末期之後傳入犍陀羅的情形是,不僅龍樹製作的「支提」建造法有被改造,龍樹製作的支提信仰造像也有被「彌勒下生經化」的現象。所謂「彌勒下生經化」,在此乃指,犍陀羅的支提信仰造像者不但用貴霜撰造的《彌勒下生經》造支提信仰的造像,而且也用依據《彌勒下生經》製作的《彌勒大成佛經》及《彌勒下生成佛經》製作犍陀羅的支提信仰新造像。貴霜或犍陀羅撰造的《彌勒佛下生經》所載的信仰是彌勒佛下生說法的信仰。龍樹的支提信仰雖然依據《彌勒下生經》所載的「彌勒下生信仰」奠立其支提信仰,然而支提信仰所要說明的是「彌勒下生為轉輪王」的信仰。犍陀羅的造像者「彌勒下生經化」支提信仰的造像法便有強勢改造支提信仰的造像內容的現象。這就是我們在犍陀羅所見的支提信仰造像不再依據龍樹撰造的《證明經》製作支提信仰的造像,而用《彌勒下生經》或《彌勒大成佛經》製作犍陀羅的支提信仰的造像。在犍陀羅用「彌勒下生經化」支提信仰的造像情形下,我們見到的犍陀羅支提信仰造像便出現下列的支提信仰造像:「彌勒以巨型發光體下生的造像」、「彌勒轉大法輪說法」的造像、「彌勒三轉法輪說法」的造像、「佛母右脅生釋迦」等的新支提信仰造像。這些「彌勒下生經化」的造像,都是我們在犍陀羅發展支提

77　見本書第六章,〈山崎大塔的支提信仰造像〉。

信仰之前未見過的支提信仰造像。犍陀羅所發展的支提信仰造像現象因此是一種具有新造像內容的新支提信仰造像現象。

　　犍陀羅為何會要改造龍樹的支提建造法及支提信仰造像法？這顯然與龍樹依據貴霜王迦尼色迦王於 2 世紀前期於犍陀羅製作及發展的《彌勒下生經》所載的「彌勒佛下生說法的信仰」有密切的關聯。犍陀羅既在 4 世紀末傳入支提信仰之前，已有兩百多年發展「彌勒下生說法」的信仰，犍陀羅的民眾自然無法接受龍樹依據《彌勒下生經》發展的支提信仰；何況犍陀羅自 1 世紀後半葉以來便是貴霜發展大乘佛教及其「佛教建國信仰」的都城或中心。從《彌勒下生經》在犍陀羅歷史上發展的角度去了解為何龍樹的支提建造法及支提信仰造像法在犍陀羅都有被改造或重新解釋的原因，應該還相當合乎實情。

　　但犍陀羅這種改造支提建造法及重新解釋支提信仰造像法的方法，可以被視為犍陀羅發展支提信仰的現象嗎？犍陀羅發展支提信仰策劃者或造像者似乎也察覺這種發展支提信仰的方法是有問題的發展方法。因此我們在犍陀羅發展支提信仰之際，也見有犍陀羅從古代的龜茲傳入克孜爾石窟所造的支提信仰新像的情形。譬如，犍陀羅便傳入有克孜爾石窟依據龍樹撰造的《證明經》製作的「彌勒下生降魔像」，及依據《證明經》所載的「釋迦涅槃後」及「彌勒正身下」此二經句所造的，「釋迦涅槃像」（臥佛像）及「彌勒下生像」。這些造像都是當日犍陀羅傳入克孜爾石窟依據龍樹撰造的《證明經》製作的支提信仰新像。犍陀羅傳入克孜爾石窟製作的支提信仰新像的現象，事實上很能說明，犍陀羅的確有發展支提信仰的造像現象。除此，犍陀羅在發展支提信仰期間，也用「支提信仰化」貴霜或犍陀羅製作的造像方法作為犍陀羅說明其發展支提信仰的活動。譬如，犍陀羅的造像者不僅「支提信仰化」依據《彌勒下生經》製作的「一組三尊彌勒佛像」；同時也「支提信仰化」迦尼色迦王時代製作的「彌勒一組三尊像」。犍陀羅將此二種造像「支提信仰化」的結果，「一組三尊彌勒佛像」及「彌勒一組三尊像」的造像法從此成為亞洲最重要及最常見的說明支提信仰造像的造像法。由此我們可以說，犍陀羅在發展支提信仰期間，還是有提倡及發展支提信仰的造像現象。

很顯然的，犍陀羅的造像者在拒絕接受龍樹及其製作的支提信仰造像之際，並沒有全然否定龍樹的支提信仰及其造像。犍陀羅的造像者在不願意接受龍樹的支提信仰及其造像法的情況下，除了用「彌勒下生經化」支提信仰造像的方法重新解釋支提信仰的造像外，也有用調和及提倡支提信仰的造像方法，如自古代的龜茲傳入克孜爾石窟新造的支提信仰造像，及用「支提信仰化」貴霜製作的造像方法，創造其支提信仰的造像。從犍陀羅也有提倡及發展支提信仰造像的情形來判斷，犍陀羅的確也是一處發展支提信仰的地方。

犍陀羅發展的支提信仰造像，雖然大半的造像都是我們在之前龍樹製作的支提信仰造像不見的造像，但犍陀羅發展的支提信仰造像法在亞洲歷史上也具有其一定的影響力；否則梁武帝及在古代暹羅建國的墮和羅王國不會用犍陀羅製作的「彌勒一組三尊像」的造像法說明其支提信仰的內容，也不會用犍陀羅製作的「彌勒轉大法輪」及「彌勒轉三法輪」的造像法表達「彌勒下生說法」的信仰，更不會提倡「彌勒佛王下生信仰」及「彌勒佛王下生說法」的形象。[78] 印度在 5 世紀後半葉傳入克孜爾石窟及犍陀羅所造的支提信仰新像之後，犍陀羅製作的「一組三尊彌勒佛像」的造像法及「彌勒一組三尊」的造像法也成為印度最重要的支提信仰造像法。譬如，8 世紀建國的帕拉王朝製作的「彌勒佛王降魔像」及「彌勒佛王降魔新像」，除了常用克孜爾石窟傳入的「彌勒下生降魔像」作為此類造像的主尊造像外，也常用犍陀羅製作的「一組三尊彌勒像」及「彌勒一組三尊」的造像法製作此類支提信仰的造像。[79]

筆者撰寫本書第八章〈新疆克孜爾石窟的支提信仰造像特色及其影響〉的原因是，筆者也想要在本書介紹克孜爾石窟的石窟建造法及其造像法。理由是，克孜爾石窟的開鑿方式及造像方法是筆者見過最能說明龍樹奠立的支提信仰內容者；特別是其造像法，非常具有創造性。4 世紀初期左右，克孜爾石窟開始開鑿之後，我們便見此石窟造有許多支提信仰新像。克孜爾石窟的造像，在 5 世紀之後，雖然受犍陀羅製作的支提信仰造像所影響，然而，克

78　見本書第七章，〈犍陀羅支提信仰的性質及造像〉。

79　見本書第八章，〈新疆克孜爾石窟的支提信仰造像及其影響〉。

孜爾石窟所造的支提信仰新像基本上都依據龍樹撰造的《證明經》製作其支提信仰新像。克孜爾石窟在其發展的過程中，不僅非常重視製作支提信仰新像，同時此石窟也具有創造支提信仰新像的能力。克孜爾石窟發展支提信仰新像的方法及活動很顯然的受到當時亞洲各地發展支提信仰造像者的關注及青睞，因此才有 5 世紀中期左右之後亞洲各地出現自克孜爾石窟及犍陀羅傳入此二地製作的支提信仰新像的風潮。克孜爾石窟發展的支提信仰新像也包括克孜爾石窟自己創造的支提信仰新像。克孜爾石窟依據《證明經》製作的支提信仰新像，有依據《證明經》製作的「彌勒坐支提下生降魔像」，也有依據《證明經》所載的「釋迦涅槃後」及「彌勒正身下」此二經句製作的「釋迦涅槃像」及「彌勒下生像」等像。克孜爾石窟創造的新像以其結合傳統造「轉輪王像」及「彌勒佛像」的方法創造的「彌勒佛王新像」的造像法最為有名。我們在克孜爾也見有許多新像是我們不知其造像來源的造像。譬如，克孜爾用犍陀羅製作的「彌勒一組三尊像」，我們常見在主尊「彌勒佛王造像」的兩側造有呈黑色皮膚的普賢菩薩像及呈白色皮膚的觀音菩薩像。我們在印度 5 世紀後半葉開鑿的阿旃陀石窟，也見有將普賢菩薩像造成呈黑色皮膚的人物，以及將觀音菩薩像造成呈白色皮膚的人物造像的現象。印度阿旃陀石窟此二菩薩的造像法，很明顯的是受克孜爾石窟此二菩薩造像法的影響，才出現將此二菩薩的造像各別造成黑色及白色人物的造像。為何我們知道此事？因為 5 世紀印度製作的「四相圖」及後來製作的「八相圖」的造像內容，不僅載有 5 世紀中期左右之前，克孜爾石窟製作的各種支提信仰新像及犍陀羅製作的新支提信仰造像法，同時「四相圖」及「八相圖」的造像內容，也都見於印度西部開鑿的阿旃陀石窟所造的支提信仰造像。筆者因此認為，「四相圖」及「八相圖」的造像是用來傳播克孜爾石窟及犍陀羅製作的支提信仰新像到印度（如阿旃陀石窟）的造像樣本或傳播工具。很顯然的，阿旃陀石窟所造的普賢菩薩及觀音菩薩此二菩薩的造像法，非常可能是阿旃陀石窟傳自克孜爾石窟的二菩薩造像法。由於文獻闕如，我們還是不知道克孜爾石窟此二位菩薩的黑色及白色皮膚的造像法出自何處。

印度阿旃陀石窟傳自克孜爾石窟的造像，除了如其第 26 窟製作的大型

「釋迦涅槃像」及「彌勒坐支提下生像」外，也傳入克孜爾石窟創造的支提信仰新像的製作方法。譬如，阿旃陀石窟第 2 窟乃用犍陀羅製作的「彌勒一組三尊像」造像法製作的，當時開鑿阿旃陀石窟的印度帝王哈利先那王的「彌勒佛王新像」，也是一鋪用克孜爾石窟結合「轉輪王像」及「彌勒佛像」的造像法創作的「彌勒佛王新像」。

　　5 世紀後半葉，我們除了在印度阿旃陀石窟的造像見到該石窟有傳入當時克孜爾石窟製作的各種支提信仰新像外，我們在 6 世紀於古代暹羅建國的墮和羅王國（6-11 世紀）也見到，此王國在發展支提信仰之際，不僅有自犍陀羅傳入「一組三尊彌勒像」及「彌勒一組三尊像」的造像法，也有自克孜爾石窟傳入「釋迦涅槃像」及「彌勒下生像」的造像現象。由此我們可以說，西元 5 世紀中期左右或之後，亞洲各地便有自克孜爾石窟及犍陀羅此二地傳入各種支提信仰新像的活動。很顯然的，5 世紀之後的犍陀羅及克孜爾石窟（特別是克孜爾石窟）便成為亞洲發展支提信仰的重要造像中心。印度自阿旃陀石窟從克孜爾石窟及犍陀羅傳入此二地製作的支提信仰新像之後，一直便有繼續發展支提信仰為其「佛教建國信仰」的活動；直至帕拉王朝（8 至 12 世紀）統治印度的晚期，支提信仰似乎才在印度慢慢消失。玄奘及王玄策在 7 世紀於佛陀成道地「菩提迦耶」所見的「摩訶菩提樹像」，也是一尊用克孜爾石窟結合「轉輪王像」及「彌勒佛像」造像法創造的「彌勒佛王新像」。由於玄奘及王玄策都不知道其等在佛陀成道地所見的「摩訶菩提樹像」的造像法乃出自古代龜茲的克孜爾石窟，因此兩人都記載有其等所見聞的「摩訶菩提樹像」的造像故事，並將此像的造像法傳回中國。就印度自 5 世紀後半葉傳入犍陀羅及克孜爾石窟所造的支提信仰新像的情形來判斷，印度自中亞的犍陀羅及克孜爾石窟傳入支提信仰造像的時間，或受中亞支提信仰造像影響的時間，特別是受克孜爾石窟造像影響的時間，前後便長達七世紀之久。我們因此不能籠統地再用「佛教東傳」此詞來說明或表達：歷史上大乘佛教及其造像在亞洲歷史上傳播的情形是由印度傳入中亞及中國的情形。因為亞洲歷史上大乘佛教及其造像傳播的情形，並不都是自古代的印度傳播至中亞及中國。特別是支提信仰及其造像的傳播情形，在 5 世紀中期之後，便有長期自

中亞的犍陀羅及龜茲傳入印度及亞洲其他地區的情形。

　　4、5 世紀之後，大乘佛教支提信仰的發展中心很明顯的又自印度轉回中亞的大乘佛教發展中心，如中亞的龜茲及犍陀羅。事實上除了中亞的龜茲及犍陀羅外，還有一個筆者在本書第九章談論的中亞佛教發展中心：于闐（Khotan）。于闐的地理位置雖然鄰近古代的龜茲，但于闐發展的支提信仰卻與龜茲或克孜爾石窟發展的支提信仰有些不同。克孜爾石窟所發展的支提信仰是早期龍樹所奠立及發展的支提信仰，但于闐所發展的支提信仰，則是後期支提信仰所發展的《入法界品》所載的支提信仰及造像。《入法界品》所發展的支提信仰，與早期龍樹所發展的支提信仰不同的地方是，《入法界品》除了提出許多菩薩及佛的佛王信仰外，也提出我們在龍樹所奠立的支提信仰不見的「毘盧遮那佛」（Buddha Vairocana）的佛王信仰。《入法界品》為了提倡「毘盧遮那佛下生為轉輪王」的支提信仰，或筆者在本章簡稱的「毘盧遮那佛王信仰」，《入法界品》便視經中的「彌勒菩薩佛王」與「毘盧遮那佛王」為「同身」的「佛王」。這就是為何我們會認為，《入法界品》是龍樹所奠立的支提信仰的延伸或擴大版本的原因。由於《入法界品》所載的「毘盧遮那佛王」具有兩種「佛王」的面貌及身分，因此亞洲帝王在使用《入法界品》的「毘盧遮那佛王」信仰及面貌統治天下時，便可以同時以「毘盧遮那佛王」及「彌勒菩薩佛王」的面貌統治天下，或用其中一種佛王面貌統治天下。此處所言的「彌勒菩薩佛王」，即指龍樹所言的「彌勒佛王」。這就是《入法界品》被視為支提信仰晚期撰造的作品或擴大版本的原因。

　　目前保留的于闐發展《入法界品》佛王信仰及其造像的資料，相對上較少。因此研究于闐發展《入法界品》信仰及其造像的情形便相對的艱難。所幸于闐發展的《入法界品》佛王信仰及造像有深刻影響 5 世紀中期之後，在中國建國的北涼（統治，401-439）、東魏（統治，534-550）、北齊（統治，559-577），及隋代（統治，581-618）這幾個王朝發展《入法界品》佛王信仰及其造像的情形，我們因此能藉中國發展《入法界品》的情形來了解于闐發展《入法界品》佛王信仰及其造像的一些情況。我們在談論于闐發展的《入法界品》佛王信仰的情形之際，還有一個問題，那就是我們並不能直接從談論《入法

界品》的佛王信仰及其造像的角度去了解中國這幾個王朝發展《入法界品》的佛王信仰及其造像的情形；而是要用于闐依據《入法界品》經文撰造的兩部《大方等大集經》（此後，《大集經》）所載的經文，去了解于闐發展《入法界品》的情況。

中國翻譯第一部《大集經》的時間，是在北涼統治河西的時代（統治401-439），由印度僧人曇無讖（Dharmaksema, 384-433）在北涼都城涼州譯出此側重《入法界品》的「彌勒菩薩佛王信仰」的經本。中國翻譯的第二部《大集經》，則由印度僧人那連提（黎）耶舍（Narendrayasasa, 490-589）在為北齊皇帝發展「佛教建國信仰」之際，所翻譯的一部側重《入法界品》所載的「盧舍那／毘盧遮那佛王信仰」的經本。[80] 由於《入法界品》中所載的「彌勒菩薩佛王」及「毘盧遮那佛王」是「同身」的佛教神祇，我們現在便明白，為何此二部經文內容不同且翻譯時間不同的《大集經》，都被稱為《大集經》的原因。

亞洲歷史上只有于闐這種長期發展《入法界品》的地方，除了具有研究及發展《入法界品》經文的條件外，也能撰造出許多有關《入法界品》佛王信仰的于闐造經，或也被稱為于闐造「偽經」。故筆者認為，于闐及中國歷史上使用的二種《大集經》，非常可能都是于闐依據《入法界品》的經文製作的于闐造經。此二部于闐撰造的《大集經》，不僅都明顯的屬於《入法界品》信仰系統的經典，同時此二部《大集經》的撰造，與中國唐代之前許多王朝發展《入法界品》所載的佛王信仰活動也有密切的關聯。[81] 譬如，北涼涼王沮渠蒙遜及其諸子在河西及高昌施行的「佛教建國信仰」活動，如行「受菩薩戒儀式」登上北涼涼王的轉輪王位或「彌勒菩薩佛王位」的活動、提倡「末法信仰」的活動，及在敦煌開窟造像，並製作「彌勒菩薩佛王像」的活動，都與沮渠蒙遜及其繼承者依據曇無讖翻譯的《大集經》所從事的活動有密切的關聯。[82] 又如，北齊文宣帝（統治，550-559）所造的「盧舍那法界人中像」或

80　見本書第九章，〈《入法界品》的支提信仰性質及造像〉。

81　見本書第九章，〈《入法界品》的支提信仰性質及造像〉。

82　見本書第十章，〈中國北涼發展支提信仰的證據——涼州瑞像與敦煌的白衣佛像〉。

簡稱「法界人中像」，及隋文帝在河南寶山建造的「大住聖窟」的「法界人中像」，都是依據那連提（黎）耶舍翻譯的《大集經》所載的「毘盧遮那佛王信仰」而製作的。[83] 于闐仿照《入法界品》製作的經典，直到武則天統治大周的時代（統治，690-705），尚見于闐僧人實叉難陀傳入中國。譬如，實叉難陀在武氏時代翻譯的《普賢菩薩所說經》，就是一部仿照《入法界品》製作的于闐造經。《普賢菩薩所說經》描述「毘盧遮那佛王」示現神通的行文方式，非常明顯的仿照《入法界品》所載的「海幢比丘」（Bhiksu Sāradhvaja）示現神通的行文方式製作的經典。[84] 由此可見，于闐在長期發展《入法界品》佛王信仰的時代，便有長期撰造或仿照《入法界品》所載的佛王信仰內容或行文方式製作于闐的造經。在于闐發展《入法界品》佛王信仰的過程中，于闐也非常可能有依據其撰造的《大集經・月藏分》卷四十六的經文發展「毘盧遮那佛王信仰」及其造像。《大集經・月藏分》卷四十六的經文如此記載于闐撰造的「毘盧遮那佛王信仰」內容：

> 爾時佛告大目揵連：西方有世界名月勝，佛號日月光（古案：毘盧遮那），有月藏童真菩薩摩訶薩（古案：月光童子／月光菩薩）。[85]

筆者在此所言的「造像」，即指我們在佛教藝術史上依據《大集經・月藏分》卷四十六的經文所言的「盧舍那法界人中像」，或簡稱「法界人中像」，或也稱「月光童子像」。[86] 于闐依據《大集經・月藏分》所載的「毘盧遮那佛王信仰」所創造的「盧舍那法界人中像」，有同時在造像上表達「毘盧遮那佛身」（法界身或成佛世界）及「人中像」（五道輪迴身或未成佛身世界）的造像情形。[87]

83　有關「法界人中像」的信仰及造像，見（高齊）天竺三藏那連提耶舍譯，《大方等大集經・月藏分》卷 46，〈月幢神咒品第一〉，《大正》卷 13，頁 298 中。有關北齊及隋代發展《大集經》及其信仰的情形，見本書第九章，〈《入法界品》的支提信仰性質及造像〉。

84　（唐）于闐國三藏實叉難陀奉制譯，《大方廣普賢所說經》，《大正》卷 10，頁 883 下-884 上；並見本書第九章，〈《入法界品》的支提信仰性質及造像〉。

85　（高齊）天竺三藏那連提耶舍譯，《大方等大集經・月藏分》卷 46，〈月幢神咒品第一〉，《大正》卷 13，頁 298 中；並見本書第九章，〈《入法界品》的支提信仰性質及造像〉。

86　見本書第九章，〈《入法界品》的支提信仰性質及造像〉。

87　見本書第九章，〈《入法界品》的支提信仰性質及造像〉。

由此我們可以看出，古代的于闐與古代的龜茲一樣，在造像上都有創造其自己的支提信仰造像或新像的活動。從北齊帝王及隋文帝都有同時發展《入法界品》的佛王信仰，及用《大集經》發展「毘盧遮那佛王信仰」的情形，我們因此推測，于闐及中國都有同時使用《入法界品》及《大集經》發展其等的「毘盧遮那佛王信仰」及造像的情形。

于闐及中國發展《入法界品》佛王信仰的情形，與一般依據《入法界品》發展其佛王信仰的情形非常不同，特別是在造像上有巨大的區別。原因是，兩種造像依據的經典不同。筆者在第九章的最後，因此要談論 9 世紀中爪哇（Central Java）山帝王朝（Śailendra kingdom, c. 750-860）發展《入法界品》佛王信仰，及其建造「婆羅浮屠大支提」（Candi Borobudur）和造像的情形。筆者在本書第九章談論的「婆羅浮屠大支提」的建築及造像，雖說基本上乃依據《入法界品》的經文而建造的婆羅浮屠的建築及造像；但我們注意到，「婆羅浮屠大支提」的建築不但有深受早期龍樹所建造的「阿瑪拉瓦底大支提」的建築法的影響；而且其造像也明顯的受到當時東南亞流行的密教信仰及爪哇本地的造像文化的影響。

于闐及中國在發展《入法界品》佛王信仰之際，因有大量使用于闐造經的情況，許多讀者或許會懷疑，筆者使用《大集經》談論中國自北涼開始發展于闐版的《入法界品》，或《大集經》所載的佛王信仰的正當性；特別是那連提（黎）耶舍翻譯的《大集經》所載的「毘盧遮那佛王信仰」及其造像的正當性。因為讀者可能會問，《大集經》所載的「毘盧遮那佛王信仰」既都是于闐撰造的「偽經」信仰傳統，我們可以用此經來說明于闐及中國發展《入法界品》佛王信仰的歷史嗎？事實上，許多學者對於筆者過去使用「偽經」談論「佛教建國信仰」之事，常不以為然。為此，筆者在此章的最後，也要談論大乘佛教在歷史上製作其大乘經典的情形。

自貴霜王丘就卻開始使用大乘佛教信仰建國之後，丘就卻便有用在犍陀羅製作的一些大乘經典記載及流通其發展「佛教建國信仰」的活動情形。換言之，丘就卻時代所撰造的一些大乘經典，如《道行般若經》等，除了記載有其要發展及流通的「佛教建國信仰」的大乘佛教信仰內容，如「般若波

羅蜜」的「施捨」行法及「十善法」的行法內容外，[88] 丘就卻在這些記載及流通其「佛教建國信仰」內容的大乘經中，也常記載有其自己在犍陀羅發展「佛教建國信仰」的真實情況。譬如，在《道行般若經‧薩陀波倫品》中，丘就卻便非常詳細的記載有當時其在貴霜都城犍陀羅城發展「般若波羅蜜」行法及信仰的情形，及曇無竭菩薩（Bodhisattva Dharmodgata）如何以「高座」或佛教發展主持人的身分，在犍陀羅傳播、發展「般若波羅蜜」行法及信仰的情形。又如，同時代撰造的《伅真陀羅所問如來三昧經》，不但記載有丘就卻如何以「伅真陀羅王」（King Chandradhāra，月支王／月氏王，或犍陀羅王）的身分帶領犍陀羅人及「伅真陀羅人」（月支／月氏人）去聽佛說法，並供養佛的活動，甚至說此「伅真陀羅王」或「月支王／月氏王」的前生，即是大夏地的轉輪王「尼彌陀羅王」（King Menander / Milinda，也稱彌蘭王）。[89] 丘就卻時代撰造的這些初期大乘經典，很顯然的除了記載有當時貴霜要流通的「佛教建國信仰」內容及行法外，也記載有丘就卻當時如何以月支王或犍陀羅王的身分在犍陀羅發展「佛教建國信仰」的真實情形。由這些丘就卻時代撰造的經典，我們可以看出，丘就卻所撰造的一些大乘經典具有記載當時貴霜發展大乘佛教及「佛教建國信仰」的歷史作用。[90] 由於貴霜在發展大乘佛教信仰的初期便有將貴霜發展大乘佛教及「佛教建國信仰」的內容及歷史記載於其時代撰造的一些大乘經典，我們便可以說，貴霜所撰造的一些大乘經典具有記史的作用。許多學者由於不知道，貴霜在發展大乘佛教的初期，便有在大乘經中記載貴霜發展大乘佛教信仰的歷史或真實情況，因此在閱讀大乘經典所載的：「如是我聞，一時佛與大菩薩及其他大眾在何處、因何因緣而說此經」這些文字時，便對大乘佛經是「佛陀所說」此事深信不疑疑，並認為，我們不能隨意更改佛經的文字，也不能隨意撰造佛經；更不能使用「偽經」談論或了解佛教的信仰及歷史活動。

88　見本書第二章，〈大乘佛教建國信仰的奠立者──貴霜王丘就卻〉。
89　見本書第二章，〈大乘佛教建國信仰的奠立者──貴霜王丘就卻〉。
90　見本書第二章，〈大乘佛教建國信仰的奠立者──貴霜王丘就卻〉。

大乘佛教對於自己造經的活動，事實上非常公開且坦然。譬如，迦尼色迦第一時代所撰造的《大般涅槃經》，便談到大乘佛教如何用「十二部經」製作大乘經典的事，及如何辨別「大乘十二部經」及「小乘九部經」的方法。所謂「十二部經」，就是指大乘佛教用以撰寫其大乘經典的「十二種造經方法」。大乘因用「十二部經」造經，故用「十二部經」撰寫的經典自然都被視為大乘經典。《大般涅槃經》如此記載「十二部經」的造經法：

> 修多羅（sūtra，經或長行）、祇夜（geya，應頌）、授記（vyākarana，預言）、伽陀（gāthā，諷頌）、優陀那（udāna，自說）、尼陀那（nidāna，因緣）、阿婆陀那（avadāna，譬喻）、伊帝日多伽（itvrttakam，本事）、闍陀伽（jātaka，本生）毗佛略（vaipulya，方廣），及優波提舍（upadeśa，論）。[91]

　　《蓮花面經》因此說，大乘佛教是在結集的場合使用此「十二部經」的造經法廣造諸（經）、論。[92] 這就是筆者認為，丘就卻及迦尼色迦第一都用「佛教結集」（Buddhist council）的場合製作其大乘經、論的原因。大乘佛教既用「十二部經」製作大乘經典，《大般涅槃經》因此認為，我們可以用「十二部經」的造經法辨別大、小乘經典。這就是《大般涅槃經》說，小乘聲聞是用「九部經」造經，而大乘是用「十二部經」造經的原因。[93]

　　大乘佛教如此分別大、小乘經典的製作方法，並將大乘的造經法公諸於世，大乘佛教便有視大乘佛教經典都是參與佛教結集的阿羅漢及菩薩，或佛教聖賢，共同撰造的大乘典籍。貴霜在犍陀羅發展「佛教建國信仰」之際，雖然撰造了許多大乘經典，然因「佛教建國信仰」與大乘佛教在歷史上的發展一直沒有停止，並在教理上一直出現新教理或變化，因此大乘佛教的造經活動便在歷史上不停的往前邁進，甚至在犍陀羅以外的地方，如南印度及古代中亞的于闐等地，出現有撰造大乘佛教經典的活動。譬如，貴霜王丘就卻及迦尼色迦第一等在犍陀羅製作大乘經典之後，龍樹在印度南部的案達羅地

---

91 （北涼）天竺三藏曇無讖譯，《大般涅槃經》卷 15，《大正》卷 12，頁 451 中。
92 （隋）天竺三藏那連提（黎）耶舍譯，《蓮花面經》卷下，《大正》15，頁 1075 中。
93 （北涼）天竺三藏曇無讖譯，《大般涅槃經》卷 3，頁 383 下。

方，因發展支提信仰的緣故也有撰造大乘經、論的活動。古代中亞的于闐，在發展支提信仰之際，也顯見的撰造有許多傳世的大乘經典，譬如，上面我們提到的《大方等大集經》便是一個例子。這說明，大乘經典的撰造只要合乎大乘佛教造經的方法，大乘在哪裡出經或造經，都被允許。這就是直到現在，我們都沒見有大乘佛教文獻提到，丘就卻及龍樹等所造的經、論，都是「偽造」的說法。

那連提（黎）耶舍在中國傳播佛教建國信仰的活動之際，其不僅有翻譯大乘佛經的活動，同時也有在其翻譯的大乘經典中改動大乘經文，甚至補入自已撰造的經文活動。譬如，他在為北齊文宣帝翻譯《月燈三昧經》時，為了發展「月光童子」的信仰，他便將此經中的「文殊師利童子」的名字全都改成「月光童子」的名字。[94] 他在為隋文帝翻譯「月光童子」的經典《德護長者經》時，他也明顯的在此經中補入自已撰造的，記載或宣傳隋文帝以「月光童子」的轉輪王身分下生為「大隋國王」的經文。[95] 那連提（黎）耶舍在《德護長者經》所載的隋文帝以「月光童子」下生為大隋國轉輪王的信仰內容，也見記於隋代費長房所編撰的《長房錄》或《歷代三寶記》。[96] 由此我們知道，那連提（黎）耶舍在為隋文帝發展「佛教建國信仰」之際，有用自己撰造的文字或經文，記載及流通隋文帝發展「月光童子信仰」的內容及隋文帝的佛教轉輪王形象。這些被那連提（黎）耶舍補入其譯經中的文字或經文，常被學者視為「偽經」。那連提（黎）耶舍在為隋文帝發展佛教建國信仰之際，除了在其翻譯的《德護長者經》補入經文外，筆者非常懷疑，其翻譯的《大集經·日藏分護塔品》，也是一品其所撰造的經文。因為《大集經·日藏分護塔品》載有：「那羅延」（Nārāyana）是守護中國「大支提」的天神名字。[97] 佛教文獻

94　見本書第九章，〈《入法界品》的支提信仰性質及造像〉；並見古正美，《從天王傳統到佛王傳統》第四章，〈齊文宣與隋文帝的月光童子信仰及形象〉，頁 175。

95　見本書第九章，〈《入法界品》的支提信仰性質及造像〉；並見（隋）天竺三藏那連提（黎）耶舍譯，《佛說德護長者經》卷下，《大正》卷 14，頁 849 中-下。

96　見本書第九章，〈《入法界品》的支提信仰性質及造像〉。

97　見本書第九章，〈《入法界品》的支提信仰性質及造像〉。

也說，「那羅延」此名是當時隋文帝的乳名。[98]「那羅延」的造像及名字，後來也被造於隋文帝於開皇九年（589）令靈裕法師在河南寶山靈泉寺建造的「大住聖窟」正門的一側。[99] 那連提（黎）耶舍在其譯經中所撰造或補入的經文，很顯然的不是無稽之談。這些經文很明顯的都是當時隋廷要借那連提（黎）耶舍翻譯的大乘經典將隋文帝以「月光童子」的身分統治「大隋國」的信仰內容及隋文帝以佛教轉輪王或「月光童子」的姿態統治大隋國的歷史，流通天下。

那連提（黎）耶舍在其譯經中撰造經文或補入經文說明隋文帝以「月光童子」的信仰及姿態統治大隋國的做法，我們可以上溯至丘就卻在犍陀羅發展大乘佛教信仰建國的時代。初期大乘佛經因記載有當時丘就卻發展「佛教建國信仰」的活動情形，大乘佛經很顯然的從一開始便有記載歷史的功用；特別是記載「佛教建國信仰」發展史的功用。

中國隋代大量地在中譯佛經中補入隋文帝的「佛教建國信仰」內容之後，武則天在其用佛教信仰統治大周帝國之際，也經常用此方法流通及宣傳其用佛教信仰建國的情形及其轉輪王形象。這就是筆者在研究武則天的「佛教建國信仰」之際，常要使用其時代僧人撰造的《大雲經疏》及翻譯的《寶雨經》等經所補入的經文，了解武氏發展「佛教建國信仰」統治大周的情形。[100]

由於大乘佛教從一開始在犍陀羅造經時並未說過犍陀羅所造的大乘經典是「偽經」，也從未說過我們不能在大乘經典中記載帝王的「佛教建國信仰」的活動，大乘佛教在犍陀羅談論佛教造經的方法時，只說佛教的造經情形有大、小乘經典的區別，沒有談論經典的真、偽性問題。今日學者在談論佛教的「偽經」問題時，常以經典是否是早期印度撰造的佛經作為其等判定經典真偽的標準。這些學者顯然沒有注意到，大乘佛教在歷史上，在不同的地

98　見本書第九章，〈《入法界品》的支提信仰性質及造像〉。

99　見本書第九章，〈《入法界品》的支提信仰性質及造像〉。

100　見古正美，《從天王傳統到佛王傳統——中國中世佛教治國意識形態研究》第五章，〈武則天的《華嚴經》佛王傳統與佛王形象〉，頁 244-249 及第六章，〈武則天神功之前所使用的密教觀音佛王傳統及佛王形象——中國女相觀音出現的原因〉，頁 287-299。

方，一直有製作新經的活動。歷史上的貴霜王丘就卻及迦尼色迦第一等，在發展「佛教建國信仰」之際，便在犍陀羅撰造其等的大乘經典；龍樹菩薩在南印度案達羅地方發展支提信仰之際，也有撰造新大乘經、論的活動；為何中亞的于闐國在發展大乘信仰之際不能撰造其自己的大乘佛經？歷史上的大乘僧人在大乘經中補入當時帝王的「佛教建國信仰」內容及帝王的轉輪王形象，顯然的都是各時代官方策劃及允准的佛教造經活動。這些被補入經中的「佛教建國信仰」內容及轉輪王形象，因此便是我們日後了解及研究一個王朝或一個國家發展「佛教建國信仰」活動的最珍貴史料或文獻。如果我們沒有歷代佛教僧人在其撰造或翻譯的佛經中注入這些寶貴的歷史資料及文獻，我們在研究歷代「佛教建國信仰」的活動時便會倍感艱難。因為「佛教建國信仰」是帝王統治國家的方法，一般的史官都不會在正式的記史文獻談論或記載其國家或帝王發展「佛教建國信仰」的情形。就如中國編撰的《二十四史》或《二十五史》的儒生一樣，基本上都沒有談論中國帝王在歷史上發展「佛教建國信仰」的活動，只記述帝王如何遵從儒家禮儀行事的活動。中國史學家對儒家思想或意識形態偏執的結果，就是許多學者至今都不知道，中國歷史上有許多帝王曾用佛教信仰統治過中國的史實。這些大乘經典記載或補入的文字，因此對我們了解歷史上亞洲帝王或中國帝王發展「佛教建國信仰」的情形非常重要。這就是筆者為何要用這些大乘經文及補入譯經的「偽經」談論亞洲帝王或中國帝王發展其「佛教建國信仰」歷史的原因。

本書第十章談論的「佛教建國信仰」共有兩種，一種是貴霜奠立的「佛教建國信仰」，一種是龍樹奠立的「支提信仰」。由於龍樹奠立的「支提信仰」偏向側重帝王的崇拜，因此許多亞洲帝王常常只選擇發展龍樹的「支提信仰」作為其等的「佛教建國信仰」。筆者在此章所談論的此兩種「佛教建國信仰」，在運作上因有互補的作用，因此一個亞洲帝王可以一面用貴霜奠立的「佛教建國信仰」作為其用佛教信仰建國的基礎，一面用龍樹的「支提信仰」作為其使用的轉輪王信仰及轉輪王形象的依據。但我們在早期的亞洲歷史上，鮮少見有一個國家或一個王朝明顯的施行此兩種「佛教建國信仰」統治天下的情形。其中一個原因是，要找到懂得如何施行此兩種「佛教建國信仰」

的「軍師」或能實際輔助帝王策劃、發展此二種「佛教建國信仰」統治天下的人物，非常不易。因為作為施行「佛教建國信仰」的「軍師」，這樣的人物，不僅要知道大乘佛經如何記載此二種「佛教建國信仰」的施行方法及內容，同時也要知道亞洲歷史上如何發展此二種「佛教建國信仰」的方法；甚至也要知道，如何用造像的方法表達此二種「佛教建國信仰」的內容及轉輪王的造像。筆者是在早期於河西建國的北涼王朝（統治，401-439/460），才見到此王朝有明顯使用此兩種「佛教建國信仰」統治其王朝的情形。北涼之所以能施行此兩種「佛教建國信仰」統治河西，除了北涼的建國者沮渠蒙遜是位雄才大略的軍事家及政治家外，他在 421 年攻克敦煌時，很幸運的遇到了具有發展二種「佛教建國信仰」才能的印度僧人曇無讖。曇無讖非常熟悉大乘佛教經典，也因其曾在貴霜發展大乘佛教的中心罽賓遊過學，因此他對貴霜發展「佛教建國信仰」的歷史及造像法非常熟悉。後來他又住過中亞的于闐及龜茲等地，因此他對中亞于闐和龜茲當時發展的「支提信仰」及其造像法，也瞭如指掌。筆者在前章說過，4、5 世紀之後，中亞的犍陀羅、龜茲及于闐因又成為大乘佛教發展支提信仰及其造像的中心，曇無讖在中亞遊學的經歷因此使他對中亞發展的「支提信仰」及其造像法，有特別的印象及心得。這就是曇無讖在為北涼發展「佛教建國信仰」之際，不但能為北涼涼王融合、發展貴霜奠立的「佛教建國信仰」及龍樹奠立的「支提信仰」，他甚至在為北涼開鑿的敦煌石窟中，使用貴霜、于闐及龜茲發展「佛教建國信仰」的造像法，創造北涼獨特的佛教開窟及造像法。[101] 曇無讖因此可以說是歷史上罕見的發展「佛教建國信仰」的高僧或奇才。北魏太武帝曾說，曇無讖的知識及才情可以比美鳩摩羅什及佛圖澄。[102] 這話的意思有指，曇無讖不僅是位對大乘佛教信仰具有深刻認識的高僧，同時其也是一位具有施行「佛教建國信仰」能力的僧人。

曇無讖在 421 年到了北涼的都城涼州之後，他在學中文三年之後，便開

---

101 見本書第十章，〈中國北涼發展支提信仰的證據——涼州瑞像與敦煌的白衣佛像〉。
102 見本書第十章，〈中國北涼發展支提信仰的證據——涼州瑞像與敦煌的白衣佛像〉。

始將其要在北涼發展兩種「佛教建國信仰」的經典逐一翻譯成中文。在他的譯經中，其翻譯有北涼要施行兩種「佛教建國信仰」的經典，如《大方等大集經》及《大般涅槃經》等，也翻譯有貴霜製作的轉輪王造像經典《悲華經》。除此，他也為北涼涼王舉行「受菩薩戒儀式」，將北涼涼王沮渠蒙遜推上轉輪王或彌勒佛王位。由於蒙遜在登上轉輪王位或彌勒佛王位之後，便正式用佛教信仰建國，因此曇無讖認為，北涼涼王登轉輪王位或彌勒佛王位的儀式非常重要，必須也用造像的方法將之記載下來，因此才有曇無讖在敦煌開鑿莫254窟及莫259窟的開窟造像活動。北涼涼王沮渠蒙遜因以「白衣」的身分登上其「彌勒佛王位」，曇無讖在敦煌莫254窟所造的最重要造像，就是曇無讖為蒙遜在此石窟西壁所造的一尊「白衣彌勒佛王像」。很顯然的此尊「白衣彌勒佛王像」，便是一尊紀念蒙遜登上其轉輪王位或彌勒佛王位，開始用佛教信仰統治天下的造像。曇無讖在莫259窟西壁所造的一組「二佛並坐像」，也是一組紀念蒙遜以「彌勒佛王」的姿態統治天下的造像。「二佛並坐」的造像原是《法華經》所載的一種說明每個人的佛性與佛相同，因此成佛的人能與佛同坐的造像。「二佛並坐」的造像在貴霜王胡為色迦王於2世紀後半葉在犍陀羅發展「佛教建國信仰」之際，被「轉化」成為「轉輪王成佛像」。曇無讖在敦煌莫259窟製作此石窟的主尊造像時，又將「二佛並坐」的造像「轉化」成「彌勒佛王像」，作為表達其時北涼涼王以「彌勒佛王」的姿態統治天下的造像。曇無讖除了在敦煌石窟造有蒙遜的轉輪王像或彌勒佛王像外，其也在其於敦煌開鑿的石窟，用造像的方法表達蒙遜使用兩種「佛教建國信仰」建國的情形。曇無讖一方面用貴霜表達其「佛教建國信仰」的「護法信仰」造像模式，即用「一轉輪王、一佛像」的「護法信仰」造像法，表達北涼發展貴霜奠立的「佛教建國信仰」，在另一方面，曇無讖則用龜茲製作轉輪王像或「彌勒佛王像」的造像法，表達北涼施行「支提信仰」的情形。曇無讖為了說明北涼施行的兩種「佛教建國信仰」的內容沒有矛盾，更用「轉化」造像的方法將北涼施行的兩種「佛教建國信仰」的造像內容造在一起，表達北涼施行兩種「佛教建國信仰」無礙的情形。

曇無讖在北涼發展兩種「佛教建國信仰」的情形，無論在其譯經上，或

造像上都表現非凡；特別是在敦煌石窟的開鑿及造像上，他甚至用系統性的造像方法奠立北涼石窟及中國石窟的開窟及造像方法。譬如，曇無讖用開「中心柱窟」造「中心柱」造像的方法表達北涼使用兩種「佛教建國信仰」的內容，便是一個例子。曇無讖死後，曇無讖開鑿「中心柱窟」並在「中心柱」四面造像的方法，即成為「北涼窟」的典型開窟、造像方法。

曇無讖在敦煌莫 254 窟所造的「白衣彌勒佛像」的造像法，也被蒙遜之後的北涼造像者沿襲使用。雖然北魏孝文帝之後，「白衣彌勒佛像」的造像法有被改換掉的情形，然製作「白衣彌勒像」的造像傳統一直有被後代造像者沿襲使用。這就是北涼一代在敦煌造有三尊「白衣彌勒佛王像」的原因。曇無讖因此可以說是中國歷史上奠立系統性在敦煌石窟製作表達「佛教建國信仰」造像內容的第一人。

從歷代帝王在發展「佛教建國信仰」之際都有建造佛教造像址或開鑿佛教石窟及造像的活動，我們可以看出，「佛教建國信仰」在歷史上的發展與歷史上的佛教造像活動，息息相關。因此我們在談論「佛教建國信仰」此課題時，我們不能不談論到與之有關的佛教造像活動。亞洲帝王在發展「佛教建國信仰」統治天下之際，其使用的為其發展「佛教建國信仰」的策劃者或「軍師」非常重要。如果帝王有幸用到像曇無讖這種知識及才能都具備的人物，他就能像北涼的沮渠蒙遜一樣，在其發展「佛教建國信仰」之際，見到其國內的佛教發展，無論是譯經事業或造像活動，都能蓬勃、有序的發展，甚至還能創造歷史奇蹟。當然，帝王發展此「佛教建國事業」的魄力，也是一個決定一個國家能否成功發展「佛教建國信仰」的重要條件。

後記

古正美

　　筆者開始撰寫此書的時間，是在 2006 年自印度回到香港開始研究龍樹奠立的「支提信仰」的時間。本書初稿完成的時間，則在 2019 年。由於臺大出版中心建議本書最好以書的形式出版，筆者因此又花費近三年的時間，將原來預備用論文形式出版的文稿改寫成目前此書的形式。此書正式定稿的時間，因此是在 2022 年的年底。筆者在此要感謝許多在筆者學習佛教及撰寫此書之際，幫助過筆者的老師、朋友及單位。首先，筆者要感謝的人，是筆者的博士論文指導老師那拉因教授（Professor A.K. Narain）及筆者的同學 Dr. Joan Raducha，沒有他們兩人打開筆者的眼睛看到「印度─希臘」（Indo-Greek）文化，筆者是不會研究與之有關的貴霜王朝的佛教政治文化及大乘佛教。他們兩人及他們的家人給於筆者的溫暖及鼓勵令筆者終生難忘，也令筆者感激不盡。

　　北京出版界的王瑞智先生因對筆者多年來研究的「佛教建國信仰」及佛教造像懷有濃厚的興趣，因此於 2017 年 11 月的某日，自北京飛來台北與筆者相見。之後，他便常與筆者通話，並隨筆者學習各種佛教及佛教造像的知識。2017 這一年，筆者剛好完成撰寫《張勝溫梵畫卷研究》此本研究雲南佛教的小書，在筆者的邀請之下，王瑞智先生隨之擔任該書的特別編輯工作。2019 年，筆者完成本書的初稿，在筆者的邀請下，王瑞智先生隨之再次以特別編輯的身分協助筆者校正、編輯本書。由於本書的每一章節所談論的內容及問題，都是筆者研究佛教及佛教造像的新挑戰，因此筆者完全沒有餘力在撰寫及校改本書的當中製作本書的地圖及整理本書的圖片。王瑞智先生因此除了幫助筆者審查本書的行文內容外，也承擔本書兩張地圖的設計及製作工作，並徵集、處理本書的圖片。王瑞智先生在幫助筆者編輯此書期間，曾去巴黎集美博物館（Guimet Museum）及倫敦大英博物館（British Museum）考察此

二博物館的收藏。他因此也在此時為本書重新拍攝了一些與此二博物館有關的佛教文物。筆者為本書準備的許多中國博物館及石窟的圖片，因清晰度不夠的緣故，王瑞智先生在其工作之餘，又親自到中國的相關博物館及佛教石窟重新拍攝些圖像。王瑞智先生對本書的貢獻，筆者無法言喻。筆者在此感謝王瑞智先生一直無怨無悔的支持及幫助筆者完成本書的編輯及撰寫工作。

王瑞智先生在徵集本書的圖片之際，敦煌研究院的專業攝影師孫志軍先生因知道筆者在徵集亞洲佛教石窟及佛教遺址的圖像，因此爽快並無償的提供了 30 餘張其在中國及印度拍攝的精美圖像給筆者。孫志軍先生在本書第二章所提供的兩張支提（caitya）圖像，特別令筆者感觸良多。此二張圖像即是：（1）西印度納西克（Nasik）石窟第 3 窟的支提圖像，及（2）西印度卡里（Karli）石窟的支提圖像。納西克及卡里此二支提，乃是目前有文獻記載的，龍樹菩薩於 2 世紀中期左右在大案達羅發展支提信仰之際所建造的二座支提。由於此二支提的存在，筆者才能確定龍樹與娑多婆訶王朝的帝王曾在大案達羅發展支提信仰的歷史。筆者非常感謝孫志軍先生為本書提供如此珍貴的圖像。

筆者在本書的第三章及第七章談論犍陀羅早、晚兩期的佛教造像發展情形時，基本上都依據日本學者栗田功（Isao Kurita）先生所編撰的兩本《ガンダーラ美術》的圖像撰寫此二章的行文。筆者在 2003 年出版《貴霜佛教政治傳統與大乘佛教》時，栗田功先生便已經非常慷慨的讓筆者使用其書的佛教造像圖版出版該書。此書再度蒙他允許使用其書中的許多犍陀羅佛教藝術圖像，筆者除了心存感謝外，也覺得學界同儕支持的重要性及溫暖。

筆者也要感謝新疆文物及石窟考古專家賈應逸先生。筆者在撰寫本書的第八章〈新疆克孜爾石窟的佛教造像及其影響〉之際，基本上都使用新疆維吾爾自治區文物管理委員會、拜城縣克孜爾千佛洞文物保管所，和北京大學考古系於 1989 年編撰及出版的《中國石窟・克孜爾石窟》的圖版，作為筆者談論克孜爾石窟佛教造像的基礎。由於此書出版時日已久，筆者在不知如何申請此書的圖像使用權之際，徬徨了許久。賈應逸先生知道此事後，立刻伸出援手，並同意筆者使用該書的克孜爾石窟圖像。筆者還記得，1987 年筆者在敦煌開完「第一屆敦煌石窟國際討論會」之後，筆者便隨賈應逸先生及兩名歐洲學者離開敦煌去了高昌。賈應逸先生因此是帶領筆者考察高昌石窟的

第一位學者。幾年後,她又親自帶領筆者去考察古代龜茲的佛教石窟,包括筆者在本書第八章撰寫的新疆克孜爾石窟。賈應逸先生與筆者除了有研究克孜爾石窟造像的共同興趣外,也因我們兩人對 5 世紀中期左右在河西及高昌建國的北涼王朝所發展的佛教造像具有濃厚的興趣,我們在 1999 年參加敦煌召開的「國際討論會」之後,因此又有與研究河西造像的董玉祥先生和王來全先生一起驅車自敦煌南下,沿途考察北涼在河西走廊各地開鑿的佛教石窟及佛教遺址之行。這就是筆者會寫本書第十章〈涼州瑞像及敦煌的白衣佛像〉的因緣。筆者在此因此要感謝賈應逸先生多年來引領及幫助筆者學習新疆及北涼佛教造像的情誼。

筆者在向歐美博物館徵集佛教圖像之際,美國的蘇珊・杭庭頓教授(Susan L. Huntington)很爽快的答應筆者使用約翰・杭庭頓教授及其在 google 網上成立的「佛教及亞洲藝術造像資料庫」(The John C. and Susan L. Huntington Photographic Archive of Buddhist and Asian Art)收集的圖像。這使筆者在本書談論貴霜及印度各地製作的佛教造像之際,無後顧之憂。筆者因此也要感謝杭庭頓教授夫婦為提倡佛教藝術史的研究對後人所作的貢獻。

筆者在撰寫本書之際,因使用許多印度、中國及歐美國家的博物館或美術館收藏的佛教藏品談論佛教造像的性質及內容,故筆者因此也要向這些博物館及美術館表達筆者的謝意。這些博物館及美術館有如:the British Museum, the Guimet Museum, the Metropolitan Museum of New York, the Smithsonian's National Museum of Asian Art-the Freer Gallery of Art, the Zimmerman Family, the Virginia Museum of Fine Arts, the Cleveland Museum of Art, the Asian Art Museum of San Francisco, the Navin Kumar Gallery, NY, the Museum of Fine Arts, Boston, the Asia Society Gallery, New York, the Peshawar Museum, the Lahore Museum, the Calcutta Museum, the Mathurā Government Museum, the Madras Government Museum, the Patna Museum, the Nalanda archaeology Museum, the Tibetan Museum, Lhasa, the National Museum at Bangkok,國立故宮博物館,哈佛大學美術館、四川省博物館、河南省博物館等。

筆者在 2006 年考察印度中部的山崎大塔之際,巧遇台灣佛教藝術史學者

林保堯教授也帶領學生去考察該遺址的佛教造像。筆者在考察山崎大塔之際，由於沒有準備要寫本書的第六章〈山崎大塔及功德天女神的信仰及造像〉，又因山崎大塔當時正在整修，大塔的四周都搭滿木架，故筆者在山崎大塔所拍攝的圖像，基本上都用不上。筆者在完成第六章的行文之後，馬上寫信向林保堯教授求援。林保堯教授不僅非常爽快的寄來其出版的《山崎大塔》一書，同時也寄來其拍攝山崎大塔的圖版磁碟給筆者使用。筆者因此也要感謝林保堯教授的慷慨支援。

筆者在新加坡教書期間，即對婆羅浮屠遺址所造的《入法界品》造像產生莫大的興趣。特別是，筆者在退休之後，開始研究四川大足北山的《入法界品》造像及雲南大理國繪製的〈張勝溫梵畫卷〉的《入法界品》造像之後，筆者更不時前往中爪哇的婆羅浮屠遺址考察該地的佛教造像。筆者常去婆羅浮屠遺址考察造像的原因，乃因筆者要比較亞洲此三處（雲南、四川及中爪哇）所造的《入法界品》造像的區別及各自的造像特色。筆者在婆羅浮屠遺址考察佛蹟期間，因有定居在爪哇日惹的好友郭慧娟博士及其夫婿 Eko 先生的幫助及安排，筆者常得以順利的入住婆羅浮屠遺址園內的招待所從事考察工作。筆者因此要感謝多年來一直支持筆者作佛教研究工作的慧娟及其先生。

在筆者撰寫本書的當中，有許多單位、學者及朋友也以各種方式協助筆者完成此書。譬如，筆者在談論第七章梁武帝的造像之際，四川大學藏學中心主任霍巍教授，在應筆者的要求之下，寄來許多有關四川學者研究成都出土的梁武帝及其時代的佛教造像研究報告。這使筆者在撰寫本書的第七章〈梁武帝的佛教造像〉之際有充分的資料可以引用。四川重慶大足的「大足石窟研究院」及雲南大理大學的「民族研究所」，在筆者研究第九章的《入法界品》及其造像之際，也給予筆者諸多的協助及幫忙，使筆者因此能順利的看出亞洲此三地製作《入法界品》造像的區別，及其等各自造像的特色。筆者在香港撰寫此書之際（2006-2016），香港大學的崔中慧博士常為筆者收集寫作的資料。此書初成之際，台南成功大學的釋祖道博士也為筆者整理本書書目的初稿。筆者的新加波小朋友陳慧晶律師，甚至提供了其去吳哥拍攝的闍耶跋摩第五在班挑·斯瑞（Banteay Srei）塑造的功德天女神造像給筆者使用。這些幫助筆者解決寫作及造像問題的單位、學者及朋友，筆者在此也要一一向他們

道謝。

　　此書的出版，可以說一波三折。筆者在完成本書的初稿之際，筆者在新加坡的摯友陳致教授，當時其已擔任香港浸會大學饒宗頤國學院的院長，很想將筆者此書出版為「浸會饒宗頤國學院」的出版物。就在筆者與陳致教授及其秘書黎小姐談論此書的出版事宜之後不久，整個世界即因心冠肺炎而開始產生變化。陳致教授在此期間也來信說明因浸會大學委託的中華書局因故無法出版此書，並建議筆者將此書帶去台灣出版。筆者非常感激陳致教授及「饒宗頤國學院」如此重視此書，並為此書的出版事宜費心費力。

　　筆者正在思索此書應在何處出版的問題之際，筆者臺大的學長已故林正弘教授知道此事後，馬上建議筆者去見台大出版中心的編輯湯世鑄先生及蔡旻峻先生。台大雖然沒有出版此書，然筆者還是非常感謝已故的正弘學長及台大出版中心。

　　筆者之所以會去找聯經出版公司出版此書，乃因詹康教授的極力推薦。因此，筆者在此除了要感謝詹康教授外，也非常感謝聯經出版公司及編輯此書的編輯群。因為如果沒有他們從頭到尾對筆者及此書充滿信心，並非常耐心及細心的幫助筆者將此書送審、校稿及編輯，此書是無法以較完整的面貌與讀者相見，也無法如此順利的由台北聯經出版公司出版。在聯經決定出版此書之前，此部大書因頁數及彩色圖版太多的緣故，聯經曾一度不知如何解決此書的印刷問題。筆者的新加坡摯友雲惟慶律師（Woon Wee Teng），其也是知名的新加坡南詔、大理金銅佛像的收藏家，在知道此事之後，立即來信告知筆者，其家族的「雲氏兄弟基金會」（Woon Brothers' Foundation）及其好友收藏家「星洲墨緣堂」的 Melvin Poh Boon Kher（Fu Wenke）先生，願意共同負擔全部出版費用。新加坡朋友的資助及友誼因此解決了此書出版的最後問題。在此筆者也要向幫助筆者出版此書的新加坡友人致上最高的敬意及謝意，並祝福這些善知識（good friends），如善財童子一般福報無窮。

　　筆者最後要感謝的人，自然就是無怨無悔一直支持筆者作研究的外子莊錦章博士（Dr. Chong Kim Chong）。

2023 年 1 月 6 日筆者識於台南寓所

編後記

王瑞智

　　過去三年，編輯這本《佛教建國信仰與佛教造像》（以後簡稱，大書）的過程，也是跟隨古正美先生學習佛教史和佛教造像的過程。如今大書付梓在即，我把編輯過程中的一些心得寫下來，作為後記。

　　2018 年 12 月，在古先生指導下，由我具體負責編輯工作的《〈張勝溫梵畫卷〉研究：雲南後理國段智興時代的佛教畫像》（以後簡稱，《張勝溫梵畫卷研究》）在大陸由民族出版公司出版刊行。這是迄今為止，古正美先生在大陸正式出版的第一本，也是惟一本專書。轉過年來，2019 年 1 月初，古先生告訴我，她寫作的大書已經基本完成初稿，可以交給我進行編輯了。當年 3 月，我們如約在香港見面。接過古先生遞給我的 U 盤（內有大書的電子文檔），我知道，這是古先生對我的信任托付，責任很重。

　　2019 年 3 月，拿到古先生大書書稿後，我並沒有像之前編輯一般圖書那樣，馬上著手工作。而是先快速地通讀了兩遍，弄清了大書的基本結構，心裏也有了初步的編輯思路。要編輯好大書，須有物質和思想兩方面的準備。先說物質準備，古先生在大書裏，引用了大量的佛教經典、學術著作。如果手頭沒有這些書（或者電子版），就無法進行編輯核對校訂工作。大書引用的佛教經典都是引自《大正藏》，這個比較好辦，我手頭有電子版的全藏。古先生大書裏引用的大陸中文出版物和部分海外中文書籍，我主要是在北京的國家圖書館「敦煌吐魯番閱覽室」解決的。那裏中文書籍比較齊全，而且閱覽環境很好。編輯大書期間，我去過不下四五十次。除了中文書籍，古先生的大書裏還引用到很多西文和日文書籍，特別是羅拔・諾斯的《阿瑪拉瓦底：大塔的佛教雕像》（*Amarāvatī: Buddhist Sculpture from the Great Stūpa*）、伊麗莎白・羅森・史通的《龍樹山的佛教藝術》（*Buddhist Art of Nāgārjunakoṇḍa*）、東京二玄社

出版的栗田功編著《犍陀羅美術》（ガンダーラ美術）這三種，手上如果沒有，編輯工作是無法開展的。這三種書都已經絕版許久，好在前兩種古先生自己有，2019 年 11 月她親自把書從臺灣帶來給交給我。而得到栗田功先生編著兩卷本《犍陀羅美術》，則是機緣巧合。2019 年夏天，我得知栗田功先生要出讓他自己所藏的《犍陀羅美術》，馬上與他聯繫，從他手上買了下來。經過 2019 年近一年的準備，大書所引用的主要參考書問題解決了。

再說思想準備。大書裏提到了大量的佛教造像和佛教遺址，如果沒有見過裏面大多數的實物，缺乏現場的感覺和體悟，僅僅依靠圖片畫冊來編輯，就很難把握好大書的精神質感。現在，這正好是個難得的機緣。我把大書作為自己實地考察學習的導覽索引，揹上筆記本電腦上路，按圖索驥，實地考察造像址和造像。白天看，晚上回來編輯，把文本編輯與現場感受結合起來。2019 年的春天和秋天，我專程去了兩次倫敦和巴黎，出入大英博物館和吉美博物館超過二三十次。大書裏提到的犍陀羅、阿瑪拉瓦底、龍樹山、帕拉、婆羅浮屠和占婆等地的造像，我看了一遍又一遍，稍稍彌補了後來因「新冠防疫」等原因不能前往印度、印尼、巴基斯坦等地的缺憾。2019 年夏天，又跑了一次日本關西，專門去看了京都國立博物館的「守美傳美——托付於京博的曠世之寶」大展，展品都是關西著名佛寺寄藏京博的「國寶」和「重要文化財」佛教文物；那一次，還順便去參觀了收藏不少佛教精品文物的滋賀美秀美術館。進入 2020 年，隨著「新冠疫情」爆發，不能出境了，就在大陸「循環」。觀摩北京故宮、國博（北京）、河南、山西、山東、浙江、上海、南京、遼寧等藏有重要佛教文物的博物館，重訪了敦煌、雲岡、龍門、北京房山萬佛堂和石經山、太原天龍山和童子寺、南京栖霞寺，還第一次考察了麥積山、安陽小南海和靈泉寺、登封法王寺嵩岳寺、長治法興寺和高平羊頭山石窟、義縣奉國寺和萬佛堂、遼西遼塔群、紹興柯橋等佛教造像址。在「游編」的同時，也重新補拍替換了大書中的部分圖片。遺憾總會有，由於防疫和個人的一些原因，計劃中的婆羅浮屠、四川廣元和新疆克孜爾一直未能成行。

2019 年 3 月與古先生在香港見面之後，當年的 9 月和 11 月，我又與她在

甘肅麥積山和上海復旦大學見過兩次面。這兩次見面，我都向她報告了大書的編輯方案和計劃，古先生也給出了很好的意見。但是真正開始進入編輯後，還是走了一段彎路。兩岸三地的文字雖然都是漢字，香港和台灣使用的繁體字及大陸使用的簡體字。除了一些具體的文字詞彙使用上有差別外，在編輯出版的體例規範上也是不太相同的三套系統，而我熟悉的自然是大陸這套系統。又因為最初古先生的計劃是在香港出版大書，而香港的編輯體例也與大陸漸有接近，所以開始的兩個校稿多以大陸為準。後來因故又決定改在台灣出版，所以從三校稿開始，才確定現在這個以古先生熟悉的、她在美國留學時的學術寫作方法為準，這樣又把之前改動的給改了回來。至於具體的文字和圖片編輯、尋找並掃描電分高清圖片，這個過程很長，也很繁複細碎，但都是一個編輯的工作常態，在此就不贅述了。古先生和我的基本工作流程是：我每看好一章，就會返回給古先生；請她針對我提出的文字和圖片的問題，再一一審核確認是否訂正。如此，來來往往有五個校稿次。直到去年十一月，我把第五稿發給古先生。在這五個次校次中，古先生還對大書的內容做了部分的增刪修訂。最後刊印的這個版本，與最初的版本相比，結構更合理，文字更精煉，圖片更豐富。平常我與古先生溝通討論編輯過程中出現的問題，主要是靠微信語音，2020 年之後，更是如此。最頻繁的時候，我差不多三四天就會跟古先生有一個語音通話。除了向古先生匯報大書編校中的問題，還向她請教我其他一些佛教史的問題。每一個問題，古先生都不厭其煩地做出解釋，這真是特別難得的學習經歷。我對古先生說，「編好大書，差不多相當於跟您讀了一個研究所，我現在是您的學生了。」我自己基於大書也想到一些個案研究的方向，如大陸各地的七佛信仰、1949 年之後大陸佛教寺院造像的遷移情況等。聽了我用大書中的「支提信仰」理論對這些個案做的初步嘗試性解釋後，古先生鼓勵我把這些看法整理出來，寫成文章。

　　一般中文書籍，不像西文書和日文書那麼重視地圖。而大書涵蓋的地理範圍又非常廣闊，幾乎是古代佛教傳播的所有區域。歷史上，一些佛教事件發生的地理位置又眾說紛紜，大書也有自己的觀點。我向古先生建議，是否可以繪製二幅地圖，一幅是全書覆蓋的地理區域，一幅是大書裏論述頻度較

高的犍陀羅地區。古先生表示同意，交由我去確定圖點、找人繪製。於是我把大書裏提及的「佛教建國信仰」發生地點先確定下來，然後又考慮把個別大書雖沒有提到、但是在佛教傳播史上有特別意義的個別地點也標識出來。譬如，遼寧義縣，那裏有中國大陸最東、也是最北的北魏石窟和重要的遼代七佛信仰佛寺。

在編輯大書的期間，我還得到了一些朋友的幫助。這裏要感謝孫志軍、程憶南、趙俊榮、劉征、宋功、陸易、五月、邵學成、程遠、楊明等朋友，他們或者提供了自己拍攝的圖片，或是為我考察佛教遺址提供了便利，或是幫我聯繫某些圖片的版權方，或是幫我查對一些偏僻罕見的史料。特別是孫志軍先生，2019 年底，我在敦煌向他說明編輯古先生大書，希望得到他的幫助時，他慨然應允。大書裏的敦煌石窟和張掖金塔寺圖片，幾乎都是出自他的拍攝。大書能夠完成編輯工作，交付出版公司刊行出版，是眾愿合和的結果。

作為古先生的學生，編輯大書，不過是協助自己的老師，做了一件分內的事情。而古先生帶著我，做了一次佛教歷史的壯遊 "The Grand Tour"。

2022 年 7 月初稿於北京頤和園延賞齋

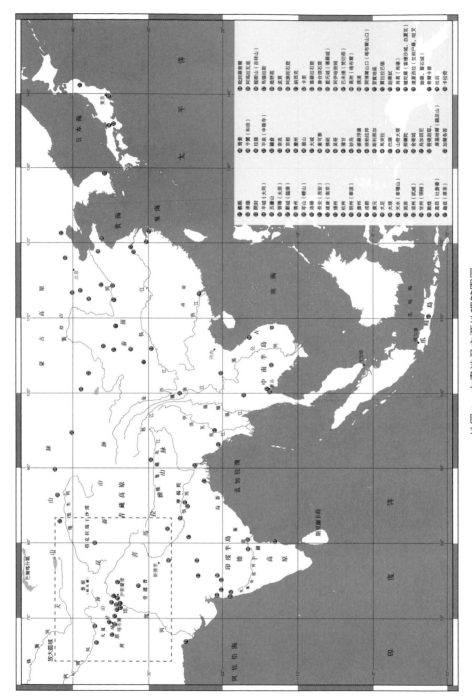

地圖 1　本書涉及主要地理範圍圖

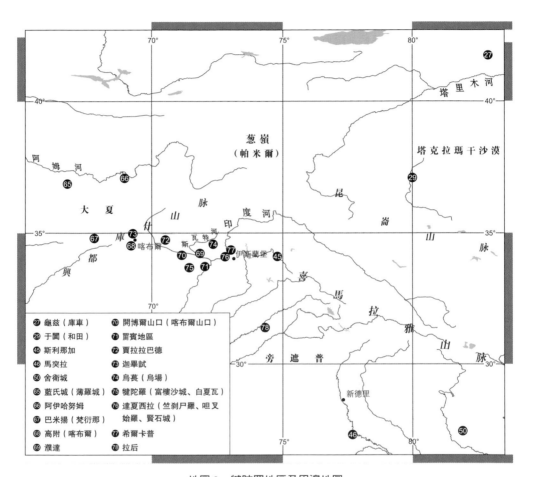

地圖 2　犍陀羅地區及周邊地圖

徵引書目

中譯佛經

（東漢）月氏三藏支婁迦讖譯，《佛說伅真陀羅所問如來三昧經》，《大正新修大藏經》（此後，
　　　《大正》）卷 15。

（東漢）月氏三藏支婁迦讖譯，《道行般若經》，《大正》卷 8。

（東漢）安息三藏安世高譯，《犍陀國王經》，《大正》卷 14。

（東漢）竺大力共康孟祥譯，《修行本起經》，《大正》卷 3。

（曹魏）康僧鎧譯，《佛說無量壽經》，《大正》卷 12。

（吳）　月氏優婆塞支謙譯，《大明度經》，《大正》卷 8。

（吳）　月氏優婆塞支謙譯，《佛說維摩詰經》，《大正》卷 14。

（西晉）三藏法炬譯，《佛說頂生王故事經》，《大正》卷 1。

（西晉）月氏三藏竺法護譯，《佛說普曜經》，《大正》卷 3。

（西晉）月氏三藏竺法護譯，《佛說彌勒下生經》，《大正》卷 14。

（西晉）月氏三藏竺法護譯，《順權方便經》卷下，《大正》卷 14。

（西晉）安息三藏安法欽譯，《阿育王傳》，《大正》卷 50。

（東晉）天竺三藏佛馱跋陀羅譯，《大方廣佛華嚴經》，《大正》卷 9。

（東晉）天竺三藏佛陀跋馱羅共釋法顯譯，《摩訶僧祇律》，《大正》卷 22。

（東晉）罽賓沙門瞿曇僧伽提婆譯：《中阿含相應品‧說本經》，《大正》卷 1。

（苻秦）天竺三藏曇摩難提譯，《阿育王息壞目因緣經》，《大正》卷 50。

（姚秦）龜茲三藏鳩摩羅什譯，《佛說阿彌陀經》，《大正》卷 12。

（姚秦）龜茲三藏鳩摩羅什譯，《佛說彌勒下生成佛經》，《大正》卷 14，

（姚秦）龜茲三藏鳩摩羅什譯，《佛說彌勒大成佛經》，《大正》卷 14。

（姚秦）龜茲三藏鳩摩羅什譯，《妙法蓮華經》，《大正》卷 9。

（姚秦）龜茲三藏鳩摩羅什譯，《維摩詰所說經》，《大正》卷 14。

（姚秦）龜茲三藏鳩摩羅什譯，《龍樹菩薩傳》，《大正》卷 50。

（姚秦）龜茲三藏鳩摩羅什譯，《梵網經盧舍那佛說菩薩心地戒品第十卷》，《大正》卷 24。

（北涼）中印度三藏曇無讖譯，《悲華經》，《大正》，卷 3。

（北涼）中印度三藏曇無讖譯，《大般涅槃經》，《大正》卷 12。

（北涼）中印度三藏曇無讖譯，《優婆塞戒經》，《大正》卷 24。

（北涼）天竺三藏曇無讖於姑臧譯，《大方等大集經》，《大正》卷 13。

（北涼）中印度僧人曇無讖譯，《大方等大集經‧日密分中四方菩薩集品》。

（北涼）天竺三藏曇無讖於姑臧譯，《大方等無想經》，《大正》卷 12。

（北涼）天竺三藏曇無讖譯，馬鳴菩薩造，《佛所行傳》，《大正》卷 3。

（北魏）吉迦夜共曇曜譯，《付法藏因緣傳》，《大正》卷 50。

（北魏）吉迦夜共曇曜譯，《雜寶藏經》，《大正》卷 4。

（元魏）天竺三藏菩提留支譯，《大薩遮尼乾子所說經》，《大正》卷 9。

（元魏）天竺三藏菩提流支譯，《十地經綸》，《大正》卷 26。

（高齊）天竺三藏那連提（黎）耶舍譯，《月燈三昧經》，《大正》15。

（高齊）天竺三藏沙門那連提（黎）耶舍譯，《大方等大集經》，《大正》卷 13。

（高齊）天竺三藏那連提（黎）耶舍譯：《大方等大集經・月藏分》，《大正》卷 13。

（高齊）天竺三藏那連提（黎）耶舍譯，《大方等大集經・須彌藏分》，《大正》卷 13。

（劉宋）中印度三藏求那跋陀羅譯，《勝鬘師子吼一乘大方便方廣經》，《大正》卷 12。

（劉宋）天竺沙門僧伽跋摩譯，龍樹菩薩造，《勸發諸王要偈》，《大正》卷 32。

（劉宋）求那跋摩譯，龍樹菩薩造，《龍樹菩薩為禪陀迦王說法要偈》，《大正》卷 32。

（劉宋）居士沮渠京聲譯，《佛說彌勒菩薩上生兜率天經》，《大正》卷 14。

（劉宋）畺良耶舍翻譯，《觀無量壽佛經》，《大正》卷 12。

（陳）　天竺三藏法師真諦譯，《婆藪槃豆法師傳》，《大正》卷 50。

（陳）　天竺三藏法師真諦譯，《寶行王正論》，《大正》卷 32。

（隋）　天竺三藏那連提（黎）耶舍譯，《佛說德護長者經》，《大正》卷 14。

（隋）　天竺三藏那連提（黎）耶舍譯，《蓮花面經》，《大正》15。

（隋）　天竺三藏那連提（黎）耶舍譯，《大方等大集經・日藏分陀羅尼品》，《大正》卷 13。

（隋）　天竺三藏那連提（黎）耶舍譯，《大方等大集經・日藏分護塔品》，《大正》卷 13。

（隋）　天竺三藏闍那崛多譯，《佛本行集經》，《大正》卷 3。

（隋）　天竺沙門達摩笈多譯，《起世因本經・轉輪王品》，《大正》卷 1。

（唐）　天后代佛授記寺翻經沙門慧智制譯，《讚觀世音菩薩頌》，《大正》卷 20。

（唐）　天竺三藏菩提流志譯，《不空羂索神變真言經》，《大正》卷 20。

（唐）　天竺三藏寶思惟奉詔譯，《不空羂索神變真言經》，《大正》卷 20。

（唐）　于闐國三藏實叉難陀奉制譯，《大方廣佛華嚴經》，《大正》卷 10。

（唐）　于闐國三藏實叉難陀奉制譯，《大方廣普賢所說經》，《大正》卷 10。

（唐）　于闐國三藏實叉難陀譯，《大方廣入如來智德不思議經》，《大正》卷 10。

（唐）　中天竺沙門地婆訶羅奉詔譯，《方廣大莊嚴經》，《大正》卷 3。

（唐）　吉藏撰，《仁王般若經疏仁王護國般若波羅蜜多經・序品》，《大正》卷 8。

　　　　世友菩薩造，唐三藏法師玄奘譯，《異部宗輪論》，《大正》卷 49。

（唐）　三藏法師義淨譯，《龍樹菩薩勸誡王頌》，《大正》卷 32。

（唐）　三藏法師義淨奉詔譯，《佛為淨光天子說王法經》，《大正》卷 15。

（唐）　三藏法師義淨奉制譯，《佛說彌勒下生成佛經》，《大正》卷 14。

（唐）　阿地瞿多譯，《陀羅尼集經》，《大正》卷 18。

（唐）　善無畏並一行譯，《大毗盧遮那成佛神變加持經》，《大正》卷 18。

（唐）　善無畏譯，《慈氏菩薩略修愈哦念頌法》，《大正》卷 20。

（唐）　大興善寺三藏沙門不空奉詔譯，《仁王般若念誦法》，《大正》卷 19。

（唐）　大廣智大興善寺沙門不空奉詔譯，《八大菩薩曼陀羅》，《大正》卷 20。

（唐）　大廣智大興善寺沙門不空金剛譯，《佛說大吉祥天女十二名號經》，《大正》卷 21。

（唐）　大廣智大興善寺沙門不空金剛譯，《大吉祥天女十二契一百八名無垢大乘經》，《大正》卷 21。

（唐）　大廣智大興善寺沙門不空金剛譯，《金剛頂一字頂輪王瑜伽一切時處念誦成佛儀軌》，《大正》卷 19。

（唐）　大廣智大興善寺沙門不空金剛譯，《普賢菩薩行願讚》，《大正》卷 10。

（唐）　大廣智大興善寺沙門不空譯，《大方廣佛華嚴經入法界品四十二觀門》，《大正》卷 19。

（唐）　大廣智大興善寺沙門不空譯，《仁王護國般若波羅蜜多經陀羅尼念誦儀軌》，《大正》卷 19。

（唐）　大廣智大興善寺沙門不空譯，《大方廣佛花嚴經入法界品頓證毗盧遮那法身字輪瑜伽儀軌》，《大正》卷 19。

（唐）　中天竺菩提寺僧阿難律木叉師、迦葉師等共瞿多譯，《功德天法》，《大正》卷 18。

（唐）　罽賓國三藏般若奉詔譯，《大方廣佛華嚴經》，《大正》卷 10。

（唐）　南海波陵國沙門若那跋陀羅譯，《大般涅槃經・後分》，《大正》卷 12。

（唐）　國大德三藏法師沙門法成譯，《釋迦牟尼如來像法滅盡之記》，《大正》 卷 51。

（宋）　西天譯經三藏朝散大夫試鴻臚少卿明教大師臣法賢奉詔譯，《佛說月光菩薩經》，《大正》卷 13。

（宋）　西天譯經三藏朝散大夫試鴻臚卿傳教大師臣法天奉詔譯，《佛說七佛經》，《大正》卷 1。

（宋）　施護譯，龍樹菩薩造，《讚法界頌》，《大正》卷 32。

（宋）　施護等譯，龍樹據菩薩造，《廣大發願頌》，《大正》卷 32。

　　　　闕譯人名，迦㫋延子造，五百羅漢譯，《阿毘曇毘婆沙論》，《大正》卷 28。

　　　　《大毘盧遮那神變加持經蓮花胎藏悲生曼陀羅廣大成就儀軌供養方便會（別本）》，《大

正》卷 18。

失譯人名，《佛說證香火本因經》，《大正》卷 85。

失譯人名，《普賢菩薩說證明經》，《大正》卷 85。

失譯人名，《那先比丘經》，《大正》卷 32。

闕譯人名，今附梁錄，《現在賢劫千佛名經》，《大正》卷 14。

高楠順次郎及渡邊海旭編，《大正新修大藏經》（東京：大正一切經刊行會，1922-1934）。

宇井伯壽，《三論解題》，《國譯大藏經》論部第 5 冊（日本國民文庫刊行會，1922）。

中文佛教文獻及佛教史料

（漢）　太史令司馬遷撰，《史記‧匈奴傳》，上海書店編，《二十五史》（上海：上海古籍出版公司，1986）。

（漢）　蘭台令史班固撰，《前漢書‧西域傳》，上海書店編，《二十五史》（上海：上海古籍出版公司，1986）。

（東晉）沙門釋法顯自記遊天竺事，《高僧法顯傳》，《大正》卷 51。

（姚秦）龜茲三藏鳩摩羅什譯，《馬鳴菩薩傳》，《大正》卷 50。

（姚秦）龜茲三藏鳩摩羅什譯，《提婆菩薩傳》，《大正》卷 50。

（北涼）涼州世道朗作，〈大涅槃經序〉第十六，（梁）釋僧祐，《出三藏集記》，《大正》卷 55。

（北魏）撫軍府司馬楊衒之撰，《洛陽伽藍記》，《大正》卷 51。

（北魏）崔鴻撰，清湯球輯補，《十六國春秋輯補》（北京：中華書局，2000）。

（北魏）崔鴻撰，清湯球輯，（清）吳翊校勘，《十六國春秋纂錄校本》，《北涼錄 沮渠蒙遜》，《百部叢書集成》（台北：藝文印書館，1964）。

（北齊）魏收撰，《魏書‧釋老志》，上海書店編，《二十五史》（上海：上海古籍出版公司，1990）。

（宋）　宣城太守范曄撰，唐章懷太子賢注，《後漢書‧西域傳》，上海書店編，《二十五史》（上海：上海古籍出版公司，1986）。

（劉宋）釋法顯，《高僧法顯傳》，《大正》卷 51。

（梁）　沈約奉梁武帝敕撰並敕　序合三首，《佛記序》，（唐）西明寺釋道宣撰，《廣弘明集》，《大正》卷 52。

（梁）　釋僧祐撰，《出三藏集記》，《大正》卷 55。

（梁）　釋僧祐撰，《優婆塞戒經‧出經後記》，《出三藏集記》，《大正》卷 55。

（梁）　釋僧祐撰，《沮渠安陽侯傳》，《出三藏集記》，《大正》卷 55。

（梁）　蕭綱，《謝上降為開講啟》，《廣弘明集》，《大正》卷 52。

（梁）　蕭綱，《御講般若經序》，《廣弘明集》，《大正》卷 52。

（梁）　蕭綱，《啟奉請上開講》，《廣弘明集》，《大正》卷 52。

（梁）　皇太子蕭綱上，《大法頌並序》，《廣弘明集》，《大正》卷 52。

（梁）　簡文帝蕭綱，《改元詔》，梁太宗簡文皇帝蕭綱著，《梁簡文帝御製集》，（明）海濱逸史張紹和纂，《歷代三十四家文集》（鄭州：中州古籍出版公司，1997）。

（梁）　釋慧皎撰，《高僧傳》，《大正》卷 50。

（梁）　釋慧皎撰，《高僧法顯傳》，《大正》卷 50。

（梁）　釋慧皎撰，《高僧傳‧杯度傳》，《大正》卷 50。

（梁）　蕭子顯譯，《南齊書‧蠻傳》第 38 卷。

（陳）　天竺三藏法師真諦譯，《十八部論》，《大正》卷 49。

（陳）　侍中尚書令江總持撰，《攝山栖霞寺碑銘》，葛寅亮撰，《金陵梵剎志》（台北：新文豐出版公司，1988）。

（隋）　開皇十七年翻經學士臣費長房撰，《歷代三寶紀》，《大正》卷 49。

（隋）　開皇十七年翻經學士臣費長房上，《眾經法式十卷》，《歷代三寶紀》，《大正》卷 49。

（隋）　翻經沙門及學士等，《眾經目錄》，《大正》卷 55。

（唐）　三藏玄奘奉詔譯大總持寺沙門辯機，《大唐西域記》，《大正》卷 51。

（唐）　三藏玄奘、辯機原著，季羨林校注，《大唐西域記校注》（北京：中華書局，1985）。

（唐）　三藏法師玄奘譯，世友菩薩造，《異部宗輪論》，《大正》卷 49。

（唐）　沙門釋慧立並釋彥悰箋，《大唐大慈恩寺三藏法師傳》，《大正》卷 50。

（唐）　慧立、彥悰，《大慈恩寺三藏法師傳》（北京：中華書局，1983）。

（唐）　三藏法師義淨，《南海寄歸內法傳》，《大正》卷 54。

（唐）　三藏法師義淨撰，《大唐西域求法高僧傳》，《大正》卷 51。

（唐）　京兆沙門崇福寺僧法藏集，《華嚴傳記》，《大正》卷 32。

（唐）　京兆沙門崇福寺僧法藏集，《華嚴經傳記》，《大正》卷 51。

（唐）　崇福寺沙門釋智昇撰，《開元釋教錄》，《大正》卷 55。

（唐）　崇福寺沙門釋智昇撰，《開元錄‧曇無讖》，《大正》卷 55。

（唐）　崇福寺沙門釋智昇撰，《開元錄‧那連提耶舍》，《大正》卷 55。

（唐）　崇福寺沙門釋智昇撰，《開元錄‧實叉難陀》，《大正》卷 55。

（唐）　釋慧琳撰，《開元錄‧地婆訶羅》，《大正》卷 55。

（唐）　西明寺沙門釋道世撰，《法苑珠林》，《大正》卷 53。

（唐）　西明寺沙門釋道宣撰，《續高僧傳‧魏北臺石窟寺恆安沙門曇曜傳》，《大正》卷 50。

（唐）　西明寺沙門釋道宣撰，《續高僧傳‧那連提黎耶舍》，《大正》卷 50。

（唐）　西明寺沙門釋道宣，《續高僧傳‧僧伽婆羅》，《大正》卷 50。

（唐）　西明寺沙門釋道宣撰，《續高僧傳‧齊鄴西龍山雲門寺僧稠》，《大正》卷 50。

（唐）　西明寺沙門釋道宣，《開元錄‧沙門釋智慧》，《大正》卷 55。

（唐）　西明寺沙門釋道宣，《集神州三寶感通錄》，《大正》卷 52。

（唐）　西明寺沙門釋道宣撰，《廣弘明集》，《大正》卷 52。

（唐）　西明寺沙門釋道宣撰，《敘列代王臣滯惑解》，《廣弘明集》，《大正》卷 52。

（唐）　李延壽撰，《北史‧西域傳》，「大月氏國」，《二十五史》第 4 冊（上海：上海古籍出版公司，1986）。

（唐）　張彥遠著，田村解讀，《解讀歷代名畫記》（合肥：黃山書社，2012）。

（唐）　許嵩撰，《建康實錄》（北京：中華書局，1986）。

（後晉）劉昫撰，《舊唐書‧薛懷義傳》，《二十五史》（上海：上海古籍出版公司，1990）。

（宋）　司馬光著，元胡三省音注，《資治通鑑》上冊，《唐紀》（上海：上海古籍出版公司，1986）。

（宋）　司馬光編著，（元）胡三省音註，《資治通鑒》上冊，《宋紀》（上海：上海古籍出版公司，1986）。

（宋）　咸淳四明東湖沙門志磐撰，《佛祖統紀》，《大正》卷 49。

（宋）　贊寧敕撰，《宋高僧傳》，《大正》卷 50。

（宋）　贊寧等撰，《宋高僧傳‧佛馱跋陀羅》，《大正》卷 50。

（宋）　贊寧敕撰，《宋高僧傳‧實叉難陀傳》，《大正》卷 50。

（宋）　贊寧等撰，《宋高僧傳‧釋提雲般若》，《大正》卷 50。

（宋）　姑蘇景德寺普潤大師編，《翻譯名義大集》，《大正》卷 54。

（元）　烏程職里寶相比丘釋覺岸寶洲再編治集，《釋氏稽古略》，《大正》卷 49。

（大清）內閣掌譯番蒙諸文西番學總管儀賓工布查布譯並講述，《佛說造像量度經解》，《大正》卷 21。

　　　　《安陽縣金石錄》，收入河南省古代建築保護研究所編《寶山靈泉寺》（鄭州：河南人民出版公司，1991）。

中日文專書

八木春生，《雲岡石窟文樣論》（京都：法藏館，2000）。

北京大學考古系等編，《中國石窟‧克孜爾石窟》第 1 冊（北京：文物出版公司，1989）。

北京圖書館金石組編，《北京圖書館藏中國歷代石刻拓本匯編》（鄭州：中州古籍出版公司，1988）。

陳慧霞，《歷代金銅佛造像特展圖錄》（台北：國立故宮博物院，1996）。

陳三平著，賴芊曄譯，《木蘭與麒麟：中古中國的突厥：伊朗元素》（台北：八旗文化，2019）。

陳寅恪，〈陳垣明季滇黔佛教考序〉，《金明館叢稿二編》（香港：三聯書店，2001）。

池田溫，《中國古代寫本識語集錄》（東京：大藏出版公司，1990）。

重慶大足石刻藝術博物館編，《2005年重慶大足石刻國際學術研討會論文集》（北京：文物出版公司，2005）。

大村西崖，《支那美術史雕塑篇・圖像部》（日本：佛書刊行會，1915）。

大村西崖撰，羅振玉署，《密教發達志》上冊（台北：武陵出版公司，1993）。

荻原雲來編修，辻直四郎監修，《梵和大辭典》（台北：新文豐，1979）。

丁得天、杜斗城主編，《絲綢之路與永昌聖容寺國際學術研討會論文集》（未刊）。

杜斗城，《北涼佛教研究》（台北：新文豐，1998）。

敦煌研究院編，《段文傑敦煌研究五十年紀念文集》（北京：世界圖書出版公司，1996）。

敦煌研究院 ，《敦煌石窟藝術・莫高窟第四二八窟（北周）》（江蘇：江蘇美術出版公司，1998）。

敦煌研究所編，《1983年全國敦煌學術討論會文集》上冊（蘭州：甘肅人民出版公司，1985）。

敦煌研究院編，《1987年敦煌石窟研究國際討論會論文集》（瀋陽：遼寧美術出版公司，1990）。

敦煌研究院編，《1994 年敦煌國際研討會文集：紀念敦煌研究院成立 50 周年・石窟考古卷》（蘭州：甘肅民族出版公司，2000）。

敦煌研究院編，《2000 年敦煌學國際學術討論會文集》（蘭州，甘肅民族出版公司，2003）。

敦煌文物研究所編，《中國石窟・敦煌莫高窟》卷 1（北京：文物出版公司，1982）。

敦煌文物研究所編，《中國石窟・敦煌莫高窟》卷 3（北京：文物出版公司，1987）。

馮承鈞，《西域南海史地考證論著彙輯》（台北：中華書局，1978）。

馮明珠、索文清主編，《聖地西藏：最接近天空的寶藏》（台北：聯合報股份有限公司，2010）。

黃春和，《漢傳佛像：時代與風格》（北京：文物出版公司，2010）。

黃振華，《佉盧文貴霜王號研究》，馬大正、楊鎌等編，《西域考察與研究》（烏魯木齊：新疆人民出版公司，1994）。

霍巍，《西南考古與中華文明》（成都：巴蜀書社，2011）。

高田修，《佛像の起源》（東京：岩波書店，1994）。

葛寅亮撰，《金陵梵剎志》（台北：新文豐，1987）。

宮大中，《龍門石窟藝術》（上海：上海人民出版公司，1981）。

宮治昭，《曼荼羅と輪迴》（東京：佼成出版公司，1993）。

宮治昭，《インド仏教美術史論》（東京：中央公論美術出版，2010 年）。

古正美，《〈張勝溫梵畫卷〉研究：雲南後理國段智興時代的佛教畫像》（北京：民族出版公司，

2018）。

古正美，《從天王傳統到佛王傳統：中國中世佛教治國意識形態研究》（台北：商周出版公司，2003）。

古正美，《貴霜佛教政治傳統與大乘佛教》（台北：允晨出版公司，1993）。

季崇建，《千年佛雕史》（台北：藝術圖書公司，1997）。

吉村怜，《中國佛教圖像の研究》（東京：株式會社東方書店，1986）（第2刷）。

季羨林等校注，《大唐西域記校注》卷8（北京：中華書局，1985）。

季羨林主編，《敦煌學研究叢書》（蘭州：甘肅教育出版公司，2002）。

賈應逸、祁小山，《印度到中國新疆的佛教藝術》，季羨林編，《敦煌學研究叢書》（蘭州：甘肅教育出版公司，2002）。

金維諾，《中國古代佛雕：佛教造像樣式與風格》（北京：文物出版公司，2002）。

久野健，《佛像のきた道－ダンダ-ラから慶州らで》（東京：東京日本放送出版協會，1990）。

克孜爾文物保管所及北京大學考古系等編，《中國石窟・克孜爾石窟》卷 3（北京：文物出版公司，1997）。

栗田功，《ガンダーラ美術》第 1 冊，《佛傳》（東京：二玄社，1988）。

栗田功，《ガンダーラ美術》第 2 冊，《佛陀の世界》（東京：二玄社，1988）。

李文生，《龍門石窟》（上海：上海人民美術出版公司，1993）。

林保堯，《山奇大塔－門道篇》（新竹：覺風佛教藝術文化基金會，2009）。

林保堯，《佛教美術講座》（台北：藝術家出版公司，1997）。

林保堯編著，《佛像大觀》，《佛教美術全集》叢書第 1 冊（台北：藝術家出版公司，1997）。

林長寬主編，《探索東南亞宗教文化之多元性：交流、在地化、融合與衝突》（臺南：國立成功大學文學院多元文化研究中心出版，2019）。

林梅村，《漢唐西域與中國文明》（北京：文物出版公司，1998）。

劉鳳君，《山東佛像藝術》（台北：藝術家出版公司，2001）。

劉學銚，《從古籍看中亞與中國關係史》（台北：雲龍出版公司，2009）。

龍門文物保管所及北京大學考古系編，《龍門石窟》第 2 冊（北京：文物出版公司，1992）。

呂澂，《印度佛學源流略講》（上海：上海世紀出版，2005）。

馬大正、楊鑲等編，《西域考察與研究》（烏魯木齊：新疆人民出版公司，1994）。

馬世長、丁明夷，《中國佛教石窟考古概要》，《佛教美術全集》叢書第 18 冊（台北：藝術家出版公司，2007）。

平川彰著，莊昆木譯，《印度佛教史》（台北：商周出版公司，2002）。

青州博物館編，《青州龍興寺佛教造像藝術》（濟南：山東美術出版公司，1999）。

饒宗頤，《饒宗頤史學論著選》（上海：上海古籍出版公司，1993）。

榮新江，《歸義軍史研究―唐宋時代敦煌歷史考索》（上海：上海古籍出版公司，1966）。

矢吹慶輝，《三階教之研究》（東京：岩波書店，1927）。

釋恒清編，《佛教思想的承傳與發展》（台北：東大圖書公司，1995）。

石俊編，《中國佛教思想資料選編》（北京：中華書局，1981）。

施萍婷，《敦煌研究文集》（蘭州：甘肅人民出版公司，1982）。

施萍婷、賀世哲，《近承中原遠接西域―莫高窟第 428 窟研究》，敦煌研究院編，《敦煌石窟藝
　　　術・莫高窟第 428 窟（北周）》（江蘇：江蘇美術出版公司，1998）。

寺本婉雅，《于闐國史》（東京：釘子屋書店，1921）。

水野清一，《中國の佛教美術》（東京：平凡社，1990）。

水野清一、長廣敏雄，《雲岡石窟》（京都：京都大學人文科學研究所，1953）。

松本榮一，《敦煌畫の研究圖像篇》（東京：東方文化學院研究所，1985）。

宿白，《中國石窟寺研究》（北京：文物出版公司，1996）。

孫修身主編，《佛教東傳故事畫卷》（香港：商務印書館，1999）。

湯用彤，《漢魏晉南北朝佛教史》（北京：中華書局，1963）。

王國維校，袁英光、劉寅生整理標點，《水經注》（上海：上海人民出版公司，1984）。

王惠民，《彌勒佛與藥師佛》（上海：華東師範大學出版公司，2010）。

王惠民，《彌勒經畫卷》，收入敦煌研究所主編，《中國石窟全集》卷 6（香港：商務印書館，
　　　2002）。

汪榮祖，《史家陳寅恪傳》（台北：聯經出版公司，2019）。

溫玉成，《中國佛教與考古》，朗寧法師及清修法師主編，《中國佛教學者文集》（北京：宗教
　　　文化出版公司，2009）。

西藏布頓著，浦文成譯，《布頓佛教史》（台北：大千出版公司，2006）。

新疆龜茲石窟研究所編著，《克孜爾石窟內容總錄》（烏魯木齊：新疆美術攝影出版公司，
　　　2000）。

新疆維吾爾自治區文物管理委員會、拜城縣克孜爾千佛洞文物保管所、北京大學考古系編，
《中國石窟・克孜爾石窟》卷 1（北京：文物出版公司，1989）。

新疆維吾爾自治區文物管理委員會、北京大學考古系等，《中國石窟・克孜爾石窟》第 2 冊（北
　　　京：文物出版公司，1996）。

殷光明，《北涼石塔研究》（新竹：覺風佛教藝術文化基金會出版，2000）。

雲崗石窟研究院編，《2005 年雲岡國際學術討論會文集》（北京：文物出版公司，2006）。

張廣達、榮新江，《于闐史叢考》（上海：上海書店，1993）。

中國魏晉南北朝史學會、四川大學歷史文化學院編，《魏晉南北朝史論文集》（成都：巴蜀書
　　　社，2005）。

中央研究院，《中央研究院第三屆國際漢學會議論文》，2000。

中日文期刊及論文

八木春生著，蘇哲譯，〈河西石窟群年代考——兼論雲崗石窟與河西石窟群的關係〉，《美術史研究期刊》，第 4 期（1997），頁 16。

百橋明穗及田林啟，〈劉薩訶及び瑞像圖に關する諸問題について〉，丁得天及杜斗城主編，《絲綢之路與永昌聖容寺國際學術研討會論文集》，頁 83。（未刊）

成都市文物考古工作隊、成都市文物考古研究所，〈成都市西安路南朝石刻造像清理簡報〉，《文物》，第 11 期（1998），頁 7-8。

東山健吾，〈敦煌莫高窟北朝期尊像圖像的考察〉，《東洋學術》，第 24 卷，第 1 號（1985），頁 96-。

杜斗城，〈劉薩訶與涼州番禾望御山「瑞像」〉，敦煌研究院編，《段文傑敦煌研究五十年紀念文集》（北京：世界圖書出版公司，1996）。

段文傑，〈唐代前期的莫高窟藝術〉，敦煌研究所編，《中國石窟‧敦煌莫高窟》卷三（北京：文物出版公司，1987），頁 162。

福山敏雄，〈敦煌石窟編年試論〉，《佛教藝術》，第19號（1953），頁 29-30。

霍巍，〈四川大學博物館收藏的兩尊南朝石刻造像〉，《文物》，第 10 期（2001），頁 39-44。

霍巍，〈唐王玄策攜來的「摩訶菩提樹像」幾個問題的考識〉，霍巍，《西南考古與中華文明》（成都：巴蜀書社，2011）。

霍旭初，〈龜茲金剛力士圖像研究〉，《敦煌研究》，第 3 期（2005），頁 1-7。

高岩、鄂崇榮，〈吉祥天女儀軌及功能在青藏高原民間信仰中的流變〉，《青海社會科學》，第 6 期（2011），頁 210。

宮治昭，〈宇宙主としての釋迦—インドから中央アジア‧中國へ—〉，《曼荼羅と輪迴》（東京：佼成出版公司，1993）。

宮治昭，賀小萍譯〈宇宙主釋迦佛——從印度到中亞、中國〉，《敦煌研究》第 1 期（2003），頁 28-‧。

古正美，〈再談宿白的涼州模式〉，敦煌研究所編，《敦煌石窟研究國際討論會文集（石窟考古編）》（遼寧美術出版公司，1987），頁 85-116。

古正美，〈大乘佛教的造經方法及早期佛教的文學及藝術的發展關係〉，《嶺南學報》，新第 1 期（1999），頁 145-150。

古正美，〈大足佛教孝經經變的佛教源流〉，重慶大足石刻藝術博物館編，《2005 年重慶大足石刻國際學術研討會論文集》（北京：文物出版公司，2005），頁 136-172。

古正美，〈梁武帝的彌勒佛王形象〉，上海社會科學院編輯委員會編，《傳統中國研究集刊》，第 2 輯（2006），頁 28-47。

古正美，〈中國早期《菩薩戒經》的性質及內容〉，《南京大學學報》，第 4 期（2010），頁 1-15。

古正美，〈古代暹羅墮和羅王國的大乘佛教建國信仰〉，《香港饒宗頤國學院院刊》，第 3 期（2016），頁 241-286。

古正美，〈論龍樹與阿瑪拉瓦底大支提的造像〉，林長寬主編，《探索東南亞宗教文化之多元性：交流、在地化、融合與衝突》（台南：國立成功大學文學院多元文化研究中心，2019），頁 37-72。

吉村怜，〈成都万仏寺址出土仏像と建康仏教——梁中大通元年銘のインド式仏像について〉（成都萬佛寺址出土佛像與建康佛教——關於梁中大通元年銘印度式佛像），《佛教藝術》，第 240 號（1998），頁 33-52。

吉村怜，〈盧舍那法界人中像の研究〉，《中國佛教圖像の研究》（東京：株式會社東方書店，1986）（第二刷），頁 17-18。

吉村怜，〈盧舍那法界人中像再論——華嚴教主盧舍那佛と宇宙主的釋迦佛〉，《佛教藝術》，第 242 號（1999），頁 27-31。

賈應逸，〈鳩摩羅什譯經和北涼時期的高昌佛教〉，《敦煌研究》，第 1 期（1999），頁 146-158。

蔣文光，〈孤本《北涼沮渠安周造佛寺碑》〉，《新疆文物》，第 2 期（1989），頁 57-59。

久野美樹，〈中國初期石窟と觀佛三昧ー麥積山石窟を中心としでー〉，《佛教藝術》，第 176 號（1988），頁 82。

雷玉華，〈成都地區的南朝佛教造像〉，中國魏晉南北朝史學會及四川大學歷史文化學院編，《魏晉南北朝史論文集》（成都：巴蜀書社，2005），頁 278。

雷玉華、王劍華，〈試論四川的「菩提瑞像」〉，《四川文物》，第 1 期（2004），頁 332-353。

李靜傑，〈北齊～隋の盧舍那法界佛像の 像解 〉，《佛教藝術》第 251 號（東京，每日新聞社，2000年）。

李靜傑，〈北齊至隋代三尊盧舍那法界佛像的圖像解釋〉，《藝術學》，第 22 期（台北，覺風佛教藝術文化基金會，2006 年）。

李瑞哲，〈龜茲彌勒說法圖及其相關問題〉，《敦煌研究》，第 4 期（2006），頁 19-24。

李文生，〈龍門唐代密宗造像〉，《文物》，第 1 期（1991），頁 61-64。

李玉珉，〈寶山大住聖窟初探〉，《故宮學術季刊》，第 16 卷，第 2 期（1998），頁 1-52。

李玉珉，〈敦煌莫四二八窟新圖像源流考〉，《故宮學術季刊》，第 4 期，第 10 卷（1993），頁 17-18。

李玉珉，〈金塔寺石窟考〉，《故宮學術季刊》，第22卷，第2期（2004），頁33 - 66。

李玉珉，〈敦煌莫高窟二五九窟研究〉，敦煌研究院編，《1994 年敦煌國際研討會文集：紀念敦煌研究院成立 50 周年‧石窟考古卷》（蘭州：甘肅民族出版公司，2000），頁 75。

李裕群，〈試論成都地區出土的南朝佛教石造像〉，《文物》，第 2 期（2000），頁 64-76。

羅世平，〈廣元千佛崖菩提瑞像考〉，國立故宮博物院編，《故宮學術季刊》，第 9 卷，第 2 期（1991），頁 85-91。

彭向前，〈關於西夏聖容寺研究的幾個問題〉，丁得天、杜斗城主編，《絲綢之路與永昌聖容寺國際學術研討會論文集》（未刊）。

榮新江，〈《且渠安周碑》與高昌大涼政權〉，《燕京學報》，第 5 輯（1998），頁 65-92。

施萍婷，〈關于莫高窟第四二八窟的思考〉，《敦煌研究》，第 1 期（1998），頁 12-24。

施萍婷，〈建平公與莫高窟〉，《敦煌研究文集》（蘭州：甘肅人民出版公司，1982）。

水野清一，〈敦煌石窟ノート〉，《佛教藝術》，第 34 號（1958），頁 13-14。

水野清一，〈いわゆる華嚴經教主盧舍那る立像について〉，《中國の佛教美術》（東京：平凡社，1978），頁 152-154。

宿白，〈涼州石窟遺址與「涼州模式」〉，宿白，《中國石窟寺研究》（北京：文物出版公司，1996）。

宿白，〈東陽王與建平公〉（二稿），宿白，《中國石窟寺研究》（北京：文物出版公司，1996）。

宿白，〈南朝龕像遺跡初探〉，宿白，《中國石窟寺研究》（北京：文物出版公司，1996）。

王惠民，〈白衣佛小考〉，《敦煌研究》，第 4 期（2001），頁 66-67。

王劍華、雷玉華，〈阿育王像的初步考察〉，《西南民族大學學報》，總第 193 期（2007），頁 66。

王瀧，〈甘肅早期石窟的兩個問題〉，敦煌研究所編，《1983 年全國敦煌學術討論會文集》上冊（蘭州：甘肅人民出版公司，1985），頁 312-318。

王平先，〈莫高窟北朝時期的降魔變初探〉，《敦煌研究》，第 6 期（2007），頁 59-63。

顏娟英，〈北齊小南海石窟與僧稠〉，釋恒清編，《佛教思想的承傳與發展》（台北：東大圖書公司，1995），頁 590。

殷光明，〈北涼石塔上的易經八卦與七佛一彌勒造像〉，《敦煌研究》，第 1 期（1997），頁 85-88。

殷光明，〈敦煌盧舍那佛法界圖像研究之二〉，《敦煌研究》，第 1 期（2002），頁 46-56。

殷光明，〈煌盧舍那法界圖像研究之一〉，《敦煌研究》，第 4 期（2001），頁 1-12。

殷光明，〈試論末法思想與北涼佛教及其影響〉，《敦煌研究》，第 2 期（1998），頁 89-102。

袁曙光，〈成都萬佛寺出土的梁代石刻造像〉，《四川文物》，第 3 期（1991），頁 27-32。

袁曙光，〈四川省博物館藏萬佛寺石刻造像整理簡報〉，《文物》，第 10 期（2001），頁 23-38。

張寶璽，〈河西北朝石窟編年〉，敦煌研究院編，《1994 年敦煌學國際研討會文集》（蘭州：甘肅民族出版公司，1994）。

張繼昊，〈北魏的彌勒信仰與大乘之亂〉，《食貨雜誌》，第 16 卷，第 3、4 期，頁 59-79。

張善慶、沙武田，〈劉薩訶與涼州瑞像信仰的末法觀〉，《敦煌研究》，第 5 期（2008）頁 9-13。

張肖馬、雷玉華，〈成都市商業街南朝石刻造像〉，《文物》，第 10 期（2001）。

張總，〈盧舍那法界人中像‧彩繪僧尼像〉，青州博物館編，《青州龍興寺佛教造像藝術》（濟南：山東美術出版公司，1999），頁 110。

趙聲良，〈成都南朝浮雕彌勒經變與法華經變考論〉，《敦煌研究》，第 1 期（2001），頁 34-36。

西文專書及資料庫

Ahir, D. C., *Buddhism in North India*. Delhi: Classics India Publications, 1989.

Ahir, D.C., *Buddhism in South India*. Delhi: Indian Books Centre, 1992.

Behl, Benoy K., *The Ajanta Caves: Ancient Paintings of Buddhist India*. London: Thames and Hudson, 1998.

Bhattacharyya, Benoytosh, *An Introduction to Buddhist Esoterism*. Delhi: Motilal Banarsidass, 1989（reprinted）.

Chan, Alan K. L., and Lo, Yuet-keung, eds., *Philosophy and Religioin in Early Medieval China*. New York: State University of New York Press, 2010.

Chutiwongs, Nandana and Leidy, Denise Patry, *Buddha of the Future: An Early Maitreya From Thailand*. New York: Asia Society, 1994.

Coedes, G., *The Indianized States of Southeast Asia*, ed. by Walter F. Vella, trans. by Susan Brown Cowing. Kuala Lumpur: University of Malaya Press, 1968.

Czuma, Stanislaw J., *Kushan Sculpture: Images from Early India, with the assistance of Rekha Morris*. Cleveland: The Cleveland Museum of Art in cooperation with Indiana University Press, 1985.

Dagens, Bruno, *Angkor: Heart of an Asian Empire*. London: Thames and Hudson, 1995.

Dani, *Ahmad Hasan, The Historic City of Taxila*. Paris: UNESCO, 1986.

Das, D. Jithendra, *The Buddhist Architecture in Andhra*. New Delhi: Book and Books, 1993.

Diskul, M. C. Subhadradis, *Art in Thailand: A Brief History*. Bangkok: Amarin Press, 1969.

Fisher, Robert E., *Buddhist Art and Architecture*. London: Thames and Hudson, 1993.

Fontein, Jan, *The Pilgrimage of Sudhana: A Study of Gaṇḍavyūha Illustrations in China, Japan and Java*. Leiden: Mouton co. and others,1966.

Forte, Antonino, *Political Propaganda and Ideology in China at the End of the*

Seventh Century. Kyoto: Scuola Italian di Stdudi sull' Asia Orientale, 2005 （second edition）.

Forte, Antonino, *Political Propaganda and Ideology in China at the End of the Seventh Century*. Napoli: Instituto Universitario Orientale Seminario di Studi Asiatici, 1976.

Foucher, *A., The Beginning of Buddhist Art and Other Essays in Indian and Central – Asian Archaeology*. New Delhi: Asian Educational Services, 1994.

Foucher, A., *The Beginning of Buddhist Art*, translated by L. A. Thomas and F. W. Thomas. London: Humphrey Milford, 1914.

Giteau, Medeleine and Gueret, Danielle, *Khmer Art: The Civilization of Angkor*. Framce ASA Edoion /Somogy Editions d'Art, 1997..

Gokhale, Balkrishna Govind, *Asoka Maurya*. New York: Twayne Publishers, 1966.

Gomez, Luis O. and Woodward, Hiram V. Jr., eds., *Barabuḍur: History and Significance of A Buddhist Monument*, Berkeley: University of California Press, 1981.

Gosling, Betty, *Origins of Thai Art*. Trumbull: Weatherhill Inc., 2004.

Groslier, B. P., *The Art of Indochina*. New York: Crown Publishers, 1962.

Grunwedel, Albert, *Buddhist Art in India*, translated by Agnes C. Gibson, revised and enlarged by Jas. Burgess. London: Bernard Quaritch, 1901.

Guang Nam-Da Nang Culture and Information Service, *Museum of Cham Sculpture in Da Nang*. Hanoi: Foreign Languages Publishing House, 1987.

Guillon, Emmanuel, *Cham Art: Treasures from the Da Nang Museum, Vietnam*. London: Thames & Hudson, 2001.

Guillon, Emmanuel, *Hindu- Buddhist Art of Vietnam: Treasures from Champa*. Thailand: Amarin Printing and Publishing Public Co. Ltd., 1996.

Harle, J. C., *The Art and Architecture of the Indian Subcontinent*. New Haven: Yale University Press, 1994.

Howard, A. F., *The Imagery of the Cosmological Buddha*. Leiden: E. Brill, 1986.

Huntington, Susan L. and Huntington, John C., *Leaves from the Bodhi Tree: The Art of Pāla India（8th -12 th Centuries）and Its International Legacy*. Seattle: The Dayton Art Institute in Association with the University of Washington Press, 1990.

Huntington, Susan L., *The Art of Ancient India: Buddhist, Hindu, Jain*, with contribution by John Huntington. New York: Weather Hill, 1985.

Isshi, Yamada, *The Karunapundarika: The White Lotus of Compassion*, Vol. 1. Delhi: Heritage publishers 1989.

Javasval, Vidula, ed., *Glory of the Kushans-Recent Discoveries and Interpretations.* New Delhi: Aryan Books International, 2012.

Javid, Ali and Javeed, Tabassum, *World Heritage Monuments and Related Edifices in India*, Vol. 1. New York: Algora Publishing, 2008.

Knox, Robert, *Amarāvatī: The Buddhist Sculpture from the Great Stūpa.* London: British Museum Press, 1992.

Krairiksh, Piriya, *The Roots of Thai Art,* translated by Narisa Chakrabongse. Bangkok: River Books, 2012.

Krom, N. J. and van Erp Th., *Archaeological Description of Barabudur.* The Hague: M. Nijhott, 1927-1931.

Kumar, P. Pratap, *The Goddess Laksmi: The Divine Consort in South Indian Vaiṣṇava Tradition.* Georgia: Scholars Press, 1997.

Lamotte, Étienne, *L'Enseignement de Vimalakirti.* Louvain: Publications Universitaires, 1962.

Lee, Yu-min, *The Maitreya Cult and Its Art in Early China.* The Ohio State University PhD Dissertation, 1983.

Leidy, Denise Patry and Chutiwongs, Nandana, *Buddha of the Future: An Early Maitreya from Thailand.* New York: Asia Society Galleries, 1994.

Majumdar, R.C., *Champa: History and Culture of an Indian Colonial Kingdom in the Far East, 2nd– 16th Century A.D.* Gyan Publishing House , 2008.

Mallmann, Marie-Therese de, *Introduction al' Iconographie du Tantrisme*

Bouddhique Bibliotheque du Centre de Recherches sur l' Asie Centrale et al Houte Asie/ Vol. 1. Paris: Librarie Adrien-Masonneuve, 1975.

Mangvungh, Gindallian, *Budddhism in Western India.* Meerut: Kusumanjali Prakashan Press, 1990.

Marshall, Sir John, *A Guide to Sāñcī.* Calcutta: The Government of India Press, 1955 （3rd edition）.

Marshall, Sir John, *A Guide to Taxila.* Karachi: Sani Communications, 1960.

Marshall, Sir John, *Buddhist Art of Gandhāra.* Cambridge: Cambridge University Press, 1960.

Maspero, George, *The Champa Kingdom: The History of an Extinct Vietnamese Culture.* Bangkok: White Lotus, 2002.

Miksic, John, Borobudur: *Golden Tales of the Buddhas*. Singapore: Bamboo Publishing Ltd., 1990.

Miyaji, Akira, *Indo Bujutsushi*（*History of Indian Buddhist Art*）. Tokyo: Yoshikawa Kobunkan, 1984.

Munsterberg, Hugo, *Art of India and South East Asia*. New York: Harry N. Abrams, Inc., 1970.

Museum Rietberg of Zurich, ed., *Chinese Sculptures*. Zurich: Neue Zurcher Zritung, 1959.

Narain, A. K., *The Indo-Greeks*. Oxford: The Clarendon Press; 1957.

Pant, Pushpesh, *Ajanta & Ellora: Cave Temple of Ancient India*. Holland: Roli & Janssen BV, 1998.

Paul, Debjani, *The Art of Nālandā: Development of Buddhist Sculpture AD 600-1200*. India: Munshiram Manoharlal Publishers, 1987.

Paul, Diana and Wilson, Francis, *Women in Buddhism*. Asian Humanities Press, 1979.

Rama, K., *Buddhist Art of Nāgārjunakonda*. Delhi: Sundeep Prakashan, 1995.

Rhie, Marylin M. and Thurman, Robert A. F., *Sacred Art of Tibet*. London: Thames and Hudson, 1991（expanded edition）.

Rhie, Marylin Martin, *Early Buddhist Art of China and Central Asia*. Leiden: Brill, 2002.

Rosenfield, John M., *The Dynastic Arts of the Kushans*. Berkeley: University of California Press, 1967.

Rowland, Benjamin, *The Art and Architecture of India- Buddhist, Hindu, Jain. Pelican History of Art*. New York: Penguin Books, 1977（reprinted）.

Saraya, Dhida,（*Sri*）*Dvaravati: The Initial Phase of Siam's History*. Bangkok: Muang Boran Publishing House, 1999.

Seckel, Dietrich, *The Art of Buddhism*. Germany: Holle Verlag G. M. B. H., Baden-Haden, 1964（1st Printing）.

Soekmono and others, *Borobudur: Prayer in Stone*. Singapore: Archipelago Press, 1990.

Soothill, William Edward and Hodous, Lewis, *A Dictionary of Chinese Buddhist Terms*. Taipei: Ch'eng Wen Publishing Company, 1976（reprinted）.

Spink, Walter M., *Ajanta: History and Development*, Vol. 1. Leiden: Brill, 2005.

Spink, Walter M., *Ajanta to Ellora*. Bombay: Marg Publishers, 1969.

Sri Hardiati, Endang, & Priatmodjo, Ir. Danang, *Uncovering the Meaning of the Hidden Base of Candi Borobudu: International*

Seminar on Borobudur. Jakarta: the National Research and Development Centre of Archaeology, 2009.

Stern, Philippem, L'Art du Champa（ancient Annam）et son Evolution. Paris: Adrien-Maisonneuve, 1942.

Stone, Elizabeth Rosen, The Buddhist Art of Nagarjunakonda, in Alex Wayman, ed., Buddhist Tradition Series. Delhi: Motilal Banarsidass Publishers, 1994.

Strachan, Paul, Pagan: Art & Architecture of Old Burma. Singapore: Kiscadale Publications, 1989.

Subramanian, K. S., Buddhist Remains in South India and Early Andhra History, 225 to 610 A.D. New Delhi: Cosmo Publications, 1981.

Tanaka, Kanoko, Absence of the Buddha Image in Early Buddhist Art. Delhi: D. K. Printworld, Ltd., 1998.

Tāranātha, History of Buddhism in India, edited by Debiprasad Chattopadhyaya and translated by Lama Chimpa and Alaka Chattopadhyaya. Delhi: Motilal Banarsidass, 1990（reprinted）.

The Asia Society Gallery at New York and National Museum of Singapore, John D. Rockefeller 3rd Collection. Hong Kong: The Urban Council, 1993.

Thomas, F. W., Tibetan Literary Texts and Documents Concerning Chinese Turkistan, Vol. 2. London: Luzac for the Royal Asiatic Society, 2017.

Van Beek, Steve and Tettini, Luca Invernizzi, The Arts of Thailand. Hong Kong: Periplus, 1999.

Van Lohuizen-de Leeuw, Johanna Engelberta, The "Scythian" Period. Leiden: E J Brill, 1949.

Von Schroeder, Ulrich, The Golden Age of Sculpture in Sri Lanka. Hong Kong: Visual Dharma Publications Ltd., 1992.

Watt, James C.Y., China: Dawn of a Golden Age, 200-750 A.D. New York: The Metropolitian Museum of Art and New Haven, Yale University Press, 2005.

Wright, Arthur F., Buddhism in Chinese History. California: Stanford University Press, 1959.

Zimmer, Heinrich, The Art of Indian Asia: Its Mythology and Transformations, completed and edited by Joseph Campbell, Vol. 2. New York: Bollingen Foundation, 1964（reprinted）.

The John C. and Susan L. Huntington Photographic Archive of Buddhist and Asian Art（約翰‧杭庭頓及蘇珊‧杭庭頓佛教及亞洲藝術造像資料庫，此後，簡稱約翰及蘇珊‧杭庭頓網上佛教藝術資料庫）。

西文期刊、論文及網絡資訊

A. K. Narain, "The Date of Kaniska," in A. L. Basham, *Papers on the Date of Kaniska.* Leiden: E. J. Brill, 1966.

Alexander C. Soper, "Northern Liang and Northern Wei in Kansu," *Artibus Asiae*, Vol. 21（1958）, p. 147.

Arthur Wright, "The Formation of Sui Ideology," in John K. Fairbank, *Chinese Thought and Institutions.* Chicago: Chicago University Press, 1957, pp.93-104.

D. B. Spooner, "Excavations at Shah-ji-ki-Dheri," *ASIAR*（1908-1909）, pp. 49-53.

E. Zürcher, "Prince Moonlight," *T'oung Pao,* LXVIII,1-3（1982）, pp.10-44.

Emma C. Bunker, "The Prakhon Chai Story-Facts and Fiction," *Arts of Asia*, Vol. 32, No. 2（2002）, pp. 106-125.

E'tienne Lamotte, "Mañjuśī," *T'oung Pao*, Vol. 48, Nos. 1-3, 1960, p. 46.

Giovanni Verardi, "The Kushan Emperors as Cakravartins," *East and West,* Vol. 33（1987）, pp. 226-228.

Hans Loeschner, "Kanishka in Context with the Historical Buddha and Kushan Chronology," in Vidula Javasval, ed., *Glory of the Kushans- Recent Discoveries and Interpretations.* New Delhi: Aryan Books International, 2012, p. 34.

Harry Falk, "The Inscription on the so-called Kanishka Casket," Appendix pp. 111-113, in Elizabeth Errington, "Numismatic Evidence for Dating the Kanishka' Reliquary," *Silk Road Art and Archaeology*, Vol. 8. Kamakura: Institute of Silk Road Studies, 2002, pp.101-120.

Ian Mabbett, "Buddhism in Champa," in David G. Marr and A. C. Milner, *Southeast Asia in the 9th to 14th Centuries.* Singapore: Institute of Southeast Asian Studies, 1986, pp. 298-300.

Jas Burgess, "The Buddhist Stupas of Amaravati and Jaggayyapeta in the Krishna District, Madra Presidency, Surveyed in 1882," *Archaeological Survey of Southern Indian*, Vol. 1. Varanasi: Indological Book House, 1970, pp. 23-24.

John C. Hungtingdon, "A Gandhāra Image of Amitayus' Sukhāvatī," *Annali dell' Istituto Orentale di Napoli* 40, n. s. 30（1980）: 651-72.

John Guy, "Pan-Asian Buddhism and the Bodhisattva Cult in Champa," in Tran Ky Phurong and Bruce M. Lockhart ed., *The Cham of Vietnam: History, Society and Art.* Singapore: National University of Singapore Press, 2011, p. 314.

Joseph Cribb, "Kaniska's Buddha Coins—The Official Iconography of Śakyamuni and Maitreya," *JIABS*, Vol. 3, 1980（Nov. 2）, p. 80.

Kathy Cheng Mei Ku, "The Buddharaja Image of Emperor Wu of the Liang," in Alan K. L. Chan and Yuet-keung Lo ed., *Philosophy and Religion in Early Medieval China.* New York: State University of New York Press, 2010, pp. 265-290.

Kathy Cheng Mei Ku, "A Re-Investigation of the Nature of Candi Borobudur," in Endang Sri Hardiati and & Dr. Ir. Danang Priatmodjo, *Uncovering the Meaning of the Hidden Base of Candi Borobudur: International Seminar on Borobudur.* Jakarta: the National Research and Development Centre of Archaeology, 2009, pp. 25-66.

Max Wagner, "Ikonographie de chinesischen Maitreya," *Ostasiatische Zeischriff*, Vol. 15（1929）, pp. 156-178.

Nicholas Sims-Williams, and Joe Crib, "A New Bactrian Inscription of Kanishka the Great," *Silk Road Art and Archaeology.* Kamakura: The Institute of Silk Road Studies, 1996, p.106.

R. Soekmono, "Indonesia Architecture of the Classical Period: A Brief Survey," in Jan Fontein ed., *The Sculpture of Indonesia.* New York: Harry N. Abrams Ind., 1990, pp.67-95.

Richard Solomon, "The Inscriptions of Senavarma King of Odi," *Indo-Iranian Journal*, Vol. 29, No. 4（Oct, 1986）, p. 261.

Robert Bracey, "The Date of Kanishka Since 1960," *Indian Historical Review*, 44（1）, p. 36.

Sir John Marshall, "Excavations at Taxila, Annual Report, 1912-13,"*Archaeological Survey of India.* Calcutta: 1916.

Syivain Levi, "Kaniska et Satavahana, deux figures symboliques de I'Inde au ler siècle," *Journal Asiatique*, 228（1936）, pp. 61-121.

T. W. Rhys Davids, "The Introduction to the Questions of King Milinda," in Max Müller, ed., *Sacred Books of the East*, Vol. XXXV. Delhi: Motilal Banarsidass, 1975, pp. xi-xlix.

本書第二章網絡資訊

註 1，註 34，註 45，註 140，https://en/wikipedia.org/wiki/Kushan_Empire/1/26/2019.

註 35，註 149，www.Iranicaonline.org/articles/Kushan-03_chronology.2/2/2019.

註 44，https://www.iranicaonline.org/articles/kadphises-kujula-the first kushan-king, page 2 of 4, 9/3/2013.

註 66，87，https://en.wikipedia.org/wiki/Kushan_coinage,9/5/2013.

註 105，https://en.wikipedia.org/wiki/Menander_1, page 7 of 14, 9/2/2013.

本書第三章網絡資訊

註 1，註 38，註 57，註 58，註 226，https://en.wikipeida.org/wiki/Kushan_Empire/2/1/2019.

註 10，註 15，http://en.wikipedia.org/wiki/Kanishka, page 6-7 of,13,9/2/2013.

註 31，註 37，註49，https://en.wikipedia.org/wiki/Huvishka/1/10/2019.

註 116，http://coinindia.com/Huvishka-G138-275.03.jpghttp://coinindia.com/Huvishka-G138-275.03.jpg/31/10/2020.

註 119，https://commons.wikimedia.org/wiki/File:Four_sets_of_Gold_Coins_of_Vima_Kadphises.jpg/3110/2020.

註 130，註解 134，註 137，http://coinindia.com/galleries-huvishka.html, page 3 of 3, 10/1/2013.

註 140，註 141，註 148，http://Wikipedia.org/wiki/Huvishka, page1 of 3, 10/1/2013.

註 163，https://en.wikipedia.org/wiki/Vasudeva-1/2/2/2019.

本書第六章網絡資訊

註 165，Corin of Azilises showing Gaja Lakshmi standing on a lotus, Whttp：//en. Wikipedia. org, 7/16/ 2021.

索 引

651, 652, 653, 654, 655, 657, 658, 660,
661, 662, 669, 670, 671, 672, 673, 674,
675, 676, 678, 680, 681, 682, 684, 685,
686, 687, 688, 690, 691, 692, 693, 694,
695, 697, 699, 700, 701, 702, 703, 704,
706, 709, 711, 712, 714, 716, 720, 721,
722, 723, 724, 725, 726, 727, 731, 734,
735, 736, 737, 738, 739, 740, 741, 748,
749, 752, 753, 760, 761, 762, 763, 765,
766, 767, 768, 769, 770, 771, 773, 774,
775, 776, 777, 778, 779, 780, 781, 782,
783, 784, 785, 786, 788, 789, 790, 791,
792, 793, 794, 795, 796, 802, 803, 804,
805, 806, 807, 808, 809, 810, 811, 812,
813, 814, 815, 816, 817, 818, 819, 822,
823, 828, 829, 831, 835, 836, 837, 838,
839, 841, 842, 843, 844, 848, 849, 850,
851, 852, 854, 856, 857, 858, 862, 863,
864, 865, 866, 867, 875, 876, 878, 879,
880, 882, 883, 884, 885, 887, 888, 889,
890, 891, 892, 893, 894, 895, 898, 899,
900, 902, 904, 905, 906, 907, 908, 909,
910, 920, 921, 922, 923, 924, 925, 926,
927, 928, 929, 930, 931, 932, 933, 934,
935, 936, 937, 938, 939, 940, 941, 942,
945, 946, 947, 948, 949, 951, 952, 958,
972

Caitya worship 支提信仰　027, 028,
033, 038, 042, 043, 044, 045, 046, 047,
048, 049, 050, 051, 052, 053, 054, 055,
056, 057, 058, 059, 060, 061, 062, 063,
064, 065, 066, 068, 069, 070, 071, 072,
073, 074, 075, 079, 126, 136, 145, 146,
149, 159, 168, 172, 175, 179, 180, 183,
184, 185, 186, 187, 193, 198, 199, 203,

204, 215, 217, 222, 226, 229, 233, 238,
239, 240, 242, 243, 245, 247, 248, 249,
250, 251, 252, 253, 254, 257, 260, 261,
262, 263, 265, 266, 267, 268, 269, 270,
271, 272, 273, 274, 275, 276, 277, 278,
279, 280, 281, 282, 283, 284, 285, 286,
288, 289, 290, 291, 292, 293, 294, 295,
296, 297, 298, 301, 302, 303, 304, 305,
306, 307, 308, 310, 311, 312, 313, 314,
315, 318, 319, 320, 322, 323, 324, 325,
326, 327, 328, 331, 332, 333, 334, 335,
337, 338, 339, 340, 341, 342, 345, 346,
347, 348, 349, 352, 353, 354, 355, 356,
357, 358, 359, 360, 361, 363, 368, 370,
371, 372, 375, 379, 380, 381, 382, 383,
385, 386, 387, 388, 391, 392, 393, 394,
395, 396, 397, 398, 399, 400, 401, 402,
403, 404, 405, 406, 407, 408, 409, 410,
411, 413, 415, 416, 417, 421, 422, 424,
425, 428, 430, 431, 432, 433, 434, 435,
436, 437, 438, 439, 440, 441, 442, 443,
444, 445, 446, 447, 448, 449, 450, 451,
453, 460, 461, 462, 468, 469, 470, 471,
472, 473, 474, 475, 476, 477, 479, 480,
482, 483, 486, 487, 488, 489, 491, 493,
494, 495, 496, 497, 498, 499, 500, 501,
502, 504, 505, 506, 507, 509, 510, 511,
512, 513, 514, 515, 516, 518, 519, 520,
521, 522, 524, 525, 527, 528, 529, 530,
531, 532, 533, 537, 539, 540, 541, 542,
543, 544, 545, 546, 547, 549, 550, 551,
553, 554, 555, 556, 558, 559, 560, 561,
562, 563, 564, 565, 566, 567, 568, 570,
571, 572, 573, 574, 575, 576, 577, 578,
579, 581, 583, 584, 585, 586, 589, 590,

佛教建國信仰與佛教造像（上、下）

2023年12月初版　　　　　　　　　　　　　　定價：一套新臺幣2500元
2024年7月初版第二刷
有著作權・翻印必究
Printed in Taiwan.

著　　　者	古	正	美
叢書主編	沙	淑	芬
校　　　對	李	國	維
內文排版	菩	薩	蠻
封面設計	蔡	婕	岑

出　版　者　聯經出版事業股份有限公司　　副總編輯　陳　逸　華
地　　　址　新北市汐止區大同路一段369號1樓　總編輯　涂　豐　恩
叢書主編電話　(02)86925588轉5310　　　總經理　陳　芝　宇
台北聯經書房　台北市新生南路三段94號　　社　長　羅　國　俊
電　　　話　(02)23620308　　　　　　　發行人　林　載　爵
郵政劃撥帳戶第0100559-3號
郵撥電話　(02)23620308
印　刷　者　文聯彩色製版印刷有限公司
總　經　銷　聯合發行股份有限公司
發　行　所　新北市新店區寶橋路235巷6弄6號2樓
電　　　話　(02)29178022

行政院新聞局出版事業登記證局版臺業字第0130號

本書如有缺頁，破損，倒裝請寄回台北聯經書房更換。　ISBN　978-957-08-7176-0 (一套精裝)
聯經網址：www.linkingbooks.com.tw
電子信箱：linking@udngroup.com

國家圖書館出版品預行編目資料

佛教建國信仰與佛教造像（上、下）/古正美著．
初版．新北市．聯經．2023年12月．上冊492面/下冊588面．
17×23公分
ISBN　978-957-08-7176-0（一套精裝）
[2024年7月初版第二刷]

1.CST：佛教　2.CST：佛像　3.CST：宗教與政治
4.CST：政教關係

220.1657　　　　　　　　　　　　　　　112018356